विश्वबाहु परशुराम

डॉ. विश्वम्भरनाथ उपाध्याय

वाणी प्रकाशन

प्रकाशन के उत्कृष्टतम 62 वर्ष

vaniprakashan.com

सजिल्द पहला संस्करण : 1997
सजिल्द दूसरा संस्करण : 1999
सजिल्द तीसरा संस्करण : 2012
सजिल्द चौथा संस्करण : 2025

वाणी प्रकाशन

4695, 21-ए, दरियागंज, नयी दिल्ली-110 002

फ़ोन : + 91 11 23273167, 23275710

शाखाएँ

अशोक राजपथ, पटना-800 004, बिहार

कॉफ़ी हाउस कैम्पस, महात्मा गांधी मार्ग, प्रयागराज-211 001, उत्तर प्रदेश

महात्मा गांधी अन्तरराष्ट्रीय हिन्दी विश्वविद्यालय, वर्धा-442 001, महाराष्ट्र

sales@vaniprakashan.in
vaniprakashan@gmail.com

Vishwabahu Parashuram
by Dr. Vishwambhar Nath Upadhyaya

ISBN : 978-81-7055-514-8
Novel

मूल्य : ₹ 695

जी.एस. ऑफ़सेट, दिल्ली-110 095 में मुद्रित

वाणी प्रकाशन का लोगो मक़बूल फ़िदा हुसैन की कूची से

चिंतन केवल बिंबों के माध्यम से संभव है
अतः यदि तत्त्वदर्शी बनना है तो
उपन्यास लिखना चाहिए।

—अल्बेयर कामू

अर्पण

राजस्थान विश्वविद्यालय, जयपुर तथा
इलाहाबाद विश्वविद्यालय के पूर्व कुलपति
तथा आचार्य एवं अध्यक्ष,
इतिहास और संस्कृति विभाग,
कविर्मनीषी परिभू स्वयंभू
डॉ. गोविंदचंद्र पांडे को

अग्रत: सन्ति मे वेदा:
पृष्ठत: सशरं धनु:
उभाभ्यां च समर्थोऽहं,
शापादपि: शरादपि।

—**परशुराम**

वेद मेरे आगे चलते हैं, मेरी पीठ पर बाण सहित धनुष (और हाथ में परशु) है। मैं वेदविद्या और युद्ध दोनों में, शाप देने की शक्ति और हन्यमान को हनने के कार्य, दोनों में समर्थ हूँ।

पुरोवाक्

संकट (क्रायसिस) का बोध और अनुभूति (व्यक्ति या देश को, विश्व को) जब तीव्र और गहन होती है, तब वर्तमान में कोई विकल्प न पाकर मन अतीत में जाता है। विगत या इतिहास—संकटग्रस्तता में ऐसे चरित्र और घटनासंजाल को—अवधान में लाता है, जिससे आश्वासन मिलता है, निराशा कम होती है और संभावनाओं का अभ्युदय होता है।

हमारे जनतंत्र का, ज्ञान-विज्ञान का जो विकास हुआ है, नई अभियांत्रिकी या तकनीक का, वह संभावनापूर्ण है और भयावह भी है। पर्यावरण और मानवीयता का जो क्षरण हुआ है, मूल्यों (Values) का जो अभूतपूर्व ह्रास, वह नए युग में नए डर उपजाता है, नई चिंता और चुनौती को जन्म देता है। सत्ता पर अधिकार के लिए, जाति-जमात, धर्म, भाषा, प्रजाति (नस्ल) क्षेत्र के प्रति जनानुराग का दुरुपयोग इतना बढ़ा है कि जनतंत्र, बर्बर व्यवस्था में बदल गया है तथा देश के अस्तित्व को ही खतरा पैदा हो गया है, मनुष्यता को भी···यों तो यह पतन की प्रकृति सार्वत्रिक है किंतु कानपुर के प्रवासकाल में मैंने इसे निकट से देखा और भोगा है···वहाँ मैं 1990 ई. से 1994 ई. तक कुलपति पद पर था और मैंने पाया कि शिक्षा के क्षेत्र में भी मानव आदर्शों और सत्यनिष्ठता का नाश बढ़ता ही जा रहा है। छात्र, राजनैतिक दल, धर्म-संप्रदाय और सामान्य जनसमाज में, सर्वत्र पतन-प्रियता बाढ़ पर है और उसके विरुद्ध प्रतिरोध में बहुत कम सहायक या साथी मिलते हैं···किसी भी कीमत पर कार्यसिद्धि की जो हड़कंपक होड़ है, दबाव डालकर मतलब गाँठने की जो दौड़ है, वह जनता में भी है और जनतंत्र, इसी कारण, दबाव-तंत्र, (Pressureocracy) बन गया है। इसका दायित्व मेरी दृष्टि में शासकवर्ग पर है, मुख्यत: क्योंकि जो नियामक है, शक्ति संपन्न है, जो निर्णय, प्रबंधन-प्रशासन और जनगण की नियति का निर्णायक है, वह जो करता है, उसी का अनुकरण समाज करने लगता है और पूरा निज़ाम और आम ख़लकत ख़राब हो जाती है—और सत्ताधीश वर्ग, आधुनिक जनतंत्र में बराबर बदलता रहता है। जो नया शासक आता है, दल और दलपति, वह पूर्व से अधिक स्वेच्छाचारी, असभ्य, उद्दंड और अभद्र प्रतीत होता है।

इस कारण मन अतीत की ओर भागता है, प्रेरणा और आत्मविश्वास के

लिए...बुराई की बाढ़ में पैर रोपे रहने के लिए...और इस स्थिति में, जब ऐतिहासिक विकास की महादृष्टि (विज़न) उपजती है तब यह लगता है कि हमने जनतंत्र के साथ जिस पूँजीवादी, निजीकृत व्यवस्था को चुना है, वह अनिवार्यत: आदर्श और मानव-मर्यादा का भ्रंश करती है और प्रलुब्ध-सभ्यता (कंज़्यूमर-सोसायटी) का निर्माण करती है जिसमें मनुष्य की मनुजता प्रतिमान नहीं बनती, उसके पास संगृहीत, येनकेन प्रकार से अर्जित नवीन, सुखद वस्तु-समूह श्रेष्ठता का निकष बन जाता है—मनुष्य का वस्तुकरण (रीफ़िकेशन) या चीज़ीकरण (थिंगीफ़िकेशन) हो जाता है...इसके विपरीत इतिहास और मिथक में एक 'सत्युग' का वर्णन मिलता है, उस यूथ (क़बीला) युग या प्रारंभिक कृषियुग में, पशुपालक-सभ्यता में जो पदसोपानक्रम मिलता है, उसमें सर्वोच्चता ज्ञानियों-तत्त्वदर्शियों और मानवधर्म के आदर्शों के प्रयोक्ताओं को मिलती है...आधुनिक वणिक्युग या पणियों के पण्य या विक्रयवस्तुप्रधान युग में, इसके विपरीत क़द्र इंसान की नहीं, धन या पूँजी की होती है, धनोपार्जन की वैधता या अवैधता को कोई नहीं पूछता, अत: धंधा प्रधान हो जाता है, 'धर्म' गौण, क्योंकि धर्म का प्रयोग भी आर्थिक या राजनैतिक धंधे के लिए होने लगता है।

मैंने यह भी अनुभव किया कि प्रलुब्ध समाज व्यवस्था में प्रबुद्ध व्यक्तियों का क्रय-विक्रय होता है; क्योंकि विज्ञान और तकनीक के लिए साधन या तो सरकारें जुटाती हैं या पूँजीपति और इसलिए यांत्रिकी और विज्ञान पर भी उन्हीं का अधिकार हो जाता है और उपभोग-विक्रय-बाज़ार पर अधिकार की होड़ में, वर्चस्व की स्पर्धा में, विश्व-विनाशक अस्त्र-शस्त्रों का विकास होता है। सर्वाधिकारी प्रलुब्ध—शासनों और प्रतिष्ठानों—बहुराष्ट्रीय निगमों के इस युग में, अविकसित-अर्धविकसित किंतु बहुसंख्यक अकिंचन देश, कतिपय तथाकथित विकसित देशों द्वारा शोषित, प्रवंचित और पराधीन या बँधुआ बन जाने को विवश हो जाते हैं। केवल इस प्रलुब्ध वणिक व्यवस्था के विरोध में साम्यवादी-समाजवादी व्यवस्था का जो सोवियत रूस में निर्माण हुआ था और जो कुछ अन्य देशों में भी फैला, वह अपने अंतर्विरोधों तथा कुछ वणिक देशों के निरंतर दुष्प्रचार और षड्यंत्रों, घिराव और दबावों से, उनके प्रलुब्धीकरण और शत्रुता से नष्ट हो गया। मानव इतिहास में प्रथम बार समाजवाद का जो विराट् प्रयोग हुआ था, वह भी असफल हो गया और आज मानवता दिग्भ्रमित है कि अब क्या करे? कस्मै देवाय हविषा विधेम?

इस स्थिति में आधुनिक हैहयों के राज्यों को देखकर मेरा ध्यान पूर्व वैदिककाल के महामानव परशुराम की ओर गया।

परशुराम, भारतीय परंपरा और इतिहास का सबसे विलक्षण, प्रचंड, वीर चरित्र है किंतु वह पुराणकारों के कारण केवल एक जाति (ब्राह्मण) के विष्णु-अवतारी बना दिए गए और वह शासकों (क्षत्रिय) तथा धार्मिकों, विप्रों या पौरोहित्य-व्यवस्थापकों या ब्राह्मणों के वर्चस्व संघर्ष के प्रतीक बना दिए गए। उन्हें दुष्ट शासकों के

प्रतिकार में इतना नृशंस, क्रूर और भयंकर रूप मे चित्रित किया गया गोया वह कोई हिटलर या मुसोलिनी जैसे नाज़ी या फ़ासिस्ट हों जबकि पूर्व वैदिककाल में जो वैदिक साहित्य उपलब्ध है, विशेषकर ऋग्वेद, उसमें परशुराम द्वारा माता रेणुका के वध की कथा नहीं है, न मिथिला में जाकर दाशरथि राम- लक्ष्मण को आतंकित करने की कथा है न श्रीकृष्ण को चक्र देने की। श्री के. एम. मुंशी ने, 'इतिहास' के नाम पर जो 'परशुराम' शीर्षक उपन्यास लिखा है, उसमें पुराणों का ही आधार लिया गया है और कालक्रम का कोई ध्यान नहीं रखा गया। वह आर्यों की भव्य संस्कृति के प्रति इतने भावविभोर थे कि यह भी नहीं सोचा कि वैदिक राजा हरिश्चंद्र और राजा दशरथ के मध्य अनेक पीढ़ियाँ गुज़र चुकी थीं और परशुराम को 'चिरंजीवी' कहा गया था, अमर-अजर-अक्षय नहीं। स्पष्ट है कि परशुराम के पीठ या आश्रम बने होंगे और उनमें परशुरामी परंपरा थी। अमानवीय और अत्याचारी शासकों (क्षत्रियों) तथा अन्य दुष्टों और जनसंतापकों के विरुद्ध संघर्ष की जो रीति-नीति स्थापित हुई थी, उस शास्त्र और शस्त्र की जननिष्ठ, जनपक्षधर परशुरामी परंपरा का कोई परशुराम, दाशरथि राम और बाद में श्रीकृष्ण के सामने प्रकट हुआ होगा और जिसने उनके वीरत्व और धर्म या मानवता की स्थापक-शक्ति और सात्विकता की परीक्षा ली होगी और उसमें राम और श्रीकृष्ण के उत्तीर्ण होने पर उन्हें 'दिव्य' शस्त्र दिए होंगे; क्योंकि भृगुपरंपरा के आश्रमों में शास्त्र के साथ शस्त्र की भी शिक्षा दी जाती थी और भार्गवों ने ही अथर्ववेद को, बाद में वेदत्रयी में शामिल कराया था, इस तथ्य के प्रमाण मिलते हैं।

परशुराम शासकों में जो भले थे, उन्हें नहीं मारते थे। उन्होंने केवल हैहय यादवों के कार्त्तवीर्य अर्जुन के विरुद्ध युद्ध किया; क्योंकि सहस्रजित हैहयराज की परंपरा में सहस्रबाहु कृतवीर्य के पुत्र कार्त्तवीर्य अर्जुन की शक्ति पूर्व वैदिककाल में सर्वाधिक बढ़ी-चढ़ी थी और वह अमानवीय हो गया था। उसने सप्तसिंधु के आश्रम भी जला डाले थे और अपने ही कुलगुरु जमदग्नि का वध कर दिया था अतएव उसके विरुद्ध जामदग्न्य राम ने, जम्बूदीप की अनेक शक्तियों का संगठन कर अर्जुन की भुजाएँ अपने परशु से काट डालीं। पूर्ववैदिक दस राजाओं के लघुयुद्ध के पश्चात् माहिष्मती का राम-अर्जुन संग्राम, पूर्व वैदिककाल का महायुद्ध था और धर्म या मनुष्यता की स्थापना के कारण पुराणकारों और संतों की कल्पना को मुक्त उड़ान का अवसर मिल गया, फलत: परशुराम का चरित्र मिथकीय और विचित्र हो गया।

पुराणकारों ने अपने-अपने विश्वासों के अनुसार शिव, विष्णु, शक्ति (देवी) के संप्रदायों को प्रधानता दी है किंतु उनकी प्रशंसा इस बात के लिए की जानी चाहिए, उनके अनेक देववाद को एक ही सत्ता (ब्रह्म) की विभिन्न अभिव्यक्ति के रूप में प्रस्तुत कर अनेकता में एकता स्थापित कर दी गई है। साहित्य में भी यही पौराणिक एकत्व की दृष्टि वाल्मीकि और तुलसीदास में आई जिसका श्रेय

पौराणिकों को है अतएव वेद और पुराणों के मिथकसंजाल में से परशुराम के संभावित चरित्र को निकालना दुष्कर कार्य था और इसके लिए मिथक या पुराण को निस्संग, वस्तुगत, ऐतिहासिक दृष्टि (Vision) की आवश्यकता थी। बुद्धिगत, वस्तुगत दृष्टि से ही मिथक के रहस्यों का ग्रंथिविमोचन (डी. कोड) संभव है, विश्वासविमुग्ध व्यक्ति तो पुराणों में जो भी लिखा है, उसे पवित्र मानकर उस पर विश्वास या श्रद्धा रखता है।

मिथकीय भ्रम या कल्पना या कविता के इस विमोचन में, भ्रम में छिपे यथार्थ की खोज में मुझे डॉ. पी. एल. भार्गव के इतिहास, 'इंडिया इन द वैदिक एज' (अंग्रेजी में) से सर्वाधिक मदद मिली; क्योंकि डॉ. भार्गव (पूर्व अध्यक्ष, आचार्य, संस्कृत विभाग, राजस्थान विश्वविद्यालय, जयपुर) इतिहासकार की वस्तुगत बौद्धिक तटस्थ दृष्टि से संपन्न हैं जो संस्कृत के विद्वानों में दुर्लभ है क्योंकि परंपराग्रस्त मनीषियों में परंपरा और रूढ़िरक्षण का भाव प्रधान होता है और वे परंपरा में जो भी हैं, उसके प्रति श्रद्धा या अंध-श्रद्धा रखते हैं अत: वे मिथक और तथ्य को विलगा नहीं सकते···आचार्य पी. एल. भार्गव ने यह किया है, यह मेरे लिए सुखद आश्चर्य का विषय था। मैं उनका आभारी हूँ।

डॉ. भार्गव तथा डॉ. द्वारिका प्रसाद मिश्र के 'भारतीय आद्य इतिहास का अध्ययन' (अंग्रेजी में) तथा अन्य कई इतिहासों में यह दिखाया गया है कि पूर्व वैदिककाल में सप्तसिंधु के आर्यों के तात्कालिक अविस्थान या आविस्थान (अफगानिस्तान), देवलोक (वंक्षु—श्री नदियों का प्रदेश) या बल्ख से लेकर आर्यायण (ईरान), उत्तरकुरु (चीनी तुर्किस्तान) और कश्यप सागर तक आर्य-यूथों या कबीलों से जीवंत संबंध थे। ऋग्वेद में रसा और सुसर्तु (पंजशीर), कुभा, कुमा, महत्नी, गौरी, सरयू नदियों के उल्लेखों से स्पष्ट है कि तात्कालिक अफग़ानिस्तान में आर्य-क्षेत्र थे और आर्यों के राज्य तथा आश्रम बृहत्तर भारत में फैले हुए थे। वस्तुत: परशुराम के समय भारतवर्ष नाम ही नहीं पड़ा था, वह भरत यूथ के नाम पर बाद में पड़ा, उस समय सप्तसिंधु था और यमुना के बाद पूरा गांगेय प्रदेश महावन था, अत: अयोध्या, श्रावस्ती, सरयू, ये नाम बाद के हैं।

डॉ. मोतीचंद्र ने अपनी पुस्तक, 'सार्थवाह' में जो मार्ग या राजपथ दिखाए हैं, उनसे भी बृहत्तर भारत का तथ्य प्रमाणित होता है, अत: मुझे लगा कि मुजावत (हिन्दूकुश), मेरु (पामीर), वक्षु (आमू दरिया), श्री (सीर), बल्ख़, कश्यप सागर आदि के उल्लेखों से यह अनुमान निराधार नहीं है कि आर्यस्थान सप्तसिंधु तक सीमित नहीं था। उस युग में कबीलों का आवागमन इतिहास की एक हक़ीक़त है अतः आर्यस्थान सप्तसिंधु प्रदेश से कश्यप-सागर तक फैला हुआ था क्योंकि लिथुयानियों की प्राचीन भाषा वैदिक संस्कृति से अद्भुत सादृश्य रखती है और आर्यायण—ईरान की अवेस्ता तो वैदिक संस्कृत की ही एक शाखा है। मैंने इसी

के आधार पर उपन्यास की कथा का ताना-बाना बुना है, इससे पुराकाल के आर्य-अनार्यों की झलक मिल सकती है—यों यह विषय अभी भी खुला हुआ है।

मुझे यह भी लगा कि ऋग्वेद में इसी बृहत्तर भारत या वैदिक आर्यों के प्राचीनतर क्षेत्रों और भूगोल के तथा कुछ घटनाओं के संस्मरण मिलते हैं, जिनके कारण आर्यों के क्षेत्र को मात्र सप्तसिंधु तक सीमित नहीं किया जा सकता··भारतीय आर्यों का गमन और बृहत्तर भारत—ईरान से, मध्य एशिया से आर्यों-अनार्यों का आगमन सर्वथा संभव है। इसी कारण भारत के पंचनद प्रदेश को मध्य एशिया और ईरान का विस्तार और ईरान तथा मध्य एशिया को बृहत्तर भारत कहा जा सकता है।

इस उपन्यास में पूर्व वैदिककाल के परशुराम के आतंककारी चरित्र को यथासंभव मानवीय बनाया गया है किंतु राम ऋषि थे, अतः उनके मूल ऋषि-व्यक्तित्व को सुरक्षित रखा गया है। मैंने बाद में जोड़ी गई पुराण कथाओं का औपन्यासिक उपयोग, उनमें से मानवीय सत्य के दोहन के लिए किया है किंतु परशुराम को पूर्व वैदिककाल तक ही सीमित रखा है, उन्हें त्रेता या द्वापर में नहीं ले जाया गया, जैसा के. एम. मुंशी ने किया है।

आर्यों के पौराणिक काल विभाजन में ह्रासवादी दृष्टि है, सत्युग में धर्म की पूर्ण विद्यमानता, पुनः त्रेता में ह्रास, द्वापर में उससे अधिक पतन और कलियुग में महापतन। पुराणकारों का ध्यान मेरी दृष्टि से इस बात पर रहा है कि 'सत्युग' में ऋषि-मुनि या धर्मज्ञों की चलती थी, महत्त्व मनुष्य की मेधा, सृजन, ज्ञान-विज्ञान और लोकोत्तर अंतर्दृष्टियों का था, बाद के युग में त्रेता और द्वापर में महत्त्व शासकवर्ग का बढ़ गया और कलियुग में यंत्र तथा धन का, पूँजी का। इस काल विभाजन में द्रष्टव्य यह है कि पौराणिकों ने युग-विभाजन में, मानव धर्म या मूल्यों को आधार बनाया है और जहाँ तक एक यूथ या कबीले में मानवीयता यानी समता, बंधुत्व और स्वतंत्रता का प्रश्न है, वह प्रारंभिक समाजों या आदिमकालीन कबीलों में निश्चय ही था किंतु परंपरावादी, सत्युग के आदर्शीकरण की अति में यह भूल जाते हैं कि कबीलों में आपस में ही समता थी, सभी के साथ नहीं। कबीलों की टकराहटें सत्युग का कठोर तथ्य था और उसमें क्रूरता अपरिहार्य थी। सत्युग में आर्यों में भी आपसी युद्ध भी हुए जैसे दशराजयुद्ध और वे मिलकर भी दुष्ट शासकों से लड़े, आर्य-अनार्य संघर्ष भी हुए, होते रहे और राम जैसे ऋषियों के प्रयत्नों से आर्य-अनार्यगण मिलकर भी सामान्य शत्रुओं से भिड़े, यह भी इतिहास का तथ्य है पर पौराणिक इस प्रकार सत्युग का वर्णन करते हैं जैसे उस युग में धर्म या मानवता पूर्णतः स्थापित थी और आनंद, सद्भाव और समता आदि से चैन की वंशी बजती रहती थी।

अतएव एक विशिष्ट ऐतिहासिक काल में रचित वैदिक कविता तथा परवर्ती पुराणादि में जो मानवसत्य या मूल्य मिलते हैं, उनका सामान्यीकरण कर आधुनिक

युग में उन्हें सार्वभौमिकता दी जा सकती है। इस उपन्यास में यह भी प्रयत्न किया गया है।

मेरी जानकारी में पूर्व वैदिककाल के परशुराम जैसे केंद्रीय व्यक्तित्व और उनके कृतित्व का इतना विशद आकलन, परंपरा की पुनः प्रस्तुति, उसका पुनराख्यान, ऐतिहासिक आलोक में प्राक्-इतिहासकाल का परिज्ञान और दिग्दर्शन, तात्कालिक द्वंद्वों और अंतर्द्वंद्वों, अनुभवों और आत्मीयताओं, शक्तियों और घटनाओं का इतना विस्तृत वयन (बुनावट) कहीं नहीं है। इस विषय में ऊब-डूब की अति के क्षणों में मुझे यह लगा है जैसे परशुराम अन्य पात्रों के सहित मेरे आंतरिक साक्षात्कार में अवतरित हो गए हों और रचनात्मक ऊहापोह और मकड़जाल में उलझे हुए मेरे मन का ठीक मौके पर पथ आलोकित कर रहे हों…'जाग मछंदर गोरख आभा' तथा 'जोगी मत जा' जैसे मिथकीय अर्धमिथकीय पात्रों ने भी जैसे पुनः जीवित होकर मुझे रचनात्मक राहें दिखाई थीं जैसे वे मुझे माध्यम बनाकर स्तब्धता के मुहूर्त में, अपने प्रतिभा आलोक द्वारा बता रहे हों कि अब हमारा चित्रण इस तरह करो, घटना को अब ऐसा मोड़ दो…परशुराम में भी परशुधारी राम और उनके समकालीनों ने आत्मसारथी की तरह, वस्तुगत या बाहरीपन से पृथक् होकर मेरी चेतना को आकस्मिक आलोक दिए हैं, अतएव मुझे लगता है कि उपन्यासों में जो पात्र लेखक की कल्पना से बनते हैं, वे रचनाक्रम में स्वयंभू, जीवंत और मनस्तात्विक दृष्टि से स्वतंत्र हो जाते हैं और लेखक उनका माध्यम बन जाता है। वे जैसा दिशा-निर्देश करते हैं, लेखक वही करता है तथापि एक समग्र रचना-व्यवस्था को वे पात्र तोड़ते नहीं हैं और अंततः वे अपनी लीला को समेट लेते हैं, क्योंकि वे भी अपना रचनात्मक उद्धार चाहते हैं, अतः रचनाकार के वे पात्र भी समानधर्मी बन जाते हैं।

परशुराम और उनके युग का बहिर्दर्शन और अंतर्दर्शन एक नए सत्य की ओर मुझे ले गया। क्या कारण है कि युग के अंत में महापुरुषों या अवतारों का जन्म दिखाया गया है ? परंपरा में, गीता में, धर्म की ग्लानि या ह्रास को अवतारों या पैग़ंबरों के शुभागमन का हेतु बताया गया है। 'सत्युग' और उससे भी अधिक सटीक शब्द 'कृतयुग' तथा त्रेता की संधि पर परशुराम अपनी विलक्षण भूमिका पूर्ण करते हैं, राम त्रेता युग में, श्रीकृष्ण द्वापर के अंत में—मेरी समझ से यह इसलिए हुआ कि संकट के समय कोई महापुरुष आम जनता तथा अन्य मानवीय शक्तियों को संगठित करता है और बुरों तथा बुराई के विरुद्ध लड़ता है, अतएव वर्तमान काल में जो वैश्विक स्तर तथा देशों में जो महासंक्रांति है और शोषकों, भ्रष्ट शासकों का जो वर्चस्व है, वर्गों का, उसके विरुद्ध जामदग्न्य राम, दाशरथि राम और वासुदेव श्रीकृष्ण की भाँति किसी महान् संगठनकर्त्ता की आवश्यकता है—मोहनदास कर्मचंद गांधी में वह व्यक्तित्व दिखा था…अब पुनः किसी परशुराम की ज़रूरत है। यह भी ध्यातव्य है कि परशुराम, दाशरथि राम और श्रीकृष्ण ने

जनता जनार्दन की भूमिका अदा करने के लिए जनसाधारण तथा जनजातियों को संगठित कर अधिक विकसित, समृद्ध-शक्तिसंपन्न अर्जुनों, रावणों और कंसों के साथ संघर्ष किया था और यही प्रेरणा वे हमें आधुनिक हैहय यादवों की धींगामुश्ती तथा अन्य दुष्ट-भ्रष्ट व्यक्तियों और दलों तथा पृथक्तावादी आतंककारियों की नृशंसताओं के विरुद्ध संगठित संघर्ष के लिए देते हैं। यह स्मरणीय है कि परशुराम सशस्त्र दृष्टि (Armed Vision) के प्रयोक्ता थे। कृत्युग में शत्रु के हृदय परिवर्तन को असंभव मानकर उसके निर्मूलन को ही धर्म माना जाता था। पूर्व वैदिकयुग के आर्य विजयाकांक्षी या विजिगीषु थे, तब धर्म, वास्तविक जीवन का अंग था किंतु परवर्ती युगों में जब सामंतवादी व्यवस्था में वर्ण प्रजाति-जाति वर्ग पूर्णत: पदसोपानक्रम (हायरैर्की) के रूप में स्थापित हो गए, वर्ण-विभाजन जन्म से माना जाने लगा, जब धर्म पुरोहित वर्ग के निहित स्वार्थ से जुड़ गया, तब धर्म, यथास्थितिशीलता की स्थिति में सब कुछ को सहन करना सिखाने लगा, तब परशुराम की 'सशस्त्र दृष्टि' की परंपरा लुप्त होने लगी, अतएव हमारे पूर्वजों की मूल परंपरा पूर्व वैदिककालीन परंपरा ही है और उसमें न कातरता है, न दैन्य, न पलायन, न अत्याचार को, शत्रुओं के वर्चस्व को सहन करने की प्रवृत्ति है। यह परंपरा हमारी जातीय परंपरा है और जो पीड़ित-शोषित जनों की आर्थिक, सामाजिक मुक्ति के लिए संगठित होकर जहाँ भी लड़ रहे हैं, वे वस्तुत: परशुराम की सशस्त्र दृष्टि का ही अनुसरण कर रहे हैं। क्रांतिकारियों की पूरी परंपरा परशुरामी परंपरा ही है, सामाजिक क्रांतिकारियों की भी।

इस संदर्भ में यह समझना भी ज़रूरी है कि बल संघर्ष पर होना चाहिए, संघर्ष या युद्ध का स्वरूप तो देशकालानुसार ही तय होगा। उदाहरण के लिए यदि जनतांत्रिक विधि पर संघर्ष से अवांछनीय स्थितियों या व्यक्तियों का परिवर्तन संभव हो तो वही करणीय है, अतएव परशुरामी परंपरा में जो 'सशस्त्र दृष्टि' है, उसका अर्थ यह नहीं है कि हर हालत में एकमात्र वही विकल्प है। माहिष्मती के यादवों को, अर्जुन कार्त्तवीर्य को समझाने की कम कोशिश नहीं की गई थी अत: सशस्त्र संग्राम अपरिहार्य हो जाने पर ही वरेण्य है।

मिथक के अरहस्यीकरण या ग्रंथिविमोचन (डीमिस्टीफ़िकेशन) के संदर्भ में, मेरे पूर्व उपन्यासों 'जाग मछंदर' और 'जोगी मत जा' के विषय में मिथकीयता के औपन्यासिक इस्तेमाल पर आपत्ति की गई थी जो परशुराम पर इस उपन्यास के बारे में भी उठ सकती है कि बौद्धिक और वैज्ञानिक दृष्टि का लेखक रचना में चमत्कारों का प्रयोग क्यों करता है, जैसे परशुराम में देवता है, सर्वज्ञ ऋषि हैं—अघोर तांत्रिक हैं और दिव्यास्त्रों के प्रयोग हैं। इस संबंध में कथ्य यह है कि उपन्यास, उपन्यास बन नहीं सकता यदि तात्कालिक वातावरण बनाने में यत्किंचित मिथकों का प्रयोग न किया जाए और यह विषय अभी विचार का विषय बना हुआ है। खुला प्रश्न है कि परामानसिक (पैरा सायक्लौजिकल) शक्तियों की किस सीमा

तक वैज्ञानिक व्याख्या की जा सकती है और परशुराम अत्यधिक गूढ़ चरित्र है। एक 'परशुराम तंत्र' भी मिलता है यद्यपि वह परवर्ती और वाममार्गीय साधना का तंत्र है; पर उसे परशुराम के नाम पर प्रचारित क्यों किया गया···और जब किया गया तो अघोर आथर्वण जैसे पात्र का औचित्य मानना पड़ेगा। दूसरे मुझे भार्गवों की अथर्ववेद परंपरा में इस औचित्य के आधार मिले। अथर्ववेद में तांत्रिक अभिचारों के विशद प्रयोग हैं···मंत्रों से सब संभव है, यह विश्वास भारतीय परंपरा में बद्धमूल है। परंपराभक्त विद्वानों का मत है कि यह मंत्रविद्या और दिव्य शस्त्रों के मंत्र द्वारा संचालन की परंपरा महाभारत तक थी, फिर वह लुप्त हो गई। मुझे ऐसा लगता है कि 'दिव्यास्त्र' प्रक्षेपण-अस्त्र के प्रकार होंगे क्योंकि यह प्रामाणिक तथ्य है कि तब उन युगों में भी बारूद और गोलों का एक सीमा तक प्रयोग होता था और यदि इसकी जानकारी उन्हें थी तो यह संभव है कि ऐसे प्रक्षेपण अस्त्रों को वे 'दिव्यास्त्र' मानते हों। इसी आधार पर मैंने भुशुंडी और शतघ्नी के प्रयोग का वर्णन किया है। बहरहाल, योगसाधना में यह विश्वास अवश्य है कि मंत्र और ध्यानादि से योगज पदार्थ प्रकट किए जा सकते हैं और जड़ पदार्थ को चलाया जा सकता है, यहाँ तक कि परमाणु वेधन भी संभव है। शायद इसी आधार पर ब्रह्मास्त्र और पाशुपतअस्त्र की कल्पनाएँ की गई हैं। तथापि मैंने औपन्यासिकता और उस समय का वातावरण पेश करने के लिए मिथकीयता का प्रयोग किया है, उसके बिना रचना में रंग और रोग़न नहीं आ सकता था।

जहाँ तक परंपरा की पुनर्व्याख्या का प्रश्न है, परंपरा में गौरव और मान्यता प्राप्त पात्रों का अगौरवीकरण नहीं किया गया है, किंतु वेद-पुराणों में जो दैवीकरण (डीफ़िकेशन) की सामान्य प्रवृत्ति है, उसके स्थान पर पात्रों, घटनादि का मानवीकरण किया गया है; अर्थात् अधिकाधिक मात्रा में पात्र मनुष्य जैसे दिखे जो वे थे भी। उनको दिव्य, अलौकिक इसलिए बनाया गया था कि असाधारण व्यक्तित्व या घटना को साधारण कहने या मानने से मनुष्य का मन नहीं भरता। पुनः जो धर्म या मानवता के उद्धारक व्यक्तित्व हुए हैं उनके प्रति जनता ने कृतज्ञता के कारण भी लोक-साहित्य तथा लोकगाथाओं में उनको देवी-देवता बना दिया है और चमत्कार भर दिए हैं—'चमत्कार से नमस्कार'— के लोक-न्याय से श्रद्धेयों को अलौकिक रूप में दिखाया गया है—यह वस्तुतः लोकमानस की कला है जो शास्त्रों में भी अपनाई गई है, अतः चमत्कारों से चिढ़ने की जगह उनके पीछे जो लोकतात्त्विक परामानसिक कारण हैं उन्हें समझा जाना चाहिए, ऐसा मैं सोचता हूँ।

इसी प्रकार भारत में सर्वत्र परशुराम, रेणुका और जमदग्नि के स्मरण को स्थायी बनाने के लिए उनके मंदिर हैं। राजस्थान में भी, कोलायत, बीकानेर के पास 'जागेरी' ग्राम, जमदग्नि का ही अपभ्रंश है, जागेरी, राजस्थान की समाधि यदि जमदग्नि की समाधि है तो यह विचित्र संयोग है; क्योंकि भर्तृहरि की समाधि भी सरिस्का के वन (अलवर) में है।

यह भी रोचक तथ्य है कि 'टांटियावास' नदी, जो अब 'बांडी' कहलाती है, उसे प्राचीन सरस्वती नदी का ही एक स्रोत माना जाता है और यह एक तथ्य है कि सरस्वती नदी, बीकानेर-सूरतगढ़ के मरुस्थल में (जो कभी समुद्र था) सूख गई थी।

मैंने परशुराम या जमदग्नि आश्रम को इन्दौर, मऊ, मध्य प्रदेश के पास 'जानापाव' में माना है जो माहिष्मती से अधिक दूर नहीं थी। धर्मक्षेत्र (कुरुक्षेत्र) में भी जमदग्नि का आश्रम था और परशुराम ने ब्रह्मबल और क्षत्रियबल या क्षात्रबल, दोनों में श्रेष्ठता सिद्ध कर देने तथा महापापी, कार्त्तवीर्य-अर्जुन को मारकर जनता का हृदय जीत लिया था, अत: हिमाचल से लेकर, महाराष्ट्र, गोआ, केरल, अरुणाचल प्रदेश, कश्मीर, राजस्थान, सर्वत्र मंदिर बनाकर परशुराम के प्रति, उनके युगप्रवर्त्तक कार्य के प्रति कृतज्ञता प्रकट की गई है।

परशुराम के जन्मदिन बैशाख मास के शुक्ल पक्ष की अक्षय तृतीया के दिवस, सत्युग के बाद त्रेता युग का आरम्भ हुआ, ऐसा विश्वास है।

एक फासिस्ट बना दिए चरित्र (परशुराम) के मानवीकरण में परशुराम के शौर्य के अतिरिक्त यह भी ज़रूरी था कि ऋषि राम के आत्मीय पक्ष को भी दिखाया जाए—यह मात्र 'चटनी' के रूप में नहीं है अपितु प्रचंड पात्र के अन्य कोमल आयामों के अवलोकन का यह परिणाम है—और एक ऋषि के कोपानल का बीजभाव अनिवार्यत: करुणा और कोमलता में होता है, यह दिग्दर्शन मुझे आवश्यक लगा। तथापि ऋषि राम में कहीं स्खलन नहीं दिखाया गया है जो उनमें था भी नहीं। परंपरा एक स्वर से परशुराम को अखंड संयमी और संन्यासी बताती है और इस कारण भी उन्हें भगवान् मान लिया गया।

वरिष्ठतम और विचारधाराविद् आलोचक डॉ. शिवदान सिंह चौहान को मैंने परशुराम शीर्षक लेख (राजस्थान पत्रिका में प्रकाशित, 17 अप्रैल, 1996 का अंक) भेजा था। परम्परा की पुनर्व्याख्या के संदर्भ में उन्होंने 26 अप्रैल, 1996 के अपने पत्र में लिखा है—''परशुराम पर आपका खोजपूर्ण किंतु रोचक निबंध मिला। सचमुच ऐसी शोध और अतीत की स्वस्थ और प्रगतिशील परंपराओं को जिन्हें बाद के लोगों ने अपने स्वार्थ के लिए अंधविश्वास की चादरों में लपेटकर, आडंबरों, कर्मकांडों और मिथकों में तब्दील कर रखा है, उनके असली रूप का निरावरण करना निश्चय ही एक बड़ा काम है। क्लासिक संस्कृत साहित्य का आप जैसा प्रबुद्ध पाठक ही यह कार्य कर सकता है। परंपरा एक ऐतिहासिक सिलसिला है। प्रगतिशील और Fundamentalist संकीर्ण दकियानूसी परंपराओं का यह सिलसिला एक-दूसरे से उलझता-सुलझता निरंतर चलता रहता है। इसलिए दोनों की ऐतिहासिक यात्रा को देखते हुए, इनके भेद से लोगों को अवगत कराना जरूरी है। आप ऐसा करने में समर्थ हैं, अत: आपके उपन्यास की प्रतीक्षा है।''

वर्षों की शोध और मनन-चिंतन के पश्चात् किया गया यह लेखन मेरी दृष्टि

से तथाकथित आधुनिक और उत्तरआधुनिक असंगतियों, विशृंखलताओं तथा विरूपाक्षताओं के विरुद्ध परंपरा की प्रगतिशील शक्ति और स्वरूप का, अभिनव प्रकल्प है, ओषधि, उपचार और वांछनीय, ग्रहणीय विकल्प भी।

महासंक्रांति (ग्रेट क्रायसिस) को महावृत्तांत (ग्रेट नैरेशन) ही दूर कर सकता है, ऐसा हमारा अभिमत है।

वाणी प्रकाशन, दरियागंज, नई दिल्ली के स्वत्त्वाधिकारी श्री अरुण माहेश्वरी इस महावृत्तांत को प्रकाशित कर रहे हैं, अत: उनका साधुवाद किंतु उससे भी अधिक वह इस उपन्यास को लिखवा लेने में प्रेरक की भूमिका भी पूरी करते रहे हैं, अत: यह उनकी रागारुणता है जो अब दुर्लभ होती जा रही है। संक्रांति-युग में यदि कहीं सहृदयता, शील और अपनत्व दिख जाए तो वह निश्चय ही प्रशंसनीय है, धन्यवादी होने योग्य स्थिति भी।

डॉ. हरि महर्षि ने इस प्रकल्प के लिए वेद, पुराण और परशुराम पर साहित्य जुटाया, इसके लिए मैं महर्षि हरि की प्रशंसा करता हूँ और उनका मेरे प्रति जो अभी तक गुरुभाव बना हुआ है, उसके लिए मैं उन्हें धन्यवाद तो क्या दूँ, पर धन्य-धन्य अवश्य कह रहा हूँ।

अपने मनोहर मित्र, डॉ. मनोहर प्रभाकर ने 'परशुराम' में रुचि ली और इस विषय पर 'राजस्थान पत्रिका', जयपुर में, 'परशुराम—परंपरा की परख' शीर्षक से हमारा लेखन प्रकाशित किया, इसके लिए उनके प्रति आभार प्रकट करता हूँ।

—विश्वम्भरनाथ उपाध्याय

1

वह नर्मदा के तट पर, जहाँ आजकल ओंकारेश्वर का तीर्थ है, वहाँ दिनभर बैठा रहा था और अभी भी बैठा था। वह प्रत्येक व्यक्ति को इस दृष्टि से देखता जैसे वह उसकी शंका का समाधान हो। वह बड़ी आशा से प्रत्येक चेहरे को ताकता और कोई प्रतिक्रिया न पाकर वह पुन: शून्य में छेद करने लगता था। नर्मदा निस्संग बह रही थी, दूर दूसरे तट पर वन के वृक्ष तरंगों के नृत्य पर सिर हिला रहे थे और तटस्थ पेड़ जब-तब जल में प्रतिबिंबित होकर स्वयं पर विस्मित हो रहे थे।

उसने कितनी बार प्रकृति से, नदी, लहर, आकाश, पृथ्वी, हवा, धूप, चाँदनी, अंधकार से कहा है कि वह कोई मार्ग दिखाए, कोई सूचना या संकेत दे किंतु उन्हें अपने से ही अवकाश नहीं था···वह कोई इंगित नहीं पा रहा था···काल नर्मदा के पानी-सा बह रहा था। संध्याकाल सन्निकट था। वह मन-ही-मन उस वेला से बचना चाहता था जैसे वह साँझ को दोनों हाथों से रोक रहा हो किंतु गोधूलि में अब अधिक विलंब नहीं था। परछाइयाँ यम-पाश-सी पड़ने-बढ़ने लगी थीं, सूर्य हारे-थके से समुद्र में डुबकी मारने के लिए क्षितिज पर झुकने लगे थे। उसने दिनमणि को चिल्लाकर रोका, सूरज रुको, मैं भी तुम्हारे साथ डूब मरूँगा किंतु प्रकृति वधिर है, बहरी; लेकिन क्या वह गूँगी भी है ? गूँगी तो वह नहीं ही है, किंतु उसकी बोली अस्फुट है, कुछ समझ में नहीं आता···मैं कब से यहाँ बैठा हूँ, भ्रमण भी करता रहा हूँ। इस नदी के कितने मनोभाव हैं, कितने हावभाव···मैं उन्हें अंकित करता रहा हूँ परंतु उसने मुझे, मेरी यातना का काई समाधान नहीं सुझाया।

प्रकृति से स्वयं संकेत लो, वह स्वयं अपने में संदेश है। वह अपने स्वभाव में रहती है, किसी के भाव से वह प्रभावित नहीं होती, वह अपने में होती रहती है, और शायद सभी से चाहती है कि वह स्वयं अपने में होता रहे।

वह शून्य में, एकांत में होता रहे या कर्म में अपने को प्रमाणित करे? वह अपने से प्रतिशोध ले रहा है या सहस्रबाहु अर्जुन से जो चक्रवर्ती कहलाता है···उसके आतंक से ही तो यह प्रकृति चुप नहीं है और अब गोधूलि वेला आ गई। फिर रात होगी, फिर चक्रवर्ती के निशाचर राजा के विलास के लिए, मेरी बहन कलावती की तरह किसी कुमारी—किशोरी को पकड़ेंगे और प्रजा रोकर रह

जाएगी, उसके स्वजन अपहृता का कातर स्वर सुनकर विवशता में होठ काटते मौन हो जाएँगे—मैंने क्या कर लिया राजा अर्जुन का···? मुझे चारों ओर उसकी बलिष्ठ भुजाएँ ही प्रतीत होती हैं। मैं जिससे प्रतिरोध की बात करता हूँ वह भय से काँपने लगता है···उसे भी मुष्टिबद्ध, शस्त्र-अस्त्रसहित चक्रवर्ती की विराट् भुजाएँ घेरती जान पड़ती हैं और वह मेरी तरह जड़ हो जाता है···कोई उपाय नहीं है।

दूर स्थित माहिष्मती में आखेटक रहते हैं, शिकारी और प्रजा उनकी शिकार है। आखेटक हमारा सर्वस्व लूटते हैं, हमारी स्वाधीनता, धन, मान-मर्यादा तथापि लोग विद्रोह नहीं करते···वे संगठित हुए न हों, ऐसा नहीं है; पर हर बार वे हारे हैं, आहत हुए हैं, स्वदेश छोड़ने पर विवश हुए हैं और उनके स्थान पर बाहर से लोग आकर बस गए हैं···क्या राजा और जन का यही नाता है किंतु अच्छे शासकों के नाम भी सुने जाते हैं, वे कहाँ हैं?

सुनते यह भी हैं कि यह अत्याचारी कार्त्तवीर्य अर्जुन भी पहले अच्छा था, फिर उसे क्या हो गया?···मैंने उसका क्या बिगाड़ा था? मैं एक कृषक का पुत्र, मेरे चार भाई, दो बहनें। बड़ी का विवाह हो गया। छोटी, कलावती चंद्रकला-सी बढ़ी···मैं खेतीपाती न कर महाऋषि जमदग्नि के आश्रम में पढ़ रहा था। शास्त्रों की पढ़ाई से आदर तो मिलता ही है, वृत्ति या चाकरी भी मिल जाती है···मैं एक बार सहस्रबाहु की राजसभा में अपना बुद्धिवैभव भी दिखा चुका हूँ। पुरस्कार भी पाया है। मेरे पास राजा का दिया प्रमाण-पत्र भी है किंतु तब मैं जानता नहीं था कि यह जो शासक समाज है, बढ़े-चढ़े महापुरुषों का समुदाय, यह भीतर से इतना अनैतिक है···और अमानवीय···इनमें ऊपर से एकता दिखाई पड़ती है, अभेद्य है माहिष्मती, कोई संधि, कोई दरार नहीं प्रतीत होती।

शास्त्र कहता है, बल न हो तो भेदबुद्धि से काम लो किंतु क्या यह संभव है? मेरी सहोदरा, मेरे ग्राम के सरोवर में कमलवृंत-सी बढ़ रही थी। पूरी तरह खिलने के पूर्व ही उसे तोड़ लिया गया।

वह भी ऐसी ही रात्रि थी···सन्-सन् करती। शीत ऋतु की, कृष्णपक्ष की कालरात्रि। कलावती सारे गाँव की प्रिय···वह पढ़ी-लिखी भी थी। वह ग्रामकन्याओं को पढ़ाती भी थी। मैं जब जमदग्नि आश्रम से आता तो मैं कला के अनौपचारिक विद्यालय में ग्रामीण कन्याओं को अक्षरज्ञान कराता और उन्हें संस्कृति सिखाता था।

कलावती के रूप और शील, उसकी व्यापक ममता और विद्या की प्रशंसा होती थी। उस बड़ाई से कला का रूप और खिलता जा रहा था। उसके मुख पर सर्वस्वीकृति के कारण एक दीप्ति रहती थी और वह आत्मविश्वास से दमकती हुई अपने वैशिष्ट्य के प्रति सचेत थी।

मेरे गाँव के लोग मुझसे कहते कि कला को जमदग्नि ऋषि के आश्रम में क्यों नहीं पढ़ाते ? मैं यह स्वयं सोच रहा था, किंतु मुझे उसके सौंदर्य से भय लगता था। वह ग्राम में अधिक सुरक्षित थी। वहाँ मेरा कुल परिवार था। चार भाई थे,

वंशज थे और कलावती के व्यवहार से सारा गाँव उसकी रक्षा के लिए खड्गबद्ध था। ग्रामीणकन्याओं का खेलकूद गायन-नर्तन, शिक्षा, संस्कार और व्यवहार, सब ग्रामवासियों के लिए गर्व और आनंद का विषय था। कलावती किसी स्वर्ग में विचर रही थी और मुझे ग्राम से अलग करने में निर्दयता-सी प्रतीत होती थी।

...ऐसी ही रात्रि थी, ऐसा ही अंधकार...ऐसे ही तारे नक्षत्र आकाश के फलक पर मोती से चमकते हुए...अंतरिक्ष में आकाशगंगा, मुक्तामाला की भाँति बिखरी हुई...द्यावा की दृष्टि, अनंत नक्षत्र रूपी नयनों से प्रकाश किरणों में शून्य को आलोकित करती हुई...जब तब उलूकों का भयद स्वर हृदय को कँपा रहा था...क्या उस रात्रि तमीचरों के इस स्वर में कोई संकेत था, अनिष्ट का इंगित?

कार्त्तवीर्य के गुप्त-गूढ़ सैनिकों का एक सशस्त्र गुल्म रात्रि के पूर्वार्ध में राक्षसों की भाँति प्रकट हुआ था। हम सब सोए हुए थे। ग्राम के प्रहरियों को चक्रवर्ती के सैनिकों ने पहले ही वश में कर लिया था। जो ग्राम-गलियों में मिला भी, भूलाभटका या कृषिकार्यवश विलंब से घर आता हुआ, उसे भी सैनिकों ने बाँध लिया था और उसके मुख में वस्त्र ठूँस दिया गया था।

कलावती माता-पिता के साथ भीतर सो रही थी, मैं बाहर बैठक के कक्ष में था, दूसरे कक्षों में भाई थे। वे निश्चिंत होकर गए, किवाड़ फाड़े, हम सब जग गए पर बाँध लिए गए और रोते-कलपते माता-पिता के सामने, वे कुररी पक्षिणी-सी क्रंदन करती हुई कला को उठा ले गए थे। आर्त्तनाद सुनकर लोग आए तो थे पर जब तक वे सब कुछ समझते, तब तक कलावती को अपहृत कर लिया गया था। उसे ग्राम के बाग में बँधे अश्व पर लादकर भगा ले जाया गया...जो पीछे के सैनिक थे, वे सशस्त्र और बलिष्ठ थे। ग्रामवासी घायल हुए, लड़े-भिड़े परंतु उन्हें मारते-पीटते वे सैनिक चले गए थे और हमारी मुश्कें बँधी हुई थीं। हम बलिपशु की तरह देखते-सुनते रह गए थे और हमारी आत्मा की भाँति कलावती का अपहरण हो गया था। माता-पिता लज्जावश विष खाकर तड़प-तड़पकर मर गए थे।

तब से मैं आपे में नहीं हूँ...ऐसी सहोदरा बहन की मर्यादा नहीं बचा सका मैं, धिक्कार है मेरे ज्ञान पर, शास्त्रज्ञता पर, सब नष्ट हो गया। यह असह्य है और मैं इस नर्मदा के जलगह्वर में कूद कर इस आंतरिक दाह से मुक्ति पा सकता हूँ। किंतु आत्महनन से कलावती का उद्धार नहीं होगा। संभव है, उसने आत्महत्या कर ली हो किंतु वे उसे मरने भी नहीं देंगे, यह सुनिश्चित है...वे तो उसे विलास का माध्यम बनाएँगे, उस हंसिनी के साथ...नहीं, नहीं, नहीं...वह विवश क्रोध में अपने बाल नोचने लगा, होठ काट-काटकर वह उन्हें रक्तरंजित कर चुका था। पुनः वह नदी किनारे धरती पर लोटने लगा, छाती कूटता हुआ। वह अर्जुन कार्त्तवीर्य को शाप दे रहा था, और बहते आँसुओं को हथेली में लेकर प्रतिकार की शपथ खा रहा था। फिर उसने अपना सिर बड़ी जोर से पटका और अचेत होने लगा...।

''मेधावी! तू ऋषिशिष्य है। यह आत्महीनता तुझे शोभा नहीं देती।''

मेधावी को यह स्वर किसी आप्त पुरुष का प्रतीत हुआ। वह अचेतनता के भँवर में घूम रहा था···जीवनधारण के लिए दोपहर में कुछ खाया था। भूख भूला हुआ वह दुर्बलता से सचेत होने में अशक्य हो रहा था···उस अचानक आए व्यक्ति ने मेधावी के मुख पर कमंडल से जल लेकर छिड़का और मौन रहकर प्रतीक्षा करने लगा। मेधावी में संचेतना सक्रिय हुई। उसे लगा, वह अँधेरी सुरंग से निकल नहीं पा रहा है, उसका कंठ सूखा हुआ था और वह शुष्क तालाब में मरती मछली-सा छटपटा रहा था। पुनः पानी का छींटा मिला। मेधावी का शरीर सिहरा और उसके नेत्र खुलने लगे। पुनः ममता में समोया हुआ दिव्यनाद-सा स्वर सुनाई पड़ा—

"मेधावी पुत्र! जाग्रत हो जा···तू ऋषि जमदग्नि का वत्स है, सावधान हो, आत्मपीड़न अनार्य कर्म है, आत्मश्रद्धा जगा मेधावी! उठ, स्वस्थ हो जा!"

मेधावी की काया में पीयूष वर्षण हुआ। उसके लोचन खुल गए, देखा एक श्मश्रुमंडित मुख, चिंतित-सा उस पर झुका हुआ है और मंत्र बुदबुदा रहा है, जल छिड़क रहा है।

मेधावी की मूर्छा दूर हुई। वह एक उच्छ्वास छोड़कर उठा। उस एकांत में उसने पुनः आती बेहोशी को रोका। नेत्र बंद कर कुछ क्षण बैठा रहा और पुनः देखा। अंधकार चारों और झींगुरों के निरंतर राग में सनसना रहा था, नर्मदा उस महाकाय, विशद स्थल में चैतन्य की तरह प्रवाहित थी, चुपचाप और दूर, बहुत दूर वन्य प्राणियों की आवाज़ें आ रही थीं, आखेट चल रही थी, बाघों, सिंहों की दहाड़ सुनाई पड़ी थी। मेधावी कुछ क्षण भूताविष्ट की तरह झूमता रहा फिर उसने अपने त्राता महापुरुष को देखा, वह मंत्र पढ़ रहा था—

"जाग वत्स, जाग, तू पुनर्ज्जीवित हुआ है, उठ, प्रयत्न कर।"

मेधावी, एक भभक में उठा, किन्तु पुनः उसे चक्कर आने लगे। उसने पास खड़े अपने त्राता के पैर कसकर पकड़ लिये और गला फाड़कर रोने लगा। त्राता उसे धीरज बँधाता रहा—

"मेधावी, उठ, संकल्प कर। इंद्र, अग्नि, रुद्र, वरुण, मरुतगण सब तुझमें हैं, तेरी विजय होगी···यह अवसाद अनार्यता है, जाग्रत हो देवपुत्र।"

अबकी बार मेधावी में बल की एक लहर उठी और वह त्राता के पैर छोड़कर खड़ा हो गया और रक्षक के वक्ष में अपना शीष छुपाकर पुनः रुदन करने लगा।

"भय नहीं है, इंद्र को यज्ञ में आहूत करने वाले को भय कैसा ?"

"तू अनल है, अग्नि, वैश्वानर, जातवेदा, मातरिश्वा, बड़वानल है तू, प्रज्वलित हो, पराक्रम कर···मुझसे अपना दुःख कह।"

मेधावी सावधान हो गया। त्राता के संकेत पर वे दोनों एक शिला पर बैठ गए···परिदृश्य विकट था पर मेधावी के लिए परिवेश नेपथ्य में चला गया था। नर्मदा का उच्छलन, जलावर्तों का नाद, वनस्थल के भयद स्वर, अंधकार में बनते-बिगड़ते साए, जल-पक्षियों का रव, यह सब अवचेतन में समा गया था और

मेधावी एकटक उस रक्षक व्यक्तित्व को सुखद विस्मय में व्याकुल परंतु आश्वस्त मुद्रा में देख रहा था—

"प्रभो! आप कौन हैं?"

"मैं प्रचेता का वंशज, मैं जमदग्नि ऋषि के आश्रम का शिष्य रह चुका हूँ, तू निर्भय होकर मुझसे कह कि यह तेरी दशा क्यों हुई, क्या घट गया ऐसा जो तू अनार्यों की भाँति अपने ही घात पर उतर आया?"

मेधावी ने अटक-अटककर कहना शुरू किया पर दुर्बलता से वह टूट-टूट जाता। तब रक्षक प्रचेता मुनि ने मेधावी को अपनी झोली से निकालकर कुछ खिलाया और जल पिलाया। कुछ समय बाद मेधावी ने सविस्तार कलावती-हरण का प्रसंग सुनाया। प्रचेता ऋषि स्थिति की गंभीरता से स्तब्ध और मौन रह गए ।

मेधावी प्रचेतामुनि की 'हुम्' सुनने को उत्सुक, अधर में टँगे अस्तित्व-सा डोल रहा था। अंततः प्रचेता ने 'हुम्' कहा और पुनः मौन धारण कर लिया।

मेधावी को अब नर्मदा माता और पिता, द्यावा पृथिवी, पालक मरुतगण की झकोरों और टिटहरी की चीखों में अरण्य की अदृष्ट कृपा का अनुभव हुआ···कोई रहस्य अवश्य है, प्रत्येक जीवसत्ता में···त्राता प्रचेतस मुनि को क्या प्रकृति ने नहीं भेजा? अवश्य यह अदृष्ट का हस्तक्षेप है···प्रचेता ने पुनः 'हुम्' कहा और वह मेधावी को संबोधित हुए—

"वत्स ! मैं तुझे एक वस्तु देता हूँ। इसे लेकर तू रात्रि में भोजन और विश्राम कर, प्रातः माहिष्मती चला जा। राजा अपने पुरोहित से दबता है क्योंकि संपूर्ण शिक्षित-दीक्षित विद्वत्-समुदाय पुरोहित का पृष्ठपोषक होता है। तू पुरोहित के स्वाभिमानी वंशज चक्रधर को यह पहचान दे और उन्हें सब बता, वह तेरी भगिनी को मुक्त करा सकते हैं, अब जा।"

"प्रभो! मैं असमर्थ, हत्भाग्य, चक्रधर महाराज के पास तक कैसे पहुँच पाऊँगा? कला के अपहरण से राजपुरुषों को मेरा पता चल गया होगा···तब क्या वे मुझे बंदी नहीं बना लेंगे।"

मेधावी विषण्ण स्वर में पुनः बोला—

"भगवन् ! वे नगर-द्वार पर परिचय पूछकर मुझे मारकर नर्मदा में फेंक देंगे, यह सुनिश्चित है और मैं गुप्त रूप से नगर में प्रवेश कर भी गया तो चक्रधर जी के निवास को पूछते समय पकड़ा जाऊँगा, तथापि आप मेरे प्राण त्राता हैं, जैसा आदेश हो।"

प्रचेता ने पुनः 'हुम्' कहा और पुनः वह सोचने लगे। अंत में उन्होंने कहा, "हुम्! ठीक है, चलो कल मैं स्वयं तुम्हें चक्रधर को सौंपकर वापस लौट आऊँगा, अब तो कोई अवसाद नहीं करेगा ?"

"नहीं, प्रभु, अब आपने मेरे प्राण बचाए हैं तो आगे भी रक्षा कीजिए। मैं तो आपके द्वारा पुनर्ज्जीवित जीव हूँ।"

जिसे आजकल महेसर कहते हैं और जो नर्मदा के तट के पास बसा है, वह तब माहिष्मती नगरी थी। तब कार्त्तवीर्य अर्जुन की एक अन्य राजधानी, इसी नाम से गुजरात में नर्मदा के समुद्रसंगम से कुछ योजन पूर्व स्थित थी और इसी तरह हैहय राजकुल के पुरोहित ऋषि जमदग्नि के दो आश्रम थे, एक महेसर (मध्य प्रदेश) से कुछ दूर आधुनिक मऊ के पास 'जानापाव' में था और एक भृगुकक्ष में था, और भी भार्गवों के कई आश्रम थे।

प्रचेता के पीछे मेधावी आदर के कारण उनके पगचिह्न बचाता हुआ श्रद्धाभिभूत चला जा रहा था। गुरु प्रचेतस् कार्त्तवीर्य अर्जुन सहस्रबाहु के पूर्वजों की कथा सुना रहे थे। जमदग्नि जिस प्रकार कार्त्तवीर्य के कुलगुरु हैं, उसी प्रकार जमदग्नि के पिता, ऋचीक् भार्गव ऋषि, अर्जुन के पूर्वज, राजा महिष्मत्, हैहय यादव के पुरोहित थे। ऋचीक् ऋषि आदि भृगु ऋषि के वंशज, राजा महिष्मत् के अत्याचार से कुपित हो गए और श्राप दे गए कि यह देश अभिशप्त है। वह वहाँ नहीं रहेंगे। उन्होंने तो यह भी कहा था कि इस हैहय राज्य का क्षत्रभंग हो जाएगा क्योंकि हैहय शासक आर्यों की जनकल्याणकारी परंपरा और मान्यता के ऊँचे आदर्शों और आर्य संस्कारों से हीन हो गए हैं। ऋषि ऋचीक, श्राप देकर सरस्वती नदी के तट पर आश्रम बनाकर वैदिक आर्यों के परिवेश में जा मिले थे और हैहय यादवों के बार-बार अनुरोध करने, क्षमायाचना करने और पश्चात्ताप करने पर भी फिर नहीं लौटे थे। महिष्मत् के बाद हैहयों की प्रार्थना पर ऋषि जमदग्नि ने माहिष्मती नगरियों के पास आश्रम बना लिये थे और हैहयराज कार्त्तवीर्य अर्जुन भी शुरू में उनका आदर किया करता था।

मेधावी आश्चर्य के साथ पूरा वृत्तांत सुन रहा था। उसने पूछा कि यह कार्त्तवीर्य अर्जुन पथभ्रष्ट कैसे हो गया? तब प्रचेतस् मुनि ने बताया कि यह पहले तो अपने पूर्वज महिष्मत् की भूलों का निवारण करता रहा और उसने यहाँ से सप्तसिंधु तक, सभी ऋषियों-मुनियों-आचार्यों और राजा सामंतों को प्रसन्न किया। शक्तिसंग्रह किया। एक विशाल वेतनभोगी सेना तैयार की, समुद्र में पोतसैन्य का आयोजन किया। भृगु-परंपरा में आश्रमों में, शास्त्र के साथ शस्त्रों की भी शिक्षा दी जाती थी। भृगवंशी आचार्य और ऋषि मंत्रद्रष्टा और योद्धा होते रहे हैं, अत: हैहयराज शक्तिसग्रंह हेतु भार्गवों को बुला-बुलाकर शर्याति, अनूप, आनर्त और अन्य यादव राज्यों में बसते रहे। भार्गव इस पश्चिमी देश में, मध्यदेश में, बहुसंख्यक और प्रबल हैं। वे राजा-महाराजाओं से किंचित् भी डरते नहीं हैं और राज्य जब उन्हें दबाने का प्रयत्न करता है, तब समूची भार्गव शक्ति एक होकर युद्ध के लिए हुंकारें भरने लगती है। भार्गवों में युद्ध को योगसाधना का अंग माना जाता है। युद्ध में आर्यों की शक्ति, साहस, धैर्य और एकाग्रता की परीक्षा होती है और भार्गव-आश्रमों में नए-नए अस्त्र-शस्त्रों का आविष्कार होता रहता है।

कथा कहते अचानक प्रचेतस् कहीं खो गए और मेधावी पर दृष्टि केंद्रित कर बोले—

"तुम शक्ति अनुभव करो। प्रश्न एक नारी की मुक्ति का नहीं, अनेक नारियों के सम्मान का है। नारी माँ की जाति है, उसका अपमान जो सहता है, वह आर्य नहीं है। आर्य वही है जो अपनी माता की जाति का अनादर न होने दे और आततायी के विनाश के लिए सब-कुछ करे।"

"गुरुवर ! मैं सहमत हूँ किंतु 'सब-कुछ' में क्या-क्या सम्मिलित है?"

"सब-कुछ साम, दाम, दंड, भेद—विशेषकर भेद क्योंकि हम शक्तिहीन और अकेले हैं।"

"तो सके लिए क्या करें?"

गुरु प्रचेतस् आकाश को वेद की तरह बाँचते रहे, मन-ही-मन गणित करते रहे, पुनः रहस्यमय वाणी में बोले—"मेधावी! शक्ति भार्गवों के पास है, आततायी सहस्रबाहु की दीर्घ भुजाओं या सेनाओं को भार्गव ही काट सकते हैं। हमें इन दोनों शक्तियों को टकरा देना चाहिए।"

मेधावी आश्चर्य और आकस्मिकता से स्तब्ध हो गया। वह अचकचाकर बोला—

"किंतु···किंतु प्रभो, यह हम····यह कैसे कर सकते हैं?"

"यह कार्य यह नराधम सहस्रबाहु अहंकारवश स्वयं करेगा, हमें तो उसके अभिमान को बढ़ाते रहना है।"

मेधावी चकित था। यह मुनि प्रचेता तो बड़े गूढ़ निकले। गुरु मौन हो गए थे और मेधावी नाना कल्पनाओं में मग्न था।

संध्याकाल, गोधूलि के पूर्व माहिष्मती के द्वार पर दो गुरु शिष्यों को देखकर द्वारपाल ने ललकारा—

"परिचय दो। राजाज्ञा है कि ऋषि-मुनियों के वेश में गुप्तचर विचरते हैं, परिचय दें वर्ना आपको नगर में प्रवेश नहीं मिल सकता।"

प्रचेता ने परिचय दिया और मेधावी की जगह नाम मेधातिथि बताया। कहा कि वे दोनों ऋषि वामदेव आश्रम के वासी हैं, प्रचेता आचार्य हैं और मेधातिथि वहाँ शिष्य है।"

नगर में प्रवेश मिल गया किंतु तभी जब ऊपर से स्वीकृति आ गई। प्रचेता के प्रभाव से मेधावी प्रभावित हुआ। दोनों चक्रधर पुरोहित के निवास की ओर बढ़ गए किंतु नगर-रक्षकों का एक गूढ़पुरुष कुछ दूरी रखकर उन दोनों के पीछे लग गया।

मेधावी के पीछे राजा का जासूस था, सामने महानगर··भय के कंपनों के मध्य माहिष्मती की शोभा विरोधी दिशाओं में खींच रही थी··मेधावी ने एक बार भी मुड़कर पीछे नहीं देखा ताकि उस भेदिए को संदेह न हो जाए कि उसे देखा जा

रहा है। यह देखे जाने का भाव किस तरह व्यक्ति को सचेत कर देता है, यह मेधावी स्वयं महसूस कर रहा था। भेदिया एकटक उसकी गतिविधि परख रहा था…तब मेधावी ने दृढ़ता से अपनी चेतना को नगर के वैभव में संलग्न कर दिया जैसे उसे भेदिए का भान ही न हो।

…माहिष्मती के प्रशस्त राजपथों पर पंक्तिबद्ध भवन थे। वे घर नहीं, भवन थे जैसे उन्हें प्रदर्शनी में प्रतियोगिता के लिए खड़ा किया गया हो…प्रत्येक भवन अपनी वास्तुकला का प्रतिरूप था, नयनाभिराम नमूना…दृढ भित्तियाँ, सचिक्कण, अभिचित्रित, महराबों वाले विशाल द्वार, उनमें जड़ाऊ कपाट…किन्हीं-किन्हीं कपाटों में तो हीरे-मोती भी लगे हुए थे। दृष्टि चौंधती थी…कई पटलों के गगनचुंबी निवास-भवन…ऊपर अट्टालिकाएँ जिन पर मयूर टहल रहे थे, बीच-बीच में कुहकते हुए कलापी और अन्य पक्षी कलरव करते हुए…कुछ पिंजड़ों में बंद शुक-सारिकाएँ राजा अर्जुन की जय बोलती हुईं…रात में प्रकाश से नहाए हुए सदन, दीपकों की पंक्तियों, दीपाधारों से उत्सव मनाते हुए…टोरियों के शीर्षों पर सुवर्ण के कलश, स्वर्ण-शृंगार माहिष्मती…कहीं-कहीं सोने की परतों से मढ़ी हुई दीवालें, सुचित्रित छतें…और ऐसे मुग्धकारी पौधों की अंतहीन क़तारें…कहाँ से इतना स्वर्ण लाया गया होगा, इतने रत्न…शायद राजा कार्त्तवीर्य अर्जुन के समुद्री व्यापार का यह प्रतिफलन है…।

…राजपथों पर एक भी अकिंचन घर नहीं…वे होंगे अवश्य…मेधावी चकित होकर पूछने लगा—''गुरुवर ! राजधानी में साधारणजन नहीं रहते क्या ?''

'हुम्' का उच्चारण हुआ, हुम् प्रचेतस् बोले—''सर्वसाधारण जन हैं पर उन्हें राजपथों पर घर बनाने की अनुमति नहीं है…पूरा नगर वृत्ति या व्यवसाय के अनुसार बँटा हुआ है, यहाँ जौहरियों, वस्त्र विक्रेताओं, साहूकारों और सेठ-सामंतों के भवन हैं। उधर लकड़ी, बर्तन, अन्य वस्तुओं के पृथक् बाजार हैं…वहाँ के घर साधारण हैं…सेवकों के अतिसाधारण निवास हैं…महानगरों में एक ओर वैभव होता है, असीम, अनंत समृद्धि…दूसरी ओर अतिदरिद्रता, उधर यह चमक और दमक नहीं…लालित्य तो लक्ष्मी—धन की देवी लाती है और वह अपने आवास के लिए सेठ-सामंतों को चुनती है…जो शक्तिहीन है, लघु है, निर्बल है, लक्ष्मी उसे दुत्कार देती है…जो छल-बल में निपुण है, उसे वह कृपा का पात्र बनाती है…जहाँ विद्या है, ज्ञान है, कला है, धर्म है, सज्जनता है, श्रम है, वहाँ अकिंचनता होती है…जो झपटकर छीन सकता है, साहस कर सकता है, उद्योग और उद्यम में ख़तरे उठा सकता है, जो ब्याज लेकर धन उधार देता है, जो बड़ा व्यापार करता है या जो राजा का, सेठ का कृपापात्र है, वह धनी हो जाता है। ये नाम मनुष्य के विकार को बढ़ावा देते हैं। जो सद्विचारी हैं, वे आश्रम बनाते हैं, नगर नहीं…इधर तो पापियों के पुंज हैं वत्स…ये ईर्ष्या योग्य नहीं, ये तो अभिशप्त हैं और धनसंग्रह के लिए पाप और पुण्य की रेखाएँ मिटाने वाले लोग हैं।''

ऋषि पुनः बोले—''मेधावी···कोई इन संपन्नों से कहे कि जीवन क्षण-भंगुर है···इतने संग्रह और प्रदर्शन की क्या आवश्यकता है···अनावश्यक संपत्ति को दरिद्रों को दे क्यों नहीं देते, तो ये वैभवशाली लोग तुम्हें धक्के देकर निकाल देंगे क्योंकि धनी की प्रतियोगिता अधिक धनी के साथ है···जो सामंत छोटा है, वह बड़ा होना चाहता है। छोटा सैनिक सेनानी बनना चाहता है। यह जो लगातार खींच है अधिकाधिक उच्चता और संपन्नता की, यह इन्हें आदर्शनिरपेक्ष बना देती है और ये उत्कर्ष तथा संपत्ति संग्रहकर्त्ता, पीढ़ी-दर-पीढ़ी इसी अंधी दौड़ में भागते रहते हैं। भौतिक भव्यता ही इनका लक्ष्य है और इस समाज में वही प्रतिष्ठा का निकष है···जो बड़ा है, बली है, धनी है, सेठ-सामंत या राजा है, वही आदर का पात्र है···जो लघु है, वह दयनीय है, अपमान का पात्र···यह नगर बाहर से कितना सुंदर है पर भीतर से यह भयंकर है···जैसे हमारे पीछे यह भेदिया लगा है, इसी प्रकार यहाँ प्रत्येक के पीछे उन्नति और समृद्धि का भूत लगा हुआ है···वैभव, शक्ति प्रताप···ये प्रेत पर्याप्त हैं और इनकी प्राप्ति से जो मिथ्याभिमान जगता है वही इनके विनाश का कारण बनेगा···यह निश्चित है।''

मेधावी ने प्रचेता मुनि के अनुकरण में एक 'हुम्' की ध्वनि की और अचानक पीछे मुड़कर देखा। वह भेदिया अदृश्य हो गया था···शायद उसने सोचा होगा कि ये गुरु-शिष्य हैं, बस चले जा रहे हैं, इनसे क्या भय हो सकता है?

किंतु ऐसा था नहीं। कुछ समय बाद वह भेदिया पुनः प्रकट हो गया। मेधावी भय से सिहर उठा।

मेधावी ने अपना मन पुनः राजधानी के सौंदर्य में लगाया किंतु वह इतना अधिक था कि उसे आतंक-सा अनुभव हुआ···माहिष्मती के राजपथों पर संध्या-काल कितनी भीड़ होती है पर अनुशासन भी खूब है···राजपथ पर रथ, अश्व, पालकी, शकट, आदि चलते हैं और पदातियों के लिए सड़कों के किनारे या ऊपर पथ हैं···स्थान-स्थान पर राजपुरुष मार्गनियमों के पालन के लिए दंड लिये खड़े हैं। चतुष्पथों पर कई दंडधारी यमराज से चौकस रहते हैं—किसी ने नियम तोड़ा और दंडप्रहार हुआ—सब व्यवस्थित है, कहीं कोई न्यूनता नहीं दिखाई पड़ती और नागरिक कितने शोभन हैं···वस्त्र मूल्यवान् हैं, स्वच्छ शरीर हैं, संपन्न नागरिक। इतने सुंदर और भव्य···कितना रूप है यहाँ···जिसे देखो, वह चमकता हुआ···बाजारों से क्रय की गई वस्तुओं को लादे सेवक साथ चल रहे हैं···कुछ स्वयं वस्तुएँ लिये हुए हैं···सब चले जा रहे हैं···राजपथ पर बड़े लोग रथों पर, अश्वों पर, पालकियों पर चल रहे हैं···वे इस लोक के लगते ही नहीं हैं। लगता है वे स्वर्ग से नगर विहार के लिए पधारे हैं···। इनके नेत्रों में कितना अभिमान है, कितना संतुष्टि का भाव है, जैसे वे दूसरों को तृणवत् देख रहे हों···इसी अभिमान के लिए तो ये अकरणीय करते होंगे···यदि मैं इनको कहूँ कि आप बैठे-बैठे थक गए होंगे, जरा हमें इन सवारियों पर बैठने दो तो ये दंडधारी

सैनिक हमें मारेंगे···और ये हमारी धृष्टता पर हँसेंगे···वे बैठने के लिए ही हैं, सेवक, पशु और हम जैसे इन्हें ढोने के लिए···किंतु जो ढो रहे हैं, वे क्या कभी यह नहीं सोचते होंगे कि वे अपने कंधों, सिरों से इन्हें फेंक दें?···क्या बढ़िया, रोचक दृश्य हो कि ये दूसरों पर लदे हुए ललित लोग नीचे गिर पड़ें और ये भारवाही पशु और सेवक इन पर ठट्ठा मारकर हँस पड़ें, लेकिन ये विद्रोह कर नहीं सकते क्योंकि इन्हें सेवा के लिए खूब दाणापाणी मिलता है···तभी तो ये तगड़े हैं···उत्साह से दौड़ रहे हैं बल्कि तीव्र गति के लिए स्पर्धा कर रहे हैं···इन्हें स्वाभिमान नहीं, स्वतंत्रता नहीं, चारा चाहिए और वह इन्हें मिलता है···वह देखो, वे पालकी ढोने वाले कितनी शान से, अकड़ से चल रहे हैं···उन्हें गर्व यह है कि उनका स्वामी बड़ा आदमी है···वह महान् के दास हैं जो उन्हें संपन्न चाहे न बनाए पर भरपेट रखता है और प्यारभरी गालियाँ देता है···वे अपशब्द झेल जाते हैं क्योंकि उसको सहन करने से ही वे स्वामी के प्रिय बन जाते हैं। जो विरोध करता है उसे निकाल दिया जाता है···पशुवत् मालिकों को सहन करो और भूसा और अन्न खाओ तथा खूँटे से बँधे रहो···साधु, क्या व्यवस्था है···स्वामी और दासों का यह समाज संतुष्ट है··· कहीं व्यग्रता, कोई विरोध नहीं दीखता···मनुष्य ने ही मनुष्य को दास बना रखा है···विचित्र सभ्यता है।

तभी मेधावी ने आगे शोर सुना···एक स्वर्णिम रथ पर कोई महामहिम व्यक्ति लदा हुआ आ रहा है। रथ के पहियों के पास की पट्टिका पर दो-दो सशस्त्र सैनिक खड़े हैं, आगे-पीछे अश्वारोही योद्धा हैं। रथारूढ़ सामंत के सिर पर चमकदार मुकुट बँधा हुआ है जिसमें जड़े रत्नों से उस राजा जैसे व्यक्ति का मुख ठीक से दिखाई नहीं पड़ता है। रथ तेजी से चलता है पर राजपथ का जनसंकुल शीघ्र मार्ग नहीं छोड़ पा रहा है। रथ का सारथी चिल्लाता है, कोड़े फटकारता है, लोग डरकर इधर-उधर भागते हैं; तथापि एक व्यक्ति भीड़ के कारण रथ के पहिए के नीचे आ जाता है···वह पीड़ा से चीखता है···रथ रुकता है···सैनिक उस घायल व्यक्ति को रथ के नीचे से निकालते हैं···राजानुमा रथारोही विलंब होने के कारण बिगड़ता है। सैनिक क्रोध में उस आहत व्यक्ति को बंदी बना लेते हैं। उस बंदी के परिवारी या परिचित क्षमा माँगते हैं पर गुल्म का सेनापति दहाड़ता है।

"भागो, इसको नहीं छोड़ा जा सकता···इसने राजा को विलंबित किया है, क्या यह अंधा था, देख नहीं रहा कि राजकुमार रथ पर विराजमान हैं···इसे इस धृष्टता का दंड मिलेगा। तुम भाग जाओ, राह रोको मत···जाओ।"

कोई यह नहीं कहता कि रथ चालक की लापरवाही से वह व्यक्ति घायल हुआ था, और घायल हो जाना स्वयं अपने में दंड है···आहत व्यक्ति चुप है, सब चुप हैं और रथ का मार्ग छोड़कर इधर-उधर भाग रहे हैं···कुछ क्षणों के पश्चात् शांति हो जाती है। ऋषि प्रचेतस् चले जा रहे हैं—पीछे वह भेदिया आ रहा है···मेधावी लपककर प्रचेता मुनि के पार्श्व में आकर पूछता है, धीमे स्वर में—

"ऋषिवर, यह घटना घट गई···कितनी निर्दयता है यहाँ! धिक्कार है इस व्यवहार पर, धिक्कार है।"

"चुप रहो, केवल देखो···यह जो हुआ है, वह प्रतीक है, परिचायक है उसका जो यहाँ होता है और होने जा रहा है।"

मेधावी विस्मय से जड़ीभूत हो गया और फिर सोचता हुआ प्रचेता मुनि के पीछे चलने लगा।

2

आचार्य चक्रधर शास्त्रविद् और नीति-निपुण थे। वह ज्ञानियों को, योगी-तपस्वियों, साधकों और ध्यानियों को, याज्ञिकों तथा द्रष्टाओं को, ऋषि-मुनियों को मनुष्य समाज में सर्वोच्च मानते थे और क्षत्रियबल तथा वैश्य धन-समृद्धि को उसके पश्चात् स्थान देते थे। दास और शूद्र सेवक माने जाते थे किंतु आचार्य चक्रधर उन्हें स्नेह और पोषण देने के विश्वासी थे। उनके दस्यु राजाओं, असुरों और अन्य अनार्य माने जाने वाले समुदायों से भी संबंध थे। नर्मदा से दक्षिण की जनजातियों ऋक्षगण, वानरगण और लंका के राक्षस कहे जाने वाले मानवसमूहों से भी उनके सूत्र जुड़े हुए थे। आचार्य चक्रधर राजपुरोहित आचार्य दिव्यधर के लघु भ्राता थे, पर सहोदर नहीं थे, पितृव्य पुत्र थे। पुरोहित दिव्यधर चक्रधर के परामर्श के बिना कुछ नहीं करते थे।

चक्रधर ने प्रचेतस् और मेधावी को तुरंत बुलवा लिया था। रात्रि में उन्हें विश्राम के लिए कहकर वह राजकाज के लिए पधार गए थे। मेधावी उनके प्रासाद जैसे बड़े सजे-धजे भवन में चकित मुद्रा में आचार्य का वैभव देख रहा था। उसे और मुनि प्रचेता को पृथक् कक्ष दिए गए और उनकी सेवा में कई सेवक लगा दिए गए। सेवकों ने गर्म जल से उन्हें स्नान कराया और यथाकाम भोजन परोसा। फिर वे दोनों बिना विचार-विमर्श के यात्रा की क्लांति मिटाने हेतु सो गए थे।

प्रात: अल्पाहार के समय आचार्य चक्रधर और पुरोहित दिव्यधर की उपस्थिति में मेधावी और प्रचेतस् प्रस्तुत किए गए। प्रचेता तो अपनी तटस्थ परंतु विनम्र मुद्रा में थे, मेधावी आतंकित किंतु आशावान् भंगिमा में गौरव की चरम मूर्तियों को मुग्ध होकर देख रहा था। प्रचेता को दोनों आचार्यों ने आसन से उठकर सम्मान दिया और मेधावी के द्वारा चरण-स्पर्श करने पर दोनों ने वरदहस्त उठाया। सब बैठ गए।

मेधावी से कलावती-अपहरण का प्रसंग सुनकर चक्रधर क्रोध से पार्श्व बदलने लगे। वह वस्तुओं को उठाते और बल से पटकते, पुन: शांत होकर अपने में खो जाते, वह क्षोभ में अधर में ताकते किंतु राजपुरोहित को जैसे सर्प सूँघ गया था।

वह निम्नमुखी मुद्रा में चुप रह गए थे। चक्रधर ने भाई दिव्यधर की ओर देखा। पुरोहित चुपचाप उठे और कहने लगे—

"चक्रधर! तुम करणीय सोचो, मुझे राजकार्यवश चक्रवर्ती के पास जाना है…मैं पुरोहित हूँ, प्रत्यक्ष हस्तक्षेप करना अनुचित है…तुम कोई मार्ग खोजो…।"

और पुरोहित सिर नीचा किए, विवश से चले गए। चक्रधर उन्हें बाहर खड़े रथ पर बैठा आए और नमन कर वापस लौटे। चक्रधर क्रुद्ध थे। वह मेधावी और प्रचेतस् को वहीं छोड़कर बाहर बैठक में गए और एक विश्वसनीय व्यक्ति के कान में कुछ कहा। पुन: वह मेधावी तथा प्रचेतस् के पार्श्व में आकर बैठ गए, कुछ खाने-खिलाने लगे। वह अत्यन्त विक्षुब्ध थे किंतु संतुलित थे।

चक्रधर भभके, "मुनि प्रचेता…यह हैहय कार्त्तवीर्य अर्जुन अब अहंकारी हो गया है…अब वह स्वेच्छाचार पर उतर आया है और मर्यादा भूल चुका है। धर्म, अधर्म के विवेक से परे जाकर वह भय और बल के प्रयोग से अपने को सर्वोच्च समझने वाले ऋषि-मुनियों, आचार्यों को भी धूलधूसरित कर आतंक स्थापित करना चाहता है। लंका के राक्षस कहे जाने वाले राजा को युद्ध में हराकर यह सहस्रबाहु कहलाने लगा है। इसने लंकेश से संधि कर ली है। राक्षस नरभक्षक तो हैं ही, मर्यादा विध्वंसक भी हैं। वे धर्मयुद्ध नहीं करते और उनके निंदक ऋषि-मुनियों के आश्रम उजाड़ते हैं। वानर जाति के राजा उनके विरोधी हैं, ऋक्षजनपदाधीश भी, गिद्ध जनजाति के यूथप संपाती भी राक्षसों के शुत्र हैं; पर वे सब एक होकर लंकेश को नहीं घेरते। सहस्रबाहु ने वानर-ऋक्ष-गिद्ध आदि-दाक्षिणात्यों को अपने नेतृत्व में लेकर लंकेश के सैन्यबल को तोड़ दिया है किंतु वह धूर्त्त है। उसने दबकर इस तथाकथित चक्रवर्ती से संधि कर ली है कि हैहय और राक्षस मिलकर, गर्वोन्नत सप्तसिंधु के आर्य राजाओं और ऋषियों-मुनियों का मानमर्दन करें। इस नीच और क्रूरकर्म में जनपद की जनजातियों : गिरिजनों, आरण्यकों ने सम्मिलित होने से मना कर दिया है पर राक्षस और हैहय मिलकर सारे देश का दमन कर सकते हैं। आर्यों के लघु और परस्पर स्पर्धी राज्य तथा आश्रम उनका सामना नहीं कर सकते। कार्त्तवीर्य अर्जुन अपने पूर्वज महिष्मत् की भाँति सत्ता और शक्ति का खेल खेलना चाहता है।"

"क्या उसे तपस्वी और वेद मंत्रद्रष्टाओं के शाप का भय नहीं है?" प्रचेता ने पूछा।

"नहीं, वह तो ऋषियों का उपहास करता है और ऋषियों को पूज्य मानने वाले आर्य राजा—दिवोदास, सुदास, गाधि और विश्वरथ, की खिल्ली उड़ाता है। वह विश्वरथ से विश्वामित्र बन गए। ब्रह्मर्षि विश्वामित्र की निंदा करता है। वह क्षत्रियों के दर्प को ब्रह्मर्षियों-महर्षियों पर आरूढ़ करना चाहता है और विश्वामित्र का यह कथन है कि क्षात्रबल को धिक्कार है, ब्रह्मबल श्रेष्ठ है, इसे वह विनोद समझता है। वह क्षात्रबल का प्रयोगकर्त्ता बन गया है।"

प्रचेतस् और मेधावी के चेहरे गिर गए थे और उनकी आशा के सूत्र टूटने लगे थे। प्रचेतस् इसे दैवगति मानकर अपने में खो गए थे। तभी चक्रधर ने उन्हें उबारते हुए कहा—

"मुनिवर ! ऊपर से देखने पर हैहय भयंकर है, छिद्ररहित, उसका प्रताप अखंड लगता है, परंतु छिद्र बाहर नहीं, भीतर है?"

"हैं? छिद्र है?" प्रचेतस् प्रथम बार उत्सुक हुए।

"प्रतापी राजा के बलाधार उसके वंशज होते हैं। वे ही प्रमुख पदों पर हैं। युद्ध में वे ही अग्रगामी होते हैं। राजा के लिए उसके वंशज ही शीश कटाते हैं किंतु वे बदले में राजा को अपने वश में रखना चाहते हैं और सर्वोच्च सम्मान चाहते हैं, सर्वाधिकार और उनमें जो सहोदर और पितृव्यपुत्र होते हैं, वे स्वयं राजा बनने की जोड़-तोड़ में रहते हैं। यदि उनमें किसी भाई या चाचा के पुत्र को आश्वस्त किया जा सके तो वह या वे, इस तथाकथित चक्रवर्ती को स्वयं मार डालेंगे अथवा विष दिलवा देंगे या रणस्थल में सेनासहित प्रतिपक्ष में मिल जाएँगे, यही छिद्र है।"

चक्रधर को प्रचेता तथा मेधावी चमत्कार की भाँति देख रहे थे।

तभी वह चक्रधर का गूढ़ पुरुष प्रकट हुआ। उसने संकेत से आचार्य को एकांत में आने का संकेत किया। चक्रधर गए और काफी देर तक समाचार सुनते रहे। पुनः लौटकर गुरु गंभीर मुद्रा में बैठे और बोले—

"वत्स मेधावी! प्रसन्न हो जाओ। कलावती को वे दैत्य पराभूत नहीं कर सके। उसने अपहरण की अवस्था में ही अपने हाथ की शिरा काट डाली सो उसके शरीर से बहुत रक्त बह गया है और विवश होकर उसे राजवैद्य को सौंपना पड़ा है। राजवैद्य धर्मज्ञ हैं। उन्होंने कला को बचा लिया है किंतु दुर्बलता का बहाना बनाकर उसे राजपुरुषों को लौटा देने से मना कर दिया है। कलावती राजवैद्य के विशाल चिकित्सालय में सुरक्षित है। मैंने वहाँ वैद्य के बटुकों के रूप में भेदिए नियुक्त कर दिए हैं। वे अवसर पाते ही उस देवदुर्लभ कन्या को उसके माता-पिता के पास पहुँचा देंगे, यह सुनिश्चित है, ऐसा समझो।"

"किंतु प्रभो ! मेरे माता-पिता तो कला के अपहरण की लज्जा से विषपान कर आत्महत्या कर चुके हैं और कला के गाँव पहुँचते ही उसका पुनः अपहरण होगा, यह भी निश्चित है।"

"तब क्या किया जाए?"

प्रचेता को इसी क्षण की प्रतीक्षा थी। वह धीमे स्वर में बोले—"ऋषि जमदग्नि के आश्रम में नाम बदलकर, पता बदलकर भेज दिया जाए। इस हैहय का मद ऋषि अथर्वण के पुत्र और पौत्र ही उतार सकते हैं। वे भार्गवगण दिव्यास्त्रों के आविष्कारक हैं। बड़ी-से-बड़ी सेना भार्गवों का क्या कर लेगी?"

"अहा! मुनि प्रचेतस् आपकी जय हो, क्या मार्ग बताया है...कुछ समय बाद,

कन्या कलावती के स्वस्थ होते ही वह जमदग्नि मुनि के आश्रम में पहुँच जाएगी। ऋषे ! मैं आपका आभारी हूँ, आप में अंतर्दृष्टि है।''

प्रचेतस् पर प्रशंसा का कोई प्रभाव नहीं पड़ा, वह मानवकरुणा से ओतप्रोत थे। एक अलौकिक स्मिति मुख पर आई, पुनः वह चारों ओर देखकर बोले—

''आचार्य चक्रधर, आप में यज्ञाग्नि प्रज्वलित है। कन्या कलावती के प्रसंग ने आपकी धर्मज्योति बढ़ा दी है किंतु अकेली कलावती ही तो नहीं है?''

''यह हैहय प्रतिदिन एक किशोरी की बलि लेता है, यह पामर है और लंकेश के मंत्री उसे सुझाते हैं कि परस्त्रीहरण से ही क्षत्रिय योद्धा में नई शक्ति के केंद्र खुलते हैं।''

''तब तो इस चक्रवर्ती को ही हन्यमान मानना होगा क्योंकि आप किन-किन किशोरियों को बचाते फिरेंगे? इस स्वैराचारी लंपट, हिंस्र पशु की बलि से ही नीति के देवता वरुण संतुष्ट हो सकते हैं। हैहय मूर्तिमान अधर्म है, और इसका मूलोच्छेदन तुल्यबलशाली, अलौकिक शक्तिसंपन्न भार्गवगण ही कर सकते हैं···आप कृपा कर इसी ओर घटनाओं को मोड़ दें तो धर्म और अधर्म का एक बार पुनः संग्राम होगा और पुनः हैहय राज्य के सिंहासन पर किसी प्रजापालक नीतिज्ञ और आदर्श शासक का आरोहण होगा, है कोई ऐसा उत्तराधिकारी हैहयों में?''

चक्रधर बोले—''कई हैं, पर चुप हैं। उन्हें जब कार्त्तवीर्य से टकराने वाला मिल जाएगा, तब वे पक्ष बदल सकते हैं।''

''क्या यह महिषी और अन्य रानियाँ अर्जुन द्वारा यह सब होने देती हैं, वे विरोध में कुछ क्यों नहीं करतीं?'' प्रचेतस् ने सोचते हुए कहा।

''उनमें राजा के स्नेह के लिए स्पर्धा रहती है और वे अपने-अपने पुत्रों को राजसिंहासन पर आरूढ़ कराने के लिए षड्यंत्र करती रहती हैं। राजा उन्हें आपस में लड़ाता रहता है और सौतिया डाह का आनंद लेता है।''

प्रचेता ने पुनः 'हुम्' की और पुनः सोचने लगे। पुनः पूछा—

''राजा का प्रबलतम समर्थक कौन है?''

''सुचंद्र, जो उसकी पटरानी का भाई है। वह राजश्यालक है, बली है, सर्वाधिकारी भी वही है। वह स्वाधिकार पा चुका है और अपनी भगिनी पट्टमहिषी, विदर्भपुत्री दीप्तमती कनकलता के पुत्र जयध्वज को युवराज बनवा चुका है। वह इतना धूर्त्त है कि कहीं राजा को मारकर स्वयं राजा न बन जाए या भांजे को राजा बनाकर कर्त्ताधर्त्ता न बन जाए।''

मेधावी और प्रचेता राजा के साले का रोचक वर्णन सुनकर हँसने लगे। प्रचेता ने सुझाया—''राज्य सभा है, मंत्रिपरिषद् है, वहाँ आप विरोध कर सकते हैं, आप तो परामर्शकों में हैं।''

''वह दुष्ट मानता नहीं है, तथापि कुछ तो करना ही होगा।''

चक्रवर्ती कार्त्तवीर्य अर्जुन सहस्रबाहु गुप्त परामर्श-परिषद् में सिंहमुद्रा में विराजमान थे। वह देवशरीर का स्वामी था, सात फुट से अधिक प्रलंब, सिंहवत् साँचे में ढला शरीर, आजानुबाहु, वृषभ स्कंध, कटि क्षीण, जंघाएँ कसी हुईं, शुंडाकार और पिंडलियों में लौह दृढ़ता। उसकी भुजाओं में मांसपेशियाँ उभर रही थीं और उसकी गरदन मोटी और सिर भारी था। उसके नेत्र मद और मान से आरक्त, और भृकुटियाँ धनुषवत् सदा चढ़ी हुई सी लगती थीं। वह सदा अस्थिर, चंचल और त्वरा में बार-बार आसन मुद्रा बदल रहा था। उसकी मूँछें बड़ी-बड़ी, सुनिर्मित और फड़कीली थीं···वह शार्दूल की तरह आक्रोश में था।

गुप्त परामर्श खलमंडल में सुचंद्र और अन्य थे। मंत्रिपरिषद् का कोई संभ्रांत व्यक्ति नहीं था। राजा ने भौंहें चढ़ाकर पूछा—

''सुचंद्र ! सुना है, वह कलावती राजवैद्य के ओषधालय से लुप्त हो गई? कहाँ गई, किसने यह कराया, किया?''

''कुछ पता नहीं चलता, भेदिए भेजे गए हैं पर अभी तक कोई समाचार नहीं मिला···आप उधर से ध्यान हटाइए, संध्या फहरा रही है, अन्य नया प्रबंध किया गया है। आपका मन कलावती को भूल जाएगा।''

''पर प्रश्न तो हाथ आई चिड़िया के अपहरण का है, राज्यसत्ता का मान तो नष्ट हो गया न···तुम्हारे गूढ़ पुरुष क्या कर रहे थे? उन्होंने ओषधालय पर पहरा क्यों नहीं दिया। सेना की टुकड़ी वहाँ क्या सो रही थी···सेनापति रुद्रदत्त को बुलाओ।''

''नहीं राजा। अभी नहीं, वह कलावती के अनुसंधान में लगे हैं। कल बुलाइएगा, तब तक समाचार अवश्य मिलेगा। आज तो आपके मनोरंजन का दिवस है और लंका के नरेश का परामर्शदाता तथा संधिविग्रहक विद्याधर आपको नए सूत्र देने के लिए प्रस्तुत है··· ।''

''किंतु, यह कला को निकाल ले जाने का उपक्रम किसने कराया है, यह पता न चला तो मैं तुम्हें लंकेश को सौंप दूँगा। वह तुम्हें कच्चा खा जाएगा ।''

सबने दुर्दांत अट्टहास किया। राजा का साला सुचंद्र खिसिया गया। उसने उठकर राजा के कान में नई युवती के प्रतीक्षारत होने का समाचार दिया और तब राजा के संकेत पर वह उठकर मित्रों के साथ चला गया। तभी श्रीलंका के राजप्रतिनिधि विद्युन्माली विद्याधर ने प्रवेश किया। उसका नाम तो कुछ और था किंतु अर्जुन उसकी विद्या, बुद्धि और तर्कशीलता के कारण उसे विद्याधर कहता था। विद्याधर रूप बदलने और भूत की भाँति छलबल में प्रवीण होते हैं। वे भूतप्रेतों से श्रेष्ठ और विद्वान् प्रेत-पिशाच माने जाते हैं। वे अत्यंत निर्दय और मनुष्यहंता होते हैं।

विद्याधर मनोहर वेश में नि:शस्त्र नागरिक सज-धज में आया। राजा को प्रणाम कर वह आसीन हो गया और उसके आते ही शेष सब बाहर चले गए। सेवकों

ने राज्य अतिथि को पेय और खाद्य पदार्थ पेश किए और फिर वे भी राजा के संकेत पर बाहर चले गए।

विद्याधर एकांत पाते ही मधुर षड्यंत्र के भाव से मुस्कराया, बोला—

"चक्रवर्ती! आज मैं लंकेश की ओर से लंका की एक सुंदरी लाया हूँ। वह आपकी प्रतीक्षा कर रही है, सुचंद्र उसी की बात कर रहा था।"

"अच्छा? बहुत अच्छा, उत्तम।"

"आप चाहें तो शयनकक्ष में पधार जाएँ।" विद्याधर ने कहा।

"नहीं, विद्याधर जी, मैं आपसे वार्त्ता करना चाहता हूँ। आप हमें जो परामर्श देते हैं, उसका तर्क मैं समझना चाहता हूँ...आप कहते हैं कि राजा वही है जो शक्तिबल से सर्वोच्च मान-अभिमान रखने वालों का दमन करे...इससे तो वैर बढ़ेगा और राज्य दुर्बल होगा। मान्य धर्म और परंपराओं को मान्यता देने से समर्थन मिलेगा...नहीं?"

विद्याधर मुस्कराया, कहा—

"राजन्! प्रश्न यह है कि अकिंचन् किंतु वेद-विद्याभिमानी ऋषिगण ने जो समाज में श्रेष्ठता का आडंबर फैला रखा है, उसे क्यों सहा जाए?"

विद्याधर सुखासन लगाकर बैठ गया और समझने लगा—

"चक्रवर्ती, आप चक्रवर्ती इसी कारण तो हुए क्योंकि आप अपने को चक्रवर्ती बनाना चाहते थे। चक्रवर्ती का अर्थ है, शक्ति-परीक्षण द्वारा अपने को सर्वविजयी बनाना। अब शेष यह है कि जो राजाओं को, क्षत्रियों को नीची दृष्टि से देखते हैं, वे उत्तर के तथाकथित आश्रमों के यज्ञकर्त्ता ऋषि और तपस्यारत मुनि हैं। वे हमारे दान-अनुदान पर पलते हैं और चाहते हैं कि हम उनके चरणों में गिरें। उन्हें महिदेव, धर्मावतार, देवताओं के प्रतिनिधि मानें...आप ध्यान से देखें तो उनकी कथित अलौकिक शक्ति इस विश्वास के प्रचार में है कि यज्ञ से देवता प्रसन्न होते हैं और वे कर्मकांडी के वश में होकर निग्रह-अनुग्रह का सामर्थ्य याज्ञिकों को प्रदान करते हैं...।"

राजा ने टोका, कहा—

"किंतु आश्रम संस्कृति और संस्कारों के केंद्र हैं। वहाँ शिक्षा-दीक्षा दी जाती है। हमारे पुत्र-पौत्रादि वहीं पढ़ते हैं, वे शास्त्र और शस्त्र-अस्त्र का ज्ञान वहीं उपलब्ध करते हैं, नीं?"

"किंतु आप यह क्यों नहीं देखते कि आश्रमों ने मुख्य शक्ति शस्त्र-शिक्षा पर एकाधिकार कर लिया है। राजा यदि अपने-अपने राज्यों में शस्त्र और शास्त्रों की शिक्षा का स्वयं प्रबंध करें तो यह जो ब्राह्मण-शक्ति समुच्चय है, वह हमारे अधीन हो जाएगा...हम अपने हितों के अनुकूल बालकों को संस्कार दे सकेंगे...आप लोग आर्यशासक, इन दरिद्र शिक्षकों को स्वतंत्र शक्तिशाली केंद्रों के रूप में उभरने दे रहे हैं और ब्रह्मर्षियों की श्रेष्ठता को स्वीकार किए बिना वे आपका

समर्थन नहीं करेंगे अतएव आर्य-आश्रमों को उजाड़ना ही धर्म है और तब इन अकिंचन् ब्राह्मणों को राज्य का वेतनभोगी कर्मचारी बना देने से ये हमें नमन करेंगे ही···प्रश्न मान-सम्मान और स्वाभिमान का है। जो राजा शक्ति और प्रताप से सर्वप्रजा में भय का संचार नहीं करता, वह राजा नहीं, विवश, दयनीय प्रजासेवक मात्र है। भला वह शासक क्या जो शासितों के मिथ्या गर्व को तोड़ न सके। सप्तसिंधु के आर्यों का अहंकार आप कैसे सह लेते हैं, यह आश्चर्य का विषय है अतएव आप आर्य-व्यवस्था के स्थान पर राक्षस-व्यवस्था लागू करें । राक्षस-व्यवस्था इस उच्च विचार पर टिकी है कि जो रक्षा करता है, वह पूज्य है, वही पवित्र है, वही सर्वभोगों का अधिकारी है, उसी को स्वेच्छाचार का अधिकार है और इच्छानुसार आकर्षक वस्तुओं का जो उपभोग न कर सके, वह राजा नहीं, दास है···आप इन मिथ्या विश्वास फैलाने वालों और बच्चों को अपने झूठे साँचों में ढालने वालों को क्यों सिर पर लादे हुए हैं? इनका समूल उच्छेदन ही धर्म है। हम रक्षक हैं, वयं रक्षामः। अतः हम राक्षस हैं। हम महानतम हैं, हम···हमीं हैं।''

''किंतु विद्याधर सप्तसिंधु और अन्यत्र आर्य-आश्रमों को नष्ट करने से हम पर सारे आर्य एक होकर आक्रमण कर सकते हैं। ऋषियों पर दिव्यास्त्र हैं, सैन्यबल से तपोबल बड़ा होता है, नहीं?''

''यह भ्रम है, प्रचार है। राक्षस रुद्र के आराधक हैं जो शस्त्र-अस्त्र, ज्ञान-विज्ञान के महादेव हैं और वे हम पर प्रसन्न हैं। आप कुलगुरु जमदग्नि को भगाइए और राज्य में राजकीय शिक्षालयों की स्थापना का निर्णय लीजिए। वहाँ राक्षस शिक्षक रखिए। जो आर्य आपकी शर्तों पर चाकरी करना चाहें, उन्हें भी शिक्षक बना दीजिए, फिर शासकों के पुत्र राज्याश्रमों में पढ़ेंगे और आर्यों का यह अपमानजनक गर्व धूल में मिल जाएगा।''

हैहय राजा सोचने लगा, राक्षस विद्याधर मन में प्रसन्न हो गया कि उसने मैदान मार लिया है, वह राजा के कल्पित संशयों का निवारण करता हुआ बोला—

''राजराजेश्वर! शस्त्रों के आविष्कार कोई आर्यों ने ही नहीं किए हैं, राक्षसों ने भी किए हैं। आविष्कार के लिए बुद्धि और प्रयोगों की आवश्यकता है, यज्ञों और तथाकथित, इंद्र-वरुणादि देवताओं के स्तवन की नहीं और फिर महादेव रुद्र के सामने कौन-सा देवता सर्वशक्तिमान् है? हम राक्षस मायायुद्ध में आपके समर्थक योद्धाओं को प्रवीण कर देंगे, महादेव रुद्र हमें दिव्यास्त्र देंगे···फिर इन इंद्राभिमानी यज्ञ का धुआँ पीने वालों और घृत, मेवा को अग्नि में व्यर्थ झोंकने वालों को क्यों पराभूत न किया जाए?''

राजा कार्त्तवीर्य अर्जुन मदिरा के उन्माद में नए दृश्य देखने लगा कि उसने आर्य आश्रमों पर आक्रमण कर दिया है। उसके विजेता सैनिक गोरी और सुंदर आर्यकन्याओं और रमणियों को उठा लाए हैं तथा ऋषिगण उसके सामने दंडवत्

कर.रहे हैं, प्राणरक्षा और मान-मर्यादा के बचाव की चिरौरी कर रहे हैं । विद्याधर कहता है कि राजा तो वही है जो रुद्र हो, रौद्रकर्म करे और जिसका अभिमान सर्वोपरि हो । अहम् की तुष्टि ही चरम पुरुषार्थ है…जो निर्बल हैं, वे सबल के सामने नतमस्तक हों, यही प्रकृति का नियम है । भला, शृगालों और हिरणों से सिंह-शार्दूल क्यों दबें, उन्हें क्यों प्रणाम करें? हम दाक्षिणात्य शक्ति के साथ, उत्तरदेश के मेरुदंड इन आर्य आश्रमों को ध्वस्त कर आर्य-सत्ता को बिखेर देंगे और तब हम विश्व चक्रवर्ती का पद पाएँगे, तब हमारी उपाधि सहस्त्रबाहु नहीं, विश्वबाहु होगी…समग्रधराधीश, दिग्दिगंतविजयी, सकलबलनिधान, सर्वनिग्रह-अनुग्रहसमर्थ, विश्वबाहु कार्त्तवीर्य अर्जुन महाराज पधार रहे हैं…ऐसी घोषणाएँ हुआ करेंगी तब, हः हः हः हः ।

राजा अपनी ही कल्पना से अट्टहास का आनंद लेने लगा । विद्याधर ने राजा के पात्र में श्रीलंका की तीव्र मदिरा उँड़ेली और पात्र टकराकर दोनों ने पूरा पात्र रिक्त कर दिया । पुनः-पुनः यही क्रिया हुई…किंतु तब भी संदेह का झोंका आ ही गया । राजा ने विद्याधर को नशे में यों देखा जैसे उसे ठगा जा रहा हो, अंततः वह विद्याधर राक्षस ही तो था और पतन तथा पाप में गड़ागप्प हैहयराज के अवचेतन में आर्यसंस्कार शेष थे, वे चेतन फलक पर उभरे, राजा ने कड़ककर कहा—

"विद्याधर, तुम राक्षस हो । तुम्हारे परामर्श में चरमशक्ति की रौद्रता का सिद्धांत है किंतु तुम्हारी जनता तुम्हारे रंग में रँगी हुई है । तुम आर्य देश की जनता की शक्ति को नहीं जानते । कहीं ऐसा न हो कि हमारे दमन से जनसाधारण आर्यों के पक्ष में संगठित हो जाएँ…या हमारे ही वंशज, बंधुबांधव हमारे विरुद्ध हो जाएँ । मैं कहीं अकेला न पड़ जाऊँ, तब तुम्हारी सेना क्या कर लेगी? लंका दूर है और लंकेश के विरुद्ध दक्षिण की सभी जनजातियाँ युद्ध के लिए सन्नद्ध हैं । वे हमारे आर्यमर्दन की नीति का समर्थन नहीं करतीं और तुम यह भी भूल रहे हो कि हमारे पूर्वज महाराजा चक्रवर्ती महिष्मत् के गर्व और सर्वदमन की कार्यप्रणालियों से रुष्ट होकर अथर्वण ऋषि ने हमें शाप दे दिया था जो अब तक हम भुगत रहे हैं । हमारे देश में अकाल पड़ा…जब ऋषि जमदग्नि के आश्रम बने, तब शाप से हम मुक्त हुए…तुम नहीं जानते, ये ऋषि-मुनि साधारण जन नहीं हैं, उनके रूप धरकर देवता ही भ्रमण कर रहे हैं । विद्याधर तुम ज्ञान, तप और त्याग की महिमा नहीं जानते । वे अकिंचन् अपरिग्रही ऋषि-मुनि ब्राह्मण, तपस्वी, जनसाधारण के पूज्य हैं क्योंकि वे शासकों के बच्चों के साथ बालकमात्र को पढ़ाते हैं, उनका रोग-शोक दूर करते हैं, उनमें ऋषियों के प्रति अखण्ड, अथाह श्रद्धा है…विद्याधर, तुम जो राक्षस-संस्कृति हमें सिखा रहे हो, वह लंका में ही ठीक है, वह आर्य-स्थान में सफल नहीं हो सकती, स्वयं हमारा युवराज जयध्वज आर्य संस्कृति का भक्त है । विद्याधर, तुम हमें माया में बाँध रहे हो ।"

विद्याधर के अट्टहास से कक्ष कंपित होने लगा। राजा ने चकित होकर देखा कि राक्षस विद्याधर एकटक उन्हें देख रहा है। राजा पर वशीकरण का प्रभाव बढ़ने लगा। हैहयराज की चेतना प्रतिरोध कर रही थी, किंतु विद्याधर की सम्मोहन शक्ति के सम्मुख राजा परास्त हो गया··· विद्याधर राजा का उपहास-सा करता, उसे चुनौती देता लगातार हँस रहा था जैसे अर्जुन कार्त्तवीर्य मूर्ख, नासमझ, स्वाभिमानहीन अपदार्थ हो। राक्षस की आँखों में अपने प्रति उपहास देखकर सहस्त्रबाहु का गर्व पुनः भड़का और वह अपनी अचानक दुर्बलता पर स्वयं अट्टहास करने लगा। दोनों अट्टहास में होड़ लगा रहे थे और श्रीलंका की तीखी मदिरा ढाल रहे थे···· विद्याधर राजा को राह पर आया देख प्रणाम कर उठ गया और तभी उस लंका की सुंदरी ने प्रवेश किया।

हैहय राजा, उसके अनुपम सौंदर्य की दीपशिखा पर पतंगे-सा जलने लगा। वह लंकिनी राजा पर अपना प्रभाव देखकर खिलखिलाई, अर्जुन अभिभूत होकर सुंदरी के अंक में अचेत हो गया।

3

रेणुका अपने पति ऋषि जमदग्नि के आश्रम में यंत्रवत् सेवाकार्य और विशाल आश्रम के निरीक्षण-संचालन, शिष्यगण के पालन-पोषण से प्रायः ऊब जाती थी। गौरव और आदर की अति भी व्यक्ति को भारावनत करती है। पुत्र सयाने हो चुके थे, ऋषि पति अपनी तपस्या, ध्यान और शिक्षण में सदा तल्लीन। पुत्र, रुमण्ववान्, सुषेण, वसु, विश्वावसु और परशुराम विद्यामग्न। रुमण्ववान् ज्येष्ठ था। वह भाइयों के साथ आश्रम के अनेक विभागों का कार्य देखता था, परशुराम ऋषि योद्धा चायमान के साथ दिन-रात शस्त्र-संचालन, व्यायाम और दिव्यास्त्रों के नित नए आविष्कारों में व्यस्त। सुषेण, चिकित्साशाखा का पथ-प्रदर्शक था। वह स्वयं भी सीखता तथा ओषधि-निर्माण, जड़ी-बूटियों के लिए की गई यात्राओं और आश्रम में प्रतिदिन आने वाले रोगियों के उपचार में लगा रहता। वसु और विश्वावसु सामान्य प्रबंध करते और कभी परशुराम की शस्त्रशाला में जाकर शस्त्र-अभ्यास में रत हो जाते।

ऋषि जमदग्नि अवकाश के समय भी देवताओं के साथ संवाद में लीन रहते थे। वह रात-रात-भर ध्यान करते और मंत्रों की रचना करते। वह सामान्य ज्ञान से परे चैतन्य की तुरीय अवस्था में, सर्वोच्च आयाम में अलौकिक शक्तियों के अकस्मात् उदय की प्रतीक्षा करते और जब देवशक्ति का स्फोट होता तो उनके मुख से धाराप्रवाह वेदमंत्र झरते जिन्हें तुरंत लिखने के लिए परम शिष्यों की एक टोली चारों प्रहर प्रस्तुत रहती थी। शिष्य निश्चित कालावधि में बिना अपनी

उपस्थिति जताए ऋषि के निकट, सादर दूरी बनाए हुए, ओट लेकर भोजपत्रों पर वेदमंत्र अंकित करते चलते और ऋषि जब थककर सो जाते तो भी कोई शिष्य कार्यनिष्ठ रहता, क्या पता कब ऋषि को मंत्रदर्शन होने लगे।

जब ऋषि जमदग्नि चलते, भ्रमण करते, भटकते या आश्रम की व्यवस्था देखते, तब भी भूर्जपत्र लिए कोई शिष्य साथ रहते क्योंकि सामान्य ज्ञान के स्तर पर रहते हुए अचानक वह चैतन्य के उच्चतम धरातल पर पहुँचकर उन्माद जैसी दशा में देवताओं से बुदबुदाने लगते और देवता-स्तवन का स्फुरण हो जाता।

ऐसी दशा में रेणुका असहाय-सी कर्तव्य पूरा करती रहती। वर्षों से उसने पति को सामान्य दशा में नहीं पाया था और वह यंत्रवत् पति को अल्पाहार कराती, मध्याह्न का भोजन और फिर रात्रि को पुत्रसहित सब साथ बैठकर खाते । उस समय पारिवारिक विनोद और प्रबंध की बातें होतीं, कभी ज्ञानचर्चा छिड़ जाती, कभी राजनीति, कभी विशिष्ट अतिथि आ जाते। रेणुका पति, पुत्रों, शिष्यों, अतिथियों में विभाजित हो चुकी थी और उसके अभ्यंतर में क्या हो रहा है, उसकी निजी, सबसे पृथक् अभिलाषा क्या है, इस ओर न पति का ध्यान जाता था, न पुत्रों का। रेणुका सोचती, पुत्र क्या कर सकते हैं जब पति ही तटस्थ हैं? पति ऋषि हैं, यह संकट है क्योंकि ऋषि तो उच्चतर या गंभीरतर दशाओं में विचरते हैं, उन्हें साधारण जीव की जैविक इच्छाओं की पूर्ति या प्राकृतजनोचित व्यवहार की क्या आवश्यकता है ? उनसे तो देश और आर्यों को महान् उपलब्धियों की आशाएँ हैं, उसी कारण उनका आदर है, उसी कारण देश-विदेश से शिष्य और उनके अभिभावक, राजा, प्रजा, धनीमानी अपने पुत्रों को आश्रम में प्रवेश दिलाने, पुत्रादि की शिक्षा देखने, उनकी उपलब्धियों से प्रसन्न होने और तापत्रय से शांति पाने हेतु आश्रम में आते रहते हैं, भला कोई अंत है व्यस्तता का।

व्यस्तता सबसे बड़ी व्याधि है, रेणुका सोच रही थी। व्यस्तता में मन मर जाता है, शरीर के अवयव यंत्रवत् कार्य करते रहते हैं और बाहरी गौरव तथा अपनाव की निरानंदता एक कसक उपजाती है कि क्या इसीलिए मुझे एक ऋषि के साथ बाँध दिया गया था ?

···तब मैं गौरव की भूखी थी और जमदग्नि शरीर से आकर्षक भी थे, पूर्णपुरुष, पर्याप्त विनोदी, स्नेहमय, चिकने और तीव्र···उनकी विद्वत्ता से उनके मुख पर एक अलौकिक दीप्ति रहती थी, एक प्रभा नाचती थी उनके मुखमंडल पर, मैं सम्मोहित हो गयी थी, क्या वह भूल थी, मूर्खता? नारी क्या चाहती है? सब मिला, तथापि नारी-मन तृषित ही रह गया। इस जन्म में अब प्यासे ही मरना पड़ेगा, ऊब ही सच्ची सखी है मेरी···नारी, विशेषकर संस्कृति-अभिमानी आर्यनारी, उसमें भी ऋषिपत्नी को स्वाधीन होकर किसी नई पगडंडी पर चल पड़ने, किसी मनमोहक, स्वादिष्ट अनुभव की कल्पना भी पाप है।

यह क्या पुरुषों की क्रूरता नहीं कि स्वयं तो स्वमग्न रहें, अपने आपे, अहम्

में ग्रस्त और नारी पतिधर्म को स्वधर्म मानकर अपनी तरंगों को सुखा डाले? क्यों?···मैं समझती थी कि जमदग्नि ऋषि हैं तो वह मेरे मन की एक-एक इच्छा को पूरा करेंगे। वह समर्थ, सर्वशक्तिमान् माने जाते हैं। वे हैं भी ऐसे, मैं जड़ हो गई हूँ किंतु आत्मिक-आध्यात्मिक शक्तियों को सदा जाग्रत रहकर ही उन्हें वशवर्ती बनाए रखा जा सकता है। आर्य मानस पाप को भी पाप मानते हैं अर्थात् मन के संकल्प, विकल्प भी अपराध हैं। साधु, अपराध की कितनी संकीर्ण और कठोर व्याख्या है···ये दाड़ी-मूँछ वाले क्या इतने आत्मलिप्त हैं कि यह भी नहीं जानते कि यह बालों का छेदक-वेधक जंगल वे चेहरे पर क्यों उगाए हुए हैं···? रेणुका हँसने लगी। लज्जा की भी एक लहर आई किंतु पुन: वह नारी के विशिष्ट दृष्टिकोण पर दृढ़ हो गई···।

···मैं चिल्ला उठूँ क्या कि ऋषिवर, मैं ऊब रही हूँ···देवताओं को छोड़कर कभी इस मानवी के मन को भी तो देख लिया करो, मुझे पूर्व जैसा प्यार करो···क्या पुत्रों की माता हो जाने से स्त्री का मन भी मादकता में विलीन हो जाता है? पति समझता है कि पाँच-पाँच पुत्रों की माँ रेणुका के नारीमन की सुध लेना मर्यादा का भंजन है, प्रतिमानों का खंडन किंतु ये ऋषि अध्यात्म के समुद्र में महामत्स्य से गोते लगाते रहते हैं। ये क्या यह नहीं जानते कि रेणुका एक सामान्य प्राणी है और मैं अपने भाग की कामनापूर्ति चाहती हूँ···जब देवता अपने-अपने अंश लेने यज्ञ में आहूत किए जाते हैं तब वे देवता और उनके आवाहनकर्त्ता यज्ञकर्त्ता मनुष्य की इच्छानुसार उसका अंश क्यों नहीं देते···? ऋषि जमदग्नि ने सब दिया पर मेरे मन का अंश भूखा है, प्यासा, मैं अपने हिस्से का अनुराग चाहती हूँ···क्या लोपामुद्रा, अरुंधती, अनसूया, सुकन्या भी, मेरी तरह अपने महान् ऋषियों से ऊब नहीं रही होंगी···?

रेणुका पुन: अपने में विहँसने लगी। ऋषिपत्नियों के अकेलेपन और विवशता के अनेक चित्र रेणुका के मानस में चलते रहे और उसने एक उच्छ्वास छोड़ी···इस महामहिमामयी रेणुका से तो एक साधारण नारी का जीवन सार्थक और सुखी है, जिसको उसका पति या प्रेमी लाड़ लड़ाता है, जो उसे मुग्ध और आसक्त दृष्टि से देखकर नारी-अस्तित्व को सफल करता है, जो प्राकृतिक और गहरी वासना से प्रेयसी या पत्नी को तृषित दृष्टि से ताकता है और अवसर मिलने पर तन-मन निछावर कर देता है···रेणुका, तू यहाँ कब तक दूसरों की टहल करती रहेगी? तू उस खेत की तरह है, जिसका एक अंश मरुस्थल हो गया है और जिससे धूल और रेत उड़ रहा है, जो ताप से दग्ध हो रहा है और जिसमें प्रेम का पानी नहीं है, केवल मृगतृष्णा है, दूर जल दिखता है पर वह दूर होता चला जाता है, हा हंत!

रेणुका नदी की ओर चलती, सोचती, थमती, पुन: रेंगती हुई तट पर आ गई थी और वह तट पर खड़ी नदी की लहरों को देख रही थी। कितनी त्वरा है सरिता में समुद्र संगम के लिए। अरी रुक जा नदी सखी, मुझे भी लिये चल···पर मेरा

प्रियतम तो मुझसे विमुख है, मात्र आत्मीयता से क्या होता है? प्रकृति ने जीव सत्ता को प्रवृत्तियाँ दी हैं। निःसर्ग, इनकी मर्यादित ही सही, पर संतुष्टि चाहता है। नैसर्गिक तुष्टि से शरीर और मस्तिष्क, आत्मा और व्यक्तित्व हरा-भरा रहता है। कामना यज्ञवेदी की भाँति है, देह में जो प्राकृतिक अग्नि जल रही है, वह हवि माँगती है। प्रत्येक कामना तुष्ट होकर चेतना तो प्रहर्षित करती है अन्यथा आत्मदमन से शरीर और मन सूखने लगता है···ये जो तपस्वी हैं, इन्हें गर्वतुष्टि तो मिलती है, शक्ति भी मिलती होगी पर ये ऋषि सूखकर रूखे हो जाते हैं···कहाँ मद-भरे अंगूर और कहाँ शुष्क छुआरे। कहाँ तृणलता वीरुध से सुगंधित उपवन, फूलों में खिले हुए और कहाँ बालू उगलता हुआ नारकीय मरुस्थल, मैं देवताओं के स्वार्थ के लिए दधीचि ऋषि नहीं हूँ जो अपनी अस्थियाँ भी दे डालूँ···मैं इक्ष्वाकु राजा की पुत्री हूँ। मैं प्राप्य भले ही न पा सकूँ पर मैं प्रतिरोध में तो जी सकती हूँ। प्रतिरोध भी योग है, उसमें दूसरों के सामने अपने को गिराया नहीं जाता, अपने स्वत्व के प्रति संचेतना में जिया जाता है···ये ऋषि सर्वज्ञाता, सर्वदर्शी कहलाते हैं किंतु इन्हें तो अपने अर्द्धाङ्ग का ही परिज्ञान नहीं है···इनकी दाढ़ियाँ, मूँछें झुलसाई जाएँ और जब ये चिलबिलाएँ तब कहा जाए, इससे भी अधिक पीड़ा मेरे मन में है···मैं झुलस रही हूँ, लता-सी सूख रही हूँ, अब उस वेदना का अनुभव करो, कहो कैसा लग रहा है, ह-ह-ह-ह-ह—रेणुका हँसे जा रही थी··· ।

···अरे, मेरे मन में ये कैसी निषिद्ध भावनाएँ पनप रही हैं? जमदग्नि में निश्चय ही अंतर्दृष्टि है, वह वर्तमान, भूत, भविष्य को जानते हैं, ऐसा कहा जाता है; पर वे कालदर्शन में मुझसी अनुरागिणी रमणी का मानस नहीं पढ़ पाते···? अमूर्त्त दिक्काल का साक्षात्कार करते हुए वे अर्द्धाङ्गिदर्शन में अक्षम हो गए हैं···वे दूरदर्शी हैं पर निकट का नहीं भाँप पाते। बाहर दूर-दूर तक प्रकाश और नीचे अंधकार···ये ऋषि मनुष्य नहीं, दीये हैं, काठ के दीपक, अपनी दीवार पर धरे हैं और जल रहे हैं, कौन शलभ उसकी ज्योति पर झरझर करता हुआ पंख जला रहा है, इसके प्रति अचेत, जड़···इन अचेत ज्योतिर्धरों को अन्य सबको आलोकित करना आता है। बस, अपनी छाया या जाया के प्रति ये अनजान हैं···पर मैं छाया नहीं, जमदग्नि की जाया हूँ···मैं अब उनके समय-विभाजक चक्र की कोई घटी या घंटी नहीं हूँ जो उनके संकेत पर बोलती रहूँ···मैं स्वयं के साथ बोल सकती हूँ···मैं अब अपने साथ रहा करूँगी, मैं अपने स्वरूप को क्यों सताऊँ···मैं···मैं?''

रेणुका नदी के तट पर खड़ी अपना उत्खनन कर रही थी···वह जितना अपने को खोदती, दबी हुई अग्नि मिलती···वह चकित थी, इतना घनीभूत आक्रोश और अवसाद मुझमें अवस्थित है और अब तक विस्फोट नहीं हुआ क्योंकि मैं अपनी बुभुक्षाओं को दमित करती रही हूँ। मैंने दूसरों की दृष्टि में उठने के लिए अपने सुख की निष्पाप इच्छा को भूखा रखकर तड़पाया है और यह आत्मप्रताड़ना उसी का फल है, धिक्कार है मुझे···मैंने तो गौरव के घमंड में अपने रमणीय रूप को ही

गोबर में मिला दिया··· । मैं वयस्क हूँ; पर अभी भी मैं आकर्षक हूँ, स्वस्थ हूँ···तभी रेणुका का ध्यान बसंत ऋतु के सौंदर्य की ओर गया···वृक्षों पर किसलय फूट-फूटकर सूर्य की किरणों में किलक-चिलक रहे थे, आम्र की मंजरियों पर मदमत्त भ्रमर गूँज रहे थे । वनस्पति शीत ऋतु में ठिठुरने के बाद ऋतुराज की ऊष्मा और नए आलोक से कायाकल्प कर पत्तों, पुष्पों से अभिसारिकावत् सज रही थी । फूलों से लदी शाखाएँ आभूषित सुंदरी की कलाइयों की तरह हवा में हाथ हिलाकर अपने प्रेमियों को बुला रही थीं । सर्वत्र गुंजार, सुगंध, कलरव था, काकली और पपीहे के, 'प्रिय कहाँ' के मादक स्वर वातावरण में घुल रहे थे, एक अद्भुत उन्मत्तकारी मानस बन रहा था···प्रकृति में शीतकाल में सोई वनराजि उमंग में उच्छलित तिनके उठा-उठाकर आमंत्रण दे रही थी कि आओ, देखो, रमो और विगत बोरक शिशिर के संकट को भूल जाओ···रेणुका के अस्तित्व में आनंद और रिरिंसा का ज्वार उठा···उसमें क्रीड़ा की इच्छा जग गई । वह कभी दृश्य देखती, कभी नदी के तट पर बैठकर पानी में पैर डालकर इठलाती, अकारण हँसती, जल में प्रतिबिंब देखती और पुन: उदास हो जाती··· ।

रेणुका ने पूर्वदीप्ति में अपने बचपन का दृश्य देखा···वह इक्ष्वाकुओं के राजवैभव के सरोवर में हंसिका-सी क्रीड़ा किया करती थी । वह हरिश्चंद्र-पुत्र रोहित के सहोदर सुधन्वा की पुत्री थी । सुधन्वा राजा को चक्रवर्ती रोहित ने सेनापति बनाया हुआ था । वह महाराज रोहित को अतिप्रिय थे, एक प्रकार से वही वास्तविक शासक थे, वही साहस और वीरता के आवेग में रहते, दिग्विजएँ किया करते और चक्रवर्ती रोहित अपने भाई को सारा श्रेय देते । रोहित राजा मेरे पिता पर निछावर होते रहते । वह अपनी संतान और मेरे भाई-बहनों में किंचित् भी अंतर न करते, विशेषकर मैं उनकी सर्वाधिक स्नेहपात्री थी···क्या दिन थे वे···मेरे पिता सुधन्वा राजा को मेरे लिए अवकाश नहीं था, न मेरे भाइयों के लिए । वह तो कभी-कभार हम लोगों से हँस-बोल लेते और महीनों युद्ध के मोर्चे पर चले जाते···वह इक्ष्वाकुओं के महिमावर्धक मेरे पिता प्राणों की सदा बाज़ी लगाए रहते, किसका साहस था जो इक्ष्वाकु राज्य पर कुदृष्टि डाले या कोई सामंत विद्रोह करे?

राजकुमारी होना सुख-सौभाग्य का विषय है किंतु हम महाराज हरिश्चंद्र के पौत्र थे । हमारे गुणसूत्रों में, कण-कण में सत्यनिष्ठ राजा हरिश्चंद्र समाए हुए थे, अतएव हम प्रजा को अपने ही परिवार का मानते, सूर्यवंशी मनुपुत्र इक्ष्वाकुओं की यही नीति थी । रोहिताश्व के लिए राजा हरिश्चंद्र ने नरमेध कराया था । नरबलि के लिए अजीगर्त्तपुत्र शुन:शेप को क्रय कर भी, उसकी वेदवाणी सुनकर उन्होंने उसे यज्ञ-यूप से मुक्त कर दिया था और कह दिया था, वरुणदेव चाहें तो मेरे एकमात्र पुत्र रोहिताश्व के प्राण ले लें किंतु मैं विश्वामित्र ऋषि से सहमत हूँ कि नरमेध पुराने आर्यों का एक क्रूर कर्मकांड है···तब से नरमेध बंद हो गए । शुन:शेप विश्वामित्र के पुत्र मान लिये गए, उसके लोभी पिता को समृद्ध कर दिया गया

और वरुण प्रसन्न हो गए, रोहित को चिरंजीवी बना दिया।

ऐसे गौरव और शक्ति से अभिमंडित मैं ऋषियों, मुनियों के ब्रह्मबल से विस्मित थी। जमदग्नि के रूप-स्वरूप और अलौकिक शक्ति तथा चमत्कारों से आसक्त होकर मैं आश्रम में चली आई किंतु मेरी धमनियों में ऊष्ण क्षत्रिय रक्त है और राजस स्वभाव···मैं अब तक आत्मा को दंडित कर, ब्रह्मर्षिणी का अभिनय तो करती रही किंतु राजस तत्त्व मेरी ओढ़ी हुई सात्त्विकता को धता बताता है···अब मैं अपने स्वभाव को जिऊँगी···जमदग्नि के लिए सेवकों, शिष्यों, शिष्याओं, सेविकाओं की न्यूनता नहीं है···मैं कोई दासी नहीं हूँ जो अपना व्यक्तित्व स्वामियों के लिए रहन रख दूँ···मुझमें एक राजकुमारी की स्वच्छंदता है और होनी भी चाहिए···मैं देवताओं को कब तक और क्यों प्रसन्न करूँ···? वे तो हमी में हैं, वे अमूर्त्त हैं, कल्पना के फल हैं, कहाँ हैं इंद्र और हों भी तो वे स्वेच्छाचार का स्वाद जानते हैं। उर्वशी, मेनका, रंभा जैसी अप्सराओं में इंद्र रमते हैं। उनकी रानी शची हैं, अन्य रानियाँ हैं, सो अलग···ये देवता नहीं, मात्र दृष्टांत हैं कि शक्ति का संग्रह करो और जी भरकर स्वेच्छाचार करो···ब्रह्मा, हमारे पितामह, तो अपनी पुत्री वाक् या सरस्वती पर ही आसक्त हो गए। संभव है, यह प्रतीक हो कि स्वसृष्टि प्रिय लगती है तथापि उनका दृष्टांत क्यों दिया जाता है? क्या ये देवता अनुकरणीय हैं, आदर्श हैं? ये देवता यज्ञ में अपने अंश सोमरस और आसन के लिए लड़ते हैं। उनमें शक्ति होगी पर वे कभी सम्मुख आकर मानव के लिए लड़ते नहीं, न मनुष्य को सुखी बनाते हैं। बस, हम अपनी ओर से अपना मनोबल बढ़ाने के लिए उनकी स्तुतियाँ कर रहे हैं और अग्नि में घृतादि होम रहे हैं···लाभ यज्ञकर्त्ता यजमानों को नहीं, याज्ञिक ब्राह्मणों को हो रहा है, पुरोहितों, ऋत्विजों, अध्वर्यों, होताओं और प्रस्तोताओं को···मैंने तो कभी जमदग्नि के यज्ञों में किसी देवता को अवतरित होते नहीं देखा···आश्चर्य है, एक विश्वास, एक अमूर्त्तता, एक अंधपरंपरा आर्यों को बाँधे हुए है। हाँ, यज्ञों से आर्यों का मनोबल अवश्य बढ़ता है···एक पावन अनुभूति पनपती है कि वे आर्य हैं, देवप्रिय, देवशक्ति के अधिकारी किंतु इस मनोदशा के लिए इतना आडंबर, अपक्रम और कर्मकांड का जंजाल···क्षत्रिय तो यज्ञों के व्यय से दरिद्र हो जाते हैं और ये ब्राह्मण, आचार्य और पुरोहित सुख-समृद्धि भोग रहे हैं और हमारी मूर्खता पर हँस रहे हैं।

···रेणुका सरिता के जल प्रवाह पर एकाग्रचित्त सोच रही थी कि कितने विराट् स्तर पर सामूहिक वंचना चल रही है, श्रद्धा और विश्वास के कारण···। लोग चमत्कार चाहते हैं और चमत्कार की इच्छा से देवी-देवता जन्मते हैं; किंतु चमत्कार संयोगवश जब-तब ही होते हैं और जो संयोग बना होता है, उसकी क्या भविष्यवाणी हो सकती है कि उसकी पुनरावृत्ति होगी या घटनाओं को इच्छानुरूप घटाया जा सकेगा···?

प्रकृति तो स्वयं संभव है, वह अपने ऋत् या सत्य से चल रही है, अपने ही

नियमों से, किंतु ये ऋषिगण उसमें देवता खोजते हैं। ऋत् का देवता वरुण, मेघ का, वर्षा का देवता इंद्र, ओषधि का अश्विनी कुमार, प्रज्वलन का देव अग्नि···इन अंधविश्वासियों के लिए प्रकृति की प्रत्येक शक्ति देवता है, ह् ह् ह् ह्, विस्मय है और वे समझते हैं कि स्तुति से देवता प्रसन्न होकर प्रकृति के नियम बदल देते हैं किंतु यदि ऐसा होता तो सभी यज्ञकर्त्ता, ब्रह्मा, विष्णु, यम, सूर्य, वरुण और अग्नि की भाँति सर्वशक्तिमान् हो जाते···और सर्वोपरि, इन्होंने जो आचारसंहिता रची है, नैतिकता, वह तो देवताओं के पक्ष में है, देवियों के विरुद्ध है, पुरुषों के हित में है, नारी के विरुद्ध है···धिक्कार है··· ।

···तभी रेणुका ने एक अद्‌भुत दृश्य देखा···स्वच्छंतावादी रमणी-रूप-अनुरागी, गंधर्व चित्ररथ दूसरे तट पर सामूहिक जल-क्रीड़ा कर रहा है। वह प्रियतमाओं और पत्नियों के साथ सामुदायिक मदनोत्सव मना रहा है । वह पानी में डुबकी लगाकर किसी का आलिंगन करता है, वह रमणी गंधर्व से चिपक जाती है और मधुर क्रीड़ा के लिए समर्पित हो जाती है, पर गंधर्व किसी अन्य के साथ युगनद्ध हो जाता है। तब वंचिता रमणियाँ गंधर्व पर प्रहार करती हैं, उसे अपनी ओर खींचती हैं, उसे पकड़कर चूमती हैं, आलिंगन करती हैं और उसकी गत बनाती हैं। तब वह गंधर्व पुनः उन्हें छोड़कर जल में डुबकी मार जाता है और अन्य रमणी के साथ रमणोत्सुक हो जाता है। कहीं सुंदरियाँ कंदुक खेल रही हैं, कोई अवसर पाकर गंधर्व को पकड़कर उस पर आरूढ़ हो रही है, कोई उसको कमलदंडों से मार रही है, कोई उसे कुतकुता रही है, कोई रंगीन पानी भरकर पिचकारियाँ चला रही है, कोई गुलाल-अबीर फेंक रही है, कोई गीत गा रही है, कोई नृत्य कर रही है, कोई रूठ रही है, लड़-झगड़ रही है और गंधर्व द्वारा पटाए जाने पर सब मधुर अट्टहास कर पुनः रागरंग में लीन हो जाती हैं···अचानक रेणुका को लगा कि गंधर्व ने सुंदरी रेणुका को एकाकी, विषण्ण सोच-विचारमग्न, रुदनशील, अंतर्द्वंद्व से ग्रस्त देखा और वह खेल के उत्साह में उन्मुक्त कामिनीगण को छोड़कर नदी के भीतर डुबकी लगाता, ऊपर आता, पुनः डुबकी मारता हुआ रेणुका के निकट जल से उभरा और क्रीड़ा के आवेश में उसने रेणुका को पानी में खींच लिया···रेणुका वर्जनाग्रस्त हो गई, उसने बल लगाकर गंधर्व से छुटकारा चाहा, उसे अपशब्द कहे, परिचय दिया, इस व्यवहार के खतरे समझाए किंतु गंधर्व ने जब मुग्ध, मदमत्त दृष्टि से रेणुका को ताका, खेलने की गुहार की···तो रेणुका के राजस स्वभाव ने उसे प्रतिरोध करने से नहीं रोका और वह गंधर्व के साथ संलग्न हो गई। यह एक संवेग में, आत्मविस्मृति की दशा में हो गया। रेणुका को कोई होश नहीं था, वह नदी की हिलोरों में स्वयं नदी बन गई थी और गंधर्व उसके कानों में फुसफुसा रहा था, "तुम अद्‌भुत हो रमणी, परिचय मत दो, सब भूल जाओ, यह बसंत में कामोत्सव है, डूब जाओ और इस क्षण को अमर बनाओ, आओ ।"

वर्षों से मर्यादा और वर्जना से बंधित रेणुका का मन वर्जनातीत हो गया और

उसे लगा कि वह स्वप्न में किसी सुंदर आसक्त, अनुरागी प्रेमी के साथ विहार कर रही है। दीर्घ आत्मदमन के जिस ध्रुव पर वह थी, उससे टकराकर कंदुक के समान उसकी मनोकंदुक दूसरे ध्रुव को पा चुकी थी, जहाँ विशुद्ध निर्मलता थी जैसे वह सामाजिक से प्राकृतिक हो गई हो और प्रत्येक सिहरन, मधुर कंपन को चित्त में टाँक रही हो जिससे कि इस अलौकिक अनुभव के बल पर आगे का रिक्त जीवन मीठी स्मृतियों में बिता दे, कर्तव्यों की अंतहीन आत्मकर्त्तनों की कालावधियों में कल्पना का इस मूर्त्त, तीव्र, मादक अनुभव का अंचल पकड़ सके ताकि वह अमूर्त्तन में न भटके, एक तीव्र उत्तेजक, अद्भुत अनुभूति में तल्लीनता का संबल पाकर आजीवन आनंदित होती रहे।

रेणुका को प्रतीति हुई कि उसने गंधर्व से कहा था कि वह एक वयस्क महिला है, लगभग प्रौढ़ा किंतु गंधर्व जादुई हँसी हँसा—

"प्रिये! यह वय क्या वस्तु है, कहाँ है? मन उछलता है तो यौवन है, नहीं उमँगता तो वृद्धावस्था है···और आप तो वयस्क लगती ही नहीं···पुनः नारी, प्रत्येक वय में भिन्न-भिन्न संवेदन, स्वाद और आकर्षण प्रदान करती है, आप अद्भुत हैं, देवि, अभी भी···खुलकर खेलिए···कामदेव की यह पूजा है, यह कामाध्यात्म है, कुंठा कहाँ है, यह तो बैकुंठ है, देखिए। सब बेसुध हैं, मनोपासना में मग्न हैं, अपने मन की कीजिए, कल किसने देखा है और आप उन आत्मनिषेधों में जीने वाले जटिल जटा-जूटधारी ऋषि नाम के यमराजों से कठोर और रंजनहीन दयनीय आर्यश्रेष्ठों के पास लौटकर क्या करेंगी? आप तो कुछ समय हम गंधर्वों में रहिए···यहाँ संगीत है, नृत्य, गीत और कविता, नाटक और जलस्थल क्रीड़ा···कहीं कोई रोक नहीं, न टोक···आप आर्य-कारागार में क्यों जाना चाहेंगी, जहाँ प्रत्येक दूसरे पर पहरेदारी करता है, जहाँ नारी को संशय का स्रोत माना जाता है, जहाँ वह पैरों की जूती है, मात्र पुरुषों की संतान और संपत्ति की वाहक···यहाँ कोई दायित्व नहीं, संगीत-नृत्य ही हमारी कला है, वही व्यवसाय है, और हम स्वतंत्र हैं। सुंदरी, हम गंधर्व स्वाधीन हैं··· आत्मदमन के, आर्यों के, जनसमुद्र के मध्य हम गंधर्व मुक्तद्वीप के सदृश हैं। आप आइए और अब कहीं मत जाइए··· ।"

एक पूरे बल से कही गई 'नहीं' गूँज गई—"नहीं", "नहीं", "नहीं"··· रेणुका को चेत आया तो वह 'नहीं' 'नहीं' चिल्ला रही थी। वह पूर्वस्थान पर ही बैठी थी···जब होश आया तो रेणुका ने देखा वह गंधर्व-लीला अदृश्य हो चुकी थी, कोई कहीं था ही नहीं···गंधर्व नगरी तो मात्र कल्पना है, गंधर्व-क्रीड़ा तो तभी प्रतीति में आती है जब व्यक्ति बौद्धिक अनुशासन से मुक्त हो जाता है, सारे पूर्व आग्रहों, झंझटों से स्वतंत्र···रेणुका चकित थी कि जो उसने देखा था, उसमें तो वह स्वयं सम्मिलित थी किंतु मेरे वस्त्र तो सूखे हुए हैं, पूर्ववत् मैं उसी तटशिला पर आसीन हूँ···परंतु जो मैंने देखा था, जो किया था, वह क्या दृष्टि-भ्रम था···? क्या वह जलक्रीड़ा मेरी अभुक्त कामवासना ने रची थी···इच्छाएँ, विशेषकर अतृप्त

वासनाएँ चुड़ैलों की तरह कल्पित दृश्य रचती हैं और जो वास्तविकता में नहीं हो पाता, वह स्व-रचित मायावी आभासों में हो जाता है। अहा, यह मन तो बड़ा विचित्र रचनाकार निकला किंतु गंधर्व लीला में प्रयुक्त रंग क्यों जल को अभी तक रंगीन बनाए हुए है। ये फूल, पुष्पमालाएँ अभी तक लहरों में क्यों लटकी हुई हैं,…इसका अर्थ है, गंधर्व थे यहाँ; क्रीड़ा भी सच्ची थी पर वे मेरा भाव बदलते ही, मुझे होश में आता देखकर अकस्मात् अदृश्य हो गए हैं। गंधर्व मनुष्येतर योनि हैं न, उनके लिए सभी संभव है…रेणुका प्रथम बार उस निभृत एकांत में भय से थरथरा उठी…हे देवाधिदेव! यह मेरे साथ क्या हो गया…रेणुका आतंकित होकर उठी और दौड़ी। उसे लगा कि वह गंधर्व हाथ बढ़ाकर उसे पकड़कर ले जाएगा…गंधर्व के लिए क्या कठिन है?…तट पर दौड़ती रेणुका ने देखा, कोई अदृश्य हाथ हवा में लहरा रहा है और यह वही हाथ है, वैसा ही कोमल, सुंदर और रत्नजटित कंगन से आभूषित, महकता हुआ। उसे वह गंधर्व वृक्षों में बदलता हुआ दिखा…रोहिणी उनसे बचती हुई भागने लगी, पर उनसे बचा कैसे जाए…एक डाली उसके ऊपर से, अकस्मात् बसंत वायु के वेग से हिलने लगी जैसे वह रेणुका को लपेटकर उठा लेगी… रेणुका चीखी, ''बचाओ'' और रेणुका वहीं गिर गई। पुन: चित्त सधने पर उठी और वृक्ष की शाखा को अपने स्थान पर पाकर वह अपने भय पर दाँत पीसने लगी…मैं राजा सुधन्वा की बेटी, इक्ष्वाकु रक्त की तीक्ष्णता की स्वामिनी, अपने आभासों से ही डरकर मरी जा रही हूँ…?

रेणुका का जी ठिकाने आने लगा। वह स्थिरप्रज्ञ होने के लिए देव स्तुतियाँ पढ़ने लगी…उसे जमदग्नि के मामा विश्वामित्र की रची गायत्री अति प्रिय थी, जपने लगी…

ओउम् भूर्भुवः स्वः तत्सवितुर्वरेण्य भर्गोदेवस्य
धीमहि धियो योनः प्रचोदयात्…ओउम्… ।

गायत्री से चित्त स्थिर होने लगा। रेणुका गायत्री मंत्र जपती हुई भागने लगी। वह गिरती-पड़ती, डरती, दौड़ती और बीच-बीच में भय से नदी को गंधर्वों की तरह घेरे वृक्षावली को ताकती, उससे बचती अंतत: उस पगडंडी पर आ लगी थी जो नदी को आश्रम से जोड़ती थी…अभी भी वह सरिता से बहुत दूर नहीं थी और पगडंडी वृक्षों के बीच से जाती थी, इसलिए रेणुका झुकी शाखाओं को दौड़कर पार करती और 'नहीं', 'नहीं', 'नहीं' चीखती हुई और पुन: गायत्री का जाप करती हुई भय के आवेश में चली जा रही थी…।

आश्रम के द्वार के पहले ही परिचित मिले पर उनके आदरास्पद संबोधनों पर रेणुका रुकी नहीं, उसे परिचितों के चेहरों में भी वही गंधर्व टिप रहा था और वह पुन: सरपट चलने लगती थी। आश्रम के द्वार पर द्वारपंडित तथा प्रहरी थे, छात्र भी थे वहाँ… वे सब प्रणाम करने लगे, ''देवि माँ! आप आशीष दें, अरे आप

अस्वस्थ हैं क्या!···लगता है, माता डर गई हैं··· ।''

विस्फारित नेत्र लिये रेणुका देवी सीधे ऋषि जमदग्नि के पास पहुँची। पति जमदग्नि से नेत्र मिले, ऋषि सब समझ गए···उनमें कोपामल धक् से जल उठा···वह चिल्लाए, ''कोई है जो इस दुराचरिणी को बंदी बनाकर इसका वध कर दे?···रेणुका, तू पापिनी है, तूने आर्य मर्यादा को तोड़ा है, तू दंडनीय है···अरे कोई है?''

जमदग्नि क्रोध में जबड़े चबा रहे थे, दाँत किटकिटा रहे थे और अपशब्द बक रहे थे···'अरे कोई है' को बार-बार दुहरा रहे थे।

4

ऋषि जमदग्नि के अभूतपूर्व प्रचंड आक्रोश से पूरे आश्रम में कोलाहल मच गया। जिसने सुना, उधर ही भागने लगा। रुमण्ववान्, सुषेण, वसु और विश्वावसु भागकर हाँफते हुए जमदग्नि के आसन पर भय से काँपती, नतशिर, किंतु मौन माता रेणुका को देखकर, स्थिति के रहस्य से विस्मित रह गए··· जमदग्नि ऋषि संयम भूलकर पागलों की तरह कह रहे थे—

''तुम मेरे पुत्र हो···यदि तुम मुझे पिता मानते हो तो रेणुका का अभी वध करो···यह व्यभिचारिणी है, आर्य मर्यादा को इसने खंडित किया है। इसे मारो, वर्ना मैं तुम्हें पिता की आज्ञा के उल्लंघन के कारण श्राप दूँगा।''

चारों भाई चित्रवत् खड़े थे। तीन अनुजों ने निर्णय के लिए रुमण्ववान् की ओर देखा पर वह स्तब्ध किंतु मौन रह गए थे···भला पिता के अप्रमाणित आरोप पर माता को कैसे मार डालें?

एक रूपक या नाटक के दृश्य की भाँति पात्र नतशीश खड़े थे, जमदग्नि दहाड़ रहे थे—

''अपनी पथभ्रष्ट माँ को मारो, मौन रहकर तुम बच नहीं सकते, मारो। मारो। मारो अन्यथा यह लो।''

चारों भाइयों ने क्रोध के ज्वालामुखी के भड़क उठने पर मन-ही-मन निश्चय कर लिया कि माँ अवध्य है और उनके पिता कोप के उन्माद में आर्य धर्म का स्वयं उल्लंघन कर रहे हैं। माता को सुना नहीं गया कि अंततः हुआ क्या है और दंड भी घोषित कर दिया—हमारा शरीर तो माँ के रक्त-मज्जा से बना है। उसने हमें वर्षों घोर कष्ट सहकर पाला है···वह राजकुमारी थी, वह भी श्रेष्ठ इक्ष्वाकुवंश की···वह ऋषिवर के रूप, गुण और गौरव पर मुग्ध होकर आश्रम में स्वेच्छा से आ गई और अगणित संताप सहे और अब ऋषि का अन्यायी आदेश···हम पिता का श्राप सहेंगे, प्राण भी जाएँ तो जाएँ, माता के सम्मुख प्राणों का क्या मूल्य है किंतु हम जननी का हनन नहीं करेंगे।

जमदग्नि अपनी आज्ञा के तिरस्कार से और प्रज्वलित हुए और पुनः-पुनः आदेश देने पर भी जब चारों पुत्र अविचल रहे तब ऋषि ने कमंडलु से हाथ में जल लिया और श्राप-मंत्र बुदबुदाने लगे···आश्रम के सहस्रों लोग 'त्राहि-त्राहि' करने लगे। चारों भाई आश्रम में सबके प्रिय थे, विद्वान्, भद्र, नम्र और उच्चादर्शों पर दृढ़···उनका आर्त्तनाद, "क्षमा ऋषे क्षमा" जैसे शब्द सुनकर जमदग्नि रुके···पुनः आदेश दिया, "मारो इस पुंश्चली को, यह तुम्हारी माता और मेरी पत्नी नहीं है, अब यह अपराधिनी है, शिरच्छेद कर दो इसका और इसका शव उस चित्ररथ गंधर्व को सौंप आओ, जिसके साथ इसने अभिसार किया है।"

आश्रमवासी विस्मय से जड़ीभूत हो गए···यह ऋषि क्या विक्षिप्त हो गए हैं? अपनी प्राणप्रिया पत्नी पर ऐसा आरोप और वह भी सबके सम्मुख···और माता रेणुका से स्पष्टीकरण भी नहीं लिया गया···ऋषि सचमुच पगला गए हैं—एक संदेह से ऋषिपति स्वयं न्याय की मर्यादा भूल गए हैं। भीड़ ने पुनः रोकर कहा—

"महाऋषे ! क्षमा, क्षमा करें माता को, पुत्रों को श्राप न दें, माता से पूछें कि अंततः हुआ क्या है!"

"क्या! क्या कहा तुम सबने? मैं न्यायालय खोलूँ यहाँ?— मैं जानता हूँ, क्या हुआ है और मैं श्राप देता हूँ अपने चारों पुत्रों को कि उन्होंने पिता की आज्ञा का उल्लंघन किया है अतएव वे चेतना खो बैठें, शिलावत् जड़ हो जाएँ।"

अपूर्व दृश्य था। ऋषि जमदग्नि ने हथेली के अभिमंत्रित जल को पुत्रों की ओर फेंका। जादू-सा हुआ और चारों पुत्र जो करबद्ध मौन खड़े थे, वैसे ही जड़ हो गए, जिधर देखते थे, उधर ही ताकते रह गए। पैर धरती में जम गए और पलकें स्थिर हो गईं, हाथ लटक गए··· ।

आश्रमवासियों से करुण क्रन्दन उठा, सामूहिक रुदन होने लगा। जमदग्नि के पुत्रों की मातृभक्ति और पिता के प्रति आदर का अद्भुत दृष्टांत देखकर लोग उच्च स्वर में हाहाकार कर रहे थे और श्रापमुक्ति के लिए ऋषिवर से प्रार्थना। वे डर भी रहे थे कि कहीं महाअथर्वण के वंशज जमदग्नि सबको श्राप न दे दें ।

ऋषि जमदग्नि श्राप देने में संचित शक्ति के व्यय होने पर थके से, ठगे से, अपमान के दाह में दग्ध से अपने में उबल रहे थे किंतु शक्तिहीनता में वह अब चुप हो गए थे···वह किसी की प्रतीक्षा में थे, किसकी प्रतीक्षा कर रहे थे जमदग्नि कुलपति?

उत्सुकता, भय, दुःख, करुणा और विवशता में समूह व्याकुल हो रहा था, न ययौ, न तस्थौ की दशा थी—यह देखा नहीं जाता और क्रोध से उन्मत्त, ऋषि के निकट जाया नहीं जा सकता—क्रोध में प्रत्येक क्रिया और शब्द उसे बढ़ाता है—इसलिए सब रो रहे थे और देवताओं से याचना कर रहे थे कि वे हस्तक्षेप करें, ऋषि को धैर्य, क्षमा और चित्त की स्थिरता दें···यह क्या हो रहा है, हे इंद्र ! हे वरुण ! तुम अंतरिक्ष में पक्षियों के मार्ग को जानते हो, अनुग्रह करो, इस विपत्ति

से हमें उबारो!

राम, परशुराम कहाँ है, कहाँ हैं परशुराम? ऋषि चायमान कहाँ हैं···अरे कोई दौड़ो। जमदग्नि वरिष्ठ ऋषि चायमान की सुनते हैं और राम को वह सर्वाधिक स्नेह करते हैं—वह ऋषि-पिता की आँखों का तारा है, अरे दौड़ो, चायमान और राम को ले आओ···वे स्यात् हमें महाविनाश से बचा सकते हैं···। स्तब्ध शोकग्रस्त समूह को कार्य मिल गया, सब चारों ओर दौड़ पड़े, पछताते हुए कि पहले यह बात ध्यान में क्यों नहीं आई···घटना ही ऐसी थी कि सबके विवेक खो गए, घिग्घी बँध गई—हाय, राम और चायमान तुम कहाँ हो? परशुराम! आओ, ऋषि चायमान पधारो···यहाँ सर्वनाश हो रहा है, राम आओ— आऽऽऽओ!

तारस्वरेण पुकारते, दौड़ते लोगों की बौखलाहट करुणा जगाती थी, कितना प्रेम है आश्रमवासियों में, क्या शील है, क्या गुरुनिष्ठा है···वे राम का आवाहन कर रहे थे और रो रहे थे, सिसक रहे थे।

अंतत: राम परशु हाथ में उठाए हुए किशोर हरिण-सा, चायमान-चाल में उड़ता हुआ आ रहा था। यह आँधी जैसी गति परशुराम को ऋषि चायमान ने सिखाई थी जिसे परवर्ती त्रेतायुग में हनुमान चाल कहा गया था। परशुधारी राम एक लय में उड़ते से आ रहे थे, पीछे चायमान ऋषि उसी चाल में अनुगमन कर रहे थे···उन्हें पास आते पाकर भीड़ में स्वागत का शोर उठा और उनके प्रति आशान्वित जनसमूह छटपटाते हृदयों को हाथों से थामे हुए, आगे के घटायमान वृत्त की उत्सुकताओं में ऊब-डूब करने लगा।

राम सदा निर्भय रहता था, निर्द्वंद्व। उसमें अनिर्णय, संशय और धर्मसंकट जगता ही नहीं था। वह भीड़ द्वारा दी गई राह से आगे आ गया और परशु को बगल में दबाकर पिताश्री को दंडवत् प्रणाम करने लगा—ऋषि चायमान भी हाँफते हुए पीछे से आ पहुँचे, वह सब सुन चुके थे और उन्होंने निर्णय भी ले लिया होगा क्योंकि परशुराम की ओर झुककर वह कुछ बुदबुदा रहे थे।

परंतु परशुराम दिव्य आवेश में था। वह अपनी प्रिय माँ को देखते ही उत्तेजित हो उठा था। यदि पिता के सिवा कोई अन्य माता को ऐसा त्रास देता तो उसका सिर अब तक कटकर अलग जा गिरता किंतु परशुराम पिता की आज्ञा के लिए उन्हें नत-नयन देख रहा था और करबद्ध था—उसका फरसा, उसके पार्श्व में काल-करवाल के सदृश चमक रहा था—लोग भय से विमूढ़ होने लगे—यह परशु तो कभी चूकता नहीं, अब क्या हो गया, प्रभो, हमारी रक्षा करो!

''राम! मेरा आदेश है कि तुम इसी क्षण, इस पथभ्रष्ट रेणुका का शिरच्छेद करो, यह हन्यमान है, इसे हनो पुत्र।''

परशुराम ने एक पल भी विलंब नहीं किया। राम ने फरसा दाहिने हाथ में लिया और पास सिर झुकाए खड़ी माता के कंठ के पीछे के भाग पर तान दिया—भय और विस्मय से भीड़ को जैसे साँप सूँघ गया। राम को कुछ भी कहना

व्यर्थ था और समय भी कहाँ था? लोगों ने परशु के चैलने के क्षण में एक कौंध, एक चमक देखी थी और वे 'त्राहि त्राहि', चिल्ला उठे थे। परशु रेणुका के कंधे के पास पीछे की ओर पड़ा और रेणुका हाय-हाय करती हुई गिर पड़ी—रक्त का निर्झर उठा तब चायमान ऋषि ने अपना उत्तरीय फाड़कर माता के घाव पर रखकर बहते रक्त को रोका—रेणुका की पुतलियाँ पलट गई थीं और वह आघात की अचूकता के कारण मृतवत् मौन रह गई थी···अघटित घट गया था। परशुराम फरसे के रक्त को बिना पोंछे सिर झुकाए पिता के सम्मुख खड़ा था। राम ने इतना ही कहा था—

"पिता! कोई और आदेश?"

ऋषि जमदग्नि वात्सल्य की उड़ेल में, पूर्ववृत्त को भूलकर राम की ओर अभय और वरदान का हाथ ऊँचा कर उदात्त स्वर में बोले—

"राम! तू वास्तविक पुत्र है।"

"मैं प्रसन्न हुआ—पिता का ऐसा कठिन आदेश और बिना न नु नच के तत्काल पालन—राम, तू वरदान माँग, मैं सचमुच प्रसन्न हूँ।"

"पिता, यदि आप प्रसन्न हैं तो वरदान दें!"

"देता हूँ, बोल क्या वरदान दूँ?"

"मेरी माता जीवित हो जाए और जो हुआ, वह सब भूल जाए।"

"तथास्तु!"

"और महाअथर्वण की परंपरा के रक्षक मेरे महान् पिताश्री, मेरे पूज्य बड़े भ्राता पूर्ववत् हो जाएँ।"

"तथास्तु!"

परशुराम पिता के चरणों में गिरने दौड़े किंतु जमदग्नि ने आत्मीय डाँट पिलाई—

"अरे, तू बड़ा भोला है, अपने लिए कुछ नहीं माँगा, माँग अपने लिए। वरदान की प्रार्थना कर पुत्र, तू मेरा प्रिय है, बोल, शीघ्रता कर!"

परशुराम के विकट मुख पर मुस्कराहट की चंद्रिका छिटक गई। समूह हर्ष से बावला होकर चीखा—

"राम, अपने अभ्युदय का वरदान माँग ले। हाँ राम, माँग ले सब-कुछ।"

परशुराम अविचलित था। उसने अपने शिक्षक, गुरु चायमान की ओर देखा। चायमान कुछ बुदबुदाए तो राम ने उनकी ओर संकोच में हाथ जोड़े—

"मेरा राम, अपने लिए कुछ माँग कर अपने को लघु सिद्ध नहीं करना चाहता—ऋषि चायमान, तुम राम के गुरु और पितृव्यवत् हो, तुम्हीं उसके लिए वर माँगो।"

"ब्रह्मर्षि, मेरा राम युद्धों मे सदा विजयी और चिरंजीवी हो।"

"तथास्तु, किंतु और माँगो।"

अबकी बार राम बोला—

"प्रभु! आप प्रसन्न हैं तो आप भी घटित को विस्मृत कर दें और हम सब पर पूर्ववत् स्नेहशील हो जाएँ।"

"तथास्तु"...इतनी प्रबल जय-जयकार हुई कि आकाश के कर्ण फटने लगे।

"महाअथर्वण के कुल-चूड़ामणि ब्रह्मर्षि जमदग्नि की जय हो।"

"जामदाग्न्य, राम, परशुराम अद्‌भुत कर्मा महान् राम की जय हो।"

"हमारे परशुराम के युद्धाचार्य ऋषि चायमान की जय हो।"

"देवी रेणुका माँ की महाजय हो।"

जय-जयकारों का नैरंतर्य चल पड़ा। लोगों के हृदय जो अब तक झूले में झूल रहे थे, आहत थे, विस्मित, विडंबित। वे सारी घटना के सुखांत मोड़ पर अब हर्ष और गौरव के भाव को जय-जय में व्यक्त करते हुए थक ही नहीं रहे थे। जमदग्नि ने हाथ उठाया, पर समूह ने उनकी बात नहीं मानी। वे और ज़ोर-ज़ोर से 'जय जमदग्नि, जय जमदग्नि' एक लय में गाने लगे—उन्होंने एक जयगीत भी बना लिया—

"जय जमदग्नि, जय जमदग्नि
जय चायमान
जय देवी रेणुका
जय चिरंजीवी परशुराम!"

जमदग्नि भीड़ द्वारा अपनी उपेक्षा देखकर समझ गए कि क्रोध में उनके क्रूर आदेश को समाज ने अस्वीकार कर दिया और यह भी कि उनकी क्षमा और वरदानों ने उनकी महिमा को बढ़ाया है...समाज में बड़ी गहरी समझ होती है...जमदग्नि को अपनी त्वरा और अधैर्य पर पश्चात्ताप हुआ...जयकारा रह-रहकर मंद, तीव्र होता हुआ लगातार चल रहा था। तब चायमान के परामर्श पर माता रेणुका और परशुराम ने हाथ उठाए, जयकारा थम गया और छात्र हर्ष और गौरव में मतवाले होकर परशुराम और चायमान को घेरकर खड़े हो गए और सामूहिक भोजन और अनध्याय की प्रार्थना करने लगे। उनका अनुरोध स्वीकृत हुआ और रेणुका ने स्वयं अपनी देखरेख में अब तक दुर्लभ व्यंजन बनवाए और कामधेनु कपिला गाय का दूध पिलवाया—छात्र और नागरिक, कुलपति जमदग्नि और राम के गीत गाते, उनके महान् चरित्र पर विचारते-बोलते चले गए!

तब से जमदग्नि के आश्रम में राम का नाम परशुराम पड़ गया। पहले कभी-कभी कोई परशुराम कहता था, राम ही अधिक कहा जाता था परंतु अब सब परशुराम ही कहने लगे। राम जिधर जाता उस ओर लोगबाग, उसे कम, उसके परशु को अधिक देखते और राम को अलौकिक समझते—यह परशुराम हम सब जैसा साधारण प्राणी नहीं है, यह तो रौद्रकर्मा है, रुद्र का अवतार लगता है। यह

सभी किशोरों से भिन्न है, भव्य, इसके मुख पर सूर्य-सा देदीप्यमान रहता है—यह यज्ञाग्नि-सा सदा लपटें छोड़ता रहता है, रुद्र और अग्नि की धधक इसके व्यक्तित्व में भास्वरित हो रही है—आदि भृगु ऐसे ही जाज्वल्यमान होंगे। यह विलक्षण है, यह परशुराम, देवता इसे अमर बनाएँ···हे पूषन, राम को अपना संपूर्ण तेज दो, हे अर्यमा, राम को अपनी व्यापकता दो, पावकता, हे वरुण, हमारा राम सर्वदा आपकी भाँति नीति पर चले, वह स्थिति का विधायक बने, मनुष्य में जो श्रेष्ठ है, जो अनुकरणीय है, हे इन्द्र, राम उसकी स्थापना करे। हे पवमान, राम को वज्रशक्ति दो···हे···हे···हे···अश्विनीकुमार, हे आदित्य···हे···।

प्रशंसाओं और देव-प्रार्थनाओं से जब जनसमूह को पूरी तृप्ति नहीं मिली तो अतिकल्पनाओं का प्रयोग होने लगा···जो घटा था, उसमें परशुराम की चतुराई अधिक थी। वह जानता था कि माता को वह मार नहीं सकता था। रेणुका परशुराम पर प्राण उड़ेलती थी परंतु वह यह भी जानता था कि पिता जमदग्नि चमत्कारी हैं। भृगुओं ने सर्वप्रथम अथर्ववेद की यातुविद्या और तांत्रिक साधनाओं को अपनाया था। उशना या शुक्राचार्य, उर्व, ऋचीक आदि महान् भृगु यज्ञक्रिया के अतिरिक्त अष्टसिद्धियों और अभिचार-विद्या के भी अभ्यासी थे। मारण-मोहन-स्तंभन-उच्चाटन-वशीकरण के रहस्यमय अभ्यासों को भृगुओं ने वैदिक आर्यसमाज में स्वीकृति दिला दी थी क्योंकि भृगु कभी इस अथर्ववेदी अभिचार का दुरुपयोग नहीं करते थे और जनसेवा में ही उसका प्रयोग करते थे—अथर्ववेद को औपचारिक स्वीकृति देकर भी सामान्यत: आर्यगण ऋग्वेद, सामवेद और यजुर्वेद के मंत्रों को ही त्रिविद्या या त्रिवेद का संबोधन करते थे···अथर्ववेद को संपूर्ण स्वीकृति नहीं मिल रही थी।—ऋषि चायमान, राम की अनिच्छा के बावजूद उसे अथर्ववेदी तंत्रसाधना के अभ्यास से जादुई शक्तियाँ, सिद्धियाँ प्राप्त करने के लिए प्रेरित करते रहते थे।

परशुराम जानता था कि पिता की अंधी आज्ञा का पालन करने पर उनका पुरुष-अहंकार संतुष्ट हो जाएगा। वह माता रेणुका को निर्दोष मानते थे—नारी और वह भी रेणुका-सी स्त्री अपराध कर ही नहीं सकती, और यदि कोई नारी पुरुषों की बनाई मर्यादा को तोड़ती भी है तो भी वह क्षम्य है, क्योंकि वह माँ की जाति है। नारी सदा क्षम्य है, वह अवध्य है, अदंडनीय···और यह जो परशुराम ने रेणुका पर परशु का प्रहार किया था, वह चायमान द्वारा सिखाया गया प्रदर्शन-प्रहार था, वास्तविक नहीं। इस प्रहारकला का रहस्य यह था कि बलपूर्वक परशु की मार के क्षण, अचानक हाथ को रोक लिया जाता है और परशु बस एक आध इंच खाल काट सके, हड्डी न कटे, इसका ध्यान रखा जाता है···चायमान ने राम के कान में यही बुदबुदाया था कि प्रदर्शन-प्रहार करो, पिता भी प्रसन्न और माता भी सुरक्षित तथापि घाव तो हुआ ही था जो जमदग्नि की अथर्ववेदी जड़ी-बूटियों और रसायनिक भस्मों के सेवन से अति शीघ्र सूख रहा था तो भी रेणुका पट्टी बाँधे रहती थी और जमदग्नि का आदेश था कि पट्टी

तभी खुले जब व्रण पूरी तरह सूख जाए। वह जानते थे कि खुला घाव कीटों को आकर्षित करता है…।

जमदग्नि को परशुराम ने क्रोध के अंधेपन में किए गए अनर्थ से भी बचाया था। जमदग्नि के अयुक्त आदेश का भी पालन होना चाहिए क्योंकि पुत्र में पिता का ही बीज, वृक्ष बनता है किंतु संतान माता की कुक्षि में पलती है, अत: माता का महत्त्व पिता से भी अधिक है। परशुराम ने चातुर्य से दोनों की रक्षा की। पिता का गर्व रखा और परशु का उछलता प्रहार कर उन्हें प्रसन्न कर वरदान माँग लिया…यह युक्तिबल परशुराम के भाइयों में नहीं था । वे सीधे, सच्चे और अनुचित के विरोध में दृढ़ थे, पारदर्शी, सत्यनिष्ठ…राम के द्वारा पुनर्जीवन पाकर अब वे परशुराम के पास अपने प्राण गिरवी रख चुके थे और लघु भ्राता को निर्णय का दायित्व सौंपकर आश्रम के प्रबंध में जुट गए थे…वे अपने अनुज राम पर बलि-बलि जाते और उससे पूछकर कार्य करते, किंतु राम को ऋषि चायमान ने प्रबंध के विवरण से अलग रहने का निर्देश दिया था। प्रशासन और व्यवस्थापन में निर्णय लेना सरल है किंतु यदि ब्यौरे में गए तो सारा समय और शक्ति उसी में लग जाती है और विवरण में व्यस्त प्रबंधक कुछ और नहीं कर पाता, अत: परशुराम निर्णय में सहायता करते और विभिन्न शालाओं, शाखाओं का विवरण भाइयों और वरिष्ठ विद्यार्थियों पर छोड़ देते थे। इससे सभी की भागीदारी से सब प्रसन्न थे।

ऋषि चायमान अनेक युद्धों में भाग ले चुके थे और परशुराम को उनकी कथाएँ सुनाते रहते थे। सेना खड़ी करना, व्यूह-रचना, युद्ध-प्रक्रिया, घात-प्रतिघात, सेना के लिए सामग्री की पूर्ति, आहतों, वीरगति प्राप्त योद्धाओं के शवों का युद्ध-स्थल से निष्कासन, प्रत्येक विवरण को परशुराम ध्यान से सुनते और होने वाली भूलों का निराकरण सोचते।

परशुराम ने पूछा—"पितृव्य ऋषि, वह जो सबसे बड़ा युद्ध हुआ था, उसमें, सुना है कि पिंजवन पुत्र और अतिथिग्वु, सुदास के पितामह दिवोदास जीत गए थे और दश राजा हार गए थे, जिनमें कुशिकवंशी मेरे नाना और पिताजी के मामा विश्वरथ विश्वामित्र भी थे और भार्गवगण भी थे…भार्गव तो अजेय माने जाते हैं, वे पराजित कैसे हो गए?"

ऋषि चायमान बोले—"वत्स, दश राजाओं के युद्ध में वीतहव्य हैहय ने भाग लिया था। माहिष्मती का तुम्हारा यजमान कार्त्तवीर्य अर्जुन उसी का वंशज है। त्रित्सु सुदासों और वीतहव्य हैहयों के सैन्यबल के अलावा सुदास के कुल पुरोहित वसिष्ठ के निर्देश पर जनजातियों को भी लड़ाया गया था। त्रित्सु सुदासों की ओर से, पख्त (पठान), भलानास, अलिन, विशानिन, शिवस् आदि थे और सुदास के पक्ष में विदर्भ यादव, कवष, प्रचेतस्, जैसे गण थे…उधर दश राजाओं में यदु, तुर्वस, द्रह्यु, अनु, पुरु, इक्ष्वाकु आदि थे और इक्ष्वाकुओं के राजा रोहित लड़े थे

जो सत्यवादी हरिश्चंद्र के पुत्र थे। विश्वामित्र दश राजाओं के पुरोहित थे जो स्वयं युद्ध में भिड़े थे।''

''सुना है कि हमारे पूर्वज भार्गव पृथुपरशुवाही कहलाते थे फिर भी वे हार गए, भूल कहाँ हुई?'' परशुराम जी ने पूछा।

''युद्ध परुष्णी (रावी) के तट पर हुआ था। यह युद्ध-स्थल का चुनाव असंगत था। हैहयगण, कवषों और प्रचेताओं को ठेलकर नदी में कूदकर प्राण बचाने के लिए विवश करने लगे थे, अत: कवषगण और प्रचेतस् के अनेक सैनिक परुष्णी में डूब गए क्योंकि संयोगवश परुष्णी में अचानक बाढ़ आ गई थी, हमारी नौकाएँ बह गई थीं···दूसरी भूल यह थी, सिंधु के बाएँ तट पर जो इक्ष्वाकुओं का राज था इसमें जनजाति पख़्तों में फूट गड़ गई···पख़्तों के यूथ (क़बीले) आपस में टकराते रहते हैं, अत: दशराज युद्ध में हमारा पक्ष दुर्बल होता देखकर पख़्तगणों के इक्ष्वाकु-द्वेषी गुल्म, सुदास की सेना में मिल गए···तीसरे विश्वामित्र युद्ध में घायल हो गए, नेतृत्व नहीं दे सके, अकेला मैं बचा था···मैंने दश राजाओं की सेना का संचालन किया था पर मैं भी आहत हो गया और मुझे मरा हुआ मानकर युद्ध-क्षेत्र से हटा दिया गया और प्रवाद फैला दिया गया कि विश्वामित्र, चायमान, प्रचेतस् तथा कवष सब नष्ट हो गए और इस प्रवाद से सुदास की सेना का मनोबल बढ़ गया···वीतिहव्य के हैहयों ने धर्मयुद्ध की नीति छोड़ दी थी। हैहय यादव सप्तसिंधु देश के आर्यों की भाँति मर्यादाएँ नहीं मानते थे क्योंकि वे सप्तसिंधु छोड़कर मध्यदेश में नर्मदा और विंध्याचल की ओर जा बसे थे और अनार्यों की तरह अधर्म युद्ध करते थे···हैहयों ने दश राजाओं की हारी-थकी सेनाओं के शिविरों पर रात्रि में आक्रमण कर दिया था···ये सब हमारी पराजय के कारण थे··· ।''

''किन्तु ऋषे! अब आप किस आशा से यहाँ इस आश्रम में आकर हमें युद्ध-विद्या सिखा रहे हैं···? पिताश्री आपके मित्र हैं, मेरे नाना विश्वामित्र भी आपके मित्र थे···मेरे पिताश्री तो शांति से तपस्या-साधना करने के विश्वासी हैं, आप क्या अपनी वृद्धावस्था व्यतीत करने आए हैं या मेरे प्रति वात्सल्य के कारण?''

ऋषि चायमान वयस्कता के बावजूद सिंह के समान शक्तिशाली थे, परंतु दशराज्ञ युद्ध में पराजय से उनके मुख पर एक विषाद की छाया आती-जाती रहती थी। वह अपने पक्ष के पराभव की कसक छिपाकर, जैसे प्रलाप कर रहे हैं, ऐसे वचन बोलने लगे··· ।

''···परशुराम! मुनि और मंत्रद्रष्टा विश्वामित्र, मित्र और वरुण या मैत्रावरुण के आत्मज, अगस्त्य और वसिष्ठ, गृत्समद, अत्रि, वामदेव, भरद्वाज, अंगिरा सभी जो मंत्रद्रष्टा आदि ऋषि कहलाते हैं, वे महाद्रष्टा थे···वे सब यह चाहते थे कि आर्यों का वर्चस्व संपूर्ण देश में स्थापित हो, संपूर्ण जंबू द्वीप में···वंक्षु नदी, श्री (सीर) नदी से लेकर श्रीलंका तक, और शुर्पारक, भृगुकच्छ, भुज्यु से लेकर पूर्वी समुद्र तक आर्य सभ्यता और शासन स्थापित हो और आश्रम व्यवस्था फैलाकर, सर्वजनगण को

शिक्षित-प्रशिक्षित किया जाए। इसके लिए आर्यगण विरोधी दासदस्युगण के अधिपति शंबर, विध्वांग, चुमुरि, निषाद, धुनि, अजस, श्रिग्रुस, यक्ष नाग आदि को अपदस्थ कर उन्हें वशवर्ती बनाने का कार्य प्रथम था किंतु आर्यगण परस्पर कलह में उलझ गए। दश राजाओं के युद्ध में सहस्रों योद्धा मारे गए और अनार्यों के विरुद्ध आर्य अभियान बिखर गया···मैं इसी दु:खांत का अवशिष्ट हूँ, आहत, पराजित और भविष्यहीन···राम, तुम्हीं आर्यों के भविष्य हो और इसी कारण मैं यहाँ हूँ···तुम आंगिरस, विश्वामित्र, वसिष्ठ आदि विश्वद्रष्टाओं का स्वप्न पूरा करो।''

''किंतु जब आर्य जो अपने को श्रेष्ठ कहते हैं औरों को अनार्य, अश्रेष्ठ तो वे इतने दृष्टिहीन, संकीर्ण, स्वार्थरत और कलहप्रिय कैसे हो गए?'' राम ने सखेद पूछा।

''पुत्र। यह तो नीति, धर्म के देवता वरुण ही बता सकते हैं, तुम उनका ध्यान करना किंतु आर्यों के आदियुग में जो ऋषियों द्वारा, युद्ध और सामान्य जीवन की मर्यादाएँ, परंपराएँ बनाई गई थीं, वे यदि अखंड हो जाएँ, पुनः स्थापित हो जाएँ तो सत्युग कहलाने वाला यह आर्य-युग स्थायी हो सकता है वर्ना युगांत हो जाएगा और तब सभी अनार्य हो जाएँगे···मानवता के उद्धार का जो सपना सप्तर्षियों ने देखा था, जो सनातन आदर्श उन्होंने स्थापित किए थे, इन मान-प्रतिमानों के नष्ट हो जाने से फिर तो आर्य और अनार्य सभी वन्यपशु हो जाएँगे···यह जो मनुष्य है, वह तो आर्य आदर्शों या धर्म से ही पशु से देवता बन सकता है और यह मर्त्यलोक, स्वर्गलोक···वर्ना ह्रास स्थायी हो जाएगा···परशुराम, तुम इस सत्युग और आगामी ह्रासयुग की संधि पर हो, सत्युग को बचाओ···जो सप्तर्षियों की आर्य परंपरा के शत्रु हैं, मानव नहीं, दानव हैं, दैत्य हैं, राक्षस, दस्यु और दुष्ट हैं, उन सबको सभ्यता सिखानी होगी विद्या से, वेद से, और अपरिहार्य हो जाने पर बल से···मैं ऋषि इसलिए कहलाता हूँ कि मैं स्पष्ट आर्य धर्म की संभावनाओं और ह्रास का मानचित्र देख रहा हूँ, जमदग्नि भी। सप्तर्षियों के आश्रम अभी भी चल रहे हैं, विश्वामित्र और वसिष्ठ के वंश विद्यमान हैं और जो ऋषियों के आत्मज हैं, वे मूल ऋषियों के नाम से ही जाने जाते हैं, अत: विश्वामित्र, वसिष्ठ, अगस्त्य, अंगिरा, वामदेव इत्यादि ऋषियों के वंशज अभी भी हैं क्योंकि उनके वंशजों या गणों में वे ही आर्य परंपराएँ प्रचलित हैं किंतु जो सप्तसिंधु छोड़कर बाहर चले गए हैं, उनमें आर्य मर्यादाओं को अखंड रखने के लिए प्रयत्न करने होंगे और मानवता और मर्यादा विरोधी जो आर्य यूथ या गण हैं, उन्हें युद्धबल से उनकी पथ-भ्रष्टता और औद्धत्य को, दर्प और विकृत अभिमान को तोड़ना होगा, अन्यथा सत्युग की हत्या का, मनुष्यता के हनन का कलंक हम पर लगेगा··· किसी भी मूल्य पर ब्रह्मांड में व्याप्त और उसका आधार जो सत्य है, ऋत् है, उसकी रक्षा होनी ही चाहिए···हमारे जीवन और अस्तित्व का यही हेतु है वर्ना हम तो दशराज युद्ध में मृत्यु को प्राप्त हो ही चुके थे···।''

परशुराम ऋषि-दृष्टि की विराटता, व्यापकता, उदात्तता और मनुष्यता की चरम उज्ज्वलता को देखकर प्रफुल्लित हो गया···तो यह चुनौती···देवता का आज वास्तविक अर्थ समझ में आया, विश्वामित्र की गायत्री का अभिप्राय ध्यान में जगमगा गया, देवता हममें हैं। हमारी चेतना ही उस सत्य की, ऋत् की संवाहक है···हम उठें, गिरें, यह हम पर निर्भर है···हम पुण्यवान् हों, शक्तिसंपन्न हों, आदर्शस्थापक हों या अत्याचारी हों, सब हम पर निर्भर है···ऋषि चायमान ने आर्यता को मानव श्रेष्ठता का पर्याय माना है, सप्तर्षि भी यही मानते हैं···आर्य कोई जाति नहीं, वह तो उच्चता का, मनुष्यता का दिव्य साक्षात्कार है, वरुण जिसके देवता हैं, इंद्र ऋत् या सत्य के, नैतिकता और सद्व्यवहार के धर्म को कार्य रूप में परिणत करने के लिए अपना विद्युत-वज्र चलाते हैं···शस्त्र मानव धर्म की स्थापना के लिए है, उनका उपयोग, संकीर्ण, स्वार्थ-संयुक्त औद्धत्य या उद्दंडता के लिए शस्त्र-देवता का अपमान करना है। आर्य यदि श्रेष्ठ हैं तो आर्यता के कारण। जिसमें श्रेष्ठता नहीं, वह अनार्य है। वेद, मंत्र, देव स्तुति, कर्मकांड वहीं रह सकते हैं जहाँ अनुकरणीय ध्येय हों, जो अनुकरणीय नहीं हैं वह आर्य नहीं है, इसी हेतु आर्यों का वैश्विक कर्त्तव्य यह है : कृन्वन्तो विश्वमार्यम्—हम विश्वभर को आर्य बनाएँ। यही हमारा, राष्ट्रीय, जातीय धर्म है। इसमें जाति या गण श्रेष्ठता नहीं, इसमें मानव मात्र को श्रेष्ठ और उच्च बनने की प्रेरणा है··· ।

परशुराम को विश्वबोध हो चुका था···उन्होंने पूज्य चायमान के चरण छूकर परशु को अधर में तान दिया और तारस्वर में गर्जना की—"ऋषे, गिनाओ, इस आर्यीकरण में कौन बाधक हैं। कौन उद्दंड यह धर्म नहीं मान रहे हैं···मैं उनके शीश यज्ञपशु की तरह काट डालूँगा।"

ऋषि चायमान गद्‌गद हो गए। उन्हें लगा कि परशुराम में वैष्णव तेज भभक उठा है, रुद्रदेव के धनुष की टंकार गूँज रही है, ब्रह्मा की बोध-प्रतिभा बोल रही है। इस राम को जीने का अभिप्राय मिल गया है। यह पशु नहीं रहा, पशुपति हो गया है। यह असाधारण प्राणी है, यह देवप्रिय राम है। देवता निश्चय ही, मानव सभ्यता और सत्य या ऋत् की पुनः स्थापना के लिए इस व्यक्ति को माध्यम बनाएँगे···दैवी शक्तियाँ इस राम की काया में स्वतः प्रकट होंगी···संपूर्ण ब्रह्मांड, इसके पिंड में अपना शक्तिसंपुंज सक्रिय करेगा, यह समग्र मानवता का त्राता, उद्धारक, मानव धर्म का साक्षात् विग्रह और दुष्ट दलनकर्त्ता होगा···यह अद्वितीय योद्धा बनेगा और अपने प्रलयंकर परशु से, नरपशुओं को वश में लाने वाले परशुपत अस्त्र से अनेक बार अधर्मियों को आर्य धर्म का, नीति और सज्जनता का पाठ पढ़ाएगा। यह राम दिग्विजयी, दुर्दमनीय और कालानल के सदृश घृण्य तथा जघन्य जनों के लिए ध्वंसकारी होगा··· ।

"परशुराम, आर्यता में जो बाधक हैं जो शठ, खल और नरपशु हैं, उनका बोध तुम्हें स्वतः हो जाएगा···तुम तब तक युद्धवेद का अभ्यास करो, अन्यथा तुम

धनुर्वेद और अन्य अस्त्र-शस्त्र संचालन में अप्रतिहत हुए बिना उन असह्य असुरों, राक्षसों और अनार्यों का सामना कैसे करोगे?''

''ऐसा ही होगा''—यह परशुराम ने चमककर कहा, चायमान ने वरदहस्त उठाया।

5

आचार्य चक्रधर के गूढ़ पुरुष वैद्यों-विद्यार्थियों-ओषधि कूटने, छानने वालों के वेश में कार्य कर रहे थे। उधर सुचंद्र, राज्यश्यालक के भेदिए भी राजवैद्य के योजनों में फैले ओषधि-शिक्षा-आश्रम और ओषधि-निर्माण की रसायनशालाओं में यत्र-तत्र कलावती की टोह ले रहे थे। प्रतिस्पर्धी गूढ़ पुरुषों में कभी-कभी आमना-सामना हो जाता था परंतु राजवैद्य के चक्रवर्ती पर प्रभाव से वे परिचित थे, अत: वे एक-दूसरे को तरह दे जाते और अपना कार्य चुपचाप करते रहते । आश्चर्य यह था कि सुचंद्र के जासूसों को कलावती कहीं भी दीखती नहीं थी । वह तो राजवैद्य के अंत:पुर में थी। आचार्य चक्रधर का ऐसा ही आदेश था । कुछ समय बाद मेधावी भी जाकर कलावती से मिल आया था। वैद्य की अमोघ ओषधि से कलावती न केवल स्वस्थ हो गई थी अपितु कला से चंद्रकलावती बन गई थी। वह वस्तुत: सुंदर थी और जिज्ञासु भी थी। वह मन लगाकर चिकित्साशास्त्र पढ़ती और ओषधियों के प्रयोग सीखती।

राजवैद्य की पत्नी कलावती को चंद्रकला की तरह बढ़ते देखकर उसे चंद्रकला कहने लगी थीं। उसके स्वभाव की कोमलता और उसकी आत्मा की उज्ज्वलता सबको स्नेह में बाँध लेती थी। वैद्यमाता के मन में आता कि कितना अच्छा हो, मेरे पुत्र से यह चंद्रकला विवाह कर ले किंतु चंद्रकला अपहरण के बाद पुरुष जाति से ही घृणा करने लगी थी। रोमांस के प्रसंग स्त्रियों में उठते तो वह उठकर अन्यत्र चली जाती थी···उसके साथ जो घटा था, वह घृण्य था, पाशव व्यवहार था···वह किशोरी थी, इतना तो समझती थी कि उसका अपहरण किस कारण कराया गया था···वह पुरुषों की घृणित वासना की आखेट थी। स्त्रियाँ पुरुषों की कुदृष्टि की शिकार हैं, इस अनुभूति के उठते ही उसका जी मिचलाने लगता था। उसके साथ बलात्कार तो नहीं हुआ था परंतु उसे छुआ तो गया ही था अत: वह महीनों तक कई बार नहाती और शुद्धि के लिए राजवैद्य के गृह पर अखंड अग्निवेदी के जाग्रत रहने के कारण वह यज्ञशाला में चली जाती और हवन करती, देवस्तुति करती—''हे आदित्य! गमनशील और सुंदर आपका स्वरूप अतीव निगूढ़ है। सविता सबके मस्तकस्वरूप हैं, उनकी किरणें दूध दुहतीं तथा अति विशाल तेज से युक्त होकर उसी प्रकार पुन: जलपान करती हैं।''

''समान नेमि से संयुक्त अजीर्ण कालचक्र निरंतर घूम रहा है···सूर्य का नेत्ररूप मंडल वृष्टिजल से छिप गया···आदित्य की सहजात ऋतुओं में सातवीं अकेली है···ये ऋतुएँ सबकी इष्ट, संधान भेद से पृथक्-पृथक् स्थापित और रूपभेद से विविध आकृतियों से संयुक्त हैं···मैं अज्ञानी हूँ···कुछ न जानकर ज्ञानियों के पास जानने की इच्छा से पूछती हूँ—जिन्होंने छह लोकों को रोक रखा है, जो जन्मरहित रूप से निवास करते हैं, वे क्या एक हैं?···यह अलौकिक मन कहाँ से उत्पन्न हुआ है···दो पक्षी, जीव और परमात्मा मित्रता के साथ एक वृक्ष-शरीर में रहते हैं। उनमें एक पीपल वृक्ष के पत्रों-पुष्पों का भक्षण करता है और दूसरा कुछ भी भक्षण नहीं करता, केवल देखता रहता है, द्रष्टा है।'' (ऋग्वेद, प्रथम मंडल, 164 सूक्त)

चंद्रकला सृष्टि को एक रहस्य के रूप में देखती, ऋषियों की भाँति। उसे द्यावापृथिवी, सूर्य, चंद्र, ऋतुएँ, वनस्पति, इन सबकी नित्यगति, वर्षा, झंझावात, भूकंप, मेघ गर्जन, विद्युत्-वज्र का पात, सब विचित्र लगता और उसे उक्त सूत्र का वह मंत्र सबसे प्रिय लगता जिसमें-पीपलरूपी ब्रह्मांड पर बैठे दो पक्षी हैं जिनमें एक जीवन का स्वाद लेता, परंतु दूसरा केवल देखता रहता है···चंद्रकला! तू कभी सृष्टि के और इस जीवन के रहस्य को नहीं समझ सकती···।

चंद्रकलावती को सर्वाधिक विस्मय इस पर होता कि एक ओर ऐसे मंत्र रचनाकार हैं, सर्वज्ञ ऋषि, मुनि, तपस्वी और दूसरी ओर यह तथाकथित चक्रवर्ती और उसके दस्यु जैसे सेवक···मुझ जैसी कन्याओं के अपहर्ता नरपशु और फिर उन पर ये भेड़िए और इनका वह श्वेतभालू-सा राजा और राजन्य लोग कितने घिनौने कामकृत्य करते हैं—चंद्रकला को पुरुष-पशुओं से दबी, भिंची आर्त्त पुकार करती नारियों के बिंब व्याकुल करने लगे और उसके शरीर पर गंदे स्पर्शों के स्मरण उसे थरथराने लगे···।

तभी सुघटना घटी···बटुकों के वेश में दो ऋषिवेशधारी युवक आए और उन्होंने इधर-उधर ताककर कलावती के कान में कुछ कहा और चले गए। चंद्रकला सन्न रह गई—हे देवगण, हे इंद्र, हे सविता, हे मरुतगण, आप विश्वरक्षक हैं, वरुण, पूषा, अर्यमा पोषक हैं, मेरी अस्मिता की रक्षा करना···वह यज्ञस्थली से उठ गई और अंत:पुर में निभृत कक्ष में जा लेटी···संध्याकाल तक वहीं रही। पुन: यज्ञ-हवन, संध्या के बाद भोजन कर वह अस्वस्थ का बहाना बनाकर अपने कक्ष में गई और आधी रात तक देवाराधन करती रही।

ठीक मध्यरात्रि को उसने वस्त्र बदले। वे दो अश्विनीकुमारों से पवित्र मुनि-वेशधारी बटुक जो पुरुषवस्त्र लाए थे, उसे चंद्रकला ने पहना, केशों का जटाजूट बनाया, बनावटी केशों की जटाओं से बालों को पर्वत-शिखर जैसा बाँधा, उसमें रुद्राक्षों की एक लघु माला डाली। उत्तरीय से अपना यौवन छिपाया और ऊपर एक ऋषियों जैसा कंबल ओढ़ा और वह मुख्य द्वार के द्वारपालों को गुप्त संकेत देकर छुपती हुई रसायनशाला के द्वार पर जा पहुँची। वहाँ उन त्राता

अश्विनीकुमारों के इंगित पर वह आगे बढ़ी···वैद्यराज के उपवन में बाहर की ओर तीन अश्व बँधे हुए थे। इन पर तीनों सवार हुए और निकल गए। सुरक्षित स्थल पर आकर, पीछा करने वालों को कहीं न देखकर अश्विनीकुमारों ने कहा, ''भगिनी कला, तुम घोड़े पर चल सकोगी?''

''क्यों नहीं, मुझे विधिवत् अश्वारोहण की शिक्षा मिली है, मैं चल सकूँगी किंतु हम तीन ही हैं, उन राक्षसों ने घेर लिया तो क्या होगा?''

''निर्भय रहो, हमारे साथ, कुछ दूरी पर स्थित आचार्य चक्रधर के अंगरक्षकों का पूरा गुल्म है जो हमें सुरक्षित भार्गव-आश्रम तक ले जाएगा और हम स्वयं सुरक्षित हैं, मा भैषी, भय मत करो, चलो।''

प्रात:काल भार्गव जमदग्नि के आश्रम के मुख्य द्वार पर चंद्रकला पहुँची। सशस्त्र द्वारपाल वहाँ सतर्क खड़े थे। वहाँ चक्रधर का पत्र लेकर, सैनिकों को वहीं छोड़कर, चंद्रकला उन दो बटुकों के साथ जमदग्नि ऋषि के पास पैदल पहुँची। जमदग्नि प्रात:काल की क्रियाओं के पश्चात् अग्निहोत्र में ध्यानस्थ थे। वहाँ उनके साथ ऋषि के पाँचों पुत्र आहुति दे रहे थे और वेदमंत्रों का उच्चारण उच्च स्वर में कर रहे थे—

''ओउम् अग्नि मीडे पुरोहितम्—हे अग्नि, तुम यज्ञ के पुरोहित, दीप्तिमान्, देवों के आवाहक, ऋत्विक् और रत्नधारी हो, हम आपकी स्तुति करते हैं!···हे अग्निदेव, तुम होता, अशेषबुद्धिसंपन्न, सिद्धकर्त्ता, सत्यपरायण, कीर्त्तिसंपन्न और देदीप्यमान हो, देवों के साथ यज्ञ में पधारो—हे अग्नि!''

दंडवत् प्रणाम कर सब अभ्यागत प्रात:-संध्या के हवन में सम्मिलित हो गए···कलावती को ऋग्वेद के प्रथम मंडल के प्रथम सूत्र के मंत्र कंठस्थ थे। उसने मंत्रगायन में साथ दिया किंतु वह किशोरी का पतला, कोमल, स्निग्ध स्वर था···पहले तो सब ध्यानमग्न रहे, उत्सुकता प्रकट करना धृष्टता होती सो मंत्रपाठ के पश्चात् रुमण्ववान् ज्येष्ठ भ्राता ने विस्मय प्रकट किया—

''यह पुरुषवेश में किशोरी कौन है, तुम दोनों कौन हो? यहाँ तक तुम्हें कैसे आने दिया गया?''

दोनों अश्विनीकुमारों जैसे बटुकों ने आचार्य चक्रधर का प्रलंब पत्र ज्येष्ठ जामदग्न्य रुमण्ववान् के हाथ पर रख दिया। अचानक ऋषि जमदग्नि का ध्यान भंग हुआ तो उन्हें वह पत्र दे दिया गया। वह दत्तचित पढ़ने लगे। अवसर पाकर परशुराम और रेणुका की दृष्टि एक साथ किशोरी पर पड़ी···उसकी सुघड़ छवि को देखकर माता रेणुका मुस्कराई जबकि राम के नेत्रों में रहस्य जानने की उत्कंठा थी। माता ने चंद्रकला को अपने पास बुलाया। कलावती गई, प्रणाम किया और रेणुका के पैर पकड़कर नतनयन बैठ गई। तब तक जमदग्नि ने पत्र पढ़ लिया। उन्होंने स्नेहिल दृष्टि से कलावती को देखा और वरदहस्त उठाया—

''शुभे! कल्याण हो···कलावती, तू अपने घर आ गई है, ऐसा समझ। तेरे

माता-पिता नहीं रहे परंतु हम हैं, अब रेणुका ही तुम्हारी माता है और मैं तुम्हारा पिता हूँ, निर्भय आश्रम में रह, तेरी रक्षा का भार राम परशुराम पर है!''

यह कहकर जमदग्नि तो समाधिलीन हो गए और जामदग्न्य सहित माता रोहिणी अतिथियों को लेकर अपने कुटज में आईं ।

नित्यक्रिया, स्नानध्यान के बाद अल्पाहार में सब साथ बैठे । परशुराम निस्संग किंतु चिंतित से लगे । उन्होंने चंद्रकला में रुचि नहीं ली बल्कि यह जो हुआ था, उसका समाचार मिलने पर वह गंभीर हो गए थे और उठकर खड़े हो गए—

''माँ, मैं ऋषि चायमान की सेवा में जा रहा हूँ—यह घटना एक वात्याचक्र का अशुभारंभ है।''

''किंतु राम! इस कलावती को तुम्हारी रक्षा में रहना है, क्यों कला?''

''हाँ माता, मैं, ऋषिपुत्र राम की शिष्या बनूँगी···मेरा विषय चिकित्सा और शस्त्रविद्या है···मैं नारी के अपमान का प्रतिशोध लूँगी ।''

परशुराम, उस कोमल किसलय-सी किशोरी का संकल्प सुनकर हँसने लगे, बोले—

''साधु, साधु । किंतु तू ऋषि बन; लोपामुद्रा, अपाला, गोपा के आदर्श पर चल···प्रतिशोध हम ले लेंगे···माँ, मुझे अनुमति मिले ।''

''नहीं राम, तू इसे भी ऋषि चायमान के पास ले जा—वही जो ठीक समझेंगे, करेंगे ।''

परशुराम चुप रह गए । उछलकर ऋषिपुत्री-सी सजी कला परशुराम के साथ चल पड़ी । उसकी राम के प्रति मुग्धता छिपाए नहीं छिपी···रेणुका माँ रहस्यमय ढंग से हँसीं । उन्होंने ज्येष्ठ पुत्र को कार्यभार सौंपा—

''रुमण्ववान्! मुझे लक्षण ठीक नहीं लगते, तुम इस युगल पर दृष्टि रखना ।''

चारों भाइयों ने विनोद-भरा अट्टहास किया, माता भी स्नेह से भीगकर हँसने लगीं, कहा—

''कितनी सुंदर, सुशील, मेधाविनी कन्या है, परंतु अपना राम तो परशुराम हो गया । उसने तो एक बार भी कलावती को नहीं देखा । लगता है, यह प्रसंग एकपक्षीय ही रहेगा—परशुराम तो लोहा है, वज्रहृदय, उसमें सेंध लगाना कठिन है, परंतु कौन जानता है कि क्या होगा?''

चंद्रकलावती में जैसे एक नया ध्रुवीकरण हो गया, सब उलट-पुलट गया···वह अब तक पुरुष की आँखों में स्त्री के प्रति रमणेच्छा देखकर वमनोन्मुख हो जाती थी, मन करता था, ऐसे मनुष्य पर क़ै कर दी जाए···किंतु अब यह उसमें क्या हो रहा है···राम को देखते ही उसके शरीर में आकर्षण, मुग्धता और रिरिंसा के ज्वार उठने लगे···वह उन्हें दाँत पीस कर दबाती किंतु उसे लगता कि परशुराम ऋषि नहीं, चुंबक है और वह लौहकण-सी उसकी ओर खिंचती जा रही है···वह इस नए

ध्रुवीकरण पर अपने को कोस रही थी…कहाँ तो पुरुषमात्र से घृणा के रेले उठ रहे थे और अब यह क्या हो गया…स्यात् अब तक निषेध, अपहरण और भय की स्थितियों में प्रकृत-प्रवाह दमित थे और आज इस सदा चढ़ी भृकुटी वाले, देवशरीरधारी परशुराम को देखते ही मैं चिपकने को व्यग्र हूँ…यह क्या मनुज नहीं है? यह तो देवयोनि का ही होगा…इसमें साधारण मनुष्यों के कोई लक्षण नहीं है, सब मुझ जैसी किशोरी को देखकर कितनी तृष्णा से देखते हैं, मैं उन्हें मिल जाऊँ तो पूरा अस्तित्व निगल जाएँ किंतु यह पहला व्यक्ति है जो यहाँ है ही नहीं, वह दिक्काल के परे कहीं कुछ ऐसा देख रहा है जैसे इस पूरे ब्रह्मांड के संचालन का भार उसी पर है और इस धरती पर जो अशिव, अधर्म और अत्याचार हो रहा है, वह इस कलुष-कल्मष पर मन-ही-मन विकट कोप कर रहा है…हे इंद्र! मेरा मन रीझा तो कैसे व्यक्ति पर रीझा…हे मघवन्। तू इस रुद्र के अवतार को मुझ अपर्णा के प्रति अनुकूल कर दे…।''

''कला! तू क्या सोचने लगी?''

जैसे मेघ ने शब्द किया हो, कलावती को ऐसा लगा। वह मुस्कराई और मुग्ध होकर राम को देखने लगी…उसके आसक्त आम्र की फाँक जैसे नयनों में क्रीड़ा का भाव उभरा…उसने एक कटाक्ष के साथ कहा—

''मैं वह सोच रही हूँ जिसे आपको सोचना चाहिए।''

''क्या? क्या कहा? तू तो बड़ी चतुरा है। यह वाणी किसी गहन-जटिल व्यक्तित्व से निकलती है…तूने बहुत प्रतिकूल को सहा है…तेरा अपमान हुआ है…हम वही सोच रहे हैं…तू उस सोच को अपना सोच क्यों नहीं मानती?''

इठलाकर चंद्रकला बोली—''यह तो आपका जीवन-भर का षट्राग है…मैं तो इस क्षण की बात कर रही हूँ…आपसे क्या छिपा है? आप तो ऋषि हैं, नहीं?''

परशुराम ने अपना परशु बाएँ हाथ में लिया, उसे कंधे पर रखा और हँसने लगे—

''मैं और सब समझ लेता हूँ लेकिन नारी का मन तो अगम्य है?''

''होगा, मैं रहस्यमयी नहीं हूँ…मैं तो यह सोच रही थी कि देखें मेरे सोच को आप समझ रहे हैं या नहीं?''

''तूने ऐसा क्यों सोचा…कुछ और भी तो सोच सकती थी?''

अब चंद्रकला के खिलखिलाने की बारी थी। वह जब खिलखिलाई तो राम ने देखा कि पास खेल रहे खंजन पक्षी उड़े और उड़ते चले गए…इस खंजन-युगल ने एक चक्कर भरा और फिर वे राम और चंद्रकला की ओर आकर, कुछ आगे एक शाखा पर बैठ गए…राम ने मुस्कराकर कलावती की ओर देखा—

''ये पक्षी भी तेरी तरह चंचल मनोवृत्ति के हैं, नहीं?''

''वे तो हमारे लिए एक आदर्श प्रस्तुत कर रहे हैं कि हम उनका अनुकरण करें।''

चंद्रकला पुनः खिलखिलाई। पक्षी पुनः उड़े, पुनः अधर में घूमे और फिर उन दोनों के आगे पास की वृक्षशाखा पर विराजमान हो गए···वे हर्ष से, प्रेम से पंख फुलाकर फड़फड़ा रहे थे, फुदक रहे थे और उमंग में बोल रहे थे जैसे उन्हें प्राप्य मिल गया हो।'' राम हँसे—''अर्थात् हम मनुष्य न रहें, पक्षी बन जाएँ, क्यों?''

''नहीं, युगल बन जाएँ''—अचानक कलावती लजा गई। उसके मनोहर मुख पर लाली छा गई और उसने अपना मुख उत्तरीय के अंचल में छिपा लिया। उसके मुख से अनुचित निकल गया था।

राम सोचने लगे। फिर एक क्षण बाद जैसे अपने को ही कहने लगे—

''चंद्रकला! तू जानती है कि तू क्या कह रही है?''

''हाँ, जानती हूँ···आप क्या बिना जाने-बूझे बोल जाते हैं?''

दोनों ने ठहाका लगाया, राम बोले—''तू बहुत ढीठ है चंद्रा···मुझसे बड़ा और मेरे चारों भाइयों में छोटा, विश्वावसु तेरी तरह ढीठ है, तेरी उसके साथ बनेगी···मैं उसको कहूँ या तू स्वयं उसको कह लेगी?''

''क्या?''

''यही जो तू मुझसे कह रही है?''

''मैं क्या कह रही हूँ? मैंने तो जो कहा है, वह तो आपसे कहा है! आप अपनी बात दूसरों की ओर क्यों ठेलते हैं···मैं आपकी रक्षा में हूँ···आपके भाई तो कोरे मुनि हैं··· ।''

''अच्छा? तूने बस देखकर तुरंत पहचान लिया?''

''हाँ, पहचान लिया, मुझे आप क्या बुद्धू समझते हैं?''

''तू बुद्धू तो मुझे समझ रही है, समझ रही है न?''

''क्षमा करें, आप बुद्धू तो हैं ही···आप मेरी बात समझते ही नहीं हैं।''

दोनों ने पुनः ठहाका मारा···खंजन पक्षी पुनः उड़े, पास की फूलों की क्यारी में पाटल का पुष्प चिटका और खिल गया···वह चटक चंद्रकला ने सुनी—

''राम! वह पाटल चटखकर खिल गया, इसका अर्थ क्या है?''

''मैं कुछ समझता नहीं, बुद्धू हूँ तब तू मुझसे क्यों पूछती है?''

''आप सब समझते हैं परंतु आप···परंतु आप परशु-हृदय हैं।''

''अर्थात् मेरा हृदय लोहे का है या तेज धारवाला हृदय है जो काटता है? यही न?''

''नहीं, आपके हृदय-परशु में न धार है न पानी, बस कड़क है जो किसी लोहे से टकराने की जुगाड़ में रहता है, नहीं?''

अब परशुराम के चकित होने की बारी थी। राम ने प्रथम बार विस्मय से चंद्रकला को देखा, देखते रहे, फिर कहा—

''तू मानेगी नहीं? तू नहीं जानती, मैं परशुराम हूँ?''

''जानती हूँ किंतु आप जो करते हैं, मारते-काटते है, करुणा के कारण···

आपके क्रोध के मूल में कोमलता है, जीवदया है···ममता है पर मेरे प्रति आप शंकालु हैं, मैं···मैं प्रवाद से पीड़ित हूँ न?''

''तेरा क्या दोष, पर तू अब अपने प्रति मेरी करुणा उभार रही है···तू यदि चाहती है तो मैं तुझ पर करुणा ही किया करूँगा।''

चंद्रकला कटकर रह गई। अब राम के अट्टहासों का निर्झर बहने लगा और चंद्रकला दुःखी हो गई कि वह अपनी त्वरा और चातुर्य के पाश में फँस गई···परशुराम उसकी ओर देखकर हँस रहे थे और उस हँसी में इतनी निर्मलता थी कि चंद्रकला को ऐसे निष्कलुष व्यक्तित्व को अपने फँसाव में लाने का प्रयत्न अशिव-सा लगा···उसने दाँव बदला, बोली—

''राम! आप इतने कभी पहले हँसे थे?''

''पहले? पहले कैसे इतना हँसते क्योंकि तू तब थी ही नहीं?''

''आप मुझे बना रहे हैं···मैं क्या इतनी हँसी के योग्य हूँ।''

''तू निश्चय ही योग्य है, वर्ना मैं क्यों हँसता? अयोग्य व्यक्ति पर हँसा नहीं जाता, उसका उपहास किया जाता है···मैं तो परिहास कर रहा हूँ।''

''नहीं, आप मुझसे नहीं, अपने से परिहास कर रहे हैं।''

''अच्छा? अर्थात् मुझमें परिहास के लक्षण हैं? तू ऐसा समझती है न?''

''आप जो गहन हैं, उसे परिहास में बदलते हैं जिससे कि उस स्तर पर न उतरना पड़े, निर्णय न लेना पड़े, नहीं?''

''निर्णय क्या मेरे हाथ में है, वह तो मेरे पितृव्यवत् ऋषि चायमान के हाथ है।''

चंद्रकला पुनः अचरज से नेत्र विस्फारित कर राम को देखने लगी। राम ने उसे समझा, कहा—

''चन्द्रकला, तू चायमान मुनि को जानती नहीं है। क्या पता, वह क्या कहेंगे···तू अभी से क्यों व्याकुल हो रही है···पर एक वचन दे···वह जो भी कहें, मान लेगी और वैसी ही हो जाएगी।''

''अर्थात् मेरा कोई स्वत्व नहीं जो दूसरे कहें, वही करूँ···क्या इस कथन में आपकी परशुता नहीं छिपी हुई है?''

परशुराम अवाक् रह गए। यह चंद्रकलावती तो अद्भुत है···इसमें तो आत्म श्रद्धा है, इसका जी दुखाना ठीक नहीं···पर इसके मन की तो होगी नहीं, इसे अपने चित्त की वर्तमान धारा तो बदलनी ही होगी। वह सोचते ही रह गए, वह राम। राम ने समझाया—''चंद्रकला! कभी कलाहीन मत होना, कभी विषण्ण मत होना, कभी आत्मविश्वास मत खोना···जो होने जा रहा है, वह मेरे हाथ में नहीं है···चंद्रकला, मैं संवेदन नहीं, संकल्प हूँ।''

चंद्रकला की कोमल चितिधारा रुक गई। वह सोचने लगी कि यह सचमुच असाधारण व्यक्ति है···इसे अपने मार्ग, अपनी संकल्पमयता से हटाना मेरा उन्माद

है···मैं परिस्थितियों के पाश में हूँ···तथापि इस शिव-अवतारी का सहजीकरण करते रहना चाहिए, पता नहीं, यह कब उलटे बहते नद की भाँति मनुष्य के मूलस्रोत की ओर आ लगे···उसने अपने चिद्‌विलास को रोककर मुस्कराते हुए कहा—

"ऋषि राम! क्या सभी ऋषि ऐसे ही होते हैं, संकल्पशील होने से रुक्षता पनपती है···आप अपनी निजी संवेदना को सता रहे हैं, नहीं?"

परशुराम कुछ उत्तर देते कि ऋषि चायमान का कुटज सामने दिखने लगा। दोनों का ध्यान बदल गया तथापि राम ने मुस्कराकर जड़ ही दिया—

"चंद्रा, संवेदना और संकल्पमयता दोनों तराजू के पलड़ों में रखी हैं, और तराजू ऋषि चायमान के हाथ में है। वह कवि भी हैं, कवि कहलाते भी हैं, किसका पलड़ा झुकेगा, यह देखना और वैसे ही करना, प्रसन्नता के साथ वैसा ही करना जिससे मैं तेरे साथ सदा विनोद करता रहूँ, ठीक है?"

"ठीक नहीं है!"

दोनों खिलखिला उठे। राम ने देखा, विषाद की एक रेखा चंद्रा के मुख पर आई और गई।

कवि चायमान ने चंद्रकला और राम का भावभीना स्वागत किया। उन्हें स्वयं आसन पर बैठाया, खिलाया-पिलाया और फिर उन्होंने ध्यान एकाग्र कर दोनों को देखा, मुस्कराए, बोले—

"यम-यमी का स्वागत है।"

चंद्रकला का चेहरा गिर गया, राम निस्संग रहा, ऋषि बोले—

"यम-यमी संवाद तो जमकर हुआ है, हुआ है न?"

दोनों ने सिर हिलाया।

"यम-यमी संवाद अनिर्णित रहा था, वैसा ही यहाँ हुआ···निर्णय असंभव है···किंतु अनिर्णय को निर्णय का स्थगन समझा जाए···अंतिम निर्णय, घटनाओं का अंतिम मोड़ निश्चित करेगा।"

"अब क्या होगा प्रभो?" चंद्रकला ने सव्यग्र स्वर में पूछा।

"युद्ध होगा।"

"कब?" राम ने पूछा।

"यह तुम्हारी तैयारी पर निर्भर है, चलो, शुभस्य शीघ्रम्···चंद्रकला तुम?"

"मैं भी चलूँगी···मैं राम के साथ शस्त्र-शिक्षा लूँगी और युद्ध में भाग लूँगी।"

"किंतु चंद्रा, तुम्हारी कला के प्रभाव से राम लक्ष्य पर ध्यान केंद्रित कैसे कर पाएगा?"

"जब चंद्रा यमी कही गई है तो वह मेरी भगिनी हो गई न? तब साथ-साथ शरसंधान में क्या बाधा? क्यों चंद्रकलावती?"

"मैं बाधक नहीं, साधक बनूँगी, और ऋषिवर मुझे क्षमा करें, मैं यमी नहीं हूँ और न राम यमराज हैं, न वह मेरे भाई हैं।"

दोनों का ठहाका कुटज के बाहर खड़े स्वजनों, छात्रों, सेवकों के लिए विनोद का विषय बन गया। वे चुपचाप राम और चंद्रा के संबंध के विषय में उत्सुक थे किंतु सब-कुछ रहस्य ही रहा।

तीनों शस्त्रशाला की ओर चल पड़े। ऋषि चायमान स्थिति की रोचकता पर रह-रहकर मुदित हो रहे थे और जो अस्पष्टता थी, उसका आनंद ले रहे थे।

जमदग्नि-आश्रम की शस्त्रशाला लंबी-चौड़ी थी और चारों ओर से चार-दीवारी से घिरी हुई थी जो काफी ऊँची थी। चंद्रस्थान या चाँदमारी के क्षेत्र में अनेक लक्ष्य स्थित थे, लघु मिट्टी के पात्र, पुतले, काठ के लक्ष्य, घूमते लक्ष्य, आगे-पीछे होते हुए लक्ष्य, उछालकर अधर में फेंके जाने वाले लक्ष्य, सूई से लेकर बड़े-बड़े लक्ष्यों तक वहाँ लक्ष्य ही लक्ष्य थे। शस्त्राचार्य चायमान ने कहा—

''वत्सो! धनुर्विद्या सर्वोच्च शस्त्रविद्या है। उसके गहन रहस्य तो देवाधिदेव महारुद्र शिव ही जानते हैं···राम ने यदि उनका मंत्र सिद्ध कर लिया, उनके ध्यान में चित्त दृढ़ रखा···तो आश्चर्य नहीं कि वह रुद्र स्वयं या किसी वीरभद्र को भेजकर राम को प्रशिक्षण दें, नए दिव्य अस्त्र-शस्त्रों के आविष्कार सिखाएँ किंतु वह क्षण आए, इसके लिए जो मैं जानता हूँ और भार्गव आश्रम में जो उपलब्ध है, वह ज्ञान दिया जाएगा, किंतु स्मरण रहे कि युद्ध-अभ्यास में श्रम ही प्रमुख है अतएव सिद्धि श्रम पर आधारित है, अभ्यास पर···गुरु तो निमित्तमात्र है, वह केवल कथन कर देता है, शेष श्रम से ही होगा, दिन-रात अभ्यास से होगा—**श्रमेण चित्तयोधित्त्वं, श्रमेण प्राप्यते जयः।** (धनुर्वेदसंहिता)

''पुत्र राम और पुत्री चंद्रकलावती! अस्त्र चार प्रकार के होते हैं। जो हाथ से फेंके जाएँ, वे अस्त्र कहलाते हैं, यथा कृपाण। ये मुक्त कहलाते हैं। मुक्तामुक्त अस्त्रों में बरछी जैसे अस्त्र आते हैं। और यंत्रमुक्त अस्त्रों में नालिका यंत्र, यंत्र से फेंकने वाले बाण या लौह गोलक और भुशुंडी तथा शतघ्नी, जिससे लोहे के बड़े-बड़े गोले फेंके जाते हैं। राम, आश्रम की आयुधशाला में यों सभी अस्त्र-शस्त्र हैं पर लोहे की अल्पता रहती है···लोहे की खानों के लिए धातुविज्ञानियों और खनिकों का गुल्म तैयार होना चाहिए और जहाँ-जहाँ खाने हैं, वहाँ से इस आश्रम तथा अन्य भार्गव आश्रमों के लिए निरंतर शकट-व्यूह बनना चाहिए···अभी भी वह है, गाड़ियाँ हैं, भारवाही पशुओं के सार्थवाह हैं पर वे आवश्यकता से कम हैं···यह तुरंत हो, युक्त है?''

राम गंभीर हो गया। यह तो सबसे बड़ी न्यूनता है···ऋषि चायमान के प्रति श्रद्धा उमड़ी। उसने इस व्यवस्था की हामी भरी और कहा—

''प्रभो! और भी छिद्र होंगे, न्यूनताएँ होंगी?''

''बहुत हैं···यह जो आश्रम में शस्त्रशिक्षा दी जाती है, वह परीक्षा के लिए···अब यह युद्ध के लिए दी जाए, कल से ही, क्या अभिमत है परशुराम?''

''यह तो किसी ने सोचा ही नहीं था।''

ऋषि बोले—"यह हो और यह भी कि जो शिष्य केवल शास्त्र पढ़ते हैं, तर्क, दर्शन, धर्म, कर्मकांड, नक्षत्र विद्या, चिकित्सा, चौंसठ कलाएँ, वेद, आदि उन सबके लिए भी युद्धाभ्यास अनिवार्य कर दिया जाए!"

"यही होगा, गुरुवर, और?"

"और, आश्रम के चारों ओर ऊँची, कम-से-कम बीस हाथ ऊँची मिट्टी और प्रस्तर की भित्तियाँ बनाई जाएँ।"

"और?"

"और देखो, सामने यह जो आश्रम है, वह पहाड़ों से पृथक् है, यह यहाँ बना रहे किंतु ऋषि जमदग्नि, उनका पूरा परिवार, तुम, तुम्हारे चारों भाई और उनके अंगरक्षक तथा अतिथियों के लिए पहाड़ियों के पास पत्थर के गृह बनाए जाएँ और पहाड़ियों में जो कंदराएँ हैं, उनमें आयुध भरे जाएँ···हमारी आयुधशालाएँ दो हों, एक यहाँ, दूसरी, तीसरी, चौथी, घाटियों में और गुफाओं, कंदराओं में···मंत्रबल श्रेष्ठ है, श्रापशक्ति अमोघ है किंतु उनसे बड़ी सेनाओं को नहीं परास्त किया जा सकता। हमें रक्षात्मक युद्ध के लिए सन्नद्ध हो जाना चाहिए और आक्रामक युद्ध के लिए विधिवत् प्रशिक्षित तगड़े बटुकों, ब्रह्मचारियों की सेना बनानी होगी और अश्ववाहिनी खड़ी करनी होगी। अश्व, अस्त्र और अभ्यास, विजय के तीन स्तंभ होते हैं।"

···और गुरु चायमान ने दोनों शिष्यों को धनुष, चक्र, भल्ल, खंग, छुरी, गदा तथा आग्नेयास्त्रों के विषय में जानकारियाँ दीं और स्वयं उनके चालन, आक्रमण, आत्मरक्षा आदि के कौशल समझाए—

"राम! तुमने तो अपने अस्त्र चुन लिये धनुष तथा परशु, किंतु अन्य अस्त्रों में भी निपुणता पाओ। क्या पता कब कौन-सा शस्त्र चलाना पड़े···जहाँ खंग या कृपाण चलेगी, वहाँ धनुष व्यर्थ हो जाएगा। हाँ, निकट के अस्त्रों में परशु श्रेष्ठ है किंतु उसको मुक्त अस्त्र के रूप में अर्थात् लघु किंतु भारी फरसों को फेंककर शत्रु को नष्ट करने का अभ्यास करना होगा···तुम मुझे दिखाओ, तुमने अब तक क्या सीखा है ?"

राम फूलकर कुप्पा हो गया किंतु चंद्रकलावती ने टोका—

"राम! मुझे पहले अवसर मिले जिससे तुम मेरी सीमा समझ लो, तुम्हीं मेरे शस्त्र गुरु हो।"

चंद्रकला ने सुकुमारता को झटककर मृगछाल का कंचुक बाँधा और मृगछाल का ही अधोवस्त्र धारण किया, और वह कटार लेकर कूद पड़ी। परशुराम को उसने ललकारा। कटारें काष्ठ की थीं—

"परशु सँभालो राम या तुम भी कटार ले लो और सामना करो।"

कटार लेकर राम भी सन्नद्ध हो गया। दोनों कावा काटने लगे, पैंतरा बदलने लगे। वे कटार अभ्यास वाले कटार थे, अत: निर्भय होकर प्रहार किया जा सकता

था। चंद्रा ने दृष्टि से राम को बाँधा और कावा काटकर प्रहार किया । राम चोट बचा नहीं पाया। ऋषि ने ''साधु-साधु'' कहा परंतु राम ने भी शाबाशी दी। राम बचाव की लड़ाई लड़ रहा था, चंद्रा आक्रामक थी। वह तन्वंगी थी, राम का शरीर भारी था। चंद्रकला ने हाथ घुमाया, राम को धोखा दिया और पुनः प्रहार किया, राम नहीं बचा सके। गुरु ने चंद्रा की प्रशंसा की—

''बेटी! तेरी जय हो···अब राम का प्रहार सह।''

राम ने चंद्रा की दृष्टि बाँधी, चक्कर काट-काटकर उसे थकाया और फिर झुकाई देकर चोट की···चंद्रा बचा गई और मछली की तरह पलटा खाकर उसने राम के पार्श्व में छुरा भौंका···किंतु राम भौंरे-सा उड़ गया, बच गया।

गुरु आनंदित हो गए, साधु-साधु की ध्वनि की और विराम का आदेश दिया। पुनः राम और चंद्रा में खंग युद्ध हुआ। उसमें चंद्रा ने राम को छकाया यों अंत में राम ने उसे थकाकर प्रतिद्वंद्विता जीत ली पर चंद्रा का कौशल तो प्रमाणित हो ही गया था।

गुरु ने ताली बजाकर द्वंद्व रोका और विस्मय से चंद्रा से पूछा—''कहाँ सीखा बेटी, अद्भुत है !''

''प्रभो! गाँव में सीखा, सिखाया, वहाँ मैं संकटकाल के लिए ग्रामीणों के लिए विद्यालय चलाती थी। पुनः राजवैद्य के प्राङ्गण में अभ्यास करती थी···आर्य-बालाओं में तो आपात्काल में आत्मरक्षा के लिए यह आवश्यक माना जाता है और मुझे तो अपहर्त्ताओं का प्रतिशोध लेना है···मैं यहाँ भी नारीशक्ति का संगठन करूँगी।''

गुरु गद्गद हो गए। राम ने प्रथम बार चंद्रकलावती को गंभीरता से लिया···वह बोला—

''किंतु! चंद्रा, तू यह नहीं जानती क्या कि स्त्रियों के युद्ध में एक भय यह है कि पराजित होने पर या तो वह आत्महत्या करें या शत्रु द्वारा मानमर्दित हों ।''

''आत्महत्या क्या बुरी है, यदि शील और सम्मान पर आ बने। पर मारकर या घायल कर मरना चाहिए न?''

''हाँ, यह तो है, अबला से सबला बनना ही चाहिए···अब तो तू मुझे सिखा, क्यों गुरो?''

''हाँ, हाँ, क्यों नहीं?''

गुरु का नाटक कर चंद्रकला ने उपदेश देना शुरू किया—''हे राम! धनुर्वेद को ध्यान से सुनो।''

राम और चायमान हँसे—

''आचार्य चंद्रकला, मैं दत्तचित्त शिष्य हूँ।''

''राम! धनुष पाँच हाथ का श्रेष्ठ होता है, वह वेतृ, शृंग, काष्ठ और धातुओं का बनता है, लौह का धनुष दृढ़ रहता है।''

''शार्ङ्ग पुनः धनुर्दिव्यं, विष्णोः परमआयुधम्
वितस्तिसप्तमं मानं, निर्मितं विश्वकर्मणा!''

''हे विष्णु, हे रुद्र! राम को शार्ङ्ग धनुष देना।''
गुरु चायमान और राम विस्मित थे—
''अरे! इसे तो पूरा धनुर्वेद स्मरण है क्या?''
चंद्रा चहकती गई—

गुणानां लक्षणं वक्ष्ये यादृशं कारयेत् गुणम्
षटसूत्रो गुणः कार्यः, कनिष्ठामानसंमितः
कठिनं वर्तुलं काण्डं गृहणीयात् सुप्रदेशजम्
द्वौ हस्तौ मुष्टिहीनौ च दैर्ध्ये स्थौल्ये कनिष्ठिका

हे राम। वाणों में आरामुख, क्षुरप्र, गोपुच्छ, अर्द्धचंद्र, सूचीमुख, भल्ल, वत्सदंत, द्विभल्ल, कर्णिक, काकतुंड, अण्य, तोमर, प्रासदी, प्रागु, नतपर्व आदि प्रकार होते हैं।

अथ नाराचनालीकशतघ्नीनां वर्णनम्
सर्वलोहास्तु यो बाणः नाराचास्ते प्रकीर्त्तिताः।

हे राम! एक बाण से चौबीस चमड़ों को वेधा जा सकता है, हाथी को भी मारा जा सकता है, यह ध्यान में गड़ाओ और मंत्र जप सीखो, प्रणव या ओउम् का उच्चारण करो, गायत्री मंत्र जपो, हुम् हुम् फट् ह्रीं क्लीं, श्रीम, धीम्, वषट, फट्, स्वाहा बोलो—

अधर्मः आर्यस्यैष यद्वयाधिमरणं गृहे
यदाजौ निधनं याति, सोऽस्य धर्म सनातनः।

हे राम! रोगी होकर मरना आर्यों के लिए अधर्म से मरना है। जो सज्जनों, बाल-वृद्ध, विद्वानों और नारियों की रक्षा के लिए संग्राम में प्राणाहुति देता है, वह सनातन धर्म की रक्षा करता है।

राम ने परिहास में चंद्रकला के सम्मुख सिंह की मुद्रा में बैठकर कहा—

''जय हो गुरुवरा! धनुर्वेद संहिता के ज्ञान से कृतार्थ हुआ।''

तीनों हँसे। पुनः प्रसन्न मन आचार्य चायमान ने अवकाश घोषित किया।

राम और चंद्रा को माता रेणुका के कुटज में जाने का आदेश मिला—गुरु चायमान अपने कुटज को गए। राम ने प्रभावित मुद्रा में चंद्रकला को देखा। चंद्रा ने गर्व और कटाक्ष के साथ कहा—

''कहिए, आप मुझे मान गए न?''

"मान गए, अरी, तूने तो गुरु चायमान को भी चकित कर दिया···साधु-साधु···तू अब चंडी चंद्रा कहलाएगी, प्रचंडा चंद्रकलावती देवी !"

"अच्छा?"

"हाँ, चंद्रा धनुर्वेदी!"

हाव-भाव बदलकर अचानक चंद्रा गंभीर हो गई—

"राम! अब आपके मुख से निर्गत उस संबोधन का क्या होगा?"

"किस संबोधन का?"

"वही जो आपने कहा था न···गुरुवरा!"

"क्यों गुरुवर का स्त्रीलिंग—गुरुवरा, इसमें क्या है?"

"आपका व्याकरण दुर्बल है, गुरु कहकर वरी गई, वह गुरुवरा हुई न?"

"अच्छा तो यह गूढ़ार्थ निकाला तूने पर यह अर्थ उस पर लागू होगा जो तुझे वरेगा? मैं तो तेरा भाई यम हूँ।"

"कह देने से कोई भाई हो जाता है क्या? यम यमी का सहोदर था, आप तब मेरे भाई कैसे हो गए···मैं आपको गुरु मानती हूँ पर मुझे भगिनी कभी मत कहना नहीं तो मैं···समझ लेना···मैं चंडी चंद्रा हूँ।"

दोनों हँसते,परिहास करते प्रकृति के दृश्यों में रमते, माता के कुटज में गए। माँ तो दिनभर उन्हीं के विषय में सोचती रही थी। रेणुका राम को बैठक में बिठाकर, चंद्रा को एकांत में ले जाकर पूछने लगी, "बेटी, क्या हुआ?"

"क्या होता माँ···यह आपका लाड़ला मनुष्य नहीं परशु है, परशु-हृदय··· ।"

और चंद्रा माँ की गोद में सिर छुपाकर सिसक उठी। माँ उसकी पीठ पर थपकी देने लगी !

6

गुरु चायमान ने राम और चंद्रकलावती की स्वादिष्ट स्नेहिल नोंक-झोंक में परशुराम की निस्संगता को देखा था किंतु एक किशोर की मनोदशा का क्या ठिकाना? परशुराम पर उन्हें विश्वास था किंतु निःसर्ग पुरुष को, स्त्री को जो प्रबल निजत्व देता है, उसके आगे धर्म-नीति और आदर्श ठहर नहीं पाते। प्रवृत्ति निवृत्ति से प्रबलतर होती है, अतः चायमान ने कठोर निर्णय लिया। उन्होंने परशुराम को अंगिरा के आश्रम में भेजा जो उस अंचल में था, जहाँ अब विंध्यवासिनी देवी का मंदिर है। तब उस वैदिक युग के अंतकाल में शक्ति की पूजा जनजातियाँ करती थीं और यह क़बीलों की देवी, रक्तप्रिया थी···आर्य मर्यादाओं को आदिम क़बीले मानते नहीं थे और देवी की पूजा में पंचमकार—मध्य, मांस, मदिरा, मुद्रा और मैथुन का खुलकर प्रयोग होता था। आर्यों के आश्रमों में यह वर्जित था। परंतु

संकट आने और अनार्य आदिवासियों के साथ तादात्म्य के हेतु तथा मूलवासियों का युद्ध और निर्माण कार्यों में समर्थन पाने के लिए आर्यगणों के कुछ लोग शक्ति की उपासना में शामिल हो जाते थे पर वे प्रायः पंचमकार के सेवन से बचते थे। आर्य सोमपान करते थे जो भंग का एक प्रकार था।

सप्तसिंधु में आर्यों के बढ़ते जन-बल से स्वतंत्र राज्य या—वर्चस्व क्षेत्र बनाने, वनों-कृषि भूमि पर प्रभुत्व स्थापित करने तथा आदिवासी यूथों या क़बीलों को जीतकर उन्हें दास या श्रमिक (शूद्र) बनाकर उन्हें खेती, खनिज, वनों में आखेट, फल-फूल-सग्रंह, लकड़ी-शहद-ओषधि आदि को प्राप्त करने के लिए विजिगीषु—विजय के आकांक्षी, योद्धा निरंतर सप्तसिंधु से गांगेय प्रदेश और नर्मदा-प्रदेशों की ओर बढ़ रहे थे और जहाँ आर्ययोद्धा राज्य स्थापित करते वहाँ ऋषि-मुनि आश्रम बना लेते थे···कभी-कभी तो अनार्य-क्षेत्रों में आश्रम पहले बन जाते थे क्योंकि शिक्षा और ज्ञान-विज्ञान के लिए अनार्य जनगण आश्रमों की स्थापना के समर्थक थे। तब उस 'सत्युग' में आश्रमों में शिक्षा के लिए जिज्ञासु और योग्य शिष्यों को ले लिया जाता था, भले ही वे कृष्णवर्ण के अनार्यों की बस्तियों से आए हों···आश्रमों में अनार्य सेवक-सेविकाएँ भी सेवा करते थे और उनके पुत्र यदि पढ़ने में रुचि दिखाते थे तो उन्हें पढ़ाया जाता था जैसे जाबाला शूद्रा के पुत्र सत्यकाम जाबाल के साथ हुआ था। वह एक अपवाद नहीं था क्योंकि ऊँच-नीच का भेदभाव आर्य-अनार्य का पक्षपात, विग्रह और द्वंद्व रहने पर भी आर्य-अनार्य सम्मिलन की प्रक्रिया आश्रमों में शुरू हो गई थी क्योंकि आर्यों को दासों और सेवकों की जरूरत थी और अनार्यों को विजयी आर्यों की विद्या सीखने और श्रेष्ठ, गौरवर्णी, अज्ञात शक्तियों के धनी तथा शिक्षाओं के स्वामी आर्यों से संबंधित होकर गौरव पाने की स्वाभाविक लालसा भी रहती थी।

जब सौराष्ट्र, आनर्त्त, अनूप अर्थात् आधुनिक गुजरात तक, नर्मदा क्षेत्र और अवंती तक आर्यगण जा पहुँचे तो अग्रगामी, साहसी और आर्य प्रभाव के वर्धक अंगिरा और अगस्त्य के उत्तराधिकारियों ने विंध्यक्षेत्र में भी आश्रम बना लिये। परंपरा के अनुसार ऋषि-मुनियों के पुत्र-पौत्र भी मूल ऋषि के नाम से ही जाने जाते थे, अतः परवर्ती ऋषि-मुनि—आंगिरस, भरद्वाज, आत्रेय, मैत्रावरुण या वासिष्ठ, अगस्त्य और भार्गव ही कहलाते थे।

परशुराम को आदेश था कि वह विंध्यक्षेत्र के अंगिरा और अगस्त्य आश्रमों में रहकर, युद्ध के देवता रुद्र की आराधना करें और ''ओउम् रुद्राय नमः'' महामंत्र का पाठ करें। मंत्र सिद्ध होने पर महादेव प्रसन्न होंगे और उसके बाद देवाधिदेव निरंतर वरदान देते रहेंगे तब परशुराम को हिमालय प्रदेश में अगम्य घाटियों, चोटियों पर रहकर चिन्तन-मनन और साधना करनी होगी···।

प्रस्थान वेला में परशुराम को किसी से भी मिलना वर्जित था अतः वह रात के तीसरे प्रहर अपने प्रिय अश्व 'पवन' पर सवार होकर चल पड़े। उनकी रक्षा

के लिए ब्रह्मचारी सैनिकों की एक टुकड़ी और कुछ सेवक भी घोड़ों पर या पैदल साथ चले। परशुराम गुप्तयात्रा के रहस्य पर सोच रहे थे···क्या ऋषि चायमान को मेरी हत्या का भय था? निश्चय ही माहिष्मती का हैहय ही इस भय का कारण है पर वह तो महाअथर्वण के श्राप से भयभीत रहता है···संभव है, शापमुक्त हो गया हो। उधर अकाल तो अब है नहीं तथापि हैहय यादव अत्यंत दुरभिमानी, दुष्ट और असभ्य होते जा रहे हैं, हो गए हैं। ऋषि चायमान का आदेश तथा पिताश्री की सहमति है कि मैं अंगिरा और अगस्त्य की सहायता से अनार्यों को अनुकूल करूँ···सप्तसिंधु प्रदेश से आर्यों में श्रेष्ठ योद्धा और राजा जो इंद्र कहलाते हैं, उन्होंने आर्य राजाओं के सम्मिलित सैन्यबल से पराजित शंबर, विध्वांग, धृष्ट, पिप्रु इत्यादि अनार्य दस्युराजा विंध्याचल की उपत्यकाओं में आर्यों का प्रतिरोध कर रहे हैं किंतु उनमें से कुछ समुदाय आंगिरस और अगस्त्यवंशज ऋषियों-मुनियों के प्रभाव में हैं।

···इसके सिवा हैहयों के प्रतिस्पर्धी शर्यात् आनर्त्त, अनूप देशों के गण भी विंध्याचल-क्षेत्र में हो सकते हैं क्योंकि युद्ध में पराजित होने पर आर्य और अनार्य सभी या तो हिमालय-क्षेत्र में जाते हैं या विंध्याचल अथवा समुद्र-अंचलों में बस जाते हैं···यह जो मरुदेश है, उसमें भी पराजित योद्धागण होंगे···किंतु मेरी अनुपस्थिति में कहीं आक्रमण न हो जाए···आचार्य चक्रधर ने चंद्रकलावती की मर्यादा को तो बचा लिया किंतु हमारे भार्गव आश्रम में उसका आगमन हैहयों से छिपा न रहेगा···कहीं वह उद्दंड अर्जुन चंद्रकला के लिए आश्रम में आकर उत्पात न करे···।

उधर कार्त्तवीर्य अर्जुन को कलावती के भार्गव आश्रम पहुँचने की सूचना मिली···यह भी ज्ञात हो गया कि चक्रधर ने कलावती को आश्रम पहुँचाया है। ऐसा लगा जैसे शेषनाग पर किसी ने पैर रख दिया हो। अर्जुन फुंकारकर खड़ा हो गया और नाग की तरह क्रोध से जीभ लपलपाने लगा, विष थूकने लगा। उसके बड़े-बड़े नेत्र रक्तमणि की भाँति लाल हो गए और सारा शरीर पसीने में भीग गया···वह पागल सिंह-सा दहाड़ा—

''उस चक्रधर को बुलाओ, न आए तो बाँधकर लाओ! पहले विद्युन्माली राक्षस विद्याधर को मेरे पास भेज दो।''

विद्याधर पहले ही इस अवसर की ताक में था। वह आसपास ही था, तुरंत आ गया। उसे सब वृत्तांत ज्ञात था।

''चक्रवर्ती महाराज! चक्रधर राजपुरोहित का भाई है। उसे सपरिवार यदि नष्ट नहीं किया गया तो वह क्षत्रभंग करा सकता है···मैंने कहा न था कि हमारे सामान्य शत्रु आश्रमवासी ऋषि हैं। ये राजाओं के वर्चस्व के विरोधी हैं और हमें वे कुछ नहीं समझते···इन आश्रमों के समर्थक सभी विप्रों, पुरोहितों और उनके प्रति श्रद्धालुओं का समूल नाश अविलंब होना चाहिए।''

पट्टमहिषी, दीप्तिमती कनकलता को राजा के क्रोध और राक्षस के परामर्श का समाचार तुरंत मिल गया क्योंकि राजा की सेविकाओं की नियुक्ति पट्टमहिषी ने कराई थी। वैसे भी राजा की लंपटता और क्रूरता से सेवकगण उससे घृणा करते थे। महारानी ने अपनी मुख्य सेविका और सखी चारुवल्लरी को भेजा। उसने क्रोधोन्मत्त राजा के कान में रानी का संदेश दिया पर राजा बिगड़ उठा—

''नहीं, महारानी से कहो कि हम राजकाज में हैं, राज्य पर संकट है और रानी को अपनी पड़ी है, जा कह दे कि हम नहीं आ सकते।''

किंतु वह चारुवल्लरी अपने नाम के अनुसार रानी से भी अधिक सुंदर थी और राजा उससे प्रसन्न थे। उसने पुनः आग्रह दुहराया और संकेत शब्द फुसफुसाया। राजा का पारा कुछ उतरा। चारुवल्लरी उत्साहित हुई। उसने दूसरा संकेत शब्द कहा···राजा चारु के पीछे चल पड़ा। विद्याधर चकित रह गया। वह चारुवल्लरी पर दाँत पीस उठा, बड़बड़ाया···''इस वल्लरी को देख लिया जाएगा···किंतु वह क्या कर सकती है···महारानी को ही ठिकाने लगाया जाएगा···यह राजनीति में हस्तक्षेप करती है।''

राजकोप का समाचार फैल गया। आचार्य चक्रधर शक्तिहीन नहीं, उसको दंडित करने पर सब पुरोहितवंशी राज्य छोड़कर चले जाएँगे···और आचार्य चक्रधर ने किया ही क्या है···उन्होंने तो राजा को अनैतिक कार्य से बचाया ही है, उनकी तो पूजा होनी चाहिए···जो राजाज्ञा प्रजा के विरुद्ध हो, क्यों मानी जाए? यह राजा तो राक्षस हो गया है, एक राक्षस के परामर्श से चलता है, यह आततायी है, यह अपनी जड़ स्वयं काट रहा है···।

महारानी कनकलता के कक्ष में राजा ने पहुँचकर बिगड़कर कहा—

''आप राजकाज में हस्तक्षेप करती हैं, क्यों बुलाया है?''

महारानी ने रहस्यभरी मुद्रा में कहा—

''राजकाज तो निरंतर चलता रहता है···सहस्रबाहु चक्रवर्ती सम्राट् को क्या भय है? और कोई व्यवधान हुआ भी है तो प्रियजनों से मिला भी नहीं जाएगा क्या? अभी तो पुरोहित को बुलाइए, उनसे पूछिए, फिर चक्रधर को बिना कोप किए सुनिए, फिर वाद-प्रतिवाद मंत्रिपरिषद् और न्यायविदों के सम्मुख होगा, तब दंड दीजिएगा···आप क्रोध से विह्वल हैं, थक गए होंगे। देखिए तो, मेरे शयनकक्ष में कौन है?

राजा उत्सुक हो उठा। कक्ष में प्रवेश करते ही रानी की लघु भगिनी मणिप्रभा ने स्वागत किया। राजा क्रोध भूल गया—

''मणि! तुम···तुम कब आईं? तुम्हारे बिना तो राजभवन सूना हो गया था और···और असुरक्षित भी।''

''अच्छा? सो कैसे?''

राजा ने कलावती प्रकरण सुनाया और अमर्ष से, राजाज्ञा के उल्लंघन से क्षुब्ध

होने लगा। मणिप्रभा ने एक मधुर हँसी के प्रवाह में राजकोप को बहा दिया। मणिप्रभा ने कटाक्ष के साथ कहा—

"भगिनीपति, आप भी बड़े वह हैं!"

मणिप्रभा पुनः विहँसी। राजा को लगा कि मणि उसकी समझ को चुनौती दे रही है, वह तड़पा—

"मणि! तुम स्थिति की जटिलता को नहीं समझतीं···मेरे गूढ़ पुरुषों ने साक्ष्यसहित एक षड्यंत्र को खोला है!"

अबकी बार मणिप्रभा ने मुस्कान के साथ भृकुटियाँ वक्र कीं। राजा मोहित होने लगा किंतु वह अडिग रहा।

"राजा, आप भोले हैं···हमारे भेदियों ने कुछ और ही बताया है।"

"क्या···क्···क्···क्या कहा···तुम्हारे भेदियों ने? तुम भी भेद लेने के लिए गूढ़ पुरुषों की सेना रखती हो?"

"राजाओं का क्या भरोसा कि कब कौन उन्हें मूर्ख बना जाए? महारानी राज्य में राजा की सर्वाधिक शुभचिंतक होती है, इस कारण उनकी आज्ञा से मैं गोपनीय भेद लेती हूँ···पर वे गूढ़ पुरुष नहीं, गूढ़ बालाएँ हैं···। उन्हें भी आप अपने हित में अपनी ही समझें क्योंकि वे देती हैं सूचनाएँ रानी को और हम आपको दे देती हैं···आचार्य चक्रधर ने आपको बलात्कार से बचाया है, एक कन्या के शीलहरण से और वह भी एक विप्रकन्या पर अत्याचार से राज्य की हानि होती।"

मणिप्रभा ने राजा को विस्मय में आते देखकर उसे पलंग पर बैठाया और मदिरा का एक पात्र दिया। राजा पीने लगा तो उसको मणिप्रभा ने लवणमय पदार्थ खिलाए···राजा सोच में पड़ गया। मणिप्रभा ने बताया—

"मेरे भोले बहनोई! षड्यंत्र तो हो रहा है किंतु षड्यंत्रकारी पुरोहित वंश के नहीं, राक्षसगण हैं···विद्याधर ने श्रीलंका की सुंदरी, वह लंकिनी भेद लेने के लिए आपको सौंपी है···उनकी योजना यह है कि हैहयराज चक्रवर्ती सहस्त्रबाहु के वध और माहिष्मती के पतन के लिए उन्हें ऋषि-मुनियों, विशेषकर युद्ध-विशारद भार्गवों से भिड़वा दिया जाए और आप वही करने जा रहे हैं···यह भी समाचार है कि आपके बंधु-बांधव आपको अपदस्थ कर स्वयं राजा बनना चाहते हैं···पुरोहितवंशी अभी तक उन्हें सफल नहीं होने दे रहे हैं। वे राजा को अनीति करने से रोकने के उपाय कर रहे हैं···तो भी कला के अपहरण से ग्रामीण प्रजा राज्य-विरोधी हो रही है···आपको स्वयं निर्णय करना है कि आप राज्य-हितैषियों की बात मानेंगे या राक्षसों की?"

"और बंधु-बाधवों में कौन-कौन शत्रु हैं?"

"राजा का सबसे बड़ा शत्रु तो वह स्वयं होता है···राज्य, धर्म से, न्याय से, प्रजा-पोषण और सबको अनुकूल बनाने से चलते हैं और राजा के शत्रु क्रोध, औद्धत्य, दर्प और अन्याय हैं···आपको विद्याधर ने समझाया है कि आप अपने दर्प को सब पर थोपें जिससे ऋषि-मुनि, विद्वान्, ब्राह्मण सब अपमानित होकर आपके

विरुद्ध हो जाएँ···आप तो यह भी भूल गए कि लंकेश को आप युद्ध में हरा चुके हैं और उसी पराजित राक्षस राजा का भेदिया यह विद्याधर है, वह आपकी लंकिनी है···महाराज आप तो अपने आराध्य भगवान् रुद्र शंकर की भाँति भस्मासुर को वरदान दे रहे हैं···आपको बचाने के लिए कोई विष्णु चाहिए···वह वैष्णवी शक्ति महारानी और मैं हूँ।''

मणिप्रभा, शिरीष वृक्ष-सी खिल गई। वह हँसती हुई राजा को ऐसी वाटिका-सी प्रतीत हुई जिसमें पुष्पों के सभी प्रकार एक साथ खिल गए हों, एक सुगंध की गमक राजा को मदिरा के नशे में उन्मत्त करने लगी किंतु मणिप्रभा महारानी की सगी बहन थी और राजा की लाड़ली। राजा को बहकते पाकर मणिप्रभा वहीं से हँसी में हहराती हुई चिल्लाई—''महारानी। पधारिए···ये आपके महाराज तो मतवाले हो रहे हैं, आप इन्हें सँभालिए···मैं जा रही हूँ।''

राजा ने मणिप्रभा को पकड़ना चाहा किंतु महारानी की आहट पाकर रुक गए···मणिप्रभा राजा को अँगूठा दिखाती भाग गई। रानी ने कहा—

''महाराजा, आप राज्य और मेरे सौभाग्य के रक्षक और शृंगार हैं···सब सुन लिया न···और भी बहुत कुछ है परन्तु वह फिर कभी···अभी तो आप भोजन कीजिए और विश्राम कीजिए, मैं कहलवाए देती हूँ कि महाराज दरबार में नहीं आएँगे···आज्ञा है?''

राजा कार्त्तवीर्य अर्जुन असमंजस में बँध गया। रानी ने आज्ञा भिजवा दी।

उस दिन तो राजा रानी दीप्तिमती, श्यालिका, मणिप्रभा और चारुवल्लरी में उलझा रहा, सोता रहा और पाँसे फेंकता रहा किंतु संध्याकाल वह अंतःपुर से बाहर जाने को व्याकुल हो गया। उसकी दृढ़ता देखकर रानी विवश हो गई थी पर उसने राजा की सेविकाओं-सेवकों में एक-दो को फोड़ लिया था—वे राजा के भेद रानी को बता जाते थे क्योंकि वे जानते थे कि राजा भेद खुल जाने पर भी भड़ककर रह जाएगा···राजा भीतर से रानी से डरता है···रानी के पिता के बल-कौशल से ही राजा को यह राज्य मिला है। दूसरे, वह अपनी साली मणिप्रभा पर आसक्त है···रानी अपने हितों के लिए राजा की इस आसक्ति का इस्तेमाल करती है···और क्यों न करे···यह राजभवन भयंकर समुद्र की तरह है···खारे पानी का सागर जिसमें एक-दूसरे को खाने-चबाने के लिए सब आतुर हैं, जैसे बड़े मत्स्य छोटी मछलियों को खा जाते हैं, वैसे बड़ों को फँसाकर उन्हें समाप्त कर दिया जाता है···यहाँ सब एक-दूसरे को किसी षड्यंत्र में फँसाने के लिए दिन-रात तत्पर हैं···कौन कब क्या कर बैठे, कुछ पता नहीं···ऊपर से राजशिष्टाचार निभाया जाता है···पर भीतर-भीतर खलों की खिचड़ियाँ पक रही हैं। प्रत्येक व्यक्ति दूसरे को घातक समझकर उसे राजा की दृष्टि में गिराना चाहता है ताकि उसकी अपनी दशा दृढ़ रहे, प्रोन्नति हो जाए, पद-पुरस्कार मिल जाए। यह राज्यागार नहीं, कूटागार है!

राजा विशिष्ट सभागृह में गया···वह शरीर से एक चलता हुआ टीला या लघु हाथी-सा लगता था···शरीर के गर्व से उसके भीतर की गर्मी, माथे पर चढ़ जाती थी और वह युद्ध और रक्तपात के लिए उग्र हो उठता था···बहाने तो बहुत थे···दंडितों का आर्त्तनाद सुनकर वह उन्मत्त अट्टहासों से राजभवन को कँपाता था और चाटुकारों की टोली उसके प्रत्येक क्रूर कार्य का स्तवन करती थी तथा पुरस्कार और पद पाती थी···राजा दिन-भर स्नेहबंधन और शिष्टाचार में बँधा रहा, सुंदरियों के साथ जुआ खेलता रहा था, सो अब शाम को उसकी दुष्टता उसे क्रूर होने के लिए उकसाने लगी···उसने भेदियों के सिरमौर विचक्षु को बुलवाया और एकांत कहकर सब सेवकों-सेविकाओं को विदा कर दिया। केवल एक-दो गूँगे-बहरे रह गए और एक-दो विश्वसनीय सेविकाएँ।

विचक्षु साधारण-सा मनुष्य था, किंतु उसकी आँखें सर्पों की तरह चमकती थीं और उसके कान इतने बड़े थे कि वह गोकर्ण भी कहलाता था, मस्तक प्रशस्त, खल्वाट् होता हुआ और शरीर हल्का पर मज़बूत था···उसका मस्तक सूचनाओं को क्रमबद्ध करने में यंत्र की तरह चलता और राजा के आदेश के बिना भी राजा और राज्य के हित में वह विकट कार्य किया करता था···राजा भी उससे दबता था किंतु वह राजा था। उसने विचक्षु पर निगरानी और चौकसी के लिए चुपचाप भरोसे के लोगों-लुगाइयों को लगा रखा था···।

विचक्षु ने प्रणाम कर सूचना देना शुरू कर दिया किंतु उसने राजा को, शेष सेवकों को हटाने का संकेत किया···वैसा ही किया गया···संपूर्ण एकांत पाकर विचक्षु ने फुसफुसाते हुए कहा—

''चक्रधर को पकड़कर भार्गव आश्रम और माहिष्मती के मध्य जो हैहव दुर्ग है, उसमें बंदी बना लिया गया है···प्रवाद यह फैला दिया गया है कि उसे अनार्य शंबर दस्यु अपहृत कर ले गए हैं···चक्रधर ने यह स्वीकार कर लिया है कि उसके लोगों ने कलावती को भार्गव आश्रम पहुँचाया था पर वह यह भी कहता है कि यह सब उसने राज्यहित में किया है···मुझे भी लगता है कि वह राजा के कुछ कृत्यों से रुष्ट है, पर वह राज्य और राजा का विरोधी नहीं है···उसके पास जो वैभव है, वह तो राजा का दिया हुआ है···और महाराज पुरोहित दिव्यधर निर्दोष है···वह तो चक्रधर के प्रति निरपेक्ष रहता है···किंतु चक्रधर सारे ब्राह्मणों का नेता है···जो कहेगा वही होगा···उसका क्या करें?''

''राक्षस तो कहता है, उसको समाप्त कर दिया जाए और उसके समर्थक ब्राह्मणों को भी···तुम्हारा क्या मत है?''

विचक्षु बोला—''वे तो अवध्य हैं, ये विप्रगण···अभी नहीं,···अभी ब्राह्मणों को विरोधी बनाना अयुक्त होगा···बाद में···।''

''यह ठीक है पर पुरोहित चक्रधर के जो भेदिए कलावती को आश्रम ले गए थे, उनका मुखिया···कहाँ है···विचक्षु···राज्य केवल धर्म से नहीं, भय और दंड से

भी चलता है···राजाज्ञा का उल्लंघन कर चक्रधर ने एक दृष्टांत दिया है कि और लोग भी राजा की अवहेलना करें···राजाज्ञा उचित है या अनुचित, यह तो विचार का विषय नहीं, पहले उसका पालन हो, फिर उसकी युक्तता पर विचार हो सकता है···चक्रधर ने यह मर्यादा तोड़ी है, धृष्टता की है और विद्रोह के बीज बोए हैं, अतः उसके भेदियों के मुखिया को मेरे सम्मुख अभी लाओ!''

''वह पकड़ा गया है, सभी पकड़े गए हैं। उनके मुखिया, उस गुल्म-अधिकारी, कपोत मुनि को मैं साथ लाया हूँ, पर प्रभो, वह ब्राह्मण है···चक्रधर के सभी भेदिए उनके ब्राह्मण शिष्य हैं··· ।''

''और?''

''और यह कि आज की रात के लिए जो किशोरी लाई गई है, वह एक शर्याति-कन्या है···वह अनुपम है किंतु शर्याति यादव तो हैहयों के जाति-बंधु हैं ।''

''कहाँ की शर्याति कन्या है?''

''शर्याति राजा तो हैहयों के प्रतिस्पर्धी हैं, पर उसने जिन शर्यातों को दंडित किया है···उनके ठिकाने छीन लिये हैं···उनमें से कई गुल्म हमारी सेना में वृत्ति पाने के लिए माहिष्मती आ गए हैं और उनकी वीरता और युद्ध निपुणता देखकर उन्हें सेना में रख लिया गया है, उन्हीं शर्यातों की वीथी के एक घर में यह सुंदरी मिली है, उसका नाम सूर्या है···वह शिक्षित भी है··· ।''

''तुम्हारा मत क्या है, उसे छोड़ दिया जाए?''

''राजा देख लें, मुक्त करना चाहें, कर दें···मुक्त करना ही ठीक है किंतु राज-इच्छा तो देव-इच्छा है ।''

''और?''

''और यह कि राक्षस विद्युन्माली, विद्याधर तथा लंकिनी पर चौकसी बढ़ा दी गई है···लंकिनी बहुत ईर्ष्यालु है···आपके लिए लाई गई सुंदरी का पता लगाकर वह उसके पीछे पड़ जाती है··· ।''

विचक्षु हँसने लगा···राजा भी हँसा, कहा—

''यह तो रोचक वृत्तांत है ।''

''हाँ महाराज, रोचक ही है; पर यह भयानक भी हो सकता है···लंकिनी राक्षसी है, वह एकाध राजभोग्या सुंदरियों को उबालकर न खा जाए···राक्षस तो नरमांसाहारी होते हैं ।''

दोनों आनंद लेने लगे, राजा ने पुनः पूछा—

''और?''

''और, कल के लिए, इसी समय···''

विचक्षु यह कहकर कुछ लेख-प्रलेख राजा को देकर चला गया ।

युवक कपोत मुनि को बाँधकर लाया गया था । वह निर्भय, निर्द्वंद्व था, किसी धुन में मंत्र जाप-सा कर रहा था । उसने राजा को आशीर्वाद दिया किंतु राजा को

भड़काने के लिए यह पर्याप्त था। राजा गरजा, लाने वालों को भगाया और कपोत से पूछा—

"क्या नाम है तेरा?"

"आप राजा हैं चक्रवर्ती, मैं ब्राह्मण हूँ। और विप्र का सम्मान होता है राजा, वैसे मेरा नाम कपोत है। मैं आचार्य चक्रधर का बटुक ब्रह्मचारी हूँ, इस कारण मुझे कपोत मुनि भी कहा जाता है!"

"प्रत्येक विप्र सम्मान का पात्र नहीं हो सकता और तूने तो राजद्रोह किया है···एक राजबंदी को गुप्त रूप से छुड़ाया है···तू बध्य है··· ।"

स्वयं दंड देने के लिए आतुर और क्रोध में विक्षुब्ध राजा को देखकर ब्राह्मण कपोत मुनि किंचित् भी नहीं डरा; न पीछे हटा···उसने राजा की लाल-लाल आँखों में अपनी निर्मल दृष्टि डालकर नम्रता से कहा—

"चक्रवर्ती! मैं अपने गुरु का विद्यार्थी हूँ, नैष्ठिक ब्रह्मचारी बटुक···मैंने गुरु आज्ञा का पालन किया है···और गुरु की आज्ञा यह थी कि राजा की अमुक्त आज्ञा का पालन न किया जाए, यही राजा और राज्य के हित में है, अतएव हमने कलावती के शील की रक्षा की··· ।"

राजा ने सोचा यह धृष्टता की सीमा पार कर गया है, यह और इसका गुरु चक्रधर···इनमें जो स्वाभिमान है, वह इस कारण कि ब्राह्मण पृथिवी के देवता हैं, भूसुर, महिदेव क्योंकि इनमें मंत्र, देवता और वेद बसता है किंतु अन्यगण और वर्ण भी मंत्रों का साक्षात्कार कर सकते हैं···इनमें कोई अलभ्य वैशिष्ट्य नहीं है···ये धृष्ट हैं, इनका मिथ्याभिमान टूटना ही चाहिए···मैं इन घमंडी वेदपाठी याज्ञिक आर्यों का दर्प मिट्टी में मिला दूँगा।

कार्त्तवीर्य अर्जुन क्रोध में उफनने लगा। उसकी विराट् भुजा अधर में लहराई और कपोत मुनि के चेहरे पर एक भीषण झापड़ पड़ा। कपोत मुनि के मुख से आह निकली···रक्त उछला, वह गिर गया···किंतु वह मुनि था···तमाचे की तीव्रता, दर्द की लहर गुजरते ही कपोत मुनि···मुँह पर आँचल से रक्त बंद करता हुआ बोला—

"राजा पिता होता है, वह प्रजापति है राजन्···आप क्यों कष्ट उठाते हैं, प्राण ही चाहिए तो मैं प्राण की हवि देने को प्रस्तुत हूँ···मुझे मारिए मत, विष दे दीजिए··· ।"

पुनः गर्व और उच्चता का प्रदर्शन···"मैं तुझे एक-एक अंग तोड़कर मारूँगा···ले, दंड ले राजद्रोह का"···अर्जुन ने उस लड़के की बाँह पकड़ी और उसे ककड़ी की भाँति तोड़ डाला···कष्ट से कपोत मुनि छटपटाया, गिरा, अचेत हो गया···पुनः उस पर पानी डालकर उसे सचेत किया गया···पुनः कपोत की एक टाँग मूल से मरोड़ी गई···टाँग के मूल की, कटिप्रदेश की अस्थि टूट गई, टाँग झूल गई···कपोत मुनि पुनः अचेत हो गया और फिर ब्राह्मणों द्वारा अपमानित महसूसता

हुआ राजा अर्जुन उस मांस के लोथड़े को तब तक लतियाता और कुचलता रहा, जब तक वह थक नहीं गया···उसकी क्रूरता की प्यास बुझ गई थी···उसने एक ठोकर मारकर अट्टहास किया—

"ले, याचकों के वर्ण के श्वान्···ले पाठ पढ़। राजा बड़ा है, सबसे बड़ा···जा, अब स्वर्ग जा और वहाँ मेरा यह आदेश प्रसारित करना कि राजा सबसे प्रबल और प्रणम्य होता है···याचक चाहे कितने ही योग्य और पहुँचे हुए हों, राजा के सामने उन्हें नम्र होना ही चाहिए···वे धर्म के नाम पर लोगों के अंधविश्वासों का लाभ उठाते हुए अपने वर्ण को सर्वोच्च बना रहे है पर अभी हैहय क्षत्रिय जीवित हैं···मैं इन भिखारियों का भक्षण कर जाऊँगा···न रहेगा बाँस, न बजेगी बाँसुरी···।"

राजा ने पिशाचवत् हँसते हुए सेवकों को कहा—"इस ब्राह्मण का शव उस राक्षस विद्याधर को दे आओ, उन सबको नरमांस का स्वाद मिल जाएगा···फेंक आओ इसको राक्षसों के निवास में, जाओ!"

कपोत मुनि को राक्षसगण पकाकर खा गए, उसकी हड्डियाँ चाट-चाटकर उन्हें कूड़े पर फेंक दिया गया।

···दो अश्वारोही ऊँची राशि के तगड़े घोड़ों पर पवनवेगवत् आते दीखे···उनके पीछे सैनिक वेश में कुछ लोग थे, जिनमें कुछ पदाति और कुछ अश्वों पर थे···शीत ऋतु की कृष्णपक्ष की रात्रि थी किंतु शीत से निरपेक्ष अश्वारोही और पैदल सैनिक चले जा रहे थे···अश्वारोहियों की कमर में बँधी कृपाणों और खंगें, कभी-कभी घोड़ों के आस्तरण-जीनों से टकरा जातीं और फिर मौन छा जाता।

लघु दुर्ग हैहयगढ़ के पीछे पहरा नहीं था। अश्वारोही घोड़ों से उतरे और अपने दो नायकों के नेतृत्व में धीरे-धीरे दुर्ग की ओर चढ़ाई चढ़ने लगे···जब कोई पत्थर खिसककर गिरता तो वे सब चुप रह जाते और उधर किसी को न आता देखकर पुनः ऊपर चढ़ने लगते···हाँफते हुए वे किसी तरह चलते, कभी धरती से चिपकते, कभी पुनः उठकर खिसकते हुए अंततः अर्धरात्रि को हैहयपुर पहुँच गए। एक सधे हुए हाथ से पाशें या कमंदें ऊपर फेंकी गईं किंतु क़िले की चारदीवारी चिकनी थी, पाश अटकते नहीं, नीचे गिर जाते···तब मानवशृंखला बनाई गई। चार स्वस्थ सैनिक नीचे झुके, उन पर अन्य सैनिक लदे, फिर उन पर दो सैनिक खड़े हुए और फिर उनके कंधों पर दोनों नायक चढ़कर छत पर उतर गए। दोनों ने कमंदों को एक पत्थर से बाँधा और शेष सैनिकों को नीचे ही छोड़कर कुछ सैनिक ऊपर पहुँच गए।

इस क्रिया में आवाज़ तो होनी ही थी···छत के गुंबजों पर पहरेदार थे···चार प्रहरी छत पर हलचल देखकर उधर आए किंतु नायकों तथा सैनिकों ने पाश फेंके। प्रहरी फँस गए, वे चिल्लाए कि दुर्ग पर आक्रमण हो गया है। गुंबद के सैनिक दौड़े किंतु वे संख्या में कम थे अतः वे भी पाशों में बँध गए। जो क़ब्ज़े में नहीं आए, उन्हें कृपाणों, खंगों से आहत कर बाँध लिया गया···दोनों नायकों में एक ने

सीढ़ियाँ पकड़ीं और शीघ्र नारी वेश धारण किया। वह नारी ही थी, ऊपर सैनिक वस्त्र थे जिन्हें उसने झट उतार फेंका और अपने केश छितरा कर वह नारी आँगन में गई। वहाँ के सैनिक दौड़कर एक महिला को देखकर ठिठक गए। महिला ने उन्हें कड़े स्वर में आदेश दिया…मैं दुर्ग के अधिपति की संबंधिनी हूँ…दुर्ग पर संकट है, फाटक खोलकर भागने का मार्ग प्रशस्त करो और उनकी हिचक की चिंता न कर उस नारी ने फाटक खोल दिए। द्वार पर हैहय दुर्ग विरोधी सैनिकों का झुंड था। वे भीतर घुस पड़े। पहरेदार मारे गए…ऊपर छत के सैनिक और नायक आँगन में आ गए…जब तक दुर्ग का अधिपति जगे, हथियार बाँधे और आए तब तक उस छोटे से किले के सैनिकों पर दुर्ग-शत्रु सैनिक हावी हो गए…मुख्य नायक नर्राया—"व्यर्थ प्राण क्यों देते हो? दुर्ग पर हमारा अधिकार हो गया है, अस्त्र-शस्त्र डालकर, हाथ उठाकर समर्पण करो।" शीघ्र…मरता क्या न करता…दुर्ग के सैनिकों ने समर्पण कर दिया…तब तक दुर्गाधिपति कुछ सैनिकों के साथ आया…एक साथ कई रस्सियाँ पड़ीं और अधिपति को बाँध लिया गया। जो नहीं माने वे घायल कर दिए गए, कुछ मारे गए…घमासान युद्ध कुछ समय चलता रहा…महिला नायक ने एक दुर्ग सैनिक की गरदन पर खंग रखकर कारागार-कक्ष पूछा। महिला नायक दौड़ी। उसकी रक्षा के लिए कतिपय सैनिकों ने उसको सुरक्षा दी। वे कारागार के कक्ष पर पहुँचे। भीतर इस युद्ध से जग गए आचार्य चक्रधर द्वार पर आकर लोहे की छड़ें पकड़े खड़े थे। ताले पर गुर्ज पड़े। वह टूट गया और आचार्य चक्रधर मुक्त हो गए। कलावती ने झुककर पैर छुए और मुस्कराकर दुर्ग के बाहर शीघ्र प्रस्थान की विनय की। चक्रधर प्रसन्नता से रोने लगे, कहा—

"धन्य है बेटी कलावती…और वह नायक निश्चय ही तेरा सहोदर मेधावी होगा?"

"हाँ तात, वही है, आपका शिष्य मेधावी!"

दुर्ग में सब व्यवस्था कर मेधावी ससैन्य वहाँ आया जहाँ कलावती की सेना का एक भाग दुर्ग के बाहर डटा हुआ था। मेधावी और कलावती का जयकारा हुआ किंतु उन्हें रोका गया क्योंकि माहिष्मती से बड़ी सेना के आ जाने का भय था।

"मेधावी। तुम भाई-बहन ने अभूतपूर्व गुरुदक्षिणा दी…वे हमें मार ही डालते…अब हमारा आचार्य होना सार्थक हो गया…किंतु यहाँ रुकना आत्महनन होगा…इतना कोलाहल हुआ है यहाँ कि बड़ी सेना आती ही होगी, पर चलें कहाँ?"

"भार्गव आश्रम, और कहाँ?"

"किंतु मेरे वहाँ जाने पर तो उस आश्रम पर हैहय आक्रमण कर देंगे, नहीं बेटी कलावती, कहीं और भेजो!"

"किंतु गुरो! जब कलावती और उसका भाई आश्रम में रहेंगे तो हैहय आश्रम को कैसे छोड़ देंगे?"

"तो जमदग्नि की रक्षा के लिए हम तीनों वहाँ न जाएँ···कहाँ चलें···हाँ, अवंति नगरी में एक आश्रम है और अवंति नरेश और हैहयराज में द्वंद्व है, अतएव हम तीनों वहीं चलें और इन सैनिकों को भार्गव आश्रम वापस करो···निश्चय ही ये सैनिक जमदग्नि के शिष्य-प्रशिष्य होंगे, नहीं?"

"ऐसा ही है!"

"तो वत्सो, तुम्हारा कल्याण हो, आहतों और शवों को ले आए न? तो उन्हें घोड़ों पर बाँधो और घुमावदार मार्ग से भार्गव आश्रम पहुँचो, वेश बदल लेना और शवों का दाह कर आहतों को शीघ्रता से आश्रम पहुँचाना···तुमने जमदग्नि ऋषि के आश्रम की शस्त्रविद्या का गौरव बढ़ाया है, जाओ, स्वस्ति, स्वस्ति!"

सब यथास्थान चले गए। विकट दुर्घटना के पश्चात् जो शांति छा जाती है उससे यह नहीं लगता कि यहाँ इतना बड़ा कांड हो चुका है।

7

परशुराम अगस्त्य आश्रम में आए। अगस्त्य ऋषि तो विंध्याचल पार कर दक्षिण देश में आश्रम बनाते हुए सुदूर दक्षिण समुद्र तक पहुँच गए थे। वहाँ उन्होंने वहाँ की जनभाषाओं का अध्ययन शुरू किया-कराया। आर्यगण दक्षिण की भाषाओं को समझ सकें, इस हेतु अगस्त्य ने उनके व्याकरण बनाए—वह द्रविड़ जनगण का सारा, साम, कला-कौशल, युद्ध-विधि, उनकी संस्कृति-सभ्यता सब पी गए अत: लोगों ने कहा कि कुंभज अगस्त्य समुद्र पी गए थे—वस्तुत: अगस्त्य ऋषि का व्यक्तित्व सामुद्रिक था—वह वैदिक देवों का साक्षात्कार करते और उनकी अनुमति से आर्य और अनार्य के मध्य सेतु बंधन का कार्य कर रहे थे—जो कार्य उनके भाई वसिष्ठ उत्तर भारत में कर रहे थे, उससे भी अधिक मूल्यवान् कार्य अगस्त्य ऋषि ने दक्षिण में किया, वह आर्य-अनार्य दो विरोधी गणों के एक सम्मिलित गण की स्थापना, एक मिली-जुली संस्कृति के रचाव में पहल कर रहे थे, इसी कारण लंका के शासक, उनके आश्रमों पर आक्रमण नहीं करते थे, जबकि उत्तर के आश्रमों को लंकेश के राक्षसगण उजाड़ते रहते थे; पर वे पुन: बस जाते थे···।

ऋषि अगस्त्य ने आर्यों की विद्याओं का रहस्य सबके लिए खोल दिया, अत: आर्य छात्रों के साथ अनार्य, राक्षस, किन्नर, गंधर्व, नाग, आदि गणों के बालक अगस्त्य के आश्रमों में पढ़ने लगे थे और ऋषि को एक चमत्कार के रूप में देखते थे—उनके विषय में अनेक अलौकिक कथाएँ और किंवदंतियाँ प्रचलित होने लगी थीं—अगस्त्य और वसिष्ठ, ये ऋषि आर्य शक्ति के संवर्धक थे किंतु उनकी पद्धतियों और दृष्टियों में विपरीतता थी।

परशुराम अपने पूर्वज आर्यों के इस अंतर को समझना चाहते थे। मूल

अगस्त्य ऋषि तो दक्षिण में विचर रहे थे किंतु उनके वंशज ऋषि अगस्त्य को विंध्याटवी में आश्रम स्थापित कर आर्यों, अनार्यों को निकटतर लाना था। मूल अगस्त्य ऋषि के विषय में उनका सांस्कृतिक सेतु-बंधन सुनकर परशुराम को आश्चर्य था—भला, आर्य और अनार्य सभ्यताएँ एक कैसे हो सकती हैं, उन्होंने विंध्याचली अगस्त्य ऋषि से पूछा—

''परंतु ऋषे! वर्ण-अभिमानी आर्यगण इस आर्य-अनार्य-मिश्रण से अपने गौरवर्ण को खो बैठने के भय से चिंतित हैं अतएव वे वसिष्ठ के आदेशानुसार रक्त की शुद्धि की रक्षा कभी न छोड़ेंगे। मैत्रावरुण, वसिष्ठ और अगस्त्य सगे भाई हैं पर अगस्त्य ऋषि यह दक्षिण में क्या कर रहे हैं—वसिष्ठ मत यह है कि अनार्यों का दमन कर उन्हें दस्यु से दास बनाओ और उन पर कठोर शासन करो, उनके साथ विवाह संबंध वर्जित है—आप क्या मानते हैं?''

''मैत्रावरुण वसिष्ठ कुछ भी कहें, आप देख ही रहे हैं कि आर्य-अनार्यों में सहअस्तित्व तो हो ही गया है—आर्यों के सम्राट् इंद्र ने शंबर अनार्य के सौ दुर्ग छीन लिये पर हुआ क्या, दस्यु और शंबर, अरण्यों में भाग गए पर साधारण अनार्य जन आर्यसमाज के अंग बनाने लगे···अनार्य काले हैं, अनासिक हैं, उनकी नाकें छोटी होती हैं किंतु श्यामवर्ण के इन अनार्यगणों की अपनी सभ्यता, संस्कृति और प्रवीणताएँ हैं—वे अनार्यगण आर्यों को दुर्ग बनाना सिखा रहे हैं, कृषि वाणिज्य-व्यवसाय, कला, शिल्प के अनेक चातुर्य उनके पास हैं—उनमें काले ही सही, पर स्वस्थ, साहसी और लावण्यधारी लोग हैं—कृष्णवर्ण की युवतियों में एक लावण्य होता है, आर्य उन पर आसक्त हो जाते हैं, उन्हें रक्षिता बना लेते हैं, और उनसे जो संतान उपजती है, वह मिश्रित रंग की होती है—स्वभावतः ऐसे पुत्र, पुत्रियाँ, आर्यों के आश्रम में पढ़ने का अवसर पा जाती हैं। और कभी तो इसका विपरीत भी होता है—राम, क्या तुम्हें दशराजयुद्ध का कारण ज्ञात है?''

परशुराम ने कहा, ''नहीं।''

''कारण यह था कि एक अनार्य राजा सुदास के वंश की एक नारी का अपहरण कर ले गया था क्योंकि वह शशीयसी नाम की राजवंश की स्त्री एक श्यामवर्ण के किंतु लावण्यधारी अनार्य के प्रति आसक्त थी और अपने आर्यपुत्र पति को अप्रिय मानती थी। शशीयसी के अपहरण से आर्य मर्यादा के संरक्षक राजा सुदास के पुरोहित मैत्रावरुण वसिष्ठ ने आदेश दिया कि अनार्य को मारकर शशीयसी को वापस लाया जाए किंतु विश्वामित्र शशीयसी के मन से परिचित थे, क्योंकि पहले विश्वामित्र राजा सुदास के पुरोहित थे और वह शशीयसी और उस अनार्य शरभ के गुप्त प्रेम को जान गए थे। विश्वामित्र से जब पूछा गया तो उन्होंने कहा अनार्यों के बहुमत के मध्य रहकर अब आर्यों की शुद्धता का सिद्धांत और तज्जन्य मर्यादा चल नहीं सकती किंतु वसिष्ठ और उनके गण ने घोर विरोध

किया। अंततः विश्वामित्र ने सुदास का पौरोहित्य पद छोड़ दिया किंतु अपना अभिमत नहीं त्यागा और उसके कारण थे···''

''वे क्या थे?''

''मुख्य यह था कि विश्वामित्र क्षत्रिय से ब्रह्मर्षि बने थे। वह महान् मुनि थे और युगद्रष्टा भी—शंबर असुर की कन्या उनके ज्ञान, सौंदर्य और पराक्रम पर मुग्ध हो गई थी। विश्वामित्र उदारपंथी थे, उसे स्वीकार कर लिया पर उसे आर्यों ने मार डाला और आर्यगण तभी से दो भागों में बँट गए, वे जो वसिष्ठ के नेतृत्व में उनके द्वारा की गई आर्य मर्यादा या आर्य धर्म की व्याख्या स्वीकार करते थे और दूसरे वे जो विश्वामित्र की उदारता और आर्य-अनार्य की मैत्री और मेल-मिलाप में विश्वास करते थे, फलतः विश्वामित्र के नेतृत्व में दस गणों की सेनाएँ, राजा दिवोदास के पौत्र राजा सुदास की सेनाएँ वसिष्ठों के नेतृत्व में आपस में भिड़ गईं—ऐसा संगठित और बड़ा आपसी युद्ध कभी नहीं हुआ था—अनार्यगणों ने भी इस युद्ध में भाग लिया था और सहस्त्रों लोग हताहत हुए थे···मूल अगस्त्य ऋषि अपनी पत्नी लोपामुद्रा ऋषि के साथ सप्तसिंधु छोड़कर, मध्यदेश में आश्रम बनाते हुए, दंडकारण्य में आगस्त्यों को जन-एकता का संदेश देते हुए दक्षिणी समुद्र तक जा पहुँचे···परशुराम! भार्गवों को भी, मनुष्यमात्र की एकता का सिद्धांत स्वीकार कर लेना चाहिए···ऋषि जमदग्नि विश्वामित्र का सहपाठी और सगा-भगिनी पुत्र है—सत्यवती कुशिकवंशज राजा गाधि की पुत्री थी जो तुम्हारे पितामह महात्मा महाअथर्वण ऋचीक् को विवाहित थी। सत्यवती के पुत्र जमदग्नि हैं और विश्वामित्र गाधि के पुत्र अतः जमदग्नि पर महामुनि विश्वामित्र का प्रभाव पड़ा और जमदग्नि ने अपने आश्रम में अनार्यों को भी प्रवेश दिया किंतु वह महान् भृगु के वंशज हैं, वे पूर्णतः आर्य रूप की अशुद्धि को मान नहीं सकते,—अब तुम यह कार्य करो—इससे भार्गवगणों की शक्ति बढ़ेगी और अनार्यगण युद्ध में उसी आर्य राजा का साथ देंगे जो उन्हें वन्यपशु नहीं समझता और आर्य एकता को बलात् अनार्यों पर आरोपित नहीं करता···विंध्यवन और दंडकवन के अनार्य विकट योद्धा हैं, उनमें अपना जनाधार बनाओ परशुराम।''

''किंतु तब आर्य संस्कारों की रक्षा कैसे होगी?''—परशुराम ने चिंता प्रकट की।

''सारे विश्व को आर्य बनाने की क्यों नहीं सोचते? आर्यश्रेष्ठता मनुष्यता के आधार पर ही सिद्ध करनी होगी, मानवमात्र आर्य संस्कार सीखे···आर्य शिष्टाचार श्रेष्ठ है, आर्य मंत्रविद्या श्रेष्ठ है, देवाराधन श्रेष्ठ है, यज्ञमात्र श्रेष्ठ है, देवदर्शन सर्वसुलभ हो, देवता किसी वर्ण के नहीं···वे तो प्राकृतिक-शक्तियाँ हैं, प्राणीमात्र की पृथिवी सहित समूचे ब्रह्मांड तक जो शक्ति है, अपने-अपने क्षेत्र की जो शक्तियाँ हैं, नैतिकता और सत्य की जो शक्तियाँ हैं, मनुष्य के ओज, उत्साह, पराक्रम की जो शक्तियाँ हैं, प्रकृति के भयंकर रूपों की जो शक्तियाँ हैं वे सर्वप्राणियों के हित के लिए हैं और उन दिव्य शक्तियों का इंद्र, अग्नि, वरुण, अर्यमा, रुद्र, मरुत्गण

एवं मैत्रावरुण का कोई भी ध्यान कर सकता है और सभ्य, मानवीय तथा व्यापक दृष्टि संपन्न बनकर आर्यश्रेष्ठता प्राप्त कर सकता है···आर्यत्व, वर्ण पर नहीं, ऋत् पर, सत्य पर, ज्ञान की पावनता और तप पर आधारित है···और आर्यत्व की रक्षा आर्यगण ही नहीं, अनार्य भी कर सकते हैं···अनार्यों-दानवों, दैत्यों-राक्षसों-नागों और किरातों में अनेक महान् और दिव्य व्यक्तित्व हैं, अद्भुत विद्याएँ, साधनाएँ हैं··· ।''

परशुराम सोचने लगे। उपदेश देकर अगस्त्य ऋषि उठ गए। प्रस्थान करते समय अगस्त्य सस्मित बोले—''जामदग्न्य राम। कुछ दिन पूर्व, विशिष्ट अतिथि आए हैं···वे यहाँ आ रहे हैं···तुम यहीं रहो, चिंतन करो, देवताओं का ध्यान करो, मंत्रोच्चारण करो।''

ऋषि गए। परशुराम को ऋषि के समाचार में रहस्य लगा।

परशुराम के मन में अचानक विद्युत्-सी चमकी···हैहयों के राजा ने बलात् क्षत्रिय दर्प की स्थापना और ब्रह्मबल को दयनीय बनाने का जो व्रत लिया है उसे आर्य-अनार्य एकता के बिना तोड़ा नहीं जा सकता···सहस्रबाहु भयंकर है। उसके बल का पार नहीं, माहिष्मती अजेय है, पग-पग पर सैनिक हैं वहाँ, दुर्ग है, ऊँची परिघा है, नर्मदा का अवलंब है···इसे असंख्य सेना से ही जीता जा सकता है···सेनाओं की लहर पर लहर और सुरक्षित सेनाओं की अनेक पंक्तियाँ···कहाँ से इतना सैन्यबल आएगा···अनार्यों में श्रेष्ठ शंबर असुर है···पहले उसी को वश में करना चाहिए···हमारे नाना, विश्वामित्र महामुनि अभी जीवित हैं, वसिष्ठ हैं, अंगिरा हैं···इनसे भी मिलना चाहिए और राजा सुधन्वा मेरे नाना हैं, सिंधुनदी के पश्चिम में इक्ष्वाकुओं का एक अन्य राज्य है···वंक्षु नदी तक इक्ष्वाकुगण होंगे ही। आगे कश्यपसागर है, वहाँ तक आर्यगण फैल हुए हैं···यमुना से कुभा (काबुल) नदी तक···और कुभा से वंक्षु (आमू दरिया) और वंक्षु से कश्यपसागर तक और इधर यमुना से पूर्व की ओर बढ़ते जमते आर्यगण आगे जा रहे हैं···हिमालय में पूर्व क्षेत्र अभी तक अगम्य है, वहाँ अनार्यगण होंगे ही···हैहयों का पाश काटने के हेतु संपूर्ण जम्बू महाद्वीप की शक्तियों का आह्वान करना होगा···जिस प्रकार महायज्ञ में अगणित द्रव्यों, पदार्थों की आहुति दी जाती है, वैसे ही इस विश्वयज्ञ में आर्य-अनार्य, देव, असुर सब मिलकर आहुति दें और कहें ''इदम् न मम्''! यह स्वार्थ के परे जाकर आर्यत्व के लिए संघर्ष किया जाएगा, भद्रता की रक्षा के लिए अभद्र, क्रूर हैहयों के मुख्य का मूलोच्छेदन करना होगा···तब सहस्रबाहु का मुकाबला विश्वबाहु परशुराम से होगा···इस विशेषण, विश्वबाहु पर राम हँसने लगा··· उसका आत्मालाप और हास्य सुनकर वहाँ दबे पाँव आई, लोमहर्षिणी खिलखिला उठी।

चौंककर राम ने एक किशोरी कन्या को उस अगस्त्य के कुटज में देखा···वह चंद्रकलावती भी चंद्रमुखी थी, मुझ पर आसक्त, युद्धकला विशारदा···उसकी दृष्टि में कितना गुरुत्वाकर्षण है, कितनी विद्युत् छटा है···किन्तु यह तो मानवी ही नहीं लगती, यह तो कोई देवी है, इसका मुख कमल-सा खिला है, खुले अभी-अभी स्नान

से धुले केश कंधे पर, पीठ पर नागों से लहरें ले रहे हैं···और इसके उभरते यौवन में एक विचित्र चुंबक है···अंग-प्रत्यंग की संरचना अद्वितीय अनुपम···इसके शरीर से सचमुच पद्मगंध आ रही है, अरे, यह तो पद्मिनी है···छवि में जो नारी होने की गरिमा है, वह इसके रूप को अवर्णनीय आयाम दे रही है···यह अवश्य ऊँचे वंश की है, संभव है राजकुमारी हो, क्योंकि इसकी शोभा में एक अभिजात्य है, एक ऐश्वर्य है···इसे प्रकृति ने अपने सारे श्रेष्ठ अंश चुनकर गढ़ा है···समुद्र की गंभीरता, इसके शिशु जैसे सरल नेत्रों में है, उच्चता गौरी शंकर गिरि जैसी···कहीं यह मेरे आराध्य रुद्र शिव की शक्ति ही तो नहीं है···? इसमें चंद्रिका, चंद्र, सूर्य, लहर, पुष्प, वायु की गति, सब एक साथ है···जब यह सम्मुख हो तो संपूर्ण सृष्टि के एक साथ दर्शन हो सकते हैं···यह ब्रह्मांड के समूचे सौंदर्य वैभव का संपुटित, संक्षिप्तीकृत अस्तित्व है । इसकी बोली में सभी मधुर पक्षियों के कलरव होंगे···यह सुंदरी यहाँ इस दंडकारण्य में कहाँ किस लोक से आ गई है? यह मानवी नहीं है, आद्याशक्ति है···प्रलय के पश्चात् प्रथम अंकुरण-सी यह अपर्णा-सी पवित्र सुपात्रा कौन है···?

और वह लोमहर्षिणी हँसे जा रही थी जैसे कोकिला चुहल कर रही हो··· स्वर में कोयल के साथ-साथ मयूर की कुहक, चातक की प्रतीक्षा और पुष्पप्रेमी वर्त्तिका (बुलबुल) की मधुरता थी···वह बोलती तो लगता, गा रही है···यह तो लोमहर्षक है—

''देवि! आप और यहाँ?''

''अरे, राम! आप इस तरह क्यों हो रहे हैं, जैसे स्वप्न देख रहे हों?''

''मैं स्वप्न नहीं, दिव्यदर्शन कर रहा हूँ···आप निश्चय ही अपर्णा पार्वती हैं ।''

''मैं लोमहर्षिणी हूँ, सप्तसिंधु के राजा सुदास की पुत्री···भरद्वाज पुत्री ऋषि लोपामुद्रा, ऋषि अगस्त्य की पत्नी ने मुझे शिक्षा दी है और मैं सारस्वत देश से यहाँ अपने भाई के साथ आई हूँ···मैं और मेरे ज्येष्ठ सहोदर ऋषि वैश्वानर अगस्त्य मुनि के अतिथि हैं···यह क्षेत्र तो अद्‌भुत है, यह अगम्य, विकट और भयंकर अंचल है । पर जो भयंकर होता है, उसमें विचित्र खींच होती है ।''

''अच्छा?''

''हाँ, राम···तुम भी तो भयंकर हो···तुम्हारी भृकुटियाँ चढ़ी रहती हैं, इन्हें उतारो तो तुम्हारे साथ खेलूँ, दृश्य देखूँ।''

राम उस बाला की सरलता देखकर हँसा, जैसे जमा हुआ जड़ हिम-निर्झर अकस्मात् किसी ऊष्मा से बहने लगा हो, राम ने कहा—

''सरले! आपका वास्तविक नाम क्या है, यह लोमहर्षिणी तो विशेषण-सा लगता है···पर आप निश्चय ही रोम-रोम को हर्षान्वित करती हैं··· ।''

''मेरा नाम तो लोमा है पर मेरे हँसोड़ स्वभाव से मेरे स्वजन मुझे लोमहर्षिणी कहते हैं···किंतु आपके रोम तो वैसे ही हैं, वे मेरे स्वागत में उठे ही नहीं, खड़े ही नहीं हुए, क्यों?''

राम ने पास जाकर खड़े रोंगटे दिखाए—''लो देखो देवि! ये रहे, खड़े हुए रोम!''

लोमा प्रभावित हुई···उसने राम को यों देखा जैसे वह उसका अपना हो—

''और क्या-क्या हुआ मुझे पाकर?''

राम मुस्कराया, कहा—

''यह तो अनिर्वचनीय है···इसे कहा नहीं जा सकता···परंतु कथ्य यह है कि मैं वह नहीं रहा जो आपके आने के पूर्व था···असंभव संभव-सा हो रहा है।''

''चलो राम, कहीं दृश्य देखें, जो तुम्हें हो रहा है, उसे होते रहने दो···मैंने बहुत कुछ तुम्हारे विषय में सुना है, उसे सुनाओ···मुझे ऐसी अनुभूति हो रही है कि तुम असामान्य व्यक्तित्व हो···तुमने मुझ पर आश्चर्य तो व्यक्त किया पर कोई···अरे, मैं क्या कहना चाहती हूँ, यही पता नहीं···तुम अन्य आर्य युवकों जैसे नहीं हो?''

राम ने संकेत से लोमा को कुटज के बाहर चलने को कहा—दोनों आगे बढ़े···राम ने प्रस्ताव किया ''यहाँ नाति दूर एक पर्वतीय प्रपात है, मनोहर झरना, वहाँ आप चलेंगी?''

''क्यों नहीं, तुम्हारे साथ क्या भय? तुम तो परशुधारी राम हो न···सुना है, तुमने माता रेणुका का शिरच्छेदन कर दिया था?''

राम हँसने लगा—

''आपको किसने कहा?''

''अरे, यह सप्तसिंधु देश है न, वहाँ लोग तुम्हारे विषय में क्या-क्या कहते हैं, तुम्हें ज्ञान नहीं?''

लोमा कहती गई—''कहते हैं कि जमदग्नि के घर भगवान् रुद्र ने अवतार लिया है···वह परशुधारी राम ही रुद्र है···उसके परशु में दिव्य शक्ति है···ऋषि जमदग्नि ने उसे सर्वजयी और कालविजयी बना दिया है···राम, तुम्हें लोग सामान्य नहीं मानते, वे तुम्हें असामान्य कहते हैं और असामान्य का एक अर्थ पागल है।''

''अच्छा? मैं विक्षिप्त हूँ?''

''वर्ना, तुम अपनी जननी का ही सिर क्यों काट देते? कहीं भी ऐसा नहीं सुना गया···तुम मातृहंता हो क्या राम?''

राम ने अट्टहास किया—

''देवि! लोग तो समझते नहीं हैं, वे कल्पनाप्रिय होते हैं, अतिरंजना में उनका मनोरंजन होता है···वस्तुतः वे स्वतंत्रता चाहते हैं।''

''स्वतंत्रता? स्वतंत्रता क्या गल्प में ही होती है?''

''गल्प या पुराण में, जो देश और काल का नित्य बंधन है, वह टूट जाता है और मानवचेतना, पक्षी की तरह मुक्त हो जाती है···मैं माता को मार सकता हूँ, यह तो कल्पनातीत है···पिता क्रोध के उन्माद में आज्ञा दे बैठे तो माँ को मारने का

नाटक करना पड़ा वर्ना ऋषि पिता मुझे भी श्राप दे देते···मेरे भ्राताओं को वह पत्थर बना ही चुके थे?''

''अच्छा?''

''हाँ देवि!''

''यह देवि-देवि क्यों कहते हो, और आप, आप···मैं तुम्हें, तुम कह रही हूँ, तुम भी मुझे सखी की तरह संबोधित करो न···आपसे तुम मिश्री-सा मीठा-मीठा लगता है···और राम, मैं समझ गई थी कि तुम्हारी सच्ची कथा तुमसे सुनूँगी···यों मेरा हृदय कह रहा था कि क्रूर से क्रूर व्यक्ति अपनी जननी को नहीं मार सकता···तो तुम असामान्य मनुष्य ही हो, और तुम तो बड़े चतुर भी हो···नाटक रचकर पिता से वरदान प्राप्त कर लिये···?''

''हाँ भगवती···लोमहर्षिणी···मुझे तो सबको बचाना था न, सो बुद्धि से काम लिया···अब लोग जो न कहें, थोड़ा है···लोमा, लोग सामान्य ज्ञान में रहते हैं और सामान्य ज्ञान—यथार्थ वस्तुओं और घटनाओं का संसार इन्हें सताता है, सीमित रखता है···तब लोगबाग कल्पना से उस दिक्, काल, घटना, वास्तविकता के बोध को तोड़ते हैं और जो वस्तु या शक्ति उनमें नहीं है, उसकी कल्पना किसी व्यक्ति में करते हैं, अतएव वे उस व्यक्ति को अलौकिक, दिव्य और असाधारण बना डालते हैं··· तुम जन-विश्वासों को मनोरंजन माना करो···देखो, वह सामने वृक्षावली है···इसमें कितने हरे-भरे वृक्ष हैं, हैं न ? आप इन्हें कल्पना से देखो तो ये इंद्र के वन-उपवन जैसे दीखेंगे···कल्पना आभास को जन्म देती है, लोमहर्षिणी···वह आनंद सम्मोहन का कारण है जैसे मैं तुम्हें एक अलौकिक सत्ता के रूप में देख रहा हूँ···सच, तुम्हें साधारण अस्तित्व मानने का मन ही नहीं हो रहा है···तुम अस्थि-मांस की बनी हुई नहीं हो, किसी अन्य धातु से बनी हो···तुम मुझे ब्रह्मांडी-शक्ति का अवतार प्रतीत होती हो,···तुम मुझे दिव्य लगती हो, लोमा, सच।''

वह प्रसन्न होकर यों हँसी जैसे पारिजात झरता है, हरसिंगार···राम ने लोमा के स्वर में रजतघंटियों जैसी ध्वनि सुनी···राम की मुग्ध दृष्टि से लोमा किलक उठी···बोली—

''राम! क्या तुम सच कहते हो या मुझे प्रभावित करने के लिए कवि की भाँति अतिरंजना कर रहे हो?···तुम असामान्य भले ही न हो पर असाधारण तो हो ही···मैंने बहुत से युवक देखे, सप्तसिंधु में एक से एक चमकीले युवजन किंतु तुम्हारे जैसा रूप, बल, विक्रम और चमत्कारी तो कोई भी नहीं···किंतु तुम इतने विचित्र हो कि क्या पता तुममें क्या है···तुम निश्चय ही मुझे बना रहे हो?''

राम ने गगनभेदी ठहाका लगाया। दोनों हँसते-खेलते निर्झर की ओर चले जा रहे थे—

''राम! तुम मेरी जिज्ञासा को टाल गए, नहीं?''

''टालना क्या है? मैं अभी किशोर हूँ न, सो मन में क्या होता है किसी मनोहर व्यक्ति के सान्निध्य में···मैं इसे समझ नहीं पाता···मुझे लगता है, हम प्रकृति की अलक्ष्य प्रेरणाओं से प्रेरित होते हैं···इस प्रवाह का नाम ही जगत् है, प्राकृतिक इच्छा से विवश प्राणियों का संसार···किंतु लोमहर्षिणी मुझे कोई अपने पाश में बाँधकर वह कार्य कराए जिस पर मेरा वश नहीं, यह तो मेरी चेतना के लिए चुनौती है, अतः तुम्हारे प्रश्न का उत्तर इसी ज्ञान में छिपा है···इसे छोड़ो और उधर देखो···कैसा सम्मोहन है प्रकृति में, वन में···हवा की गति पर, सिर हिलाते हुए संगीतप्रेमी पादपवृंद यातु (जादू) के बने हुए से ये पक्षीगण···कैसी-कैसी ध्वनियाँ···खिले-अधखिले असंख्य पुष्प, लघु पौधे, ऊपर से गतिविधि देखता आकाश और इस वनस्थली में अकेले हम···इच्छा होती है कि इस विशद यातु में हम खो जाएँ, पृथक् सत्ता न रहे हमारी···लोमा, सुंदरता का इतना भार, दृश्यों की इतनी भरमार हमें थकाती है···लो, वह रहा प्रपात···चलो, वहाँ थकावट उतर जाएगी किंतु वह काकपक्षी कैसा भयभीत-सा होता हुआ उड़ चला?···अरे, डरकर मयूर क्यों कुहक उठे?···दूर कहीं व्याघ्र की नर्राहट सुनाई पड़ रही है, कोई भोला मृग मारा गया होगा···लोमा, यह जो निःसर्ग है, ऊपर से नयनाभिराम है किंतु यह निर्मम भी बहुत है···जिस क्षण में हम माधुर्य में अपने मानसों में मिष्टान्न बना रहे हैं, उस समय में न जाने इस अरण्य में कितने जीवों का हनन हो गया होगा, जीव एक-दूसरे को खा रहे हैं न?''

लोमा विहँसी···वह राम की विचारशीलता पर रीझकर बोली—

''तुम प्रत्येक क्रिया-प्रक्रिया पर सोचने लगते हो राम···ऋषि हो न···तुम मंत्रसिद्ध हो···तुम्हें देवता का दर्शन होता है···तुम्हारा चैतन्य सक्रिय रहता है···तुम प्रक्रिया के अंतहीन दर्शन से सोचते रह जाते हो किंतु मैं तो परिणति हूँ। उस प्राकृतिक-प्रक्रिया को देखो राम! वह वनपाँखी जो चहकता हुआ अपनी प्रियतमा के पीछे उत्कंठा से उड़ता हुआ जा रहा है, क्या वह प्रक्रियाओं के विषय में कभी सोचता है, नहीं न?···तुम ऋषियों की भाँति परिणति का आनंद नहीं ले सकते···तुम जीवन-सरिता के उन्मत्त प्रवाह के तट पर स्थित पत्थर के एक शकल हो, राम! प्रस्तरखंड बस नदी को देखता रह जाता है, तुम्हें मेरी चिंता नहीं, अपने चिंतन से सामान्य सूत्र निकालकर जो जगत् में हो रहा है, उसका आकलन करते रहने की तुम्हें चिंता है···चिंतनशील राम! प्रकृति के चमत्कार को देखो···अपनी चिति के दर्पण में पड़ते प्रतिबिंबों में मत उलझे रहो···मुझे अवलोको, मेरे अस्तित्व की बुनावटों के रंगरेशों में मत भटको···।''

परशुराम लोमहर्षिणी की चिंतन-शक्ति देखकर चकित रह गया··· विस्मयविमूढ़ होकर वह लोमा पर मुग्ध हो गया था और लोमा राम के मन के अनुकूल प्रवाह में जैसे ग़ोते खाती हुई इठला रही थी, लघु लहरों की तरह वह राम के चैतन्य को कुतकुता रही थी···अंततः राम भी सहज होकर हँसने लगा।

"इसका अर्थ यह हुआ लोमा कि सोच-विचार हमारी आसक्ति के राग को बिगाड़ता है···ज्ञानी कभी सहज नहीं हो सकता···ज्ञान जैवीधारा को सुखा देता है···क्यों?"

लोमा बोली—"राम! मुझे तो यह लगता है कि हम इस मस्तिष्कमारक ज्ञान से पृथक् ही रहे···तुम यह कर नहीं सकते···कर सको तो आओ, हम अज्ञानी, सहज पशु-पक्षियों की तरह खाएँ, खेलें और आनंदित रहें···राम, ऐसा करने से प्रकृति या उसके देवता हमें अपने ज्ञान का माध्यम बना लेंगे और हमें अकस्मात् ज्ञान होने लगेंगे। औपचारिक ज्ञान तो अंतर्दृष्टि में बाधक बनता है···जिसे ऋत् कहते हैं, वह स्वतः प्रकाशित होता है। राम, तुम अपने को उस स्वयं प्रकाशित ज्ञान का माध्यम क्यों नहीं बनाते···? तुम मेरा अतिक्रमण कर रहे हो सखा, राम और तुम उस प्रातिभ ज्ञान के लिए आवश्यक सहज जीवन का नाश कर रहे हो···आओ, हम हिलमिल जाएँ···लो, वह प्रपात सामने है और तुम सोच रहे हो···राम होकर तुम रमते नहीं, इस अभिराम विंध्याटवी का तुम अपमान कर रहे हो। हे इंद्र! तुम मेरे राम को उलझाव से मुक्त करो, वह तुम्हारी तरह सोमपान कर उन्मत्त हो जाए, । हे मघवन, मेरा राम इंद्रियों को संतुष्ट कर महेंद्र बन जाए···यह कारण न ढूँढ़ कर, जो है, उसकी मनोरमता में निमग्न हो जाए, हे अश्विनीकुमार, मेरे राम को बुद्धिरोग से मुक्त करो!"

राम विमुग्ध विस्मय से लोमा को देख रहा था किंतु लोमा के देवावाहन के बावजूद उसने लोमा का न चुंबन लिया, न आलिंगन और वह लोमा उसी के लिए राम को उकसा रही थी···राम अपने को स्थगित कर काक और मयूर के भयभीत स्वरों में आशंका के कारण, अपनी मुग्धता के परे चला गया था···राम को तटस्थ देखकर लोमा ने भी उकसाने वाली बातें बंद कर दीं···दोनों चुपचाप प्रपात की ओर बढ़े···राम चारों ओर सतर्क होकर देख रहा था, लोमा निर्द्वंद्व, निश्शंक राम को दृष्टि से पी रही थी···प्रपात के तट पर वे दोनों, इंद्र और शची से, उस एकांत में खड़े थे—राम आशंकित, लोमा भयातीत···राम ने अचानक लोमा से कहा—

"लोमा! यहाँ सिर पर वृक्ष की छाया है, शीत है, चलो, प्रपात के पास खुले में खड़े हों।"

"नहीं, मुझे तो किसी की छाया चाहिए···तुम तो मुझ तक आते-आते दूर चले गए। अब मुझे कम-से-कम वृक्ष की शाखाओं में ही उलझा रहने दो···तुम्हारी भुजाएँ न सही, वृक्ष की टहनियाँ ही सही!"

और लोमा नीचे तक झुकी उस सघन वृक्ष की टहनियों को प्यार से सहलाने लगी···राम सखी लोमा के उपालंभ से निस्संग रहे···तभी वृक्ष के पास की झाड़ी में छिपे पाँच व्यक्तियों ने आक्रमण कर दिया। एक ने रस्सी का फंदा फेंका जो परशुराम के एक ही परशुप्रहार से कट गया। परशुराम ने चुनौती दी, शत्रुओं ने सिंहनाद किया—

"पकड़ लो, जाने न पाए, प्रहार करो!"

शत्रुओं द्वारा परशुराम और लोमा के आसपास घेरा बन गया। परशुराम ने लोमा को बलात् खींचकर कहा—

"लोमा! मेरी टाँगों के बीच सिर छिपाकर बैठ जाओ, शीघ्र!"

परशुराम की छोटे हाथी की शुंडाकार जंघाओं के मध्य लोमा सिकुड़कर नतशिर बैठ गई···अब परशुराम ने, आक्रामक टोली के अपनी ओर बढ़ते नायक पर परशु फेंककर प्रहार किया···अचूक लक्ष्य था···नायक घायल होकर गिर गया। परशु में बहुत पतली ताँत बँधी थी, सो राम ने परशु को अपनी ओर खींच लिया। शत्रु समझे कि परशु अपने आप राम के हाथ में आ गया, वे भयभीत हो गए तथापि एक साथ वे टूट पड़े···किंतु राम ने चारों ओर परशु घुमाकर उनके वार व्यर्थ कर दिए किंतु एक शत्रु झुकाई देकर परशुराम से आ टकराया। संतुलन भंग हो गया, राम गिरने को हुए, किंतु लोमा ने बल लगाकर उन्हें साधा। राम का क्रोध दावानल-सा फैला, उसने प्रचंड हुंकार की और उससे आ टकराए रिपु को गेंद की तरह उठाया, पास आ रहे तीन शत्रुओं पर धर धमका···वे तीनों गिर गए। जिसे फेंका गया था, वह अचेत हो गया···वे तीनों उठे और विस्मय से आँखें फाड़ते ऐसे भागे जैसे राम का परशु अभी भी उनका पीछा कर रहा हो···थोड़ी देर में वह अचेत व्यक्ति टरबराया···परशुराम ने होश में आने के पूर्व ही उसको रस्सियों से कस दिया। फिर घायल नायक के हाथ-पैर बाँधे। वह अचेत था। उसे उठाकर राम ने कंधों पर लादा और रस्सियों से कसे उस शत्रु को परशु की नोक से छेदता हुआ राम बोला—

"आगे चलो, तुम्हारे पैर खुले हैं, केवल हाथ बँधे हैं। आगे बढ़ो, सीधे मार्ग पर चलते रहो···यदि तुमने किंचित् चतुराई दिखाई तो तुम्हारा कंठ काट दूँगा, मैं परशुराम हूँ!"

लोमा परशुराम का पराक्रम देखकर अचंभे से दंग थी। राम ने उससे कहा—

"लोमा, मेरी कटि में अस्त्र है, उसे निकालकर हाथ में गहो और यदि वे तीन भगोड़े लौटकर वार करें तो उन पर प्रहार करो···वैसे उनमें साहस नहीं है···और यह जो पाशबद्ध शत्रु आगे चल रहा है, उस पर भी दृष्टि रखो···यह नायक भारी है पर उसे यहाँ छोड़ना ठीक नहीं···भेद तो यही उगलेंगे, ये दोनों···ये साधारण सैनिक होंगे, इन्हें किसने भेजा है, तुम्हारे अपहरण और मेरी हत्या के लिए, यह आश्रम में जाकर पता चल जाएगा, तब हम उन्हें देख लेंगे, चलो।"

लोमा अब राम का दूसरा रूप देख रही थी···अकेले ही पाँच शत्रुओं को वश में कर लिया···लोग अयुक्त नहीं कहते···यह तो रुद्रावतारी लगता है, यह राम···अब मैं इस अलौकिक वीर और तत्त्वज्ञानी ऋषि राम को छोड़ूँगी नहीं···यह तो अद्भुत महापुरुष है···लोमा राम के साहस से आतंकित चुपचाप चल रही थी । राम ने इसे अनुभव किया, हँसकर बोला—

"सखी लोमहर्षिणी! तुम आतंकित हो गईं न? पर, यह तो खेल है। तुम कह रही थीं कि जीव क्रीड़ाशील रहकर अदृश्य सत्यों एवं शक्तियों के माध्यम बन सकते हैं पर जीव जीव के हंता भी तो होते हैं, यह भी क्रीड़ा है, कहो, कैसी रही?"

लोमा भय से सूखे कंठ को सींचती हुई प्रभावित मुद्रा में बोली—

"राम! तुम महान् हो!"

अगस्त्य आश्रम में पहुँचने पर आश्रम में सन्नाटा छा गया। लोमा के भाई ऋषि वैश्वानर अपने स्वजनों, सेवकों के साथ भागे आए···अगस्त्य के परिवार के जन, छात्र-छात्राएँ, सेवक सब भयविस्फारित नेत्रों से दौड़े···प्रवाद यह फैल गया था कि लोमा का अपहरण हो गया और राम मारा गया··· दोनों को सकुशल देखकर चैन आया···अब उत्सुकता के केंद्र बंदी सैनिक बन गए···ऋषि अगस्त्य ने बंदियों को आहत देखकर आदेश दिया कि कैदियों का उपचार हो और लोमा तथा राम विश्राम करें, संध्याकाल वार्त्ता होगी···राम विनोद करता रहा जैसे कुछ न हुआ हो तथापि सब भोजन कर विश्राम करने गए।

संध्या के हवन-पूजा के बाद रात्रि में जलते हुए दीपों और मशालों के बीच सभा जमी। अगस्त्य ऋषि ने पाशबद्ध बंदियों से पूछा···घायल कैदी की मरहम-पट्टी करा दी गई थी और अमोघ ओषधि से वह होश में आ गया था। दूसरा तो नींद निकाल लेने से स्वस्थ था ही।

"तुम कौन हो?"

नायक ने कराहते हुए कहा—"भगवन्, हम माहिष्मती के सैनिक हैं···हमें विचक्षु ने राम को बंदी बनाने और लोमहर्षिणी के अपहरण के लिए भेजा था।"

"विचक्षु कौन है? तेरा नाम?"

मेरा नाम शंकु है···राजा अर्जुन का गूढ़ पुरुष विचुक्ष है···वह भेदियों का मुखिया है, विचक्षु।"

"शंकु हैहय?—क्या सहस्रबाहु से पूछकर यह कार्य किया गया है या वह मात्र विचक्षु का निर्णय था?"

"महाराज के संकेत के बिना गूढ़ पुरुषों को इतने बड़े निर्णय का अधिकार नहीं।"

"तुम्हें यह भेद कैसे मिला कि लोमा सप्तसिंधु से यहाँ आई है?"

नायक ने सिर झुका लिया।

राम ने हुंकार की—"शीघ्र सूचना दे अन्यथा तेरा यह कुत्सित सिर मेरे परशु से भुट्टे-सा कट गिरेगा, बोल पामर, नराधम, शंकु हैहय!"

"····मैं अब जीना नहीं चाहता। क्या कहूँ, यह पतन-परिकथा है···सप्तसिंधु क्या समूचे जम्बूद्वीप में सुंदर किशोरियों के अपहरण के लिए माहिष्मती के महाराज के गुप्त भेदिए भ्रमण करते रहते हैं···वे अन्य सूचनाएँ भी एकत्र करते हैं···इसी क्रम में हमारे गूढ़ पुरुषों की दृष्टि लोमा पर पड़ी···हम वहाँ तो ऋषियों-मुनियों के आश्रमों

से लोमा ऋषि को उठा नहीं सकते थे, सो जब विंध्याचल-यात्रा का निर्णय हुआ तो हमारी सेना का एक गुल्म पीछे लग गया, और आज हमारी टुकड़ी ने प्रपात के तट पर राम और लोमा को घेर लिया··· ।''

नायक अपराध भाव से रोने लगा। वह आँसू पोंछता, खँखारकर गला साफ़ करता हुआ करबद्ध बोला—''भगवन्, आप धरती के पशुवत् मनुष्यों को देवता बनाते हैं···आप पूज्य हैं, महिदेव हैं, किंतु हम उदरपूर्ति के लिए क्रीतदास हैं···राम, परशु से मेरा हनन करें···मैं अब अपराध कर्म से आत्मवध अधिक उचित समझता हूँ।''

राम तड़पा—''नहीं, तुम्हारा पश्चात्ताप यदि सत्य है तो तुम पुण्यपक्षधर आश्रम का समर्थन करो और हमें उस तथाकथित चक्रवर्ती अर्जुन के भेद बताओ ।''

''क्या-क्या बताऊँ स्वामी···वे मुझे पकड़कर मेरी और मेरे वंशजों की दुर्गति करेंगे।''

अगस्त्य बोले—''नहीं, वे तुम्हारा कुछ नहीं बिगाड़ सकते···तुम वंशजों सहित यहाँ मेरे आश्रम में आकर रहो और अपने समर्थकों को भी बुला लो···तुम अकेले तो होगे नहीं, इस राम की हत्या और लोमा के अपहरण के कांड के लिए हैहयों के अन्य सैनिक भी आए होंगे···आश्रम पर आक्रमण हो सकता है···तब तुम क्या करोगे?···''

''बंदियों के साथ जो व्यवहार यहाँ हमने देखा···जो यहाँ का पवित्र वातावरण देखा, उसके बाद हम इस पुण्यस्थल के रक्षा-यज्ञ में आहुति देंगे···वहाँ माहिष्मती राज्य में तो अंधेर और अधंकार है···हमें या तो मृत्यु मिले या इस यज्ञभूमि की रक्षा में युद्ध का अवसर···हम अब अधर्मी हैहयों की सेवा नहीं करेंगे ।''

अगस्त्य ने राम की ओर देखा···लोमा राम के पार्श्व में बैठी हुई उसकी भुजा को सहला रही थी और उत्सुक थी कि राम क्या अभिमत देता है।

''शंकु हैहय नायक को अगस्त्य ऋषि के आश्रम की रक्षा का दायित्व सौंप दिया जाए परंतु यह क्षम्य तभी होगा जब पक्ष-परिवर्तन प्रमाणित करेगा···युद्ध के क्षण यदि इसने धोखा दिया तो मैं इसका वध कर दूँगा।''···

नायक आनंद से पृथिवी पर लोटने लगा, दूसरा सैनिक भी···वे शपथ खा-खाकर प्रतिज्ञाबद्ध हुए। राम का रुख देखकर ऋषि अगस्त्य ने कहा—

''तथास्तु''

''तब नायक ने माहिष्मती के भेदों की गठरी खोल दी। उसने लंकेश के दूत विद्याधर, लंकिनी, महारानी और मणिप्रभा, चक्रधर, कलावती, मेधावी के प्रसंग में कपोत मुनि की राजा द्वारा नृंशस हत्या, चक्रधर की हैहयगढ़ से, मेधावी और कलावती द्वारा मुक्ति, उनका अवंती के आश्रम की ओर प्रस्थान, हैहयराज के बंधु-बांधवों की आपसी खटपट और सम्राट् को मारकर राजा बनने की

महत्त्वाकांक्षाएँ, चक्रवर्ती द्वारा लंका, दक्षिण जनपद के राजाओं और जनजातियों के यूथपों आदि का संघ बनाने और मध्यदेश के जमदग्नि के आश्रम से लेकर अवंती, यमुना प्रदेश (मथुरा), सारस्वत क्षेत्र और सिंधु नदी तक, नदियों के किनारे स्थापित सभी आर्य-आश्रमों के विनाश की महायोजना का भी भेद खोल दिया···और यह भी बताया कि चक्रवर्ती किसी भी मूल्य पर कलावती और ऋषि लोमहर्षिणी का अपहरण करेगा···ऋषिराज, वह तो उस राक्षस विद्याधर विद्युन्माली और लंकिनी के परामर्श पर चल रहा है और वह मनुष्य नहीं, पापी नरपशु बन गया है···उसकी शक्ति के भय के कारण सब आज्ञाधीन हैं वर्ना उसे भीतर से सब घृणा करते हैं। वह तो सप्तसिंधु का दलन कर आर्यों के मुखिया इंद्र पदवीधारी राजा को नष्ट कर स्वयं इंद्र बनना चाहता है···वह तो गांधार-कुभाप्रदेश, मेरु, वंक्षु मुजावत गिरि अंचल से कश्यप सागर तक सैन्य अभियान कर विश्वचक्रवर्ती बनने के दुःस्वप्न देख रहा है···वह!''

सभा स्तब्ध थी। लोमा ने राम की भुजा को दबाया जैसे राम, सहस्रबाहु के मुख में जा रहा हो। लोमा के भय और चिंता तथा सहस्रबाहु की विश्वविजय की योजना से हत्प्रभ सभा को निश्चिंत करने के लिए परशुराम ने अट्टहास किया—

''नायक, काल के ग्रास उस अर्जुन के दुष्ट दुःस्वप्न को सुनकर मनोरंजन हुआ तो भी भेद देने से तुम्हारी विश्वसनीयता स्थापित हुई···अब तुम साथी सहित जाओ, विश्राम करो, तुम्हारे व्रण की देखभाल और ओषधि देने के लिए मैं भोजन के बाद आऊँगा···वत्स, तुमने यह सब बताकर उपकार किया है···ऋषि अगस्त्य इस नायक को आशीष दें।''

''यह सद्बुद्धि स्थायी हो।''

सभा में एक रुचिकर ठहाका लगा। गंभीर वैश्वानर ऋषि भी हँस पड़े। उन्होंने लोमा को लाड़ से देखा, सोचा, यह राम यदि लोमा को स्वीकार कर ले तो लोपामुद्रा और अगस्त्य के युगल से भी सुंदर जोड़ी बनेगी, परंतु यह राम नहीं, परशुराम है···वह तो बस विनोद करता रहता है···किंतु किसी कन्या का वरण नहीं करता···यह किसी महाप्रयोजन के लिए जन्मा है, यह कहीं दूर देख रहा है···इसे विवाह का अवकाश कहाँ है···इसमें निश्चय ही वैष्णवी शक्ति का स्फुरण हो रहा है···यह तो सदा भृकुटी चढ़ाए, अधर्मियों के विरुद्ध प्रभंजन-सा गूँजता रहता है, यह परशुराम··· ।

राम ने साभिप्राय दृष्टि से ऋषि अगस्त्य की ओर देखा। उन्होंने सोचा, कहा—

''राम! तू अवतारी है, विलक्षण योद्धा···तू अंगिरा आश्रम जा···अंगिरा के वंशजों में अग्नि की धधक है, वे आंगिरस हैं, वे जो कहें, करना तथापि मेरा परामर्श जो है, वह मैं तुझे बताता हूँ···माहिष्मती विंध्याचल की कोख में है···इधर

के हैहयों के विरोधी क्षत्रियों और अनार्य दस्यु राजाओं को अनुकूल करना होगा···आंगिरस ऋषि उनके अधिक निकट हैं पर जिन्हें मैं जानता हूँ उन्हें मैं संदेश भिजवा दूँगा, सब-कुछ तेरे कौशल और वीरता पर निर्भर है···अनार्यों को आर्यों ने पराभूत किया है, वे मान जाएँ, तब है···अब सभा समाप्त हो।''

सब उठकर खड़े हो गए। तब राम ने परशु उठाकर गर्जना की—

''सभी पूज्यजन सतर्क रहें, भोजन के पश्चात् आश्रम की चारदीवारी पर प्रहरियों का प्रबंध किया जाएगा···जो आ सकें, आएँ और वरिष्ठजन विश्राम करें!''

अन्नयज्ञ के बाद परशुराम आश्रम के युवा ब्रह्मचारियों तथा तगड़े सेवकों को लेकर रक्षाकार्य में जुटे। कई सेवक आर्य जातियों के थे···उनमें अतीव उत्साह था। राम समदर्शी थे उनकी दृष्टि में, व्यवहार में कोई भेदभाव न देखकर शंबर असुर का वंशज एक युवक राम के चरणों में लोट गया, बोला—

''प्रभो! मैंने सभा में सब सुन लिया है···मुझे पशु से अगस्त्य ऋषि ने मनुष्य बना दिया है···मैं आर्यभाषा जान गया हूँ, अस्त्र-शस्त्र संचालन भी···मेरा नाम वृक है—विनोद में मुझे वृकासुर भी कहा जाता है···मैं शंबर को आपके अनुकूल करूँगा···मैं उन्हें जानता हूँ···मैं आपका, आर्यजनों का पक्ष प्रस्तुत करूँगा···किंतु आप मुझे आज आश्रम रक्षा में, अग्रगामी टोली में जाने की आज्ञा दें और स्वामी, आप यात्रा में मुझे अनुचर बना लें।''

''तथास्तु! वृक, तुझमें आर्य गुण हैं, तुम आज की अग्रगामी टोली के प्रमुख बनो और साथियों को लेकर टोह लो, चारों ओर सैनिकों को भेजो···आक्रमण की आहट मिलते ही सूचित करो···आश्रम के मुख्य द्वार पर रहेंगे, माहिष्मती वाले शंकु नायक किंतु उनका साथी हमारे साथ पीछे के द्वार पर रहेगा···आक्रमण पीछे से हो सकता है, सावधान आर्य वृक।''

'आर्य'-उपाधि पाकर वृक पागल हो गया। आनंद के अश्रु उसके नेत्रों में उछले, गला भरभराया परंतु अब तो वह आर्य था, आर्य को दुर्बलता का प्रदर्शन वर्जित है···वृक ने अपने पर नियंत्रण किया, सैनिक प्रणाम किया और झपटता हुआ चला गया।

राम सशस्त्र ब्रह्मचारियों और सेवकों का दल लेकर दक्षिण द्वार पर डट गए। उन्होंने माहिष्मती के उस सैनिक को बुलाया, पूछा—

''क्या नाम है तुम्हारा?''

''सुबल हैहय।''

''युक्त है, तुमने कोई भेद नहीं खोला?''

''प्रभो! मैं केवल एक भेद जानता हूँ मेरी बहिन, राजा-रानी की प्रिय सेविका की साथिन है, उसने मुझे एक ऐसा भेद बताया है कि आप भी चकित हो जाएँगे···इसे सभा में नहीं बताया जा सकता था।''

''अच्छा तो बताओ!''

''रानी दीप्तिमती कनकलता की सगी छोटी बहिन मणिप्रभा अनुपम सुंदरी है···राजा अर्जुन उसको भी अंतःपुर में डालना चाहता है, विवाह करके···किंतु वह, मणिप्रभा, आपके गुण गाती रहती है···वह आपसे एकांत में मिलना चाहती है···वह यह समझती है कि आप ही राजा चक्रवर्ती को आत्मविनाश से बचा सकते हैं और महाराज भार्गव, वह आपसे विवाह करना चाहती है···आपके बल-विक्रम, आपके ज्ञान और योग-तप के वृत्तांत, नमक-मिर्च लग-लगकर उस तक पहुँच रहे हैं, महारानी का मन भी यही है···भय तो आपसे ही है···राज्य और राजा के हित में रानी और राजा की लाड़ली साली यह सोचती हैं कि आपको परिणय में बाँध लिया जाए···संभव है, आपसे साक्षात्कार की आज्ञा लिए बिना ही मणिप्रभा यहाँ गुप्तरूप से आ जाए···वह जितनी मनोज्ञ है, उतनी ही साहसी भी···वह नारी समाज की मणि है और भगवन्, उसमें ऐसी प्रभा है, ऐसी चमक, ऐसी, ऐसी···कि क् क् क्या कहूँ?''

परशुराम की हँसी जो शुरू हुई तो वह रुक ही नहीं रही थी। युद्ध की दशा में वह खुलकर हँस नहीं सकते थे परंतु हाथ मुख पर लगाकर वह हँसते जा रहे थे। फिर रुककर विनोद में बोले—

''सुबल हैहय, तो तू उस मणिप्रभा का अभिभावक है क्या?''

''मैं तो भक्त हूँ, गुरो, उसके सौंदर्य और शक्ति का, चातुर्य और रहस्य का?''

''तो तू चाहता है कि मैं उस राजा की साली से विवाह कर अर्जुन का साढ़ू हो जाऊँ, क्यों?''

''मैं लघु मानव हूँ भगवन्···परंतु कोई ऐसी अद्‌भुत कामिनी कामना करे, प्रेम करे तो हानि क्या है···यह हो जाए तो वे सब हैहयराज को हटाकर आपको ही राजा बना देंगे, सारे विग्रह समाप्त!''

परशुराम में पुनः हास्य का प्रवाह उमड़ा। उन्होंने स्नेह से उस सुबल हैहय के एक धौल जमाई और वह विहँसते हुए मोर्चे को सँभालने चले गए। सुबल को राम के मधुर प्रहार से भी लगा कि जैसे उसकी रीढ़ की हड्डी टूट गई हो। वह कराहा। तब राम पुनः हँसे और देर तक खिलखिलाते रहे।

8

आर्य वृक के साथ परशुराम बिना किसी को बताए अंगिरा आश्रम से शंबर असुर के पुर की ओर बढ़े···हठीली लोमा, अपने सहोदर ऋषि वैश्वानर की बात न मानकर परशुराम के साथ आंगिरस आश्रम चली आई थी। उसकी बढ़ती आसक्ति देखकर राम को चिंता हो रही थी···लोमा, अनार्यों के यहाँ मेरे साथ गई तो उसका

नाश निश्चित है···वह इतनी कोमलांगी है कि वह दूध-दही की बनी हुई प्रतीत होती है या मिष्टान्नों से मढ़ी हुई···उसके मुख को देखकर अनार्य पतंग से उड़ने लगेंगे···वे देवी के भक्त हैं, उसकी बलि भी दे सकते हैं···वे उसका आग में भुना मांस खा-खाकर ऐसे प्रसन्न होंगे जैसे उन्हें उनकी भीषण काली-कलूटी देवी ने भोजन की थाली जादू से प्रकट की हो···जिसे देखकर जीवित रहने का मोह जगता है, जो एक चितवनि से चित्त को बँधुआ बना देती है, उसके बोल सुनकर लगता है, कोई हंसिनी खिले कमल से मधुर रहस्य कह रही हो। वह सुंदरता की जीवंत प्रतिमा, वह सखी लोमा, अनार्य-असभ्य बस्ती में जाने योग्य नहीं है···राम का ध्यान वृक की ओर गया—

''आर्य वृक! तुमने अगस्त्य के आश्रम की रक्षा में अग्रगामिता दिखाई···हम सबकी चौकसी से आक्रामकों का वश नहीं चला···वे कई शव छोड़कर भाग गए···वहाँ इतना प्रबंध हम कर आए हैं कि अब शायद ही आक्रमण हो और यदि होगा तो विजय होगी। लोमा कितना विश्वास करती है हम पर कि आक्रमण के भय के होने पर भी वह अपने भाई के आदेश का उल्लंघन कर हमारे साथ अंगिरा के आश्रम चली आई और वह तो शंबर के जंगली राज्य में भी साथ चलने को प्रस्तुत थी···किंतु वहाँ तो भय होता न लोमा के लिए?''

''ऋषि राम! यह आप क्या कह रहे हैं···जिस प्रकार प्रेम करने से नाग, सिंह, व्याघ्र, वृक और चित्रक (चीते) ममता के वशीभूत होकर पालतू हो जाते हैं, वैसे ही ये जंगलवासी, गिरिजन अनार्य वश में होते हैं···वे क्या वन्य-पशुओं से भी गए-बीते हैं? और हम अनार्य, विद्या, भाषा, कर्मकांड में भले ही पिछड़े हुए हों किंतु हमारी भी सभ्यता है···हमारे यहाँ क्या, माता, बहिन, भौजाई, पुत्रवधू, कन्या नहीं हैं? वे हैं···और ऋषि राम, हमारे संबंध सुपरिभाषित हैं···हम काले लोग हैं पर हृदय के सीधे, सरल, पारदर्शी···हम भी शत्रुओं के शुत्र और मित्रों के मित्र हैं···हमें आर्यगणों ने युद्ध में पराजित कर सर्वस्व अपहरण कर लिया, हमें अपनी भूमि, कृषि, शिल्प, पुर और दुर्ग, सब छोड़कर प्राणरक्षा के लिए वनों, पहाड़ों, मरुस्थलों और घाटियों में रहना पड़ रहा है···आर्यगणों ने हमारे सहस्रों-लाखों स्त्री-पुरुषों को दास बना लिया और उन्हें वे वन्य-पशुओं की तरह, बाँधकर गोष्ठों में रखते हैं, उन पर कोड़े बरसाते हैं···अब आप ही बताइए कि अनार्यों में इस व्यवहार की क्या प्रतिक्रिया होगी···किंतु यदि उनकी ओर से मैत्री का हाथ बढ़ाया जाए और उन्हें विश्वास हो जाए तो उनके समान आर्य भी सच्चे साथी प्रमाणित न होंगे···लोमा को आपने व्यर्थ ही अंगिरा के आश्रम में छोड़ दिया···वह आपके बिना एक पल नहीं रह सकती···वह मात्र आसक्त नहीं, आपकी भक्त भी है···विरह में कहीं वह प्राण न दे दे···आपने यह क्या कर दिया गुरो ?''

''आर्य वृक ! यदि लोमा ने हमें वहाँ न पाकर हमारा पीछा किया तो?''

''तो···तो?''

''हाँ, तो?''

''तो, शंबरासुर वशीभूत हो जाएगा। मैं जानता हूँ···वह सोचेगा कि उसकी भद्रता पर आपने विश्वास किया है···उसकी पत्नियाँ, पुत्रियाँ, माता, मौसियाँ, बुआएँ सब गद्‌गद हो जाएँगी···और यदि शंबर की नीयत बिगड़ी तो आपके प्रबल करों में परशु है ही···मैं स्वयं उस हाथ को काट दूँगा जो लोमा की ओर बढ़ेगा, वह आँखें फोड़ दूँगा जिसमें ऋषि लोमहर्षिणी के लिए विकार आएगा···मैं···मैं अनार्यों के आराध्य पशुपति रुद्र महादेव की शपथ खाता हूँ, अपनी काली माई की शपथ लेता हूँ और आपकी सौगंध खाता हूँ!''

''मैं तुम्हारे हृदय से परिचित हूँ किंतु आर्य वृक मेरा ध्यान बँटेगा···लोमा की रक्षा की चिंता तो रहेगी···वे नरभक्षक भी तो है और आर्य-मर्यादा वे क्या जानें?''

''चिंता तो लोमा के बिना बढ़ेगी···वह साथ रहती तो आपके इस भयंकर परशु, आपके धनुष-बाणों से जो भय उपजता है, वह नहीं रहता···लोमा को देखकर वे आश्वस्त हो जाते, नहीं?''

''क्या पता? परंतु मेरे अंतर्मन ने यही कहा कि लोमा के विषय में आंगिरस आश्रम में ही निश्चित रहा जा सकता है···अब यह विषय छोड़ो। लोमा मुझे प्रिय है, अक्षय स्नेह है उसके प्रति···पर तुम जो सोचते हो, वह बात नहीं है···वह मुझमें आसक्त है, मैं नहीं···मेरी एकाग्रता केवल लक्ष्य पर है और वह लक्ष्य है, मनुष्यता और भद्रता विरोधी शक्तियों का विरोध···यह संकट सभ्यता का मुख्य संकट है···मुझे बस दुष्ट-दलन ही करना है, मेरे लिए सहज जीवन है ही नहीं, समझे?''

''नहीं समझा···मैं युद्ध और विवाह में कोई विरोध नहीं देखता···युद्ध तो तब भी चलता रहेगा, जब आपके बाद आपकी संतान सेनापति बनेगी, वर्ना योग्यता और शस्त्रविद्या में निपुणता के बिना सैन्यबल दिशाहीन हो जाएगा।''

राम मुस्कराया, सोचा, यह वृक तो बहुत घुटा हुआ है, उकसा रहा है मुझे···।

''वृक! तू यह क्यों नहीं समझता कि मेरी वृत्ति ही काम, भय, मद, लोभ की ओर नहीं जाती···नारीमात्र को माता या भगिनी के रूप में मानना मेरा जन्मजात स्वभाव है; पर जो मुझसे प्रेम करे, उसको आत्मीयता देना तो मुझे प्रिय लगता है, कर्तव्य भी है किंतु मैं प्रवृत्ति मार्ग नहीं अपना सकता···मेरे ध्यान में तो पूरा ब्रह्मांड और उसकी प्रक्रियाएँ, उसके रहस्य चल रहे हैं और दूसरा मूल धर्म है, सत्य, ऋत्, नियम मर्यादा, उसकी रक्षा करनी है···लोमा को अनुजा या भगिनी, मित्र और सखी के रूप में देखता हूँ···पर उसकी मुझमें आसक्ति से मुझे उलझन होती है···तुम किसी निर्मल जलस्रोत से प्यार करते हो, किसी शिशु से, किसी पक्षी से, पशु से···तब विकार क्यों नहीं पनपता—एक स्त्री को देखकर विकार आना स्वाभाविक तो हो सकता है, पर वह वरेण्य नहीं···उससे संकल्प दुर्बल होता है···हाँ, वह नारी उच्च लक्ष्य में तल्लीन हो जाए, हमारे साथ जैसे वह चंद्रकला और लोमा और वे जितेंद्रिय हों तो सत्संग होता रह सकता है, अब समझ गए या नहीं?''

"कुछ-कुछ···कुछ तो समझ गया···किंतु गुरो ! यह अश्वों के टापों का स्वर क्यों सुनाई पड़ रहा है?···वो देखो, धूल उड़ रही है···कहीं कोई शत्रु है क्या?"

लोमा और अंगिरा ऋषि के पुत्र आंगिरस अनल, घोड़े दौड़ते हुए चले आ रहे थे। कई अश्वारोहियों का झुंड था। उनके शस्त्र, कवच, शिरस्त्राण प्रातः प्रकाश में चमक रहे थे···लोमा के मुख पर विक्षोभ का भाव था। वह शिरस्त्राण, सिर पर पहने और कंधे पर धनुष तथा हाथ में बरछी लिये रुद्राणी-सी लग रही थी। परशुराम और वृक ने अपने अश्व रोके। मैत्री का भाव परख कर सभी घोड़े प्रसन्नता से हींसने लगे। अनल आंगिरस ने स्वागत में हाथ उठाया, इधर से परशुराम ने भी।

पास आने पर सब अश्वों से कूद पड़े···क्रोध और क्षोभ में निमग्न लोमा घोड़े से नहीं उतरी। उसने घोड़े को मोड़कर राम की ओर पीठ कर ली···अनल आंगिरस ने अट्टहास किया—

"लो राम, अब तुम सँभालो···लोमा, तुमसे रुष्ट है, इतनी कि यह तुम्हारे बिना प्राण देने पर उतारू हो गई···ए पगली लोमा, अब जिस राम के लिए तू सारे आश्रम को सिर पर उठाए हुए थी, उससे विमुख क्यों है?"

सब मुस्करा रहे थे। सबने राम की ओर देखा। राम धीरे-धीरे निर्विकार मुद्रा में लोमा के अश्व की ओर बढ़े। लोमा क्षोभ में तनी हुई थी। राम पास गए और लोमा को उन्होंने दायीं भुजा का घेरा डालकर उतारना चाहा। स्पर्श होते ही लोमा ओले-सी पिघल गई—

"मुझे छुओ मत—अंततः तुम मेरे हो क्या राम? तुम मेरे कुछ होते तो क्या इस प्रकार बिना मुझे बताए यात्रा पर निकल पड़ते?"

सब विहँसने लगे। राम ने कहा—"प्रिय लोमा! तुम अनार्यों में नहीं भेजी जा सकतीं···वे बर्बर हैं···मैं धर्म कार्य को देखूँगा या तुम्हारी रक्षा करूँगा? क्यों वृक···तुम तो शंबर के वंश के हो, क्या लोमा का मेरे साथ जाना भय से भरा नहीं है?"

राम के संकेत पर वृक ने कहा—

"भय तो है पर किस प्रकार का भय है, यह मैं नहीं जानता—और यह सच है कि गुरु भार्गव का ध्यान तो बँटेगा।"

अब लोमा के भड़कने की बारी थी। उसकी भृकुटि प्रत्यंचा-सी चढ़ गई किंतु उसमें वह उपालंभ और कुछ परिहास मिलाकर बोली—

"तुम संकेत पर बोल रहे हो वृक, तुम तीतर हो या मानव—तुम राम की चुटकी पर चहक रहे हो तैत्तरीय वृकाचार्य।"

सामूहिक आनंदमय ठहाके में चातुर्य बह गया। वृक सिर खुजाता हुआ राम की ओर देखने लगा, पर कोई संकेत नहीं मिला, तब उसने सत्य कह दिया—

"ऋषि लोमहर्षिणी! भय तो सर्वत्र है—वहाँ तो है ही, यहाँ भी है; पर यहाँ

आंगिरस ऋषि अनल की सुरक्षा में आप निश्चिंत होकर रहें परंतु हमें यह ज्ञान नहीं कि अनार्यों का मनोभाव क्या है, क्या होगा···आप यहीं आश्रम में रहें, हम शीघ्र लौटकर आ मिलेंगे!''

लोमा ने व्यंग्य किया—''साधु वृकाचार्य। तुम योग्य गुरु के योग्य शिष्य हो, साधु···किंतु मुझे भय यह है कि तुम राम को उन अनार्यों के यहाँ अकेला ले जाकर पता नहीं क्या करोगे? मैं साथ चलूँगी जिससे मैं तुम पर पहरा दे सकूँ···राम, इतना भोला है कि वह मेरे बिना बर्बरों के जाल में फँस जाएगा, मैं साथ चल रही हूँ।''

राम मुस्करा रहे थे पर उन्होंने अनुमति नहीं दी। तब अंगिरा अनल बोले—

''राम! लोमा मानेगी नहीं, उसकी तुम पर अगाध श्रद्धा है, उसे साथ जाने की अनुमति दो, क्यों वृक, तुम दायित्व लेते हो?''

''हाँ, मैं इंद्र, यम, अग्नि, वृहस्पति और उषा देवी की शपथ खाता हूँ, अपने पशुपति महादेव की—लोमा को कोई भय नहीं परंतु अनुमति तो महाभार्गव राम ही दे सकते हैं।''

सबने राम की ओर देखा। वह मुस्कराए, बोले—''अच्छा लोमा! हम हारे, तुम जीत गईं, अब चलो किंतु प्रसन्न होकर—क्या चेहरा बना रखा है तुमने—इतना रोष मुझ पर?''

लोमा सहज प्रसन्न हो गई। वह अश्व से उतरी और आंगिरस अनल मुनि के पास जाकर प्रणाम कर कहने लगी—

''आश्रम का ध्यान रखिएगा ऋषिवर, आजकल आश्रमों पर हैहयों की कुदृष्टि है—मैं राम को अनार्य देश में सफलता दिलाकर शीघ्र सकुशल लाकर उन्हें आपको सौंप दूँगी।''

आत्मीय हास्य की हिलोर में आशीषें बरसाते ऋषि अनल और उनके साथी लौट गए। अब लोमा ने पहली बार राम को आसक्त दृष्टि से ताका—

''चलो, क्षमा किया तुम्हें राम—मैं सशस्त्र हूँ और मैंने भी आश्रमों में शस्त्रशिक्षा ली है, मेरे पास दिव्यास्त्र भी हैं, जी हाँ वे हैं, तुम अपनी चिंता करो, मेरी नहीं, अब चलो।''

वृक आनंदित हो गया। वृक ने आधे बटुक अश्वारोहियों को आगे चलने को कहा और आधे गुल्म को पीछे—मध्य में राम और लोमा के अश्व साथ-साथ चले—वृक कभी आगे, कभी पीछे चलता—उसने अपने दूतों को शंबरासुर के पुर को पहले ही भेज दिया था।

यात्रा कठिन थी, थकाने वाली किंतु लोमा और राम की स्निग्ध नोंक-झोंकों से आनंद के स्रोत फूट रहे थे। वृक प्रसन्न था पर कभी-कभी आशंका घेर ही लेती थी।

पाँच योजन पूर्व ही शंबर द्वारा प्रेषित स्वागतकारी दल, शंबर के एक पुत्र के

नेतृत्व में आ गया था और लोमा के कारण, उसकी विशेष अगवानी के हेतु शंबासुर की पुत्री, राजकुमारी मौरवी भी आई थी। उसकी रुचि राम में थी। न जाने कब से वह परशुराम के विषय में अतिरंजित आख्यान सुनती आ रही थी। वह श्यामवर्ण की होने पर भी आकर्षक थी। उसने जंगली फूलों से केश सजाए थे और रजत् स्वर्ण के कुछ आभूषण भी धारण किए थी। नासिका छोटी किन्तु नयन बड़े-बड़े थे, दाँत इतने स्वच्छ कि आश्चर्य होता था, शरीर श्रम से कसा हुआ—वह आर्य अभ्यागतों के लिए राजा द्वारा दी गई भेंट भी लाई थी। शंबरपुत्र जलौघ, अपनी चंचला बहिन मौरवी को शिष्टाचार समझा रहा था पर मौरवी भाई को बिरा रही थी।

राम, लोमा और वृक के घोड़े निकट आने पर स्वागतकर्ता आगे बढ़े। राजकुमार के साथ राजकुमारी मौरवी को आया देख, उसके सम्मान में राम, लोमा और वृक अश्वों से उतरे और स्वाति मंत्र पढ़ने लगे। राजकुमार जलौघ ने धरती पर लेटकर नमस्कार किया। वृक और जलौघ एक-दूसरे के गले मिले। वृक ने दुभाषिए का कार्य किया। राम का गौर वर्ण, दीर्घ केश और देवशरीर देखकर मौरवी मतवाली हो गई। भाई ने उसे पुनः सावधान किया। लोमा को मौरवी ने उठाया, लाड़ से घुमाया और आलिंगन किया। पुनः वह राम के पास निःसंकोच आई और उसका हाथ छुआ। राम ने उसको नमस्कार किया, हाथ जोड़े पर वह उसे बार-बार छू रही थी। हँसकर वृक ने पूछा कि यह वह क्या कर रही है, तब मौरवी ने कहा कि वह यह देख रही है कि राम की खाल बनावटी है या वास्तविक है...इतनी गोरी चमड़ी। जब राम को बताया गया तो वह ठठाकर हँसा। लोमा को मौरवी द्वारा की गई हरकत पसंद नहीं आई। उसने वृक से कहलवाया कि आर्य संस्कृति के अनुसार पर-पुरुष का स्पर्श अयुक्त है। मौरवी को लोमा के पास रहना चाहिए पर वह राम के साथ चलने को उत्सुक थी।

राजकुमार जलौघ ने, राजा शंबर का स्वागत संदेश दिया और राजप्रासाद पधारने का निमंत्रण भी। राम संतुष्ट हो गया। उसे वृक की कुशलता पर प्रसन्नता हुई।

शंबर का राजप्रासाद विंध्याचल के ऊपर काफी ऊँचाई पर था...नीचे घाटी में घोर वन था और पर्वत पर भी वृक्ष थे...निकट जाने पर ही वह पत्थरों का दुर्ग दिखाई पड़ता था। कठोर श्रम कर सब दुर्ग के द्वार पर पहुँचे, जहाँ राजा शंबर ने परंपरागत विधि से मित्र आर्यजनों का स्वागत किया। वृक ने परिचय दिया। राजा खुश हुआ। राम ने अंगिरा ऋषि का संदेश दिया। राजा बोला कि उसे दोनों ऋषि आश्रमों का संदेश और आशीर्वाद मिल गया है—निर्भय होकर आप और ऋषि लोमा यहाँ सानंद रहें—संध्याकाल सभा होगी और उसके बाद मनोरंजन, उत्सव और राजभोज।

वृक के प्रयत्न से राम और लोमा को पृथक् कक्ष दिए गए। अपरिष्कृत पत्थरों

के दृढ़ कक्ष थे, सजावट नाममात्र की, न परदे, न किवाड़—सोने के लिए चिकनी शिलाएँ और काठ की शैयाएँ—मिट्टी के घटों में पर्वतीय स्रोतों का शुद्ध मीठा जल। पशुओं की खालों, मृगछालों के बिछावन, दोपहर के भोजन में मांस, कच्ची तीखी मदिरा, फल, रोटी, दाल, दूध, दही, मछली—वृक के कहने पर राम, लोमा के लिए केवल दूध, दही और फल परोसे गए। मदिरा को हटा दिया गया। वृक सोमलता अगस्त्य आश्रम से ले आया था। उसकी कूट-पीस में वह स्वयं लगा और दूध-दही मिलाकर सोमरस तैयार किया—द्वारों पर ओट के लिए वृक ने बाँसों के दरवाजे खड़े कर दिए और उन पर वस्त्र डाल दिए गए—कामचलाऊ शयन गृह बना दिए गए।

संध्या तक विश्राम कर लोमा और राम ने पुनः स्नान कर साथ लाए वस्त्र धारण किए, नई मृगछालाएँ बिछवाई और कंधे पर तूणीर-धनुष, कटिबंध में कृपाण तथा हाथ में परशु लेकर राम सभा भवन को चले। लोमा ने स्त्रियोचित सज्जा की, किंतु उसने अपने शस्त्र नहीं छोड़े। वह राजकुमारी मौरवी के साथ सभागृह ले जाई गई। स्थिति की गंभीरता के कारण आपसी चोंचें नहीं लड़ीं पर लोमा राम को देख-देखकर पुलकित थी, राम निस्संग किंतु आत्मीय। मुख पर भाव यह था कि वह संवाद, आर्य-अनार्य संबंधों के लिए ऐतिहासिक महत्त्व का सिद्ध होगा।

राजा शंबर काला और विशाल था। सिर पर सींगधारी मुकुट, गले में गुंजाओं, कौड़ियों की माला, छाती तक पहुँचने वाले सोने के हार, लोहे के कड़े और हाथ में लंबा भाला—वह सिंहासन पर शान से बैठा था। उसके पीछे दो श्यामाएँ पंखा झल रही थीं—वे सेविकाएँ कटि और वक्ष को ढँके हुई थीं। शेष शरीर नग्न था। राजा के सामने खाली स्थान था, नीचे दोनों तरफ लोग खालों, कपड़े की जाजमों पर डटे थे—उनके वस्त्र भी जंगली ढंग के थे···ओहदे के हिसाब से वे बैठाए गए थे और राजा के सामने बीच में निकलने की जगह छोड़कर सामान्यजन बैठे थे।

राम और लोमा के लिए राजा के दायीं ओर दो काठ के आसन लगा दिए गए थे जिन पर खालें बिछी थीं। वृक के संकेत पर परशुराम खड़े हुए। उन्होंने राजा को वरद मुद्रा में आशीष दी, स्वस्ति पाठ किया और वक्तव्य शुरू किया—

"राजा शंबर, उनके गण्यमान शूरवीर, सेनापति, सेनानी, अधिकारी और प्रजाजन सुनें···मैं यहाँ आर्य और अनार्य एकता के लिए आया हूँ—और यह एकता परस्पर आदर, सम्मान और समता के आधार पर होगी, इस आधार पर भी कि जो जहाँ अत्याचारी हो, जो व्यर्थ रक्तपात करे, कराए, जो अकारण आक्रमण कर प्रजा को कष्ट पहुँचाए, उनके गाँव जलाए, खेती लूटे, नरसंहार करे, स्त्रियों, बच्चों, वृद्धों, विद्वानों, आश्रमों में उत्पात मचाकर मारे, आग लगाए—उसके विरुद्ध हम-आप मिलकर लड़ें।"

वृक ने शंबरी भाषा में अनुवाद किया। सब सुनकर विस्मित थे—यह आर्य

तो औरों से भिन्न है। भला, आर्य हमें शत्रु नहीं मानेंगे, हम पर आक्रमण नहीं करेंगे, हमें दास नहीं बनाएँगे, यह तो अनहोनी होने जा रही है—यह तो ऋषि हैं, आश्रमवासी पर यह क्या नहीं जानता कि आर्यों के मुखिया इंद्र ने हमारे पुरों-दुर्गों को नष्ट कर दिया था और हमारे हजारों-लाखों लोगों को दास बना लिया था जो इन्हें अन्न उगाकर देते हैं और स्वयं भूखे रहते हैं, जूठा खाते हैं, बासी, गंदा खाना—और वे गोरे आर्य दासों को मारते हैं, उनकी स्त्रियों की दुर्गति करते हैं—हमें सप्तसिंधु से भागने को विवश कर दिया गया—अब हम वनवासी-गिरिवासी हैं, यहाँ से भी गए तो कहाँ जाएँगे?

राम अनार्यों की आँखों में आ गए आशंका के भावों को समझ गया। उसने उन्हें आश्वस्त किया—

"हमारे आर्य पूर्वजों ने आपके साथ जो किया, उसे हम अच्छा नहीं मानते...अब, राज्य के लिए, भूमि पशुधन इत्यादि को प्राप्त करने की स्पर्धा में दोनों पक्षों ने अकरणीय कार्य किए हैं किंतु यह कब तक चलेगा? कभी-न-कभी सह-अस्तित्व के लिए एकता करनी ही पड़ेगी...आर्य-अनार्य जनगण को नष्ट नहीं कर सकते...वे संगठित हैं, उनकी अपनी सभ्यता है, इसी प्रकार आर्यगणों को अनार्यजन निकालकर बाहर नहीं कर सकते, वे भी तो इसी धरती के पुत्र हैं...यह ठीक है कि आर्यगण के क़बीले, सिंधु नद के पश्चिम में दूर तक फैले हुए हैं, वे आते हैं परंतु यहाँ से भी आर्य बाहर चले जाते हैं, किंतु आप आदिवासी हैं...आप देख रहे हैं कि अब आर्यगण पुराने आर्य नहीं रहे, वे आपस में घोर युद्ध कर परस्पर विनाश कर चुके हैं और आदिवासी अनार्य, असुर, गंधर्व, नाग, दैत्य, दानव, आदि उन युद्धों में किसी एक पक्ष में लड़ चुके हैं।"

"नई दशा यह है कि हैहयराज कार्त्तवीर्य अर्जुन जो अपने को चक्रवर्ती सहस्रबाहु कहता है, प्राचीन राजपरंपरा तथा आर्य मर्यादा छोड़कर आर्य, अनार्य सभी पर अपना आधिपत्य स्थापित कर अत्याचार कर रहा है। यह सब आपको वृक बता देगा...हमें यह कहना है कि यदि हैहयों के विरुद्ध भार्गवों और अन्य अर्जुन विरोधियों का आप साथ दें तो सप्तसिंधु प्रदेश में आप जहाँ अपना आधिपत्य जमा सकें, जमा लें और जहाँ आप इस समय हैं, वहाँ हममें से कोई आपको उखाड़ेगा नहीं, यह घोषणा मैं करता हूँ और यदि कोई आर्य ऐसा करेगा तो हम आपके पक्ष में लड़ेंगे।"

इसका सीधा प्रभाव हुआ। भार्गव राम की जय-जय होने लगी। परंतु पुनः प्रश्न उठने लगे। एक खड़ा होकर कहने लगा—"आप अभी बालक हैं, क्या विश्वास है कि अनार्यों को आर्य अभय देंगे?"

"आप मुझ पर विश्वास करें...विश्वास एक बार करना ही होगा, वह टूटेगा तो यह वार्त्ता ही अप्रासंगिक हो जाएगी।"

सभा में मौन छा गया। राजा ने हाथ उठाया—

''एक बार विश्वास किया जाए···हैहय यादव वास्तव में अत्याचारी हैं, हमें क्या उन्होंने कम सताया है···अभी भी वे हमारे लोगों को पकड़ ले जाते हैं और हम अकेले रहकर उनका कुछ नहीं कर सकते। भार्गवों-आगस्त्यों-आंगिरसों से मिलकर हम अपना प्रतिशोध ले सकते हैं, अत: एक बार विश्वास किया जाए!''

राजा का अनुमोदन किया गया तथापि पुन: पूछा गया—

''हमारे हथियार पुराने हैं, कवच नहीं, शिरस्त्राण नहीं···आर्यों के युद्ध में हम मारे जाएँगे।''

राम ने कहा—''हमारे आश्रमों में, हम आपके बालकों, युवाओं की युद्धस्तर पर शस्त्रशिक्षा का प्रबंध करेंगे और अस्त्र-शस्त्रों, कवच, वस्त्रों, घोड़ों, शिरस्त्राण आदि की भी व्यवस्था की जाएगी···यह व्यवस्था तुरंत होगी, आप जो कर सकें, करेंगे ही।''

''अवश्य करेंगे, क्यों नहीं···हम अपने रणकौशल आश्रमों में आर्यों को सिखाएँगे।''

''क्यों नहीं? अवश्य सिखाइए! और जहाँ तक धन का प्रश्न है, माहिष्मती पर आक्रमण में अर्जुन के समर्थकों की लूटपाट आप कर सकेंगे, उसे वापस करने को कोई नहीं कहेगा, उससे आपकी सेना का व्यय निकल आएगा।''

शंबर के प्रजाजन यह सुनकर किलकारियाँ भरने लगे···माहिष्मती के हैहय यादवों के घरों में अकूत सम्पत्ति है जिसे उन्होंने लूटकर ही पाया है, वह हमें मिल जाए तो और क्या चाहिए···ठीक है ऋषि राम···हम भार्गवों से समझौता करते हैं, जय राम, जय शंबर, जय-जय शंबर : राम! जय परशुपति राम!

राम के रूपरंग, उसके व्यक्तित्व में, उसके आत्मविश्वास में, उसकी वाणी में कुछ ऐसा अवश्य था जो आदिवासियों में श्रद्धा और विश्वास जगा गया। उन्हें लगा कि यह युवा ऋषि मिथ्या हो ही नहीं सकता···यह तो अपने आराध्य पशुपति का अवतार लगता है···यह हमारा देव है, महादेव, बोलो, राम रुद्र की जय!

जनजातियों के लोग तो सभा से चले गए किंतु संधि के विवरण पर राजा और उसके पार्षदों के मध्य देर तक वार्त्तालाप, शंका समाधान होता रहा। अंतत: परशुराम ने साथ लाए मणिमुक्ता, शिरस्त्राण, कवच, कुछ रेशमी वस्त्र और शस्त्र राजा शंबर को भेंट किए···राजा इस भेंट से अभिभूत हो गया। उसे वृक ने वे वस्त्र पहनाए, शिरस्त्राण सिर पर बाँधा, लौहकवच धारण कराया, स्वर्णहार गले में डाला, धनुष-बाण दिए और कृपाण, खंग और परशु दिया···जय-जयकार हुई। राजा ने अपने मंत्री को संकेत किया। भेंट के थाल लाए गए, वन का शुद्ध मधु, पराग, मृगनाभि (कस्तूरी), हाथी दाँत के चूड़े, पुष्प, अनेक प्रकार के चर्म, फल, वस्त्र, पात्र और अन्य पदार्थ दिए···वे सब मौरवी ने लोमा को सौंप दिए। शत्रुता के स्थान पर आर्य-अनार्य मैत्री की प्रथम आधारशिला स्थापित हो गई। ऋषि राम को देवता समझा जाने लगा। जय राम, राम की जय हो के नारे पर नारे लगते रहे···अंत में

सभा विसर्जित हुई और वस्त्रपरिवर्तन तथा नित्य-क्रियाओं के पश्चात् सब राजभोज और उत्सव में शामिल होने चले।

राजकुमारी मौरवी ने आर्यों के वस्त्र पहने···वह श्वेत रेशमी परिधान में सचमुच मोहक हो उठी थी। वह राम का ध्यान आकर्षित करने के लगातार उपाय करती···उसके साथ चिपकी रहती और लोमा के रोकने पर वह चिढ़ जाती···अब तो सभा हो गई थी, संधि भी स्थापित हो गई सो वह निर्भय होकर राम के पार्श्व में जा लगी और संकेतों से मनोभाव प्रकट करने लगी···परशुराम कुछ-कुछ शंबर भाषा समझते थे···वह उसकी मधुर चेष्टाओं पर हँसते किंतु तटस्थ रहकर सोच-विचार करने में डूब जाते···लोमा कुढ़ रही थी, इतनी दूर ख़तरे उठाकर आए, चलते-चलते पैर घायल हो गए और अब जब आनंद का, प्रिय राम के संग-साथ का अवसर आया तब यह कलमुँही उनसे चिपक गई···यह राम भी कुछ समझता नहीं। अरे, वह इस वनैली वनिता को दुत्कार क्यों नहीं देता···वह उसमें रुचि तो नहीं लेता, परंतु वह शिष्टाचार में मुझे वंचित कर रहा है···नहीं, अब मैं सह नहीं सकती। इस कलूटी को राम से पृथक् करना ही होगा । उसने संकेत से मौरवी को अपनी ओर बुलाया पर मौरवी ने राम का साथ न छोड़ा बल्कि लोमा को चिढ़ाने के लिए उसने जीभ मुँह से निकालकर उपहास किया, अँगूठा दिखाया···लोमा क्रोध से जल-भुन कर रह गई···राज-उत्सव में अग्नि का अलाव धधक रहा था···उसके चारों ओर अनार्यजन बैठे थे, कुछ कच्ची दुर्गंध छोड़ने वाली मदिरा पी रहे थे, कुछ जोड़े नाच रहे थे, वे अपने में तन्मय थे, ढोल एक लय में बज रहा था, जंगली बाजे स्वर में स्वर मिला रहे थे, सबमें बाँसुरी की ध्वनि सर्वाधिक मादक थी—आनंद आ रहा था । लोगबाग आर्यों से हुई संधि का उत्सव मना रहे थे। किसी को अब किसी प्रकार की चिंता नहीं थी···अनार्य स्त्रियाँ अर्धनग्न अवस्था में मदिरा में धुत नाच रही थीं, घुँघरू बज रहे थे और वे कोई वन्य गीत गा रहे थे।

राजा के आसन के पास राम, लोमा और मौरवी तथा वृक को सादर बैठाया गया। वृक ने पहले से ही तैयार सोमरस राम को भेंट किया । राम प्रसन्न हुआ। लोमा और राम सोमरस पीने लगे और खाद्य पदार्थ खाने लगे···राजा आज हर्ष और गौरव से देशी मदिरा के नशे में सातवें आसमान पर था। उसके आसन के आगे मांस, मत्स्य और नमकीनों का ढेर था–वह इस अद्‌भुत ऐतिहासिक क्षण का स्वाद ले रहा था और सगर्व अपने जनगण को देख रहा था···तब गाने की लय, विलंबित से द्रुत गति में आई···नृत्य तीव्र से तीव्रतर हुआ···नर्तकों और वादकों में होड़ लग गई—दर्शक मुग्ध हो गए···ठर्रे के तीखे नशे में उन्मत्त दर्शकों को आज जो मज़ा आया, वह कभी नहीं आया···आज वे सब सम्मानित और विशिष्ट महसूस कर रहे थे, उनकी दयनीय मुद्राएँ स्वेच्छाचारी हो रही थीं···नाचते जोड़े मनमानियाँ करने लगे···आज कोई टोकने वाला नहीं था···राजा ने ताली बजाई और लोमा तथा राम से नृत्य में सम्मिलित होने को कहा—राम और लोमा सोमरस के सात्विक मद में

उठ खड़े हुए किंतु राम के लिए पागल हो गई मौरवी ने राम का हाथ पकड़ा और चीखी, ''नहीं, राम के साथ मैं नाचूँगी···राजा पिता, मुझे राम पर अधिकार दिया जाए···मैं राम को चाहती हूँ···हाँ मैं···!''

राजा को विनोद-सा लगा। वह हर्ष से ताली बजाने लगा, ''हाँ, हाँ, नाचो मौरवी, आज जी भरकर नाचो, रात-भर नाचो···लोमा बेटी···आप तो राम के साथ नित्य रहती हो··· मेरी यह मौरवी आर्य राम का रूप देखकर उन्मत्त हो गई है, वैसे भी यह मेरी लाड़ली है, जो चाहे करती है···लोमा ऋषि, उसे आज मन की कर लेने दो···तुम मौरवी के थक जाने पर नाचना, मौरवी बेचारी यह सुख और गौरव कब पाएगी?''

लोमा द्रवित हो गई। अवसर भी नाजुक था । अनार्यों से संधि का प्रश्न था···अभी तक सब निर्विघ्न चल रहा था। लोमा ने अपने पर नियंत्रण किया और वह राजा के पास आकर बैठ गई और उसके निवेदन पर आर्यों के किस्से सुनाने लगी···राम और मौरवी नृत्य में कूद पड़े···राम आदिवासी नृत्य की गति पकड़ने लगे जो सरल थी···मौरवी उन्हें सिखाने लगी और वह मदिरा के उन्माद में बेसुध होकर राम से लिपटकर पदक्षेप करने लगी···आनंद और उत्तेजना से वह राम के हाथ अपने शरीर पर रखने का आग्रह करने लगी—

''राम, मेरे राम, मुझे कसकर पकड़ो, मुझे भींचो, मेरी हड्डियाँ तोड़ डालो, प्रियतम, मैंने आज आर्यप्रेमी पाया है···मैं कब से तुम्हारा यश सुन-सुनकर पागल हो रही थी···आज तुम मुझे संतुष्ट करो···प्यारे···मैं प्यासी धरती हूँ···मुझे जोतो, बीज वपन करो···मैं तुम्हें छोड़ूँगी नहीं, तुम जहाँ जाओगे, छाया बनकर जाऊँगी···तुम्हारे पैर दबाऊँगी, तुम्हें सुलाऊँगी, तुम्हारे शत्रु को कच्चा चबा जाऊँगी। प्रियतम, तुमने अभी तक अनार्य वनवासिनी का स्वाद नहीं पाया होगा···यह तुम्हारी प्रिया, लोमा तो फूल-पात की बनी है, छुईमुई है···वह तुम जैसे सबल और प्रचंड पुरुष को क्या संतुष्टि दे सकती है···आओ, तुम आज मेरे हाथ से हमारी मदिरा पियो और रात-भर रमण करो।···हाय, यह रात कहीं बीत न जाए, अहा! मौरवी, तू राम की प्रेयसी बनी, तू भाग्यवती है, आओ राम···हमारी मदिरा में सब भूल जाओ!''

लोमा और राजा तो आख्यानों और वर्णनों में डूबे हुए थे और परशुराम, आत्मनाश का बिंदु आ जाने का अनुभव कर रहे थे···उन्होंने बलपूर्वक मतवाली मौरवी को कंधों से पकड़कर झकझोरा और वह उसे उधर ले गए जिधर पानी के घड़े रखे थे। राम ने एक हाथ से घड़ा उठाया और पूरे का पूरा जलघट मौरवी के सिर पर उँड़ेल दिया···एक क्षण तक मौरवी पूर्ववत् रही पर पानी की धार ने मौरवी के मस्तिष्क के कोटरों को सक्रिय कर दिया···एक छींक आई और एक झुरझुरी के साथ मौरवी ने आँखें खोल दीं। उसने पाया कि राम दूसरा घड़ा उठा रहे हैं और वह जलधारा उसके सिर पर छोड़ रहे हैं । मौरवी चकित रह गई, उसको चेत आया···अपनी मर्यादाहीनता पर उसे कुछ पश्चात्ताप

हुआ···वह अपनी निर्लज्जता पर लज्जित होकर राम के चरणों में गिर गई—

"ऋषि राम! क्षमा : क्षमा करें···मैं···अंततः जंगली लड़की हूँ, अपनी वास्तविकता पर उतर आई···हम आर्यवर्जनाएँ नहीं मानते राम, मैं वासना में अंधी हो गई थी, किंतु तुम्हें मैं प्राणों से भी अधिक चाहती हूँ···मेरी अविनय क्षमा करना और मुझे अपने से पृथक् मत करना···मैं अब ऐसा कभी नहीं करूँगी, पर मुझे तुम कहो कि तुम मुझे अपनी प्रेमिका मानते हो··· ।"

अब राम के अट्टहास करने की बारी थी। वह हँसे और हँसते हुए उन्होंने स्नेह से मौरवी का हाथ पकड़ा। उसे समझाया और उसे क्षमा कर दिया···वह क्षण ही ऐसा था···राम उसे लेकर आए और मौरवी को राजा को सौंपा—

"राजन्! मौरवी को मदिरा अधिक चढ़ गई थी, पानी डालकर उसे स्वस्थ कर दिया। अब इसे एकांत विश्राम की आवश्यकता है—इसे आप घर भिजवा दीजिए।"

मौरवी के मना करने पर भी वह वृक के साथ भेज दी गई। मौरवी रोने लगी···अचानक उसे उतरते उन्माद में सूझा कि वह अपनी ही दृष्टि में गिर गई है, उसका आत्मसम्मान नष्ट हो गया है, आर्यश्रेष्ठ राम को वह पा नहीं सकती क्योंकि वह मनुष्य है ही नहीं, उसमें नारी के प्रति दुर्बलता नहीं, बस, आत्मीयता है···वह बस स्नेह रखता है···लोमा को भी क्या वह बहिन, पुत्री, माँ के रूप में ही देखता है? उसने वृक से पूछा तो उसने बताया—

"आर्य राम को पति या प्रेमी रूप में चुनकर तूने बुरा किया है। तूने···मौरवी, तूने राजगौरव और शंबरों की प्रतिष्ठा धूल में मिला दी है···अब तू अपनी वासना को लोमा की भाँति भक्ति में बदल···तू नहीं जानती···राम मनुष्य नहीं है, वह तो देव है। वह संसार-भर में धर्म और मानव-मर्यादा स्थापित करने के लिए जन्मा है···वह हमारे मध्य अवश्य है पर वह हम जैसा नहीं है, काम, क्रोध, मद, लोभ से परे··· । उसका क्रोध तो दुष्टों के दमन के लिए है, भीतर से वह अपने पशुपति रुद्र महादेव जैसा भोला और आशुतोष है। वह शिशुवत् है···तू ऐसे देव पुरुष को घसीट कर, इच्छाओं और वासनाओं के कीचड़ में खींच लाना चाहती थी, हे राम, हे राम···तू तो सचमुच पगली है···चल, अब सो जा···प्रातः राम घोर वन में मंत्रसिद्धि और महादेव को प्रसन्न करने जाएँगे···हम उनकी रक्षा में जाएँगे, पर उन्हें बिना बताए। लोमा, मैं तथा राजकुमार जलौघ के भेजे आदमी और हमारे सैनिक···ये दूर रहकर सतर्क रहेंगे ताकि उन्हें भय होने पर बुला लिया जाए···तू मत चलना, अन्यथा तू राम की योग साधना में विघ्न डालेगी, उनका मन विकृत करेगी।"

मौरवी क्रौंच पक्षिणी-सी करुण ध्वनि में चीखी—"नहीं, नहीं, नहीं, मैं तो जाऊँगी, अब अपने जंगलीपन का प्रायश्चित्त करूँगी···राम की रक्षा मैं करूँगी··· ठीक है, वह साधारण, सहज पुरुष नहीं, पर क्या मैं पशु हूँ···मैं उस महापुरुष की सेवा तो कर सकती हूँ···वृक, तूने मुझे मना किया तो मैं प्राण त्याग दूँगी!"

वृक ने अट्टहास किया। मौरवी बदल चुकी थी पर अंतत: तो वह प्रकृतिपुत्री थी। वृक ने व्यंग्य किया—

"मौरवी तू! तू बदल गई, ह, ह, ह,···तब तू यह बता कि क्या तू लोमा की तरह बिना पुरुष के साथ सहवास किए रह सकती है?"

"न, न, न, नहीं रह सकती···मैं आर्य लोमा नहीं जो दूध, भात, फल-फूल, खाकर रह जाती है···मैं शंबर असुर की कन्या हूँ···मनुष्य का मांस खा जाती हूँ···राम तो हाथ से निकल गया पर अब मेरे योग्य पुरुष कहाँ मिलेगा?"

"क्यों, मैं क्या बुरा हूँ···मुझे तू प्रिय लगती है?"

"क्या कहा? तू मेरा पुरुष बनेगा···तेरा यह साहस···और फिर तू आर्य बन गया है, तेरा भोजन, तेरा रहन-सहन सब बदल गया···अब तो तू आश्रम में पक्षियों की तरह फल-फूल खा रहा होगा? तो पंछी हो गया, वृक···धत्।"

वृक ने समझाया—"वहाँ भी मांसाहार किया जा सकता है पर गंदे जानवरों का नहीं, बकरा खाओ, बछड़े हैं, वृषभ हैं, साँड हैं,···कुछ आर्य तो गाएँ खा जाते हैं पर अब गोवध, गोमेध बंद हो रहा है और उन्माद के लिए रोमरोम है, तू पीकर देख, यह ठर्रा नहीं छुएगी तू···बड़ा मस्त नशा होता है सोमरस का, पर मदिरा की तरह उत्तेजक नहीं···सोमरस में तो वेद, ब्रह्मांड और देवता दीखते हैं···मुझे वर और भार्गव आश्रम चल···और वहाँ मांस खाना ही है तो खाद्य पशुओं का मांस खा और सोमरस पी···बोल चलेगी?"

"किंतु मेरे भाग्य में क्या तुझ जैसा अनार्य ही बदा है?···किंतु मैं राम को छोड़ नहीं सकती···वह मेरे मन, तन और सोमरस में है···ठीक है, वह महान् है; पर मैं उसकी सेवा तो कर सकती हूँ, उसके लिए लड़ सकती हूँ और···और मैं कुछ नहीं जानती···राम के आगे तू वृक···नाम के अनुसार भेड़िया है, हे भगवान्, तू भेड़िया, चल भाग, तू मुझे पटा रहा है। हुम्!"

भार्गव राम घोर वन में एक लघु सरिता के किनारे एक विशाल शिला पर रुद्रोपासना के लिए जम गए···उन्होंने मृगछालाएँ बिछा लीं, मृगछाला ही पहन ली और नंगे शरीर पर मृगछाला ही डाल ली। अधिक शीत से रक्षा के लिए ऊन के कंबल थे ही···शिला के सम्मुख राम ने अग्निवेदी रची और यज्ञाग्नि धधका दी···दायीं दिशा में परशु था, बायीं ओर धनुष और तूणीर···भोजन के लिए यह निश्चय हुआ कि राम केवल एक बार मध्याह्न को भोजन करेंगे और दुर्बलता दूर करने के लिए फल और दूध, जिसे रोज़ सवेरे लोग पहुँचाएँगे— अन्य किसी स्वजन, परिजन के लिए साधना-स्थल निषिद्ध था।

राम ने ओउम् रुद्राय नम:, महामंत्र का जाप शुरू किया। पुन: ध्यान स्थिर होने पर मंत्र जाप स्वत: (अजपा जाप) होने लगा। चेतना शांत हो गई। रोम-रोम से रुद्र का नाम स्वत: निर्गत होने लगा···प्रथम रुद्र का रूप और महिमा प्रकट हुई, मन में रुद्रसूक्त प्रकट हुआ—

"उत्कृष्ट ज्ञान से युक्त, अभीष्टवर्षी महान् रुद्र हमारे हृदय में अवस्थान करें···मित्र, वरुण, रुद्र और समान प्रीतियुक्त देवता हमारे ऊपर अनुग्रह करें··· रुद्र, स्तुति रक्षक, यज्ञपालक और उदकरूप ओषधि से युक्त हैं···जो रुद्र सूर्य की भाँति उज्ज्वल और सुवर्णवत्—दीप्तिमान हैं, वह रुद्र देवों में श्रेष्ठ महादेव तथा अधिवास कारण हैं।" (प्रथम मंडल, सूत्र संख्या-43 ऋग्वेद)

"जिस प्रकार प्रतिज्वार या भाटे के समय समुद्र उद्वेगरहित हो जाता है, वैसे ही राम का चैतन्य प्रशांत हो गया, पर स्पंदन होता रहा···उस स्वत: स्वयं-चालित स्पंदन में राम ने रुद्र को सृष्टि रूप में समझा, अनुभव किया···प्रतिज्वार की दशा में, प्रलय की स्थिति में, प्रकृति की अव्यक्त दशा में, अकारण यह स्पंदन होने लगता है। संभव है, यह स्पंदन, ब्रह्मांडव्यापी शक्ति का संकल्प हो। वह शक्ति है, क्योंकि उसका परिणाम सामने है, यह प्रकृति ही तो उस मूल स्पंदन या गति का परिणाम है, फल है, अतएव जो रुद्र है वही शिव है···प्रकृति की प्रक्रिया ही रुद्राणी शक्ति है···वह अनादिकाल से सक्रिय है, प्रलय में ब्रह्मांडमात्र तो नष्ट नहीं होता। उसके एक भाग में, पंचभूतों का क्रम-विपर्यय होता है । यही रौद्री दशा है··· । पंचभूत, क्षिति, जल, पावक, गगन, समीर, ये ही पंचमहारुद्र हैं, ये ही वसुगण हैं···इनमें क्षोभ होता है तो सृष्टि और प्रलय होती है···रुद्र पृथक् से कोई सत्ता नहीं है, वह तो सृष्टिस्वरूपी है···उसकी धारणा, ध्यान और भावना से सृष्टि की आदि शक्ति स्पंदित हो उठती है और ध्यानी साधक, योगी तथा याज्ञिक में वह आदिस्पंदन, वह नित्य गति सूक्ष्मतम शक्ति को व्यक्त कर देती है···यही शक्तिपात या रुद्र का अनुग्रह है, यही चमत्कार है। प्रकृति नियमित है, किंतु परमाणुओं के निश्चित क्रम में, प्रकृति की शाश्वत प्रक्रियाओं में, ध्यान की एकाग्रता से क्षोभ उत्पन्न किया जा सकता है। तब योगज प्रत्यक्ष में योगज पदार्थ प्रकट हो सकते हैं···ध्यान की एकाग्रता से परमाणुओं की जड़ता भंग की जा सकती है···जड़ तो ऊपरी, स्थगित अवस्था है। ध्यान से इसे भंग किया जाए तो यथाकाम पदार्थ प्राप्त हो सकते हैं, सिद्धियाँ मिल सकती हैं, निद्धियाँ···यह सत्य किसने देखा था?"

"····यह सत्य सर्वप्रथम मेरे आदि पूर्वज भृगु ने देखा था···अथर्ववेद को तभी महाअथर्वण भृगु ऋचीक ने स्वीकृति दी थी···अथर्ववेद सच्चा है, उसमें यह सत्य कहा गया है कि यह जो सृष्टि है, वह मूलत: शक्ति का प्रवाह मात्र है···यह प्रवाह कणों में बदलता है जैसे घोल से रवे बनते हैं। फिर इन कणों के भीतर के विद्युत-आवेश से, उनके द्वंद्व और संगति से सूक्ष्म से सूक्ष्म और महान् से महान् पदार्थ बनते चले जाते हैं···अणोरणीमान् महतो महीयान्···जो जड़ है, उस पर ध्यान की एकाग्रता से उसके परमाणुओं में बिजली और चुंबक के सुनिश्चित संबंध क्षुब्ध होकर नए पदार्थ रचे जा सकते हैं, रुद्रदर्शन यही है···।"

राम का मनन, तत्त्वदर्शन, चिंतन और जाप चलता ही रहा···पुन: ध्यान की

चरम स्थिति में गति और स्पंदन भी रुक गया और राम सृष्टि के साथ तादात्म्य पाने लगा। तादात्म्य क्रम क्रम से हुआ। प्रारंभ में क्षणमात्र के लिए हुआ, पुन: प्रकृति से एकत्व की अवधि बढ़ने लगी। पुन: राम, प्रहर-प्रहर-भर समाधि में लीन रहते और उनके अंत:करण, मन, चित्त, बुद्धि तथा अंहकार निष्क्रिय हो जाते, तब एक रात में चमत्कार हुआ।

रात्रि में राम को तादात्म्य की दशा में स्व का भी भान नहीं रहा, जैसे शिला पर कोई जड़ पदार्थ हो, ऐसे वह राम हो गए थे···शायद हृदय-प्रक्रिया भी कुछ क्षणों के लिए स्थगित हो गई थी, रक्तसंचार, श्वास-प्रश्वास···पाचन-क्रिया···सब स्थगित···प्रकृति रूप होते ही प्राकृतिक प्राणियों ने राम को अपनाना शुरू कर दिया···पक्षी आकर राम के सिर पर बैठ जाते, रात में टिटहरी उड़कर आ जाती, फिर उड़ जाती, हरिण, वनधेनुएँ आए, बैठे, जुगाली की, कभी राम के शरीर को प्रेम से चाटा और चले गए। पुन: नाग सरककर आए और राम के शरीर पर रेंगने लगे···योग के ताप को चेतना-अनल की धधक से उपजे, बढ़ते तापक्रम और उच्च रक्तचाप को फणिधर सर्प राम के शरीर से चिपक कर शांत करने लगे···जब सेवक दोपहर में राम को भोजन कराने आते तो पशु-पक्षी चले जाते···सेवक चकित, भयभीत थे, पर कुछ कहना वर्जित था···रात्रि में विघ्न नहीं पड़ते थे सो निशाचर, पशुपक्षी आते, राम के शरीर का स्पर्श करते, पास बैठ जाते, फिर स्वेच्छा से चले जाते···पुन: राम ने भोजन भी बंद कर दिया···चंद्रायण व्रत शुरू किया···चंद्रकलावत् विश्राम और भोजन का क्रम चला··· कृष्णपक्ष में खाद्य कम होता जाता, शुक्ल पक्ष में पूर्णिमा को पूरा भोजन हो जाता···पुन: पूर्णत: बंद कर दिया। अब सेवक भी नहीं आते थे···कुछ दूरी पर परशुराम के चारों ओर जंगल में कुटज बनाए गए थे, जहाँ से देख-रेख और भोजनादि की व्यवस्था होती थी—भोजन बंद करने पर वृक ने लोमा और मौरवी से कहा—

''अब रुद्र का दर्शन होगा···राम स्वयं रुद्र बन चुके हैं, आप सब उधर से ध्यान हटा लें, सहज हो जाएँ, सेवा में ध्यान लगाएँ, राम के प्रति कोई इच्छा न करें, स्थगित हो जाएँ हम सब, तटस्थ वर्ना राम का चैतन्य यदि हम सबकी कामनाओं के चुंबक से खिंच आया तो सब किया हुआ धरा रह जाएगा।'' सब शून्यवत् अपना कार्य करने लगे। मौरवी का मन भी इस उपक्रम की दीर्घ अवधि में शांत होने लगा, वह लोमा की तरह प्राणायाम भी करने लगी तथापि कभी जब राम की सुघड़ काया में समाने के बिंब आते तो वह कभी लकड़ी चीरने लगती, कभी भूमि को खोदने लगती, कभी पानी भर लाती, कभी पेड़ पर चढ़ जाती···वह मन को राम की ओर जाने से रोक रही थी। लोमा शरद् ऋतु की गंगा की तरह अपने देवदर्शन या चित्ति-विलास में लीन रहती और स्वयं रुद्र का जप करती रहती।

अंत में अमावस्या की मध्यरात्रि में राम की तपस्या और तादात्म्य से रुद्रावतार हुआ, ऐसा राम को लगा क्योंकि जो दृश्य उन्होंने देखा, वह अपूर्व था···एक

प्रकाशवृत्त में, अपने मुख के चारों ओर घूमते कालचक्र के आलोक में रुद्रदेव प्रकट हुए···उनके जटाजूट तो पर्वतों जैसे लगे, श्वेत हिमधवल कैलास जैसे, लिंगाकार और साथ ही हिमाच्छादित किंतु देवदारु वृक्षों से आवृत्त जैसे रुद्र की वे खड़ी जटाएँ हों···रुद्र के केश प्रलंब नागों से बँधे थे और उनके अनंत, केशवन में नदी की धारा गिर रही थी और एक ओर चंद्रमा टँगा हुआ था, जिसके मीठे चाँदने में नाग खेल रहे थे और वह रुद्र नीले आकाश जैसे वर्ण के नेत्र योग मुद्रा में चढ़े हुए, मोटी खाल से ढँका ऊपर का शरीर, वक्ष विराट्, साँचे में ढला शरीर, विराट् भुजाएँ, कोटि कोसों पर अंतरिक्ष में जड़े नक्षत्रों को बटनों की तरह नोचते, खेलते, फेंकते रुद्र के हाथ, व्याघ्र चर्म पर आसीन रुद्र, करोड़ों लयों-प्रलयों की क्रीड़ा में प्रमुदित तथापि तटस्थ···कभी विक्षुब्ध मरुतगणों से तूफ़ान में फन्नाते, कभी शांत शरद् ऋतु में, कीचड़ में कमलवत् खिले हुए, कभी समुद्र से अहरह।

राम को रुद्र दर्शन हुआ। उन्हें भक् से ज्ञान हुआ कि रुद्र पृथक् नहीं, ब्रह्मांड का दूसरा नाम ही रुद्र और शिव है···शांत रहने पर शिव, क्रुद्ध होने पर रुद्र···वही चंद्रमा, वही मार्तंड, वही लघुतम लहरों की तटों से चुहल और वही फेन से उच्छ्वसित महासागर, राम के रुद्रनाद में कोमलता थी—

''राम! मैं प्रसन्न हूँ वर माँग!''

''प्रभो ! आपका अनुग्रह मिले, मुझे शिष्यत्व दें।''

''तथास्तु ! और माँग!''

''महाराज ! हैहयों और अन्य सृष्टि-विनाशक शक्तियों के नाश के लिए कोई शस्त्र मिले।''

राम को स्वयं अपनी चेतना में एक मंत्र गूँजता लगा और शस्त्र-संचालन की विधि भी उभरी, शस्त्र-निर्माण की विधि उदित हुई और दृष्टांत के लिए एक भारी वजन का बाण राम के हाथ में आया···पुनः गूँजता नाद व्यक्त हुआ— ''राम! यह रुद्रास्त्र है, इसका मंत्र, विधि, सब स्वयं प्रकट होगी, अन्य शस्त्रों की निर्माण-प्रक्रियाएँ भी···तू मेरा ही स्वरूप है, राम, तू विद्युत् शक्ति का, चुंबक का प्रवेश परशु में कर···तब तेरा परशु अमोघ वज्र हो जाएगा···जैसे इंद्र का वज्र जो प्रहार करने से बिजली के आवेश प्रकट करता है, अतः वह शत्रुनाश करता है और उसकी कोई काट नहीं। राम! जा, तेरी विजय हो, पाप का, अधर्म का नाश कर, जाऽऽऽ आ!''

और वह रुद्र रूप अदृश्य हो गया था। राम का रुद्र-दर्शन से जैसे अलौकिक रूपांतरण हो गया हो···राम देर तक रुद्र-आराधन में रहे। शिव जैसी आंतरिक शांति और स्थिरता के साथ वह अंततः उठे और भारी रुद्रास्त्र को उन्होंने प्रणाम किया। उसे सुरक्षा के लिए, तूणीर में न रखकर उन्होंने उसे वक्ष पर बाँधा और अपना महाशंख फूँका···उस शंख ध्वनि से जो नाद प्रकट हुआ, उससे सारा वन गूँज उठा···कुटजों में राम के स्वजन, आदिवासी जनसेवक, योद्धा सैनिक, लोमा,

मौरवी और वृक आनंद से विक्षिप्त होकर धरती पर लोटने लगे···राम की जय हो, रुद्र-दर्शन हो गए और शंखनाद की अनवरत अनाहत ध्वनि शंबरासुर के प्रासाद, दुर्ग और पुर तक भी पहुँच गई···जिसने सुना वह भागा, अब उषाकाल हो रहा था। जब तक लोग पास आए, प्रातःकाल का उजाला छा गया···सर्वप्रथम लोमा, मौरवी और वृक पहुँचे···वे महादेव से खड़े राम के चरणों को पकड़कर आनंद के अश्रु बहाने लगे···राम आशीषें देते, हँसकर बोले—"अरे मौरवी ! तू तो आर्या हो गई, साध्वी तेरा कल्याण हो और लोमा, सखी, तू तो वेद की श्रुति है···तू तो ऋषि है, तेरी मेधा बढ़े और आर्य वृक, तूने बहुत कष्ट उठाया···तू ऋषि बने वृक्, वृकाचार्य कहलाए···अब चलें, स्वजन आ रहे होंगे, उन्हें कष्ट होगा।"

देवाधिदेव रुद्रवत् राम पहले से भिन्न हो गया था, यह सबने अनुभव किया, उसका स्वर, स्वरूप, मुद्रा, चेष्टा, गंभीरता सब रूपांतरित हो गई थी···उसकी दृष्टि अब त्रिकुटी में लगी रहती थी···अब वह देवता की तरह वरद मुद्रा में आ गया था और साधारण लोगों से ऊपर उठ गया था। राम अब परशुराम हो गया था, वह अब लोकत्राता था, चमत्कारक शक्तियों से संपन्न···वह अब चलता नहीं था, उड़ता था···मरुतगण-सा तीव्र वेग से चला जा रहा था···। वह सबको पीछे छोड़ता हुआ शंबरपुरवासियों के सामने जाकर खड़ा हो गया और आनंद से स्वस्ति कथन किया···सर्वप्रथम राजा शंबर ने प्रणाम किया···और फिर तो राम के जय-जयकारों से दिगंत गूँजे, गूँजते रहे!

9

परशुराम सिद्धिप्राप्ति के पश्चात् कुछ समय तक शंबरपुर में जनजातियों के युवाजनों, और मौरवी के नेतृत्व में शिक्षार्थ आईं युवतियों, किशोरियों को लक्ष्यसंधान और नए ढंग के बाण-निर्माण सिखाते रहे। स्वयं वह उस भीषण वन में, रात में अकेले चले जाते और नीरव रात्रि में अरण्य के साथ तादात्म्य करते और शब्दवेध का अभ्यास करते···नदी में पानी पीने जब वनराज सिंह आते तो शब्द होता···कभी-कभी तो सिंह और बाघ, तेंदुए, चीते और लकड़बग्घे शिकार में सफल होने पर आनंद ध्वनि करते, चीर-चीरकर मांस खाते, कभी नाग चिड़ियों के घोंसलों में घुस जाते और अंडे साफ कर देते, तब पक्षी चिल्लाते···राम ऐसे में ध्वनि का लक्ष्य कर बाण छोड़ते और ध्वनिकर्त्ता को वेध देते···शब्दवेध और वह भी रात्रि में दुष्कर कार्य होता है, पर अब रुद्र का अंश और आवेश उनमें आ गया था, ऐसा उन्हें लगता···धनुष और बाण उनके संकेत पर चलने लगे। पुनः वह बिना शब्द सुने, केवल अनुमान या आंतरिक बोध से कि अमुक स्थान पर हिंसक पशु होगा, बाण छोड़ते तो वह लक्ष्य पर लगता।

परशुराम ने बाण और धनुष सध जाने पर घूर्णन करते हुए बाणों के प्रहार में भी सफलता प्राप्त कर ली···वह घुमौआ बाण मारते, बाण घूमता हुआ वृक्ष के बाहर के पत्ते काटता हुआ उस बिंदु पर आ जाता जहाँ से वह शुरू हुआ था। यह तो अद्‌भुत था पर राम ने यह कर दिखाया···कोई पूछता तो कह देते कि यह तो अभ्यास का फल है, वैराग्य और अभ्यास से असंभव भी संभव हो जाता है।

पुनः राम ने यह सीखा कि देखें वह कितनी दूर तक बाण फेंक सकते हैं। इसके लिए उन्होंने भट्ठी धधका कर, स्थानीय लुहारों को लगाकर विशिष्ट बाण बनवाए। वे बाण वृक्षरहित स्थल में मीलों दूरी तक जाने लगे, दर्शकगण विस्मित होते-होते ऊब गए, कहने लगे—

''यह तो रुद्रावतारी है, यह कोई दिव्य विभूति है, यह सब कर सकता है।''

अंततः राम ने विदाई का आदेश दिया। उनके साथ शंबर यूथ के चुने हुए सशस्त्र सैनिक चले जो शस्त्र विद्या सीखेंगे और मार्ग में रक्षा भी करेंगे। राजकुमार जलौघ ने कहा कि वह महागुरु भार्गव राम को स्वयं पहुँचाकर आएगा और कुछ समय आश्रम में शिक्षा भी ग्रहण करेगा। राजा की दी हुई ढेर सारी सामग्री साथ चली और लोमा के साथ राम ने राजा से, प्रजा से विदा ली। राजा राम को जलौघ से भी अधिक स्नेह करने लगा था। वह नेत्रों में अश्रु भर लाया और राम को प्रणाम करने लगा। राम ने आशीष दी। उसे कौतुक हुआ, सब आए विदा देने, पर वह चंचला मौरवी कहाँ चली गई? वृक से पूछा तो वह मुस्कराया।

राम चले। उनके आगे वेद चला, पीछे पृष्ठ पर धनुष-तूणीर चला, हाथ में परशु चला, वक्ष पर बँधा रुद्र अस्त्र चला। सिर पर पर्वत शिखर-सा जटा-जूट चला, पवन नामक प्रिय अश्व चला, वृक चला, सभी शंबरपुरवासियों के हृदय चले, मन चले, उनकी चेतनाएँ चलीं और सारा परिदृश्य साथ चला, महावन चला, धरती चली, आकाश चला, पशु-पक्षी चले। मौरवी का सिखाया तोता चला, वह कह रहा था, ''राम, मत जाओ! राम, मत जाओ!''

लोग रोने लगे, सिसकियाँ भरने लगे, एकदम चिल्ला उठे, ''राम! रुक जाओ, रुक जाओ राम!''

किंतु जाना ही था। राम के नेत्रों में भी वह सामूहिक प्रेम देखकर ममता के अश्रु छलके, पर उन्हें नियंत्रित कर प्रस्थान का महाशंख फूँका···लगा कि राम के साथ नाद चला, दिक् चला, दिशाएँ चलीं, जननेत्र चले, अश्रु चले, सारा चर-अचर साथ चला···राम का जयकारा उठा और जब तक दृष्टि से अतिथि ओझल नहीं हो गए, तब तक लोग खड़े रहे और रोते, सूने मन, दुःखदग्ध वापस लौट गए।

वन से बाहर निकलते ही राम ने सतर्क होकर चलने का आदेश दिया और उन्होंने पिपीलिका-व्यूह रचा। चींटियों की तरह एक के पीछे एक के व्यूह में सब

आगे बढ़े, मध्य में लोमा, राम। वृक के घोड़े पर मौरवी के बिना सब सूना प्रतीत हुआ। राम ने पूछा तो वृक ने बताया कि उसे खोजा जाए, वह पीछे नहीं छूट सकती, किंतु वह कहाँ है, यह ज्ञान नहीं है। मौरवी को खोजा गया तो वह सामग्री के साथ एक गठरी में बँधी छुपी मिली। खोजी जाने पर उसने इस नाटकीयता के लिए एक वन्य किलकारी भरी और दौड़ती हुई लोमा और राम के साथ हो गई। सब हँसने लगे। मौरवी एक घोड़ी पर बैठी और राम के पार्श्व में अकड़कर चलने लगी। घोड़ी वाला सैनिक शंबरपुर का था। वह मौरवी की घोड़ी की लगाम थामे साथ दौड़ने लगा…।

उधर माहिष्मती में राजा कार्त्तवीर्य अर्जुन हैहयगढ़ से मेधावी और कलावती द्वारा चक्रधर को छुड़ा ले जाने के समाचार से कालानल के समान धक्-धक्, जल रहा था, उसकी चिंगारियों से सब झुलस रहे थे। उसने कपोत मुनि को मारकर एक दिवस की शांति पाई थी। पुनः रात का खुमार उतरते ही वह अर्जुन कुछ समय बाद प्रतिशोध की व्यग्रता में—आम दरबार में हड़काए व्याघ्र की भाँति घूम रहा था…गुर्रा रहा था, गरज रहा था…उसे सूँघ मिली थी कि उसके विरुद्ध उसके वंशज बंधु-बांधव षड्यंत्र कर रहे हैं…सेवक जल लाया तो अर्जुन चिंघाड़ा। उसने सेवक के द्वारा लाया गया जल फेंक दिया, एक विकट थप्पड़ जड़ा और डाँटा—

"मूर्ख, हैहयराज को मद के स्थान पर कोरा जल पिलाता है।"

सेवक मार खाकर आँसू बहाता भागा और दूसरे सेवक के हाथ मदिरा का पात्र, चषक और कलेवा भेजा। राजा प्रसन्न हुआ…कोप भगाने के लिए वह गटागट मदिरा पी गया। चित्त में कुछ चैन आया। कलेवा खाते हुए नशे में कौंध हुई कि मेरा कोई हितैषी यदि है तो मणिप्रभा है। वही भेद जानती है। विचक्षु तो कई रहस्य छुपा लेता है। वह राजा का भक्त है, पर वह पारदर्शी नहीं, कूटनीति का पंडित है। क्या विचक्षु को अपदस्थ कर देना चाहिए?…नहीं, नहीं, विचक्षु तो हमारा चक्षु है…वह बंधु-बांधुओं के षड्यंत्रों को इस कारण छिपाता है कि कहीं मेरे विरुद्ध पूरा हैहयवंश ही खड़ा न हो जाए किंतु यह तो दुर्बलता है…जो राजा के विरुद्ध सिर उठाता है, वह किस जाति का नाग है, वंशज है या बाहरी व्यक्ति है, यह नहीं पूछा जाता, उस नाग का सिर कुचला जाता है…।

…और राजा का आतंक और दर्प कम होते ही ये विषकीट शासक के व्यक्तित्व में घुस जाते हैं…वह सहिष्णु होने लगता है, शत्रुओं को सहलाने लगता है, उन्हें समझाने लगता है…राजा की तेजस्विता का पराभव प्रारंभ हो जाता है…मनुष्य के मूल स्वभाव में भय है, आहार, निद्रा, भय, मैथुन, यह मूल मानव है और भय से ही साधारण प्राणी वश में रहता है…प्राण सबको प्रिय होते हैं, इसी दुर्बलता का शासक प्रयोग करता है…जो दुर्बल है, उसमें भय है; उसका भय निकल गया और वह काला नाग बना…मैं इन तथाकथित बंधु-बांधवों का संहार करूँगा, तभी मेरा दर्प पुनः स्थापित होगा…।

''अरे, कोई है?''

सेवक दौड़े। राजा मदमत्त था, चिल्लाया—''मणिप्रभा को बुला, यहीं, अभी।''

मणिप्रभा ने कहलवाया कि राजा यहीं आ जाएँ, वहाँ रहस्य खुल जाएँगे और शत्रु लाभ उठाएँगे किंतु राजा जानता था कि मणिप्रभा इतनी मोहक है कि वह अपने रूपजाल और चौसर में फँसाकर मेरा क्रोध नष्ट कर देगी। उसके पुनः कठोर आदेश पर रानी ने डरकर मणिप्रभा को राजसभा में जाने दिया। वह आई। राजा ने आसन देकर उससे कड़े स्वर में पूछा—''मणि, मेरे विरुद्ध, राज्य के विरुद्ध, षड्यंत्र हो रहे हैं और तुम उन्हें छिपा रही हो, क्यों?''

''जो आवश्यक है राज्यहित में, वही किया जा रहा है, आप निश्चिंत रहें।''

''मणिप्रभा, तुम नारी हो, ममतामयी, मेरी तुम पर प्रीति है, आसक्ति भी किन्तु तुम्हें शपथ है मेरी, मेरे राज्य की···तुम मेरे बंधुओं के बड़े षड्यंत्रों का रहस्य खोलो।''

''राजा! यदि आपको हानि का कोई भय नहीं तो मैं सब बता दूँगी···परंतु आप एक बार पुनः सोच लें···आप अभी इस अध्याय को गुप्त रखें···हम राज्य विरोधियों को अनुशासित कर रहे हैं, कुछ सफलता भी मिली है···आप इस प्रक्रिया को क्षुब्ध कर देंगे।''

''मुझे सब बताओ, मैं मान नहीं सकता कि माहिष्मती के कुछ राज्य-द्रोहियों के सहयोग के बिना चक्रधर को छुड़ाया जा सकता था···मैंने यह भी सुना है कि विरोधियों का एक पूरा संजाल बन गया है, गुप्तचर जाल और पूरे जम्बू द्वीप में मुझे एक राक्षस के रूप में प्रचारित किया जा रहा है।''

''आपने सबके कहने पर भी राक्षस विद्याधर से अपना पिंड नहीं छुड़ाया और उस लंकिनी से···तो प्रचारकर्त्ताओं को तो आप ही प्रोत्साहन दे रहे हैं···आप शांति से सोचें, सम्राट्···हम आपके अनुचर हैं···आप विवेक से कार्य लें। आप रात-भर मदोन्मत्त रहते हैं और प्रातःकाल ही पुनः मदिरापान···। मदिरा तो विवेक की शत्रु है···विकल्प मदिरा और विवेक के मध्य है···आप क्या नशे को समय पर नहीं ले सकते?''

राजा अपने खंडन पर भड़क उठा—

''तुम मेरी मनोघातिनी हो रही हो। प्रिय मणिप्रभा, मनोघात भी घात ही है···मेरा मनोबल गिराना दंडनीय है मणि, तुम राज्यस्वेच्छाचार का दर्शन नहीं जानतीं।''

मणिप्रभा तमकी—''स्वेच्छाचार का, दर्प का, दुर्विनय, उजड्डता और लोक की अवमानना का भी दर्शन कोई सिद्धांत होता है? यह तो कुकृत्य को उचित ठहराने के लिए तात्त्विक भाषा का प्रयोग मात्र है। सत्य और सज्जनता, यह तो चंद्र, सूर्यवत् स्पष्ट हैं, उनके विरुद्ध, मानवता के विरुद्ध, कोई भी तात्त्विकता भयानक है, असंगत है, मिथ्या है, माया है···राजा, चेतो!''

मणिप्रभा के स्वर में रिरियाहट, चिंता और भय था। राजा ने अट्टहास किया—

"मणि, सुनो···मेरे पूर्व हैहय क्या थे? और राजाओं जैसे, कइयों में से एक। मेरे पिता के मन में राजा होने की स्वचेतना थी पर ये ऋषि-मुनि उनके दर्प को नहीं सह सके···राजकाज में आधिपत्य स्थापित करने में क्रूरता तो करनी ही पड़ती है अन्यथा भय कैसे उत्पन्न हो और राज्यसत्ता का आधार धर्म नहीं, भय है···देखो···प्रिय मणिप्रभा, यह जो धर्म है, उसका आधार भी प्राणीहित है और हित का अर्थ है, प्राणियों के स्वार्थ की रक्षा, हित का संवर्धन···उनके लिए शांति और सुरक्षा आवश्यक है···। मणि, लोगों की दुष्टता, राज्य को जन्म देती है···यदि सभी सज्जन हों, स्वार्थहीन, पुण्यशील, पाप-अपराध से दूर तो राज्य की क्या आवश्यकता है? प्रजा, अपने स्वभावगत अधर्म, आपस में काटकपट, परसंपत्तिहरण, अहंकार स्थापन, परमानमर्दन, चौर्य कर्म, दस्युता, मिथ्याभाषण, परस्त्रीगमन···ये सब जो अधर्म है, उनके नियंत्रण के लिए राज्य बनता है। राजा अराजकता दूर करता है और बदले में कर, शुल्क प्राप्त करता है···राजा रात-दिन जागता है, प्रबंध करता है, प्रजा की चिंता करता है। व्यापार निर्विघ्न हो, कृषि, व्यवसाय, शिल्प और सेवा निर्बाध चले, राज्य का यह कर्तव्य है···सिंह और अजा एक घाट पानी पीएँ। दुष्ट लोगों का क्रूर दमन हो, सज्जनों-विद्वानों-बालकों-वृद्धों और महिलाओं को राजा त्राण देता है···अब इस कठिन भयद कार्य में राजा को कुछ स्वेच्छाचार का अधिकार न हो तो वह आनंद, उमंग और मनोरंजन के बिना राजयक्ष्मा का लक्ष्य बन जाएगा। सोचते, लड़ते, समस्या निवारण करते वह निर्जलता में वृक्षवत् सूख जाएगा···राजा स्वस्थ रहे, मस्त, व्यस्त और बलवान्, तब वह प्रजा में त्राता का विश्वास उपजाता है और यह गर्व कि उनका राजा अलबेला, प्रचंड और दुर्दमनीय है। वह प्रतापी, सर्वोच्च और सर्वशाषी है···यह जो छाप है, वह मैंने अपनी प्रचंडता से डाली है, और आज सर्वोच्च शक्ति के रूप में हैहय उभरे हैं। इसे जो चुनौती देगा, मारा जाएगा, चाहे वह ऋषि हो या अनार्य···यह है सर्वदमनकारी, आधिपत्य स्थापक राज्यदर्प कि हम श्रेष्ठ हैं, शक्ति और सर्वप्रभुतासंपन्न, सर्वाधिक सबल···सब हमें नमन करें, सब हमसे दबें, यह देखना हमारा धर्म है···ये जो आश्रमों के देवदर्शक, याज्ञिक, हमारे अन्न पर पलने वाले दयनीय ब्राह्मण या विद्वान् हैं, बटुक हैं···ये हमारे दर्पदलनकर्त्ता हैं···ये राज्यधर्म को अधर्म सिद्ध कर रहे हैं और अमूर्त्त सत्य, न्याय, करुणा, दया और श्रेयस की कल्पना करके अपने अहंकार को स्फीति दे रहे हैं···वे प्रजा की आत्मा और आदर्शों के पालक बनते हैं, जनात्माओं के गड़रिए। ये भिक्षुक आश्रमों में, युद्ध में, प्राणों का दाँव लगाने वाले क्षत्रियों को नीची दृष्टि से देखते हैं और दावा करते हैं कि वे मंत्रद्रष्टा हैं, वेदरचयिता, देवताओं के माध्यम या जमूड़े, ऋत् और सत्य के अनुबंधक···वे अपने तथाकथित आत्मिक-आध्यात्मिक आधिपत्य के हेतु क्षत्रियों के

शत्रु हैं, उन्हें नीच मानते है। वे आशा करते हैं कि हम उन्हें महिदेव मानें, उनके पैर धोएँ, उनके कहने पर चलें, नमन करें, नत शिर रहें, उनके बड़े पेट हम भरते रहें और उन्हें मिथ्या धरणाओं में मुक्त विचरने दें। क्या यही धर्म की स्थापना है या धर्म के नाम पर इन ढोंगियों के ढोल की पोल खोलना धर्म है?''

मणिप्रभा राजा का दर्प-सिद्धांत सुनकर हँसते-हँसते लोट-पोट हो गई···उसने चुनौती दी, कहा—''राजा! आपके पूर्वजों ने ऋषि अथर्वण को कुल पुरोहित बनाया और उनके श्राप से बारह वर्ष का दुष्काल भोगा···और आपने प्रायश्चित्त कर पुनः भार्गव जमदग्नि को बुलाया, और उनके तप और वरदान से आपका हैहयवंश इतना शक्तिशाली हो गया···अब आप वैभव की चरम सीमा पर पहुँचकर अपने अभ्युदय के मूल कारण को, मूल शक्तिस्रोत को आडंबर कह रहे हैं और आधिदैविक, आध्यात्मिक तप, साधना और यज्ञशक्ति को मिटाना चाहते हैं···और उधर देखें, आश्रमों में अलौकिक शक्तियों का संग्रह हो रहा है, जीवन की सार्थकता के रहस्य खुल रहे हैं, मानव मूल्यों की सृष्टि हो रही है···अधिकतर क्षत्रिय ऋषियों-मुनियों-ब्राह्मणों के अनुग्रह के आकांक्षी हैं और आप उनका मानमर्दन करना चाहते हैं, शान्तम् पापम् शान्तम् पापम्··· चक्रवर्ती, इस संसार में, इस प्रकृति में ऐसा बहुत कुछ है जो मनुष्य की मेधा और उसकी बुद्धि के परे है जो वस्तुतः है···प्रकृति निश्चित नियमों पर चल रही है, धर्म अपनी शक्ति से सर्व मानवों को पथभ्रष्टता, स्वेच्छाचार से रोककर उसे सत्य-पथ पर चलाता है, अनुशासन और जीव करुणा सिखाता है···आश्चर्य है, आप मद के वात्याचक्र में यह सीधा सत्य नहीं देख पा रहे हैं···जगत् में प्रत्यक्ष से अधिक परोक्ष सत्ताओं का राज्य है···इस अज्ञेय, परोक्ष सत्ता से आप डरिए, भगिनीपति···आपको प्रकृति ने शक्ति दी है, साहस, पर वह तो समाज की सेवा के लिए है···आप बिना नियम माने नियामक होना चाहते हैं···यह कैसा अंधेर है, मेरे भोले भगिनीपति, आप उस विद्याधर राक्षस के सिद्धांत को दुहरा रहे हैं, आपका कल्याण हो, मैं जाती हूँ।''

और मणिप्रभा राजा को प्रणाम कर रोकने पर भी चली गई। उसकी आँखों में आँसू थे और वह दुःखी थी। राजा उसे रोता हुआ देखकर क्रोध भूल गया और किंकर्त्तव्यविमूढ़ता में सिर के बाल नोचने लगा···मणिप्रभा को भय से आतंकित करना तो असंभव था। वह तो अपने जीजा पर गर्व करती थी···आज उसका मानमर्दन हुआ था···राजा उद्वेग से बचाव के लिए पुनः मदिरा चढ़ाने लगा। वह बड़बड़ाया—

कोई मुझे समझता नहीं, मैं नई व्यवस्था रचना चाहता हूँ, पर कोई मेरे साथ सहमत नहीं···मैं शक्ति से अपना मत चलाऊँगा···ये सब मेरे बल पर अकड़ रहे हैं, मैं इन्हें ठीक कर दूँगा···किंतु यह मणिप्रभा कितनी मनोहर है···उसका मत कुछ भी हो पर वह और महारानी ही हमारे हितैषी हैं···अब वे भी मुझसे असंतुष्ट हो गईं···एक वही स्थान था, रानी का कक्ष जहाँ मेरा अहम् तुष्टि पाता था, लगता था,

मेरा भी कोई है परंतु मेरे मद और मत से वह कोना भी टूट गया…मणिप्रभा सब रानी को बताएगी…विचक्षु को बुलाना चाहिए…।

विचक्षु आया, सिर झुकाकर बैठ गया। पूर्वाह्न का समय था, शीत ऋतु थी, बसंत का आगमन होने वाला था पर अभी विलंब था…माघ का महीना था । मदिरा में विह्वल हैहयराज ने आशा से विचक्षु को देखा—

"विचक्षु, तुम मेरी आज्ञा मानते हो या तुम भी अपने अभिमत को राजाज्ञा से अधिक महत्त्व देते हो?"

"राजा, यह आप क्या कह रहे हैं? आप आज्ञा देकर तो देखिए…मैं तो राजा का अनुचर हूँ!"

"तो मुझे अभी मेरे बंधुवर्ग के षड्यंत्र बताओ, नामों सहित…अभी।"

विचक्षु को जैसे साँप ने डस लिया। वह देर तक दंशित और दुःखी होकर सोचता रहा। फिर भावी को अनिवार्य समझकर वह जैसे अपने से ही बोला हो—

"महाराज! आप यह पूछिए कि कौन भाई-भतीजे, पितृव्य और अन्य बंधु अनुकूल हैं?"

"क्या सभी प्रतिकूल हो गए?"

"लगभग सभी!"

"वे कितने हैं, इस समय माहिष्मती में?"

"वे सहस्रों की संख्या में हैं…अन्यत्र हैहयवंशी तो लक्ष-लक्ष संख्या में हैं पर माहिष्मती में, सेना में, कृषि, व्यवसाय में लक्षाधिक हैं।"

"विचक्षु, उनमें जो सबसे अधिक महत्त्वाकांक्षी हैं…जो महाराजा बनने के षड्यंत्र बुन रहे हैं, उनके प्रमुखों के नाम बताओ…अनुगामियों का क्या है, वे तो पक्ष बदल लेंगे पर जो मेरा प्रताप नहीं सहते जो वैरभाव में दृढ़ हैं, उनका उल्लेख करो।"

"हैहयवंशजों में सामान्य असंतोष है किंतु उसे बढ़ावा देकर आपके विरुद्ध विद्रोह रचाने अथवा किसी युद्ध में आपकी पराजय निश्चित हो जाने पर पक्ष बदलने वालों में पाँच हैहय प्रमुख हैं, आपके पितृव्य नृसिंह हैहय, सिंधुराज हैहय, पुरंदर हैहय, सागर हैहय और महेंद्र हैहय…चाचा नृसिंह हैहय के पुत्र सिंधुराज को आपके स्थान पर राजा बनाया जाना है और पुरंदर, सागर और महेंद्र हैहय, ये सब आपके भाई हैं, चाचाओं के पुत्र, भतीजे तो बहुत हैं…पितृव्य नृसिंहराज हैहय ऊपर से आपका भय मानते हैं, युद्ध में भाग लेते हैं परंतु हृदय से आपका पराभव चाहते हैं…नृसिंहराज हैहय ऋषि जमदग्नि के भक्त हैं। जामदग्न्यों को वे श्राद्ध में बुलाते हैं, उनकी पूजा करते हैं, दान-दक्षिणा देते हैं…चक्रधर आचार्य के माध्यम से ये आपके बंधु-बांधव जमदग्नि से मिले-जुले हैं और यहाँ के भेद जामदग्न्यों को भिजवाते हैं…वे मुझे भी मार डालना चाहते हैं क्योंकि मैं उन्हें कोई भेद नहीं देता…वे एक बार एक उत्सव में मुझे सेवक द्वारा विषपान कराने का षड्यंत्र भी कर चुके

हैं···महाराज, ये जो भीतर के शत्रु हैं, इनसे सावधानी आवश्यक है···बाहर के ऋषि-मुनि हमारा क्या बिगाड़ लेंगे···मंत्रबल से सेनाओं से नहीं भिड़ा जा सकता···किंतु ये घर के भेदी तो भयंकर हैं।''

''तब क्या करना चाहिए?''

''सबको युद्ध में ऐसे शत्रुओं के विरुद्ध भेजा जाए जहाँ वे जूझ मरें या आहत होकर व्यर्थ हो जाएँ···आपको विदर्भ से वार्षिक शुल्क वसूलना है, आटविक असुरों को वश में लाना है, और वह शंबर असुर जामदग्न्य परशुराम को बुलाकर उनके साथ संधि कर बैठा है···आपके विरुद्ध परशुराम सभी आर्यों-अनार्यों को एक कर माहिष्मती पर आक्रमण का षड्यंत्र कर रहा है···उसने प्रवाद फैलाया है कि वह पशुपति महादेव का अवतार है और उसमें विष्णु का अंश है। सुनते हैं, उसे रुद्र ने प्रकट होकर रुद्र अस्त्र दिया है जिसे वह छाती पर बाँधे रहता है···वह निग्रह और अनुग्रह शक्ति से संपन्न है, ऐसा कहा जा रहा है···उसके गुरु चायमान, दश राजाओं के युद्ध के शूरवीर और रणदक्ष ऋषि हैं···वह राम को युद्ध की शिक्षा दे रहे हैं···राम के चारों भाई भी विकट वीर हैं···यदि शंबर ने राम का साथ दिया तो अन्य जंगली चौधरी और रजुल्ले भी परशुराम का साथ देंगे···अतएव, हे अन्नदाता, आप अपने प्रमुख भीतरी शत्रु पितृव्य नृसिंह हैहयराज को शंबर पर आक्रमण के लिए भेज दीजिए!''

''परंतु यह विश्वास कैसे हो कि हमारे चाचा नृसिंह हैहय उस असुर शंबर से मिल नहीं जाएँगे या वास्तविक युद्ध के स्थान पर परिहास युद्ध नहीं करने लगेंगे···पितृव्य नृसिंह को सैन्यबल देकर क्या आत्महत्या नहीं करेंगे हम?''

''नहीं महाराज, आप उनको वश में रखने के लिए राजकुमार जयध्वज को भेज दें और उनके रक्षक सुचंद्र को।''

''साधु विचक्षु! यह उत्तम मत है···जयध्वज तो रोहिताश्व की भाँति पिता का विश्वासी है···भक्त है···जैसे सत्य हरिश्चंद्र के प्रति रोहित निष्ठावान है, वैसे ही जयध्वज है···निर्णय हो गया···इस आक्रमण से, जिन अनार्यों को राम पटा रहा है, वे भयभीत हो जाएँगे और हमें चाचा नृसिंह से मुक्ति मिल जाएगी··· किंतु यदि नृसिंह युद्ध में न मरे तो क्या होगा···चाचा की अपनी सेना भी तो है, वह हैहयराज के सबसे बड़ी वृत्ति (जागीर) के भोक्ता हैं···कहीं गड़बड़ न हो जाए विचक्षु?''

''आप चिंता न करें···राज्य गूढ़ पुरुष साथ जाएँगे···नृसिंह हैहय के व्यक्तिगत सेवकों, सेविकाओं में अपने अनुचर हैं···वे मदिरा में विष मिलाकर चाचा से आपका पीछा छुड़ा देंगे।''

राजा ने प्रसन्न होकर कंठ से मूल्यवान् हार निकाला और विचक्षु को पहना दिया। तुरंत आदेश तैयार कराया, क्षौम (रेशम) वस्त्र पर आदेश लिखा गया। एक सुंदर मंजूषा में उसे बंद किया गया और मंत्री मनुदेव को बुलाया गया। उसे

सब समझाकर राजा दोपहर के भोजन के लिए अन्त:पुर चला गया··· मणिप्रभा का रोता हुआ चेहरा उसको वेध रहा था। राजा उसे मनाने गया।

मंत्री मनुदेव स्वयं आदेश लेकर राजा के चाचा के यहाँ गया, इससे नृसिंह हैहय को कोई संदेह नहीं हुआ। फिर राजा का उत्तराधिकारी युवराज साथ जाने को था। नृसिंह हैहय ने सोचा, अवसर बढ़िया है। वह राजा के पिता के समान है और युवराज का पितामह है, अतः राजकुमार को वह राजा के कुकर्म और दुर्व्यवहार के तथ्य बताकर जयध्वज का मन फेर सकता है···जयध्वज पिता अर्जुन के प्रति तटस्थ भी हो जाए तो शासन-प्रबंध शिथिल हो जाएगा···राजा के औजड्य और नृशंसता से प्रजा में, हैहयों में जो असंतोष बढ़ता है, जयध्वज, अपने आदर्श व्यवहार से शांत कर देता है···वह अपने पिता राजा का अंधभक्त है और राज्यव्यवस्था वही चला रहा है। जयध्वज लोकप्रिय, न्यायी, सुशील, समदर्शी और सच्चरित्र है···उसमें कोई छिद्र नहीं है···जब तक वह है, तब तक प्रजा में, हैहयों में विद्रोह नहीं होगा···राजा अर्जुन उसे इतना मानता है कि युवराज जो कहता है, कर देता है···वह जानता है कि प्रजा जयध्वज को चाहती है सो वह युवराज को प्रशासन के सारे अधिकार दे चुका है···जब राजा किसी पर अत्याचार करने पर उतारू होता है तो युवराज हस्तक्षेप कर क्षमा करा देता है···गूढ़ प्रसंगों, व्यक्तिगत विलासिताओं और राजा की सनकों में युवराज हस्तक्षेप नहीं करता···कूटनीति के दुरूह और गुप्त विषयों से भी जयध्वज दूर रहता है किंतु जब वह प्रजा के पक्ष में कभी हस्तक्षेप करता है तो राजा चुप रह जाता है···अर्जुन कितना चालाक और धूर्त है···वह तो अवांछनीय स्थितियों में यह भी कह देता है कि यह विषय, सामान्य प्रशासन, विधि और व्यवस्था का है, राजकुमार से कहा जाए, राजा तो बस नीति-निर्धारण करता है और युद्ध में निर्णायक कार्य करता है, दिन-प्रतिदिन के निर्णय तो युवराज ही करता है।

नृसिंह ने सहर्ष राजाज्ञा मान ली और राजकुमार को बुलवाकर उसकी राय से अग्रगामी अजेय सेना के गुल्म चुन लिये···गर्मियों में कृषक सैनिक भी खेती से मुक्त हो जाते हैं, अतः ग्रीष्म ऋतु में शंबर पर आक्रमण का गुप्त निर्णय लिया गया···उसके लिए सेना को युद्धाभ्यास, शस्त्रनिर्माण और सामग्री का संग्रह आरंभ करा दिया गया।

उस अवधि में, अंगिरा आश्रम में ऋषि आंगिरस अनल के प्रभाव का प्रयोग कर तथा शंबरासुर की संस्तुति और समर्थन से अन्य अनार्यों के प्रमुख राजाओं को अंगिरा आश्रम में बुलवाकर आर्य-अनार्य एकता को दृढ़ कर दिया गया। यह संधि इस आधार पर हुई कि मित्र के शत्रु को शत्रु समझा जाएगा और आततायी का मिलकर सामना किया जाएगा, आर्यगण अनार्यों की जीवन-पद्धति में हस्तक्षेप नहीं करेंगे।

आंगिरस अनलाचार्य ने एक अन्य परामर्श दिया, कहा—

''राम! तुम जानते हो न कि तुम्हारे पूर्वज ऋषि और कवि उशना ने यह नीति

सर्वप्रथम चलाई थी। उशना तुम्हारे पूर्वज थे और वह महान् थे, बहुविद्याविद् और युद्धविद्या तथा नवअस्त्र-शस्त्रों के आविष्कारक, मंत्रद्रष्टा, कविश्रेष्ठ उशना···उन्होंने देखा और भोगा था कि आर्यगणों में भी कलह, ईर्ष्या, कपट, स्पर्धा कम नहीं है और अनार्यों में भी श्रेष्ठजन, अभिजन तथा शासक हैं···अनार्य तो अपने को श्रेष्ठ मानते थे, आर्यों को सिखाने वाले अतएव कवि उशना, जो समदर्शी ऋषि थे, समझ गए कि एक ही दिक् काल में रहने वाले सभी मनुष्यों में सह-अस्तित्व होना चाहिए और एक-दूसरे से सीखने योग्य जो हो, उसे सीखना चाहिए···अनार्यों के इष्टदेव रुद्र या महादेव को आर्यों ने अपना लिया था, अथर्ववेद में तो भार्गवों ने अनार्यों-दासों-दस्युओं-दैत्यादि से उनकी देवियाँ भी अपनाई थीं···यह भी विश्वासों का आदान-प्रदान था, इससे एकता सर्वाधिक दृढ़ होती है···श्रद्धेयों के प्रति श्रद्धा और विश्वास प्रकट करते ही शत्रुओं का द्वेष कम होने लगता है···यह जो अंतर्भुक्ति का दर्शन था, सिद्धान्त, इसे कवि उशना भार्गव ने प्रयुक्त किया और वह दैत्य वृषपर्वा के पुरोहित बन गए और जब उस काल के राजा ययाति को कवि उशना की पुत्री देवयानी ने वरा तो उशना ने अनुमति दे दी···जिससे आर्य सम्राट् ययाति और दैत्यों का वैर-भाव मिट जाए···वह उशना इतने दिव्यदर्शी थे कि उन्होंने, देवयानी के विरोध के बावजूद वृषपर्वा दैत्य की पुत्री का विवाह भी ययाति से करा दिया और सौतिया डाह न हो, इसके लिए स्वयं नियम निर्धारित कर दिए। शर्मिष्ठा के पुत्र ही यदु हुए जिनसे यादवगण चला, बढ़ा इतना कि यादव अर्जुन हैहय शक्तिमद से उन्मत्त हो गया··· ।

''कवि उशना इस नीति के सर्जक थे, वह चमत्कारी तो थे ही···उनमें प्रतिभा की चमक थी, सो उन्हें शुक्राचार्य कहा जाने लगा और उन्हें सबसे चमकीले नक्षत्र का नाम दे दिया गया, शुक्र-नक्षत्र अर्थात् भार्गव उशना कवि, शुक्र-नक्षत्र होकर प्रलय तक आकाश में चमकते हुए सभी मानवों को एक और अभिन्न होने की प्रेरणा देते रहेंगे···जो शुक्राचार्य की नीति पर चलेगा उसका यश चमकेगा, उस पर पुराण बनेंगे और जनविराट् उसका सत्पथ-प्रदर्शन के लिए सदा कृतज्ञ रहेगा··· ।

''अतएव हे रुद्रावतारी, वैष्णव तेजसंपन्न परशुराम भार्गव, तुम अविलंब शुक्राचार्य अर्थात् शुक्राचार्य के पीठ पर जो वर्तमान शुकाचार्य विराजमान हैं, उन्हें यहाँ बुलाओ···उनके प्रति सभी दैत्य-दानवों-अनार्यों में अंधश्रद्धा है, वह तुम्हारे द्वारा रची गई इस आर्य-अनार्य संधि पर अंतिम मुद्रा अंकित कर देंगे। फिर कोई संधि तोड़ने का साहस ही नहीं कर सकता और यह तो तुम जानते ही हो कि जनजातियों में चाहे पिछड़ापन हो पर वे वचन के पक्के होते हैं।''

राम के अंतर्नेत्र खुल गए। वह आंगिरस अनलाचार्य की दूरदर्शिता और मानवता के नए संदेश की, व्यापक महादृष्टि को मान गया···राम ने सादर प्रणाम कर कहा—

''ब्रह्मर्षि! मैं स्वयं जाऊँ या किसी को भेजूँ?''

''नहीं, तुम यहीं रहो, पता नहीं कब क्या हो जाए···तुम जो यह महान् कार्य कर रहे हो, उसे हैहयों का राजा कभी सहन न करेगा···वह शंबरों पर आक्रमण कर सकता है क्योंकि वही जनजातियों में सबसे प्रबल और प्रभावशाली है और यह माहिष्मती से छिपा न रहेगा कि तुम कर क्या रहे हो और तुम जानते हो कि वह क्या कर रहा है···कुछ भी हो सकता है···शुक्राचार्य तुम्हारी सहायता करेंगे ही और उनकी इतनी उज्ज्वल परंपरा है, सभी अनार्यों में उनका इतना प्रभाव है कि वे सब तुम्हारे पक्ष में आ जाएँगे, सप्तसिंधु से कश्यप सागर तक के अनार्य यूथपों को शुक्राचार्य तुम्हारे पीछे खड़ा कर देंगे! अतएव वह हैहय तो सहस्रबाहु ही है, तुम विश्वबाहु होगे और इस महान् देवासुर संग्राम में सहयोग के लिए मैं स्वयं उशना आश्रम के वर्तमान शुक्राचार्य को यहाँ ले आऊँगा···तब तक तुम यह आश्रम चलाओ···तुम्हारे आने से जो शस्त्रविद्या है, वह नए कीर्तिमान बनाएगी और अंगिरा की कृपा से तुम मंत्र का दर्शन भी करोगे, मैं तुम्हें आशीर्वाद देता हूँ कि तुम्हें देवदर्शन हों, तुम मंत्र के साक्षात्कारी ऋषि बनो···युद्धयोग और मंत्रयोग अभिन्न हो जाएँ और यह असंभव-सा कार्य तुम्हीं करोगे··· ।''

अंगिरा ऋषि के इस अद्भुत कथन और उसमें छिपी महादृष्टि तथा उनके अद्वितीय अनुग्रह के लिए श्रोताओं के मुख कमल से खिल गए और वे हर्षातिरेक में ऋषि अनल के चरणों पर गिर गए···किंतु उस जयजयकार पर अनलाचार्य प्रसन्न नहीं हुए—

''वत्सो! यहाँ भी अर्जुन के दूत होंगे···कोई भेदिया होगा···उसे समाचार मिल गया तो अनर्थ हो जाएगा···यह युगांतरकारी धर्म-कार्य है, सो आप शुक्रनीति पर चलें और वह भी चुपचाप।''

महान् ऋषि आंगिरस के उठ जाने के बाद राम ने एक-एक श्रोता को बुलाया, सेवकों को भी जाँचा, शिष्यों को भी, आचार्य-शिक्षकों तक की परीक्षा ली किंतु वहाँ कोई भेदिया मिला नहीं तथापि राम को खुटका लगा रहा । सबके जाने के बाद राम ने लोमा, वृक और मौरवी को बुलाया, राजकुमार जलौघ की भी गुप्त मंत्रणा हुई—राम ने गंभीरता से कहा—

''राजकुमार जलौघ, तुम प्रात: अविलंब शंबरपुर के लिए प्रस्थान करो और शंबरपुर तथा अपने प्रदेश की रक्षा के लिए तैयारियाँ हों···हैहयराज तुम पर आक्रमण कर सकता है···मैं अभी यहीं हूँ···तुरंत तुम्हारे पक्ष में लड़ूँगा···जब शुक्राचार्य आएँ तब तुम अपने पिताश्री को यहाँ भेज देना और प्रतिरक्षा के लिए सावधान रहना, सन्नद्ध हो जाओ, तुम्हारी जय हो!''

''और मौरवी तुम, अब क्या करोगी, तुम शंबरपुर जाओगी नहीं, प्रतिरक्षा के लिए?''

''मैं तो जहाँ राम हैं वहीं रहूँगी···जब राम हैं तो वह शंबरपुर जाएँगे, मैं साथ दूँगी···मैं तब तक यहाँ की अद्भुत विद्याएँ सीख रही हूँ···मेरा भाई जलौघ समर्थ

है···वह जोंक की तरह शत्रुओं से चिपककर उनका रक्त पी जाएगा और मैं धनुर्वेद पढ़ रही हूँ सो तीखे वाणों से रिपुओं को वेध दूँगी। हाँ, मैं मौरवी हूँ, शंबरसुता, मैं शंबरशक्ति हूँ, देवी मौरवी, भैरवी की जय हो।''

सबको मौरवी ने हँसा दिया। राम की सदा चढ़ी भृकुटि उतर गई और सूर्य के समान चमकते मुख पर चंद्रिका-सी फैल गई···लोमा भी विहँसी···अब लोमा मौरवी से स्नेह करने लगी थी यों अंततः वह अनार्य थी, कभी-कभी शालीन बन गई मौरवी उत्पात कर डालती थी···उसका ऊधम भी अब प्यारा लगने लगा था, उसका जंगली विनोद भी। वृक ने उसे विद्या और धनुर्वेद के पाठ पढ़ाए थे, सो मौरवी वृक के प्रति झुकने लगी थी···वृक समझ गया था कि मौरवी की जिज्ञासा अनंत है और जो उसे पढ़ाएगा, वह उसको मान्यता देगी ही··· ।

''और वृकाचार्य! तुम और लोमा, यह भेद लो कि आज के निर्णय को माहिष्मती पहुँचाने वाला तो कोई यहाँ नहीं था? जहाँ वृक है, वहाँ मौरवी··· मौरवी, देखें, तू गुप्तचर का पता लगाती है या लोमा या वृक···हमें आकर बताना!''

''मैं पता लगा चुकी हूँ···मुझे क्या पुरस्कार मिलेगा यदि मैं भेद बता दूँ?''

''अरी, तुझे वृक मिलेगा और क्या चाहती है?''

''वृक तो भेड़िए का नाम है, ऋषि राम, मुझे आर्य आचार्य पढ़ाएँ, यह व्यवस्था हो।''

''तथास्तु, और बोल।''

''और···और? मुझे अंधकार में शब्दवेध आप स्वयं सिखाएँगे।''

''तथास्तु, और कुछ?''

''जब और कोई इससे बड़ा कार्य कर दिखाऊँगी, तब प्रसाद मिलेगा न!''

''नहीं, यह बहुत बड़ा कार्य है, बड़ों में बड़ा, और माँग?''

''मैं चाहती हूँ, आप ऐसी ओषधि प्रदान करें कि मेरा वर्ण कुछ गोरा हो जाए।''

छतफोड़ अट्टहास हुआ। मौरवी विनोद की सृष्टि से इठलाने लगी।

''तथास्तु—मौरवी, तुझे गौरवर्ण मिलेगा।''

राम के संकेत से सब उठ गए, केवल मौरवी रह गई। मौरवी ने गर्व से देखा कि वह राम-काज के लिए कितनी महत्त्वपूर्ण हो गई है। उसने जाती हुई लोमा को बिराया, वह हँसती हुई चली गई।

''हाँ तो मौरवी, अब बता, तुझे कैसे पता चला कि हमारे मध्य कोई भेदिया है?''

''मैं जंगली बिल्ली हूँ न···वस्तुतः वह बिलौटा मुझे वश में करने लगा···वह मुझे माहिष्मती के लिए आश्रम के छिद्र बताने को कह रहा था, उसके बदले वह स्वर्ण के आभूषण दे रहा था, एक-दो ये रहे?''

''अच्छा? क्या वह इस गोष्ठी में आज था?''

"अवश्य था, वह प्रत्येक गोष्ठी में रहता है।"

उसे बुलाने के लिए राम ने वृक को भेजा। वह पाँच-सात स्वस्थ युवकों को लेकर गया और उस युवा शिष्य को पकड़कर ले आया, कुछ कहा नहीं, बस बुला लाया।

राम का इतना आतंक था कि वह छात्र बना भेदिया परशुराम की भृकुटि में बल पड़ते ही खुल गया। राम के इस आश्वासन पर कि उसे क्षमा कर दिया जाएगा यदि वह माहिष्मती के भेद बता दे। उस भेदिए ने राम को बहुत कुछ बताया, यह तक कह दिया कि राजा अर्जुन के चाचा नृसिंहराज हैहय अपने पुत्र सिंधु को माहिष्मती के सिंहासन पर बिठाना चाहता है और राजा उससे पिंड छुड़ाने के लिए शंबरपुर पर आक्रमण के लिए उसको भेज रहा है, जहाँ वह जंगलियों के विषैले तीरों से मर जाएगा और यदि वह बच गया तो भी कोई गूढ़-पुरुष मार डालेगा। नृसिंह राम का भक्त है, ऋषि जमदग्नि का। और नृसिंह ग्रीष्म में शंबरपुर पर आक्रमण करेगा। राजा अर्जुन आर्य-अनार्य संधि को अपने लिए अनिष्टकारी मानता है अतएव आप जिस अनार्य राजा को अनुकूल करेंगे, उसे हैहय नष्ट कर देंगे, जिससे आपके आतंक से उसका आतंक बड़ा हो जाए और ये अनार्य वन्य जातियाँ व्यवस्थित सैन्यबल का सामना नहीं कर सकतीं।"

"तो यह है" राम ने श्वास छोड़ी।

"जी गुरुजी, यही है···।"

"तुम इस आश्रम में पवित्र नहीं हुए, आततायी का साथ दे रहे हो···यही गुरुदक्षिणा है?"

वह भेदिया राम के चरणों पर गिर पड़ा—"महागुरो! मैं थोड़ा प्रायश्चित्त भी करता रहा हूँ···मैं उधर के भेद इधर भी देता रहा हूँ···आपको उभयनिष्ठ भेदिए चाहिए!"

राम चकित थे। बोले—

"तुम यहाँ किसे भेद बताते थे?"

"मौरवी को!"

परशुराम मनुष्य के मन की जटिलता देखकर दंग रह गए। स्पष्ट है कि यह युवा शिष्य मौरवी को रक्षिता बनाना चाहता होगा, विवाह तो यह असवर्ण मौरवी से कर नहीं सकता···।

"अब तुम्हें क्या दंड दिया जाए?"

"भेदबुद्धि के लिए तो कारागार या प्राणदंड का विधान है, वही मुझे मिले किंतु भगवन्, मैं आपको हैहयराज के भेद देता रहूँगा।"

"तथापि, अब तुम्हारा यहाँ, इस आश्रम में रहना तुम्हारे लिए भयंकर है। पता लगते ही आश्रमवासी युवा टूट पड़ेंगे···तुम भाग जाओ और पुनः कभी यहाँ मत आना···तुम शिष्य रहे हो, अतः अवध्य हो···तुम्हारा वास्तविक नाम क्या है?"

''देवापि हैहय!''

''क्या नाम है और क्या किया तुमने!''

देवापि प्रणाम कर चला गया। परशुराम मनुष्य की रहस्यमयी प्रकृति के विषय में उलझ गए···यह मनुष्य क्या है?···प्रकृति ने मानव की रचना में ये वक्रताएँ और विचित्रताएँ क्यों डाली हैं···राम ने ताली बजाई, वृक आया। राम ने देवापि का पीछा करने को कहा। वह जाने लगा। मौरवी को राम ने देवापि से संवाद करने भेजा और वृक को कहा कि वह हस्तक्षेप न करे, दूर रहे, उन्हें पता न चले।

मौरवी चकित थी। भला उसे भेदिया देवापि से क्यों बातें करने भेजा गया? मौरवी इठलाती, मस्त मुद्रा में देवापि के पास से गुज़री जैसे उसे कोई मतलब न हो, पर देवापि ने उसे जा पकड़ा। देवापि कहने लगा—

''मौरवी! तू मेरे साथ चलेगी? मैं देवापि हैहय हूँ, राजा अर्जुन कार्त्तवीर्य का भेदिया···मैं तुझे उपपत्नी बना सकता हूँ बोला, चलती है?''

''उपपत्नी अर्थात् तू मुझे पत्नी नहीं, रखैल बनाएगा, यही न!''

''तू किसी बात को बिगाड़ कर क्यों कहती है? तू मेरी प्रेयसी होगी, क्या यह तेरे लिए गौरव की बात नहीं है?''

''क्यों नहीं,···किंतु अब तो ऋषि राम ने आर्य-अनार्य में समानता स्थापित कर दी है। तब तू मेरा उपपति क्यों नहीं बन जाता···मैं तुझे विवाह योग्य तो मानती नहीं, क्योंकि तू झूठा है। गुप्त भेद लेने-देने वाला···पर तू गोरा है, पढ़ा-लिखा भी···सो मैं तुझे रक्षित पुरुष बना सकती हूँ···विवाह तो गौरवर्ण प्राप्त कर किसी ऋषि से ही करूँगी···।''

देवापि हँसा, बोला—

''तू समझती नहीं, मैं तुझे छिपाकर माहिष्मती में रखूँगा, वहाँ रहकर तू गुरुवर राम के लिए गूढ़ नारी का कार्य कर सकती है और मैं तो द्विपक्षीय गूढ़ पुरुष हूँ ही। उधर की इधर और इधर की उधर···तू भी द्विपक्षीय गूढ़ बाला बन जा, बन सकेगी?''

''कदापि नहीं, मैं तो ऋषि राम की किंकरी हूँ, उनकी चरणरज···मैं एक शर्त पर तेरे साथ चल सकती हूँ कि तू मुझे बहिन मानेगा, तब तक, जब तक इस संघर्ष में भार्गव ऋषि की विजय न हो जाए···तब तक मैं तेरा व्यवहार परखूँगी···विजयोपरांत मैं निर्णय करूँगी कि हमारे संबंध किस प्रकार के होंगे?''

देवापि ने सोचा, यह बहुत चालाक है पर अंततः फँस ही गई मेरे फंदे में···किसी तरह यह आश्रम से निकल चले तो मैं इस चंचला साँवली छवि वाली भैरवी पर भैरव की तरह आरूढ़ हो जाऊँगा···देवापि बोला—

''तथास्तु! ऐसा ही हो किंतु तू जंगली है मौरवी, तेरी बात का क्या भरोसा?''

''आर्यों से अनार्य अधिक सत्यवक्ता होते हैं···मैं अपने महादेव पशुपति की शपथ खाती हूँ कि तुझे रामविजय तक भ्राता मानूँगी और तब तक यदि तूने मुझ

पर कुदृष्टि डाली तो याद रख, मैं तेरे गुप्ताङ्ग काटकर तुझे बंड बना दूँगी, बोल शपथ ले।''

देवापि ने अट्टहास किया—

''मौरवी! भला भेदियों के वचनों का क्या भरोसा तथापि मैं जो कह चुका, करूँगा, अब चल और माहिष्मती के आनंद भोग—यहाँ इस आश्रम में क्या रखा है?''

''अच्छा चलो···किंतु···वृक भेड़िया है···वह जाने दे, तब है।''

''तू हाँ कह दे तो मैं वृक से निपट लूँगा और उसके साथियों से भी···मेरे पास दिव्यास्त्र हैं···।''

''अच्छा, पहले मुझे दिखा, तू कहीं झूठा सिद्ध हुआ तो मैं आश्रम का विश्वास खो बैठूँगी, ला निकाल!''

देवापि ने अग्निचूर्ण फेंकने वाली एक नलिका—लोहे की नली दिखाई··· उसमें लोहे की गोली थी और अग्निचूर्ण (बारूद) भरा था···जिज्ञासा से मौरवी ने देखने के लिए उस नलिका को ले लिया और पूछा, यह जलती कैसे है? देवापि ने बताया। अचानक वह मौरवी उस हथियार को लेकर झुकाई देकर भागी और जिधर वृक और उसके साथी थे, उधर छलाँगें लगाने लगी···उसने परशुराम-चाल सीख ली थी···देवापि चकित रह गया···वह दौड़ा किंतु मौरवी वनकन्या थी, दूर निकल गई···वृक और उसके साथी ब्रह्मचारियों ने देवापि को पकड़ लिया और उसे पाशबद्ध कर आश्रम के एक वृक्ष से बाँध दिया और गुरु राम को बुलाने चले। मौरवी लौटी और देवापि का उपहास करने लगी—''देवापि, आश्रम द्रोही, अब बता, तू मुझे रखैल बनाएगा या मैं तुझे अपना दास बना लूँ?''

और मौरवी की खिलखिलाहटों से आश्रम गूँजने लगा।

10

परशुराम अंगिरा आश्रम में घटित घटनाओं के सूत्र सुलझाते और इनके भागीदार पात्रों के आकर्षक बिंबों को अपने चित्त में दुहराते हुए थक गए थे··· जो सूक्ष्म रूप से हो रहा था, माहिष्मती के आश्रमों में वह अपने को राम का माध्यम बनाकर उनकी मानस-तरंगों को मुक्त कर देना चाहता था, जिससे राम में भविष्यत् के कुछ पगचाप या आभास आ सकें···राम सचेत मस्तिष्क को विराम देकर बस चले जा रहे थे। बसंत की संध्या का समय था, कुछ अंधकार हो चला था किंतु पूरी तरह नहीं, झुटपुटा-सा था, क्षितिज बनाता हुआ, वन आकाश को जैसे धकिया कर पीछे कर रहा हो, जैसे सृष्टिकर्ता ब्रह्मा, चित्रकारवत् धुमैली रंगपंक क्षितिजों पर पोत रहा हो···वृक्षों की पंक्तियाँ अभी भी स्पष्ट थीं, यों चित्रकर्मी अदृष्ट उन पर काले डोरे

डाल रहा था, हरियाली और श्यामलता गलबहियाँ कर रही थी, और कृष्णवर्णी सखी हरी-भरी बहिन के मुख पर काला रंग मल कर जैसे हँस रही हो, कह रहीहो, ''मदनपर्व की जय हो!'' और जैसे पृथक्-पृथक् और पंक्तिबद्ध पक्षीगण रंगों की होली पर टिप्पणी कर रहे हों। सूर्यदेवता अपने को हरियालियों की ढाल की ओट कर चुके थे, पर चलते-चलते वह तमाम अबीर और गुलाल जगत् की ओर झोंक-फेंककर समुद्र में समा रहे थे···राम, प्रकृति के भीतर शीत से ग्रीष्म की ओर उन्मुखता को अनुभव कर रहे थे और आगे मुकुलित होने वाले कुसुमों, मंजरियों और वनस्पतियों को सानुराग दृष्टि से थपथपा रहे थे, जैसे कह रहे हों, बढ़ो, खिलो, जिओ।

···अंततः, शीत-हैहय को बसंत जैसे कोमल किसलयी, सुंदर और सहृदय व्यक्तित्व ने पछाड़ ही दिया किंतु उसने इस सुकुमार पुष्पधन्वा सेनापति ने, कोंपलों, फूलों, सुगंधों, पल्लवों और हरियलियों की सेना को सन्नद्ध करने में कितनी लंबी तैयारी की थी···कैसे शीतकाल से ग्रस्त सविता की किरणों को ताप की वापसी दी, किस तरह ऋतु राजा ने अपनी चारु-चमू का हुलास, उल्लास बढ़ाकर उन्हें हँसाया···किस प्रकार बसंत ने कोहरों को कुहुनी मारकर भगाया और ठिठुरनों-कंपनों को कहा कि वे अब अपना कृष्णमुख कर जाएँ···घोर ग्रीष्म के पूर्व थोड़ा खेल हो जाए। शीत से जो प्रकृति का रक्त जम गया था, वह हिम की तरह गले···और तमाम सुंदर चित्रों में महामनोहर चित्र बनता है, तब, जब बसंतु ऋतु में हिम पिघलता है, जैसे मृत जड़ हिम के शव का कायाकल्प हो रहा हो, मरा हुआ तुषार त्वरित, पुनः जीवित हो रहा हो और जल कलकल कविता पढ़ता हुआ चल पड़ा हो, कहीं क्रमबद्ध, छंदोबद्ध गति से और फिर उस बँधाव से ऊब कर, मुक्त छंद की चाल से तट तोड़ता हुआ बहने लगा हो···छंद तभी तक बनता है जब द्रवण में त्वरा और वेग कम हो, पिघलाव की गति तीव्र हो जाने पर फिर छंदभंग शुरू हो जाता है और जल का काव्य तटतोड़क-छंदभंजक स्वरूप अपनाता, महाकाव्यवत् बढ़ता, फैलता और तरंगित होता चला जाता है···।

राम को शीत के एक कंपन ने कँपा दिया। उनका चिंतन प्रवाह रुका और वह सचेत हो गए···तभी उन्हें ऐसा लगा कि कोई उन्हें खींच रहा है···वहाँ कोई नहीं था पर जैसे कोई उनका अंचल पकड़कर आकर्षित कर रहा हो···राम ने अपने को कसा, शरीर भारी किया किंतु आकर्षण बढ़ता गया और आश्चर्य यह, इस खींच में एक ठुनक थी जैसे कोई हिरण प्यार में किसी का अंचल खींच रहा हो···यह तो अभूतपूर्व था···यह क्या हो रहा है···राम ने बल लगाया पर खींच में इतनी शक्ति थी कि राम को खिंचना ही पड़ा···राम खिंचे···क्या यह कोई गुरुत्वाकर्षण है···क्या कोई धातुधान (जादूगर) या योगी, कोई सिद्ध, प्राकृतिक गुरुत्वाकर्षण का ऐसा प्रयोग कर सकता है? आखिर, राम ने सोचा कि मेरी सारी शक्ति व्यर्थ जा रही है और मैं विवश होकर किसी अलक्षित शक्ति द्वारा आकर्षित हो रहा हूँ···अब तक

अंधकार फैल चुका था और रात्रि अपने होने का अनुभव करा रही थी, जैसे उस रात्रि को भी कौतुक हो रहा हो और वह पुलकित हो कि जो अनुपम है, रहस्यमय, वह रात्रि में ही घटता है। दिन में तो अभिधा का, सपाट जीवन का, लेन-देन का राज्य रहता है किंतु रात्रि में अभूतपूर्व होता है, राग, षड्यंत्र, आविष्कार, आक्रमण और मनुहार, साधना और शृंगार···यह रात्रि के रेशमी अंधकार के पर्तों में ही संभव है सो यामिनी, सन्-सन् करती अपनी महिमा से गद्‌गद हो रही थी और राम अब अदृश्य तारों में बँधे से उड़ते से जा रहे थे···।

गति अब इतनी तीव्र हो चुकी थी कि परशुराम के कान हवा के करप्रहार से बज रहे थे और शरीर सुन्न हो रहा था, नेत्र बंद हो चुके थे और वे अज्ञात खींच में एक टीले से उड़ रहे थे···तथापि कहीं चेत था, मतिष्क के कुछ कोष्ठ सक्रिय थे, अधिकांश बुझे दीपक से निष्क्रिय थे। जाग्रत दीप्त कोटरों के कारण राम की पकड़ अभी भी परशु पर थी और कंधे का धनुष, तूणीर यथास्थान पर था···शस्त्र कितना बड़ा आश्वासन देता है···राम निर्भय थे क्योंकि शस्त्र थे वर्ना राम जैसा वज्रहदय भी पड़कुल पक्षी-सा फड़फड़ाने लगता···।

आधी रात तक राम अज्ञेय गुरुत्वाकर्षण के द्वारा खिंचते रहे, फिर उन्हें लगा कि वह किसी श्मशान में लाए गए हैं क्योंकि चारों ओर चिताएँ जल रही थीं। शव चट्-चट् कर रहे थे और लपटें अनार्यों की महाकाली देवी की लाल जीभों-सी शवभक्षण में व्यस्त थीं···हवा झोंकों में हहर कर बह रही थी और श्मशान के पीपल के वृक्षों के पत्ते भूत-प्रेतों की तरह चमकते और खड़खड़ा रहे थे···। श्मशान के एक अँधेरे स्थान पर आकर्षण अचानक समाप्त हो गया और परशुराम गिरते-गिरते बचे···वह माहिष्मती के महाश्मशान में खड़े थे···राम के विस्मय से रोंगटे खड़े हो गए···वह भय की उठती तरंग पर अधिकार स्थापित करने के लिए ''ओउम् रुद्राय नमः'' मंत्र जपने लगे और विश्वामित्र रचित गायंत्री मंत्र ओउम् भूर्भुवः स्वः तत् सवितुर्वरेण्य भर्गो देवस्य धीमहि धियो योनः प्रचोदयात्···ओउम्···।

पवित्र मंत्रधारा से राम का भय नष्ट हो गया और वह अनहोनी का सामना करने के लिए परशुबद्ध हो गए, कटिबद्ध, धनुष-बाणबद्ध, तभी चमत्कार हुआ···एक लँगोटी लगाए हुए नग्न-स्वमग्न, वस्तु पास में दिखी जो लंबे केशजाल से बदन को छिपाए हुए थी, सिर्फ़ उसके श्वेत दाँत और चमकती आँखें दीख रही थीं···निश्चय ही वह कोई भूत है या ब्रह्मराक्षस क्योंकि वह एक अश्वत्थ या पीपल वृक्ष के नीचे खड़े थे···ब्रह्मराक्षस ही होगा, राम ने गायत्री मंत्र मन में पढ़ा और कड़ककर कहा—''आप कौन हैं?''

''महाअथर्वण अघोर।''

''महाअथर्वण और अघोर?''

''हाँ, महाअथर्वण अघोर···तुम्हारे पितामह ऋचीक का भाई अघोर अथर्ववेदी अथर्वण।''

राम अचेतन रूप से ही चरण-स्पर्श को झुक गए किंतु राम को छुए बिना ही अघोर अथर्वण ने आशीष दी—"अधूरी शक्तियाँ पूरी हों, अजेय होने के लिए केवल चिरंजीवी होना पर्याप्त नहीं, उसके लिए चिरंजीव राम, अघोर साधना अपरिहार्य है...।"

"अघोर साधना, वह तो अपावन होती है, उसमें तो मलिन, दुर्गंधयुक्त, निषिद्ध क्रियाओं को करना पड़ता है!"

अघोर अथर्ववेदी की परिहास की हँसी में जैसे अकाल का बादल कड़का हो...एक विद्युत्-सी अघोर के नेत्रों में चमकी और उस स्वर में स्नेह की चंद्रिका भी थी, महकती हुई...राम अभिभूत हो गया कहा—

"आपने परिहास किया?"

"तू बालक है, राम, अभी भी...अभी तक तूने जो देखा और किया है, वह बच्चों का खेल था—तेरी शक्तिसाधना तो अब प्रारंभ होगी...तू बाहरी, ऊपरी, सतही बुद्धि के विद्वानों और मुनियों के प्रतिमानों से पीड़ित है...यह जो जगत् है, यह महाशक्ति रुद्र और रुद्राणी की क्रीड़ा है, प्रत्येक पदार्थ शिवरूप है और तुम जिसे निषिद्ध कहते हो राम, वही आशुसिद्धि के लिए सर्वाधिक उपयुक्त है...तुम यह भूलते हो कि इस जगत् का एक नाम भव है और रुद्र का एक पर्याय भव है, संसार नहीं है केवल भव है, रुद्र शिवरूप भव या जगत्। सामाजिक कारणों से निषिद्ध और विधेय की श्रेणियाँ बनाई गई हैं, आर्य-अनार्य की, ऋषि और मूर्ख की, नर और नारी की, गंदगी और शुचिता की...। समाज में वे ठीक हैं किंतु साधना-विज्ञान में वे व्यर्थ बाधक हैं, जगत् में केवल दो तत्त्व हैं, शिवशरीरी यह प्रकृति या जगत् और अज्ञान मायामोह, द्रोह और वासना में बद्ध प्राणीपशु...। पाशुपत रुद्र ही पशुभाव दूर करते हैं, पशु को शिव बनाते हैं,...तू अंशतः शिव हो गया है पर तू अभी भी अंशतः पशु है क्योंकि तू यह नहीं मानता कि यह जो मानव चेतना है, वह है और वह सामाजिक वर्ग-वर्ण, जाति-जमात, अच्छे-बुरे, पावन-अपावन, नैतिक-अनैतिक आदि कोटियों से परे है...वह एक उमड़ता समुद्र है और वह रत्नाकर है, यह चेतना...बस उसे मथना है और रत्न पाना है...तू तो ऋषि है बालक, क्या सत्ता के इस पक्ष पर अभी सोचा ही नहीं ?"

"यह तो अद्भुत है पितामह पर आपने मुझे अंगिरा-आश्रम से क्यों खींचा? क्या प्रयोजन है? आप मेरे पितामह के भ्राता हैं तो मैं आपका अंश था, अपने घर क्यों नहीं पधारे...पिता, माता, भाई कितने प्रसन्न होते?"

"अज्ञानी शिशु! वे तो सामाजिकता के बंधन से बँधे हैं, आर्य-बोध के आखेट हैं और मैं अघोर हूँ...उन्हें आर्य वर्चस्व स्थापित करना है...मैं अघोर अर्थात् जो घोर नहीं है, वह अघोर हूँ...प्राणीमात्र के प्रति प्रेम और करुणा के भाव से भरा...वहाँ तो स्पर्धा है, होड़ है, द्वंद्व है, यहाँ श्मशान में निर्द्वंद्व अभेद । यहाँ सब समकक्ष,

जीवन का मूल तत्त्व यहाँ चिताओं से प्रज्वलित हो रहा है, यहाँ सब अज्ञान, भेदभाव जल जाता है।''

और अघोर अथर्ववेदी का अट्टहास भुवनव्यापी होता गया। राम को लगा कि वह ठहाका ब्रह्मांड के कण-कण से उठ रहा है, ह, ह, ह, ह। अघोर समझाता रहा—

''वत्स! मैंने निषेध को नकार कर यह अघोरता और शक्ति पाई है...मैंने प्रकृति की परमाणु व्यवस्था में ध्यान की एकाग्रता से विपर्यय कर दिया है और मैं विश्वव्यापी चुंबक, विद्युत्, गुरुत्वाकर्षण, परमाणु शक्ति, सब पर अधिकार कर चुका हूँ...अब ध्यान से सुनो...तुम यह जानना चाहते हो कि यह कार्त्तवीर्य अर्जुन क्या करता है...आओ, मैं तुम्हें दिखाता हूँ पर अपनी घृणा, जुगुप्सा पर क़ाबू रखना,...आओ...।''

महाअथर्वण अघोर सिद्ध, राम को उड़ाकर माहिष्मती के राजश्मशान में ले गए। वहाँ बाहर तो पहरा था पर भीतर कोई नहीं था। वहाँ कोई चिता भी नहीं जल रही थी...अघोरी बाबा देर तक सूँघता रहा, फिर एक जगह हाथों से खोदने लगा। उसके नाखून बड़े-बड़े और मज़बूत थे, जंगली जानवरों जैसे...थोड़ी देर में अध सड़ा एक स्त्री का शव निकला...एक प्रकाशवृत्त उभरा और उस स्त्री के सुंदर मगर अध सड़े मुख पर पड़ा, राम ने पूछा—

''बाबा! यह क्या है? कौन है यह स्त्री?''

बाबा ने ठहाका मारा, कहा—

''अभी और देख!''

और बाबा पुनः सूँघ-सूँघकर खोदने लगा...बाबा ने अनेक स्त्रियों के शव निकाले और एक पंक्ति में लिटा दिए, फिर राम को बताया—

''देख बेटे! यहाँ माहिष्मती से अवंती तक और शूर्परक् भृगुकच्छ से यहाँ तक माहिष्मती दो हैं—एक नर्मदा के मध्यदेशीय तट पर और एक भृगुकच्छ के पास...दोनों राजधानियों में यह पशु अर्जुन सहस्रबाहु आता-जाता रहता है। ये कन्याएँ, किशोरियाँ, देखो तो, रुद्राणी की भाँति सुंदर थीं, अब सड़ गई हैं...इन्हें ग्राम-ग्राम से पकड़ा गया है और यह जो पशु है यह कार्त्तवीर्य अर्जुन, इसने इन्हें भोगा है और मन भर जाने के बाद इन्हें मारकर गड़वा दिया गया; क्योंकि उस कलावती के अपहरण से अर्जुन डर गया है। इस कारण वह साक्षी नहीं छोड़ना चाहता और कन्यावध करता है...ले, तू देख ले स्वयं क्योंकि तू ही इसका प्रतिकार कर सकता है...मैं चाहता तो यातु से, तंत्र से, राजा को मार डालता परंतु फिर कोई दूसरा हैहय यही घोर कर्म करता, समाज को बोध नहीं होता न...अतः मैं तेरे अभ्युदय की प्रतीक्षा कर रहा था...जब देखा कि तुझमें रौद्रता है, तू रुद्र के मरुतगण-सा बली है, प्रचंड, तब मैंने तुझे बुलाया और तुझे तांत्रिक विद्या सिखाने का व्रत लिया...अभी तू अधूरा है वत्स, अघोर महाअथर्वण की अथर्ववेदी विद्या से तू सचमुच दिव्यशक्ति संपन्न हो जाएगा...। पौत्र, यह सहस्रबाहु चक्रवर्ती राजा है,

इसका बल अनंत है, किंतु तुझे इतना सबल बनाना है कि वह तेरा अनिष्ट नहीं कर सकेगा···देख, चक्रवर्ती वह औरों के लिए है, तेरे लिए तो वह आखेट भोग्य वन्य पशुमात्र है और तेरे विनोद के लिए बताता हूँ, चक्रवर्ती का देशी भाषा में एक अर्थ बथुआ साग भी होता है !''

''अच्छा?''

''हाँ पौत्र···चक्रवर्ती अर्जुन तेरे लिए बथुआ साग की भाँति है। तंत्र-साधना से प्राप्त शक्तियों सें तू जब चाहे, उसे खा जाना···तू अकेला ही उसके लिए पर्याप्त है!''

''किंतु पितामह! उस चक्रवर्ती के पास तो अनंत सैन्यबल है, उसका प्रतिकार तो विराट् सेना से ही हो सकता है, यातु या तंत्र से नहीं हो सकता, नहीं?''

''किंतु पौत्र, सेना के लिए सेना है, और चक्रवर्ती के लिए तू है···द्वंद्व युद्ध निर्णायक होगा···एक सेना तो भागेगी ही, तब द्वंद्व युद्ध नहीं होगा क्या···? और वह पहले भी हो सकता है।''

''हाँ हो सकता है, क्या अर्जुन के पास ऐसी शक्तियाँ हैं ?''

''वह भी महादेव रुद्र का ही आराधक है। उसके पास शक्तियाँ हैं, निश्चय ही हैं, तभी तुझे उनकी काट के लिए मैंने यहाँ आकर्षित किया है···।''

''पितामह ! सिद्धाचार्य बाबा, यह अर्जुन तो वन्य पशुओं से भी गर्हित निकला, ऐसे कुकर्म करता है और यह क्रूरता?···मुझे क्रोध आ रहा है!''

''देख, यह नृशंसता ही उसे ले डूबेगी, तू केवल अनार्यों-आर्यों की एकता तक ही संतुष्ट मत हो जाना···सेना में जो योद्धा लड़ते हैं, उनमें बहुमत कृषकों का होता है और ये कन्याएँ अधिकतर ग्रामीण कृषकों की ही थीं। तुझे चाहिए कि उन-उन ग्रामों में जा और माहिष्मती के आसपास और दूर, सभी ग्रामों के लोगों को शस्त्र विद्या सिखा, सेना तो सीमित है, ग्रामीण अनंत हैं···वे माहिष्मती पर आक्रमण के समय टिड्डीदल से टूटेंगे। बस, जन-जागरण करना है। तू जनयज्ञ कर और विजयी हो जा !''

''बाबा! यहाँ या अन्यत्र अन्य शव होंगे···यह पापी चक्रवर्ती तो प्रति रात्रि एक कन्या का शील भंग करता है···क्या यह संभव है कि जो शव पूरी तरह नहीं सड़ गए हैं, जिनकी पहचान संभव है, उन्हें उनके गाँव पहुँचा दिया जाए? जनगण में अर्जुन के विरुद्ध रुद्ररोष स्वयं जग जाएगा और हमारे शिष्य और हम स्वयं गाँव-गाँव घूमकर शस्त्र-शिक्षा तथा अस्त्रों का प्रबंध करेंगे।''

''साधु, पौत्र यह हो जाए तो ग्रामीणों की जनसेना की लहरों पर लहरें माहिष्मती का मर्दन कर देंगी और हैहयों की यह पाप से दुर्गंधित राजधानी की अंतिम क्रिया हो जाएगी!''

और अघोरी बाबा बादलों की भाँति तड़का···कन्याशीलहरण और बालिकाओं के निधन को देखकर परशुराम भी गरजने लगे, शपथ खाने लगे—

"मैं जमदग्नि का पुत्र राम प्रतिज्ञा करता हूँ कि जनगण के विरुद्ध हैहय-राज के इस क्रूर कार्य का प्रतिशोध लिया जाएगा।"

बाबा सहज हुए—"पौत्र, अब तू थक गया होगा, प्रातःकाल सन्निकट है, तू मेरे अघोर वन में जा, वहाँ मेरी घाटी है, कंदराएँ है, विश्राम कर···मैं इन शवों को यथास्थान पहुँचवाता हूँ···कल, वहीं संध्याकाल भेंट होगी···तेरी सेवा के लिए हमारे अघोरी तांत्रिक तथा मेरे वशीभूत भूतप्रेत-पिशाच तत्पर रहेंगे?"

"दिन में भी?"

"हाँ, अघोर वन में यह संभव है, वहाँ वशीभूत सूक्ष्म शक्तियाँ मुक्त विचरण करती हैं, वह अगम्य क्षेत्र है; पर तुझे कोई भय नहीं क्योंकि तू भय को जीत चुका है जो शेष है भय उसे हमारे भूत भगा देंगे···।"

और अघोरी बाबा खुलकर ठहाके मारते हुए अकस्मात् अदृश्य हो गए···वहाँ सुनसान में किशोरियों के शवों के पास, नतशीश, अर्जुन पर क्रोध में होठ काटते परशुराम जनकरुणा से विह्वल थे···वे आक्रोश में बड़बड़ा रहे थे। तभी एक व्यक्ति प्रकट हुआ जो नौकरों जैसा माथे पर एक अँगोछा बाँधे हुए था, पैरों में मोटे चमरौधे जूते, मोटे कपड़े, बारह बंडी, कंधे पर अंगवस्त्र, हाथ में भाला, कानों में लटकते कुंडल और टाँगों में धोती···उसने नकियाए स्वर में राम को प्रणाम किया और संकेत कर आगे चल पड़ा। राम को कौतुक हुआ—

"आपका परिचय?"

पर उस व्यक्ति ने पीछे आने का संकेत किया और वह लंबे डग भरने लगा···इतने लंबे डग भरता कोई व्यक्ति कभी देखा नहीं गया था···परशुराम अपनी प्रसिद्ध चाल से उसके पीछे पूरे वेग से दौड़ रहे थे किंतु वह व्यक्ति उनसे आगे निकल जाता था···प्रातःकाल हो गया। राम ने देखा कि वह व्यक्ति ऊँचा होता चला जा रहा है। अब वह एक ताड़ के वृक्ष जितना ऊँचा हो गया था और विशाल टाँगें उठा रहा था···जब तक राम आते वह आगे बढ़ जाता था और नकआई हँसी हँस रहा था···राम समझ गए, यह यक़ीनन कोई अघोरी बाबा का भूत था। राम ने चिल्लाकर पूछा—

"अरे, भूत भाई, कुछ ठहर जाओ···तो थक गए, कुछ श्वास तो ले लेने दो!"

भूत अचानक सामान्य आकार का हो गया और हँसता हुआ रुक गया। पास आने पर विहँसकर राम ने पूछा—

"अपना नाम तो बताओ मित्र !"

"मेरा नाम शंख था, मैं हैहयराज के एक गाँव का किसान था। मेरी कन्या श्यामली को यह नारकीय राजा अर्जुन उठवा लाया। मैंने राजसैनिकों पर आक्रमण कर दिया···मैं मारा गया। उन्होंने मेरा घर उजाड़ दिया, घर में आग लगा दी···सर्वस्व नष्ट हो गया···मैं मरकर भूत हो गया···बाबा अघोरी अथर्ववेदी ने मुझे अपनी मंडली में मिला लिया···भार्गवों और हैहयों के युद्ध के समय हम भी आपके

पक्ष में लड़ेंगे और हैहयराज का रक्तपान कर हमारी भूत योनि से मुक्ति होगी, ऐसा बाबा ने कहा है।''

और शंख भूतहास्य में व्यस्त हो गया। राम विस्मय में उसे देखते रह गए। भूत को शीघ्रता थी पर राम ने पुनः पूछा—

''तू पिशाच है शंख, तुझे तो प्रतिदिन मानव रक्त चाहिए, कहाँ से पाता है ?''

''यह अभी देख लेना आप···मेरे कलेवे का समय हो गया है, धूप तेज हो रही है···अब चलें ?''

राम ने स्वीकृति दी, ''हाँ, अब चलें।''

शंख भूत का आकार पुनः बढ़ने लगा। वह वृक्ष जैसे बड़े-बड़े डग उठाता और पीछे परशुराम दौड़ते···यही दशा एक घंटे तक रही। फिर एक गाँव से एक व्यक्ति कंधे पर फावड़ा रखे तेजी से आ रहा था। उसने अचानक शंख की चाल पर दृष्टिपात किया तो वह भय से आतंकित होकर ई-ई-ई-ई करने लगा फिर उसकी डर से हृदयगति रुक गई और वहीं ढेर हो गया। शंख ने अट्टहास किया, कहा, ''वह मारा'' राम के पूछने पर शंख ने बताया कि उसे मृत व्यक्ति का रक्त मिल गया, कलेवा हो गया, अब आप मेरी गति देखें। राम ने देखा कि शंख के मुख के कोने से पिया हुआ रक्त छलक रहा है। राम ने शंख को डाँटा, तब उसने जीभ से छकते रक्त को चाटा और खीसें निकालने लगा···।

अब की बार दौड़ अभूतपूर्व थी···शंख तृप्त हो गया था, सो वह इतना ऊँचा हो गया कि उसका सिर गगनस्पर्शी बन गया था और परशुराम हाँफ रहे थे। शंख आगे जाकर रुक जाता। फिर राम के निकट आने पर वह शंख पुनः नट की तरह लंबी टाँगें उठाता हुआ दौड़ने लगता···।

दोपहर तक निर्विघ्न शंख राम को अघोर वन में ले आया। वह वन एक विकट तीव्रगामी, सदा भरी रहने वाली नदी के पार था और जंगल इतना सघन था कि दिन में भी अंधकार रहता था। उस वन में बीच-बीच में खाई, खंदक, पर्वत और गुफाएँ थीं···ऐसे ही एक पहाड़ों की शृंखला में कंदराओं में एक बड़ी गुफा में वह शंख राम को ले गया···और एक व्यक्ति को सौंपकर वह शंख अंतर्धान हो गया। राम ने हँसकर पूछा—

''आपका नाम?''

''रुरु आथर्वण !''

''आप भूत हैं या मानव?''

''मानव, और मानवों में मैं अघोर मुनि का पौत्र हूँ?''

''अघोर बाबा का?''

''हाँ, हाँ, पितामह अघोर का? और आप भी उनके पौत्र हैं, आपको एक भार्गव का प्रणाम!''

''रुरु भार्गव, क्या यहाँ भूत-प्रेत भी मानवों के मध्य रहते है?''

"हाँ-हाँ, क्यों नहीं? यह अघोर सिद्ध का अलौकिक क्षेत्र है, अगम्य और अद्‌भुत···यहाँ पशु-पक्षी, भूत-प्रेत ही नहीं, अनेक मनुष्येतर योनियों के जीव-निर्जीव बसते हैं···पशु-पक्षी वैर भूलकर यहाँ सानंद रहते हैं···आप स्नान कर, भोजन कर विश्राम कर लें, फिर हम आपको सब दिखा देंगे···मैं सब प्रबंध कर चुका हूँ, बाबा का संदेश आ गया था···।"

"किंतु यहाँ भोजन···?"

"आप एकदम निश्‍चिंत हो जाएँ···आपकी रुचि के अनुसार सब होगा, न रुचे तो फल-फूल हैं···वैसे आदेश यह है कि भोजनों को निर्देश कर दिया जाए···आप जो खाना चाहेंगे, वे खाद्य पदार्थ स्वयं प्रकट हो जाएँगे···।"

"अर्थात् खाद्य भी भूत-प्रेत हैं?"

"नहीं, तात राम, यहाँ जड़ चेतन का अंतर नहीं है···ध्यान एकाग्र कर अघोर बाबा, किसी भी पदार्थ के परमाणुओं को वश में कर लेते हैं, वे रूपांतरित भी हो जाते हैं।"

"तब खाद्य पदार्थों का क्या विश्‍वास? रुरु, मैं स्नान करूँगा, वस्त्र बदलूँगा, यज्ञ-हवन करूँगा और तब मैं वन में चलूँगा, स्वयं फल संग्रह कर खा लूँगा···तुम्हारे यहाँ तो यह पता ही नहीं चलेगा कि पदार्थ नैसर्गिक हैं या रूपांतरित!"

अब रुरु भार्गव के हँसने की बारी थी—वह खूब हँसा, बोला—

"भ्राता राम···आप यह सब हम पर छोड़ दें···यहाँ अस्तित्व के दो प्रकार हैं, एक आपके समाज में जो पावन पदार्थ कहलाते हैं वे और दूसरे वे जिन्हें आप अपावन कहते हैं, आपकी दृष्टि और रुचि के अनुसार जो पावन पदार्थ हैं, वे ही खिलाए जाएँगे···आप यहाँ अकेले हैं···आप कहें तो संग साथ के लिए आपके आश्रम से किसी को बुला दें। ऋषि लोमामहर्षिणी को, कलावती को, मौरवी को···कहें तो ऋषि चायमान को भी यहाँ लाया जा सकता है, हमारे अघोर मुनि सर्वसमर्थ हैं, बोलिए, किसे बुलाया जाए आपके सहवास के लिए?"

"लड़कियाँ तो डर जाएँगी पर लोमा ऋषि हैं और ऋषि चायमान का आगमन राजनैतिक दृष्टि से आवश्यक है···अतएव आप ऋषि चायमान को ले आएँ···और मेरी समझ से लोमा को छोड़ें···वह बहुत कोमल है, डर जाएगी···या छोड़िए, मैं पर्याप्त हूँ।"

"आप यह निर्णय बाबा पर छोड़ दें कि किसे लाना है···आप अब विश्राम करें।"

परशुराम चकित थे···यह बाबा अघोरी की कैसी माया है···पुनः विचित्र यात्रा से श्रांत परशुराम नित्यक्रिया में लग गए···स्नान के बाद उन्हें जो भोजन मिला, वह ऐसा था जैसे उसे अंगिरा आश्रम से उठा लाया गया हो···आश्‍चर्य है!

निद्रा के वशीभूत राम अपराह्न में उठे। तब तक रुरु अथर्वण आ गया था। दोनों अघोर आश्रम देखने चले।

कंदराओं का कोई अंत नहीं था और अनेक कुटज भी थे। कई पत्थर के कुटजों में सपरिवार साधक रहते थे, बाल-गोपाल भी थे···कई कंदराओं में तंत्रसाधक अकेले रहते थे, कइयों में युगल थे, वे वहाँ शक्तिसंगम साधना करते थे। कहीं कोई योगी, अभिचार क्रियाएँ कर रहे थे, मारण-मोहन-वशीकरण- उच्चाटन-उत्पाटन, उड्डयन, अदृश्यीकरण, जलारोहण (पानी पर चलना) रूप- परिवर्तन और कहीं कापालिक साधना भी हो रही थी पर श्मशान साधकों को दूर एकांत स्थानों में गुफाएँ दी गई थीं···उन्हीं के पार्श्ववर्ती, भूत-प्रेत-राक्षस- गंधर्व-किन्नर-पिशाच आदि मनुष्येतर योनियों के प्राणी थे जो इच्छानुसार कौतुक कर रहे थे, और रूप बदल-बदलकर खेल रहे थे, लड़ रहे थे, उड़ रहे थे, आ-जा रहे थे···चुड़ैलें, भूतनी-पिशाचिनी, कर्ण पिशाचिनी और योगिनीगण थे जो मनमाने क्रियाकलापों में व्यस्त थे, मदोन्मत्त···कहीं शक्ति के कोमल उपासक, विलास के सारे साधन एकत्र किए हुए वामाचार में ध्यानस्थ थे, कहीं भैरवगण भैरवियों के साथ किलोलें कर रहे थे···वे मदिरोन्मत्त, भैरवियों के पीछे भाग रहे थे और भैरवीगण उन्हें छका रही थीं, उनके हाथ नहीं आ रही थीं···कहीं-कहीं दक्षिणपंथी शक्ति-शिव के उपासक, शुद्धाचारी सात्त्विक पूजा में निरत थे, कहीं वाममार्गी मदिरा में अचेत चौदह भुवनों के भी परे लोकों का साक्षात्कार कर रहे थे···परशुराम और रुरु अथर्ववेदी को देखकर एक योगी चिल्लाता हुआ दौड़ा—

''पा लिया, पा लिया, जामदग्न्य ऋषि राम···मैंने एक नए नक्षत्र को पा लिया है !''

''अच्छा ?''

''हाँ भगवन्! यह नक्षत्र ब्रह्मांड में यहाँ से कोटि-कोटि योजन दूर है और वहाँ से जो किरण पृथिवी पर आती है, वह पाँच सौ वर्ष में आ पाती है, हाँ राम और मैं किरण-विज्ञानी हूँ !''

''जय हो योगिराज, उस किरण का क्या नाम रखा आपने?''

''राम किरण···आप आ गए न, अतः राम-रश्मि नाम युक्त रहेगा।''

''कृतज्ञ हूँ योगिराज !···आप रश्मिदर्शन नंगी आँखों से कैसे कर लेते हैं···?''

''महाअथर्वण अघोर के अनुग्रह से···वह सर्वशक्तिमान् है न···मेरे नेत्र ही दूरदर्शन यंत्र हैं, वैसे यंत्र भी हैं हमारे पास !''

''अच्छा?''

''हाँ ऋषिराज, यंत्र भी हैं, सूक्ष्मदर्शी यंत्र, दूरदर्शी यंत्र, चिकित्सा विज्ञान के कायादर्शक यंत्र किंतु जहाँ उनकी गति नहीं, वहाँ हम योगदर्शन से सृष्टि का अवलोकन करते हैं।''

''क्या सृष्टि का कोई अंत है ?''

''कोई अंत नहीं, कोई नहीं जानता कि ब्रह्मांड का माप क्या है, वह कितने

परिमाण में है···पर यह अंडाकार है और ब्रह्म का अर्थ है, यह जो है, यह विराट् अंडा, वही तो ब्रह्म है जिसे वेद ''एकम् सत् विप्राः बहुधा वदन्ति'' कहते हैं ।''

''तो ऐसा है''—राम ने पूछा।

''निश्चय ही ऐसा है।''

''ये मनुष्येतर योनियाँ—देव, पितरगण, भूत-प्रेत, पिशाच—ये सब हैं या यह मात्र प्रतीति है?''

''ऋषे! जो दिखाई पड़ता है, जो जान लिया गया है, वह ज्ञेय का क्षेत्र है । जो बुद्धि का विषय है और जहाँ बुद्धि नहीं पहुँचती, जो विवेकातीत है, वह प्रत्यक्ष जगत् के विपरीत परोक्ष जगत् है, वह इंद्रियों के परे है, इंद्रियातीत है, मन और चित्त के परे है, वह परोक्ष आयाम है—ये मनुष्येतर देवता, पितर, भूत-प्रेत, विद्याधर, नाग, गंधर्व, किन्नर, राक्षस—ये नाम हैं, संज्ञाएँ। मुख्य यह है कि ये प्रत्यक्ष नहीं दिखाई पड़ते। ये मनुष्येतर प्राणी या योनि-समूह···इन्हें साधना के द्वारा प्रत्यक्ष देखा जा सकता है जो अथर्ववेदी विद्या से संभव है···बाबा अघोर अथर्वण ने यह कर दिखाया है।''

रुरु अथर्वण, परशुराम के पास खड़ा क़हक़हे लगा रहा था, रुरु पुनः समझाने लगा—

''देवता तो यज्ञक्रिया से सिद्ध हो जाते हैं···वे तुम्हारे मंत्रों की प्रध्वनन शक्ति से जाग्रत और प्रेरित होते हैं, यह मानते हो राम?''

''हाँ, यह तो प्रायः प्रतिदिन अनुभव होता है···विश्व में जितने पदार्थ हैं, उनमें दैवीशक्ति है। वे सब पूज्य हैं, मिट्टी, वृक्ष, पशु-पक्षी··· ।''

''राम, अब यही अनुभव आगे बढ़ाओ···बुद्धि के ताने-बाने को स्थगित कर दो, वह तो विचार बुनती है, तर्क लगाती है, वस्तुगत और आत्मगत को पृथक् करती है पर वे तो एक हैं···यह भेदबुद्धि छोड़ दो, राम, तो तुम्हें प्रत्यक्ष के परे जो अदृश्य जीव-जगत् है, उसका साक्षात्कार हो जाएगा···।''

रुरु, परशुराम के विस्मय का आनंद ले रहा था···आश्चर्य है, यह प्रकृति ऊपर से जड़ प्रतीत होती है, पर अघोर-दृष्टि से यह चेतना मानी जाती है और उसके साथ, मनसा, हृदय से, आत्मा से एकाकार हो जाने पर प्रकृति अपनी रचना-प्रक्रिया, अपनी शक्ति, अपना प्रभाव बतलाने लगती है···यहाँ भी वही माध्यम बन जाने का सिद्धांत है···अपने को बुद्धि से पृथक् मत करो, अपने को ढीला छोड़ दो, सर्व ब्रह्मांड को अपने स्व का ही विशद विराट् रूप समझो···अपने सुख-दुःख वृक्षों, पशुओं, पक्षियों को सुनाओ। समुद्र, पर्वत, मेघ, विद्युत्, चुंबक, मिट्टी, हवा, अग्नि, आकाश, जल से बतियाओ···तो वे स्वयं संबोधित होने लगेंगे···ब्रह्मांड की सूक्ष्म शक्तियाँ पदार्थों में जड़ीभूत हैं, उसकी जड़ता को, अपने चैतन्य की एकाग्रता, अपनत्व, विशदीकरण और तादात्म्य से पिघलाओ···तो पदार्थ और प्राणी सब आपके अपने हो जाएँगे और चमत्कारक-हस्तक्षेप करेंगे···विराट् हृदय वाले बोध

में ब्रह्मांडव्यापी मति का मनीषी ही प्रकृति का माध्यम बन सकता है और ऐसे व्यक्ति में ही स्वयं प्रकाश्यज्ञान जगता है, सब स्वतः स्पष्ट होने लगता है···सोचते हुए राम को रुरु भार्गव ने टोका—

"राम! तुम इस समय ठीक सोच रहे हो···अब चलो···संध्या और भोजन करो, पुनः खेल देखना!"

"खेल क्या?"

रुरु हँसा पर भेद नहीं बताया।

"तुम अब चलो राम, बाबा अर्धरात्रि या रात्रि के चतुर्थ प्रहर के ठीक पूर्व आएँगे, तब तक अघोर वन तुम्हारा मनोरंजन करेगा।"

नित्यकार्य से निवृत्त होकर रुरु भार्गव परशुराम को सांस्कृतिक कार्यक्रम में ले गया। बाबा और रुरु की कंदराओं से काफी दूर एक प्रशस्त वृक्षहीन मैदान में एक महा चंद्रातप तंबू लगा हुआ था जो चारों ओर से खुला था, परंतु जिधर मंच था, उस ओर नेपथ्य के रूप में कई कक्ष बने हुए थे···राम ने देखा कि लंबे-चौड़े तख़्तों पर एक कन्या और एक वर का जोड़ा विवाह हेतु प्रतीक्षारत था और मंच के नीचे सामने विवाह का मंडप बना हुआ था। बाएँ और दाएँ आसनों की व्यवस्थित पंक्ति थी जिन पर मुकुट-जड़े, जड़ाऊ रेशमी पोशाकें पहने, स्वर्ण और हीरा-मोतियों से लदे बड़े-बड़े राजा और उपराजा या सामंत अपनी-अपनी रानियों या प्रियतमाओं के साथ बैठे थे। मंच पर दूल्हा-दुल्हिन के साथ एक विशाल स्वर्ण सिंहासन था जिसमें अमूल्य, अभूतपूर्व पन्ना-पुखराज-माणिक्य, कौस्तुभ मुक्ता आदि रत्नों की जड़ावट थी। उनसे ऐसी चमक निकलती थी कि महाराज का चेहरा पहचान से परे हो रहा था। राजा के ऊपर चँवर डुलाने वाली सोलह श्रृंगार किए सेविकाएँ थीं और सामने विवाह-स्थल छोड़कर सामान्यजन वेशभूषा से सजेधजे बैठे थे। उन्हीं में नर्तकी-नर्तक, वाद्यवृंद, गायक-गायिकाएँ, गंधर्व और किन्नर डटे हुए थे···स्त्रियाँ अलौकिक इत्रों से महक रही थीं, फूलों की गमक थी और पेय पदार्थ मनुहार कर-करके पेश किए जा रहे थे जिनकी सुगंध अन्य गंधों के ऊपर तैर जाती थी।

परशुराम ने प्रभावित होकर भार्गव रुरु की ओर मुस्करा के देखा। रुरु ने सिर हिलाया, कहा—"आप आचार्य भी तो हैं, कर्मकांड के सर्वोच्च विद्वान्, आप विराजिए।"

परशुराम और रुरु को विशिष्ट आसनों पर सादर बैठाया गया और पेय तथा खाने योग्य पदार्थ प्रस्तुत किए गए, परंतु राम ने कुछ भी नहीं छुआ···वह विस्मय की तरंगों में कंदुक से उछल-गिर रहे थे। वहाँ वह जो प्रतीतियाँ हो रही थीं उनमें सत्य ढूँढ़ रहे थे, पर वह मिल नहीं रहा था···वह खोज में तन्मय थे पर ऊपर से उस परिदृश्य से प्रभावित लग रहे थे।

तभी एक बारात का मालिकनुमा व्यक्ति आया। उसने परशुराम से विवाह-संस्कार कराने की विनती की। राम ने रुरु की ओर संकेत कर दिया पर वह राम

से ही विवाह पढ़ाने का विनीत आग्रह करने लगा। रुरु के इस निर्देश पर कि वह जाएँ, विवाह-संस्कार पूरा कराएँ, यह अनुभव का ही अंश है और अनुभव के क्षण में ननु-नच नहीं करना चाहिए।

परशुराम उठे और विवाह कराने वाली काठ की पटली पर जम गए···खेल में शामिल होने की मनोदशा बना ली और पंडितों की तरह आदेश देने लगे। स्वस्ति वाचन और अनेक मंत्रों के उच्चारणों से विलंब होता देखकर बारात के बड़े-बड़े लोग चिल्लाने लगे कि अर्धरात्रि तक सब हो जाना चाहिए, तीसरे पहर के अंत तक बारात चल पड़ेगी। राम से निवेदन किया गया। उन्होंने कहा—''वर-कन्या को लाओ।''

युगल को लाया गया। राम ने शीघ्रता की। भाँवरें करा दीं और कन्यादान के लिए कन्या और वर पक्ष के संबंधियों को बुलाया···नारियों ने लोकगीत गाए और मध्यरात्रि के पूर्व सब कर्मकांड पूरा हो गया। राम को रुरु के साथ एक ओर ले जाया गया—

''आचार्य, ऋषि राम! स्वर्ण मुद्राओं, आभूषणों, हीरा-मोतियों के ये ढेर लगे हैं—आप जितना ले जा सकें, ले जाइए!''

राम की अस्वीकृति के बावजूद रुरु के संकेत पर दस-बीस बोरों में बहुत-सा स्वर्ण और रत्नादि भरकर राम की कंदरा में भेज दिया गया।

रुरु और राम देर तक संगीत, नृत्य देखते रहे, सब-कुछ अभूतपूर्व था, जैसे वह इंद्र का दरबार था, नर्तकियाँ, अप्सराएँ थीं और उन्हें अप्सरा ही कहा जा रहा था, नाम भी वैसे ही, रंभा, उर्वशी, मेनका, ललिता, आदि। गंधर्वों ने रूप बदल-बदलकर अभिनय किए, भांड कला भी प्रदर्शित हुई···सब हँसते-लोटते रहे···अंततः रात्रि के तीसरे प्रहर का अंत निकट आया···वहाँ जो अद्भुत प्रकाश व्यवस्था थी, वह क्रमशः मंद होने लगी और रुरु के संकेत पर जब परशुराम चलने को हुए तो राम थोड़ी दूर चलकर रुक गए और रुरु के संकेतों, निर्देशों की अनदेखी कर वहीं परशु हाथ में लिए डटे रहे···''राम! यह अनुचित है, खेल के नियमों को मानना चाहिए न, चलिए या उधर मत देखिए।''

राम टले तो नहीं पर उन्होंने नेत्र बंद कर लिये···वह सोच रहे थे कि ये बाराती और घराती अजीब थे, सब निर्निमिष थे—पलकें स्थिर, शेष सब सामान्य···राम सोचते रहे···एक क्षण बाद खट की ध्वनि हुई···घोर अंधकार छा गया और बारात ग़ायब हो गई। राम और रुरु भार्गव दो उल्लुओं की तरह एक-दूसरे को घूर रहे थे। फिर वह दिल्लगी में उलूकों और अन्य तमीचरों की तरह बोलने लगे और फिर ठहाके मारकर हँसने लगे···अपनी गुफा में आने पर रुरु और राम ने देखा कि रात्रि में जो मणियों और स्वर्ण से बोरे भारी थे, प्रातः होने पर वे हल्के हो गए थे···राम ने उनको खोलकर देखा, बोरों में स्वर्ण और हीरा मोती नहीं, हड्डियों के ढेर थे। रुरु ने हँसते हुए कहा—

"राम! तुम डरे नहीं वर्ना तुम पागल हो जाते···अब समझ गए न कि तुमने भूतों की बारात में विवाह पढ़ा है और दक्षिणा में तुम्हें अस्थियाँ मिली हैं।"

परशुराम को आश्चर्य हुआ, यह अघोर भार्गव का सांस्कृतिक कार्यक्रम तो विचित्र था, रुरु और राम देर तक क़हक़हे लगाते रहे, फिर कुछ विश्राम करने चले गए। राम के अंतःकरण में भूत-प्रेतों की बारात के विषय चल रहे थे और वह हँस, मुस्करा रहे थे।

11

अघोर वन में परशुराम, पितामह अघोर आथर्वण के निरीक्षण में तांत्रिक साधना में लीन हो गए। उन्होंने दक्षिणमार्गी साधना ही अपनाई, वाममार्गी भोग से योग वाली पद्धति अपनाने से मना कर दिया।

राम भित्ति पर एक गोलवृत्त बनाकर उस पर ध्यान एकाग्र करते थे। क्रम-क्रम से ध्यान की कालावधि बढ़ाते हुए वह घंटों नेत्र वृत्त पर गड़ाए रहते और मस्तिष्क को शून्य कर लेते। पुनः ध्यान सध जाने पर बिखरी हुई शक्तियाँ राम में जाग्रत होने लगीं। उन्हें आदेश था कि वह किसी वस्तु या प्राणी की ओर न देखें, शयन और भोजन में नियमित रहें और ध्यान की कालावधि बढ़ाते चलें।

यह बहुत समय तक हुआ। एक दिन प्रातः वह जब ध्यानस्थ थे, एक पक्षी उनके सिर पर मँडराने लगा। राम का ध्यान भंग हो गया। उन्होंने पक्षी की ओर ताका। राम को लगा, उनके नेत्रों से एक ज्योतिप्रवाह प्रकट हुआ और पक्षी उसे सह नहीं सका, वह धरती पर टपक पड़ा। राम को आश्चर्य हुआ। वह उठे। राम ने पक्षी को उठाया। वह अचेत-सा था किंतु राम का स्पर्श पाते ही उसमें फड़फड़ाहट हुई। राम ने उसे सचेत देखकर जल पिलाया। देर तक पक्षी राम की हथेली पर पड़ा रहा, फिर अचानक वह सक्रिय हुआ और उड़ गया। राम ने अब की बार उसे देखा नहीं अन्यथा वह पुनः गिर जाता···राम ने सोचा, उनमें स्तंभन की शक्ति आ गई है।

फिर अघोर मुनि ने शरीर के गुरुत्व को, अपने बोझ को हल्का कर अधर में उड़ने का अभ्यास कराया, जल पर चलने की साधना सिखाई, अदृश्य होने, अपने शरीर को भारी करने, दूरदर्शन, अंधकार भेदने, इच्छानुसार पदार्थ में परिवर्तन करने, काया को लघु आकार में बदलने, दूर स्थलों पर घटित हो रही घटनाओं को देखने, दूसरों के मस्तिष्कों और मन को वश में करने तथा मंत्रबल से मोहन, उच्चाटन, स्तंभन, मारण, भावचक्र परिवर्तित कर देने आदि सिद्धियों, नवनिधियों को अभ्यास से सिद्ध करने में राम संलग्न हो गए। अघोर आथर्वण उन्हें बताते कि सारा प्रपंच रुद्र शिव की इच्छा का परिणाम है। व्यक्ति के पिंड के भीतर ब्रह्मांड

है। साधक चाहे तो इच्छानुरूप प्रपंच रच सकता है। एक दिन अघोर मुनि ने अचानक अट्टहास किया, कहा—

''राम! विलंब हो रहा है···इसका कारण यह है कि तुम आर्य हो, भेदबुद्धि से ग्रस्त हो···यदि तुम अभेद ज्ञान से काम लेते, वर्जित और निषिद्ध पदार्थों का सेवन करते, श्मशान साधते तो तुम्हें आशुसिद्धि मिलती।''

''पितामह! मैं ऋषि जमदग्नि का पुत्र, आर्यमर्यादा के पालन के लिए प्रतिश्रुत हूँ···थोड़ा विलंब हो जाए तो कोई बात नहीं, किंतु दक्षिणमार्गी साधना ही करणीय है···मैं अघोर मार्ग नहीं अपना सकता···मेरी उधर वृत्ति ही नहीं जाती···मैं शुद्धाचार द्वारा, अभेद और अद्वैत भाव से समूची सिद्धियों और निधियों को प्राप्त कर दिखाऊँगा···आप बस मेरे ऊपर अनुग्रह रखें और मुझ पर शक्तिपात करें।''

''तथास्तु !''

अघोर मुनि ने वरद मुद्रा में राम के शीश पर अपना हाथ रखा और राम की भृकुटियों के बीच के स्थल या त्रिकुटी को दबाया···राम को एक झटका-सा लगा जैसे बिजली का आघात लगा हो। राम का शरीर कंपित हुआ, नेत्र पीड़ा से मुँद गए, चक्कर-सा आया, उन्हें क्षणांश में अपने भीतर, भूकंप, चक्रवात्, टिड्डीदलों की ध्वनि, उल्कापात, मेघ गर्जन, विद्युत् की लपक, शेरों-बाघों की दहाड़, नागों की फुफकार, पक्षियों का कलरव, भ्रमरों की गूँज, विस्फोट से उड़ते पर्वतों का उत्थान-पतन, समुद्रों के ज्वार, लहरों की तटों पर पछाड़, सेनाओं के परस्पर युद्धों का कोलाहल, मारधाड़, निर्झरों का शोर, मयूरों की कूक, पपीहों-कोयलों की पुकार, बर्र-ततैयों की उड़ान और दंशज अनुभूति, दर्द और बिलबिलाहट, शास्त्रीय संगीत की अलाप, मृदंग, मंजीर, शंख के स्वर, प्रलयकाल में परमाणुओं का व्यतिक्रम, अग्निदाह, दावानल, बड़वानल की लपटें, जलते वनों की चट्-चट्, वृक्षों के धराशायी होने, सर्वनाश के कर्णभेदी स्वर, सामूहिक वेदपाठ की मंत्रलय के मध्य बच्चों के पतले स्वरों की कीकें, शीतल-मंद समीरण की गतियों के साथ उड़ते पुष्पों की गंधें, पशु-पक्षियों की बोलियाँ, चिंघाड़ें-रँभाने-कूजने-रेंकने-भोंकने-मिमियाने-नर्राने-फुस्कारने-फुनफुनाने-सन्नाने, टिटहरी की टें-टें, अश्वों की हिनहिनाहटें, लोकसंगीत की मीठी तानें आदि का क्रम घंटों तक चलता प्रतीत हुआ।

सृष्टि-प्रलय, पुनः सृष्टि के अनवरत चक्रों में राम जब-तब काँपने के बावजूद अंततः स्थिर और दृढ़ हो गया···फिर सब श्वास-प्रश्वास की गति से निर्माण और विनाश की लय चलने लगी और राम निस्संग, स्थितप्रज्ञ होकर प्रपंच और प्रलय को यों देखने लगा जैसे वह मात्र दर्शक है और जो कण-कण में घट रहा है, प्रतिक्षण कोटि-कोटि जीव जन्म ले रहे हैं, मर रहे हैं, यह सब जो भवचक्र है, वह स्वतः अपनी गत्यात्मकता से हो रहा है और घटना बाहर भी हो रही है, अभ्यंतर में भी···जो विराट् है, वही लघु है और जो अणु है, वही महत् है···सर्वत्र, सर्वकाल में अनंत

शक्ति का विस्फार है और शक्ति का यह जो खेल है, क्रीड़ा है, लीला है, वही सत्य है···। राम को न केवल विराट् और सूक्ष्म का दर्शन हुआ अपितु उसका अनुभव भी हुआ···पुनः उन्हें यह लगा कि वह स्वयं रुद्रशिव हैं, परमसत्ता वही हैं और श्वास-प्रश्वास की तरह यह सकल सृष्टि उनके भीतर हो रही है और उनके अस्तित्व का विचार इतना हो रहा है कि पूरे ब्रह्मांड के रूप में उनका स्वयं आकोचन-विकोचन हो रहा है···राम इस विराट् की अनुभूति में एकाकार होकर ध्यानस्थ हो गए और उनका उद्वेग, जिज्ञासा, प्रश्नतृष्णा, व्याकुलता, विस्मय और क्षोभ शांत हो गया। अघोर मुनि आनंद से चिल्लाए—

"साधु, सिद्ध राम, परशुराम तुमने पा लिया, पा लिया, पा लिया···अब जगो, भार्गव कुलावतंस राम, अब समाधि त्यागो।"

राम के नेत्र कमल के सदृश धीरे-धीरे खुले। एक बिजली-सी कौंधी और फिर चाँदनी-सी चमकी। दृष्टि स्थिर हुई। सामने शिशुवत् मुस्काते, किलकते, ठट्ठा मारते, तालियाँ बजाते, कौतुकप्रिय आनंद में उमगते अघोर आथर्वण खड़े थे। राम के चेतन मन में मुनि अघोर का बिंब स्पष्ट हुआ। राम उठे और अघोर के चरणों पर दंडवत् गिर गए। अघोर ने राम को बच्चे की तरह उठाया और प्यार-दुलार करने लगे।

"राम! अब उठो···शक्तिपात हुआ पर शक्ति का अपव्यय भी बहुत हुआ है···अब तुम्हारी भूख बढ़ गई होगी, जठरानल जल उठा है, उसे शांत करो अन्यथा काया सूख जाएगी, राख हो जाएगी···।"

अघोर ने ताली बजाई। चारों ओर से अघोरगण दौड़े। रुरु के कंधे पर एक कलश था, उसमें दुग्ध था। उसने कलश को राम के मुख से लगा दिया, कहा—

"राम! पियो, सब पी जाओ, अन्यथा अनर्थ का भय है!"

राम ने कलश पकड़ा और एक साँस में खाली कर दिया। एक भारी श्वास छोड़ी, एक गगन कंपक डकार मारी और तब राम प्रथम बार सहज हुए, मुस्कराए और रुरु भार्गव का आलिंगन किया। अघोर आशीष देकर अदृश्य हो गए। रुरु को कह गए कि राम को तुरत सुला दिया जाए। फिर संध्या को भेंट होगी।

राम को गहरी नींद आई। वह शाम तक सोते रहे। पुनः संध्यावंदन में लगे! सूर्यास्त के पश्चात् अघोर मुनि प्रकट हुए।

"राम! रात्रिदेवी, निशाशक्ति संपूर्ण शक्तियों से श्रेष्ठ है। उससे प्रार्थना करो कि जो हो रहा है, वह दृश्यमान हो!"

राम ने ध्यान लगाया। उनके आंतरिक चित्रपट पर शंबरासुर का वनप्रदेश प्रकट हुआ। राम ने देखा कि कार्त्तवीर्य अर्जुन के भाई नृसिंहराज हैहय ने शंबर राज्य पर आक्रमण कर दिया है। हैहय सेनाएँ शंबर के गाँवों, खेतों, घरों को नष्ट करतीं, अग्निदाह करतीं, विजयमद में गरजतीं, असुरों को पकड़तीं, आगे बढ़ रही हैं। पुनः राम को प्रबल घोड़ों पर आरूढ़ पुरंदर हैहय, सागर हैहय, महेंद्र हैहय

और नृसिंहराज के चेहरे दीखे और नृसिंह पुत्र सिंधुराज के भी···वे अग्नि की दीप्ति से चमक रहे थे और वे हाथ उठा-उठाकर सेनाओं को आदेश दे रहे थे। जो शंबर के लोग दीखते, बाणों, भालों और कृपाणों से मारे जाते । स्त्रियाँ, बच्चे-बूढ़े चीत्कार करते, अग्निदाह से, धुएँ से घुट-घुटकर मरते, गिरते, भागते···राम ने दुःखदग्ध होकर मुनि अघोर की ओर देखा।

अघोर मुनि यों हँसे जैसे कौतुक हो रहा हो। बोले—

''राम! अब अंगिरा आश्रम की दिशा में देखो!''

राम ने पुनः ध्यान लगाया। देखा, ऋषि चायमान के नेतृत्व में लोमा, मौरवी और वृक् ब्रह्मचारियों की सेना के साथ हैहयों की आक्रामक सेना का पीछा कर रहे हैं और नृसिंह हैहय की सुरक्षित सेना के द्वारा ललकारने पर उससे भिड़ रहे हैं।

पीछे से आक्रमण होने पर नृसिंह हैहय की सेना का वेग रुक गया। सेनापति नृसिंह ने देखा कि ऋषि चायमान ने अपनी सेना के तीन भाग कर पीछे और दाएँ-बाएँ भाग पर प्रहार करना प्रारंभ कर दिया है और आगे शंबर के गण मार्ग रोक रहे हैं···नृसिंहराज की सेना कटने लगी। उत्साहित होकर शंबर के गणों ने जंगली किलकारी मारी और वे अंधे खटीक की तरह हैहयों के सैनिकों को काटने लगे···उनके विषैले बाण जिस हैहय को लगते, वह तड़प-तड़पकर मरता, जिस अश्व को जहरीले बाणों, भालों के घाव हो जाते, वे छटपटाते या तो भाग छूटते या गिरकर पैर पटकते, हिनहिनाते हुए मर जाते···ऋषि चायमान ने आर्य वृक को तुरंत शंबरों की ओर चक्कर काट कर भेजा कि वह हैहयों पर विषबाण न फेंकें और साथ ही एक दूसरा गण नृसिंह हैहय के पास रवाना किया कि वह युद्ध को रोकने का आदेश दें वर्ना चारों ओर से घिरे हैहयों का सैन्यबल स्वाहा हो जाएगा··· ।

ऋषि चायमान की ब्रह्मसेना संख्या में कम होने पर भी अजेय थी क्योंकि प्रत्येक ब्रह्मचारी पूर्णतः सशस्त्र था और कवचबद्ध था, सिर पर शिरस्त्राण, घोड़े भी लौह से सुरक्षित···ब्रह्मचारी युवकों का लक्ष्य अचूक होता और वे कभी क्रोध में अंधे होकर युद्ध न करते···वे इस प्रकार लड़ते जैसे वे साधना कर रहे हों, श्वास पर नियंत्रण, दृष्टि पर नियंत्रण, शत्रु के मर्मवेध की अचूकता और अनुशासित गति···हैहयों ने ऐसी लड़ाई कभी नहीं देखी थी···वैसे भी आश्रम के विद्यार्थियों की सेना से युद्ध अधर्म-सा लग रहा था···ब्रह्मसेना के छात्र जब युद्ध में आहत होते या मरते तो ब्रह्मचारी सैनिक के आर्त्तनाद से हैहयों के कलेजे हिल जाते···उन्हें लगता कि वे देवदूतों का वध कर रहे हैं···उनके भोले, भव्य, चमकते चेहरे जब कटते तो हैहयों के हृदय काँप जाते और वे सेनापतियों की ओर देखते, कितना अच्छा हो कि युद्ध बंद होने के आदेश हो जाएँ···किंतु ऐसा संकोच और धर्म संकट ऋषि चायमान की ब्रह्मसेना में नहीं था···वे अपने साथी, सहपाठियों के वध से निष्कंप रहते और शत्रु पर यों टूटते जैसे बाज़ पक्षियों की ओर झपटते हैं···यह तो स्वाभाविक था कि आहत होने पर वे देवता के समान सुंदर युवक आर्त्तनाद करते,

गिरते-चीखते, छटपटाते और मरते थे किंतु वे कभी पीछे पैर न रखते और मृत्यु को यों वरण करते जैसे अवश्यंभावी का सामना ज्ञानीजन करते हैं···वे ऋषि चायमान द्वारा नियुक्त सेनापतियों के संकेत या ललकार पर आगे-पीछे हटते, आगे बढ़ते और कभी मनमाने आवेग में अति साहसिक प्रहार नहीं करते थे···सब-कुछ जैसे सधा हुआ और पूर्वनिर्धारित हो···युद्ध की पंक्तियाँ न टूटें जिनको आगे बढ़कर आक्रमण करना है, वे ही अग्रगामिता अपनाएँ, शेष प्रतीक्षा करें या अग्रगामियों को आसपास से घेर कर आगे बढ़ें, उनकी रक्षा करें और घिर जाने पर चौतरफा हथियार चलाकर शत्रु को पीछे हटने पर विवश कर दें···।

आमने-सामने के द्वंद्व युद्ध में तो ब्रह्मसेना के शूरवीरों का जवाब ही नहीं था···द्वंद्वयुद्ध वे विधिवत् करते, नियमों, मर्यादाओं के साथ और उनके साथी-समर्थक आसपास घेर कर खड़े हो जाते और कभी धोखे से प्रहार न करते···वे युद्धचातुर्य, साहस और हस्तलाघव में हैहयों को धूल चटाते और उनके अज्ञान, जल्दबाज़ी और मूर्खता का उपहास करते किंतु प्रतिद्वंद्वी हैहय योद्धा के द्वारा कुशलता का प्रयोग होने पर वे आश्रम के छात्र शत्रु की प्रशंसा भी करते, 'साधु ! साधु' के स्वर उठते और फिर वे ऐसा प्रत्युत्तर देते कि हैहय भी उनकी नकल में 'साधु-साधु' कहने लगते। द्वंद्व-युद्ध में जीत-हार के निर्णय के बाद पुनः सामूहिक युद्ध शुरू हो जाता···ब्रह्मसेना के लिए युद्ध एक योगाभ्यास था, एक ज्ञानार्जन···ब्रह्मसैनिक कभी भी क्रूरता, छल या कायरता न दिखाते··· वे मृत्यु को कुछ भी महत्त्व न देते··वे अपनी आत्मा की शुद्धता की चिंता करते थे कि उनसे कोई ऐसा कृत्य न हो जाए जो धर्मयुद्ध के विरुद्ध हो। ऐसे भी अवसर आते जब शत्रु अधर्म युद्ध पर उतर आता, तब उसे आपत्धर्म मानकर शत्रु के इस प्रकार के कृत्यों की निंदा करते हुए ब्रह्मसेना के नायक और सैनिक रक्षात्मक युद्ध करते और दुश्मन को चुनौती देते कि वे अधर्म युद्ध बंद कर विधि-विधान से लड़ें और हत्यारों की तरह आचरण न करें···हैहय तो अधर्म युद्धों के अभ्यस्त थे···वे छात्रों के धर्मबोध का उपहास करते, रात-विरात, घाट-कुघाट, कभी भी, कहीं भी आक्रमण कर देते किंतु प्रारंभ में हतप्रभ होने या पीछे हटने पर भी, अंततः ब्रह्मसेना के गुल्म चालाकियों में भी शत्रु को पराजित करते और हैहयों को उनकी नीचताओं तथा क्रूरताओं के लिए जमकर धिक्कारते···हैहय सैनिक लज्जित होकर पीछे हट जाते या अपने नायकों से कहते कि ब्रह्मसैनिक नैतिक दृष्टि से ऊँचे लोग हैं और उनकी हत्या नहीं होनी चाहिए।

ऋषि चायमान की व्यूह-रचना और ब्रह्मसेना के हस्तलाघव से हैहय हारकर भागने लगे···तब नृसिंहराज हैहय का युद्ध स्थगन का आदेश हुआ।

शांति के झंडों के साथ युद्ध स्थगित हो जाने पर ऋषि चायमान और नृसिंहराज हैहय एक-दूसरे से मिलने आए। वृक ऋषि चायमान का अंगरक्षक नायक था। वह साथ आया···मौरवी ने यह देखा तो वह भी दौड़ी।

सैनिक परिषद् की बैठक शुरू हो गई। ऋषि चायमान ने नृसिंह हैहय की कुशल पूछी—

''राजन्! नृसिंहराज हैहय, आप युद्ध में अक्षत तो रहे न?''

''हाँ ऋषे! और आप?''

''मेरी चिंता का क्या, आपका जीवन बहुमूल्य है और ये जो शंबर के गण हैं, आरण्यक हैं···वे विषैले बाण चलाते हैं। मुझे इसीलिए आपकी सुरक्षा की चिंता थी?''

नृसिंहराज हैहय हँसने लगा—''ऋषिवर! यह युद्ध है, इसमें जो आता है, वह या तो मारता है या मरता है, आहत हो जाता है···इसमें काहे का डर, काहे की चिंता?''

''राजन्! आपका ध्यान मैं इस गोपनीय पत्र की ओर आकर्षित करना चाहूँगा!''

ऋषि ने पत्र हैहय नायक को दे दिया। उसे चुपचाप नृसिंह ने पढ़ा। वह विस्मय से जड़ हो गया···पुनः निश्वास छोड़ता हुआ बोला—

''यह तो षड्यंत्र था कि मुझे यहाँ शंबरासुरों के विषैले बाणों से बिंधने के लिए भेजा गया···मैं मारा जाता और मेरा पुत्र सिंधुराज। वह आततायी मेरा कथित भतीजा कार्त्तवीर्य अर्जुन निष्कंटक हो जाता···यह तो हुआ किंतु ऋषि चायमान, यह समझ में नहीं आया कि आप आर्यों के विपक्षी अनार्य शंबरों के पक्ष में हम पर क्यों चढ़ आए?''

''राजन् ! ऋषि समदर्शी होता है···वह तो प्राणीमात्र को आत्मवत् मानता है । उनमें भी जो मनुष्य है, मनुपुत्र, वह मानवता के नाते से समकक्षता का अधिकारी है···सब मनुष्य बराबर हैं, समकक्ष हैं···उनमें भेद करना तो अपनी ही जाति का अपमान करना है और फिर शंबरों से पुत्र परशुराम ने अनाक्रमण की संधि की है और यह भी कि आक्रमण की दशा में हम पारस्परिकता बरतेंगे···इसी कारण हैहय-आक्रमण की स्थिति में, हम शंबर की रक्षा के लिए आ गए···अब हम, आप और शंबरासुर तीनों एक हो जाएँ वर्ना युद्ध तो व्यर्थ हिंसा बढ़ाते हैं···क्या मनुष्य इतना जड़ है कि वह वार्त्ता से अपने विवादों का समाधान नहीं कर सकता?''

नृसिंहराज हैहय ऋषि चायमान की आदर्श निष्ठा, मनुष्यता और आर्जव पर हँसने लगा। उसने कहा—

''ऋषे! आप महान् हैं, पूज्य हैं, देववत् हैं, देव ही हैं, महिदेव···आश्चर्य है···क्या वार्त्ता से कार्त्तवीर्य अर्जुन अनर्थ छोड़ सकता है ? क्या संवाद से लंका का वह राक्षस और उसकी लंकिनी नरमांस भक्षण बंद कर देगी? क्या वार्त्ता से वह सहस्त्रबाहु अपने मिथ्याभिमान को त्याग देगा? ऋषिराज! मनुष्य के विषय में आपकी धारणा स्वप्नशीला है···सपने में जो चाहें, हो जाता है पर यह जो ठोस संसार है, उसमें चाहने से नही होता, उसे छल-बल से करवाना पड़ता है···यही

मनुष्य की शोकान्तिका है···आप तो ऋषि हैं, आपकी चिंता धर्म है, आदर्श, मर्यादा, मानवता···किंतु कार्त्तवीर्य अर्जुन इसे मनुष्य की दुर्बलता मानता है, कायरता···अतएव मैं आपसे एकांत में वार्त्ता का प्रस्ताव रखता हूँ।''

गुप्त संधिवार्त्ता में कार्त्तवीर्य अर्जुन से असंतुष्टों और भार्गवों में स्थायी संधि का प्रस्ताव स्वीकार हो गया और यह कि यह जो हो रहा है, वह अर्जुन सहस्रबाहु से छिपा न रहेगा। इसलिए नृसिंहराज हैहय, अपने बंधु-बांधव, पुत्र और परिवार और जो हैहय सैनिक तथा नायक साथ दें, उनके साथ अवंती चले जाएँ, और अवंती के सीमांत पर, यदि संभव हो तो राज्य बनाकर रहें, तब तक, जब तक कार्त्तवीर्य अर्जुन की नियति निर्धारित नहीं हो जाती···नृसिंह हैहय का माहिष्मती लौटना भयदायक है···उन्हें वह सहस्रबाहु निश्चय ही मार डालेगा और उसके प्रति विश्वास व्यक्त करने वाले हैहय सैनिक राजा अर्जुन को सब बता ही देंगे कि नृसिंहराज हैहय की भार्गवों से संधि हो गई है। वह कार्त्तवीर्य समझेगा कि भार्गवों से साथ कार्त्तवीर्य के सगे चाचा की संधि का एक ही अर्थ है कि सहस्रबाहु के पतन या वध के पश्चात् माहिष्मती का राजसिंहासन नृसिंहराज हैहय को प्राप्त होगा और नृसिंह अपने पुत्र सिंधुराज को राजा या युवराज बनाएगा।

नृसिंहराज हैहय के साथ संधि हो जाने पर मौरवी तो अपने पिता की चिंता में शंबरपुर चली गई और ऋषि चायमान को सेना के जमदग्नि आश्रम की ओर प्रस्थान के बाद नृसिंहराज हैहय ने अपनी सेना को छावनी में टिकाकर नायकों और सेनानियों की बैठक बुलाई। उसमें तय पाया गया कि नृसिंहराज हैहय के साथ राजा कार्त्तवीर्य ने छल किया है, अतः सेना के दो टुकड़े हो गए···आधे सैनिक और नायक नृसिंह के साथ लग गए और आधे माहिष्मती लौट गए। नृसिंह सपरिवार अवंती की ओर चला गया। वहाँ आचार्य चक्रधर और मेधावी की मदद से अवंती के सीमांत पर एक ठिकाना बनाकर वहाँ नृसिहराज हैहय जम गया और एक दिन वह सपरिवार जमदग्नि आश्रम गया जहाँ ऋषि चायमान ससैन्य पहुँचकर ऋषि जमदग्नि को सारे समाचार सुना चुके थे···।

कार्त्तवीर्य अर्जुन सहस्रबाहु आखेट में असफल सिंह की भाँति विशिष्ट राज्यसदन में चक्कर लगा रहा था। उसने क्रोध में अपने अधर कई बार काटे थे और वह जबड़ों के भीतर दाँतों की चक्की चला रहा था जैसे किसी को दाँतों में दबाकर उसे काट रहा हो···वह सोच-विचार में डूबता, पुनः उससे उबरकर वह बाएँ हाथ पर दाएँ हाथ की मुट्ठी मारता हुआ बड़बड़ाया—

''नृसिंह हैहय, पितृव्य···अपने पैतृक राज्य का विश्वासघाती और फिर भी राजा का पितृव्य कहलाने वाला नीच नृसिंह, तू तो सर्प निकला···तूने उसी कुल को खा लिया जिसका तू ज्येष्ठ था···अरे, कोई है?''

सेवक दौड़ा आया और हाथ बाँधकर नतवदन खड़ा हो गया।

''तू सेवक है···राजा का सेवक और तू जानता है कि मुझे क्या चाहिए?''

सेवक सहमकर छाती में सिर गड़ा गया और स्तंभवत् खड़ा रहा। राजा चिढ़ गया। उसने एक जोरदार झापड़ मारा और चिल्लाकर बोला—

"जा, विचक्षु को बुला ला!"

सेवक भागा। कुछ समय बाद विचक्षु आया···उसके चेहरे पर आज आत्म-विश्वास और कुटिल मुस्कान नहीं थी···वह व्यग्र और उखड़ा हुआ-सा था।

"महाराजा! समाचार शुभ नहीं है!"

"हमें ज्ञात है परंतु नृसिह के परिवार में तथा बाहर कौन-कौन समर्थक रह गए हैं यहाँ?"

"यों तो कई परिवार यहीं हैं पर वे भाग जाने की जुगाड़ में हैं, कुछ भाग गए है, कुछ जा रहे हैं···आपकी आज्ञा की प्रतीक्षा में उन्हें पकड़कर रोक लिया गया है!"

"उन सबको बाँधकर यहाँ ले आओ, अभी!"

"नहीं राजन्···कारागार में ठीक रहेगा।"

"बहुत ठीक, कारागार सही···वहाँ उन्हें कहीं एकांत में बंदी बनाकर रखा जाए, समझ गया या समझाऊँ?"

"समझ गया प्रभो···।" विचक्षु ने अपने कान पकड़कर कहा और सिर झुकाकर खिसकने लगा। राजा बिगड़ उठा—

"तुम राज्य के प्रमुख भेदिए हो और इतनी बड़ी घटना घट जाने पर भी तुम सरकना चाहते हो···तुम नृसिंह हैहय को शंबरों के विषमय तीरों से छिदवाना चाहते थे और हुआ क्या? हुआ यह कि वह चाचा नृसिंहराज हैहय भार्गवों से जा मिला···वह मेरे शत्रु अवंती के पक्ष में गया···वहाँ उसकी सहायता से सीमांत पर एक राज्य बना लिया और वह प्रतीक्षा करेगा कि मैं कब मरूँ ताकि वह आकर सिंहासन पर आ चढ़े?"

अब की बार विचक्षु के मुख पर वही पुरानी कुटिल मुस्कान आई, बोला—

"चक्रवर्ती। आप अमर हैं, कोई शक्ति है ही नहीं, संपूर्ण जम्बू द्वीप में जो आपकी अजेय सेनाओं का सामना करे···लंका के राक्षसों ने आक्रमण किया था, पराजित हो गए···अब ये कुछ ऋषियों के आश्रम हैं, ये ऋषि-मुनि जो आपके वर्चस्व के विरोधी हैं···वे आपके आतंक से नहीं डरते और अलौकिक शक्तियों का भय दिखाकर वे हमें अधर्मी-अन्यायी सिद्ध करते हैं···।"

"···ये आश्रम···ये हमारे विरुद्ध षड्यंत्र और प्रतिरोध के केंद्र हैं,···विशेषकर भार्गवों, अंगिरा, अगस्त्य और वसिष्ठों के आश्रम तो युद्धक-छावनियाँ हैं, जब तक है तब तक हैहय यादवों का सार्वभौम राज्य निष्कंटक हो नहीं सकता···किंतु उसके पूर्व इन घर के भेदियों का समूल-उन्मूलन आवश्यक है··· ।"

विचक्षु कहता गया—"तो राजा कल रात में कारागार के प्राङ्गण में पधारें, वहाँ नृसिंहराज हैहय के स्वजनों और समर्थकों को बंदी बनाकर रखा गया है···जो शेष बचे हैं, पकड़े जा रहे हैं।"

···वह अँधरी रात थी। विद्याधर राक्षस, लंकिनी, राक्षसों के गण तथा अपने सतर्क अंगरक्षकों के साथ अभिमानी कार्त्तवीर्य अर्जुन मध्यरात्रि के लगभग कारागार के विराट् आँगन में पहुँचा। उस आँगन के बाद एक और प्राङ्गण था, जिसके चारों ओर कोठरियाँ थीं, जिनमें क़ैदी रखे जाते थे। इसी प्रकार आगे प्राङ्गण थे और अंत में तथा अगल-बगल पूरे कारागार की रक्षा के लिए ऊँची चहारदीवारी थी, जिनके गुंबजों पर घंटे लगे हुए थे और सैनिकों का पहरा रहता था। कारागार की चारों चौड़ी दीवारों पर सैनिक आठों पहर घूम-घूमकर पहरा देते थे और किसी बंदी के भागने या उत्पात करने पर घंटे बजने लगते थे ताकि कारागार के चारों कोनों पर स्थायी शिविरों से सेना के योद्धा आकर कारागार में शांति स्थापित कर सकें और दोषियों को दंडित कर सकें।

चक्रवर्ती अर्जुन को आया देखकर आज विशेष प्रबंध किया गया था। अर्धरात्रि का समय हो रहा था···मशालें जल रही थीं। वे अँधेरों को भगा रही थीं पर अंधकार अपने को रहस्यमय बनाए हुए था···वह मशालों की रोशनी को काले कपड़ों से घेरता-सा लगता और प्रकाश को सीमित करता···कारागार में एक विचित्र भय और भेद व्याप्त था।

नृसिंहराज हैहय के स्वजनों में स्त्रियाँ और बच्चे भी थे, बूढ़े भी। एक ज्येष्ठ वयस्क हैहय को बुलाया गया। वह हथकड़ी-बेड़ी में था। वह कठिनाई से चल पा रहा था पर उसकी गति में एक गौरव था। वह गौरव, वह अकड़, वह स्वाभिमान चक्रवर्ती को खटका, वह गुर्राया—

''तू नृसिंह का क्या लगता है?''

''मैं नृसिंह का लघु भ्राता हूँ, नृसिंहराज मेरे ताऊ के पुत्र हैं···।''

''तू युद्ध में गया था, क्या नाम है तेरा?''

''संताप हैहय···मैं युद्ध में गया था और हमने शताधिक शंबरों को मारा। जब भाई नृसिंह को पता चला कि आपने उन्हें युद्ध में वनवासियों के विषैले बाणों से मरने के लिए भेजा है तो वह माहिष्मती नहीं लौटे, स्वयं बहिष्कृत हो गए···किंतु मैं माहिष्मती और चक्रवर्ती के पक्ष में था, लौट आया···उसका दंड यह मिल रहा है।''

''तू नृसिंहराज का भ्राता है न?''

''हाँ, मैं नृसिंह का भ्राता हूँ।''

''तो इतना पर्याप्त है, इसे मारो!''

संताप हैहय की छाती में कई भाले घुस गए···वह संताप घायल बैल-सा डकराया और अचेत होकर गिर गया···फिर उसका शरीर छटपटाने लगा।

''विद्याधर राक्षस! इस संताप में हैहय रक्त है और यह अभी मरा नहीं है···तुम रात्रिभोजन के लिए इसे ले जाओ।''

लंकिनी ने ठहाका मारा और उसने अधरों पर जीभ फेरी।

चक्रवर्ती के संकेत पर नृसिंहराज हैहय के स्वजनों का संहार शुरू हो गया। स्त्री-बच्चों और वृद्धों के सिर कटने लगे, भालों से उनके शरीर बिंधने लगे… रोदन-चीत्कार से दिशाएँ काँप उठीं। विद्याधर ने प्रसन्नता से लंकिनी की ओर ताका, आँख मारी। लंकिनी ने विद्याधर को चुटकी काटी और दाँत निपोरकर कहा…"अब इस सहस्रबाहु की भुजाएँ कट रही हैं। लंकेश को इसने हराया था। अब कार्त्तवीर्य अर्जुन की नींव नष्ट हो रही है…यह राजा इतना मूर्ख है कि अपने ही वंश का नरसंहार करवा रहा है…भला, स्त्री-बच्चों ने क्या बिगाड़ा था?"

तभी वहाँ एक बिल्ली और एक बिलाव प्रकट हुआ। बिलाव ने झपटकर चक्रवर्ती के हाथ में थमे मदिरा के पात्र को गिराया और बिल्ली ने राक्षसी लंकिनी का मुख नोचा। राजा ने आक्रामक बिल्ले को उठाकर फेंक दिया पर राजा डर गया। वह चिल्लाया, "मारो इन्हें…" लोग उस बिल्ली और बिल्ले पर शस्त्र चलाने लगे किंतु वे अदृश्य हो गए। अंधकार में वे उन्हें खोजने लगे।

पुनः बिल्ली और बिलाव प्रकट हुए किंतु अब उनके आकार बढ़ गए थे। नातिकाल में वे दस फ़ीट ऊँचे हो गए, फिर बीस फ़ीट…वे झपटे और नृसिंह हैहय के स्वजनों की हत्या करने वाले सैनिकों पर टूट पड़े। वे दोनों मार्जार और मार्जारी डरावनी आवाज़ें करते, सैनिकों के मुख नोचते, उनके अस्त्र-शस्त्र छीनते और अधर में कभी उछलते, कभी अदृश्य हो जाते। उन पर जो सैनिक शस्त्र चलाते, उनकी बाँहें टूटने लगीं जैसे कोई अदृश्य शक्ति हज़ार हाथों से वधिकों पर प्रहार कर रही हो…अब वह बिल्ली और बिल्ला आकाश छू रहे थे और वे दोनों विराट् पंजों और दाँतों से प्रहाररत सैनिकों को धराशायी कर रहे थे…उन्हें चीथ रहे थे।

अब दशा यह थी कि नृसिंहराज के स्वजन-परिजन, स्त्री-पुरुष, बालक-वृद्ध प्राण बचाकर मुख्य द्वार की ओर भागने लगे। कारागार के द्वार खुले पड़े थे और पहरेदारों के मुँह नोचे गए थे…वे भय और बिल्ली-बिल्ले के प्रहारों से अचेत थे। उधर राजा के पक्ष के लोग बिल्ली को चुड़ैल और बिलाव को भूत समझकर भागने लगे…अंगरक्षक राजा को घेरे खड़े थे, भयभीत थे, काँप रहे थे। राजा विस्मित था कि यह क्या हो रहा है…वह भी डरा हुआ था किंतु वह ऊपर से निर्भयता का प्रदर्शन कर रहा था। राजा ने विद्याधर को ललकारा—

"राक्षसराज! यह भूत-प्रेतों की माया है, कुछ करो वर्ना ये पिशाच तुम्हें भी न छोड़ेंगे।"

विद्याधर ने नेत्र बंद कर मंत्र पढ़े तो दो कुत्ते प्रकट हुए जो क़द बढ़ाते हुए उस मार्जार-युगल के बराबर हो गए और वे दोनों उस बिल्ली और बिलाव पर टूट पड़े लेकिन वह बिल्ली-बिलाव भागे नहीं, उन मायापुत्र कुत्तों से भिड़ गए…वे गुर्राते और झपटते, पीछे हटते, आगे बढ़ते, आकाश में उड़ जाते और अचानक कुत्तों पर गिरते…कुत्ते डरकर पीछे हटने लगे…लोगों को अब मज़ा आने लगा। वे कुत्तों का मनोबल बढ़ाने लगे। कुत्ते साधुवाद पाकर पुनः झपटे किंतु बिल्ली ने उनकी

आँखें फोड़ दीं। अंधे कुत्ते रक्त बहाते डरकर विद्याधर के पास आकर रोने लगे···बिल्ली और बिल्ले ने घातक आक्रमण किया। विद्याधर ने कुत्तों को लुप्त कर कृपाण से मार्जार-युगल पर वार किया किंतु उस विराट् बिल्ली-बिल्ले ने राक्षस को नाखूनों से घायल कर दिया और वे राजा की ओर बढ़े···अंगरक्षकों के प्रहारों की परवाह न कर वे चक्रवर्ती पर झपटे और उसे पटककर चढ़ बैठे···

भयग्रस्त अंगरक्षकों ने देखा कि वे विशाल आकार के मार्जार राजा को भूमि पर गिराकर उसकी गर्दन खोज रहे हैं जिसे राजा अपने दोनों हाथों से छिपाए हुए है। राजा चीख रहा था, ''बचाओ बचाओ,'' चिल्ला रहा था। अंगरक्षक शस्त्रों से प्रहार कर रहे थे किंतु उन पर कोई प्रभाव नहीं हो रहा था। तब राजा ने निराश होकर महादेव का मंत्र पढ़ा। महाकाल का नामजप होते ही वे दोनों मार्जार अदृश्य हो गए। राजा अपनी नोची-खरोंची बाँहों से, चेहरे से रक्त बहाता हुआ उठा···उधर विद्याधर और लंकिनी भी बहते रक्त को पोंछ रहे थे—मार्जारों के अदृश्य हो जाने से लोगों की जान में जान आई। बुझी मशालें पुनः प्रदीप्त हो गईं। अचेत सैनिक उठकर अपने कर्तव्य पर दृढ़ होने लगे···और अंगरक्षकों ने राजा का रक्त साफ कर उसे मदिरा का पात्र दिया, विद्याधर और लंकिनी को भी···तभी चक्रवर्ती कार्त्तवीर्य अर्जुन ने अट्टहास किया—

''अरे, विद्याधर! तुम्हारे कुत्तों को बिल्ली-बिल्ले ने भगा दिया, हः हः हः ह।''

''महाराज, यह माया किसकी थी···वे साधारण भूत नहीं थे···कोई बड़ी शक्ति उनमें थी···यह एक नया शत्रु उत्पन्न हो गया···कहीं वे मनुष्येतर शक्तियों को भेजकर अनर्थ न करवा दें?''

''आप तो यातुधान हैं···आपको भूत-प्रेत सिद्ध होंगे···प्रश्न यह है कि इन शक्तियों का सिद्ध कौन है···आप पता लगाइए तो उस सिद्ध को मारा जाए!''

''मैं अवश्य पता लगाऊँगा और विचक्षु भी भेद लेगा···क्यों विचक्षु?''

''महाराज! मैंने पता लगा लिया है?''

''अच्छा!''

''हाँ महाराज, यह कार्य महाआथर्वण अघोर भार्गव का है···वह सिद्ध है, महासिद्ध, वह कापालिक भी है, श्मशान साधक···उसका सेवक एक पिशाच है, शंख···उसकी पुत्री श्यामली थी···महाराज, उस श्यामली को शंख से बलपूर्वक छीनकर लाया गया था···कुछ स्मरण है महाराज···वह शंखकृषकपुत्री, साँवले रंग की, छबीली श्यामली···जो सतीसाध्वी बनती थी और उसी हठ में वह मारी गई?''

''हाँ, हाँ, उसका स्मरण आ रहा है, वह श्यामली, जो मानी ही नहीं···वह हठीली भी थी, न धन का लोभ, न पद का, न ऐश्वर्य का···अंत में बल का प्रयोग करना पड़ा···बड़ी मोहक थी, वह श्यामली!''

''हाँ महाराज! और उसका बाप शंख अपनी बेटी के अपहर्त्ता हमारे सैनिकों से लड़कर मारा गया···वे भूत-भूतनी बनकर अघोर वन में रहते हैं और प्रतिशोध

के लिए माहिष्मती में उत्पात करते हैं···यह उनकी प्रथम बड़ी कार्यवाही थी···महाराज, अघोर वन तो अगम्य है!''

''विचक्षु! कोई स्थान अगम्य नहीं होता···और दिन के प्रकाश में ये भूत-प्रेत और तांत्रिक क्या कर लेंगे···? मार से तो भूत भी भागता है और हम तो देवाधिदेव महाकाल के भक्त हैं···रक्षाकवच बाँधकर महादेव का मंत्र जपते हुए हम अघोर वन पर आक्रमण कर उसे उजाड़ देंगे, उस अघोर सिद्ध की श्मशान में बलि दे देंगे···यह अघोर कौन है, कहाँ का है?''

''वह महाअथर्वण ऋचीक का भाई है, वह अघोर···वह परशुराम का पितामह है और उसे तंत्र विद्या सिखा रहा है, सिखा चुका है···किंतु भैरवकर्म करने के कारण वह अघोर मुनि भार्गव आश्रम में जाता नहीं है।'''

''किंतु विचक्षु तुम्हें यह सब कैसे ज्ञात हुआ और तुमने अब तक मुझे क्यों नहीं बताया?''

''यह भेदविद्या है महाराज, बताता कैसे यह भेद तो अभी ज्ञात हुआ है?''

''अभी?''

''हाँ महाराज! यह पत्र देखिए···इसे वही शंख छोड़ गया है।''

श्वेत रेशमी कपड़े पर वह पत्र खून से लिखा गया था। जो विचक्षु ने कहा था, वह सब राजा ने उस पत्र में पढ़ा और विद्याधर ने, लंकिनी ने, अन्य व्यक्तियों ने भी विस्मय से, विस्फारित नेत्रों से वह चिट्ठी देखी···एक अजीब डर सब को थरथराने लगा···मनुष्य से तो निपटा जा सकता है किंतु भूत-प्रेत-पिशाचों से कौन लड़ सकता है? केवल राजा अर्जुन, सबका भय भगाने के लिए ठहाके लगा रहा था। उसने कड़ककर विचक्षु से पूछा—

''अब नृसिंह हैहय के स्वजनों का क्या होगा? अभी वे अवंती के मार्ग में ही होंगे, उन पर आक्रमण के लिए रुद्रदत्त सेना भेज दे, ऐसा आदेश उस तक पहुँचाओ या उसे मेरे पास भेज दो, शीघ्रता करो।''

फिर राजा सबके साथ राजप्रासाद में आया। उसे एक खुटका लगा हुआ था। सबेरा हो रहा था। शयन के लिए प्रस्थान के पूर्व उसने रुद्रदत्त को नृसिंह के स्वजनों को पछियाने के आदेश दिए और यह भी कहा कि सेनापति, अघोर वन को चारों ओर से घेर ले तथा अवंती पर आक्रमण की तैयारी करे···अवंती में माहिष्मती के शत्रु एकत्र हो रहे हैं। अवंती के बल पर जमदग्नि का आश्रम माहिष्मती की उपेक्षा कर रहा है और वह नृसिंह हैहय भी अवंती का अनुगामी है···अवंती और जमदग्नि आश्रम, ये दो कंटक हैं, इन्हें निकालना ही होगा···और वह परशुराम!

कार्त्तवीर्य अर्जुन चिंतित था कि कहीं अंत:पुर में कोई उत्पात न हुआ हो···कहीं अंत:पुर का कोई व्यक्ति, कोई रानी, कोई रक्षिता तो शत्रु से नहीं मिल गई है? मणिप्रभा रहस्य जानती होगी किंतु मुझे यह परशुराम, हाथ में विशाल परशुधारी

जामदग्न्य राम क्यों दिखाई पड़ रहा है···जिधर सुनो, उसी का नाम सुनाई पड़ रहा है··· ऋषि-मुनियों में एक वही धनुर्धर है, वह परशुधारी राम···राजा को चारों ओर परशुधारी राम के बिंब दिखने लगे···वह भय से आतंकित होकर अंत:पुर में प्रविष्ट होकर एक कक्ष में स्तंभित होकर खड़ा रह गया···उसे प्रत्येक आहट पर परशुधारी राम का आभास हो रहा था और वह जड़ मुद्रा में जम-सा गया था··· ।

मणिप्रभा ने भयग्रस्त राजा को चकित होकर देखा। मणिप्रभा ने अपने जीजा को आश्वस्त किया कि वह अपने अंत:पुर में है और यहाँ कोई शत्रु नहीं है। मणिप्रभा राजा के हाथों को नोचा-खरोंचा पाकर चिंतित थी। राजा उसे देखकर आश्वस्त हुआ और परशुराम के बिंब अदृश्य हो गए। राजा ने आतंकित होकर पूछा—"मणि! यहाँ कोई भूत-प्रेत लीला तो नहीं हुई? कोई पत्र तो नहीं फेंका गया यहाँ?"

"पत्र? हाँ एक रक्तपत्रिका तो फेंकी गई है यहाँ···प्रांगण में पड़ी थी···वह यह है!"

श्वेत रेशमी वस्त्र पर खून से लिखित उस पत्र में मणिप्रभा और रानी कनकलता को संबोधित किया गया था कि वे राजा को रोकें। राजा के कुकृत्यों क्रूरताओं और अहंकारों की सीमाएँ टूट चुकी हैं···प्रकृति की सहनशक्ति समाप्त हो गई है, राजा या तो शील और धर्म के पथ पर वापस आए, वर्ना सावधान, वह राज्य सहित विनष्ट हो जाएगा। सावधान!···उस पत्र पर शंख और श्यामली के हस्ताक्षर थे और पता अघोर वन का था, द्वारा महाआथर्वण अघोर भार्गव, अघोर वन।

राजा कार्त्तवीर्य अर्जुन उस पत्र को पढ़ रहा था और उसका हृदय थरथराते यवनिका या परदे की तरह हिल रहा था···उसके नेत्र मुँद गए और वह पुनः परशुराम के आभास देखने लगा।

12

अघोर वन पर आक्रमण तो नहीं हुआ क्योंकि सभी ने इसका विरोध किया, सैनिकों-सेनापतियों में भी आतंक था। मणिप्रभा ने राजा को समझाया कि अघोरी भार्गव के प्रेत-पिशाचों को वश में करने के लिए तांत्रिक उपाय कराने चाहिए···राक्षसराज विद्युन्माली विद्याधर लंका से या वे जहाँ भी साधनारत हों, तांत्रिक सिद्धों-साधकों, ओझाओं, भैरवों, कापालिकों, पाशुपतों को बुला लाएँ और वे माहिष्मती के महाश्मशान में, अघोरवन में जाकर उच्चाटन मारण-स्तंभन के प्रयोग करें और कृत्या चलाकर अघोर भार्गव को मार डालें—सशस्त्र सेनाओं का कार्य मनुष्यों का सामना करना है, भूत-चुड़ैलों का नहीं···कहीं अघोर वन में सेना

भेजी गई और वहाँ पिशाचों, ब्रह्मराक्षसों ने आक्रमण कर दिया, सैनिक कहीं डरकर भाग छूटे तो कितनी हँसी होगी,...हैहयों का जो आतंक छाया हुआ है, सर्वत्र, वह समाप्त हो जाएगा...सैनिक भी अंततः मनुष्य ही होते हैं...ये सब भूत-प्रेतों में विश्वास करते हैं, उनसे डरते हैं...और महादेव के महामंत्र के कवच भूत-प्रेतों से नहीं बचा सकते क्योंकि भूत-प्रेतों के संरक्षक तो स्वयं देवाधिदेव रुद्र ही हैं...अतएव अघोर-वन से भार्गव अघोर आथर्वण और उसके गणों को भगाने के लिए तांत्रिकों को भेजा जाए... ।

राजा सहस्त्रबाहु कार्त्तवीर्य अर्जुन मान गया...वह स्वयं डरा हुआ था...उसे उस विराट् बिलौटे और भयंकर बिल्ली की घुर्र-घुर्र चारों ओर से उठती हुई सुनाई पड़ने लगी और उस मार्जार युगल की लाल आँखें, कुंतवत् प्रदीर्घ पंजे...उस युगल ने किस प्रकार सैनिक को क्षत-विक्षत कर दिया था...राजा ने भय की एक फुरहरी ली और वह उस रात भूतों के उत्पात पर हँसने लगा । पुनः आदेश हुआ—

"सेनापति रुद्रदत्त । अपने कुलगुरु जमदग्नि आश्रम की ओर वन्यपशु बहुत हैं, आखेट के लिए उधर ही चला जाए किंतु सेना पूरी तरह तैयार होकर चले...अवंती वहाँ से दूर नहीं है और उधर शत्रु ही शत्रु हैं, शंबर पर हैहय-आक्रमण के कारण असुरों का भी भय है...एक बड़ी सेना साथ चले, अस्त्र-शस्त्रों के वाहन, खाद्य-सामग्री भी चले...आगे आखेटकों के समूह हों, उनके पीछे हम, हमारे चारों ओर सेना...शर्यातों की भी परीक्षा हो जाए, उस मेघवज्र के शर्यात-गुल्म को भी साथ ले चलो...माहिष्मती में शत्रु हैं । राजधानी की रक्षा का पूरा प्रबंध हो और नगर-रक्षा : दुर्गरक्षा का दायित्व राजकुमार जयध्वज को सौंपा जाए...तालजंघ तो अभी अल्पवय का है पर वह युद्धकला सीखे । वह राजकुमार जयध्वज के अधीन रक्षाप्रबंधों में दत्तचित्त हो जाए...नृसिंहराज हैहय के किसी स्वजन को तो सेवा में नहीं रखा गया है?"

"नहीं महाराज,...परंतु इतने बड़े नगर में वे छुपकर भेद-युद्ध कर सकते हैं और घर का भेदी हानिकारक होता है ।"

राजकुमार जयध्वज को बुलाया गया । उसको राजा ने आज्ञा दी—"राजकुमार तुम अपने पुत्र तालजंघ के साथ नगर-रक्षा का दायित्व लो और नृसिंहराज हैहय के किसी भी व्यक्ति को राजसेवा में मत रखना यदि कोई हो तो निकाल बाहर करना, नगर से बहिष्कृत कर देना...वे घर के भेदी हैं...समझ गए न?"

"समझ गया, महाराज! आप निश्चिंत होकर आखेट या युद्ध के लिए प्रस्थान करें...ऐसा प्रबंध करूँगा कि कोई नगर में प्रविष्ट नहीं हो सकता...भूत-प्रेतों तक को साहस नहीं होगा...तांत्रिकों को बुलवाया गया है ।"

पुनः राजा कार्त्तवीर्य अर्जुन ने एकांत में राजकुमार जयध्वज से वार्त्ता की । तभी मणिप्रभा चारु को लेकर आई, दोनों अति सुंदरी थीं...राजा मुस्कराया...उसे लगा, आशंका, षड्यंत्र, भय, द्वंद्व और कूट-कपट से उपजे तनाव में ये अप्सराएँ इंद्र के

अखाड़े को छोड़कर राजमनोरंजन के लिए आ रही हैं···सारियाँ पैरों से दब रही थीं, पायल और नूपुरों की झंकार से, पग-पग पर अणु-परमाणु सौंदर्य-भार से दबने का सुख लेते लग रहे थे। लहराते हुए अंचल जैसे अति सुंदरी-युगल के आकर्षण के वितान उड़ा रहे हों, जैसे कोई समुद्र की दो तरंगें सजीव होकर लहराती आ रही हों, जैसे उनके उभरे हुए वक्षस्थल मणिप्रभा की ओर ध्यान खींच रहे हों कि यह मणिप्रभा और चारुवल्लरी वसुंधरा हैं, रत्ननिधियाँ और वे अपने उत्खनन की सहर्ष अनुमति देने के लिए उत्सुक···जैसे उनके चंद्रमुख, काले घुँघराले केशनागों से घिरे भयभीत हों जैसे उनके चंचल मत्तवारुणी, अमृत और विष से छके इतराते नेत्र आखेट के कौतूहल, रोमांच और रहस्य से दर्शकों को एक साथ मार भी रहे हों, जिला भी रहे हों···उन अद्‌भुत लोचनों में एक विचित्र आमंत्रण था, नकार भी, स्वीकार भी और उनके सौंदर्यों में ऐसा यातु था कि सुनहले पाटाम्बरों में लिपटी उनकी कायाएँ उपवन में लताओं की तरह अधर में डोलती जान पड़ती थीं; लावण्य ऐसा जैसे किरणजाल के अभ्यंतर में कोई कनकछाया चल रही हो—लाड़ और गौरव की छलक में छेड़ भरकर मणिप्रभा राजा को प्रणाम कर कोयल की तरह कूकने लगी—"चक्रवर्ती! हम भी चलेंगीं आखेटोत्सव में···अनुमति दी जाए।"

चारुवल्लरी ने तो राजा के पैर पकड़ लिये। वह राजा की पिंडलियाँ सहलाने लगी···राजा को कुतकुती लगी···चारुवल्लरी के स्पर्श में उद्दीपन था, राजा मस्त हो गया···राजकुमार जयध्वज चुपचाप प्रणाम कर खिसक गया···अब चारुवल्लरी संकोचमुक्त होकर राजा के कान से जा लगी। वह लगभग राजा से लिपटकर कनबतियाँ-कर्णवार्त्ता कर रही थी और मणिप्रभा राजा का हाथ सहला रही थी, हँस रही थी···वह क्रीड़ाशील मन से चारुवल्लरी को डाँटने लगी—

"वल्लरी! यह क्या रमणीरहस्य घोल रही है तू महाराज के कान में?"

"मैं चक्रवर्ती को अकोर (रिश्वत) दे रही हूँ।"

"कैसी अकोर?"

"मणि की!"

राजा और वल्लरी ने रहस्यमय ठहाका लगाया। मणिप्रभा अनजान बनी, बिगड़ी—

"हला! वल्लरी! मणियों का राजा को क्या अभाव है?"

वल्लरी चहकी—"मणिप्रभा का तो है···मैंने राजा को कह दिया कि आखेट में हमें साथ जाने देंगे तो चंद्रमणि पसीज जाएगी!"

"तूने ऐसा कहा···अच्छा मैं तुझे बताती हूँ, तेरा यह साहस··· ।"

और मणिप्रभा चारुवल्लरी को मारने दौड़ी···राजा आनंदित हो गया। चारुवल्लरी राजा के वक्ष में छिप गई···चिल्लाई—"दुहाई है महाराज, दुहाई।"

"अच्छा, अच्छा, छोड़ दो मणिप्रभा···यह बेचारी तो सचमुच डर गई···मणि, यह वल्लरी तो तुम्हें बना रही थी···वस्तुतः मणिप्रभा नाम की एक अन्य ललना

है···यह मुझे उसका लालच दे रही थी—तुम्हें तो वल्लरी जानती है कि तुम···कि तुम तो परशुप्रेयसी हो?''

''क्या कहा?''

अब मणिप्रभा सचमुच क्रुद्ध हो गई···उसकी भृकुटि चढ़ गई, चेहरा तमतमा गया और नेत्र आश्चर्य से विस्फारित हो गए···राजा ने क्रोध में मणिप्रभा की प्रदीप्त सौंदर्य छवि का, भंगिमा का सुख लिया···फिर मुग्ध होकर बोला—

''मणि! विश्वास करो···वल्लरी ने युद्ध के स्थल पर तुम्हारे सौंदर्य के उपयोग का उपाय सुझाया था···अहा, क्या कटाक्ष है, क्या अद्भुत रूप है, क्या भंगिमा है मणिप्रभा···वल्लरी ने कहा तो विनोद में था पर मुझे विश्वास है कि वह परशुराम तुम्हें देखते ही मंत्र-तंत्र भूल जाएगा। तुम्हारी भृकुटि के धनुष के सम्मुख राम के धनुष की क्या बिसात···तुम चलो, अवश्य चलो मणि। सेना और मेरी भुजाओं की क्या प्रासंगिकता रह गई है अब···जब हमारी मणिप्रभा हमारे पार्श्व में है···जब तक मणिप्रभा की भौंह तनी हुई है, तब तक माहिष्मती को क्या भय, क्या डर है चक्रवर्ती को?···वल्लरी, मणिप्रभा का क्रोध उतारो अन्यथा प्रलय हो जाएगी···शेषनाग का फन हिल जाएगा, धरती गिर पड़ेगी संमुद्र में···वायु स्थिर हो जाएगी···सब जल उठेगा, सब गल जाएगा, समुद्री वात्याचक्र से सब डूब जाएगा···वज्रपात होगा, बिजली गिरेगी, सृष्टि पर संकट है चारुवल्लरी···मणिप्रभा क्रोध में है, हे कैलाशवासी, हे पिनाकी, मणि के भृकुटि धनुष को उतार दो प्रभो!''

राजा के विनोदी अट्टहास में स्वयं मणिप्रभा बह गई···वह हँसते-हँसते, राजप्रशंसा से गर्व वसूलती हुई, ऐंठती हुई, साम्राज्ञी का अभिनय करने लगी। उसने आदेश दिया, चक्रवर्ती की नकल करते हुए—

''राजा सहस्रबाहु, आप एक भुजा से चारुवल्लरी को पकड़ें और दूसरी भुजा से इसकी पीठ पर मुक्कियाँ मारें, ऐसी नहीं कि उसका अस्थिपिंजर ही भुरकुस हो जाए···और तीसरी भुजा से इसके बाल पकड़कर खींचें, चौथे हाथ से इसकी जीभ···शेष छोड़ें।''

बात न बनते देख, सब ने अतिहास्य किया। राजा ने ठिठोली की—

''शेष क्यों छोड़ें···मैं बताऊँ कि शेष हाथों से क्या-क्या करें?

''अरे नहीं, इतना पर्याप्त है···आपके तो हजार हाथ हैं, आप आगे मत बढ़िए···चारुवल्लरी तो छुईमुई लता की भाँति है···देखिए, छूते ही सिमट गई, क्यों री वल्लरी?''

फिर चारुवल्लरी और मणिप्रभा तैयारी के लिए चली गईं। राजा ने तृषित नेत्रों से जब मणिप्रभा की ओर देखा तो उसने व्याजकोप से आँखें तरेरीं···राजा विहँसने लगा।

दिन-भर सेना तैयार होती रही। मेघवज्र ने शर्यात् यादवों के अश्वारोहियों की एक चमू सजाई, रुद्रदत्त स्वयं बड़ी सेना के साथ राजा की कमान में चला···गजसेना

का भी एक गुल्म सबसे आगे झूमता हुआ गतिमान हुआ···सारा प्रपंच यों रचा गया जैसे राजा आखेट को जा रहा हो किंतु तैयारी युद्ध जैसी थी।

प्रथम पड़ाव, दिन-भर आखेट खेलने के बाद हैहयपुर में पड़ा जो जमदग्नि के आश्रम से बहुत दूर नहीं था। रात-भर विश्राम के बाद दूसरे दिन प्रातः चक्रवर्ती की सेना जमदग्नि के आश्रम के निकट की नदी के तट पर रुक गई। जो वन में आखेट को गए थे, वे वहीं आ गए। राजा को विचक्षु के भेदियों ने समाचार दिया कि परशुराम जमदग्नि आश्रम में नहीं हैं···वह तो अघोर वन में तंत्रसाधना कर रहे हैं···और आश्रम में बूढ़े ऋषि योद्धा चायमान के नेतृत्व में प्रतिरोध हो सकता है किंतु संयोगवश आश्रम में ब्रह्मचारी योद्धाओं की संख्या अल्प है···हाथी बहुत कम है, अश्वारोही सैनिक भी अधिक नहीं हैं, दो-तीन सहस्र होंगे, सब मिलाकर वह कलावती, शंबर-पुत्री मौरवी, वृक और जमदग्नि के चार पुत्र हैं···माहिष्मती के आतंक से ऋषि चायमान के परामर्श पर आश्रम के कुलपति जमदग्नि ने अपना निवास-स्थान पहाड़ी की कंदराओं में बना लिया है, वहीं उनका परिवार है···सुना है, मेधावी और चक्रधर भी आजकल यहीं हैं···आश्चर्य नहीं, ऋषि जमदग्नि के प्रति अंधश्रद्धावान् वह नृसिंहराज हैहय भी यहीं डटा हो···कई शत्रु यहाँ एकत्र हैं, अवसर तो अच्छा है···कलावती का स्मरण है या उसका बिंब विस्मृत हो गया···

''वह चंद्रकलावती, उसे कैसे भुलाया जा सकता है? फिर उसका भाई मेधावी है। इन दोनों ने हमारे दुर्ग पर चढ़कर राजद्रोही चक्रधर को छुड़ाया था···चलो, आश्रम चला जाए किंतु उनकी ओर से कोई भड़कीली कार्यवाही तो हुई नहीं है, अतएव हम अतिथि होकर चलें···फिर हम जमदग्नि के ऋषिदर्प को प्रज्वलित कर युद्ध का अवसर बना लेंगे···तब इस षड्यंत्र के अड्डे का सर्वनाश किया जाए···इन याचक ब्राह्मणों का अहंकार झर-झर पड़ता है···वे हमें निम्न कोटि का जीव मानते हैं, राजस-तामस में निमग्न, अज्ञानी प्राणी और वे महि-देवता हैं, देव उनके वश में हैं···उनमें निग्रह-अनुग्रह की शक्ति है···ह, ह, ह, ह, ह।''

''विचक्षु, प्रश्न है कि प्रथम किसे भेजा जाए?''

''मुझे।''—मणिप्रभा ने उच्च स्वर में कहा। वह आगत विनाश को सूँघ चुकी थी। जमदग्नि, हैहयों के कुलगुरु, आश्रम के कुलपति ऋषिवर जमदग्नि भार्गव पर चक्रवर्ती का राजदंड पड़ेगा, और उसके प्रतिकार में परशुराम माहिष्मती को विनष्ट कर देगा···सुनते हैं, उसमें दैवी तेज धधकता है। वह असाधारण, अलौकिक व्यक्तित्व है···वह नहीं है···वह होता तो मैं उसे सम्मोहित कर सकती थी···कह नहीं सकती···सुना है कि ऋषि लोमहर्षिणी, राजा सुदास की पुत्री और वह चंद्रकलावती दोनों परशुराम पर मुग्ध हैं और वह शंबर पुत्री मौरवी भी, किंतु उन्हें शिशु समझकर परशुराम उनके साथ विनोद करता रहता है···उसमें प्रचंड ग्रीष्म ऋतु रहती है, बसन्त ऋतु का वहाँ अवकाश नहीं है···वह रुद्र का अवतार कहलाता है, कोई उसे विष्णु का अंश कहते हैं, किंतु उसमें लक्षण तो रुद्र के ही हैं···विष्णु तो रमणीय

हैं, रमणी की खोज में रहते है, विलासी हैं···समुद्र में शयन करते रहते हैं या बैकुंठ में, किन्तु यह परशुधारी राम तो सदा तांडवकारी है, सदा युद्ध का, विनाश का जाल बुनता रहता है···उसमें मानवीय दुर्बलता है ही नहीं···उसमें आसक्ति नहीं, रिरिंसा नहीं, केवल सब पर ममत्व है···ऋषियों की समदर्शिता, सर्वप्राणीहितरत तपस्वी, अखंड ब्रह्मचारी, पुरुषोत्तम, युद्धयोगी, वैज्ञानिक, नए आविष्कार करने वाला, नित्य शक्तिसंग्रह में व्यस्त और स्वभाव से शुद्धाचारियों, बच्चों, स्त्रियों, वृद्धों, विप्रों का संरक्षक···परशुराम, जैसा व्यक्तित्व धरती पर है, ऐसा विश्वास नहीं होता···यह चक्रवर्ती यदि नहीं माना, इसने जमदग्नि आश्रम को उजाड़ा तो क्षत्रियकुलों का सत्यानाश निश्चित है···मणिप्रभा ने चिंतित होकर चक्रवर्ती को निहारा··· ।

''मणिप्रभा! तुम्हें जमदग्नि आश्रम जाने की अनुमति नहीं मिल सकती!''— राजा ने स्पष्ट कहा ।

''क्यों भला?···वह आश्रम है, परम पावन···वहाँ बड़े-से-बड़े और लघु से लघुत्तम, सब ज्ञान के लिए, उपदेश के लिए, प्रेरणा के लिए जाते हैं···ऋषि आश्रम हमें पवित्र करते हैं···हमारे अंधकार दूर करते हैं···और ऋषि जमदग्नि तो हैहयों के कुलगुरु हैं···उन्हें प्रणाम करना तो कर्तव्य है, उपासना है, पूजा है, यज्ञ है!''

''मणिप्रभा! तुम प्रचलित अंधविश्वास से ग्रस्त हो···स्त्रियाँ वैसे भी भावुक, डरपोक और अंधविश्वासिनी होती हैं···इन पाखंडी ब्राह्मणों-पुरोहितों का आत्माओं पर जो राज्य है, आत्मिक राज्य, वह तुम जैसी भोली नारियों के कारण···तुम बच्ची हो मणिप्रभा···तुम वहाँ गईं तो तुम उनकी स्तुति करोगी और राज का मानगुमान, दर्प, अहंकार, सब नष्ट हो जाएगा···राजा श्रेष्ठ है, ऋषि नहीं, शासक अन्नदाता है, सर्वशक्ति संपन्न, वह नरेश है, नरेंद्र है···ये याचक इतना आदर क्यों पाएँ···मैं राजसत्ता के वैभव और बल का गौरव स्थापित करूँगा और यह अंधविश्वास तोड़ दूँगा कि ये देवताओं की अभ्यर्थना कर उन्हें अपने वश में कर चुके हैं···यह सामर्थ्य, शक्ति, साहस, युद्ध-क्षमता की स्पर्धा है···तुम आश्रम में जाकर हमें लजाओगी, हमारी मर्यादा को प्रदूषित करोगी···तुम हमारी गरिमा हो मणिप्रभा और गरिमा को निरंतर बढ़ाया जाता है···घटाया नहीं जाता । तुम्हारी अंधश्रद्धा तुम्हें उन भिखमंगों के सामने गिराएगी अतएव तुम वनविहार करो, आखेट देखो, वनवासियों के उत्सवों का आनंद लो पर तुम आश्रम नहीं जा सकतीं ।''

मणिप्रभा सन्न रह गई । उसने सोचा कि यह तो विनाशकाल वाली विपरीत बुद्धि है···लगता है, राजसत्ता की सर्वोच्चता सिद्ध करने का सिद्धांत इस विवेकशून्य राजा के मस्तिष्क में जम गया है···यह मानेगा नहीं···दर्प और अहंकार में सीमाएँ नहीं होतीं···ये सीमातीत भाव होते हैं···बढ़ाने पर बढ़ते ही जाते हैं, दर्पांध व्यक्ति अपने दंभ की रक्षा के लिए सर्वस्व को न्यौछावर कर सकता है···जब इसका विनाश तय है तब हम अवशिष्ट को बचाएँ या इस मदोन्मत्त मानव के अंचल से बँधे

रहकर स्वयं को भी स्वाहा कर दें···मेरी बड़ी बहिन है, उसका पुत्र जयध्वज है, उसका पुत्र तालजंघ है, पूरा हैहयगण है, पूरा नगर है, अनेक नगर, क्षेत्र, वसुधा है, समुद्र है, पोत हैं, सेना और जनसाधारण हैं···स्वर्ण-कलशों से चमकती राजधानी है···सब नष्ट कर दिया जाए एक हठी, मूर्ख, विलासी व्यक्ति के लिए जो अपने को सहस्रबाहु कहता है? अपने को चक्रवर्ती घोषित करता है···? यह सच है कि वह साहसी है, प्रबल भी है किंतु वह ज्ञानशक्ति, तप-बल, ब्रह्मबल से टकराने जा रहा है···क्या इसकी मति मारी गई है? यह क्या सप्तर्षियों, वैदिक महाऋषियों, वसिष्ठों, विश्वामित्रों, अंगिराओं, अगस्त्यों की दिव्य शक्तियों और उनकी युद्ध-क्षमताओं से अपरिचित है···? किस राजा का वर्चस्व इन महिदेवों के सहयोग के बिना बढ़ा है···वसिष्ठ ऋषि के बिना सुदास की विजय की कल्पना की जा सकती है?···मैं विदर्भ देश की राजकुमारी हूँ···मेरे पिता इस घंमडी कार्त्तवीर्य की धृष्टताओं से दु:खी हैं···क्या मैं उन्हें समाचार भेजूँ···वह स्यात् इस मूर्ख को संतुलित कर सकें···इसे राज्य तो हमारे पिता के प्रताप से ही मिला था···ठीक है, अब पिता का हस्तक्षेप अपरिहार्य हो गया है··· ।

मणिप्रभा ने विदर्भ के निवासी एक अनुचर को गुप्त पत्र दिया और शपथ खिलाई कि वह यह पत्र राजा विदर्भ को ही देगा। यदि उस पर आक्रमण हो तो वह यह पत्र फाड़ डाले और मौखिक संदेश दे कि अविलंब विदर्भराज, मणिप्रभा के पिता माहिष्मती की यात्रा करें। मणिप्रभा ने संक्षेप में सारी स्थिति अपने दूत को समझाई। दूत रात में ही अश्व पर आरूढ़ होकर एक विदर्भ के साथी को लेकर चला गया।

मणिप्रभा ने चारुवल्लरी को विश्वास में लिया। रानी दीप्तिमती कनकलता के भविष्य का प्रश्न था, राजकुमार के भविष्य का प्रश्न था, रानी के सौभाग्य का भी प्रश्न था। राजा यदि अविवेकी दर्प की स्थापना में मारा गया तो माहिष्मती के राज्य का भी प्रश्न था। वल्लरी ने सुझाया—

''मणि, यदि हस्तक्षेप करते हैं तो यह मदांध राजा हम दोनों की हत्या करवा देगा···नहीं करते हैं तो राज्य और राजा दोनों का विनाश होगा, अतः इनमें जो कम हानिप्रद हो, उस विकल्प को माना जाए···कम हानिकर तो हमारी प्राणहानि का विकल्प है···हम यदि खेत रहें और राजा बच जाए तो यह हमारे लिए गौरव का विषय होगा···और यह भी तो संभव है कि राजा हमें क्षमा ही कर दे···वह यह तो जानता ही है कि हम उसके हित में ही प्रयासरत हैं, अतः वेश बदलकर हम जमदग्नि के आश्रम चलें···वहाँ छात्राएँ भी पढ़ती हैं···किसी को क्या पता कि हम कौन हैं···हम कह सकते हैं···मणि, क्या विदर्भ की ओर के कोई छात्र जमदग्नि आश्रम में नहीं पढ़ते?''

मणिप्रभा प्रसन्न हो गई। उसे अचानक याद आया कि विदर्भ के राजा का एक वंशज अद्रि यादव जमदग्नि के आश्रम में शस्त्र-विद्या सीख रहा है और वह

परशुराम का प्रिय सखा भी है, चायमान का शिष्य···वह बलवान् है और योद्धा भी है···वह हमें सुरक्षा दे सकता है और हमें छिपाए रह सकता है। भेद खुलने पर वह हमें वैदर्भी छात्राएँ बता सकता है। बस, नाम बदलने हैं और वेश···वल्लरी, आज रात में ही निकल चलना है···शीघ्र ही आश्रम में राजा अर्जुन प्रवेश करेगा।

रात्रि के तीसरे प्रहर की समाप्ति का घंटा बजते ही दो सबल अश्व राजा की छावनी से निकले। सेना में आश्रम की ओर चलने की हलचल थी, अश्वारोही आ-जा रहे थे, अतः किसी को पता नहीं चला और मणिप्रभा तथा वल्लरी पवन गति से चलती हुई दोपहर तक आश्रम पहुँच गईं। द्वार पर प्रहरियों के पूछने पर मणिप्रभा ने बताया कि उसका नाम हंसा है, प्रीतिहंसा और उसकी सहेली का नाम सारिका है···वे अद्रि वैदर्भ की बहिनें हैं, विदर्भ देश से आ रही हैं सो अद्रि भाई को बुलाया जाए या उन्हें उसके पास पहुँचा दिया जाए। अद्रि आया और वैदर्भी बोली में मणिप्रभा ने संकेतात्मक ढंग से कुछ कह दिया । अद्रि हर्षित हुआ और वह उन दोनों को अपने निवास पर ले गया। वह एक कंदरा थी जो जमदग्नि के परिवार की कंदरा के निकट थी। ऋषि चायमान को अद्रि यादव पर भरोसा था, अतएव उसे रक्षायुद्ध के हेतु निकटस्थ कंदरा दी गई थी।

मणिप्रभा और वल्लरी ने आश्रम का निरीक्षण किया—घास-फूँस के कुटजों, पत्थरों के कक्षों, मिट्टी की दीवालों पर पड़े छप्परों की शृंखलाएँ थीं और बीच में प्रशस्त प्राङ्गण था···वृक्षों की सघन छायाएँ थीं जिनके नीचे बनाए कुटज शुद्ध वायु और उजाले के भंडार थे। कुटजों के आसपास पुष्पों की क्यारियाँ थीं···कहीं कुटजों के साथ गोशाला थी, कहीं अश्वशाला भी···फिर आश्रम में ऋषि की पृथक् से अश्वशाला और गोशालाएँ थीं···सर्वत्र स्वयंसेवक विद्यार्थी कार्य कर रहे थे···कहीं गंदगी नहीं थी···सर्वत्र पुष्पों-पौधों का राज्य था। आश्रम में मयूर, शुक, गौरैयों, कोयलों, पपीहों और गलगलियों का बोलबाला था···वे वृक्षों पर रहतीं और वहाँ से दाना-पानी के लिए या कौतुक-क्रीड़ावश कुटजों के सामने आ जमतीं और परस्पर क्रीड़ा में मग्न हो जातीं···

आश्रम के आसपास पहले चारदीवारी नहीं थी किंतु दूरदृष्टि संपन्न ऋषि चायमान के आग्रह पर ऊँची चारदीवारी बनवा दी गई थी, जिस पर काँटेदार बेलें थीं···जगह-जगह प्रहरी खड़े रहते थे जिनके हाथों में धनुष-बाण और अन्य अस्त्र रहते थे···आश्रम में दो द्वार थे जिन पर सशस्त्र पहरा रहता था···आश्रम में चिकित्सा, दर्शन-धर्म, अस्त्र-शस्त्र-निर्माण आदि अनेक विभाग थे जहाँ रात-दिन शोध-कार्य होता रहता था···धातुशोधन की, ओषधि निर्माण के हेतु अनेक भट्ठियाँ थीं जो प्रायः धधकती रहती थीं···सर्वत्र विद्यार्थी और स्वयंसेवक जन-परिजन, धर्म और पुण्य कार्य समझकर कार्य करते थे और सारा कार्य स्वतः संचालित-सा जान पड़ता था··· । मणिप्रभा ने अचानक कहा—

''चारुवल्लरी! यह आश्रम क्या है, पूरी सैनिक छावनी है···प्रायः सभी विद्यार्थी

और बटुक सशस्त्र हैं···आश्रम के बाहर भी आश्रम के संस्थान हैं, अश्व-शालाएँ, गजशालाएँ, रथशालाएँ, पशुओं के आहार-विहार स्थल···पास ही नदी है···ऋषि जमदग्नि की बड़ी महिमा है···किंतु सैनिक दृष्टि से एक न्यूनता है।''

''वह क्या है?''

''देखो, यह सब जो है न, उसमें काष्ठ का, घास-फूँस का प्रयोग अधिक है···यदि कोई अग्नि का लूका लगा दे तो यह सब नातिकाल में भस्म हो जाएगा···इतना स्पष्ट दोष क्या ऋषि चायमान के मन में भी न कौंधा होगा?''

''वे सोचते होंगे कि कौन आश्रम में आग लगाएगा?''—वल्लरी ने कहा।

''क्यों···असुर, राक्षस, नाग, गंधर्व···आरण्यक आदि कितने तो आश्रमों के विरोधीजन हैं···दैत्य हैं, दानव हैं, अनार्य हैं···यह सत्य है कि कई विद्यार्थी अनार्यों के भी यहाँ हैं, किंतु बहुमत तो आर्यों का ही है और मुख्यतः आर्य राजा या ग्राम-प्रमुख इन आश्रमों को पालते हैं···रक्षा के लिए भी ग्रामणी ही आगे आते हैं···आश्रमों के निर्माण में स्यात् यह कल्पना रही होगी कि वे जनशिक्षण और सर्वकल्याण के लिए हैं, अतः इतने असुरक्षित हैं ये आश्रम···स्यात् ऋषियों के तपोबल से, जनचिकित्सा, शिक्षा और ज्ञानों के केंद्र होने के कारण ये आश्रम जन-श्रद्धा के भरोसे चल रहे हैं···अद्भुत विश्वास है ऋषियों का मनुष्य की सद्भावना पर··· ।''

मणिप्रभा चिंतित हो गई। वह सोच रही थी कि चक्रवर्ती के सैनिक राजा के संकेत पर आग के एक लूके से यह सब जलाकर भस्म कर देंगे···पहाड़ी की कंदराएँ अवश्य सुरक्षित हैं, पर वहाँ तो जमदग्नि के परिवार के व्यक्ति ही रहते हैं, कुछ रक्षक छात्रयोद्धा···शेष तो घास के कुटजों में ही हैं··· ।

मणिप्रभा जलते हुए आश्रम के चित्र से आतंकित हो गई। उसने वल्लरी का हाथ पकड़ा और वह ऋषि चायमान के निवास पर पहुँची···वहाँ द्वार पर ही मौरवी और चंद्रकलावती एवं लोमहर्षिणी से भेंट हो गई···मणिप्रभा और वल्लरी साधारण वस्त्रों में थीं, छात्राएँ लगती थीं, किंतु वे अति सुंदर थीं···उनका रूप तथा कोमल सुकुमार काया छिप नहीं सकती थी।

''आप दोनों कौन हैं''—यह प्रश्न लोमा ने पूछा। उसका मुख रागद्वेष से अविकृत था···वह ऋषि लोमहर्षिणी गिरिजा पार्वती-सी अनिंद्य सुंदरी थी; पर मुख ऐसा जैसे कमल का फूल हो, कहीं कोई उद्वेग नहीं···संसार के कीचड़ में ऐसा भी कोई फूल खिल सकता है···मणिप्रभा लोमा को देखती ही रह गई। उसने नतशीश होकर कहा—

''मैं हंसा, प्रीतिहंसावती और यह सारिका···हम विदर्भ से हैं···अद्रि यादव मेरा भाई है···आश्रम में, ऋषि जमदग्नि में, ऋषि चायमान में हमारी श्रद्धा है···समय मिला तो यहाँ रहकर कुछ सीखेंगे हम।''

लोमा, चंद्रकला और मौरवी बतियाती हुई ऋषि चायमान के निवास से सटी

पुष्पवाटिका में टहलती हुए गईं, वहाँ पत्थरों के आसनों पर बैठ गईं। लोमा मुस्कराई, बोली—

"तो प्रीतिहंसा, आप बटुक बनने आई हैं, आप दोनों?"

"हाँ भगवती! यहाँ तो स्वर्ग-सा लगता है···नगरों में तो जीवन का रूप ही विकृत हो जाता है···यहाँ तो सब अलौकिक लग रहा है···कितना शुभ हो, यदि हम यहाँ रह पाएँ···आपका सत्संग मिलेगा और आपकी सहेली चंद्रकलावती का, मौरवी का।"

"और किसका साथ विशेष प्रिय लगेगा?"

"क्यों, सभी का, सभी पावन और सुशोभन लगते हैं यहाँ!"

"किसी से मिलने की गूढ़ आकांक्षा तो होगी, नहीं?"—लोमा ने पूछा।

"इच्छा कहें, उत्सुकता कह लें परंतु वह आपके राम, परशुराम कहाँ हैं?"

लोमा, चंद्रकला और मौरवी एक साथ विहँसीं जैसे वह पहले से ही इस रहस्य को जानती थीं। मणिप्रभा और वल्लरी के मुख पर लज्जा का एक मोहक भाव आया और गया। वह सतर्क होकर बोली—

"हमने आपके राम को देखा नहीं है···आपकी हँसी का रहस्य नहीं समझ पाई मैं।"

"हम स्वयं भी उस रहस्य को नहीं समझ पाईं, क्यों चंद्रकला?"

"बहिन, प्रीतिहंसा···हंसा ही पर्याप्त है, हमारे राम पर प्रीति का कोई प्रभाव नहीं पड़ता।"

पुनः लोमा और मौरवी खिलखिलाईं···प्रसन्नता की बाढ़ में एक पाटल की कली चटकी, खिल गई, कोयल बोली, पपीहे ने 'पी कहाँ' की रट प्रारंभ कर दी, हवा का एक सुगंधित झोंका आया···मणिप्रभा को लगा कि ये सुंदरियाँ प्रकृतिमय हैं, तभी प्रकृति इनकी भावनाओं के अनुरूप हो जाती है, आश्चर्य है, मणिप्रभा चंद्रकलावती के व्यंग्य का उत्तर ढूँढ़ रही थी, सोचकर कहा—

"भगवती चंद्रकलावती, मैं क्या जानूँ कि राम, परशुराम पर किसका प्रभाव होता है या है? संभव है, आप सबका पृथक्-पृथक् प्रभाव उन पर हो या सम्मिलित प्रभाव हो···आप अपना अनुभव सुनाइए यदि सुनाने में कोई संकोच न हो तो।"

"अनुभव कहाँ हुआ, क्यों चंद्रकला, हुआ था क्या?"

तीनों ने अट्टहास किया, लगा, क्यारी के पुष्प उनके साथ लहरा गए हों··· शायद फूलों को आनंद आ रहा था···फूलों पर भौंरे गूँज भर रहे थे, छोटी-सी एक चिड़िया फुदक रही थी, उसने गीत-सा गाया और फुर्र से उड़ गई। मणिप्रभा इस दृश्य को देखती रह गई। चंद्रकलावती ने जवाब दिया—

"बहिन! हम तो अनुभव की प्रतीक्षा ही करते रह गए···बस, भाव में जी रहे हैं, देखो प्रीतिहंसा, बड़ा मीठा नाम है आपका, देखो भगवती प्रीतिहंसा, सारिका देवी···वह देखो, ठूँठ पर बैठी चिड़ियों को देखो···वह ठूँठ है न, वह राम के

परशु-सा है और हम उसी पर बैठी कलरव कर रही हैं···राम, व्यक्ति नहीं, मानव नहीं, वह तो बस परशु है, और वह रमते नहीं, नाम माना कि राम है, वह तो शत्रु के कंठ पर चलते हैं, परशुराम तभी यह नाम पड़ा है।''

सब सखियाँ खिलखिलाईं···पुष्पों की कुल्या में पानी की कल-कल ध्वनि उठी, माली ने शायद क्यारी को तर करने के लिए पानी खोला था।

''तो···तो चंद्रकला देवी, यह तो बताइए कि वह हैं कहाँ, परशुराम?''

''यह तो आप जानती ही हैं कि वह कहाँ हैं?''

''मैं जानती हूँ, मैं?''—मणि ने पूछा।

''हाँ आप, आप उन्हें अवश्य जानती होंगी···आप बताइए न।''

पुनः हास्य के मध्य मणिप्रभा चौंकी···ये क्या मुझे जानती हैं···यह आश्रम है, क्या पता, ये दूरदृष्टि संपन्न हों, मणिप्रभा सतर्क हो गई। वल्लरी ने बात का रुख मोड़ना चाहा।

''अच्छा ऋषि लोमहर्षिणी, आप विनोद छोड़िए, यह बताइए कि यह मौरवी देवी क्यों चुप रहती हैं, कुछ कहिए न मौरवी जी!''

''मैं क्या कहूँ, राम ने तो मेरी सुनी नहीं, घबराकर मैंने आचार्य वृक से ही विवाह कर लिया···ये दोनों तो आर्य हैं, ये तपस्या कर सकती हैं, पर मैं तो शंबर असुर की बेटी हूँ···मेरा रक्त उष्ण है, जंगली हूँ न, सो मैं राम के ध्यान में कब तक अपने निःसर्ग का दमन करती···जीने का नारी-उचित आनंद ले रही हूँ और ये बेचारियाँ पत्थर की शिला में संधि खोज रही हैं···दूब की तरह उगना चाहती हैं ये उस वज्र में जिसका नाम परशुराम है।''

अब मणिप्रभा और वल्लरी के अट्टहास की बारी थी। दोनों रहस्य खुल जाने से खूब हँसीं, किंतु चंद्रकला ने उत्तर दिया—

''यह जो मौरवी है न···यह तो वनवासिनी है और इनके गण में एकनिष्ठता नहीं होती···पूरी स्वच्छंदता होती है, सो यह मौरवी वृकाचार्य को मूर्ख बना रही है जबकि इसके प्राण राम में ही रमण कर रहे हैं।''

सब इतनी हँसीं कि नेत्रों में आँसू आ गए···मौरवी ने जीभ निकाली। घूँसा मारूँगी, यह भाव दिखाया और पुनः वह भी हँसने लगी।

''ऋषि लोमा···आप तो सर्वज्ञ होंगी। आपको कोई यहाँ भय नहीं लगता···कोई आशंका अनुभूत नहीं हो रही?''

''जब तक राम हैं, परशुराम, तब तक किसका भय और आप भी तो हमारा अपना भय दूर करने के लिए ही पधारी हैं।''

''क्या? क्या कहा?···नहीं, हम तो यहाँ दर्शन करने आए हैं।''

''दर्शन देने···हमें एक संभावना की सुगंध आ रही है प्रीतिहंसावती देवी··· आपमें एक राजसी गौरव है, एक राजकुमारी जैसी गरिमा···आपके दर्शन पाकर हमारा वह परशुधारी राम परिवर्तित हो सकता है, क्यों चंद्रकला?''

''हाँ, यह होकर रहेगा, यह साधारण छात्रा हैं ही नहीं···यह तो शासन करने वाली मुद्रा में हैं···राम इनके शासन को मान जाए, तब है···वह मान सकता है। प्रीतिहंसा, आप यहाँ से जाइएगा नहीं, आप भी प्रतीक्षा कीजिए···हम तो असफल रहीं पर आप सफल हो सकती हैं···तब आप हमारी संस्तुति कीजिएगा।''

अट्टहास से पुष्पवाटिका रोमांचित-सी हो गई, लगा कि वह बग़ीची मुग्ध होकर उन सुंदरियों को देख रही है, पादप हवा की लहर में पिता माता की तरह पत्तियाँ हिला-हिलाकर जैसे परामर्श कर रहे हों कि इन कन्याओं के योग्य जो वर है, वह राम अघोर वन में मानवेतर योनियों को साध रहा है···यह प्रकृति का कैसा खेल है···हाय, इन दिव्यकन्याओं को देखकर नेत्र इनके रूप का भार नहीं वहन कर पाते और ये अभी तक क्वाँरी हैं···।''

तभी ऋषि चायमान का आगमन हुआ। सबने संभ्रम में प्रणाम किया। ऋषि ने बिना कुछ कहे सबको संकेत किया और वह मुड़कर चल पड़े। सब विस्मित-सी उनके पीछे गतिमान हुईं···सब ऋषि जमदग्नि के गुफ़ागृह गए।

वह कंदरा सामने से खुली थी और वह बहुत विशद थी···एक शिला पर मृगचर्म बिछाए ऋषि जमदग्नि साक्षात् तपस्या के मूर्तिमान मानव की भाँति विराजे हुए ध्यान में मग्न थे···माता रेणुका उनकी बायीं ओर बैठी हुई थीं। वह भी ध्यान में थीं···वहाँ विचित्र शून्य छाया हुआ था जैसे वहाँ तीनों काल, भूत, वर्तमान और भविष्यत् एक साथ मिल रहे हों और ऋषि जमदग्नि काल की गति गिन रहे हों···ऋषि में समूची प्रकृति की प्रक्रियाओं के स्पंदन स्वतः चल रहे थे जैसे वह ध्यानस्थ होकर सृष्टि के माध्यम हो रहे हों और जो घट रहा है, घटायमान है, वह उनमें टंकित हो रहा हो, गूँज रहा हो, बज रहा हो···वे अस्पष्ट से संकेत, घटनाओं के अवशिष्ट रेखांकन, जमदग्नि के चैतन्य में—कूटाक्षरों में उल्लिखित हो रहे थे जिनका अर्थ स्वयं स्फुटित हो रहा था, ऐसी अनुभूति सबको हुई···सब साँस साधे ऋषि के अंतर्दर्शन में सहयोग कर रहे थे···कुछ समय बीता, ऋषि का चितिविलास टूटा और जमदग्नि के नेत्र बंद कपाटों से चुपचाप खुल गए···।

ऋषि जमदग्नि ने चायमान को सर्वप्रथम देखा, उनके प्रणाम पर सिर हिलाया···पुनः उन्होंने लोमा, चंद्रकला और मौरवी को सस्नेह ताका···पुनः उनकी घूमती दृष्टि मणिप्रभा पर केंद्रित हो गई···पुनः ऋषि की दृष्टि उठी, चारुवल्लरी पर रुकी और पुनः मणिप्रभा पर जम गई···कुछेक क्षण ऐसा ही रहा, पुनः ऋषि की दाढ़ी हिली, बड़ी मूँछों में छिपे मुख पर एक स्निग्ध मुस्कराहट आई, आँखों में अपनत्व भरे हास की तरंग उठी और वह कहने लगे—

''मणिप्रभा, मैं तुम्हारी चिंता को जानता हूँ किंतु जो भावी है, वह होकर रहेगी।''

सबके विस्मय को और बढ़ाते हुए ऋषि जमदग्नि भार्गव बोलते गए—

"पुत्री मणिप्रभा! तुम जनकल्याणी हो, किंतु काल किसी कल्याण-कामना की चिंता नहीं करता···उसका अपना प्रयोजन होता है जो अंततः संपूर्ण सृष्टि के हित में होता है···काल की सत्ता स्वयंप्रभु नहीं, वह नियुक्त सत्ता है···वह स्रष्टा या प्रकृति, जो चाहे कह लो, की प्रेरणा से चलता है, यह काल···महाकाल रुद्र चाहें तो काल की चाल रुक सकती है या अनुकूल-प्रतिकूल हो सकती है किंतु महाकाल अचिन्त्य है···तुम चिंता न करो बेटी···उस अहंकारी हैहय सम्राट् कार्त्तवीर्य अर्जुन को यहाँ आने दो···उस पर काल आरूढ़ है···उसका क्या दोष है···वह तो कालबद्ध है और वद्धमर्कट-सा ही आचरण कर रहा है···जो घटे, उसे घटने दो···मैं भी उसे टाल नहीं सकता···तुम्हारी ममता सब पर है, तुम माँ की जाति की हो न···किंतु कुछ हो नहीं सकता····जो होना है, वही होगा··· ।"

विस्मय-आशंका-भय-विवशता और विडंबना के भावों ने मणिप्रभा को देर तक लहरों में झुलाया···ऋषि मौन रह गए···मणिप्रभा सोचती रही कि अब छिपाना व्यर्थ है, यह दिव्यद्रष्टा है। वह सब जानते हैं। मणिप्रभा ने अंतिम प्रयत्न किया। वह उठी और दंडवत् ऋषि जमदग्नि के पैरों पर गिर गई। वह अपना सिर पटकने लगी, रोने लगी। वल्लरी और लोमा ने उसे बलात् खींचकर बिठाया। वह सिसक रही थी। ऋषि आत्मस्थ थे। साँस सधने पर मणिप्रभा ने कहा—

"महर्षि ! देव ! आप त्रिकालदर्शी हैं···यदि सब पूर्व निश्चित है तो सृष्टि ने, स्रष्टा ने व्यक्ति को बुद्धि क्यों दी? भावसंकुल क्यों प्रदान किया?···देव, चाहें तो हस्तक्षेप कर सकते हैं अन्यथा भारी शोकांतिका होगी···मेरा अंतिम निवेदन है यह···आप और ऋषि चायमान, माता रेणुका अनुग्रह करें तो प्रकृति द्वारा पूर्वनिर्धारण परिवर्तित हो सकता है···क्या सृष्टि में संभावना होती ही नहीं, क्या प्रकृति प्रयोग करती ही नहीं, क्या वह एक प्रदत्त रेखा पर ही चलती रहती है?"

"पुत्री! तू निश्चय ही प्रकृति की सचेत सृष्टि है···तेरा कल्याण हो···लघु घटना को स्यात् प्रभावित किया जा सकता है किंतु लक्ष-लक्ष अपितु कोटि-कोटि प्राणियों की नियति जिस आगामी घटना से जुड़ी है, उसे तो महाकाल रुद्र, सृष्टि के मूल में व्याप्त भैरव भी नहीं बदल सकते···परंतु तेरे निवेदन से तेरा ममत्व तो प्रकट हो ही गया है किंतु मैं इतना ही कह सकता हूँ कि मैं शोकांतिका को रोकने का यथाशक्ति प्रयत्न करूँगा···मैं तेरे महाभाव के कारण, अन्य सब इष्ट स्वजनों और जीवकल्याण हेतु तुम्हारे प्रिय कार्त्तवीर्य अर्जुन को सहूँगा, असह्य को भी सहूँगा किंतु वह मान जाए, तब है···वह नहीं माना तो प्रकृति अपना कार्य करेगी···व्यक्ति की शक्ति की सीमा है बेटी मणिप्रभा···मैं अदृष्ट को एक सीमा तक देख तो सकता हूँ पर जो अवश्यंभावी है वही होता है । वैदर्भी, तुम तुरंत माहिष्मती लौट जाओ और वहाँ से अपने देश विदर्भ जाकर समय के प्रवाह को देखो···पुनः जो करणीय हो, करना। जाओ, यहाँ मत रुको···फिर तुम्हारी इच्छा!"

तभी कोलाहल मचा। घबराए हुए विद्यार्थी समूह ने चिल्लाकर कहा—

''महर्षि! आश्रम में सहस्रबाहु कार्त्तवीर्य अर्जुन सेना सहित आ रहे हैं, सावधान!''

सब चित्रलिखित से रह गए!

13

कार्त्तवीर्य अर्जुन सेना को बाहर ही छोड़कर चुने हुए पार्षदों के साथ, मूँछों पर ताव देता हुआ, भारी भुजाओं को हिलाता हुआ, गर्व में अकड़ा-ऐंठता आया, परंतु गुफा की ओर बढ़ते राजा को ब्रह्मचारियों ने रोका···

''राजन्, प्रतीक्षा करें···ऋषिवर की अनुमति मिलने पर आप प्रवेश कीजिएगा···यही शिष्टाचार है!''

राजा ने उस सशस्त्र वटुक को यों घूरा जैसे श्येन किसी लघु पक्षी को ताकता है···राजा ठठाकर हँस पड़ा···''वटुक, शिष्टाचार की औपचारिकता साधारणजन के लिए होती है। राजा सर्वोच्च होता है, उसके लिए शिष्टजन स्वयं दर्शन की विनती करते हैं, पुनः हम अतिथि हैं।''

और यह कहकर राजा ने अपनी विराट् भुजा से उस वटुक को धकिया कर एक ओर कर दिया और कंदरा में प्रवेश कर गया। वटुक हतप्रभ हो गया···तब वह ऋषि चायमान को बुलाने चला गया। उसका स्थान अन्य एक छात्र ने ग्रहण कर लिया।

संध्याकाल हो रहा था···पक्षीगण पंक्तिबद्ध अपने नीड़ों को लौट रहे थे और बोल रहे थे जैसे वे घटायमान घटना पर कुछ कह रहे हों···सूर्य की किरणें पीले सुवर्ण की पतली छड़ियों-सी लग रही थीं···सूर्य का गोला मानो अदृष्ट के संकेत पर शीघ्र अदृश्य होने की जुगाड़ में था···समीरण में एक ठहराव-सा था जो रह-रह किसी झोंके से टूट-टूट जाता था···कहीं किसी मेढकी को किसी नाग ने निगल लिया था, सो वह चीख रही थी···किसी नाले में चर रहे शूकर घुरघुरा उठे थे जैसे वे आशंकित हो उठे हों···दूर वन में किसी व्याघ्र की नर्राहट गूँजी और मयूर भय से कुहुक उठे थे··· ।

राजा को सामने देखकर संध्या में व्यस्त महर्षि जमदग्नि ने वरदहस्त उठाकर स्वागत किया, बैठने का संकेत किया और वह वेदमंत्र पढ़ते रहे।

''हे रुद्र! महान् कपर्दी, वीरों के विनाश-स्थान रुद्र की यह मननीय स्तुति करते हैं···रुद्र, आप सुखी हों, हमें सुखी करें···हम नमस्कार के साथ तुम्हारी परिचर्या करते हैं। सर्वपिता मनु ने जिन रोगों के उपशम और जिन भयों से उद्धार पाया था, भवदीय उपदेश से हम भी निर्भयता पावें···रक्षण के लिए हम दीप्तिमान, यज्ञसाधक, कुटिलगति और मेधावी रुद्र का आह्वान करते हैं···हम उन स्वर्गिक उत्कृष्ट वाराह की

भाँति दृढ़ाङ्ग, अरुणवर्ण कपर्दी, दीप्तिमान और उज्ज्वल रूप रुद्र को नमस्कार करते हैं···रुद्र, हममें से वृद्धों को नहीं मारना, बालकों को नहीं मारना, संतान-जनक युवाओं को नहीं मारना और गर्भस्थ शिशु को नहीं मारना···रुद्र, हमारे पुत्र, पौत्र, मनुष्य, गो और अश्व तो नहीं मारना···हमारे प्रिय शरीर में आघात नहीं करना···रुद्रदेव हमने रक्षा-कामना करके कहा है···मरुतों के साथ रुद्र हमारा आह्वान सुनें···मित्र, वरुण, अदिति, सिंधु, पृथिवी और आकाश हमारी प्रार्थना को स्वीकार करें।''

(ऋग्वेद, अष्टम अध्याय, देवता रुद्र, 114 सूक्त)

राजा कार्त्तवीर्य ध्यान से रुद्र-स्तुति सुन रहा था···उसे लगा कि ऋषि जमदग्नि ने उसे सुनाने के लिए यह स्तुति चुनी है···यही स्तुति अब क्यों चुनी गई···क्योंकि यह चतुर ब्राह्मण रुद्र का भय दिखा रहा है और हममें यह अर्थ भी छिपा है कि मैं रौद्रकर्मी हूँ···मैं प्रसन्न हो जाऊँ, मैं कोई हिंसक कार्य न करूँ···इस विप्र ऋषि के प्रति कृतज्ञ रहूँ, यह भाव भी निकल रहा है···किंतु मैं इसके चातुर्य से परिचित हूँ।

कुछ समय बाद ऋषि ने ओउम् शान्ति का पाठ किया। संध्या का नित्य कर्म समाप्त हुआ। वहाँ एकत्र वटुकों, माता रेणुका तथा ऋषि के चारों पुत्रों के सम्मिलित शांति के स्वर उस गुफा में गूँजते रहे···राजा को भी खड़ा होना पड़ा, पार्षदों को भी। राजा अप्रभावित रहा।

''राजन्, इधर कैसे आना हुआ? राज्य में कुशलता तो है न? महारानी प्रसन्न हैं? युवराज जयध्वज नहीं आया, वह स्वस्थ है न? प्रजा संतुष्ट है? प्रकृति अनुकूल है? कृषि, व्यवसाय, शिल्पकर्म सब सुचारु रूप से चल रहा है? समुद्र मर्यादा में है न? शूर्पारक, भृगुकच्छ, जलपोत गृह सक्रिय हैं न?''

''सब कुशल है? युवराज जयध्वज सानंद है···मेरी अनुपस्थिति में वह राजधानी की रक्षा और प्रशासन का कार्य देख रहा है···।''

''शुभ है···राजन् आपका क्या प्रिय कार्य करूँ···आप अतिथिवत् पधारे हैं, पूर्व सूचना नहीं भेजी गई, अतएव आप अतिथि हैं···यह तो आश्रम है, साधन सीमित हैं, रूखे-सूखे तथापि आतिथेय का कर्तव्य है कि जो लोग आपके साथ हैं वे आश्रम में भोजन करें···आप निश्चय ही आखेट को निकले होंगे?''

''कुलगुरु, आपका अनुमान युक्त है, आखेट में हैं हम, निश्चय ही आखेट के हेतु चल पड़े अचानक, अतः समाचार नहीं भेजा—इधर आए तो सोचा, कुलगुरु के दर्शन करें···दर्शन कर कृतार्थ हुए···।''

''मंगल हो, राज्य का, राजा का, सबका कल्याण हो!''

राजा ने देखा कि वह शिष्टाचार में बह गया है। वह मूल बिंदु पर आया—

''महाराज! मेरे साथ बड़ी सेना है···हम प्रमुखजन तो लगभग सौ होंगे, उन्हीं के लिए भोजन बन सकता है आश्रम में···सेना तो स्वयं भोजन बना लेगी, बनाती ही है···आप सबकी चिंता कहाँ तक करेंगे···यह आश्रम है, कोई राजा का भंडारा नहीं···केवल प्रमुख राजपुरुष आश्रम में प्रसाद पा जाएँ, यह पर्याप्त है।''

"नहीं राजन्...यह आश्रम आपके राज्य में है...यहाँ जो है, सब आपका ही तो है, सभी का है यह तपस्या-क्षेत्र...अतः जब आप अतिथि हैं तो सैनिक भी अतिथि हुए...आश्रम आतिथेय हुआ...सारी सेना यहीं भोजन करे। जो भी बन पड़ेगा, हम सर्वजन को प्रस्तुत करेंगे।"

राजा विस्मत होकर ऋषि जमदग्नि को देखने लगा...आज यह देवताओं को वश में करने का अभिमानी विप्र पराजित होगा। दीनता से साधनों की अपर्याप्तता के लिए क्षमा माँगेगा क्योंकि सेना में तो लगभग अर्धलक्ष, पचास सहस्त्र सैनिक और सेवक होंगे, अधिकारी अलग...भला इस आश्रम में इतनी सामग्री कहाँ होगी...। हाँ, ऋषि कोई चमत्कार करे तो बात दूसरी है...।

राजा को कौतुक सूझा। उसे लगा कि यह ऋषि जमदग्नि स्वयं ही अपनी विडंबना पर उतारू है। राजा ने नम्रता में धूर्तता भरी—

"ऋषिवर! तो सेना में घोषणा कर दी जाए कि पूरा सैन्यबल, सेवक वर्ग आश्रण में भोजन का प्रसाद पाएगा।"

जमदग्नि ने स्वीकृति दी। राजा पार्षदों सहित ऋषि की अनुमति लेकर अपने शिविरों में गया जो अब तक आश्रम के बाहर लगवा दिए गए थे।

ऋषि चिंतित हो गए। तपस्या के बल पर राजा को आध्यात्मिक शक्ति या ब्रह्मबल के प्रदर्शन के लिए कह तो दिया; पर इतना बड़ा आयोजन कैसे होगा? जमदग्नि को अचानक रेणुका का स्मरण आया। रेणुका आश्रम की माता थीं। एक महापरिवार की अधिष्ठात्री देवी, सब उन्हीं के माध्यम से, ऋषि से कार्य कराते थे। रेणुका आईं और करबद्ध स्थित हो गईं—

"क्या आदेश है? चिंता क्यों है...आश्रम में कामधेनुओं की कमी नहीं है और चावल हैं ही, कम पड़ेंगे तो आसपास के ग्रामों से आ जाएँगे...आप ऋषि चायमान को बुलाइए... ।"

"नहीं रेणु! वह अन्यत्र व्यस्त हैं...वह रक्षा-कार्य के उत्तरदायी हैं...अपने चारों पुत्रों को चारों दिशाओं में अश्वों और गजों के साथ भेजो, ब्रह्मचारी साथ जाएँ और चावल ले आएँ...दूध कामधेनु गाएँ देंगी...मैं गोशालाओं में गौओं को प्रसन्न करने जा रहा हूँ जिससे वे आज दूध अधिकाधिक उतार दें, चढ़ाएँ नहीं। और जो हमारी मुख्य कामधेनु है वह तो दुग्ध का सागर बहाती है...उसकी अभ्यर्थना के लिए भी जाता हूँ...अभी तो सैनिक नित्यक्रिया करेंगे, पुनः उनका मनोरंजन होगा, तब तक भोजन बन सकता है...तब तक अल्पाहार के लिए मिष्टान्न, लवणादि भेजा जाए जो भी हो हमारे भंडार में...रेणु, आज आश्रम की प्रतिष्ठा का प्रश्न है।"

"आप चिंता न करें, मैं जो हूँ। हाँ, आप कामधेनुओं की पीठ पर हाथ फेर आइए, उनका माथा, मुँह सहला आइए, वे सब समझती हैं,...वे आज दूध चढ़ाएँगी नहीं, बहाएँगी।"

ऋषि जमदग्नि गोशालाओं में गए...तो वे सब स्नेह से रँभाने लगीं...जब ऋषि

उन पर प्यार से हाथ फेरते तो वह आनंद में स्तब्ध हो जातीं, उनका हाथ चाटने लगतीं, रँभाती और बार-बार अपना सिर ऋषि के आगे झुकातीं कि वे उन्हें खुजाएँ, सहलाएँ··· । अंत में जमदग्नि मुख्य कामधेनु के कुटज में गए जहाँ वह अकेली रहती थी और आठों पहर सेवक रहते थे···स्वयं रेणुका अपने हाथ से उसे घास खिलाती थीं और जब वह चरने जाती तो जमदग्नि का कोई विशिष्ट शिष्य या पुत्र या आचार्य साथ जाता···वह अद्‌भुत गौ थी।

नातिकाल में गाँवों से दूध और चावल की बँहगी या काँवरें आने लगीं···जो सुनता, ऋषि के लिए दूध और चावल लादकर आश्रम की ओर भागता—जन-साधारण के स्वाभिमान का प्रश्न भी था क्योंकि जमदग्नि के पुत्र स्वयं दूध और धान्य की याचना के लिए आए थे। एक प्रहर में चावलों और दुग्धों से लदे अश्वों और गजों ने आश्रम का भंडारा भर दिया। बड़े-बड़े कढ़ावे अस्त्र-शस्त्र निर्माण विभाग की विशाल भट्ठियों पर चढ़ गए और गुड़ तथा शर्करा से खीर को मीठा कर दिया गया···जो मेवा मिली, गेर दी गई।

मुख्य कामधेनु के पास ऋषि सहमे से पहुँचे। जमदग्नि ने उस अलौकिक धेनु को प्रणाम किया। फिर उसे प्रेम से सहलाने लगे···उसके मुख को अपनी गोद में लेकर बोले—

''माता! आज भार्गव आश्रम के मान का प्रश्न है, गरिमा का···आज आपके चमत्कार से ही लज्जा बच सकती है···मैंने राजा की पूरी सेना को आमंत्रित कर दिया है, अब आप ही कुछ करें।''

कामधेनु गाय ने अपना मुख ऋषि के हाथ पर रख दिया और उसने आनंद से भरा गोघोष किया···उसका रँभाना दूर-दूर तक गूँज गया···राजा ने उसे सुना, चकित होकर वह बड़बड़ाया—

''यह गाय है या गाय के रूप में कोई दैवीशक्ति है? इतना उच्च स्वर तो किसी गौ का नहीं होता···यह ऋषि चमत्कारी तो है तथापि आज उसकी पोल खुल जाएगी, लगभग एक लाख पेटों को भरना तो असंभव लग रहा है।''

भोजन के समय, राजा की शरारत से सब एक साथ एक मील तक पंक्ति-बद्ध होकर बैठ गए जिससे कि ऋषि संकट में पड़ जाएँ···थोड़े-थोड़े बैठते तो खाना बनता जाता, आता जाता पर नहीं, सेना तो परीक्षा ले रही थी··· ।

ऋषि ने तो केवल खीर बनवाई थी, प्रमुख राजपुरुषों के लिए सर्व प्रकार के व्यंजन बने थे परंतु सैनिकों के लिए भरपेट खीर का ही प्रबंध था। सैनिकों को विजया (भंग) और मदिरा के मद में ऐसा लगा जैसे वे छप्पन प्रकार के व्यंजन जीम रहे हों। वे नशे में जिधर पत्तल पर हाथ चलाते, नए-नए पदार्थ प्राप्त करते। वे आश्चर्य से कोलाहल करने लगे—

''क्या हुआ, सैनिक कोलाहल क्यों कर रहे हैं?''—राजा ने पुछवाया।

''वे विस्मयविमूढ़ होकर हर्ष में विक्षिप्त हो गए हैं—वे केवल खीर की आशा

करके आए थे किंतु उनको एक शत प्रकार के खाद्य पदार्थ मिल रहे हैं सो सैनिक खा रहे हैं और ऋषि जमदग्नि की और कामधेनु की जयजयकार कर रहे हैं···उन्हें किसी ने बताया है कि यह सब मुख्य कामधेनु का चमत्कार है !''

''अच्छा?''

''हाँ महाराज, ऐसा ही है!''

सैनिकों और राजपुरुषों को ऐसा दिव्य भोजन राजमहलों में भी नहीं मिला था। वे भी आश्वस्त हो गए कि यह सब ऋषि का तपोबल है, कामधेनु की लीला है। भला मर्त्यलोक में स्वर्गीय स्वादों की सृष्टि कौन कर सकता है···यह निश्चय ही ऋषि की कामधेनु का प्रसाद है, अश्रुतपूर्व, अलौकिक !

राजा ने सोचा कि बहाना मिल गया···ऋषिराज से कामधेनु माँगी जाए और वह यदि अस्वीकार कर दे तो उसका यह गर्वभरा आश्रम उजाड़ दिया जाए···राज्यसत्ता का दर्प याचकों के मध्य स्थापित होना ही चाहिए···ये मंत्रबल, तपस्या और यश के प्रपंच से अंधविश्वासी जनसमूह का विश्वास जीतते हैं और जनमानस में ये धूर्त विद्याधर अपना आसन जमाकर सर्वदा के लिए बैठ जाते हैं···प्रत्येक मनुष्य में अपने कल्याण की कामना रहती है, शत्रुओं से प्रकृति की प्रतिकूलता का, दुर्घटनाओं और विरुद्ध कुसंयोगों का डर रहता है···और भयों का कोई अंत नहीं है···पता नहीं, कब क्या हो जाए···यह भय, सर्वव्यापक भय ही लोगों को धर्म, ईश्वर, पुनर्जन्म, अवतार, कर्मफल और इनके आविष्कार इन पाखंडियों के प्रपंच की ओर ले जाता है···ये जनता के धर्मरक्षक बन जाते हैं···जन इन्हें पालता है, दान-दक्षिणा देता है और ये जनसमूह का लोक और परलोक बनाते हैं···अंधविश्वास को वेद और धर्माख्यानों, व्याख्याओं, प्रवचनों, उपदेशों और धार्मिक क्रियाओं के अनुष्ठानों का एक विराट् कार्यक्रम है जो सदा चलता रहता है···यह जन्म से ही आरंभ हो जाता है···प्रत्येक आर्य और अनार्य नाना प्रकार के विचित्र संस्कारों से बँधा हुआ है···पुरोहितों, पंडितों, वेद के कर्मकांडकर्त्ताओं को आनंद-ही-आनंद है, थोड़ी विद्या पढ़ ली, बस, दूसरे के ॢप का प्रसाद पाते रहो···एक हम हैं जो जनता से अल्प कर प्राप्त करते हैं··· उसे भी बल से वसूलो···रक्त बहाओ, मारो-पीटो···लूटो···युद्ध लड़ो···रात-दिन राज्यव्यवस्था की चिंता करो···सेना, दुर्ग, कोष, कृषि व्यवसाय, शत्रु-मित्र, मंत्री, अधिकारी, समूह और व्यक्ति, गृह और बाहर···सबको नियंत्रण में रखो, 'धर्म' के रक्षक बनो अर्थात् इन पुरोहितों-पंडितों के मिथ्याजाल को धर्म मानकर उसके नैरंतर्य के लिए राजा रात्रि की निद्रा नष्ट करे और ये बिना कुछ किए-धरे बट्टे का माल-मलीदा खाते धर्म का ढोंग बनाए रहें और फिर ऊपर से इन्हें श्रेष्ठ, उच्च, महान्, पूज्य, आराध्य और देवता माना जाए··· ।

राजा कार्त्तवीर्य ने अट्टहास किया···राजपुरुष, सेवक, सैनिक समझे कि राजा मदिरा के उन्माद में ठहाके पर ठहाके लगा रहा है···फिर वह राजा, राजपुरुषों के साथ ऋषि जमदग्नि तथा वहाँ राजा को शयन-शिविरों तक भेजने आए, ब्रह्मचारियों

तथा ऋषिगण को प्रणाम कर भोजन की प्रशंसा करता चला गया··· जमदग्नि ने निश्चिंतता की साँस ली और सब अपने-अपने निवास को गए।

मणिप्रभा और चारुवल्लरी वेश बदले हुए अद्रि यादव वैदर्भ के संरक्षण में उस रहस्य को सूँघ रही थीं जो आश्रम में घुला था पर पकड़ में नहीं आता था···मणिप्रभा को न जाने क्यों लग रहा था कि कुछ अघटनीय घटने जा रहा है किंतु वह क्या है इसका भेद नहीं खुल रहा था क्योंकि चक्रवर्ती कल क्या करेगा और आश्रम उसका प्रतिकार कैसे करेगा, यह अस्पष्ट था···घटना की संभाव्यता में जो एक अवाङ्मनसगोचरता रहती है, वही उसे नाटकीय बनाती है···अभी तो यवनिका गिरी हुई है···सर्वत्र शक्ति, आनंद और विनोद है···कल क्या होगा, यह उत्सुकता कितनी ध्यान को खींचने वाली है···किस प्रकार मेरा हृदय आशंका से धड़कता है और फिर अपनी गति पकड़ लेता है···मणिप्रभा ने देखा, वृक्ष पर एक घोंसले की ओर नाग सरक रहा है···उसने पास खड़ी वल्लरी को संकेत किया, उसने अद्रि वैदर्भ को इशारा किया···अद्रि ने एक पत्थर उठाकर मारा, सर्प दूसरी ओर भागा···घोंसले के पक्षी शोर मचाने लगे और नीचे खड़े तीन जनों को अपना हितैषी जानकर अपनी बोलियों में धन्यवाद-सा भरते हुए वे उड़ने-चीखने लगे···नाग विशाल वृक्ष के किसी कोटर में घुस गया···फिर नहीं निकला···तब शांति हुई···मणिप्रभा का कोमल किसलयी हृदय इस घटना को चेतावनी मानकर थरथरा गया···हाय, कल क्या होगा?

यह राजा कार्त्तवीर्य भी अद्भुत है···ऐसी छाप बिठा रहा है जैसे पुरोहितों के पदवंदन के लिए ही आया है···यह राजा क्या धर्म के सुपथ पर लौट रहा है···यदि लौट आए तो क्या कहना है; किंतु वह विद्याधर राक्षस इसे नया जीवन-दर्शन सिखा रहा है कि जन तो मेषों का समूह होता है, वृक बनकर उन पर टूटो और लूटो···राजा को भेड़िया बनना है, लोगों को भेड़ बनना है···और यह जो मेष-वृक-न्याय है, यही सनातन है···इस दुर्बल-सबल, मूर्ख और ज्ञानी की शाश्वत लड़ाई में महिदेवनामधारी ये ऋषि, मुनि, तपस्वी, योगी···ये समदर्शिता फैलाते हैं···ये आर्य-अनार्यों का भेद भी मिटाना चाहते हैं···अतएव, इन आश्रमों में जो विचार पल रहे हैं, बढ़ रहे हैं, वे राक्षस-जीवन-दर्शन के विपरीत हैं···वह राक्षस विद्याधर की तर्क प्रणाली सोचती हुई क्रोध में तड़प उठी···यह विद्याधर राक्षस जब तक है और वह मनुष्य का रक्त पी-पीकर, नरमांसाहारिणी सुंदर लंकिनी जब तक है, तब तक यह चक्रवर्ती राजा, अर्जुन विकृत और मानव-विरोधी मति में सब मटियामेट कर देगा···किंतु आश्चर्य यह है कि आश्रम को कोई भय नहीं···कितना सहज विश्वास है, अपने यजमान राजा अर्जुन पर···तथापि वे ऋषि चायमान और वह मेधावी, वह चंद्रकलावती, वह श्यामा, मौरवी, ऋषि के चारों पुत्र, अन्य सशस्त्र ब्रह्मचारियों के गण, उनके यूथप···ये सब कहाँ चले गए?···मणिप्रभा ने अद्रि से पूछा तो उसने मौन धारण कर लिया···मणिप्रभा ने शपथ दिलाकर पूछा तो भी अद्रि चुप

रहा···बल्कि वह अचानक जैसे उसे कुछ स्मरण हो आया हो, ऐसा भाव दिखाकर अंधकार में लुप्त हो गया···दोनों सुंदरियों ने दृष्टि विनिमय किया और रहस्य से उत्कंठित हो उठीं।

प्रात:काल कलेवा के बाद राजा अर्जुन सज-धज कर और सेना को सन्नद्ध और सतर्क कर ऋषि जमदग्नि के आश्रम में पहुँचा और पुन: द्वारपाल ब्रह्मचारी की अवज्ञा कर ऋषि की कंदरा में घुस गया। उसके पीछे कई राजपुरुष और सेनापति रुद्रदत्त भी था, शर्यातों का सेनानी मेघवज्र भी···विचक्षु नहीं था, न विद्याधर···वे शिविरों में रहकर खटपट में लगे थे। राजा अर्जुन ने ऋषि को प्रणाम किया किंतु उस प्रणाम में सुगंध नहीं थी, न भावना···ऋषि जमदग्नि मणिप्रभा को वचन दे चुके थे कि वह राजा के अशिष्टाचार से भड़केंगे नहीं अतएव वह सब जानकर भी नम्र ही रहे। उन्होंने राजा की कुशल कामना की, रात्रि में प्रगाढ़ निद्रा और सजीले स्वप्नों के विषय में पूछा और सब ठीक समझकर ध्यान मग्न हो गए···राजा डर रहा था कि यह कहीं ध्यान की डुबकी लगा गया तो यह मेढक की तरह वहीं रह जाएगा अत: वह अचानक बोला—

''कुलगुरु···एक याचना थी···आप राज-प्रार्थना को स्वीकार करें।''

''राजा याचना नहीं करते और न राज्य···तथापि आप कथनीय कहें।''

''कल जो भोजन परोसा गया, वह अलौकिक था, स्पष्टत: यह मुख्य कामधेनु का प्रताप था···ऐसी दिव्य धेनु तो राजा की राजधानी में रहने योग्य है···यह तो आप जानते ही हैं कि सर्वोत्तम वस्तुओं पर राजा का प्रथम अधिकार होता है···अतएव, मुख्य कामधेनु मुझे सहर्ष सौंप दी जाए··· ।''

''यजमान ! यह अनुचित है···यह कहाँ लिखा है कि सर्वोत्तम वस्तुओं पर राज्याधिकार होता है···नहीं राजन्···कामधेनु तो इस आश्रम के परिवारों की पालक माता है···और जिस भंगिमा और भाव के साथ राजा ने यह धर्म विरुद्ध इच्छा प्रकट की है, उसमें शिष्टता का अभाव है···राजा तो प्रजा का पिता होता है, वह विनय या बल से मनचाही वस्तु नहीं ले सकता और स्वेच्छा से कामधेनु नहीं दी जा सकती। वह आश्रमवासियों की धाय माँ है।''

''कुलगुरो। आप तो चमत्कारी हैं···आप तो दूसरी कामधेनु देवताओं से प्राप्त कर सकते हैं···हम तो एक ही गाय चाहते हैं···आपके लिए क्या अंतर पड़ता है···यज्ञ कीजिए, मंत्र पढ़िए और दिव्यधेनु प्रकट हो जाएगी; पर हमें कहाँ मिलेगी ऐसी अलौकिक गाय···हम इस धेनु पर मुग्ध हो गए हैं···हम इसे ले ही जाएँगे और आप हमारे मनोरथ को साधने में सहयोग करें, तोड़ें नहीं···।''

ऋषि जमदग्नि ने अब तक अर्जुन की धृष्टता सही थी···उन्होंने मणिप्रभा के प्रदत्त वचन का अनुस्मरण किया किंतु प्रश्न तो सबकी माता कामधेनु का था, उसे इस धृष्ट व्यक्ति को कैसे दिया जा सकता था···ऋषि की भृकुटि धनुष की तरह चढ़ गई तथापि मणिप्रभा की मीठी छवि ऋषि के ध्यान में उभरी किंतु वह छवि राजा

की धूर्त्त और धृष्ट मानसिक प्रतिमा के सामने मणिप्रभा की सुंदर प्रतिमा दब गई···ऋषि ने फड़ककर कहा—

''तुम धृष्टता कर रहे हो अर्जुन, तुम बलपूर्वक कामधेनु-अपहरण की धमकी दे रहे हो···तुम अधर्म के मार्ग पर उतर रहे हो···तुम क्षत्रिय धर्म विस्मृत कर चुके हो कार्त्तवीर्य···तुम्हें सहस्रबाहु होने का मिथ्या अहंकार है।''

राजा ने अपमानजनक, अवमाननापरक विकट अट्टहास किया और वह अपनी यजमानता, ऋषि के पुरोहितपन तथा समूची परंपरागत शिष्टता का नाश करता हुआ बोला जैसे जलहीन बादल तड़पा हो—

''जमदग्नि। अधर्मी तो तुम हो···तुमने पूर्वज तथाकथित ऋषियों-मुनियों की भाँति अपनी ज्ञानगत पहुँच और तज्जन्य श्रेष्ठता सिद्ध करने के लिए लोगों के अज्ञान और भय का, विश्वास का उपयोग किया है···यह सबसे बड़ा अधर्म है···तुम्हारी पूरी परंपरा, तथाकथित वैदिक आर्य परंपरा वाक्छल द्वारा ऐसी दैवसत्ताओं की सिद्धि पर आधारित है जो मात्र जड़ प्राकृतिक प्रक्रियाएँ या अचिन्मय शक्तियाँ हैं···। प्रकृति की शक्ति, क्रिया, प्रक्रिया, स्तुतियों, यज्ञों और मंत्रों से कभी प्रभावित नहीं होती···तुमने···मिथ्या विश्वास भरकर जनमानस को धोखा दिया है। जमदग्नि, तुम पूर्वजों की तरह प्रवंचक हो और जन तथा राज्य से भिक्षा माँग-माँगकर तुमने जो यह प्रतिष्ठान बनाया है या अन्य आर्य ऋषियों ने बनाए हैं ऐसे ही आश्रम···ये सब महापाप के अड्डे हैं···राजा का यही धर्म है कि मिथ्या दर्शन, मिथ्या धर्म, मिथ्या मंत्रविद्या के प्रपंच दुर्गों को नष्ट कर दिया जाए···जमदग्नि भार्गव, या तो वह कामधेनु हमें भेंट करो वर्ना हम उसे ही नहीं, सब कामधेनुओं को ले जाएँगे और तुम्हारे आध्यात्मिक विद्या के नाम पर लोगों को ठगने वाले इस प्रतिष्ठान को नष्ट कर देंगे।''

ऋषि जमदग्नि विस्मय, अचानक परंपरागत आदर्शों, व्यवहारों पर प्रहार से स्तब्ध, चित्रवत् जड़ हो गए···उन्होंने नेत्र बंद कर वेग से घूमते प्रज्वलित अलात चक्र से अपने हृदय को कुंभक प्राणायाम द्वारा अवरुद्ध किया और रक्त की प्रलयकारी उछाल को जबड़े भींचकर रोका···वह एक परीक्षा-सी दे रहे थे और घोर अवहेलना तथा विडंबना में धीरज की रक्षा की चुनौती को पूरा करने के लिए अपने संपूर्ण अस्तित्व को कस रहे थे तथापि उनकी दाढ़ी के बाल खड़े हो गए थे, शरीर से प्रस्वेद छूट रहा था और उनकी मूँछें फड़क रही थीं···यह देखकर ऋषि की उद्विग्नता को उनकी विवशता, दीनता और बलहीनता समझकर राजा अर्जुन ठठाकर हँसा और ऋषि को चिढ़ाते हुए कहने लगा—

''याचक ब्राह्मणों के पाखंड को हम समझ गए हैं···पाखंड पर चोट होने से जो तुम्हें कष्ट हो रहा है, उसका आनंद हम ले रहे हैं···तुम्हारे धर्म, आर्य मर्यादा और तुम्हारे नैतिक मानवीय निकर्षों की पोल खुल चुकी है, दूसरों के परिश्रम को, लोगों के प्रस्वेद और रक्त को पी-पीकर मोटे महाराजो, तुम्हारा भाँडा फूट चुका है

और तुम क्षत्रियों से अपने को इस धूर्त्त विद्या के बल पर ऊँचा मानते हो···भिक्षुको, राजा अराजकता दूर करता है जो सबसे बड़ा धर्म है और उसके बदले जन उसे कर देता है और राज्य की प्रभुता स्वीकार करता है···क्षत्रिय मृत्यु को ललकारते हैं, ब्राह्मण तो कायरों की तरह बकध्यान लगाते रहते हैं, दूसरों का खाते हैं और फिर भी तुम क्षत्रियों का दर्प नहीं सहते···अब तुम्हें राजाओं के सम्मुख विनीत और दयनीय बनकर रहना होगा···तुम्हारी विप्रश्रेणी ने जो आदर्श गढ़े हैं, जो प्रतिमान रचे है, जो मर्यादाएँ बनाई हैं, उनमें ब्रह्मविद्या, आध्यात्मिक ज्ञान, अध्ययन-अध्यापन को सर्वोच्चता दी गई है···राज्य को भी इस ब्राह्मण श्रेष्ठता के अधीन माना गया है, क्षत्रिय कर्म को द्वितीय स्थान दिया गया है; पर मैं इस प्रतिमानीकरण का अपलाप करता हूँ···मैं क्षत्रिय उच्चता का स्थापक हूँ···जो युद्ध करता है, वह श्रेष्ठ है। साहसी, आत्म-बलिदानी ही सर्वोच्च है अतएव जमदग्नि तुम मुझे सर्वोत्तम शूरवीर को प्रणाम कर अपने को पवित्र करो, ह, ह, ह, ह, ह, ।''

राजा के उद्धत संकेत पर सेनापति रुद्रदत्त उठा और राजा को सुरक्षा के घेरे में लेकर आगे बढ़ा···उसने संकेत किया कि मुख्य कामधेनु उस सामने की झोंपड़ी में है और प्रतिरोध करने वाला कोई नहीं···जमदग्नि दयनीयता में जड़ हो गए हैं···वह श्राप देकर अपना तपोबल नष्ट नहीं करना चाहते···अच्छा अवसर है···परंतु राजा ने बताया कि ऋषि जमदग्नि को कामधेनु देने का अवसर दिया जाना आवश्यक है तथापि उसे देखने में कोई हानि नहीं है···सब उस लोकातीत गाय को देखने चले···कुटज में गाय बँधी हुई ताज़ी दूब को चुन रही थी···राजा को देखते ही कामधेनु ने क्रोधज हुंकार भरी। राजा विस्मित हो गया···कामधेनु ने कोप किया और उन हैहयों की ओर प्रश्वास छोड़ी तो उन्हें लगा कि कोई मारक गैस गाय के नथुनों से आ रही है···उनका दम घुटने लगा···और वे श्वास लेने के लिए कुटज से बाहर भागे···खुले में आकर उनको शान्ति मिली···सबके मुख पर आश्चर्य था, राजा बड़बड़ाया—

''यह गाय साधारण नहीं है···यदि जमदग्नि इसे हमारे शिविर में नहीं भेजते तो ससैन्य आक्रमण हो; पर रात्रि में और धृष्टता का दंड देने के लिए हम इस पाखंड-केंद्र को ही आग लगा देंगे··· ।''

राजा और सैनिक भोजन व्यवस्था में लग गए···ऋषि जमदग्नि जड़मुद्रा में रहे, पुन: अवश्यंभावी को अटल मानकर ध्यानमग्न हो गए···उन्हें संतोष था कि जो वचन उन्होंने मणिप्रभा को दिया था, वह उन्होंने पूरा किया···उधर मणिप्रभा को समाचार मिलते ही वह राजा के पास गई और उसे अपने रूप के प्रभाव में लेकर बहुत समझाया-बुझाया···यह धमकी भी दी कि यदि वह नहीं माना, बलात् धेनुहरण हुआ, आश्रम पर आक्रमण तो मणिप्रभा राजरानी, कलकलता तथा युवराज जयध्वज को लेकर विदर्भ चली जाएगी और विदर्भ का राजा, हैहयों-भार्गवों के युद्ध में भार्गवों का साथ देगा किंतु राजा केवल हँसता रहा और दोपहर को मदोन्मत्त होकर मणिप्रभा से बोला—

"मणिप्रभा! यदि तुम मुझे समर्पण कर दो···तो मैं आश्रमदहन का संकल्प टाल सकता हूँ किंतु धेनुहरण की तो घोषणा हो चुकी है और तुम इसी मध्याह्न में मेरी शैया की साथिन बन जाओ, मणिप्रभा की दीप्ति के आगे कामधेनु क्या वस्तु है? बोलो, सौदा करती हो?"

"मैं राजा को क्षत्रिय समझती थी, वणिक नहीं—कार्त्तवीर्य···मैं तुम्हें इतना पतित नहीं समझती थी···तुममें तो कुछ भी महार्घ और महनीय नहीं रहा···तुम आततायी हो··· ।"

मणिप्रभा आहत शेरनी-सी गरज रही थी, उनके मनोहर लोचनों से अग्नि की लपट-सी निकली और वह अंतिम शब्द कहने लगी—

"कार्त्तवीर्य अर्जुन, यदि तुमने बलात् धेनु-अपहरण किया और आश्रम को नष्ट या भ्रष्ट किया तो तुम मणिप्रभा, कनकलता, युवराज और विदर्भ देश को अपना शत्रु समझना···और आश्रम पर आक्रमण हुआ तो मैं तुम्हारे विरोध में लड़ूँगी, सावधान!"

मणिप्रभा पैर पटकती, क्रोध में उबलती चली गई किंतु उसके कोप में उसे और अधिक मनमोहक पाकर राजा उसकी क्रुद्ध वाणी में रस पाकर मस्त होता रहा और मदिरा के पात्र ढालता रहा, हँसता रहा ।

मणिप्रभा, वल्लरी और अद्रि यादव आश्रम के बाहर निकले···आश्रम में भीतर-ही-भीतर, अपमानित होने के कारण क्रोध का कढ़ाव-सा पक रहा था, जैसे प्रलय के पूर्व की स्तब्धता हो, ऐसा लग रहा था···सर्वाधिक उग्र और व्यग्र रेणुका माता थीं···वह ऋषि के असाधारण धैर्य और आत्मसंयम से आतंकित थीं···वह ऋषि के पास से एक क्षण को भी नहीं हटीं और न उन्होंने एक शब्द भी अधरों से निकाला···बस, ऋषि की तरह ही तटबद्ध समुद्र की तरह आर्त्तनाद करती रहीं···वह जानती थीं कि कुछ भी कहने से जमदग्नि का क्रोध भड़क उठेगा और उनसे अधिक किसने ऋषि का क्रोध देखा था···रेणुका ने अपने कंठ के सूखे घाव पर हाथ फेरा और भयभीत होकर वह देवताओं से प्रार्थना करने लगीं कि वे आश्रम और ऋषि की रक्षा करें···उन्होंने सोचा कि क्रोध में शीतल जल ही सबसे बड़ा उपचार होता है सो जब रेणुकामाई ने जलपात्र मौन ऋषि को दिया तो वह मानो उसी की प्रतीक्षा में थे, गटागट पी गए और एक दीर्घ निश्वास छोड़ा । रेणुका माता पति के हृदय को समझती थीं, वह पश्चात्ताप के स्वर में फुसफुसाईं—

"राम···मेरा परशुराम आज होता तो···तो···मेरा राम कहाँ चला गया?"

"राम, राम आ गया क्या?"

ऋषि का मौन भंग हुआ किंतु कितना अंतर्दाह था जमदग्नि के शब्दों में···रेणुका सिसक उठी, कहा—

"यहाँ मेरा राम···मेरा परशुराम नहीं है···किंतु ऋषि चायमान तो अभी जीवित हैं···आप चिंता मत कीजिए···देवता अनुकूल हैं···वे जो करेंगे, मंगल ही होगा ।"

ऋषि कुछ नहीं बोले···एक बार पुनः उनके अधरों से राम, परशुराम अस्फुट रूप से निकला और वह पुनः ध्यान की गहराइयों में उतर गए।

मणिप्रभा, वल्लरी और अद्रि आश्रम के बाहर, जिधर हैहयों की सेना नहीं थी, उधर झपटते हुए चले···कुछ दूरी पर घने वन में ऋषि चायमान दिखे···वह सशस्त्र एक प्रचंड अश्व की वल्गा पकड़े खड़े थे और उनके पीछे सशस्त्र ब्रह्मचारियों की अश्वसेना डटी थी···मौरवी, वृकाचार्य, मेधावी, चंद्रकलावती ही नहीं, रुमण्ववान् और चक्रधर भी युद्ध के लिए सन्नद्ध थे, कुछ हाथी भी इधर-उधर खड़े झूम रहे थे और उन पर आरूढ़ वीर बटुक योद्धा धनुष पर बाण साधे बैठे थे···पीछे ग्रामीणों का भारी दल था···मणिप्रभा चकित थी···यहाँ तो युद्ध का पूर्ण दृश्य उपस्थित था···संख्या में चायमान का प्रतिरोधक दल अल्प संख्या में था किंतु अनुशासन, मनोबल, साहस और युद्धविद्या की दृष्टि से यह सैन्यबल अजेय था।

मणिप्रभा, वल्लरी और अद्रि के प्रणाम का उत्तर ऋषि चायमान ने दाएँ हाथ की तलवार उठाकर दिया और कुछ क्षण उन तीनों को जी भरकर निहारने के बाद कहा—

''मणिप्रभा, वल्लरी तुम तटस्थ रहना···अद्रि युद्ध कर सकता है, आर्य वृक इन्हें अश्व दो···किंतु अभी कुछ नहीं होगा···दोपहर में हमारी सेना विश्राम करे; पर सतर्क रहे···जो होगा वह रात्रि में होगा, ऐसी सूचना है अतएव वन में भोजन, विश्राम हो।''

सैन्यबल और ग्रामीण जनगण वन में इधर-उधर विश्राम-स्थल खोजने लगे और आश्चर्य यह था कि सैन्य कोलाहल अत्यंत कम था···पशु भी जैसे स्थिति की गंभीरता और उत्तेजना समझते थे···कभी कोई अश्व हिनहिना उठता तो अश्वारोही की एक ही थपकी से पशु शांत हो जाता···विश्राम की दशा में भी, वल्गाएँ अलग हो जाने के बावजूद घोड़े चुपचाप चरने लगे थे और सैनिक जो उनके पास भोजन था, उसे उदरस्थ करने लगे थे। जंगल में जल की कोई कमी नहीं थी और शरीर को सीधा करने के लिए वृक्षों की छाया थी ही···प्रतिरोधी दल की मर्यादा देखकर मणिप्रभा और वल्लरी अचरज से नेत्र विस्फारित करती रह गईं।

मणिप्रभा और वल्लरी ने ऋषि चायमान के पास जाकर पुनः अनुरोध किया। किंतु ऋषि ने कहा—''मणिप्रभा बेटी, जो होने जा रहा है वह स्पष्ट है···तुम तुरंत वल्लरी के साथ माहिष्मती लौट जाओ और युवराज, महारानी तथा अन्य प्रिय स्वजनों को लेकर विदर्भ को प्रस्थान करो···अब तुम्हारा वहाँ रहना सुरक्षित नहीं···जाओ!''

''नहीं ऋषिवर, मैं अर्जुन की क्रूरता और पतन को देखना चाहती हूँ···यह समझना चाहती हूँ कि उसके चरित्र का निम्नतम बिंदु या सीमा क्या है···आप कृपया मुझे साथ रहने दें···पितृव्य नृसिंहराज हैहय नहीं दिखते यहाँ···क्या वह नहीं आए?''

''नहीं, उन्हें अभी बुलाया नहीं गया!''

''अच्छा? पर उनके पास प्रशिक्षित सेना थी जो बढ़ती ही जा रही है···अर्जुन से असंतुष्ट हैहय उन्हीं के पास जा रहे हैं।''

''अभी देखो तो, स्यात नृसिंहराज की आवश्यकता अभी न पड़े—हम समझते हैं कि हम पर्याप्त हैं···कार्त्तवीर्य का मद उतारने के हेतु हम पर्याप्त है ।''

मणिप्रभा और वल्लरी संध्याकाल तक वन में रुककर आश्रम की ओर चल पड़ीं। उन्हें किसी ने नहीं रोका। वे दोनों सीधी माता रेणुका की कंदरा में गईं और वहीं सशस्त्र होकर पहरा देने लगीं। वे जानती थीं कि उनके हस्तक्षेप से अर्जुन ऋषि जमदग्नि पर प्रहार नहीं करेगा।

रात्रि के प्रथम प्रहर की समाप्ति का घंटा बजा। जमदग्नि कामधेनु नहीं देंगे, यह सुनिश्चित ही था अतएव कार्त्तवीर्य अर्जुन ने रुद्रदत्त को आदेश दिया कि आक्रमण करो···हाथियों को कुटजों पर हूल दो और झोंपड़ियों को आग लगा दो···कामधेनु को बलपूर्वक खींच लाओ और जो प्रतिशोध करे, मार डालो।

रात्रि के घुप अंधकार में आक्रमण हुआ—जैसे ही हाथियों की पंक्ति आश्रम की ओर बढ़ी, उनको अचानक प्रकट हुए चायमान ऋषि के सैनिकों ने घेर लिया···ब्रह्मचारी रात्रि में भी देख सकते थे और वे शब्दवेधी थे। गजारोहियों को शब्दवेधी बाण वेधने लगे। हाथी पैर उठाते तो सधे हुए भाले उन्हें घायल करते···गजों के कानों के कुंजों में कुंतों, बरछियों और बाणों की नोकें प्रविष्ट हो जातीं···चिंघाड़ों और घायलों की हाय-हायों से हैहय घबरा गए···''यह क्या हो रहा है, इतने दक्ष सैनिक अकस्मात् क्या आकाश से टूट पड़े?'' गज आहत होकर पर्वतों से रणक्षेत्र में या तो गिर पड़े या भाग गए···रुद्रदत्त की ललकार पर हैहय आश्रम में घुस गए और सेनापति के आदेश पर मेघवज्र शर्याति ने प्रतिरक्षक ऋषि चायमान की सेना को रोका। हज़ारों मशालें जलाकर हैहयों ने देख लिया कि चायमान के सैनिक किधर हैं। मेघवज्र मशालों के प्रकाश में चायमान चमू पर टूट पड़ा···शेष सेना रुद्रदत्त के नेतृत्व में आश्रम में घुस गई···किंतु प्रत्येक कुटज दुर्ग प्रमाणित हुआ···शब्दवेधक ब्रह्मचारियों के गुल्म आश्रम के विशाल प्राङ्गण में हैहय अश्वारोहियों को छेदने लगे···हैहय मशालों के प्रकाश में बिंधने लगे जबकि कुटजों की ओर से बटुक सैनिकों को अँधेरे का लाभ मिल रहा था। तब हैहयों ने अग्निबाणों से कुटजों को जलाना शुरू कर दिया, किंतु आश्चर्य यह था कि सब कुटज खाली थे। कुटजों के स्वाहा होने पर ब्रह्मचारियों के समूह रोशनी में आ गए और दोनों पक्षों में घमासान युद्ध शुरू हो गया···बटुक सैनिक मरने लगे । यह देखकर हैहयों का उत्साह बढ़ा किंतु तभी चक्रधर और मेधावी के गुल्मों ने पीछे से प्रहार किया—उधर ग्रामीण सशस्त्र जमावड़ा चारों तरफ़ से शर्यातों और हैहय सेना को काटने लगा···हैहय समझे कि ऋषि चायमान जैसे युद्ध विशारद ने असंख्य सेना से उन्हें घेर लिया है, अतः सब मारे जाएँगे। हैहय प्राण बचाकर भागने लगे···कार्त्तवीर्य

अर्जुन एक हाथी पर बैठा यह देखकर व्याकुल हो गया। उसने चुनौती दी—

''कायरो! सामने आकर लड़ो, अँधेरे से तीर चला रहे हो शृगालो, कौन सेनापति है, सामने आए···।''

ऋषि चायमान अश्व पर थे, अंधकार से निकलकर सामने आए और परिचय दिया। राजा ने कहा कि ऋषि चायमान सावधान, सँभलो···दोनों ओर से बाण चले, चलते रहे···किंतु राजा अर्जुन तो धूर्त्त था···धनुष युद्ध में चायमान को उलझाकर उसने पीछे से ऋषि पर प्रहार का संकेत कर दिया···विचक्षु के एक सेनानी ने भाला चला दिया···चायमान की पीठ में लगा भाला पेट फाड़कर बाहर निकल गया···ऋषि ने पूरी शक्ति झोंककर अपने को गिरने से रोका किंतु कब तक वह रोक सकते थे···अपना अंत निश्चित जानकर ऋषि चायमान ने नागबाण छोड़ दिया और घोड़े से गिरकर स्वर्ग सिधार गए···राजा का कवच वेधकर बाण ने अर्जुन का वक्ष फाड़ दिया और वह बाण वहीं धुसकर रह गया···राजा एक चीत्कार के साथ हाथी के हौदे में गिर गया और अचेत हो गया···।

राजा के गिरते ही हैहय सेना पागल हो गई। वह विक्षिप्तों की तरह अब प्राणभय छोड़कर लड़ने लगी। विचक्षु-मेघवज्र के बढ़ावे और इस ललकार पर कि माहिष्मती में जाकर राजा का शव लेकर कैसे जाना होगा, भागे हुए हैहय भी लौट आए। विचक्षु ने सोचा कि हैहय सैनिक ऋषि चायमान और जमदग्नि के चमत्कार से लड़ रहे हैं, अतएव अलौकिक शक्ति के मूलस्रोत जमदग्नि को ही समाप्त कर देना चाहिए···उसने एक गुल्म सेनानी को ऋषिवध के लिए रवाना कर दिया किंतु जमदग्नि के कंदरा-रक्षक सेना के आगे स्वयं मणिप्रभा-वल्लरी दुर्गा की भाँति डटी हुई थीं। हैहय सेनानी सन्न रह गया, उसने मणिप्रभा और वल्लरी से चले जाने को कहा। मणिप्रभा चीख़ी—

''कायर, ऋषि की हत्या के लिए आया है, अपने पिता का पुत्र हो तो मुझे पहले मार, तब ऋषि पर प्रहार कर···।''

सेनानी स्तब्ध रह गया किंतु राज्य-आदेश था। उसने बार-बार सामने से हट जाने का अनुरोध किया किंतु मणिप्रभा नहीं हटी। तब उस सेनानी ने मणिप्रभा को घायल करने के लिए बाण छोड़ा किंतु मणिप्रभा ने मशालों के प्रकाश में उस बाण को काट डाला और उस सेनानी पर क्षुरप्र बाण चला दिया। सेनानी का कंठ कट गया। वह धराशायी हुआ···सैनिक भिड़ गए, किंतु अद्रि यादव प्राणों पर खेलकर लड़ा। ऋषिरक्षकों की मार से हैहय सैनिक भागे, बटुक सैनिकों ने पीछा किया···भागते हैहयों ने नारा बोला, ''भागो, यह सेना नहीं, देवताओं-देवियों का चमत्कार है, भागो, भाग छूटो,''···हैहय सैनिकों का मनोबल टूट गया···। उधर जामदग्न्यों, मौरवी, चक्रधर, वृकाचार्य, मेधावी के गुल्मों और ग्रामीणों के हल्लों से राजा को घेरकर लड़ रहे हैहय सैनिक कटने लगे और जलते, भस्म होते कुटजों के रक्षक बटुकों की टोली ने चारों तरफ तलवार चलाते हुए हैहयों को पीछे हटने

पर विवश कर दिया। वृक्षों और ऊँचे स्थानों पर बैठे आश्रम के शब्दवेधी धनुर्धरों ने ताक-ताककर शत्रु के सीने छेद डाले···हाहाकार मच गया और हैहयों में भगदड़ मच गई···विचक्षु अचेत राजा को उठवाकर मैदान से भाग खड़ा हुआ···तब विचक्षु ने एक अद्‌भुत दृश्य देखा। मेघवज्र शर्याति आश्रम के पक्ष में भागते हैहयों का रास्ता रोककर खड़ा हो गया। विचक्षु ने समझा कि शर्याति मेघवज्र पागल हो गया है। वह चिल्लाया पर मेघवज्र ने उस पर प्रहार कर दिया। विचक्षु गिर गया, अंतिम अवलंब भी खेत रहा, यह देखकर तथा बटुक सेना, ग्रामीण और मौरवी, चंद्रकला, चक्रधर और मेधावी के हल्लाबोल हमले से बची-खुची हैहय सेना विचक्षु और राजा अर्जुन के घायल शरीरों को उठाकर जो भागी तो किसी ने पीछे मुड़कर नहीं देखा···आश्रम सेना के प्रमुखों ने विजय के शंख फूँके और हैहयों को दूर तक खदेड़ कर वापस लौटे।

किंतु ऋषि चायमान को दिव्य ओषधियों से भी बचाया नहीं जा सका। मौरवी, वृक, चंद्रकला, मेधावी, चक्रधर तथा अन्य प्रमुखों को भी घाव लगे थे, पर वे बच गए। शल्यक्रिया विशेषज्ञों और वैद्यों ने अन्य आहतों के उपचार का प्रबंध किया और दिवंगत सैनिकों के शवदाह की तैयारी होने लगी। कुटजनिवासी छात्र और गृहस्थ, महिलाएँ और शिशु, वृद्ध और रुग्ण जन वापस लौटने लगे।

ऋषि चायमान के मृत शरीर को ऋषि जमदग्नि ने अपने हाथों से स्नान कराया और प्रातः होने पर तेल के कढ़ाव में रखा। आश्रमवासी और अनेक शिष्य बिलख उठे। ऋषि चायमान के बलिदान से ही आश्रम की रक्षा हुई···सब उनके साहस, शौर्य, विद्याबुद्धि और गंभीरता के गुण गाने लगे···मेघवज्र शर्याति इनमें सबसे आगे था। मणिप्रभा उसके पक्षपरिवर्तन से सर्वाधिक प्रसन्न थी, जमदग्नि पुत्रों ने उसे बहुत सराहा। तथापि पूछा कि युद्ध के मध्य अचानक उसका हृदयपरिवर्तन कैसे हो गया तो शर्याति दु:खी स्वर में बोला—''मैं ऋषि चायमान का शिष्य हूँ, उनको आहत होते हुए मैं देख नहीं सका और मैं अर्जुन कार्त्तवीर्य के कुकर्मों से असंतुष्ट तो था ही···हाय, मेरे गुरु पर उस नीच हैहयराज ने घातक प्रहार किया।''

14

ऋषि चायमान की मृत्यु से जमदग्नि की दशा बिगड़ने लगी···उन्होंने भोजन त्याग दिया। वह केवल जल पीते और नेत्र बंद कर चायमान के गौरवमय जीवन के भव्य बिंबों को देख-देखकर मन-ही-मन हूकते···कभी नेत्रों में अश्रु भर आते, कंठ रुँध जाता, प्रस्वेद से शरीर भीग जाता···वह प्रवाहित आँसुओं को पोंछने का भी प्रयत्न न करते···रेणुका माई पति के अश्रु पोंछतीं और चुपचाप भूखी-प्यासी बैठी रहतीं···समूचे आश्रम में जमदग्नि की यह दशा देखकर आतंक छा गया···क्या ऋषि

चायमान के शोक में जमदग्नि प्राण छोड़ेंगे क्योंकि ऋषि जमदग्नि न रोते, न बिलखते, बस चुपचाप ध्यान में डूबे दिवंगत ऋषि के स्मरण में आत्मिक यातना झेलते रहते···माता रेणुका ही अपने पति की वेदना का गांभीर्य समझती थीं और अकेली वही जमदग्नि की अंतश्चेतना के प्रज्वलन में सहभागी थीं··· ।

जामदग्न्य ज्येष्ठ पुत्र रुमण्ववान् तथा अनुज सुषेण, वसु और विश्वावसु युद्ध में घायल हुए थे, किंतु शल्यक्रिया के पश्चात् मलहमपट्टी कराके वे चारों भाई मूर्तिवत् ऋषि जमदग्नि के पास बैठे रहते···वे माता रेणुका को दूध पी लेने का आग्रह करते, कहते कि निराहार रहकर वह पति की सेवा नहीं कर सकेंगी किंतु जब पति ने अनशन कर प्राण देने का संकल्प कर लिया हो तो वह भोजन कैसे ग्रहण कर सकती हैं?

रुमण्ववान् ने जैसे आश्रम के संचालन का भार स्वयं उठा लिया था। उसने करबद्ध होकर सबको कहा कि आश्रम पूर्ववत् चलना चाहिए। उसने शोक पर नियंत्रण की सीख दी और अविलंब परशुराम को बुलाने के लिए सैनिकों को भेजा···रुमण्ववान् जानते थे कि राम अघोर वन में साधना कर रहा है···वह दिव्यद्रष्टा सिद्ध ऋषि बन चुका है···उसने समझ लिया होगा कि आश्रम उसे बुला रहा है···अघोर आथर्वण राम से भी अधिक पहुँचा हुआ सिद्ध है···उस सिद्ध पुरुष ने राम को आश्रम की ओर भेज दिया होगा तथापि राम को बुलाने के लिए वेश बदलकर साहसी सैनिकों को भेजा जाना ही युक्त है···प्रश्न तो यह है कि ये हमारे सैनिक उस भयंकर अघोर वन में प्रवेश कैसे कर पाएँगे··· रुमण्ववान् चिंतित हुआ तथापि मन की गति के द्रष्टा अघोर मुनि और राम की अंतर्दृष्टि पर उसे विश्वास था···'हाय, यदि मेरा सबसे छोटा किंतु शक्तिसंग्रह में सबसे प्रबल परशुराम होता तो वह अकेला ही अपनी अद्‌भुत धनुर्विद्या और प्रचंड परशु से हैहयों को मार भगाता···हा हंत, जब राम पिता से भी अधिक मान्य ऋषि चायमान के वध का समाचार सुनेगा···तब क्या होगा···वह हमें धिक्कारेगा कि हम पितृव्य चायमान की रक्षा नहीं कर सके···नीच अर्जुन कार्त्तवीर्य ने रात्रि में ही आक्रमण कर दिया···युद्ध यदि दिन में होता तो ऋषि चायमान को मारने वाला कौन था···उस नराधम अर्जुन ने पीछे से आक्रमण करवाकर युद्धधर्म को कलंकित कर दिया और ऋषि धोखे से मरवा दिए गए···उनको पिताश्री इतना स्नेह करते थे कि वह अनशन कर प्राण देने पर उतारू हो गए हैं···राम होता तो पिता को आत्महनन से बचाया जा सकता था···राम, तुम कहाँ हो मेरे भाई···राम··· ?'

रुमण्ववान् राम के स्मरण में सिसकने लगे। माता ने उसकी पीठ पर थपकी दी और बताया कि राम अघोर वन से चल पड़ा होगा। चिंता व्यर्थ है। उपाय करणीय है। ऋषिवर का अनशन समाप्त करवाने का एक ही उपाय है कि पूरा आश्रम आमरण अनशन प्रारंभ कर दे···ऋषि तो करुणानिधान होते हैं···वह स्वयं भूखे रह सकते हैं, पर आश्रम के अपने प्राणों से प्रिय छात्र-छात्राओं, परिजनों,

स्वजनों को भूखा नहीं देख सकते। रुमण्ववान् को माता की कृपा से विकल्प मिल गया। वह शोक भूलकर आश्रम में यह कहता फिरा कि कल से आश्रम के सभी जन आमरण अनशन करें⋯केवल जल पिएँ और कोई अन्न ग्रहण न करें⋯इसी उपाय से ऋषि जमदग्नि कुलपति को बचाया जा सकता है।

दूसरे दिन सामूहिक अन्न-त्याग के व्रत पर सब आरूढ़ हो गए⋯आश्चर्य यह कि पशु-पक्षियों ने भी भोजन बंद कर दिया⋯कामधेनुओं ने तिनका तक नहीं छुआ⋯वे भूखी-प्यासी दुःख से रँभाने लगीं और रस्सियाँ तोड़-तोड़कर, खूँटे उखाड़कर जमदग्नि की क़ंदरा की ओर भागने लगीं⋯ऋषि के सामने आश्रमवासियों के सिवाय पशु तथा पालतू पक्षी भी एकत्र होने लगे⋯दिन-भर अपने प्रियजनों और पालित प्राणियों की यह दशा देखकर ऋषि जमदग्नि ने अंततः समाधि भंग की और सामने कामधेनुओं और अंतेवासियों के सूखे-भूखे चेहरे देखे⋯उन्हें लगा कि वह ऋषिवत् आचरण नहीं कर रहे हैं⋯ऋषि तो शोक, मोह, अहंकार, मद, मोह के ऊपर उठ सकते हैं⋯वे तो विशुद्ध चैतन्य के मूर्तिमान रूप होते हैं⋯उन्होंने अनुकूल निर्णय के लिए व्याकुल बालकों, किशोरों, युवाजनों, वृद्धों और विशेषकर पशु-पक्षियों को दुःखी देखकर कहा—

"प्राणधिक प्रियजनो, कामधेनुओ⋯मैं कितना अभागा हूँ कि भाई चायमान के वियोग में प्राण भी नहीं दे सकता⋯तुम्हारा दुःख और कष्ट नहीं सह सकता⋯तुम सब जाओ, भोजन ग्रहण करो⋯मैं भी जीवन-धारण के लिए अन्न और आहार लूँगा⋯रेणुका, इन सबको भोजन कराओ और मुझे भी⋯।"

ऋषि की जयजयकार हुई और हर्ष-विषाद में मग्न आश्रमवासी अपने निवासों की ओर गए। आश्रम की नित्यक्रिया, अनुष्ठान और प्रशिक्षण भली-भाँति चलें, यह रुमण्ववान् ने दायित्व ले लिया⋯किंतु चारों जामदग्न्य चिंतित थे कि सुरक्षा का क्या प्रबंध किया जाए⋯यह तो असंभव है कि नराधम अर्जुन कार्त्तवीर्य व्रण भरते ही पुनः आक्रमण नहीं करेगा⋯वह अबकी बार वधिकों को भेजकर हमारी हत्या भी करा सकता है⋯ग्रामीणजन हमारे भक्त हैं किंतु वे निरंतर आश्रम में रह नहीं सकते, क्योंकि उन्हें गृहकार्य और कृषिकार्य करना है, पशुचारण का काम उससे भी अधिक आवश्यक है⋯यही संभव है कि आश्रम की सुरक्षा के लिए प्रत्येक ग्राम से कुछ चुने हुए युवकों को आश्रम में बुलाया जाए और आश्रम की युद्ध-विद्या के बटुक रात-दिन पहरे पर रहें और गजों-अश्वों की जो हानि हुई है, उसकी पूर्ति की जाए⋯रुमण्ववान् ने अस्त्र-शस्त्र शिक्षा विभाग का दायित्व ऋषि चायमान के बाद स्वयं सँभाल लिया। उसने सोचा—

"जब तक राम नहीं आ जाता, तभी तक संकट है⋯वह आ जाए तो आश्रम और ग्रामों में सर्वत्र उत्साह और आत्मविश्वास जग जाएगा⋯राम ही हमारा भ्राता है⋯वह रुद्र का अवतार मेरा सहोदर⋯उसके बिना हम सब कैसे पंगु हो गए हैं⋯राम, तुम क्यों विलंब कर रहे हो⋯तुम कहाँ हो भाई?"

रुमण्ववान् परशुराम के तेजस्वी बिंब के स्मरण में पुनः-पुनः सिसकता रहा। पुनः कर्तव्य पथ पर आरूढ़ हो गया। उसे सर्वाधिक चिंता आश्रम की सुरक्षा की थी।

राजा कार्त्तवीर्य अर्जुन के आहत व्रणों से दुर्बल शरीर को हाथी पर लादकर विचक्षु का भाई कृतांत, शेष बची सेना के साथ माहिष्मती पहुँचा। उसने पराजय की लज्जा से बचने के लिए राजधानी में रात्रि में प्रवेश किया और राजा के घायल होने के समाचार को प्रचारित नहीं होने दिया। स्वयं विचक्षु घाव खाया पड़ा हुआ था तथापि वह होश में था और निर्णय ले सकता था। उसने कृतांत को दो कार्य सौंपे। सर्वप्रथम, राजा का उपचार हो और दूसरा यह कि पराजय की मनोदशा से राजा को मुक्त करने के लिए जमदग्नि ऋषि का वध कर दिया जाए, सेना द्वारा नहीं, वधिकों द्वारा और यह कार्य स्वयं कृतांत करे। तीसरा कार्य मणिप्रभा और वल्लरी को अनुकूल कर राजधानी वापस लाना था...वे अभी भार्गव आश्रम में हैं और परशुराम के लिए पागल हैं। उन्हें समाचार भेजा जाए कि चक्रवर्ती के प्राण संकट में हैं और वह मणिप्रभा और वल्लरी के नाम की रट लगाए हुए हैं...यदि परशुराम आ गया तो चक्रवर्ती क्या, कोई भी जमदग्नि का वध नहीं कर सकता...नई सिद्धियाँ प्राप्त कर अब वह मनुष्य से अधिक देवता हो गया है और उसका इतना आतंक है कि आश्रम में उसकी उपस्थिति से डरकर कोई घातक, ऋषि जमदग्नि को नहीं छू सकता अतएव शीघ्रता की जाए। जमदग्नि की हत्या के शुभ समाचार से राजा का मनोबल पुनः आकाश छूने लगेगा।

कृतांत को विचक्षु के स्थान पर नियुक्त कर दिया गया। राजा के उपचार की व्यवस्था कर और रानी कनकलता तथा कुमार जयध्वज को दायित्व समझाकर कृतांत स्वयं आश्रम जाकर जमदग्नि के वध की तैयारी में लग गया।

कृष्ण पक्ष की चौदस की घोर रात्रि में अश्वारोहियों की एक टुकड़ी चुपचाप राजधानी से निकली और आश्रम की ओर बढ़ चली। उसका नायक कृतांत था और वह काले लवादे में भूत की तरह भार्गव आश्रम की ओर बढ़ रहा था। जमदग्नि के आश्रम में निरंतर पहरा था किंतु कृतांत जानता था कि आश्रम में निरंतर बटुक और ऋषि-मुनि आते-जाते रहते हैं और उन्हें उन पर विश्वास रहता है...अधिक पूछताछ नहीं होती अतएव कृतांत की टुकड़ी प्रातःकाल दिन चढ़े तक आश्रम के पास की नदी पर जा पहुँची और घने जंगल में पड़ाव डाल दिया। विश्राम कर और अश्वों को तरोताज़ा कर कृतांत और उपनायक अनिरुद्ध हैहय ने ऋषियों का वेश धारण किया और फिर वह टुकड़ी तीव्रगामी अश्वों से अमावस्या की गोधूलि वेला तक आश्रम पहुँच गई। अद्रि यादव का नाम आश्रम में परिचित था। उसने युद्ध में अपूर्व साहस का परिचय दिया था और वह घायल हुआ था। उसका उपचार चल रहा था। वही एक सहारा था और मणिप्रभा तथा वल्लरी भी वहीं थीं।

आश्रम से कुछ दूर वन में सेना की उस टुकड़ी को प्रतीक्षा के लिए नियत

कर कृतांत, अनिरुद्ध हैहय ऋषिवेश में पैदल ही आश्रम के द्वार पर पहुँचे और परिचय में कहा कि वे अद्रि वैदर्भ, मणिप्रभा के देश से आए हैं और राजा विदर्भ का संदेश लाए हैं। अद्रि आहत हुआ है, उसका उपचार भी हम देखेंगे। कृतांत ने विदर्भराज का पत्र भी दिखाया जो कृतांत की भेद-बुद्धि का परिणाम था। पहरेदार बटुकों ने उन्हें जाने दिया। एक बटुक सैनिक उन दोनों को अद्रि तक छोड़ आया और कृतांत तथा अनिरुद्ध ने चैन की साँस ली।

दोनों एक पहर रात तक अद्रि यादव के पास रहे। वह युद्ध में आहत अर्द्धमूर्च्छित अवस्था में था। उसे बातों से बहलाकर, कुछ खा-पीकर कृतांत, वह नकली चिट्ठी लेकर जमदग्नि की कंदरा की ओर बढ़ा। अनिरुद्ध साथ ही था। पत्र के कारण उन दोनों को ऋषिगुफा तक जाने दिया गया। कृतांत ने दंडवत् प्रणाम किया और राजपत्र के बल पर वे दोनों ध्यानमग्न ऋषि के चरणों में जा बैठे। रेणुका संयोगवश वहाँ नहीं थीं। कुछ बटुक सावधान सशस्त्र द्वार पर खड़े थे और वहाँ कोई नहीं था···शायद जामदग्न्य भोजनादि के लिए गए हुए थे···मैदान खाली पाकर कृतांत ने अनिरुद्ध को संकेत दिया। अनिरुद्ध ने विषबुझा कृपाण निकाला और जमदग्नि के कंठ पर सीधा प्रहार किया···खच्च की ध्वनि के साथ जमदग्नि का आर्त्तनाद गूँजा किन्तु कृतांत ने लंबा कृपाण निकालकर पास दौड़े आते बटुकों का सामना किया। अनिरुद्ध ने कई प्रहार किए···जमदग्नि मारे गए और फिर वे दोनों बटुकों को घायल करते तथा स्वयं घाव खाते हुए भागने लगे किंतु तब तक रुमण्ववान् अपने भाइयों के साथ आ गए। उन्होंने जमदग्नि की चीख सुन ली थी। वे कृतांत और अनिरुद्ध पर टूट पड़े। अंततः वे दोनों आहत होकर गिर गए, उन्हें मुश्कों से कस लिया गया और वहाँ से दूर ले जाकर खंभों से बाँध दिया गया।

रुमण्ववान् ने आश्रम के चिकित्सकों को घातकों के उपचार का आदेश दिया क्योंकि वे ही हत्या के रहस्य को खोल सकते थे। वैद्यों ने उनकी शल्यक्रिया की और दोनों को बचा लिया गया।

रुमण्ववान् के आदेश पर चारों ओर अन्य वधिकों की खोज की गई। वन में छिपे हैहय समझ गए कि कृतांत और अनिरुद्ध पकड़े गए हैं, इसलिए वह सेना की टुकड़ी भाग गई किंतु आश्रम के रुदन और चीत्कार से यह स्पष्ट था कि नायक और उपनायक ऋषि के वध में सफल रहे हैं।

रेणुका माई ने जब पति के वध का समाचार सुना तो उन्हें विश्वास नहीं हुआ···भोजन अधूरा छोड़कर वह भागकर कंदरा में पहुँचीं तो वहाँ रक्त में लथपथ जमदग्नि मृत पड़े थे, उनका आधा गला काट दिया गया था और विषबुझी कृपाण के कारण रक्त नीला हो रहा था। स्पष्ट था कि शत्रु ने प्राणघातक प्रहार किया है और ऋषि को बचाया नहीं जा सकता। रेणुका कटी बेल की तरह जमदग्नि के शरीर पर गिरी किंतु रुमण्ववान् ने माता को तुरन्त शव से पृथक् कर दिया और वह चिल्लाया, ''सावधान, शव को कोई न छुए, घाव विषाक्त है।''

माता के शरीर को तुरंत पोंछा गया और ऋषि के शरीर को कंबल से ढँक दिया गया···जिसने सुना, वह ऋषिगुफा की ओर भागा और वहाँ हृदय-विदारक दृश्य उपस्थित हो गया···आश्चर्य यह था कि त्रिकालदर्शी ऋषि घातकों के छल को क्यों नहीं समझ पाए···शायद जमदग्नि ध्यान में आसपास से अचेत थे और स्वर्गीय चायमान के स्मरण में दत्तचित्त थे···जिसका भय था, वही हुआ कि जमदग्नि ऋषि चायमान के बिना जीवित नहीं रह सकते···उनका उपवास तुड़वा दिया गया किंतु वधिकों ने उनका यह संकल्प पूरा कर दिया कि जमदग्नि चायमान के देहांत के बाद जीवित नहीं रहेंगे···रेणुका अचेत हो गईं और चारों पुत्र तथा आश्रमवासियों के रुदन से हाहाकार मच गया···संपूर्ण आश्रम आज एक शव की भाँति लग रहा था···जिसने सुना, सिर धुनने लगा, उस सामूहिक शोक में, आश्रम के वृक्ष भी जैसे अवसाद में डूब गए हों और अंधकार दुःखग्रस्त होकर सन्-सन् कर रहा हो···आकाश के नक्षत्र जैसे विस्मय में नेत्र फाड़-फाड़कर देख रहे हों··· ।

मणिप्रभा और वल्लरी इस संपूर्ण कांड में प्रस्तर की प्रतिमा-सी हो गई थीं और वह मेघवज्र अपने गुरु चायमान के मित्र कुलपति जमदग्नि की हत्या से पाला मार गए कमलदल की भाँति मुरझाया, भूखा-प्यासा बैठा हुआ था···मर्मांतक शोक के अवसर पर दुःख किस प्रकार सबको एक कर देता है···सबके हृदय किस तरह एक ध्वनि करते हैं, यह स्पष्ट अनुभव हो रहा था···मृत्यु असुंदर, अशिव और जीवननाशिनी होती है और जीवन कितना सुंदर, जीवंत और भावनाओं से सक्रिय, जिसमें इच्छाओं के कैसे-कैसे प्रवाह चलते हैं···एक केंद्रीय व्यक्ति के न रहने से अन्य सब प्राणी किस प्रकार निरालंब और निरीह हो जाते हैं···मणिप्रभा सोच रही थी कि अब तो माहिष्मती की कुशल नहीं है···परशुराम आते ही होंगे···वह तो भविष्यद्रष्टा ऋषि हैं, क्या इस घटित वृत्त को वह न जान पाए होंगे किंतु अघोर वन दूर है···कौन जाने वह किस धुन में हों और वहाँ समाचार देने वाला पहुँच कैसे पाएगा···क्या मैं वल्लरी को लेकर राम को बुलाने चली जाऊँ?···किंतु ये जामदग्न्य हमें साहसिक यात्रा नहीं करने देंगे और वे हैहय हमें जानते हैं···वे हमें पकड़कर राजा को सौंप देंगे, यह तो निश्चय ही है···मणिप्रभा को कोई कहीं आशा की किरण नहीं दिखाई पड़ी···वह सिसकती हुई चुप रह गई।

प्रातःकाल की वेला आ गई···सब जमदग्नि के सामने नतशिर बैठे थे···कोई ऊँघ जाता, कोई सिसकता, कोई रोने लगता, कोई आँसू पोंछता; पर सबकी दृष्टि राम की प्रतीक्षा में पथ हेर रही थी···किंचित् आहट होते ही सब व्याकुल होकर पथ की ओर ताकते, कोई भागते किंतु पथ तो सूना पड़ा था।

अचानक आश्रम के पास के वन में कोलाहल हुआ···भय से मोर कुहके, पक्षीगण शोर मचाने लगे, वन्यप्राणी डर से इधर-उधर भागने लगे, वनैली गाएँ पूँछ उठाए, सींग ताने दौड़ने लगीं, वनकुक्कुर भौंकने लगे···हिंसक पशु गरजने लगे किंतु उस गरज में डर था जैसे उन्होंने किसी भयानक आकृति को देखा हो···पुनः

हवा अंधड़ में बदलने लगी···पत्ते उड़ने लगे, वृक्षों की शाखाएँ चरचरा कर टूटने लगीं···कुछ वृक्ष तो धराशायी हो गए···कोहराम मच गया···आकाश का उधर का भाग लाल होने लगा। अंधड़ में धूलि, पत्तों, तिनकों ने वनभाग को अदृश्य-सा कर दिया···लगा कि पूर्ण सूर्योदय हो जाने और प्रकाश फैल जाने पर भी अँधेरा-सा छाने लगा, जैसे अकस्मात् सूर्य को ग्रहण लग रहा हो···वात्याचक्र में वस्तुएँ उड़-उड़कर चक्कर मारने लगीं···आश्रमवासी अचानक क्षुब्ध प्रकृति को शांत करने के लिए मंत्र पढ़ने लगे किंतु मणिप्रभा चिल्लाई···आचार्य रुमण्ववान् हो न हो, राम आ रहे होंगे···प्रकृति की यह दशा परशुराम के आगमन से ही हो सकती है···चलो, राम का स्वागत करें···चलो उठो···तारनहार आ रहे हैं, आओ।

सब बाहर को दौड़े···सामने देखा। राम जटाजूट बाँधे थे और चायमान-चाल से उड़ते हुए से आ रहे थे। उनका फरसा कालअस्त्र-सा चमक रहा था···वह एक छोटे-मोटे पर्वत से दौड़े आ रहे थे···उनके कंधे पर धनुष था, पीठ पीछे तरकस बँधा था···शरीर पर बारहबंडी-सी थी···वह कसी हुई धवल धोती बाँधे हुए थे और पैरों में चर्म के उपानह थे···वह एक सन्न में हुंकारते हुए से दिग्दिगंत को दहलाते हुए से, आतंककारी मुद्रा से प्राणियों को स्तब्ध करते हुए, भृकुटियाँ धनुषवत् चढ़ाए हुए, काल दृष्टि से जैसे छार-छार करते हुए तूफान से चले आ रहे थे···स्वागत, शुभस्वागतम् का शोर उठा···जयकारा लगा, रुद्र-विष्णुअंशी परशुराम की जय-जयकार एक लय में उठती रही···परशुराम ने निकट आकर वरदहस्त उठाया और उनकी मुखदीप्ति से किरणें निकलने लगीं। सब विस्मय से विमूढ़ देखते रह गए।

निकट आने पर राम की आकृति स्पष्ट हुई···प्रस्वेद से अंग-अंग भीग गया था किंतु चेहरे पर थकावट का कहीं चिह्न नहीं था···चेहरा ऐसा जैसे वह सोकर उठे हों···मणिप्रभा ने देखा कि राम के नेत्र विशाल हैं और उनमें क्रोध और करुणा की एक साथ लहरें उठती हैं···उनकी नासिका शुक नासिका को भी पराजित करने वाली थी और पूर्ण मुख एक उद्दीप्त सूर्यपिंड-सा सुलग रहा था···उनकी आजानु भुजाओं को देखकर भक्ति और भय एक साथ उपजता था, प्रशस्त वक्षस्थल सिंह की गरिमा और दृढ़ता को ध्वस्त कर रहा था···उदर और कटि क्षीण थे किंतु जघन प्रलंब और उभरे हुए थे जैसे लौहस्तंभों पर शरीर को रखकर कस दिया गया हो···पूरा शरीर किसी अलौकिक धातु से निर्मित जान पड़ रहा था। और गठन इतनी सुघड़ थी कि जो देखता, वह पुरुष सौंदर्य से मुग्ध हो जाता था···परशुराम की ऊँचाई असाधारण थी···वह छोटे ताड़वृक्ष से लंबे थे परंतु काया सुगठित थी और जंघाओं तथा भुजाओं में इस्पाती मांसपेशियाँ मछलियाँ-सी उछल रही थीं। राम के स्कंध लघु वृषभ जैसे अटूट लग रहे थे और कंठ दुर्ग-सा दृढ़ और कठोर था···मणिप्रभा ने ऐसा तेजस्वी और पूर्णपुरुष कभी नहीं देखा था···वह प्रथम दृष्टि में ही ठगी-सी रह गई···उसमें भक्ति और अनुरक्ति की तरंगें एक साथ उठीं और उसका अस्तित्व परशुराम में घुल-मिलकर एक होने के संवेगों में दोलित होने लगा···मन करने लगा

कि इस राम की प्रस्तर शिला-सी छाती में वह समा जाए, नारी जीवन सार्थक हो जाए···पुनः उसने अनुचित अनुरक्ति के भाव को धिक्कारा और चित्त को ऊँचा उठाकर वह अब क्या होगा, इसे जानने के लिए उत्सुक हो गई··· ।

राम के पास आते ही जय-जय और स्वागत के शब्द शांत हो गए और सब कुलपति की हत्या के शोक में एक साथ चीत्कार करने लगे ।

राम की भृकुटि में बल पड़ा और उसने दृष्टिपात से ही पूछा कि क्या हो गया है जो सब रो रहे हैं ? चक्रधर आचार्य आगे बढ़े और एक साँस में ही सार कह सुनाया—

''चिरंजीव राम! कुलपति ऋषि जमदग्नि की हत्या करवा दी गई और आश्रम को नष्ट-भ्रष्ट करवा दिया गया । ऋषि चायमान ने नराधम अर्जुन कार्त्तवीर्य हैहयराज के सैन्य आक्रमण का सामना किया पर उन्हें भी धोखे से मार दिया गया···कंदरा में पिता का शव है और माता अचेत पड़ी हैं ।''

परशुराम पर जैसे वज्रपात हुआ···वह सबको प्रणाम कर तुरन्त कंदरा की ओर बढ़े···उन्हें मार्ग दिया गया । राम सीधे पिता के शव के निकट पहुँचे···राम की परिचित आहट पाते ही अचेत माता रेणुका अचानक होश में आ गईं···राम को अवलोका···फिर वह चीत्कार कर जमदग्नि के शव पर गिर गईं और पुनः आवेश में छाती पीटने लगीं···राम हतप्रभ हो गया किंतु कोई प्रतिक्रिया प्रकट नहीं की···माता छाती पीटती रहीं···उन्हें रुमण्ववान् मणिप्रभा, वल्लरी आदि ने सँभाला, रोका किंतु राम को देखते ही जैसे रेणुका माई विक्षिप्त हो गईं···उन्होंने झटका देकर अपने को छुड़ाया और पुनः वक्ष पीटने लगीं···वह हाय-हाय करतीं, सिर धुनतीं जैसे प्रेतग्रस्त हो गई हों, और अपने को मारतीं । इक्कीस बार तक यही दशा रही । तब परशुराम ने इतनी प्रचंड हुंकार की कि माता आतंकित होकर स्थिर हो गईं···लगा कि उस अश्रुतपूर्व गर्जना से कंदरा गिर पड़ेगी । हुंकार की ध्वनि गुफा में गूँजी, गूँजती चली गई, कुछ पत्थर लुढ़के, लुढ़कते गए और मुख्य कामधेनु खूँटा उखाड़े भागती हुई आई और राम के पास आकर आँसू बहाने लगी । राम ने धेनु को प्रणाम किया, थपकी दी और पुनः हुंकार की । राम गरजे—

''माता, तुमने इक्कीस बार अपने को पीटा है···देवता साक्षी हैं, आचार्य चक्रधर, मेरे अग्रज, मेरी जननी, कामधेनु, मेधावी, चंद्रकला, मणिप्रभा, वल्लरी··· मेघवज्र शर्याति, अद्रि यादव, आर्य वृक और आप सब बटुकगण, सूर्य, सरिता, आकाश, धरती, वृक्ष, तृण, लता, वीरुध, सब जीव-जन्तु पवन, पावक, जल, पंचतत्त्व, यज्ञदेव, ऋषिगण, मुनि, तपस्वी, पितृगण सब साक्षी हैं···मैं जामदग्न्य राम प्रतिज्ञा करता हूँ कि इक्कीस बार इस धरा पर पितृहंता, पितृव्य चायमान के वधिक हैहयवंश का उच्छेदन करूँगा और जो उनका साथ देगा, उन्हें भी यमलोक भेज दूँगा···इस पृथिवी के सभी आततायियों को मैं हनूँगा और पापी क्षत्रियों के भार से इस पावन वसुंधरा को मुक्त कर दूँगा ।''

परशुराम ने अपना भयंकर परशु आकाश में ऊपर उठाया और हाथ में जल लेकर, मंत्र पढ़कर संकल्प को सम्पुष्ट किया···कुछ क्षण तो लोग जैसे स्तब्ध रहे किंतु फिर यथार्थ का ज्ञान होने पर उनकी स्तंभित दशा दूर हुई और परशुराम की जय का नाद गूँजने लगा···लोगों को अपने संवेग को प्रदर्शित करने का अवसर मिल गया अतः वे सोत्साह परशुराम, स्वर्गीय जमदग्नि, दिवंगत चायमान की जयध्वनि करने लगे, करते रहे···परशुराम परशु ताने, यमराज के समान क्रोध में जाज्वल्यमान खड़े थे और पिता का शव तथा माँ की दुर्गति देखकर अधर काट रहे थे···पुनः राम ने शांत हो जाने लिए हाथ उठाया···शांति स्थापित हुई तब चक्रधर ने कहा—

"चिरंजीव राम, अब तुम शांत हो जाओ···आज एक नया इतिहास बना है···यह प्रतिज्ञा अलौकिक है···राम ही ऐसा संकल्प कर सकता था···और वह इसे पूरा करने में भी समर्थ है, किंतु अभी तो कुलपति की, ऋषि चायमान की अंतिम क्रिया करनी है, अतः सब लोग अपने शोक पर नियंत्रण करें और शवयात्रा का प्रबंध किया जाए।"

परशुराम शांत होकर बैठ गए जैसे ज्वार भाटे में बदल गया हो। रक्त का प्रवाह प्रशांत होने पर उन्होंने स्वयं अपनी देखरेख में अग्रजों के सहयोग से शव यात्रा का प्रबंध किया। ऋषि चायमान और कुलपति जमदग्नि के शव शुद्ध लकड़ी की नवनिर्मित शैया पर लिटाए गए और उन्हें विधिपूर्वक बाँधा गया। पिंडदान किया गया। रुमण्ववान् ने माता से कहा कि वह ज्येष्ठ अवश्य हैं, किंतु राम में पिता-माता और हम सबके प्राण रहते हैं, अतः वही शव-क्रियाकर्म कराए···वही मुखाग्नि दे किंतु राम बड़े भाई के चरणों पर गिर पड़ा और ज्येष्ठ होने के कारण रुमण्ववान् को ही आगे किया गया।

मणिप्रभा ने राम की उग्रता, शील और कोमलता भी देखी···उसने पाया कि युद्ध और उत्तेजना में जो व्यक्ति महाकाल-सा बन जाता है, वही शांति के प्रसंग में कितना निरीह शिशु-सा प्रतीत होने लगता है···राम बहुआयामी है और वह औचित्य को कोप में भी नहीं भूलता···अचरज यह है कि वह सबसे इस प्रकार मिलता है कि प्रत्येक राम को अपना समझता है, बच्चे तक उसकी गोद में जाने को हुलसते हैं, और नारी?···बस, यहीं खुटका है···यह महान् है, दिव्य है, यह राम, किंतु नारी को तो यह शिशुओं में गिनता होगा···देखा जाएगा···प्रथम यह शोक का अवसर तो बीते···पुनः राम पत्थर का देवता है या पुरुष है, इसकी परीक्षा ली जाएगी···किंतु राम ने मेघवज्र को कैसे पहचान लिया और मुझे तथा वल्लरी को भी?···यह तो समझ से परे है···मणिप्रभा चकित थी···यह क्या चक्कर है?

शवयात्रा में उज्जयिनी के राजा, उधर नए राज्य-निर्माता नृसिंहराज हैहय, उनका पुत्र सिंधुराज और आर्य-अनार्य सभी सम्मिलित हुए, जिसने सुना, वह अधीर होकर भागा···शंबर को मौरवी ने सूचित कर दिया था, वह भी आए···अंगिरा आश्रम

से आंगिरस पधारे···सारस्वत प्रदेश के कई ऋषि आए और विधि-विधान सहित जमदग्नि और चायमान को अग्निदेव के द्वारा पितृलोक भेज दिया गया···चिता जब तक शांत नहीं हुई तब तक सब वहीं बैठे, ऋषि जमदग्नि और चायमान की गौरव गाथा गाते रहे···अंततः भारी मन और गहन विषाद भरे सब श्मशान से लौट आए।

त्रयोदशी में सप्तसिंधु, सारस्वत, यमुना-क्षेत्र, हिमालय प्रदेश, माता रेणुका के पिता राजा सुधन्वा से लेकर भार्गवों-वासिष्ठों-विश्वामित्रों-अंगिरा और अगस्त्यों के आश्रमों के ऋषि-मुनियों तक, जहाँ तक समाचार पहुँचा, सब जमदग्नि-चायमान की तेरहवीं में शामिल हुए। जामदग्न्यों ने सब प्रबंध किया।

चौदहवें दिवस दोपहर के भोजन और विश्राम के बाद जमदग्नि के आश्रम में विशाल सभा जुड़ी और परशुराम की प्रतिज्ञा को कार्यरूप में परिणत करने के लिए सुझावों का आदान-प्रदान होने लगा। परशुराम से कहा गया कि वह क्या सोचते हैं, बताएँ। माहिष्मती पर आक्रमण कोई हँसी-खेल नहीं है। सहस्रबाहु हैहय इस समय प्रबलतम राजा है और उसके पास कई अक्षौहिणी वेतनभोगी स्थायी सेना है। वह धनी शासक है···भृगुकच्छ, शूर्पारक जैसे नौकागृह हैं जहाँ से जलपोत जाते-आते हैं और व्यवसाय से अगणित स्वर्णमुद्राएँ आती हैं···शर्याति और अनूप देशों का सहयोग भी उसी अर्जुन को मिलेगा यद्यपि शर्यातों और यादवों में प्रतिद्वंद्विता है। सहस्रबाहु की पीठ पर विदर्भ है, श्रीलंका के राक्षसगण हैं, वानर और ऋक्ष राज्य भी उसका प्रतिरोध नहीं कर सकते···अनार्य शासकों में भी उसके मित्र हैं···वे तटस्थ रहेंगे या उसका साथ देंगे, यंह अभी निश्चित नहीं है···गांगेय प्रदेश अगम्य है, पूर्वोत्तर में भी संपर्क करना होगा···इसके सिवा गांधार, कुभा के आर्यों-अनार्यों को भी साधना होगा, वाल्हीक वंक्षु से कश्यप सागर तक आर्यगण बिखरे हुए हैं, पर उधर के अनार्य साथ न देंगे···आर्यगण (ईरान) के असुरों का कोई भरोसा नहीं है तथापि उन्हें आंमत्रित करना ही होगा···यह महायुद्ध है और सभी अनुकूल वीरशक्तियों का संघट्ट बनाना होगा।

विदर्भराज पुत्री मणिप्रभा ने बताया—

''पूज्यजनो, आप दुष्ट, अघी अर्जुन के प्रताप को अभेद्य मान रहे हैं···मेरे पिता, विदर्भराज अब सहस्रबाहु का समर्थन नहीं कर सकते, यह सुनिश्चित है···वह कार्त्तवीर्य अर्जुन के स्वेच्छाचार, औद्धत्य और विलासिता से क्षुब्ध हैं···वह तटस्थ न हो जाएँ, भार्गवों का पक्ष लें, युद्ध में भाग लें, यह दायित्व मेरा है किंतु किसी प्रकार महारानी कनकलता को, युवराज जयध्वज को माहिष्मती से विदर्भ पहुँचाना होगा···यह कार्य दुष्कर है, पर इसे भी मैं करूँगी···शर्याति मेघवज्र के पक्षपरिवर्तन से शर्याति तटस्थ हो जाएँगे···वे वैसे भी अर्जुन की उद्दंडता और क्रूरता से क्रुद्ध हैं···यादवों और शर्यातों में सदा ठनी रहती है···पुनः बाबा नृसिंहराज हैहय यहाँ उपस्थित हैं, उज्जयिनी के यादवराज यहाँ हैं, इनसे प्रार्थना है कि वह अपना संकल्प बताएँ··· ।''

"मैं नृसिंह हैहय, अपने आततायी भतीजे अर्जुन के उत्पीड़न का प्रतिशोध लूँगा···उसने हमारे स्वजनों को सताया है···मेरे वंश का वह हत्यारा है···वह इतना असभ्य और नृशंस है कि आर्यसभ्यता का वह कंलक है, उसका पराभव मानव-मात्र का धर्म है···हम उसके शत्रु हैं और महायुद्ध में हम राम भार्गव के नेतृत्व में लड़ेंगे।"

'साधु साधु' की कृतज्ञ ध्वनि उठी और राम ने नृसिंहराज के वक्तव्य को हाथ जोड़कर सराहा, कृतज्ञता प्रकट की, कहा—

"मैं किसी का शत्रु नहीं, अधर्मी का विनाशक हूँ···मणिप्रभा का भगिनीपुत्र युवराज जयध्वज यदि पिता अर्जुन का विरोधी है तो उसे हैहयों का भावी शासक बनाया जाए और नृसिंहराज हैहय उसके अभिभावक महाराज बनें तथा सिंधुराज युवराज के पद पर अभिषिक्त हों··· ।"

'धन्य-धन्य, साधु-साधु' का स्वर उदित हुआ। चक्रधर आचार्य बोले—

"इससे यह स्पष्ट है कि परशुराम, हमारा चिरंजीव राम, धर्म और मनुष्यता का, भद्रता और मानव सभ्यता के लिए संघर्ष कर रहा है···वह ऋषि है, वेदमंत्रों का साक्षात्कार करता है, देवताओं की उस पर प्रीति है···राम के पक्ष में युद्ध ही धर्म है और सारे विश्व में, जहाँ तक हमारी पहुँच है, वहाँ तक आततायियों का दमन होना ही चाहिए अन्यथा अमानवों के आधिपत्य में जनसाधारण का जीवन असंभव हो जाएगा···राम की जय, धर्म की जय है, सभ्यता और मनुष्यता की जय है।"

'साधु-साधु' की पुनः ध्वनि हुई। तब उज्जयिनी का यादव राजा बोला—

"हम तो कार्त्तवीर्य अर्जुन को मनुज मानते ही नहीं, वह राक्षस हो गया है—नरमांसभक्षी विद्याधर और लंकिनी के वश में है···वह नम्रता, ममता, सद्भाव, शांति, सहयोग, प्रेम और त्याग, तपस्या और ज्ञान, यज्ञ तथा योग, सबका विनाशक है···वह आर्यसभ्यता की श्रेष्ठता नहीं मानता, वेद और वैदिक जीवन-विधि का विरोधी है···वह नारी को भोग्या मानता है···वह मानवता का कोई प्रतिमान, कोई निकष स्वीकार नहीं करता। वह ब्रह्मबल को दलित कर, निर्मम असुर बल को, अहंकारी दर्प को स्थापित करना चाहता है···वह जंगलराज का समर्थक है···वह मनुष्य है ही नहीं, वह तो हिंसक वन्यपशु है···उसका मर्दन होना ही चाहिए! मैं परशुराम के नेतृत्व में माहिष्मती पर ससैन्य चढूँगा और उसका घमंड मिटा दूँगा··· ।"

उज्जयिनी के यादवराज का विधिवत् जयकारा लगा। सभी में हर्ष और उत्साह उमड़ने लगा।

अनार्य शंबर ने मौरवी और अपने दामाद वृकाचार्य से अपना पक्ष प्रस्तुत करने के लिए कहा। मौरवी ने कहा—

"आराध्य, पूज्य सभासद सुनें—शंबर, पिप्रु, पणि, वृत्र आदि जितने आरण्यक और गिरिजन हैं, जो हमारी बात मानते हैं, वे सब मेरे पिता की कमान में दानव अर्जुन से भिड़ेंगे और हमारे विषधर बाणों से माहिष्मती के मतवाले हैहय

हाय-हाय करते हुए मरेंगे···हम तो व्याकुल हो रहे हैं कि कब युद्ध होगा? हमें विलंब अखर रहा है···कल ही आक्रमण क्यों न किया जाए···वह नराधम अर्जुन तो घावों का उपचार करा रहा है।''

उदात्त गंभीर वातावरण में प्रथम बार आनंददाता हास्य का फव्वारा छूटा···मौरवी ने जोश में खूब हाव-भाव दिखाया और वह कृपाण को म्यान से निकालकर उसे लहराने लगी।

मौरवी पर प्रशंसाओं और दुलार की बौछारें हुईं। वह प्रसन्न होकर बैठ गई।

सप्तसिंधु और सारस्वत प्रदेश के सर्वमान्य वसिष्ठ आश्रम के ऋषि प्रतिनिधि ने कहा—

''यह चुनौती वस्तुतः आधारभूत चुनौती है···एक प्रतापी परंतु मानवादर्श से पतित नृशंस शासक पूरे जम्बू द्वीप के उच्चादर्शों को, हमारी सभ्यता और संस्कृति को ललकार रहा है···ऋषि जमदग्नि ऋषियों में भी वरिष्ठ और उदात्त ऋषि थे और ऋषि चायमान शास्त्रज्ञ योद्धा थे। उनका हनन हम सबका हनन है। आपको स्मरण होगा कि राजा सुदास के वंश की एक बाला शशीयसी को एक दुष्ट अनार्य अपहृत कर ले गया था; पर इस साधारण घटना को वासिष्ठों ने आर्य सभ्यता की पवित्रता पर प्रहार माना और दाशराज्ञ युद्ध हुआ···युद्ध हमारी आर्य सभ्यता की संस्कृति है। युद्ध के लिए सदा तत्पर वीर आर्यगण स्वदेश और स्वधर्म की रक्षा कर सकते हैं···यह पापी अर्जुन कार्त्तवीर्य आर्यश्रेष्ठ ययाति का वंशज है किंतु महाअघी है, अतः उसका बल तोड़ना ही होगा और सप्तसिंधु तथा सारस्वत क्षेत्र के सभी वासिष्ठ इस धर्मयुद्ध में भाग लेंगे।''

ऋषि वसिष्ठ की जय-जयकार हुई। तब विश्वामित्र आश्रम का प्रतिनिधि बोला—

''भद्रजनो! सुनें···हमारे कुलपति विश्वामित्र वृद्ध हैं अन्यथा वह स्वयं आते···मैं उन्हीं का एक पुत्र मधुच्छन्दा हूँ···आप जानते ही हैं कि ऋषि जमदग्नि विश्वामित्र के भगिनीपुत्र थे, गाधिराज की पुत्री सत्यवती के आत्मज···जामदग्न्य हमारे निकटस्थ स्वजन हैं···जमदग्नि के सगे मातुल महामुनि विश्वामित्र जीवित हैं और उनके होते हुए भी उनके भांजे जमदग्नि जैसे पूर्ण प्रशांत ऋषि को वेद-निर्माता निरीह ऋषि को मार डाला गया···कोई सत्यवती बहिन से पूछे कि उन पर आज क्या बीत रही होगी···हमें सत्यवती देवी के अश्रुओं की सौगंध है कि हम आततायी अर्जुन का वध करें और जो उसका समर्थन करे, उन सबको इस मदांधता का पाठ पढ़ा दें जिससे भविष्य के पापी डरें, अन्याय से बचें। दुष्ट दंडनीय है, यह आर्य धर्म है, यही मानव धर्म है···महामुनि विश्वामित्र इतने क्रुद्ध और क्षुब्ध हैं कि वे माहिष्मती पर भावी आक्रमण में विश्वामित्रों की सेना को लेकर स्वयं नेतृत्व कर सकते हैं··· ।''

इतना हर्ष-भरा कोलाहल हुआ कि कई लोग उठकर तालियाँ बजाने लगे,

साधु-साधु, जय-जय चिल्लाने लगे। तब राम ने हस्तक्षेप किया। राम के खड़े होते ही सभा एकदम शांत हो गई। राम ने दाएँ हाथ का परशु बाएँ हाथ में लिया, उसे कंधे पर रखा। धनुष और बाणकोष को ठीक किया। सबको प्रणाम किया और मेघ मंद्र स्वर में सावधानी से बोले—

''आदरणीय सभ्यजन सुनें···हम आपके समर्थन से कृतज्ञ हुए···इस महायुद्ध को अकेले नहीं लड़ा जा सकता···अजेय नाना विश्वामित्र, जिन्होंने तपोबल से समानांतर सृष्टि ही रच डाली थी, दाशराज्ञ युद्ध में अकेले नहीं लड़े, न सर्वआर्यगण के श्रद्धेय वसिष्ठ···सैन्यबल का कोई विकल्प नहीं और सैन्यबल में वह राक्षस अर्जुन श्रेष्ठ है···मैं द्वंद्वयुद्ध में उसे मार सकता हूँ किंतु सारे संसार को मैं क्या, देवराज इंद्र भी नहीं मार सकते···पुनः मेरे पास अभी ऐसा शस्त्र भी नहीं है···सर्वसंहारक दिव्यास्त्र जो मेरे आराध्य देवाधिदेव रुद्र के पास ही है···किंतु वह महादेव यदि मुझे प्रदान करें तो भी आर्य परंपरा सर्वनाशक शस्त्र के प्रयोग की अनुमति नहीं देती, अतएव सैन्यबल सग्रंह के लिए क्या किया जाए, इस प्रश्न पर आप सोचें और मुझे आज्ञा दें।''

सभा में सन्नाटा छा गया···कोई कुछ नहीं बोला···सब सोचने लगे किंतु सहस्रबाहु की सेना तो असंख्य है, तुल्यबल के बिना युद्ध तो आत्महत्या होगी···किंतु इतनी बड़ी सैन्यशक्ति किस प्रकार प्राप्त की जाए···?

तभी उत्तर-पश्चिम की ओर से एक अंधड़-सा उठा···अश्वों की हिनहिनाहटें सुनाई पड़ीं, टापों की ध्वनि गूँजी···सैन्य कोलाहल हुआ और धूलि का अंबार उठा। ऋषि ऋचीक, जमदग्नि के पिता सैकड़ों अश्वों के साथ आश्रम में पधार गए···उनके केश श्वेत हो गए थे जैसे कोई वृद्ध सिंह अश्व पर बैठा हो, ऐसा स्वरूप था, ऋषि ऋचीक आथर्वण का···वह निकट आए, सब स्वागत में खड़े हो गए···। ऋषि ऋचीक अथर्ववेदी अश्व से उतरे। हाथ का भाला सेवक को दिया···कंधे का धनुष और तरकस उतारा···पुनः वरदहस्त उठाए हुए वह महावृद्ध योद्धा ऋषि ऋचीक सभा में आए···सबको करबद्ध प्रणाम किया और बैठने के लिए कहा।

कुशल-मंगल का दौर चला। राम तथा उसके अग्रजों ने अपने पितामह के चरण स्पर्श किए···ऋचीक ऋषि ने पौत्रों के सिर सूँघे, शरीर पर हाथ फेरा। एक क्षण के लिए वह विचलित हुए···अश्रु नेत्रों में भर आए। उन्हें पोंछकर रुद्ध कंठ को खाँसकर स्वच्छ किया। राम का प्रश्न दोहराया गया···किसने क्या-क्या कहा, यह संक्षेप में बताया गया···समर्थकों और विरोधियों की मीमांसा के बाद ऋषि ऋचीक ने हाथ उठाया···सभा में मौन छा गया। तब ऋषि भार्गव ऋचीक इस प्रकार बोले—

''मैं वृद्धावस्था में पुत्रविहीन हो गया···जिस कार्त्तवीर्य अर्जुन ने यह किया वह दंडनीय है। शक्तिसंगठन के लिए चिरंजीव राम कैलासवासी महादेव रुद्रशिव को तपस्या से प्रसन्न करें—वह गांगेय प्रदेश को भेदता हुआ, पूर्वोत्तर के लड़ाकू

जनगणों का समर्थन जुटाए और फिर वहाँ से हिमालय के पर्वत प्रदेशीय गणों के पथ-प्रदर्शन में गांधार-आर्यस्थान अफगानिस्तान जाए। पुनः वह वाल्हीक, वंक्षु-प्रदेश होता हुआ महर्षि प्रजापति कश्यप के सागर देशों की यात्रा करे···जहाँ-जहाँ आर्यों के गण हैं, वे सब इस महायुद्ध में भाग लेंगे···इसमें समय लगेगा अतएव तब तक जमदग्नि के आश्रम से भार्गव-परिवार मेरे साथ सरस्वती नदी के तट पर भार्गव आश्रमों में जाकर बस जाएँ···यह जमदग्नि आश्रम अब सुरक्षित नहीं है···परशुराम यदि यहाँ होता तो कोई चिंता नहीं थी···वह अकेला ही हैहयों के लिए पर्याप्त है किंतु वह तो यात्रा पर जाएगा। उसकी अनुपस्थिति में भार्गव-परिवार तथा अन्य हैहयों के आखेट बनेंगे किंतु यहाँ विद्यार्थियों और अभार्गव आचार्यों, शिक्षकों को कोई भय नहीं है और यदि हो तो वे भी उज्जयिनी चले जाएँ, सारस्वत प्रदेश के लिए प्रस्थान करें··· ।''

पुनः ऋषि ऋचीक ने पास बैठे राम को संकेत किया···राम ने सहारा देकर ऋचीक बाबा को खड़ा कर दिया । राम के कंधे पर हाथ रखे हुए पितामह ऋचीक ने कमंडलु से दाएँ हाथ में जल लिया और मंत्र पढ़ने लगे···सभा यह दृश्य देखकर आतंकित हुई कि अथर्ववेदी ऋषि ऋचीक यह क्या करने जा रहे हैं, मंत्रोच्चारण के पश्चात् ऋषि ने गरजकर कहा—

''मैंने जो कुछ तप किया है, जो पुण्यकार्य किए हैं, यदि उनमें कुछ बल हो, प्रभाव हो तो मैं मेरे पुत्र के हत्यारे राक्षस कार्त्तवीर्य अर्जुन और उसके समर्थकों को श्राप देता हूँ कि वह विनाश को प्राप्त हों···मैंने इस अर्जुन के पूर्वज राजा माहिष्मत् के अत्याचारों से क्रुद्ध होकर श्राप दिया था सो इस प्रदेश में द्वादशवर्ष तक दुष्काल रहा था···किंतु इस नराधम अर्जुन ने उस घटना से कोई पाठ नहीं सीखा···अब मैं पुनः देवताओं का आवाहन करता हूँ कि इस पापी शासक का नाश हो और मेरी सारी अवशिष्ट शक्ति योग, साधना, और तपोबल, इसी क्षण राम में प्रविष्ट हो जाए···राम, मैं अशक्त हो रहा हूँ···अब मुझमें कुछ शेष नहीं है···विश्राम की व्यवस्था कर राम !''

सभा जैसे विस्मय और गौरव से, पितामह के अपनत्व और चमत्कार से सन्न रह गई···राम ने बलपूर्वक पितामह को उठाया और कंधों पर लाद लिया··· और बाबा को जमदग्नि की कंदरा में ले गया···जहाँ ऋषि जमदग्नि शयन करते थे, वहीं उसी मृगछाला पर पितामह को लिटा दिया और उनके चरण दबाने लगा। सब सभासद पीछे-पीछे चमत्कृत और पौत्र-पितामह की स्वाभाविक प्रीति देखकर प्रेमाश्रु ढलकाने लगे···रेणुका माई मणिप्रभा, मौरवी, वल्लरी तथा अन्य स्त्रियों के साथ अपने श्वसुर के पास गईं और पैरों पड़ीं···बाबा बुदबुदाए—

''कल्याणी रेणुका! तू देवी है—राम जैसा पुत्र पाया···तू निश्चिंत रह···तेरे पुत्र दिग्विजयी होंगे और महायुद्ध से वे सकुशल लौटेंगे···मैं श्राप और शक्ति के स्थानान्तरण से दुर्बल हो रहा हूँ···यदि बच गया तो मैं प्रिय पौत्र परशुराम के

विजयकेतु के नीचे स्वयं युद्ध करूँगा···अब तुम सब जाओ···राम तू भी जा···निद्रा ही मुझे प्राणदान कर सकती है···जाओ, तुम सबका मंगल हो!''

सब अपने-अपने निवासों की ओर लौटे···राम भी उठा और माता के पीछे-पीछे सोचती हुई मुद्रा में वापस हो गया···रुमण्ववान् व्यवस्था में लग गए···राम माता के कुटज में गया···मणिप्रभा···आदि साथ थीं···वह समझ नहीं पा रही थी कि इस विलक्षण व्यक्तित्व वाले राम से क्या कहे। तथापि उसने राम का हाथ छुआ किंतु राम ने हाथ हटा लिया और मुस्कराकर कहा—

''मणिप्रभा···मैं अग्नि हूँ···मैं तुम्हें दग्ध नहीं करना चाहता।'' चंद्रकला, वल्लरी, मणिप्रभा, रेणुका सब चकित थे, स्तब्ध।

15

राम में पितामह ऋचीक आथर्वण की शक्ति के संचरण से उसका कायाकल्प-सा हो गया था जैसे एक जलों से भरपूर नद में एक अन्य तीव्रवेगगामी जलधारा आ मिली हो···परशुराम को लगा कि अब वह सामान्य प्रवृत्तियों का नैसर्गिक जीवन नहीं जी सकता···उसका चैतन्य चक्र ही बदल गया···उसकी वृत्तियाँ ऊर्ध्वमुखी हो गईं और अंत:करण उच्चताओं के शिखर छूने लगा···उसकी शिराओं और धमनियों में रक्त के ज्वार-सा अनुभूत हुआ और शक्ति के वैपुल्य से व्याकुल होकर अपनी गुफा में वह व्याघ्र-सा चंक्रमण करने लगा···उसने अपना ध्यान देवताओं के आवाहन पर लगाया···तुरंत उसके बोध में यज्ञ-ज्वाला के कुंड धधके और उनमें आहुतियाँ पड़ने लगीं···स्वाहा, स्वाहा, इदम् न मम्···के स्वर झंकृत होने लगे···उसने अग्निदेव को साकार देखा···सुनहली लपटों के वस्त्र धारण किए, प्रज्वलित अंगारों जैसे मुकुट बाँधे प्रलय-पावक से जल रहे थे···परशुराम के यज्ञकुंड में वह अग्निदेव उतरे और वह यज्ञकुंड अकस्मात् भक् से ज्वलनशील हो गया जैसे उसमें कोई नई और भरी-पूरी आहुति डाली गई हो···अग्निदेव का आकार अब स्फुल्लिगों और अर्चियों में देदीप्यमान था और परशुराम को वह देवता मानव रूप धरता और संबोधित करता जान पड़ता था···राम को रोमांच हुआ···लगा कि अग्निदेव प्रसन्न हैं, स्वयं पधार गए हैं और राम की यज्ञवेदी के कुंड में लपटें मार रहे हैं···अचानक राम के मुख से सूक्त मंत्र नि:सृत होने लगे—

''···हे मेधावी अग्ने! तुम मनुष्यों के घर में प्रवर्ध होकर सब देवताओं का पूजन करो···तुम्हारा मित्र उपासक तुम्हारा यज्ञ करता है, यह जानकर सब देवताओं को यहाँ लाओ। तुम श्रेष्ठ बुद्धि वाले और दौत्यकर्म में प्रवीण हो। हे अग्निदेव! यज्ञ के साधन रूप जो पदार्थ हैं, उन्हें मधुयुक्त करके अपनी श्रेष्ठ ज्वाला से उनका आस्वादन करो···श्रेष्ठ भावना के साथ हमारी स्तुति और यज्ञ को समृद्ध करो···हमारे

यज्ञ को देवताओं द्वारा गृहीत कराओ···तुम स्तुत्य, नमस्कार योग्य और देवताओं के आह्वानकर्ता हो···हे देवहोता महानदेव, तुम वसुगण के सहित आगमन करो··· तुम्हारे समान यज्ञकर्त्ता कोई नहीं है, अतः हम तुम्हें प्रेरित करते हैं। तुम समस्त देवताओं के निमित्त यज्ञ करो···प्रारंभ में कुछ विस्तृत कर यज्ञवेदी आच्छादित की जाती है···कुश फैलाए जाते हैं। उस कुश पर सब देवताओं सहित अदिति सुखपूर्वक विराजमान होते हैं···सुंदर वेशभूषा से सज्जित हुई··· नारियाँ जैसे पति के पास जाती हैं, वैसे ही इन सब द्वारों में अभिमानिनी देवियाँ विस्तृत हों···हे द्वारदेवियो! तुम इस प्रकार खुल जाओ, जिससे देवगण उसमें सफलतापूर्वक प्रविष्ट हो सकें—

समिद्धो अद्य मनुष्यो दुरोणे देवो देवान्यजसि जातवेदः।
आ च वह मित्र महश्चि कित्वान्त्वं दूतः कविरसि प्रचेताः।। तनूनपात्पथ ऋतस्य यानान्मध्वा समञ्जन्त्स्वदया सुजिह्व। मन्मानि धीमिरुत यज्ञ-मृन्धन्देवत्रा च कृणुह्यध्वरं नः···आदि। (ऋग्वेद, मंडल दशम, अ. 9, सूक्त 110)

परशुराम अग्निदेव की उपस्थिति और उनका अनुग्रह अनुभव करने लगे···उन्हें अपने अभ्यंतर में वह सब होता हुआ जान पड़ा जो बाहर हो रहा था···वहाँ आभ्यंतरिक अग्नि की ज्वाला, उठती हुई लपटों, चट्-चट् शब्द करते स्फुल्लिंगों और आहुति पड़ते ही द्विगुणित होती ज्वाला के शब्द से परशुराम के अंतःकक्ष ऊष्मा और ज्वलन प्राप्त करने लगे···एक अद्भुत अनुभव और उत्साह का ज्वालामुखी फट गया···लावा एक भयंकर ध्वनि के साथ फूट पड़ा। पावक-प्रवाह शब्द करता हुआ बहने लगा, जहाँ वह लावा पहुँचा, सब दग्ध होकर मिट गया···ज्वालामुखी पर्वत में जिस प्रकार विस्फोटों से धुआँ, अग्निप्रवाह फटता है, फूटता है, वैसा ही अनुभव परशुराम को हुआ···अनंत शक्ति का स्फार हुआ, स्फोट और परशुराम के मुख से दूसरा सूक्त स्वतः स्फुरित होने लगा—

''रात्रि में निद्रा का जो सुख है, उसे रात्रि और उषा प्रकट करें···वे यज्ञभाग पाने में समर्थ हैं अतः वे परस्पर युक्त होकर विराजें···वे दोनों दिव्यलोक में निवास करने वाली नारी के समान शोभावती और तेज धारण करने वाली हों···देवताओं द्वारा नियुक्त दो होता ही श्रेष्ठ स्तोत्र उच्चारित करते हैं। वही यज्ञकार्य का संपादन करते हैं···वही ऋत्विजों को कर्म की प्रेरणा देते हैं। वे प्रकाश को प्रकट करने वाले और कर्म में चतुर हैं। भारती हमारे यज्ञ में शीघ्र आगमन करें.···इला भी इस यज्ञ को जानकर यहाँ आवें···ये दोनों और तीसरी सरस्वती अद्भुत कर्म वाली है—ये तीनों देवता हमारे अभिमुख श्रेष्ठ आसन पर प्रतिष्ठित हों···देवताओं की मात्ररूपिणी आकाश-पृथिवी है···उन दोनों को जिन देवता ने प्रकट किया और संपूर्ण विश्व के प्राणियों की रक्षा की, उन त्वष्टादेव का, हे होता, पूजन करो···हे यूप, देवताओं के लिए यथासमय तुम स्वयं यज्ञीय-द्रव्य लाकर अर्पित करो।···वनस्पति, शमिता और

अग्नि इस मधुघृत सम्पन्न यज्ञीय पदार्थ का सेवन करें। अग्नि ने उत्पन्न होते ही यज्ञ की रचना की, वही देवताओं के अग्रदूत हुए···अग्निरूप होता मंत्र का उच्चारण करें जो यज्ञीय द्रव्य स्वाहा के साथ प्रदान किया जाता है, उसे देवगण स्वीकार करें (ऋग्वेद, 10 मंडल, ऋषि जमदग्नो रामो वा, सूक्त 110)"

परशुराम प्रातः यज्ञ करते हुए देवशक्तियों के माध्यम बन चुके थे और वेद उनके मुख से निःसृत हो रहा था···उन्हें भीतर और बाहर देवशक्तियों की उपस्थिति ही अनुभूत नहीं हो रही थी अपितु स्वयं राम ही देवमय हो गए थे···कभी राम को अनुभूति होती कि वह ऊँचे होते हुए हिमवंत गिरि हो गए हैं और देवाधिदेव रुद्रशिव सहित, सारे दिव्य-अस्तित्व रामरूपी पर्वत के ऊपर, भीतर गुफाओं और घाटियों में, सर्वत्र बस गए हैं और वे सब दिव्यसत्ताएँ चमक रही हैं, चमत्कार कर रही हैं···परशुराम यह जानकर कि उन्हें अदृष्ट सत्ताओं ने स्वीकार कर लिया है, वे सदा उनमें रहा करेंगी, वह आप्यायित हो गए···उन्हें अपने तनायतन में देवता क्रीड़ाशील होते हुए दृष्टिगोचर होने लगे। उनके अंदर पूरा ब्रह्मांड, अनंत भुवन, लोक, द्यावा-पृथिवी, अंतरिक्ष, नक्षत्र, नभगंगाएँ, गुरुत्वाकर्षण से परस्पर आकर्षित तारकगण दिप्-दिप् करते घूमते, चलते, विस्फोटों से धूमकेतुओं में बदलते, टकराते, टूटते-फूटते···काले-काले शून्य के विवर बनते-बनाते और पुनः व्यवस्थित, निर्मित होते दीखने लगे···राम ने पाया कि यज्ञमात्र अग्नि में आहुति या अमूर्त देवों का आवाहन नहीं बल्कि यज्ञ तो संपूर्ण प्रसार और सृष्टि प्रपंच का मनःदर्शन है, सीधा साक्षात्कार है···राम में शक्ति का पुनः एक नया रेला आया और उसे न सँभाल पाने के क्षण में उन्हें लगा कि वे अचेत हो जाएँगे या विक्षिप्त···उन्होंने एक क्षण के लिए एक विद्युताघात का अनुभव किया और उनके नेत्र मुँद गए··· ।

इला, भारती और सरस्वती का आवाहन, मणिप्रभा, चंद्रकलावती और चारु-वल्लरी ने सुन लिया जो परशुराम के प्रातः हवन के शुभारंभ के समय से ही आकर खड़ी हो गई थीं। जैसे ही राम ने देवियों का यज्ञ में आवाहन किया, वे तीनों मधुर कटाक्ष का परस्पर विनिमय कर परशुराम की गुफ़ा में प्रवेश कर गईं और उनके सम्मुख निःशब्द बैठ गईं···वे परशुराम के नेत्रों से नेत्र न मिलाकर यज्ञकुंड से उठती अग्नि को देख रही थीं और राम के सचेत हो जाने की प्रतीक्षा कर रही थीं···उन्हें भय भी था कि कहीं उनकी एकांत साधना में बाधा डालने से वह क्रुद्ध न हो जाएँ किंतु अब उनके पास प्रतीक्षा का समय नहीं था क्योंकि परशुराम महायात्रा पर जाने वाले थे···उसकी तैयारियाँ हो रही थीं और राम के अग्रज व्यवस्था में व्यस्त थे। यह भी विचार हो रहा था कि इस दुर्गम, भयावह यात्रा में कौन-कौन उनके साथ जाएगा जो राम के अस्तित्व की रक्षा कर सके, उनकी सेवा, भोजन, विश्राम का प्रबंध कर सके और आवश्यकता हो तो युद्ध भी कर सके, मार्ग प्रशस्त कर सके, भेद ले सके और निरंतर परशुराम की कुशल का समाचार भेज सके···माता रेणुका के साथ देर तक राम के अग्रज तथा अन्य ऋषिगण विचार करते रहे थे। राम की

स्वीकृति के लिए सहायकों, सहयात्रियों की सूची बना ली गई थी और अस्त्र-शस्त्रों तथा अन्य सामग्रियों का संग्रह शुरू हो गया था।

चंद्रकलावती को मणिप्रभा के अमित प्रभाव, शक्ति और सौंदर्य तथा चारुवल्लरी की मादकता और मुक्तता से भय-सा लगने लगा था···उसके पास तो उसका रूप और आश्रम तथा राम में निष्ठा का ही बल था···वह तो साधनहीन मेधावी की बहिन मात्र थी किंतु तो भी उसे राम पर विश्वास था कि वह इन राजसी रमणियों से श्रेष्ठ है और ऋषि राम के योग्य है।

उधर मणिप्रभा चंद्रकलावती को आकर्षक रूप वाली किंतु दयनीय मानती थी···वह अर्जुन के बलात्कार से बाल-बाल बची थी···उसमें एक उदात्त दीप्ति और ब्राह्मणोचित पावनता जान पड़ती थी, किंतु पुरुष गर्वीली राजसी आन-बान-शान में उमँगती किशोरी को ही पसंद करते हैं···जिस प्रकार रेणुका ने जमदग्नि को वरा था, उसी प्रकार राम में यदि कहीं प्रकृतवासना का कण भी शेष रह गया है तो वह मुझे ही वरेगा···मैं आज राम को हैहय साम्राज्य का सम्राट् बनाने की प्रस्तावना करूँगी···ठीक है कि वह ब्राह्मण है, अब ऋषि भी हो गया है किंतु वह तो पापी क्षत्रियों का विध्वंसक है, लोकहित में वह स्वयं राजा बनकर शासन का आदर्श क्यों न प्रस्तुत करे?

मणिप्रभा ने इस प्रसंग में चंद्रकलावती को बाधक मानकर उसे यों देखा जैसे वह राम को राजा न बनने देगी, क्योंकि वह तो ब्राह्मणी है, वह तो उसे ऋषि बने रहने और आश्रम तक ही सीमित करना चाहेगी, ताकि वहाँ उसका आध्यात्मिक शासन चल सके···भला, वह लोकशासन के कार्य को क्या जाने···उसमें तो मैं ही सहयोग दे सकती हूँ···राम मान जाए तो जयध्वज, तालजंघ, सिंधुराज, नृसिंहराज, मेघवज्र सब, महर्षि राम के ज्ञान, तप और शक्ति से सुरक्षित होकर साम्राज्य का प्रशासन चलाएँ और मैं साम्राज्य-अधिष्ठाता राम की अर्धांगिनी बनकर सबको यथास्थान रखने का गौरव प्राप्त करूँ···किंतु राम मान जाए तब है···और मैं राम के राजा बन जाने की भी महत्त्वाकांक्षा नहीं पाल रही···मेरी महत्त्वाकांक्षा तो राम को अपने पुरुष के रूप में प्राप्त करने की है···कल जब मैंने उसके कर का स्पर्श किया था तब उसने कैसे हाथ हटा लिया था और कहा था कि वह अग्नि है···इसका यह गर्व तोड़ा जाना चाहिए अन्यथा रमणीय होने की क्या सार्थकता है?···राम के अतिरिक्त सब पुरुष मुझे किम्पुरुष से लगने लगे हैं···किम्पुरुष···ह, ह, ह, ह, ।

'····वह नराधम, मेरा जीजा अर्जुन कितना अरुचिकर है, दुर्गंध मारता है···कहाँ राम सोमरस जैसा पवित्र और कहाँ वह मधुपिया राक्षस कार्त्तवीर्य जो कृतांत-सा क्रूर और दु:शील है···कितनी स्त्रियों, किशोरियों-कुमारियों को उसने विनष्ट किया···मेरी प्यारी बहिन कनकलता महारानी होकर भी राजा अर्जुन के स्वेच्छाचार के आतंक में कितनी सहमी-सहमी रहती है और वह निर्लज्ज अर्जुन मुझे देखकर लार बहाता है···मैं अपनी भगिनी के हित, प्रजाहित और राज्यहित के हेतु दबती-सहती रही,

राजा को पटाती रही किंतु मैंने उसको कभी मन से अपना नहीं माना···मैं तो किसी पूर्ण पुरुष.की खोज में थी···राम के यश के वर्णन से मुझे लगा था कि हो न हो, यही राम मेरा प्रियतम होने के योग्य है। किंतु यह तो इतना महान् हो गया है, इतना बड़ा व्रतधारी कि मैं इस तक पहुँचूँ कैसे···? यह फलधारी वृक्ष की भाँति ऊँचा होता चला जा रहा है और मैं वामन की भाँति उचक रही हूँ···मेरे हाथ इस तक नहीं पहुँच सकते···महादेव, गौरी माँ···अनुग्रह करें, तब है···माता पार्वती···मैंने भी तेरी तरह प्रतिज्ञा कर ली है कि या तो राम को वरूँगी वर्ना जन्म-जन्म तक अविवाहित कुमारी रहूँगी और अपाला, लोमहर्षिणी, घोषा, विश्ववारा की तरह ऋषि बन जाऊँगी···किंतु नारी का ऋषि होना कैसा लगता है···सृष्टि की संभावनाओं की उपेक्षा करना···नारी नर के सम्मुख जो माधुर्य, आनंद, आवेश और अद्‌भुत आकर्षण का, प्रीति और एकत्व का द्वार खोलती है, वह सब समाप्त हो जाए तो नारी होने का अर्थ ही नष्ट हो जाता है···क्या करूँ मैं?''

''मैं···तो लोमहर्षिणी से भी किंचित् ईर्ष्या रखती हूँ···पता नहीं, मुझे क्यों लगता है कि अंततः यदि राम ने विवाह का निर्णय लिया तो उसे घेरने, आच्छादित करने वाली हम तीनों को धता बताकर यह राम लोमहर्षिणी को ही चुनेगा क्योंकि वह अपने प्रति निस्पृह है···राम भी अपने प्रति निस्पृह है···उन दोनों के मध्य केवल एक अनुभूति है कि वह है, वह दूध-दही, फूल-पात की बनी शशक-सी, शशि-सी सुंदर लोमा किंतु वह राम के साथ होने मात्र से ही संतुष्ट है···वह नारीसुलभ रिरिंसा से परे पहुँच गई है या ऋषित्व से अपने नारीत्व को दबाकर अमूर्त्त अनुराग में, एक पक्षीय ढलान पर लुढ़कती हुई राम की ओर आती है किंतु पास आकर वह राम पर न टूटती है, न स्पर्शती है, न तृष्णा भरे नेत्रों से देखती है, न मूर्च्छित होकर राम के अंक में गिरती है, न रात्रि में सोते हुए राम के वक्ष पर सिर रखकर सोने का प्रयत्न करती है···बस, वह अपने चिदाकाश में आत्मस्थ तारिका के समान अंतहीन ब्रह्मांड में घूमती रहती है और वह अपने से बाहर आती ही नहीं है···मंत्र पढ़ती है और देवी-देवताओं के दर्शन में लीन हो जाती है···मंत्र बुदबुदाती रहती है, यह लोमा!''

मणिप्रभा को लोमहर्षिणी के आंतरिक साक्षात्कार से भय लगा···सोचा, वह ऋषि लोमा राम की भाँति ही अलौकिक है···किंतु मैं, मणिप्रभा, ऐसी लगती हूँ जैसे मैं अति सामान्य, प्रवृत्ति-प्रवाहपतिता हूँ, मात्र जैवीस्तर पर हूँ और एक अवतार जैसे महापुरुष को अपने आँचल में बाँधकर उसको वशीभूत करते हुए उसे समाप्त कर देना चाहती हूँ और वह रुद्र-विष्णु के सम्मिलित अवतार जैसा राम मेरी परीक्षा ले रहा है कि मैं ऊपर उठूँ, व्यापक बनूँ, महान् बनूँ और राम के लिए प्राणों की बलि दूँ और तब उस पर डोरे डालूँ।

शक्ति-प्रवाह के धक्के से क्षण-भर के लिए अचेत से राम ने नेत्र खोले जैसे पुंडरीक जलज की पंखुरियाँ खुल गई हों···वह राम यह समझा कि जिन, इला,

भारती और सरस्वती का वह आह्वान कर रहा था, वे देवियाँ वस्तुत: धरती पर उतरकर यहाँ आसीन हो गई हैं···वह पुन: नेत्र बंद कर मंत्र पढ़ने को हुआ किंतु उसका भ्रम समझकर वे तीनों इस तरह खिलखिला उठीं जैसे चंद्रमा के आलोक में कुमुदिनी प्रस्फुटित हो जाती है···राम, अंतरिक्ष से जैसे धरती पर उतर आया···उसने नेत्र खोलकर उन तीनों को ताका···देवदर्शन में बाधा-सी जान पड़ी किंतु शक्ति-प्रवाह के वेग में मस्तिष्क की अशक्यता की भी बोधि उपजी···लगा कि ये तीनों पार्थिव देवियाँ ठीक समय पर आई हैं···ये नहीं आतीं और मुझे नीचे, सामान्य ज्ञान के स्तर पर नहीं खींच लातीं तो क्या पता, महाशक्तियों की रेलपेल से मेरा मस्तिष्क-ब्रह्मांड ही फट जाता···वे तीनों राम का परिहास कर रही थीं। हँस रही थीं और उनकी चुहुल में व्यंग्य यह था कि यह जो राम है, मात्र आत्माराम है, इसमें अतींद्रिय के साथ तन्मय रहने से दूसरी इंद्रियाँ ही काम नहीं करतीं···यह तो असामान्य में सामान्य को भूल गया है। चारुवल्लरी सर्वाधिक चंचल, मस्त, मुक्त थी···उसे पुरुष के सहवास की तीव्र इच्छा थी···उसने प्रस्ताव किया कि इस राम की इंद्रिय को देखना चाहिए कि वह है या नहीं है ? इस पर इतनी हँसी हुई कि वे तीनों बिछ-बिछ गईं, राम परिहासित मुद्रा में देखता रह गया···वह समझ नहीं पाया कि ये तीनों उपद्रवी कलियाँ किस बात पर उसको बना रही हैं··· ।

राम ने गंभीर होकर उन तीनों की ओर ताका पर वे ज़रा भी रोब में नहीं आईं···उन्हें तो राम के प्रति अपने अनुराग का बल था···और अनुरागिणी नारी को विनोदों और मधुर षड्यंत्रों का, उत्तेजक उपद्रवों का, क्रीड़ाशीलताओं का अधिकार था··· । चारुवल्लरी ने मणिप्रभा से संकेत में कहा कि वह वार्त्ता प्रारंभ करे, ऐसी कि वह किसी स्वादिष्ट परिणाम पर पहुँचे अन्यथा यह तो दिग्विजय पर जा रहा है फिर उसकी अनुपस्थिति में सिर धुनते रहने से क्या लाभ होगा···जो हो, आर-पार का निर्णय हो जाए और वे यदि पवित्रता और बलिदान, इन दो विधियों से ही बँधी रहकर सोचती हैं कि यह फरसाधारी नृसिंह पिघल जाएगा तो यह उनका भ्रम है···वल्लरी ने फुसफुसाकर कहा कि यह शक्ति का महासागर हो गया है···यह शत्रुविनाश में समर्थ है किंतु शक्ति तो है न इस दिव्य शरीरधारी राम में और यदि शक्ति है तो उस शक्ति को उसके प्रति समर्पित नारी क्यों न जगाए···बातों से कुछ बात बनती नहीं है···किंतु मणिप्रभा ने उसे निर्लज्ज कहकर डपट दिया···वल्लरी ने चुनौती दी कि ठीक है, वह बातों के बताशे शौक से फोड़े, फोड़ती रहे किंतु यह महावृषभ वश में आ ही नहीं सकता···हाँ···वह सो जाए तब मैं इसकी अतींद्रियता का अहम् तोड़ सकती हूँ···उसने मणिप्रभा और चंद्रकला की बकबक को बढ़ावा दिया और वह चुनौती की मनोदशा में चुप हो गई। चंद्रकला ने अबकी बार बात का छोर पकड़ा—

''प्रिय राम! महर्षि अघोर मुनि, ब्रह्मर्षि ऋचीक आथर्वण के शक्तिपात और आपकी स्वयं की विकट साधना, योगाभ्यास और वन-सेवन से आप सिद्धियों,

निधियों से समृद्ध हो गए हैं···आपको माध्यम बनाकर देवता आपकी वाणी में व्यक्त हो रहे हैं···किंतु देवप्रिय मैत्रावरुण वसिष्ठ ने भी सामान्य जीवन व्यतीत किया, घर-परिवार बनाया, विश्वामित्र ने भी···महान् ऋषि जमदग्नि ने भी किंतु आप न जाने किस लोक में चले गए हैं···मुझे, हमें महायात्रा पर जाने के पूर्व यह स्पष्ट बताइए कि आप असामान्य धरातलों पर ही विचरेंगे या अन्य प्राणियों की तरह सहज जीवनतल पर भी रमेंगे? क्या इन दोनों जीवन-स्तरों में विरोध है,···या, आप उद्वेग, चिंता, शत्रु की चुनौती और युग-उद्धार के अलौकिक भार के कारण सोचते हैं कि सहज जीवन के आनंद, हर्ष-विषाद आपकी दिव्य शक्तियों को नष्ट कर देंगे?''

परशुराम ने ध्यान से चंद्रकला का वक्तव्य सुना, पुनः वह पूर्ववत् विनोदी हो गए जैसे वह किसी शिशु से खेल रहे हों···तथापि प्रथम बार चंद्रकला ने अंतश्चेतना के संबंध में मूल महत्त्व का प्रश्न उठाया था···राम पहले तो कौतुक के साथ हँसे, पुनः गंभीर हुए पर वह गंभीरता में परिहास का लेश मिलाए रहे—

''यह जो लौकिक है न, वह अलौकिक है प्रिय चंद्रकलावती···मणिप्रभा, तुम भी ध्यान से सुनना···चैतन्य के किसी सोपान पर रहो, उसमें अन्य सोपानों से समवाय—स्थायी जुड़ाव रहता है···भौतिक और अभौतिक को समान अंतर पर, परस्पर विरोधी नहीं माना जा सकता, यह ज्ञान, यह अथर्वेदी, तंत्रसाधना का ज्ञान मुझे अघोर मुनि ने दिया है और यह सत्य भी है···किंतु मैं अब प्राथमिक जैवी धरातल के आर-पार जा चुका हूँ···लौटकर आऊँ तो पतन की अनुभूति होती है···मेरे सम्मुख लोकोत्तर द्वंद्व है, द्विविधा उसी के कारण है···लोमा, यह बात जानती है···तुम्हें, मणिप्रभा, तुम्हें शीघ्रता है, भय है कि क्या पता मैं महायात्रा में ही कहीं मारा न जाऊँ और यह भय निराधार भी नहीं है···मैं इस दशा में यही उचित मानता हूँ कि आप मुझे, असामान्य समझकर आप सब सामान्य जीवन का वरण कर लें और मेरे वशीकरण और सम्मोहन की चेष्टाओं से आप विरत हो जाएँ···क्या मैं जानता नहीं कि आप सब मुझे स्नेह करती हैं···क्या इतनी गंभीर अनुरक्ति मेरे मानस में कंकड़ी-सी गिरकर स्पंदन उत्पन्न नहीं करती? करती है किंतु जिस सतह पर आपके कारण आंदोलन हो रहा है, उस जल तल के नीचे बड़वानल धक-धक जल रही है। अहर्निश···मानवता के शत्रुओं के विरुद्ध शक्ति-संग्रह और युद्ध-कौशल तथा अभ्यास के अंतहीन क्रम में मेरे लिए श्रृंगार का अवकाश ही कहाँ है···और यह जो अब पिता की हत्या हुई है उसका जब तक प्रतिशोध नहीं लिया जाता, तब तक जम्बू द्वीप में मानवीय मूल्यों और आदर्शों के विरुद्ध चलने वालों को दंड नहीं दिया जाएगा तो शिशु, वृद्ध, नारी, गो और जनसाधारण की गरिमा कैसे बचेगी?''

धृष्ट चारुवल्लरी राम के दीर्घ होते वक्तव्य पर शिष्टता की परवाह न करती हुई हहराकर हँस पड़ी···हँसती-हँसती गिर गई। वह राम का परिहास करते हुए बोली—

"राम! मैं तो सामान्य हूँ, उस पर रानी की सखी किंतु आपकी प्रस्थान वेला सिर पर है···आपके पूर्व सुदास, दिवोदास, इंद्र, अगस्त्य, अंगिरा, च्यवन, भरद्वाज आदि ने आसुरी, दानवी शक्तियों के विरुद्ध युद्ध किए थे पर वे शक्तिसहित थे···अभी आप जिन तीन देवियों का आह्वान कर रहे थे वे इला, भारती और सरस्वती अपने-अपने प्रेमियों या पतियों के साथ रहती हैं···उनकी प्रतिरूप ये सुंदरता की मूर्ति चंद्रकला, मणिप्रभा और लोमहर्षिणी हैं···लो···वह भी आ गईं···आओ लोमा, आ जाओ देवी और विराजो··· ।"

राम प्रहर्षित हुए, लोमा का स्वागत किया।

राम ने पुन: चारुवल्लरी की ओर देखा—

"वल्लरी, तुम जानती हो कि तुम पुरुषों के लिए सर्वाधिक मादक हाव-भाव की कला में अद्वितीय हो···तुमने अपने को क्यों पृथक् कर लिया?"

"मैं आप लोगों की समकक्ष नहीं हूँ···मुझे तो ऐसा पुरुष चाहिए जो वैसा हो जैसे सब हैं, काम, क्रोध, मद, मोह, लोभ से भरे हुए अच्छे और बुरे···देवता भी, दानव भी···मैं आपकी असाधारणता से आतंकित हो जाती हूँ तथापि मैं आपसे अपना ध्यान नहीं हटा पाती···नहीं, नहीं, मुझे ऐसा नहीं कहना चाहिए। मैं आपकी सेवा तो कर सकती हूँ और सहज जीवन व्यतीत करती रह सकती हूँ। आश्रम में ऐसी ही स्त्रियाँ अधिक हैं···समस्या वस्तुत: असाधारण व्यक्तित्वों की होती है। लोमा, मणिप्रभा, और चंद्रकला, इनको आप क्या प्रतीक्षा की यातना ही देते रहेंगे?"

लोमा के मुख पर कष्ट का भाव आया मानो उसको लज्जित किया जा रहा हो···मणिप्रभा और चंद्रकला को भी वल्लरी की बातों में अशिष्टता-सी लगी, अनौचित्य भी···वल्लरी जल उठी और वह जाने के पूर्व जड़ बैठी—

"···एक कोहरा है मणिप्रभा यों वह दिव्य है वह कुज्जझटिका···वह दूर-दूर तक है···उसके परदे के पीछे जो है, वह अदृष्ट है···वह नियति है जो अपने को राम पर आरोपण से सुनिश्चित नहीं हो सकती···मैं प्रकृत जीव हूँ और मैं अहंकारों के आरोहणों की अनंतता को अभिशाप मानती हूँ···आप सब महान् हैं, मैं लघुता के बोध के कारण यहाँ रहने योग्य नहीं···मेरी कभी आवश्यकता हो तो राम मुझे बुला लें···मैं चलती हूँ।"

मणिप्रभा ने टोका, "यह औद्धत्य है चारुवल्लरी···कहाँ जाओगी···? तुम्हारी शोकांतिका यह है कि तुम हमें नहीं छोड़ सकतीं और न हम तुम्हें, क्यों चंद्रकला?"

वल्लरी ने कहा, "मुझे यह औद्धत्य बहुत प्यारा है राम, क्षमा कीजिएगा··· मुझमें और इन स्वर्ग-सी देवियों में अंतर यह है कि मैं जो हूँ, जैसी हूँ, राम को चाहती हूँ और ये महान् कन्याएँ राम को प्रभावित करने के लिए कुछ भी कर सकती हैं···संभव है, ये बेचारियाँ अपनी दिव्यता के प्रदर्शन में वृद्धा हो जाएँ···और राम के बिंब देखती ही ऋषित्व को ढोती रहें···मैं इसे आत्मछलना कहती हूँ···प्रश्न यह है

कि जब मेरे आँगन में, घर में, ध्यान-अवधान में केवल राम ही रम रहा है, तब मैं उसके सम्मुख शिष्टता, सभ्यता, शील और संस्कार का अभिनय क्यों करूँ⋯? क्यों, कोई प्रियतमा अपने प्रिय के साथ स्वतंत्र नहीं हो सकती⋯? राम की अलौकिकता के आतंक से हृदय के उच्छलन और उस अभिलाषा का दमन क्या अमानवीय कृत्य नहीं है?⋯राम ही उत्तर दें⋯ये कुल-कुमारियाँ तो कुंठित हैं⋯बेचारियाँ⋯।''

और वल्लरी पर जैसे आवेश आ गया हो⋯उसका मुख दमकने लगा जैसे उसमें आग जल उठी हो⋯वह आविष्ट-सी अट्टहास करती, ताली बजाती बोली—

''राम! तुम काम्य हो, किंतु तुम मनुष्य नहीं, कुठार हो, कुल्हाड़ी, जो संपर्क में आया, बस कुठार दिखा दिया⋯किंतु मैं चक्रवर्ती अर्जुन से नहीं डरी⋯तुम तो वस्तुतः वेद हो, यज्ञ हो, यज्ञाग्नि हो, स्तुति हो, कविता हो, धनुष हो और बाण हो, तुम कुटज हो, आश्रम हो, ऊँचे उठे हुए हाथ हो, चलते हुए शस्त्र हो किंतु तुम सहज जीव नहीं हो सकते⋯और जो सहज जीवन-प्रवाह को पाप मानकर उसके परे जाता है, वह ब्रह्म तो हो सकता है मनुष्य नहीं, ह, ह, ह, ह।''

परशुराम के अंतःकरण में जो लोकोत्तीर्ण दर्शन और साधना से उत्पन्न अवधारणाओं और अनुभवों का भवन बना था, उसको वल्लरी की व्यथा और विक्षोभ ने, राग और अनुराग ने, गिरा दिया। उसके स्वर्ण कलश धराशायी हो गए, वह पूरा अतिकल्पना का आत्मिक ऐश्वर्य ढहने लगा⋯वह आत्मस्थ विचार भवन हिलने लगा, उसके कंगूरे, गवाक्ष और भित्तियों के आधार स्तंभ दरारें खा गए⋯वे भरभराकर बैठने लगे⋯छतें धँस गईं और नातिकाल में वह जो राम के भीतर देवी-देवताओं के मंदिर बने थे, वे भी सब आहत योद्धाओं से भूमिसात हो गए⋯राम ने यत्न से सजाए हुए अपने आदर्शों के प्रासाद और आश्रम को धराशायी पाया तथा एक आधारहीन अंतरिक्ष में वह घूमने लगा⋯मस्तिष्क में चरखी-सी चलने लगी⋯पुनः आश्चर्यजनक हड़कंप शांत होते गए और एक बड़ा-सा शून्य और प्रश्न-चिह्न रह गया⋯राम ने चकित होकर वल्लरी को देखा जो ऋषि राम को बुद्धू सिद्ध करने में सफल हो गई थी और वह विजय के उन्माद में मुग्ध थी⋯उसने नारी के निजी तर्क से, प्रेमासक्ति और तज्जन्य वेदना से, ममत्व और समर्पण से राम को ऐसा निबंधित किया था कि उन्हें अपनी परंपराएँ, उच्चताएँ, दिव्य क्रियाएँ और विश्वास, सब लुप्त हो गए जान पड़े, जैसे सौंदर्य और प्रेम के आगे सब-कुछ अप्रासंगिक और व्यर्थ लगने लगता है⋯एक विचित्र मुग्धता में, माधुर्य में मन बहने लगता है, वैसा ही राम के साथ हुआ⋯उसकी दृष्टि में मिठास आ गया, चितवनि में मिश्रियाँ घुल गईं, चेष्टाओं में जो भी शुभ और पावन है, मंगलमय और मोहक, वह सब झलकने लगा⋯राम की यह दशा देखकर तीनों—लोमा, मणि और चंद्रकला ने विस्मित होकर कहा—''अरे, यह पर्वत तो पिघल रहा है⋯।''

राम के मुख पर प्रथम बार द्रवित हो जाने के अनुभाव प्रकट हुए⋯उन्हें सुखदायी अचरज हुआ कि उस क्षण उनकी आत्मचेतना सर्वथा लुप्त हो गई थी

और वह रुक्षता भूलकर एक ऐसी मधुर प्रेमानुभूति में तैर रहे थे जैसे एक लंबी मरुयात्रा के बाद वह रेगिस्तान की किसी झील में तैर रहे हों और मरुस्थल के खजूर खा रहे हों···राम उस अनुराग की बाढ़ में अंगूर, तरबूज और खरबूजे के फलों का स्वाद ले रहे थे और उन्होंने पाया कि आदर्श, प्रतिशोध, लोक-उद्धार ब्रह्म और ब्रह्मर्षित्व, सब मृगमरीचिका है, पूर्वजों का गौरव, अभिमान एक व्यर्थ लदाव है जो केवल चिंतन से उपजता है···प्रेम में सर्वातीतता है···विचारों की समूची बुनावटें समाप्त, निरभ्र आकाश-सा अंत:करण और प्रिया के निर्मल, महाभाव और गहरे लगाव के रंगबिरंगे पाटांबरों में लूढ़ते हुए दो मनोरम अस्तित्व···साधु-साधु··· राम बुदबुदाए—

''वल्लरी! तुम अद्भुत हो चारु, तुम्हारे प्रकृत नारीत्व की विजय हुई···तुम सबके प्रति मेरी प्रीति परिपक्व हुई, धन्य हो तुम वल्लरी···।''

''किन्तु राम, तुम अब इस कथन के बाद कष्टकारी 'किंतु' जड़ दोगे, यह निश्चित है।''

चारों लहराकर हँसीं···राम भी हँसने लगा···''वल्लरी किंतु न प्रयुक्त करना पड़े, ऐसा उपाय बताओ।''

''कोई समाधान नहीं है···वह 'किंतु' 'परंतु' तुम्हें सहज नहीं होने देगी··· अप्राकृतिक पराक्रम और साधनाएँ करते हुए तुम्हारी नाड़ियाँ, शिराएँ और धमनियाँ ऐंठ गई हैं···हमारे साथ खेलने से तुम्हारी आंतरिक ऐंठन और टेढ़ा-मेढ़ापन दूर हो सकता है।''

''अच्छा, यह बात है, तो आओ, खेलें, कौन-सी क्रीड़ा आपको प्रिय है, यह प्रत्येक बताए।''

राम के यह कहने पर उसके भोलेपन या सपाटता से कामिनीगण ने राम की ओर देखकर पुन: आपस में यों सव्यंग्य देखा—जैसे राम अज्ञानी है, वल्लरी ने राम को उसकी अज्ञता समझाई—

''राम! तुम हमीं से पूछ रहे हो कि हम कौन-सा खेल पसंद करती हैं···लो, अब बताओ सखियो···इन बुद्धूराम को यह बताओ कि तुम क्या चाहती हो ?''

राम ने देखा कि वे उसकी मूर्खता पर इतनी हँसी बिखेर रही हैं कि उसे आश्चर्य हुआ···नारी के व्यक्तित्व को, उसके मन को समझना सचमुच कठिन है···राम सिर खुजाने लगा, उसकी ना समझी और कल्पनाशून्यता पर वल्लरी ने पुन: राम को रगड़ा—

''राम! हाय, कितना प्यारा नाम है, पर राम, यह शत्रुओं पर कुठाराघात करना नहीं है, यह प्रेम का मार्ग शास्त्र या शस्त्र से नहीं सीखा जा सकता···तुम अद्भुतकर्मा हो, पर अनुरागकर्मा नहीं हो···और तुम इतने अनाड़ी हो परशुराम कि तुम्हें प्रेम का पाठ पढ़ाना भी है···पता नहीं, कब बिगड़कर तुम हमारे सिर काट दो···चलो बहिनो, इस फरसे में अपने को फँसाना आत्मविगर्हणा है···चलो,

उठो···परशुराम तुम जाकर अपना झोला-झंडा समेटो···महायात्रा पर जाओ···परंतु हमारे जी मत जलाओ।''

राम किंकर्त्तव्यविमूढ़ता में, प्रेमप्रीति की बाढ़ में नदियों-सी उफनती इन किशोरियों के प्रति कठोर होने की कल्पनामात्र से ही कंपित हो गया···ये सन्नारियाँ समझती हैं कि राम राम नहीं, परशु है और वह अपनी माता का हंता है क्योंकि माता रेणुका का मन डोल गया था और उनके मन में दमित स्वेच्छा ने क्षण-भर के लिए रेणुका को, ऋषिपत्नी से निपट नारी बना दिया था और उस पर पति इतना अहंकारी कि उसने मृत्युदंड सुना दिया···इसी राम को उसके पिता ने प्रेरित किया कि वह उस नारी को मार डाले जिसने सांस्कृतिक अहंकार, सामाजिक रणनीति के कारागार से, एक पुरुष प्रधान प्रतिष्ठान के प्रचलन से क्षण-भर के लिए पिंड छुड़ाना चाहा था या छुड़ा लिया था··· ।

वल्लरी भय से कंपित हुई···वह चीखी—

''अरी, हला···भागो, कहीं परशुराम का परशु तुम्हारे किसलय से कोमल कंठों को न कचर डाले···मैं जाती हूँ···तुम यहीं मरो!''

रोकने पर भी चिढ़कर वल्लरी चली गई। राम स्तब्ध हो गया, हतप्रभ···वह अपने को कठोर और युयुत्स सिद्ध नहीं करना चाहता था और वह एक बार स्वतंत्रता का आनंद ले रही माँ रेणुका को दंडनीय मानता भी नहीं था···किंतु उसके वास्तविक भाव को कौन समझेगा? मैंने तो केवल पिता की आज्ञा का पालन किया था···जो आवश्यक था, वर्ना वह आत्महनन कर लेते या आश्रम छोड़कर चले जाते···परंतु ये शिशुओं जैसी अभिलाषा में मग्न किशोरियाँ तो मन को मानती हैं। मन और मूल्यों के, इच्छा और आदर्श के सनातन द्वंद्व को नहीं मानतीं···जैसे बच्चा तुरंत अपनी इच्छापूर्ति के लिए व्यग्र होता है, इसी प्रकार यह कामिनीसमूह भी इच्छापूर्ति को ही नारीत्व का लक्षण मानता है···किंतु क्या यह प्रश्न अन्य प्रश्नों की भाँति, अनुत्तरित नहीं छोड़ा जाना चाहिए···? तथापि इतनी कमनीय कायाओं को निराश करना तो निर्ममता होगी···कौशल और चातुर्य से इस वरण के प्रसंग को टालना भी क्रूरकर्म होगा···राम अपनी ही दुविधा में बँट गए और उनकी मन:स्थिति समझकर मणिप्रभा आदि ने ठहाका लगाया—

''वल्लरी तो, राम, तुम्हारे अनिर्णय से रूठकर चली गई किंतु हममें लोभ अधिक है···क्यों न हो···कल हमारा सर्वस्व राम, अनिश्चित और भयंकर यात्रा पर जा रहा है···और हम उसको पाथेय भी नहीं दें क्या? प्रिय राम को यदि हमने छेड़ना, सताना ख़त्म कर दिया तो इसके मानस में जो दृश्य बनेंगे वे तो डरावने ही होंगे···हम जानती हैं कि हमें निगलकर पचा जाने के लिए कालविवर अपने मुख का आकार बढ़ा रहा है···हमें कोई चमत्कार ही बचा सकता है और चमत्कार तो दुर्लभ होते हैं, सुलभ नहीं, कभी-कभी घटित होते हैं, कभी कहीं···राम, तुम हमारी एक इच्छा पूरी कर दो तो हम तुम्हें नहीं घेरेंगी।''

''करणीय होगी तो अवश्य पूरी की जाएगी।''

''देखो राम, न मत कहना···हम तुम्हारा ध्यान और ध्येय नहीं बदलना चाहतीं···हम तुम्हारे संघर्ष की महत्ता को भी समझते हैं ···हम तुम्हारी सफलता के लिए प्राण न्यौछावर कर देंगे···प्राण की चिंता तो हम नहीं करते···किंतु राम, हम आपसे पृथक् भी नहीं रह सकते···हमें असिधाराव्रत स्वीकार है पर तभी जब हमें भी यात्रा में साथ ले चलें···यदि हम बाधक बनें तो हमें लौटा देना। राम, हम न नहीं सुनेंगे।''

राम ने अबकी बार अट्टहास किया···''अच्छा, तो यह बात थी···मैं तो सचमुच बुद्धू बन गया···कितना घुमावदार मार्ग अपनाया तुमने···किंतु हम सामान्य यात्रा पर नहीं, मृत्यु के मुख में जा रहे हैं···नहीं, मणिप्रभा, नहीं, चंद्रकला और लोमा, नहीं,···मैं तुम्हें खो नहीं सकता···वरण का प्रसंग अभी नहीं आया, स्यात् कभी न आ सके···किंतु तुम्हारा होना, जहाँ तुम रहो, वहाँ सकुशल रहना···मेरे उग्र कर्म के मध्य दूसरा जीवन-ध्रुव, कोमल ध्रुव की भाँति तुम्हारा अस्तित्व मेरे लिए ध्यातव्य होगा···मुझे भी लगेगा कि मैं कटे सिरों, प्रस्वेद में लथपथ लोगों, रक्त उगलते प्रतिद्वंद्वियों, आहत अश्वों, गजों के करुण नादों और प्रहारों के पीड़ादायक प्रकरणों के बीच ही नहीं हूँ अपितु मेरे प्राण तुम्हारे पास सुरक्षित हैं, जैसे तुम्हारे पाटंबर में मेरे भाव-रत्न बँधे हैं···मेरे लिए तुम तप्त धूप-धूल में सघन शीतल छाया हो, अकाल में मंद-मंद मेघ की गर्जनाएँ, जलधाराएँ और विद्युत् की चमकें···तुम, तुम्हारे अस्तित्व तो अंतिम साध्य हैं, काम्य···शेष तो सब माध्यम हैं, संघर्ष और संग्राम, ये तो इस हेतु करणीय हैं कि वे अपरिहार्य हो गए हैं वर्ना इन्हें तो लोग टालते ही हैं···जब कोई विकल्प नहीं रहता तब अंत में प्राणांतक युद्ध लड़ने पड़ते हैं जिससे कि मानव-विरोधी शक्तियों का बहता रक्त, मानवता की नई उपज के लिए उर्वरक का कार्य कर सके···ये जो देवासुर संघर्ष हुए हैं वे मनुष्यता की फसल के लिए उपकारी हैं···नारी-मुख देख-देखकर ही योद्धा बलिदान की होड़ लगाते हैं···मणिप्रभा, यह जो पुरुष है, यह किसी अपरिभाषित, अनिर्वच किंतु रमणीय मुख के बोध और अनुभव के लिए रूपसियों के दर्शन करता है और वह कभी तृप्त नहीं होता, क्योंकि देखा गया रमणीय रूप वास्तविक नहीं, प्रतिबिंबित है। वह रूप कनक किरणों के अंतराल में चलता-सा प्रतीत होता है···वह कोई पकड़ में आने वाली वस्तु या प्रतिमा या बिंब नहीं है···वह सुघड़ आकार में, दीप्ति या कांति का स्वरूप पाता है जो झलक मारता है···वह हमारी आत्मा के दर्पण में प्रतिबिंबित होता है···धारा में हिलता चंद्र बिंब···जिस प्रकार बिना बिंब-प्रतिबिंब के आत्मदर्पण या आत्मजलदर्पण अधूरे और अस्पष्ट हैं, दरिद्र और वंचित—इसी प्रकार युद्ध में, संकट में, द्वंद्व में, दु:ख में, तुम्हारे ये मनोहर पुष्पमुख और सुमन मन हमें मनुष्य या देव बनाए रखेंगे···युद्ध में किसी पुरुष का वध होता है जो पुत्री का पिता है, पुत्र का, किसी का भ्राता है, किसी माता, किसी पिता का आत्मज है और किसी

स्नेहमयी रमणी का सर्वस्व है···युद्ध वस्तुतः पुरुष विशेष के हनन के माध्यम से प्रियजनों और प्रियतमाओं को दुःख-शोक पहुँचाने का निष्ठुर कर्म है··· ।''

मणि चहकी—''किंतु जब तुम हमें इतना अभीप्सित मानते हो, जीवनाधार, जीने का लक्ष्य, प्रियता की पराकाष्ठा···तब तुम हमें साथ क्यों नहीं ले चलते? हम तुम्हारी पथ बाँधवी की भाँति तुम्हें देखने का, सेवा करने का सुख पाएँगी ।''

''नहीं,···तुम यदि नहीं मानीं, साथ चलीं तो हमें तुम्हारी चिंता रहेगी और अज्ञात क्षेत्रों की यात्रा, भ्रमण, यह जोखमों से भरा है···नहीं, आप सब यहीं रहें··· हमें शीघ्र से शीघ्र लौटना है···आप विजय के पश्चात् देशाटन के लिए चलें···तब तक कोई वरण या निर्णय अप्रासंगिक है··· ।''

''तो हम अपने दायित्व पर राम तुम्हारे साथ चलेंगे और अपने विषय में निर्णय करने का हमें अधिकार है···हम अब साथ ही रहेंगे···प्राणों का मूल्य तो अंकित हो चुका है, अब तो प्रीति का मूल्य चुकाना है···राम यदि तुमने हमें रोका तो हम तुम्हारा पीछा करेंगी अपने दायित्व पर···हम यहाँ रुककर तिल-तिल जलकर नहीं मरना चाहते··· ।''

मणिप्रभा ने कहा—''और यहाँ, वह राक्षस अर्जुन हमारा आखेट करे । इससे अच्छा है कि हम अपने प्रीतिभाजन के साथ यमलोक पधारें ।''

राम सिर पकड़कर बैठ गया और वे तीनों ढेरों हँसी के पत्रपुष्प बिखराकर चली गईं और हँसी के फव्वारे···परशुराम, मुग्ध-दग्ध उन्हें देखते ही रह गए ।

16

ग्रीष्म ऋतु में तपती माहिष्मती नगरी भय से सूख रही थी । जमदग्नि ऋषि की हत्या, परशुराम के आगमन, रेणुका का रुदन और आत्मपीड़न, परशुराम की प्रतिज्ञा, राजधानी पर आक्रमण के निश्चय, संपूर्ण जम्बू द्वीप की हैहय-विरोधी राजशक्तियों के अनुकूलन के लिए राम की यात्रा का संकल्प, उनके प्रति मणिप्रभा की आसक्ति—जमदग्नि के वध के पश्चात् आश्रम के भार्गवों और अन्य प्रमुख शिष्यों के सारस्वत-क्षेत्र में पलायन का विचार, सब-कुछ सहस्रबाहु अर्जुन को ज्ञात हो गया था । राजा चिंतित था और प्रजा आतंकित ।

राजा दिन-भर विद्याधर, लंकिनी और उसके दर्पस्फीतिकर्त्ताओं से विचार-विमर्श करता रहा । उसे यह भी पता चल गया कि अंगिरा आश्रम के ऋषि अनल आंगिरस ने शंबर, पिप्रु, बल, नमुचि, शुष्ण, अर्बुद, वृंगद, वृत्र, पणि इत्यादि अनार्यों से भार्गवों की संधि करा दी है और वे हैहयों पर आक्रमण में अपने विषाक्त बाणों की वर्षा के लिए तैयार हो गए हैं । उधर परशुराम उत्तर-पूर्व से उत्तर-पश्चिम के शासकों, गणपतियों तथा क़बीलों के मुखियों, असुरों आदि को प्रभावित

करेंगे…चक्रवर्ती कहलाने वाले युवनाश्वपुत्र इक्ष्वाकु मांधाता और दैत्यवृषपर्वा के पुरोहित उशना या शुक्राचार्य के वंशज तो भार्गवों के स्वजन हैं ही…रेणुका इक्ष्वाकुवंश की है और दैत्य अपने पुरोहित उशना के वंशजों का समर्थन करेंगे…किंतु जैसा विद्याधर विद्रुन्माली राक्षस ने बताया…कि इन बाहर की शक्तियों का केंद्र पंचनदप्रदेश के आश्रम हैं। यदि उन्हें ध्वस्त कर दिया जाए और यात्रा में परशुराम कुछ योद्धाओं को ही साथ ले जाएँगे…इसलिए यदि अरक्षित परशुराम को घेरकर मार डाला जाए तो माहिष्मती पर आक्रमण कौन करेगा?

चक्रवर्ती का ध्यान इस विकल्प पर स्थिर हो गया…पुनः उसके ध्यान में आया कि हमें हैहयों के वंशज, आनर्त्तों, रोचमानों, अनूप यादवों के सिवा रैवत यादव भी सहयोग दे सकते हैं। यों वे हैहय नहीं हैं किंतु यादव तो हैं…अवंती के यादव तो मेरे विरोधी हैं किंतु उसके पूर्व (चेदि) देश के कैशिक यादव साथ दे सकते हैं। इनके अतिरिक्त द्रुह्य यादव पश्चिम-उत्तर में अनार्यों में जा बसे हैं, कुछ दक्षिण में भी हैं, विदर्भ यादव विदर्भ देश में हैं…फिर दक्षिण देश में तुर्वस यादव हैं…अनार्यों में भी मेरे समर्थक हैं…और सर्वाधिक सैन्यबल मेरे पास है…स्वर्ण, रत्न-रजत और मणियों की अनंत निधियाँ हैं भुज्यु, शूर्पारक, भृगुकच्छ और अन्य नौका-स्थानकों (बंदरगाह) से व्यापारियों ने मुझे धनी बना दिया है, निर्यात और आयात, दोनों व्यापारों में दूर-दूर तक यादवों का माल जाता है, आता है…लौह, ताम्र आदि की निधियाँ (खाने) हैं…रात-दिन नए-नए अस्त्र-शस्त्र बन रहे हैं…मैं स्वर्ण दे सकता हूँ अतएव वेतनभुक्त, विश्वसनीय सैनिक आकर भरती हो रहे हैं…रुद्रदत्त ने सैनिक शिक्षा का व्यापक प्रबंध किया है…मेघवज्र शर्याति के विरोधी प्रचंड शर्याति के सेनापतित्व में शर्याति भी मेरे सहायक हैं…पुनः श्रीलंका से विदर्भ तक और विदर्भ से माहिष्मती तक जनजातियाँ, और आरण्यक यूथ और गण, जो असंख्य हैं, वे मेरी सैन्यशक्ति को बढ़ाते जा रहे हैं…सहस्रों की संख्या में आरण्यक भोजन और धन के लिए हैहय सेना में सम्मिलित हो रहे हैं…परशुराम आदर्श और धर्म के नाम पर सैन्य-सहयोग लेना चाहता है किंतु सेना का अर्थ है धन। वह इन भिक्षुकों के पास कहाँ है? इतनी दूर-दूर से मुझ पर आक्रमणकारी सेनानी और योद्धा क्या धूल फेंकेंगे? हः हः हः हः और यह हो भी जाए तो भी क्या?…पर मैं परशुराम को यात्रा की चेष्टा में ही मार डालूँगा…दो कार्य एक साथ, परशुराम का यात्रा में वध और आर्य-आश्रमों का ध्वंस, मेरा मूलोच्छेदन-व्यूह यही है, यही मेरा आतंक देश-विदेश में स्थापित कर देगा।

…अर्जुन को संध्या की उमस कुछ कम होती जान पड़ी…उसने पंखा झलनेवालियों को हड़काया…लंकिनी को बुलाने का आदेश हुआ, मदिरा और चषक के प्रबंध का संकेत मिला। लंकिनी की सज्जा दर्शनीय थी…पैरों तक घूमता घाँघरा, पायलनुमा ध्वनि प्रसारक आभूषण चरणों में, यौवन प्रदर्शक कुर्ती, उदर नग्न, कपोलों पर सुगंधित चूर्ण, आँखों में मारुकाजल, होंठों पर मोहक लाली,

भृकुटियों पर कृत्रिम कृष्ण रंग का रेखांकन, काले भुजंग केश खुले लहराते, कानों में हिलते कर्णफूल, माँग में चंद्रमणि की लर जिसका शीशफूल माथे पर चमकता हुआ, शरीर का एक-एक अवयव सुगंधों तथा भूषणों से अलंकृत···लंकिनी नेत्रों में मद भरे, ठुमकती हुई कार्त्तवीर्य अर्जुन के सम्मुख उपस्थित हुई···हाव-भावों से भरपूर उसने राजा को एक बँधी सतृष्ण दृष्टि से देखा और नूपुरों की एक बाँकी ध्वनि की, छुम्। राजा, सेना और युद्ध का गणित सुलझा चुका था, अतः वह रूप पर मुग्ध होने को प्रस्तुत था···उसकी मनोदशा विलासोन्मुख हो गई थी···राजा ने लंकिनी को देखकर मस्त होकर कटाक्ष किया, लंकिनी निहाल हो गई। उसने राजा के कान में कू की और मधुर हास्य के मोती बिखेर दिए। राजा ने उत्सुकता प्रकट की कि रहस्य क्या है?

लंकिनी कभी रूठती, कभी स्वीकृति की झपकी देती, कभी राजा को बनाती, कभी अँगड़ाई लेती, कभी व्याजकोप से पलायन की मुद्रा बनाती···किंतु रहस्य बताने के राजा के आग्रह को वह व्यर्थ कर देती। राजा लंकिनी की शृंगारिक चेष्टाओं से सम्मोहित हो गया था तथापि रहस्य का लोभ उसे अधीर बना रहा था···उसने सेविकाओं को भगाया और लंकिनी को पकड़ने के लिए बढ़ा, किंतु वह कब हाथ आने वाली थी···वह आँखमिचौनी खेलने लगी···राजा को आनंद आने लगा···जब राजा ऊब गया तब उस पर कृपा-सी करती हुई वह राजा की भुजाओं में बँध गई।

एक मदोन्मत्त परिरंभण और विक्षिप्त-चुंबन के पश्चात् अर्जुन की बढ़ती उत्तेजना को रहस्यमयी सूचना से रोककर, उत्सुक राजा की बाँह पकड़कर लंकिनी एक कक्ष में ले गई जो एक प्रशस्त कक्ष था और जिसमें तख्त डालकर रंगमंच बना दिया गया था। उस पर एक अनिंद्य सुंदरी नृत्यमुद्रा में त्रिभंगी छवि में खड़ी नूपुर झंकार रही थी···वह लंकिनी से कम उम्र की, षोडशी किशोरी थी, डाल से टूटी लघु अमियों जैसी सुगंधित···उसमें कच्चेपन की कमनीयता थी, ताज़गी और तृष्णा, एक साथ···काया साँचे में ढली-सी···उसकी आवाज ऐसी जैसे वह गा रही हो या रजत घंटिकाएँ टनटना रही हों, धीमे-धीमे···जैसे कोई वीणा झंकृत हो रही थी···वह राजा की उपस्थिति से बेखबर, अपने में निमग्न, किसी चरमसमाधि में डूबी हुई-सी गेय के प्रति तन्मय तथापि न उसकी अलाप, झालों और तालों में कोई त्रुटि थी, न उसके नृत्य में···और गायन तो अलौकिक था, किसी अन्य देश का···उसमें प्रेमानुरोध, संयोग-सुख वियोग की वेदना, उपालंभ, मनुहार आशा-निराशा सभी कुछ था, जैसे वह सकल प्रेमजीवन को अभिव्यक्ति दे रही हो और उसे कोई शीघ्रता न हो···द्रुतराग में जैसे वह बिजली बन जाती, विलंबित में वह पारिजात-पुष्पों की गिरन की मंदता, मृदुता और कोमलता प्रकट करती···राजा को लगता कि आसपास हरसिंगार झर रहे हैं···कभी राग बसंत में वह किशोरी नर्तकी शीतल मंद समीरण-सी चलती, उसका स्वर फूलों पर भ्रमर की गुंजार बन

जाता, कोयल की तरह सप्तम पर कूकती, चातक की तरह प्रियतम के शुभागमन की वह रट लगाती···समागम की दशा में वह स्वरों का ऐसा संगम देती कि लगता, मंच पर रति का आभास यथार्थ में बदल गया है ।

पुनः उस अप्सरा ने नृत्यों में, मयूर नृत्य में ऐसा समाँ बाँधा, ताल, तुक, छंद, भाव, अनुभाव भरे वाद्य और गायन का ऐसा समवाय किया कि राजा अर्जुन उस स्वर्ग जैसी रंभा के प्रदर्शन पर, ''साधु-साधु'' ''पुनः-पुनः'' कहने लगा। तब वह परी प्रसन्नता और गौरवमय हर्ष से उन्मत्त होकर पुनः नृत्य गायन में दत्तचित्त होने लगी···वादकों और नर्तकी में नृत्य की द्रुतगति की लंबी प्रतियोगिता के बाद अंततः महाताल पर अचानक राग और नृत्य की समाप्ति हुई···लंकिनी इतनी प्रसन्न कि वह स्वयं उठकर नाचने लगी···सबने हास्य की चाँदी बिखराई, फूलों की वर्षा के साथ प्रशंसाओं की प्रलय के पश्चात् अचानक शांति हुई··· ।

''सुंदरी! तुम्हारा क्या शुभ नाम है?''—राजा ने प्रथम बार सभ्य भाषा का प्रयोग किया···वह सचमुच मुग्ध था···सौंदर्य और कला, यदि दोनों मिल जाएँ सर्वोत्तम रूप में तो वे आतंकमिश्रित आदर का भाव पनपाते हैं। राजा का हृदय उस रसकल्लोलिनी के चमत्कार से प्रहर्षित होकर धक्-धक् कर रहा था। राजा के प्रश्न पर उस अप्सरा ने लंकिनी की ओर प्रश्नदृष्टि डाली और वह मयूर की तरह कुहकी—

''महाराज, मेरा नाम रति है और मैं राका अर्थात् इस लंकाश्री की लघु भगिनी हूँ···विद्याधर विद्वन्माली द्वारा शिक्षित···मैं केवल कलावती नहीं, उसका प्रदर्शन मात्र नहीं हूँ···मैं जीवनदर्शन हूँ।''

''क्या कहा? जीवनदर्शन···यह क्या होता है भई···अरी लंकेश्वरी, बताओ तो, यह तुम्हारी सहोदरा क्या कह रही है?''

लंकिनी राका बोली—''यह कलाधरा, यह रति स्वरूपा···यह तत्त्वज्ञानी भी है···जी हाँ, जी···यह बचपन से ही दार्शनिक और आचार्य बृहस्पति की शिष्या है जो लोकायत दर्शन सिद्धांत के प्रवर्त्तक हैं···जी हाँ, यह रति···आप अचरज न करें···यह तत्त्व मीमांसक गुरु के चरणों में रहकर यह अद्भुत रति, रमणीय ही नहीं है, यह विचारणीय भी है!''

राजा अर्जुन ने लंकिनी के गंभीर वक्तव्य पर इतने ऊँचे स्वर में अट्टहास किया कि लगा—छत गिर पड़ेगी···वह नर्तकी रति संगीतमय स्वरों को आरोहण देती हुई बोली—

''मेरे गुरु आचार्य बृहस्पति, लोकायत, यहीं हैं···आपको विस्मय हो रहा है पर आप कहें तो उन्हें बुला लिया जाए···आज आपको हमसे तृप्ति तो मिलेगी ही पर मेरे गुरु से तर्क भी मिलेगा···आप जो कर रहे हैं उसका तर्क अभी तक नहीं मिला है। यों विद्याधर जी ने दर्प का एक दर्शन, अहम् का तत्त्वज्ञान तो बघारा है पर यह भी आचार्यश्री का ही प्रसाद था···अब स्वयं इस जीवनदर्शन के आविष्कर्त्ता

के श्रीमुख से सुनिए···तब आपमें जो यह अपराध-भाव जग जाता है, वह सर्वदा के लिए दूर हो जाएगा···हाँ सच··· ।''

राजा रति को आँखें फाड़कर देख रहा था। उसने आचार्य को बुलवाया।

आचार्य बृहस्पति लोकायत कालारूढ़-व्यक्तित्व के थे···उनकी उम्र का अनुमान लगाना कठिन था···वह वयस्क थे पर मध्यवय के प्रतीत होते थे···उनके केश, दाँत, त्वचा, रंग, सचिक्कणता सब सुरक्षित और माथा प्रशस्त···भरा हुआ मुख, होंठ पतले, नेत्र दीर्घ और उनके अधरों पर सदा एक व्यंग्यमय मुस्कान छाई हुई···नेत्रों में ज्ञान की दीप्ति, साथ ही माधुर्य और आनंद का उच्छलन··· उनके शरीर में बल और भंगिमा में तेजस्विता थी···वह किसी को काट रहे हों, कतर रहे हों, और किसी अभिमानी के मान का मलीदा बना रहे हों, ऐसी चुनौती-भरी दृष्टि···वह उन्मुक्त और अट्टहास के स्वभाव के विचित्र व्यक्ति थे···राजा कार्त्तवीर्य अर्जुन ने आसन से उठकर आचार्य का सम्मान किया और उन्हें सादर एक ऊँचे पीढ़ा पर बिठाया···विधिवत् स्वागत-सत्कार किया और प्रश्न किया—

''आचार्यश्री, आपका स्वागत है···मैं प्रश्नाकुल हूँ···आर्य ऋषियों ने जो अध्यात्म का, देवताओं और देवियों का, परोक्ष स्वर्ग और नरक का, कर्मकांड और कर्मफल का, आत्मा के आवागमन का, यज्ञविधान और न जाने किस-किस का जो प्रपंच रचा है, उसे क्या आप मानते हैं?''

''नहीं मानता, क्योंकि वह अंधविश्वासों पर आधारित है···आत्मा, परमात्मा, स्वर्ग, नरक, भाग्य, कर्मफल···इसका कोई बुद्धिसंगत प्रमाण नहीं है···ये सब कल्पनाएँ और व्यक्तिगत अनुभूतियाँ हैं···और अनुभव और कल्पना का क्या भरोसा···भरोसा तो प्राकृतिक-अनुभव और तर्क प्रमाणसंगत कथन का ही संभव है!''

''किंतु वे कहते हैं कि कोई चिन्मय सत्ता है जो इस ब्रह्मांड के नेपथ्य में सक्रिय है, वही आत्मा के रूप में, शरीर में स्थित है···वह पदार्थ मात्र में व्याप्त है···उसकी अनुभूति होती है···वह है, सर्वत्र है, वह दिक् काल से परे है, वह देवताओं-देवियों में दीप्तमान है···वह !''

''नहीं, वह नहीं है, सृष्टि किसी की रचना नहीं है, कला नहीं है, कृति नहीं है। यह प्रकृति सदा से ही स्वयं-भू है, स्वाभाविक है। यह जो हो रहा है, पदार्थों का प्रजनन, विकास और क्षरण, प्राणियों का, यह स्वयं ही हो रहा है, प्रकृति का यही स्वभाव है···प्रकृति सनातन है, द्रव्य या पदार्थ या भूततत्त्व अक्षय है, अविनाशी है, वह सूक्ष्म से सूक्ष्म है, विराट् से विराट्···इसमें जो शक्ति सक्रिय है, वह है परंतु वह चिन्मय नहीं है, पदार्थ जड़ है···पहले जड़ तत्त्व है···पुनः इस पृथिवी नक्षत्र पर प्राणियों का स्वयं विकास होता है···द्रव्य के अंतर्निहित अणुओं के द्वंद्व और संगति से—रसायनों के मिश्रण से—यह स्वभाव है प्रकृति का, अतः मैं ब्रह्म या परमात्मा को कल्पना कहता हूँ। आत्मा, स्वर्ग-नरक, देवी-देवता नहीं है···मनुष्य ने ही उन्हें रचा है···उन्हें अपनी प्रतिमा दी है···वे वैसे ही हैं, ये देवता जैसे मनुष्य

हैं···क्योंकि मनुष्य दुर्बल है, उसकी शक्ति सीमित है अतएव उसने पूर्ण, अनंत, सर्वज्ञ, सर्वशक्तिमान्, अलौकिक ईश्वर या देवशक्तियों की रचना की है और वह अपनी ही रचनाओं की उपासना कर रहा है···कर्मकांड फैलाकर। ये जो ऋषि-मुनि हैं, आर्यश्रेष्ठ···ये प्रपंची हैं, पाखंडी···इन्होंने यज्ञयाग से अपनी जीविका का प्रबंध कर लिया है···अब लोग हैं, अंधविश्वासी हैं सो वे इन दंभी अंधविश्वास प्रचारकों की पूजा करते हैं···राजन्, यदि यज्ञ में बलि देने से स्वर्ग मिलता है 'स्वर्गकामोयजेत्' वेदवाक्य यदि सत्य है तो ये विश्वामित्र, वसिष्ठ, अत्रि, भरद्वाज, अंगिरा, वामदेव, भृगु, अगस्त्य अपने स्वजनों की बलि देकर उन्हें स्वर्ग क्यों नहीं भेज देते? विश्वामित्र इनमें अधिक मानवीय हैं—उसने नरबलिप्रथा का विरोध किया···वह राजा हरिश्चंद्र इक्ष्वाकु अपने पुत्र रोहित की रक्षा के लिए नरबलि देना चाहता था···एक नराधम, लोभी और अकिंचन—अजीगर्त्त भार्गव ने अपने पुत्र, शुनःशेप को बेच दिया। हरिश्चंद्र ने उसे स्वर्ण देकर क्रय कर लिया···उसे यज्ञयूप से बाँध दिया गया किंतु वह भी चालाक था, वेद जानता था···उसने वरुणदेव की प्रशंसा में वेदमंत्र पढ़ने प्रारंभ कर दिए···विश्वामित्र ने मंत्रद्रष्टा मानकर उसे छुड़वा दिया। प्रश्न यह है कि वह मंत्रद्रष्टा न होता तो बेचारा मारा न जाता?···अनेक मनुजों की नरबलि हुई है···वे एक अंधविश्वास के आखेट हो गए। वे निष्पाप थे, पर मार डाले गए···इसके सिवा अगणित पशुओं की बलि इन तथाकथित आर्यऋषियों ने दे डाली···इस प्राणी-हत्या का पाप इन यज्ञकर्त्ता ऋषियों पर है···वस्तुतः उस हिंसा और अपराध से इन आर्यतत्त्वज्ञानियों की मति मारी गई है और वे इस लोक में अज्ञान, अंधविश्वास और भेदभाव की स्थापना कर, अपने को श्रेष्ठ बताकर, अन्य वर्णों और जातियों का, विशेषकर अनार्यों और श्रमिक सेवकों का अपमान कर रहे हैं···।''

राजा अर्जुन इस लोकायत दार्शनिक की व्याख्या सुनकर कमल-सा खिल गया···उसने मुग्ध होकर रति और राका की ओर देखा···वे प्रसन्न हुईं···राजा ने शंका की—

''आचार्यश्री, यदि परलोक नहीं है, पराशक्तियाँ नहीं हैं, आत्मा, परमात्मा नहीं है, स्वर्ग, नरक नहीं है···मृत्यु के बाद सब समाप्त हो जाता है, द्रव्य द्रव्य में मिल जाता है···सत्य केवल प्रकृति है, तथ्य भी वही है···तब जीवन का उद्देश्य क्या रह जाता है?''

''महाराज! प्राकृतिक जीवन में पशु-पक्षी प्रकृत-जीवन जीते हैं पर मनुष्य में विवेक है···वह विवेक का प्रयोग करे और मानव-जीवन में जो न्यूनताएँ हैं, विषमताएँ हैं, उन्हें दूर करे···देखिए, इन ब्राह्मणों या ब्रह्मवेत्ताओं ने, इन वेदमंत्र द्रष्टाओं ने वेदों में आर्य-श्रेष्ठता की स्थापना की है, वे अनार्यों को दस्यु कहते हैं। जो इनके सेवक हैं, वे शूद्र कहलाते हैं···यह क्या सत्य है? क्या यह न्याय है? क्या यह मनुष्यता है? क्या अनार्य मनुष्य नहीं हैं? क्या सेवकों को पशुवत् समझना

मानवता है? ये विश्वभर को आर्य बनाना चाहते हैं, शक्ति के बल पर, कृपाण और भल्ल, धनुष और बाण के बल पर ये अनार्यों का उच्छेदन कर रहे हैं···युद्ध में जीतकर ये उन्हें दास और शूद्र बनाकर उनसे कृषि, शिल्प आदि का कार्य कराते हैं और कहते हैं कि तुम्हारी यही नियति है···कि सेवा ही तुम्हारा धर्म है···आर्यसेवा से ही अनार्यों को स्वर्ग मिलेगा···उन्हें वेद पढ़ने, गायन करने और यज्ञ में भाग लेने का अधिकार नहीं है···यह सब क्या है राजन्? क्या यह धर्म है? न्याय है?···स्पष्ट है कि आर्य विजेता हैं···युद्ध और अस्त्र-शस्त्रों के नए आविष्कारों ने उन्हें बलवान् बनाया है···और वे अपने विश्वासों और अपने हितों को, अपनी उच्चता और श्रेष्ठता को अनार्यों पर लाद रहे हैं···इस अन्याय का विरोध कौन करेगा?''

''आचार्यश्री, यह पावन और मानवीय कार्य हम करेंगे···आर्य तो आप भी हैं, हम भी हैं, किंतु हम न पाखंडी हैं, न अन्यायी हैं···इन पाखंडी और प्राकृत-जनों के दमनकर्त्ता आर्यों की प्रभुता के केंद्र आश्रम हैं। यहीं से आर्यप्रजा को विश्वास और तर्क मिलता है, औचित्य, अतएव इन्हें नष्ट कर हम अन्याय की जड़ ही काट देंगे··· ।''

''राजन्, यह आपका निर्णय है···और इसमें भी दोष यह है कि आर्यों में भी अच्छे लोग हैं···आश्रम ज्ञान-विज्ञान के केंद्र है, शिक्षा वहीं मिलती है और ऋषियों में एक सीमा तक समदर्शिता बढ़ रही है···वे चतुर हैं···वे जानते हैं कि अनार्यों का यहाँ बहुमत है और उनकी सेवा के बिना वे सुख नहीं प्राप्त कर सकते अतएव वे कुछ अनार्यों को भी पढ़ा रहे हैं।''

''किंतु, आचार्य जी, राज्य की ओर से विद्यालयों की उदार शिक्षा-व्यवस्था की जा सकती है···और वेतनभोगी उपाध्यायों को हम वृत्ति दे सकते हैं··· राजाश्रयी व्यवस्था में सर्वोच्चता शासन की होगी, राजा को तब आश्रमों के ऋषियों के सम्मुख झुकना नहीं पड़ेगा···सारे देश में अंधविश्वासों के विरुद्ध अभियान का प्रबंध किया जाएगा और ब्रह्मवाद की जगह प्रकृतिवाद या स्वभाववाद का शंखनाद होगा···अतः सर्वप्रथम आश्रमों का ध्वंस होगा···तब ऋषि-मुनि आरण्यक हो जाएँगे, वनों में भाग जाएँगे···राजा शिक्षा-ज्ञान-विज्ञान के केंद्र खोलेंगे और इनका यह तथाकथित सत्युग मानवयुग में परिणत हो जाएगा, नहीं?''

आचार्य बोले—''राजन्, विचार, तर्क और विश्वास को शक्ति से नष्ट नहीं किया जा सकता क्योंकि दमन से दमित व्यक्ति और अधिक दृढ़ हो जाता है, अतः लोकायत-दर्शन के प्रचार की आवश्यकता है, ऋषियों के विश्वासों की अंधता के अनावरण की आवश्यकता है···यह संहार से नहीं, प्रचार से होगा और तदनुकूल आचरण से···आश्रमों की सत्ता लोगों के विश्वास पर टिकी हुई है···उस विश्वास की जगह जब मानव विवेक और प्रकृतिवादी दर्शन का ज्ञान होगा तो जनगण स्वयं ही आश्रमों के प्रपंच से बचेंगे या केवल शिक्षा के लिए वहाँ जाएँगे, उनके विश्व-दर्शन और जीवन-दर्शन को नकार देंगे··· ।''

''यह तो आप करें, कराएँ, हम साधन जुटा देंगे...यह होगा, होता रहेगा पर आप यह तो बताइए, तो मनुष्य करे क्या? आर्यऋषियों का जीवन-दर्शन तो आपने नकार दिया पर जीवन में त्याग, तपस्या और संसार से मोक्ष के विचार के बिना जीव का कर्तव्य क्या होगा?''

''महाराज, जीवन का उद्देश्य सुख है...और सुख तब सभंव है जब अन्य सब भी सुखी हों अन्यथा दु:खी सुखियों को सुख से रहने न देंगे अतएव सबके सुख, शिक्षा, निवास, चिकित्सा, वस्त्र, अन्न आदि का उपक्रम किया जाए और सभी हमारे व्यवहार से सुख पाएँ, ऐसा आचरण ही नैतिक और मानवीय होगा!''

''अरे! यह दर्शन तो शक्ति के मूल सिद्धांत से ही विचलित हो गया...सबके स्वभाव और सुख की चिंता वे सब स्वयं करें...हम तो शक्ति-संपन्न हैं, हम अपनी शक्ति, हित, प्रभुता और वर्चस्व के लिए ही कार्य करेंगे क्योंकि यही हमारा स्वभाव है, सुख है!''

''नहीं राजन्! क्योंकि सृष्टि का सत्य, जीव-सुख है और सुख, सबके सुख, सबकी समानता और सद्व्यवहार पर निर्भर है अतएव शक्ति पर एकाधिकार का, साधनों पर एकाधिकार का सिद्धांत मानव-विरोधी है, न्याय-विरोधी भी...आपने शक्ति-संग्रह किया है, आपमें बल है, छलशक्ति भी है किंतु आप स्वभाववादी नहीं, शक्तिवादी हैं, साम्राज्यवादी हैं...आप अपने दर्प को, वर्चस्व को, अजेयता को सब पर आरोपित करना चाहते हैं, किंतु हम तो सर्वसुख को मानते हैं क्योंकि वह अधिक मानवीय है, न्यायप्रिय है...चक्रवर्ती, यह मानव-जीवन अलभ्य है...यह मृत्यु के बाद मिल नहीं सकता...कितना आनंद है यहाँ...प्रकृति हमें सब-कुछ दे सकती है...किंतु हम एकाधिकार स्थापित कर राजा बनते हैं, स्वामी, अधीश्वर...और अन्य छलबली लोग उनसे प्रतिद्वंद्विता करते हैं...फिर आजीवन, वंश-दर-वंश यह द्वंद्व चलता है...प्रजा पिसती है...उस पर कभी कोई शासन चलाता है, कभी कोई...सब मिलकर बराबरी के आधार पर क्यों सुखी नहीं रहना चाहते? सुख समता में है राजा, यही मानव-समाज का रहस्य है...आप इसी सुख को अपनाइए। यह लोकहित का तत्त्वज्ञान है, अतः इसे लोकायत कहा जाता है।''

''लोकहित आपका प्रयोजन है, मेरा नहीं...मैं सम्राट् हूँ...प्रथम, मैं सार्वभौमिक सत्ता का अधीश्वरी बनूँ...तब लोकहित के हम योग्य बन सकेंगे...अभी हम सेना सजाएँ या लोक की सेवा में लग जाएँ...हमारे दुर्बल होते ही हमें अन्य शासक खा जाएँगे...आप स्वप्न देख रहे हैं आचार्य...आपकी विश्व की व्याख्या तो बुद्धि-संगत लगती है, पर मानव-समाज को आप नहीं समझते...मनुष्य को जो बुद्धि मिली है प्रकृति से, उसका प्रयोग वह अपने को प्रमुख बनाने के लिए करेगा ही और प्रमुखों में टकराहट होती है...वही हमारी स्थिति है...आप मुझे समर्थन देने आए हैं या हमें हमारे ऐश्वर्य, गौरव, स्वाभिमान और सर्वोच्चता के अभियान से विमुख करने?''

''हम लोकायत हैं, राजा, और हम सत्य के, सुख के, मानव-कल्याण के

स्थापक है···आपका सुख, दर्प की दनदनाहट में नहीं, दूसरों के सुख की रक्षा में है···अच्छा राजन्, आप हमें पूरी तरह नहीं मानते, मत मानिए परंतु इतना तो मानेंगे कि हमारे जीवन-दर्शन में सुख की सच्ची साधना है···हमारे आश्रमों में आर्यऋषियों जैसा आत्मपीड़न नहीं है, आदर्शों और मूल्यों का आतंक तथा दमन नहीं है···हम मानव के व्यक्तित्व के विकास में लगे हैं, उसकी सारी संभावनाओं को बढ़त देते हैं हम···अब इस राका और रति को ही देखिए, कितनी सुखद है, यह रति!''

''हाँ आचार्य, यह तो सत्य है···मैं तो रति पर आसक्त हो गया हूँ किंतु यदि रति आपकी शिष्या है तो वह आत्मसुखवाद की जगह परसुखवाद को मानेगी, क्यों रति?''

''यदि व्यक्ति और लोक के हित में विरोध हो तो मैं लोकायत मत को मानूँगी, पर यहाँ तो लोक से मेरे सुख की कोई लड़ाई नहीं है!''

राजा आनंदित हो गया, चहका—

''अर्थात् हमारा प्रस्ताव तुम्हें स्वीकार्य है, है न···हम परस्पर सुख देने की प्रतिद्वंद्विता करेंगे!''

रति लजाकर मौन रह गई। आचार्य बृहस्पति उठने लगे पर राजा ने उन्हें रुकने का निवेदन किया—''संध्या गई, रात्रि आ गई जो सुखदा है···दिन तो चिंतित रखते हैं, सक्रिय···रात्रि आनंद और विश्राम के लिए होती है···आप तो सोमरस के अतिरिक्त सुरापान करते होंगे···जो सुर है, वह सुरा का सेवन करेगा ही···जो असुर है, वह भले ही सुरा न पिए···हम सुर हैं, मानव-देवता सो आप पेय का सुख लें, पुनः भोजन करें, तब विश्राम के हेतु पधार जाएँ।''

लंकिनी, अर्जुन और आचार्य ने मदिरापान में भाग लिया। रति ने मना कर दिया। जब आचार्य ने अनुमति दे दी तब उसने भी एक-दो चषक लिये···उसके चंपई कपोल लाल हो गए, वर्जना छँट गई···वह मुक्त होकर बिलाबात खिलखिलाने लगी और राजा उसकी उन्मुक्त शोभा को पीने लगा···उसके मस्तिष्क में मौज के क्षण में भी सहसा एक प्रश्न उपजा—

''आचार्यश्री, ये जो आर्यऋषि-मुनि और ब्राह्मण हैं ये लोकायतों के विषय में कहते हैं कि वे चारुवाक्य बोलने वाले चार्वाक हैं···वे भोगवादी नरपशु हैं, उच्च उद्देश्यों से विहीन···वे लोगों को भोग, पतन, स्वेच्छाचार, विलासिता और मदिरा में उन्मुक्त होकर पवित्र नातों-रिश्तों की अवहेलना सिखाते हैं···वे सुरा पीते हैं, पुनः पीते हैं तब तक, जब तक वे गिर नहीं जाते···पुनः उठकर वे पुनः पीते हैं, और कहते हैं कि पुनर्जन्म कहाँ है? हः हः हः।''

''राजन्, ये जो पाखंडी आर्यऋषि हैं, वे दुष्प्रचार करते हैं···हम तो प्रवृत्तियों में प्रवाहित होने को सुख मानते हैं पर उनमें डूबकर मर जाना तो सुख नहीं हो सकता और हम मानव-विवेक के समर्थक हैं···विवेक सुख को संयमित रखता

है···श्रवण मधुर शब्द सुनना चाहते हैं, नेत्र रूप के भूखे हैं, त्वचा कोमल स्पर्श चाहती है, जिह्वा रसप्रिय होती है और नासिका सुगंधों से संतुष्ट होती है···बुद्धि और विवेक इनके अंतहीन उपभोग को रोक देते हैं अन्यथा मनुष्य रुग्ण हो जाएगा···अति किसी भी अनुभव को दुःख में बदल देती है, अतः हमारी सुखानुभूति में अति नहीं होनी चाहिए···उदाहरण के लिए रति लोकायत को समझती है, उसने दो चषक लिए सुखी हो गई और लेगी तो रुग्ण हो जाएगी···।''

''किंतु आप तो अभी और लेंगे न?''

''नहीं, अब नहीं ले सकते···आप अति बलशाली हैं, आप ग्रहण करें और आनंद उत्सव मनाएँ···अब हम प्रस्थान करेंगे···आप स्वच्छंदता का सुख लें···मैं भोजन डेरे पर ही कर लूँगा। मेरे कारण रति और राका शिष्टाचार में बँधी रहेंगी···आपकी जय हो राजन्!''

आचार्य रोकने पर भी पधार गए। उनके जाते ही रति और राका ने ठहाका लगाया और वे दोनों राजा के अंक में जा बैठीं···राजा उन्हें अपने हाथ से खिलाने-पिलाने लगा और वे राजा को···अंततः वे पान, भोजन के पश्चात् सामूहिक प्रेमक्रीड़ा में मग्न हो गए।

रात्रि के लगभग दो बजे होंगे···राजा और उसकी प्रेयसियाँ सब प्रगाढ़ निद्रा में अचेत थे। तभी एक दुर्गंध का झोंका आया। युवतियाँ तो सोती रहीं किंतु राजा जग गया। कच्ची नींद में वह आँखें मलता हुआ उस असहाय बदबू से चिंतित हुआ···वह सोचने लगा कि यह दुर्गंध यहाँ कैसे आई···लगता है किसी सड़ी लाश को कोई यहाँ डाल गया है···क्या कोई षड्यंत्र हो रहा है? राजा ने अपने वक्ष पर, अगल-बगल लेटी सुंदरियों से अपने को धीरे से पृथक् किया और कृपाण को हाथ में पकड़कर वह उठ बैठा···वह अंधकार में नेत्र फैला-फैलाकर देखने लगा···वह दुर्गंध फिर नहीं आई । उसके स्थान पर अब सुगंध की लहरें आने लगीं···और कहीं पास से नूपुरों की छम्-छम् सुनाई पड़ी···राजा विस्मित हुआ···यह तो कोई सुंदरी है···शायद मुक्त विलास से ईर्ष्या हुई होगी इसे पर यह इस समय क्यों आई? कच्ची नींद से जगा दिया···उस अलौकिक सुगंध का राजा की चेतना पर प्रभाव पड़ने लगा—एक खुमार-सा छाने लगा···राजा सरकता हुआ उस नूपुर-ध्वनि की दिशा में बढ़ने लगा···तब पुनः उसी दिशा में छम्-छम् का स्वर सुनाई पड़ा···राजा चंद्रहास ताने हुए उस ओर चला···छम्-छम् दूर होने लगी···राजा उसका अनुसरण करने लगा···छम्-छम् पुनः हुई और पास के दूसरे कक्ष के द्वार पर पुनः ध्वनि हुई···उधर पहरा नहीं था पर वह कक्ष राजा के विलास-गृह से कुछ दूरी पर था···राजा उस कक्ष के द्वार पर गया···पुनः कक्ष के भीतर हुई छम्-छम्···राजा कृपाण पर मुट्ठी कसे हुए कमरे में प्रवेश कर गया···तभी कहीं से एक मंद हँसी की ध्वनि उठी और मंद प्रकाश प्रकट हुआ जैसे उस अज्ञात सुंदरी ने वहाँ कोई छोटी, पतली मोमबत्ती जला दी हो यों वह मोमवर्तिका अदृश्य थी···राजा चकित था कि यह क्या हो रहा

है किंतु जी कड़ा कर वह सुंदरी के पास पहुँच गया और देखते ही उसे काठ मार गया···वह मणिप्रभा को सामने देख रहा था—

"अरे, मणिप्रभा तुम?"

उस सुंदरी ने विहँसकर स्वीकृति की झपकी दी पर बोली नहीं।

मणिप्रभा राजा अर्जुन की चिरतृषा थी। वह भय भूल गया, कृपाण को म्यान में रख लिया और मणिप्रभा के लिए बाँहें फैला दीं। मणिप्रभा उसके हृदय से जा लगी···राजा सुखद आश्चर्य में डूबने लगा···भला, मणिप्रभा को क्या हो गया? उसने कभी मेरे प्रणय-निवेदन को स्वीकार नहीं किया और आज स्वयं समर्पण करने आ गई···यह मेरे सुकर्मों का फल है···लोकायत आचार्य ने जिसे सुख कहा है, वह तो मणिप्रभा ही दे सकती है···ये राका, रति आदि तो सस्ती छोकरियाँ हैं···इनमें गौरव-गरिमा नहीं है, राजा फुसफुसाया—

"हाय! मणि, तुमने कितनी प्रतीक्षा कराई किंतु यह हृदय-परिवर्तन कैसा? और तुम्हारे आने के पूर्व वह दुर्गंध का झोंका किसका था?"

मणिप्रभा हँसी और कुछ न जानने का अभिनय किया। पुनः उसने राजा को प्यार करना शुरू कर दिया···राजा भी उस अप्रत्याशित आनंद में डूब गया···मणिप्रभा ने किवाड़ों की ओर संकेत किया, राजा ने उसे छोड़कर कक्ष के कपाट बंद किए और निश्चिंत होकर कक्ष में बिछे गलीचे पर मणिप्रभा को लेकर उस पर झुक गया, किंतु मणिप्रभा ने सूचित किया कि वह प्यासी है, मदिरा चाहिए। राजा उठा, धीरे से कपाट खोलकर अपने शयन-कक्ष में गया। वहाँ से मदिरा की सुराही और चषक लाया, खाने-पीने का कुछ सामान और जल की कलशी भी उठा लाया।

अब कक्ष बंद कर दोनों खाने-पीने लगे···मदिरा से लबालब दो पात्र सामने रखे थे···तब मणिप्रभा ने कहा—

"प्रिय, मुझे लज्जा लगती है, आप उधर मुँह कर लें तो मैं वस्त्र उतार लूँ।"

राजा विहँसा, मुँह मोड़ लिया। मणिप्रभा ने कोई ओषधि झट से निकालकर राजा के चषक में डाल दी और कपड़े फेंककर वह नग्न हो गई। राजा ने चषक अधर से लगाया और वह उस अलौकिक काया को देखने लगा···राजा चषक पर चषक ढालने लगा और चषक पान के साथ अन्य लवणीय पदार्थ खाने लगा···उसकी थकावट दूर हो गई और उसने मणिप्रभा को वक्ष से सटा लिया। आनंद का चटखारा लेता हुआ अर्जुन उसे भींचने लगा···रात्रि के उत्तरार्ध में शीतल हवा गवाक्षों से आ रही थी और बाहर, प्रहरी के 'जागते रहो' की ध्वनि उठती थी और पुनः मौन छा जाता था···मणिप्रभा ने जो प्रकाश प्रकटाया था, वह अब नहीं था, अतः घुप अँधेरे में राजा मणिप्रभा को आटे की तरह माँड़ने लगा और मणिप्रभा उसे प्रोत्साहित करने लगी। वह राजा को कुतकुताती, कभी उसके अतुलित बल के प्रयोग से 'उई, उई' करती, कभी खिलखिलाती, कभी राजा की छाती पर

मुक्कियाँ मारती और कभी उसके कान ऐंठती, नाक पकड़कर हिला देती, उसके उन्मत्त शरीर पर हाथ फेरती, कभी उसको काट खाती और उसके दबाव से मछली की तरह पलटा खाकर छूट निकलने का प्रयत्न करती···उस खींचतान को लंबा होते देखकर राजा ने कहा कि रात्रि अधिक नहीं है अतएव मणिप्रभा को सहयोग करना चाहिए किंतु वह मंद स्वर में राजा को विराने लगी···तभी राजा को लगा कि वह मूर्च्छित हो रहा है···उसके नेत्र झपकने लगे, वह शिथिल होने लगा। राजा ने अपने बल का स्मरण कर बहुत ज़ोर लगाया किंतु उसके हाथ-पैर सुन्न होने लगे। उसकी चेतना के दीए बुझने को हुए···उसने अंतिम बल लगाया, कुछ होश आया किंतु एक पल पश्चात् उसके मस्तिष्क की सक्रियता समाप्त होती चली गई और वह निढाल होकर यमराज के महिष-सा हाँफता हुआ ढेर हो गया।

मणिप्रभा, राजा की गर्दन को टटोल रही थी। उसने जब आश्वस्ति पा ली कि राजा पूर्णतः अचेत हो गया है, तब उसने अर्जुन के कंठ पर दाँत गड़ा दिए और वह गट-गट उसका रक्त पीने लगी। थोड़ा-सा रक्त पीते ही मणिप्रभा, स्वाद के आनंद में विभोर हो गई और उसने प्रेतध्वनि की जिसे प्रेत ही सुन पाते हैं। बाहर से उस सफलता की ध्वनि का उत्तर मिला। मणिप्रभा ने राजा के रक्त को अधरों पर चाटा और वह पुनः कंठ में दाँत चुभोने के लिए झुकी किंतु तब तक मणिप्रभा की ओषधि का प्रभाव क्षीण होने लगा। राजा छटपटाया, उसका होश वापस होने लगा। मणिप्रभा समझ गई कि अब विलंब व्यर्थ है···उसका कलेवा तो हो ही चुका था···फिर कभी देखा जाएगा, ऐसा सोचकर मणिप्रभा नामधारिणी वह सुंदरी राजा के ऊपर से उठी और उसके वस्त्रों की जेबें टटोलने लगी। उनमें वह व्यूह-रचना का रेखांकन था जिसे युद्धपरिषद् में राजा अर्जुन ने बनवाया था तथा युद्ध में सहयोगियों, समर्थकों, उनकी सेनाओं की संभावित संख्या की सूचनाएँ थीं। मणिप्रभा ने उस बंडल को अपनी कंचुकी में छुपाया और राजा के वक्ष पर लात मारकर बोली—

"नीच! कामान्ध नरपिशाच, आज तू बच गया···अगली बार मैं तेरा सारा रक्त पी जाऊँगी···मेरा नाम शाल्मली है···मैं चुड़ैल हूँ···तेरे बलात्कार की शिकार···मैं और मेरा पिता प्रेत शंख, तुझे लग गए हैं, तू बच नहीं सकता दुष्ट···ले एक और ले··· ।"

लातों से एक गहरी चोट राजा की पसलियों पर करके वह प्रेतनी, मणिप्रभा रूपधारिणी शाल्मली चुड़ैल, पुनः एक दुर्गंध का भभका छोड़ती हुई हवा में मिल गई···राजा पुनः अचेत हो गया और प्रात:काल शयनकक्ष में उसे न पाकर रति और लंकिनी राका सनाका खा गई। वे चिल्लाईं। प्रहरी दौड़े। हाहाकार मच गया···सैनिकों ने तुरंत विचक्षु को खबर की, कृतांत और विचक्षु के आने तक किसी वस्तु को नहीं छुआ गया। दोनों भेदियों ने आकर सूक्ष्म निरीक्षण किया। बाहर पहरा था। भीतर एकांत था। विचक्षु ने पूछा कि क्या यह कक्ष बंद किया गया था?

कक्ष-प्रबंधक ने बताया कि यह कक्ष तो रात्रि में, शाम से ही खुला पड़ा था, खाली था। राजा तो अपने स्वप्न प्रासाद-कक्ष में रति और राका लंकिनी के साथ था।

"आश्चर्य है, फिर यह कक्ष भीतर से बंद किसने किया? तोड़ो इस द्वार को या ऐसा करो, गवाक्ष से कोई देखे कि क्या राजा कक्ष में हैं?"

वही किया गया। गवाक्ष तक एक सैनिक सीढ़ी लगाकर ऊपर पहुँचा। देखा कि राजा अचेत पड़ा है और उसके पास कोई नहीं है। तब द्वार तोड़ा गया और राजा को जगाया गया। जब वह नहीं जगा तो उस पर दसियों पानी के घड़े डाले गए...राजा का मुख बलात् खोलकर वैद्यराज ने होश में आने की ओषधि पिलाई। राजा के तलवे मले गए, ठंडे जल की पट्टी माथे पर रखी गई...अंत में चक्रवर्ती चेता...वह देर तक होश में आने का संघर्ष करता रहा। उसके नेत्र खुलते और बंद हो जाते...फिर राजा सचेत हुआ...प्रयत्न कर उठा पर खड़ा नहीं हो सका...तब उसे उठाया गया...राजा ने पैर रोपे और चकित होकर देखा कि उसे क्या हुआ है...ये लोग कौन हैं? मणिप्रभा कहाँ है? क्या दुर्घटित हुआ?

राजा होश में आया...तब उसका ध्यान कंठ में हुए दंश की ओर गया...।

"विचक्षु! यह क्या हो गया मुझे...मेरे कंठ में किसी ने छेद कर दिया और यह रक्त...यह क्या मेरा रक्त है? क्या मणिप्रभा मेरा रक्त पी गई? वह पिशाचिनी हो गई क्या...या उसका रूप धरकर किसी चुड़ैल ने मेरा वध करना चाहा?"

सब भौचक थे। विचक्षु कभी किसी दुर्घटना से विचलित नहीं होता था। उसने राजा के कंठ का निरीक्षण किया। उसमें दो दाँतों के स्पष्ट चिह्न थे और घाव रिस रहा था अभी भी तथापि छेदों पर पपड़ी भी पड़ गई थी।

"महाराज! आप रात्रि की घटना का विवरण बताएँ तो रहस्य खुले...यदि अनुचित न हो तो कुछ बताएँ।"

"क्या बताना है विचक्षु? मैं रति और राका के साथ स्वप्नप्रासादकक्ष में सो रहा था...अर्धरात्रि के पश्चात् एक दुर्गंध की लहर से मैं जाग गया...तब किसी सुंदरी की नूपुर-पायल की ध्वनि हुई छम्म-छम्...तब मैं उसकी ओर बढ़ा...वह पीछे सरकती हुई, वह कामिनी, इस कक्ष तक मुझे ले आई...मैंने खतरा भाँपकर असिकोष से कृपाण खींच ली थी किंतु जब कक्ष में प्रवेश किया तो मैंने मणिप्रभा को पाया...इस कारण मुझे संदेह नहीं हुआ...मैं उसे प्रारंभ से ही चाहता था, पर वह कभी मेरी अंकशायिनी नहीं बनी...वह पट्टमहिषी की बहिन वैदर्भी थी सो उस पर बलप्रयोग संभव नहीं था...विदर्भराज का हम पर ऋण है और परशुराम आक्रमण का आयोजन कर रहा है...नीतिवश हम मणिप्रभा का केवल अनुकूलन ही करते रहे...फिर वह मुझसे कुपित होकर भार्गवों से जा मिली। मेरे विरुद्ध उसने युद्ध भी किया...भार्गवों को भेद दे दिए...वह राजद्रोहिणी हो गई... वह भला अचानक मुझे समर्पित होने को अर्धरात्रि को कैसे आ सकती थी? किंतु मैंने समझा कि वह एक

नारी ही तो है···भार्गवों से मतभेद हो गया होगा। वह परशुराम पर आसक्त हो गई थी किंतु वह तो अखंड ब्रह्मचारी है···उसने मणिप्रभा को दुलार तो दिया परंतु प्यार नहीं दिया, ऐसा सुना है···किंतु नारी का रहस्य कौन जानता है···मैंने सोचा कि परशुराम से उपेक्षित और हताश होकर वह पुनः मेरे प्रति समर्पित होने आई है तथापि मैं शंकालु तो था ही···उस चुड़ैल ने मेरी दृष्टि बचाकर मेरी मदिरा में कोई ओषधि डाल दी, अतः मैं अचेत हो गया और उसने मेरे कंठ में छेदकर मेरा रक्तपान किया···मैं मूर्च्छित था पर अचेतन मन में कुछ प्रतिध्वनि-सी हुई थी कि वह शाल्मली है, शंख प्रेत की पुत्री। वे दोनों अकाल मृत्यु के कारण प्रेत योनि में हैं और मुझसे प्रतिशोध ले रहे हैं···ऐसा भान हो रहा है···तुम जानते ही हो कि परशुराम के पितामह का भाई अघोर आथर्वण मेरे पीछे पड़ा है और वह प्रेत-सेना सजा रहा है···ये शंख और शाल्मली उसी के भेजे हुए हैं···आथर्वण वन को जलाकर राख कर दो और जो भार्गव वहाँ मिलें उन्हें जीवित पकड़कर लाओ जिससे अघोर मुनि का षड्यंत्र और साधना का पाखंड खुल जाए···अभी सेना को आदेश दो···रुद्रदत्त को बुलाओ, जयध्वज को और प्रचंड शर्याति को।''

जब तक सेनानी आए, राजा तब तक स्नान, भोजन, विश्राम से स्वस्थ हो गया था। उसका दर्प और आत्मविश्वास वापस आ गया। उसने कड़ककर आदेश दिया—

''एक बड़ी सेना लेकर अघोर आथर्वण को घेरो और जंगल में आग लगा दो—उस दावानल में भूत-प्रेत तथा उनके स्वामी, सिद्ध, भार्गव जल मरेंगे···जो दावानल से बचकर बाहर आए उसे बंदी बना लो···किसी को मारना मत, उन्हें जीवित लाओ पर वे उत्पात करें तो उनकी कसकर पिटाई करना···प्राणघातक आक्रमण करें तो उनका वध कर सकते हो···शीघ्रता करो।''

रुद्रदत्त, प्रचंड, जयध्वज और अन्य झपटते हुए चले गए। राजा मौन हो गया। वह भयभीत था···प्रेतों से कैसे बचा जाए? विचक्षु ने उपाय बताया—

''अपने को अघोर मुनि का प्रतिद्वंद्वी और हमारा पक्षधर बनने वाला एक कापालिक पाशुपत सिद्ध जो अपने को 'कराल भैरव' कहता है, वह आ गया है···स्वयं वह राजप्रासाद को कीलित कर सकता है, कवचबद्ध,···अनुमति हो तो उसे यहाँ लाया जाए?''

''बुलाओ, अभी।''

कराल भैरव जटाजूट बिखेरे, नरकपालों की माला गले में बाँधे, बाएँ हाथ में रक्त भरा खप्पर लिये, दाएँ हाथ में एक लंबा त्रिशूल लिये, 'जय महाकाल, जय कपाली', बोलता हुआ प्रकट हुआ। उसने राजा को आशीर्वाद दिया। उसने कंधे पर पड़े झोले से मदिरा की बोतल निकाली, गट्-गट् पी गया···आँखें मिचमिचाईं और गर्जना की—''अघोर भार्गव! मैं तुझे चुनौती देता हूँ···तेरे भूत-प्रेतों को ललकारता हूँ···इस प्रासाद को कीलित किए देता हूँ। राजा, अरुणचूड़ (मुर्गा),

कच्ची मदिरा, कपोत, शूकर का ताजा मांस, मछली का मांस,चणक (चने) गिलहरी, मुग्गुल, शमीवृक्ष की शाखा, एक अजापुत्र (बकरा), शूकर जिस कीचड़ में रहते हैं, उसका एक सेर पंक, सर्प, बिच्छू, ततैया और गुबरैले, सड़ा हुआ चून, किसी अस्सी वर्ष की बुढ़िया के कुछ केश, लोहे की राख, अमरबेल के पत्ते, नौसादर, गोह की खाल, कर्मनाशा नदी का जल, हिंगलाज देवी पर चढ़ाए गए पानी का पात्र, श्रीलंका का रेशम का टुकड़ा, भूतदेश (तिब्बत) की मिट्टी, गर्दभी का मूत्र, उलूक की आँख, उड़द, पान का पत्ता, कोयले की राख, हाथी का मद, लोमड़ी की पूँछ के बाल, व्याघ्र की मूँछ, तेली की लाट से लिपटी चिकनाई, कौए की विष्टा, लकड़बग्घे की लार, अजगर की जीभ, और उष्ट्र का कान मँगवा दीजिए···और कोयल का कलेजा भी···जय कपाली।''

राजा और दरबारी उस संकटकाल में भी इतनी ज़ोर से हँसे कि वह कापालिक हतप्रभ हो गया। राजा ने आदेश दिया—

''इसे बंदी बना लो, यह अघोर वन का भेदिया हो सकता है!''

कराल भैरव को कारागार में डाल दिया गया।

17

जमदग्नि के आश्रम की परशुराम कुटीर में आगामी यात्रा तथा युद्ध की स्थिति पर विचार के हेतु लोमा, मणिप्रभा, चारुवल्लरी, चंद्रकलावती, मेधावी और राम के भाई बैठे थे। ज्येष्ठ भ्राता रुमण्ववान् ने अद्रि यादव, राजा अर्जुन द्वारा वध कर दिए गए संताप हैहय के युवापुत्र शत्रुघ्न यादव, चक्रधर आचार्य, मेघवज्र शर्याति, सुबल हैहय, शंकु हैहय, अनल आंगिरस, वैश्वानर, लोमा का भाई और राजा सुदास का पुत्र, आर्य वृक, मौरवी, शंबर, अचानक आश्रम में पधारे हुए ऋषि प्रचेतस्, सुषेण, वसु, विश्वावसु के अतिरिक्त भार्गव आश्रम के युद्धविद्याविभाग के आचार्य, चिकित्सा-विभाग के अध्यक्ष, रसायन शास्त्री आदि उपस्थित थे और सर्वाधिक महत्त्व की बात यह थी कि आश्रम की अन्नपूर्णा महामाता रेणुका भी विराजमान थीं। माता परशुराम के पीछे महिलाओं में थीं और रह-रहकर स्नेह से परशुराम की पीठ पर हाथ फेर रही थीं और राम की महायात्रा के प्रसंग के कारण उनके नेत्र छलक उठते थे किंतु वे छुपाकर आँसुओं को पोंछ लेती थीं। रुमण्ववान् ने सबका स्वागत किया और कहा—

''राम के यहाँ न रहने से आश्रम असुरक्षित हो जाएगा···प्रश्न यह है कि हम सब सरस्वती नदी के तट पर चले जाएँ या यह आश्रम चलता रहे, केवल भार्गव पलायन कर जाएँ?''

आचार्य चक्रधर बोले—''यह तो निश्चय है कि राम के यात्रा पर जाते ही

दुष्ट अर्जुन इस आश्रम को उजाड़ देगा···और माहिष्मती में उसने जो राजकीय आश्रम खोल लिया है, उसमें यहाँ के आचार्यों तथा शिक्षकों को वेतन पर नियुक्त करने का लालच देगा···पुनः वह अंगिरा आश्रम को ध्वस्त करेगा क्योंकि ऋषि अनल ने भार्गवों और अनार्यों में संधि कराई है···पुनः वह अवंती को रौंदता हुआ यमुना से सिंधु नद तक के आश्रमों का विनाश करेगा, अतएव वहाँ वसिष्ठ, विश्वामित्र, अंगिरा, अगस्त्य के आश्रम भी सुरक्षित नहीं हैं। इस कारण यहीं रहकर प्रतिरोध होना चाहिए।''

सुषेण भार्गव ने बताया—''चारों भाई राम की अनुपस्थिति में प्रतिरोध के लिए प्रस्तुत हैं किंतु सहस्रबाहु की असंख्य सेना का सामना करना कठिन है···हम रेणुका माता के इक्ष्वाकुराजा सुधन्वा के यहाँ जाकर रह सकते हैं···चक्रवर्ती मांधाता के प्रताप से तो कार्त्तवीर्य अर्जुन भी डरता है···वहाँ हम सुरक्षित रहकर नाना के सहयोग से सैन्यसंग्रह कर सकते हैं···और इक्ष्वाकुओं की एक गद्दी हिमाचल प्रदेश में भी है···वह निकटतर स्थल है···चक्रवर्ती मांधाता तो गांधार प्रदेश में राज्य करते हैं अतएव यह बताया जाए कि हम कहाँ जाएँ?''

ऋषि अनल आंगिरस की क्रोधाग्नि भड़क उठी वह उदात्त स्वर में कहने लगे—

''भार्गव यदि इस आश्रम से भागे···तो हम भी विंध्याचल के वनों, कंदराओं में पलायन कर जाएँ क्या? हमारे रक्षक हम स्वयं हैं और शंबर असुर हैं, जिस आश्रम को अर्जुन घेरे, वह दूसरे आश्रम को सूचना दे और प्रत्येक आश्रम को सैनिक स्कंधावार बना दिया जाए···यह तो युक्त है कि हमें परशुराम के लौटने तक अपने योद्धाओं को बचाना है जिससे राजधानी पर आक्रमण हो सके किंतु भागने से शक्ति-संग्रह नहीं हो पाएगा···जो दुर्बल होगा, उसी पर आक्रमण पहले होगा···मैं आंगिरस, अंगिरा आश्रम में ही रहूँगा और आक्रांता सहस्रबाहु का सामना करूँगा···और इसकी तैयारी अभी से होनी चाहिए··· ।''

'साधु-साधु' की ध्वनि हुई। प्रचेतस् ऋषि बोले—''मैं माहिष्मती से ही आ रहा हूँ···मुझसे रहा नहीं गया···ऋषि वही है जो संकट में तटस्थ न रहे···मैंने सुना है कि अर्जुन ने ऋषि अघोर आथर्वण के वन को जला दिया है और कई भार्गव साधकों को पकड़कर कारागार में डाल दिया है। अब अघोर वन का अस्तित्व ही नहीं रहा···पता नहीं अघोर मुनि बच गए या वह भी दावानल में भस्म हो गए?''

परशुराम ठठाकर हँसे···सब भौंचक्के रह गए। चक्रधर ने पूछा—

''चिरंजीव राम! तुम हँसे क्यों?''

''आप अघोर पितामह को नहीं जानते···वह तो साक्षात् रुद्र हैं···जंगल जल गया किंतु वह और उनके अधिकतर साधक, सिद्ध और उनके प्रेत-पिशाच सब सुरक्षित हैं···जो पकड़ गए हैं, उन्हें भी छुड़ा लिया जाएगा···आप आश्रमों की रक्षा पर ही ध्यान केंद्रित किए रहें!''

सभा में उत्साह का संचरण हुआ। ऋषि प्रचेतस् पुनः बोले—

"मेरी मति से तुरंत सारस्वत देश के ऋषियों को सूचना दी जाए...तो वे अविलंब रक्षा के उपाय करेंगे...वे एकत्र होकर भी कार्त्तवीर्य अर्जुन से भिड़ सकते हैं...सहस्रबाहु की सेना जितनी दूर जाएगी, उसकी संख्या कम होती जाएगी क्योंकि अबकी बार पग-पग पर प्रतिरोध होगा और पीछे से जनसाधारण भी टूट पड़ेंगे क्योंकि माहिष्मती का राजा भार्गवों का ही नहीं, वह तो जनशत्रु भी है...उसकी सेना रसद लेकर नहीं चलती...वह कृषकों को लूटती है और श्रमिकों को विवश कर उनसे सेवा लेती है...इस कारण अर्जुन की दिग्विजय उसे महँगी पड़ेगी।"

राम का भाई वसु बोला—"यह तो शुभ समाचार है...राम का विचार है कि आश्रम जिस क्षेत्र में हो, उसके आसपास के ग्रामीण जनगण को, प्रत्येक ग्राम में युद्ध-विद्या विशारदों को भेजकर प्रशिक्षित किया जाए और इस उत्तम विचार को कार्य रूप में परिणत करने के लिए हमने सहस्रों युद्धक छात्रों और शिक्षकों को भेज दिया है...वे रात-दिन ग्रामीणों को अस्त्र-शस्त्र चलाना सिखा रहे हैं...इसी प्रकार अन्य आश्रम भी करें। नर्मदा से सिंधु तक महाजनगण प्रतिरोध करें तो राजा अर्जुन की सेना काट डाली जाएगी, यह निश्चित है।"

जामदग्नेय विश्वावसु ने भी इस तथ्य का समर्थन किया। उसने कहा—

"इस भार्गव आश्रम को स्कंधावार का रूप दिया जा रहा है। झोंपड़ियों के स्थान पर अब मिट्टी और पत्थर के कुटज बनाए जा रहे हैं और कंदराओं, गुफाओं में अस्त्र-शस्त्र एकत्र किए जा रहे हैं...यहाँ से माहिष्मती तक कूटविद्या के स्नातक और अन्य जनों को नियुक्त कर दिया गया है...राजा के सैन्य-अभियान का समाचार मिलते ही लक्ष-लक्ष जनगण रात्रि में, दिन में, जैसा अवसर होगा, सेना को क्षति पहुँचाएँगे...सेना को भी विश्राम करना पड़ता है किंतु जनगण तो असंख्य हैं...वे बारी-बारी से प्रत्याक्रमण करेंगे...प्रिय राम का मंत्र है कि आततायी जब धर्मयुद्ध नहीं करता तब उसके विरुद्ध हमें भी गुरिल्लों-चिम्पांजियों, शार्दूलों और व्याघ्रों की भाँति छिपकर आक्रमण करना चाहिए...वे ग्रामों को जलाते हैं तो हम भी उनके शिविर जला सकते हैं और राम ने दूर तक जाने वाले अग्निबाणों को ग्राम-ग्राम में बनाने के लिए लौहकारों को प्रशिक्षण का प्रबंध कर दिया है...गाँव-गाँव में अहर्निश भट्ठियाँ दहक रही हैं और निहाई पर तप्त लोहे पर घन चल रहे हैं...जंगलों से बाँस काटे जा रहे हैं, धनुष बन रहे हैं, बाण, कृपाण, कुंत, गदा—जनसमूह में उत्साह है...वे 'जय परशुराम' का नारा लगाते हैं और शत्रु पर प्रहार करने के लिए उत्सुक हैं...अब जनता गाय नहीं हैं जिसे कोई भी काट डाले...धेनुरूप जनता अब सिंह हो गई है...प्रिय राम नहीं रहेंगे किंतु उनका नाम ही पर्याप्त है...अतएव आश्रम छोड़ने का प्रश्न ही नहीं है, प्रश्न तो अधिकाधिक प्रयत्नों का है...राम...की अनुपस्थिति में हम चारों भाई इस धर्म-युद्ध में प्राणाहुति देने के लिए प्रस्तुत हैं।"

'साधु-साधु' की ध्वनि उठी। विश्वावसु की प्रशंसा की गई।

''भाई विश्वावसु, नारियों की सेना नहीं बनेगी?''—परशुराम ने हँसकर पूछा।

रुमण्ववान् ने उत्तर दिया—

''यह भी हो रहा है किंतु कलावती, चारुवल्लरी, लोमा और मणिप्रभा तटस्थ हैं···उनकी कोई और योजना है जिसे वह बताती नहीं हैं, क्यों मणिप्रभा?''

मणि ने कहा—''हम समय पर अपना भेद प्रकट करेंगी···यह हमारा रहस्य है···ग्राम-ग्राम में रेणुका माई के नाम पर युवतियाँ अस्त्र-शस्त्र चलाना सीख रही हैं···कन्याएँ और वृद्धाएँ गृह-संचालन करेंगी, भोजन बनाएँगी और युवतियाँ लड़ेंगी···वे रेणुका माई का नाम लेते ही आवेश में आ जाती हैं···कुछ पर तो माता रेणुका का भूत भी छा जाता है···जो पुरुष उन्हें लड़ाई से रोकते हैं, उन्हें वे रेणुका माई की शपथ देकर उनका मुँह बंद कर देती हैं···कृषिकार्य, शिल्प, व्यवसाय भी हो रहा है और युद्ध का अभ्यास भी···और तो और, अपराधी, चोर, दस्यु और लुटेरे भी जननायक बने गर्व से मूँछों पर ताव देते डोल रहे हैं, उन बेचारों को प्रथम बार आदर और अपनत्व मिल रहा है···असुर नमुचि ने नारी सेना बनाई थी, वह अभी भी है। नमुचि की प्रशिक्षित नारियाँ ग्रामों में महिलाओं को विष-बुझे बाण चलाना सिखा रही हैं।''

पुनः 'साधु-साधु' का नाद हुआ।

विदर्भ के अद्रि यादव ने कहा—

''एक न्यूनता है, हमारे भेद देवापि जैसा भेदिया शत्रु को दे आता है किंतु हमें कुछ पता नहीं कि अर्जुन की आक्रमण-योजना क्या है और राजा के समर्थक कौन-कौन हैं···यह पता चल जाता तो उन्हें समझाकर अर्जुन के पक्ष से विरत किया जा सकता था···हमारा भेदबल अल्प है···इस विषय में कुछ करणीय है।''

तभी एक पुरुष और एक युवती युद्धपरिषद् में अचानक प्रकट हुए। स्त्री धोती पर काला चद्दरा ओढ़े हुए थी, पुरुष भी और वे दोनों सिर भी ढँके हुए थे, केवल देखने के लिए जरा-सा भाग खुला था जिसे वे दोनों पकड़े हुए थे। दोनों ने सिर झुकाया और बिना कुछ कहे भूर्जपत्रों का एक बंडल राम के आगे धीरे से फेंक दिया। इसमें एक अशिष्टता थी। रुमण्ववान् गरजे—

''यह क्या अभद्रता है···तुम दूत हो या भेदिया···इस प्रकार रहस्य पत्र फेंके जाते हैं क्या?''

''ज्येष्ठ भ्राता, भूत शिष्टाचार नहीं जानते।''

''तो क्या ये भूत हैं?''—भाई ने पूछा।

''कौन जाने?···हमें तो आलेखों से तात्पर्य है···वे ये रहे···शंख, शाल्मली, अब तुम जाओ···विश्राम करो···तुम चाहो तो युद्धपरिषद् का संक्षेप में मनोरंजन कर सकते हो!''

वे दोनों प्रसन्न हो गए। दोनों ने आकार बढ़ाना शुरू कर दिया···छत तक

उनके सिर जा लगे···फिर वे मिमियाते स्वरों में कोई गीत गाने और नाचने लगे···उनके पैरों से घुँघुरू की ध्वनि आने लगी और वे लय का निर्वाह करते हुए मग्न हो गए।

सभा आश्चर्य से जड़ीभूत थी और महिलाएँ चित्रवत् यह तमाशा देख रही थीं···वे परशुराम से पूछने लगीं, पर राम सिर्फ़ मुस्कराते रहे···उत्सुकता के मारे शंकु हैहय से नहीं रहा गया। उसने झपटकर दोनों को पकड़ना चाहा किंतु वे दोनों अदृश्य हो गए···परिषद् के लोग अचंभे में पड़ गए···तब राम ने उन्हें जाने को कहा···वे क्षण-भर को प्रकट हुए और पुनः अदृश्य हो गए। अबकी बार सभा में अट्टहास हुआ। सब राम से रहस्य पूछते रहे किंतु वह हँसकर टाल गए।

काफी समय तक परशुराम स्वयं ग्रामों में घूमे। उनके साथ मेधावी, कलावती, मौरवी, मणिप्रभा, चारुवल्लरी, वृक, अद्रि और अन्य लोग थे। राम जिस ग्राम में जाते, उसमें शोर मच जाता और जो जहाँ होता, समाचार पाकर दर्शनों को भागता···सशस्त्र ग्रामीण युवक राम की टोली को अपने युद्ध के करतब दिखाते, अस्त्र-शस्त्रों का प्रदर्शन करते। राम उन्हें शरसंधान और लक्ष्यभेद बताते और स्वयं लड़ाई के गुर समझाते···गाँव समग्रतः अभावग्रस्त थे किंतु भूख भगाने के लिए वन, कृषि, पशुपालन, शिल्प और आखेट से काम चल जाता था···ग्रामीणों में कलह भी बहुत था···वे नन्ही बातों पर मारपीट कर बैठते किंतु पंचायत के निर्णय मान लेते थे···राजा अर्जुन के सैनिक गाँव वालों को युद्ध-शिक्षा देने के विरोधी थे। जब वे आते तो युवकों को पकड़ ले जाते और बलात् कर वसूलते, स्त्रियों पर अत्याचार करते, मारते-पीटते और राज-आतंक फैलाते किंतु अब परशुराम ने ग्राम-ग्राम में रक्षकगुल्म तैयार करवा दिए थे···राजा के सैनिक आते तो वे रक्षकदल के सदस्य आगे बढ़कर चुनौती देते और राज्य-सैनिकों को दुम दबाकर प्राण बचाने पड़ते···जब बड़ी सेना आती तब ग्रामीण युवाजन अरण्य में छिप जाते और रात्रि में अग्निबाणों से सेना के शिविर जला देते, मार-काट करते। दस मरते तो सौ सामने आ जाते···अब जन पर खून सवार हो गया था और आत्म-गौरव के लिए प्राण देने का साहस उनमें आ गया था···जो ग़द्दारी करते, राजा के सरदारों को भेद देते, उन्हें वे समझाते, न मानने पर उन्हें पंचायत दंडित करती। वे गाँवों से बाहर कर दिए जाते और उनको जातिजमात से बहिष्कृत कर दिया जाता···इस प्रक्रिया में बाधाएँ भी आतीं पर ग्रामीण वृद्ध उन्हें दूर कराते और पूरे ग्राम को संगठित रखते···राम संतुष्ट हुए।

राम प्रत्येक ग्राम में एक रात अवश्य रुकते और युवकों को रात्रि में शब्दवेध सिखाते···द्वंद्व-युद्ध का अभ्यास कराते···वह ललकारते कि उन पर सामूहिक आक्रमण करो और चारों ओर से घिरे राम परशु, असि, गदा, कृपाण के चहुँमुखी वार कर किस तरह व्यूहभेद कर सुरक्षित निकला जाता है, यह बताते।

मणिप्रभा, मौरवी, कलावती आदि युवतियों को युद्ध-विद्या का अभ्यास करातीं ।

राम कहते कि प्रत्येक रणकर्त्ता को गाय पालनी चाहिए, भैंस, बकरी और अश्व…सब मिलकर जब कृषिकार्य करो या पशुचारण, तो वहाँ यथाअवसर युद्ध का अभ्यास करो…इस मंत्र से हुआ यह कि पशु चराने वालों ने, कृषकों ने खेतों और घास के मैदानों को भी लड़ाई के अखाड़ों में बदल दिया। दूध, फल और वन की आखेट से गाँव के लड़के तगड़े होने लगे।

राम का आदेश था कि प्रत्येक कृषक योद्धा बने, प्रत्येक श्रमिक सशस्त्र हो…लोहे की कमी हो तो जमदग्नि आश्रम से ले आओ और लौहकार अस्त्र तैयार करें…ग्रामीण शूरवीरों को आर्थिक सहायता का भी प्रबंध किया जाना था । वह भी किया गया…यह निश्चय हुआ कि अब आगे से आश्रम भेंट में ग्रामीणों से कोई वस्तु नहीं लेगा। दूध, अन्न, वस्त्र जो भी वस्तु आश्रम में आएगी उसका मूल्य मिलेगा और जो किशोर, बालक या युवाजन आश्रम में पढ़ना चाहेंगे उन्हें शिक्षा दी जाएगी…राम ने तो यह भी निर्णय किया कि आश्रम का एक-एक शिक्षक प्रत्येक ग्राम में स्थायी रूप से रहे…इस प्रकार प्रत्येक ग्राम में लघु आश्रम बना दिए गए।

राम टोली सहित मेधावी के ग्राम में रुके। वह ग्राम माहिष्मती से बहुत दूर नहीं था। दिन-भर जनशिक्षण के पश्चात् राम ने विश्राम के लिए यज्ञालय का स्थान चुना जो अच्छा-खासा था। उसमें पत्थर के बने कक्ष थे जिनमें वे सब टिक गए। मंदिर के पास कूप होता ही है सो जल की समस्या भी सुलझ गई…वर्षा ऋतु में गर्मी कम हो गई किंतु दिन में, रात में उमस होती थी…राम रोकने पर भी कक्ष में नहीं सोए…। शिवालय के प्रशस्त चबूतरे पर उन्होंने चटाई बिछाई और ध्यान करने में लीन हो गए…यह देखकर महिलाओं और पुरुषों ने भी मस्त पुरवाई की लहर लेने के लिए राम को घेर कर चटाइयाँ डाल लीं और बतियाने लगे, ऊँघने लगे, सोने लगे। उनकी रक्षा के लिए मंदिर के बाहर घेरा बनाकर ग्रामरक्षक दल सावधान थे। राम ही त्राता हैं, शक्ति के केंद्र, प्रेरक और पराक्रमी…उन्हीं की अद्‌भुत वीरता, साहस और शौर्य का आतंक है…वे दिन-भर के हारे-थके आराम से शयन करें, यह दायित्व रक्षकगुल्म का था…मेघवज्र शर्याति के नेतृत्व में राम का दल चौकस था।

राम की समाधि टूटी…सबने उन्हें घेर लिया। भोजन और विनोद की वार्त्ता चलती रही। तब मणिप्रभा ने अचानक पूछा—

''राम ! आप तो सामान्य स्तर पर आते ही नहीं, बड़े कठोर परीक्षक हैं…हम कब से आपके साथ आतपताप, वर्षा और उमस सह रहे हैं किंतु आप देवताओं के साथ बुदबुदाते रहते हैं, हमारी प्रशंसा तक नहीं करते…बहुत निष्ठुर हैं आप…नहीं!''

परशुराम हँसे, फिर कहने लगे—

''मणि, तुम स्वयं जानती हो, तुमसे तो मेरा विशेष हृदयसंवाद होता रहता

है···लोमा से, वल्लरी से, कलावती से, सबसे, फिर ऊपरी प्रशंसा से क्या प्रयोजन···और सुनो···हम सब, प्रजापति कश्यप की पत्नी दिति के पुत्र हैं—आदित्य हमारे आदर्श हैं और वे चुपचाप स्वकर्म में लगे रहते हैं···उन तक कोई पहुँच नहीं सकता···उनके निकट कोई जाए तो भस्म हो जाएगा···और आदित्य, वरुण, द्यावापृथिवी, पंचमहाभूत, वृक्ष, पशु-पक्षी सब कर्त्तव्यरत हैं···किसी को प्रशंसा की अपेक्षा नहीं···यह मनुष्य ही ऐसा जीव है जो अहंकारी है, प्रशस्ति चाहता है···वस्तुतः वह शिशुवत् है, यह मनुष्य—सब उसकी चिंता करें, दुलारें और उसकी सेवा करें, उसका हठ रखें···यही न ? तुम प्रकृति की भाँति क्यों अपना कार्य नहीं करतीं··· ? सदा मेरा ध्यान···क्यों··· ? यदि आदित्य, मेघ, संवत्सर, समुद्र, ऋतुएँ तुम्हारी भाँति मनचली हो जाएँ तो यह सृष्टि ही समाप्त हो जाए···तुम तो मणिप्रभा हो, बस दमकती रहो और हम निश्चय ही तुम्हें देख रहे हैं, प्रिय लगता है कि तुम चहक रही हो···किंतु तुम अपनी भूमिका भूल जाती हो।''

''नहीं, नहीं, नहीं···आप जो कह रहे हैं, अर्धसत्य है···वेद कभी असत्य नहीं हो सकते और उनमें प्रत्येक देवता की देवी है···आदित्य की भी शक्ति है···अग्नि, वरुण, इंद्र की भी···आप इंद्रवत् क्यों नहीं जीते?''

राम चुप हो गए जैसे वह अपने दूरसंवेदन से किसी घटना की टोह ले रहे हों। मणि को अवसर मिला। उसने राम के मस्तक पर हाथ रखा, वह दहक रहा था, जैसे सूर्य जल रहा हो···मणिप्रभा चिंतित हुई···उसने धीरे-धीरे मस्तक दबाना शुरू कर दिया और संकेत कर सखियों को बुलाया···वे आकर राम के आसपास जुट गईं। राम ने कुछ क्षण पश्चात् गहरी साँस ली···उन्होंने मणि का हाथ हल्के से हटा दिया और पैर दबातीं, कलावती तथा वल्लरी को रोक दिया, केवल लोमा आत्मस्थ थी।

''ऋषि लोमहर्षिणी! कुछ देखा तुमने?''

''हाँ···आपने स्वयं देख लिया है, अब आज सोना नहीं है पर और सब सोएँ, हम पर्याप्त हैं···और आप भी सो लें कुछ क्षण, अभी एक प्रहर का समय है···आप बातें न करें···मणिप्रभा, तुम भी वाद-विवाद बंद करो···एक प्रहर गंभीर निद्रा ले लो···फिर···।''

''फिर क्या? कुछ होने वाला है क्या?''

''अदृष्ट का क्या पता? और जो देवता हैं, वे कभी सोते नहीं···वे सब देखते रहते हैं और हस्तक्षेप भी करते हैं···स्वयं नहीं, किसी को माध्यम बनाकर···राम ही देवियों-देवताओं के माध्यम हैं···राम! आप सो जाएँ··· ।''

मणि ने सोचा, आश्चर्य है! आज इस भोली-भाली, मौन धरकर मर्म की ज्ञाता ऋषि लोमा को क्या हो गया?···इतना बोल गई···यह राममय है···उसकी और राम की चेतना सहयात्रा करती है क्या? यह भी परोक्ष शक्तियों से बुदबुदाती रहती है···इन दोनों अभिन्नों ने क्या देखा है?

मणिप्रभा, कलावती, वल्लरी ने पृथक् होकर परामर्श किया। वे तीनों चकित थीं···इस लोमहर्षिणी का रहस्य आज समझ में आया···यह तो राम का ही स्त्रीस्वरूप है और राम, लोमा का पुरुषस्वरूप···यही प्रेम का सर्वोच्च शिखर है, क्या गहराई है। क्या अद्वैत है···जैसे यह जो प्रतीयमान भौतिक संसार है, उसके तल में ये दोनों आसीन हों और सृष्टि को ही चला रहे हों किंतु ये प्रकृति को होने देते हैं, घटने देते हैं···अतएव प्रकृति इन्हें पूर्वाभास दे देती है···अभी इन दोनों ने कोई घटनीय घटना देखी है···तीनों ने विस्मय से देखा कि राम और लोमा गहरी नींद में डूब गए हैं, बच्चों की तरह पूर्ण निश्चिंत, निर्भय और निर्द्वंद्व।

तीनों ने यह भी भाँपा था कि लोमा ने सोने के पूर्व परशुराम के अस्त्र-शस्त्र, कवच और शिरस्त्राण, धनुष और बाणों का कोष उनके अति निकट रख दिए हैं और परशु तो सोते समय भी उनके हाथ में रहता था। यह स्पष्ट है कि एक प्रहर पश्चात् कुछ घटने जा रहा है, पर क्या, यह अज्ञात है। मणिप्रभा ने तत्काल निर्णय लिया··· ।

''वल्लरी, कला सुनो—राम निद्रा से शक्ति अर्जन करें किंतु वे तो देवी-देवता से हैं, हम तीनों साधारण हैं तथापि कुछ रातों न सोने पर भी हम कर्तव्य करते रह सकते हैं···पुनः हम दिन में सो लेंगे···कला, तुम चुपचाप जाओ और मेधावी, अद्रि, वृक आदि को जगा लाओ !''

''जो आज्ञा राजकुमारी जी!''

मणि ने उसे डाँटा—

''सावधान, मुझे राजकुमारी होने का परिज्ञान मत कराना बहिन···मैं उस अहंकार को तिल-तिल काट रही हूँ अपने राम के लिए किंतु वह वर्गीय-अहम् जाता ही नहीं है, तथापि चंद्रकला, तुम मुझे बहिन ही कहा करो··· ।''

''जो आज्ञा भगिनी!''

तीनों विहँस पड़ीं। चंद्रकला चली गई। मणिप्रभा वल्लरी को लेकर मंदिर के गर्भगृह में जाकर प्रतीक्षा करने लगी। पुनः अंधकार में मेधावी, मेघवज्र, वृक आदि की आहट पाकर वे दोनों चुपचाप मंदिर के बाहर हो गईं। प्रहरी सतर्क थे किंतु चारों ओर सन्नाटा छाया हुआ था। किसी आशंका में घना अँधेरा सजीव-सा प्रतीत होने लगता है और भय की फुरहरी उठती है···केवल नक्षत्र चमकते हैं किंतु वे जड़ देवता से हैं, बोलते कुछ नहीं, अपितु वे सन्नाटे को बढ़ा देते हैं···अतिकल्पना जाग्रत कर देते हैं ये तारे और मन में भयंकर आकृतियाँ बनने लगती हैं···हवा का स्पर्श आगत भय की वेला में भेदिए की छुअन जैसा लगता है या लंबे-लंबे सर्पों का लिपटाव···मणिप्रभा ने डर का कंपन अनुभव किया। पुनः उसने मेधावी, मेघवज्र, वृक आदि को सब समझाया और कहा कि चुने हुए योद्धाओं को जगाकर सुरक्षा का घेरा दृढ़ करें और तुम सब जो नायक हो, इसी क्षण शत्रु की टोह लेने के लिए आसपास फैल जाओ···वह धूर्त्त हत्यारा राजा अर्जुन मूर्ख नहीं है जो अपनी

प्रजा में राम की उपस्थिति को सह लेगा···यह तो उसके लिए बढ़िया अवसर है···आश्रम पर आक्रमण में तो उसकी सेना की हानि होगी···यहाँ तो अल्प बल ही हमारे पास है···लोमा और राम को एक साथ आक्रमण का आभास मिला है और वे आक्रांताओं के आने की अवधि में सो रहे हैं··· ।''

मेघवज्र, मेधावी और अन्य आश्रम के नायक सन्न रह गए। अद्रि यादव ने कहा, ''सारे गाँव को जगा दिया जाए···ढोल बजाकर अन्य ग्रामों को सतर्क कर दिया जाए···तो कैसा रहे···? आश्रम समाचार भेज दिया जाए?''

''नहीं, हमें परशुराम पर घोर विश्वास है···किसकी शक्ति है उन्हें पराभूत करने की? किंतु शत्रु को रात के अंधकार का लाभ मिल सकता है, अतएव तुम राम पर भरोसा रखो और सुरक्षा का घेरा दृढ़ कर चुपचाप शत्रु की आहटें लो···वे अधिक संख्या में वधिकवत् आकर हमारी हत्या करना चाहते होंगे···वे जानते हैं कि राम इस उमस और ताप में दिन-भर परिश्रम करता है, निद्राधीन हो जाएगा···तब वे मार सकेंगे।''

सब कर्तव्य-पथ पर आरूढ़ हो गए। मणिप्रभा, वल्लरी, मौरवी और कलावती सशस्त्र होकर मंदिर के बाहर प्रहरी शूरवीरों को सावधान कर मंदिर की प्रदक्षिणा करने लगीं···उन्होंने आज प्रेमजन्य दो आत्माओं की परिपूर्ण एकता का साक्षात्कार कर लिया था और उनके भावजगत् में मूल परिवर्तन हो रहा था···किसी को आसपास न पाकर वल्लरी ने मणिप्रभा से फुसफुसाकर कहा—

''मणि! हम तो लोमा से हार गए···नहीं?''

''चारु! यह कितनी स्पृहणीय पराजय है! हमारी वासनाएँ, तृप्ति की इच्छाएँ और संवेग लौकिक प्रेम के लिए तो ठीक हैं किंतु प्रेम ऐसा भी होता है जिसमें बिना वासनातृप्ति के स्त्री-पुरुष का प्रेमीयुगल, निम्न धरातलों को सर्वोच्च चेतना-स्तर में लय कर दें···जागतिक रूप का आकर्षण, इच्छा की उछालें और भोग की मधुर लालसाएँ हमें मोहकता देती हैं। पुरुष उन्हीं से खिंचता है, ये नारी की चुंबकें हैं किंतु ऐसा पुरुष प्रेमी भी हो सकता है जो नारी को शिशुवत् स्नेह करता हुआ भी, उसके रूप और गुणों से प्रभावित होकर भी उसे आत्मवत् बना ले···राम और लोमा की पृष्ठभूमि एक है···वे देवत्व को स्वलीन कर चुके हैं···और तादात्म्य की लंबी साधना से वे जुड़वाँ बच्चों से एक साथ चित्विलास करते रहते हैं···वे शरीर से पृथक् हैं किन्तु उनके अंतःकरण एक हो गए हैं···और हम राम को प्रभावित करने में लगे रहे···यदि हम लोमा का अनुसरण करें तो हम भी राम के साथ अद्वैत स्थापित कर सकते हैं, वही करेंगे, करके दिखा देंगे!''

''किंतु मणि! मैं तो विद्वान् नहीं, ऋषि नहीं···किंतु मेरी समझ में नहीं आता कि यह राम प्राकृतिक को पवित्र, दिव्य, अलौकिक क्यों नहीं मानता?···सारे ऋषि निःसर्ग को दिव्य मानते हैं अन्यथा वे विवाह क्यों करते···पुराकाल में तो विवाह भी बहुप्रचलित नहीं थे···जब जिस पर मन आ जाए, सहवास हो जाता था···तब कोई

आपत्ति नहीं करता था···स्वेच्छा ही तब प्रतिमान थी···सामाजिक मर्यादा यही थी कि किसी के साथ बलात् संबंध न स्थापित किया जाए···पर यह राम प्रकृति को बिना संतुष्ट किए उसका रूपांतरण चाहता है···यह निःसर्ग विरोधी मत है और अखंड ब्रह्मचर्य महायुद्ध की चुनौती का परिणाम है··· ।''

चंद्रकला ने कहा—''नहीं वल्लरी, यह असत्य है···चेतना की ऊँचाइयों का कोई अंत नहीं है और राम उच्चतम स्तर पर ही जी सकता है— वल्लरी, तुम समझती हो या विनोद में कहती हो कि राम में पुरुषत्व की मात्रा कम है···उसे प्रकृति से वासना अल्पमात्रा में मिली है। नहीं वल्लरी, राम पूर्ण पुरुष है, पुरुषोत्तम है···किंतु वह अन्य ऋषियों का अनुकरण क्यों करे?···किसी व्यक्ति के सम्मुख इतनी महान् चिंता और चुनौती आई ही नहीं, केवल विश्वामित्र अपवाद हैं क्योंकि उन्होंने एकाकी ही, ब्राह्मण पौरोहित्य को चुनौती दी थी···वसिष्ठ ऋषि ब्राह्मण श्रेष्ठता के प्रतिपादक हैं ···अभी भी हैं···किंतु विश्वामित्र ने तपस्या से, आत्मनिग्रह और संयम से प्रकृति के नियमों का अतिक्रमण किया और ब्रह्मा और वसिष्ठ के सम्मुख समानांतर सृष्टि रची जो एक असंभव कार्य था···निःसर्ग के नियम भी टूट गए और विश्वामित्र को देवताओं ने मनाया था कि वह अपनी सृष्टि को नष्ट कर दें अन्यथा ब्रह्मा की सृष्टि उपहास का विषय बन जाएगी, तब विश्वामित्र को ब्रह्मर्षि मानना पड़ा।''

''तथापि चंद्रकला, विश्वामित्र ने तपस्या के बीच-बीच नारी के सौंदर्य से प्रभावित होने की मानवता भी दिखाई···उन्होंने शंबर की पुत्री के प्रेम को स्वीकार किया···पुत्र उत्पन्न किया···पुनः मेनका का प्रणय निवेदन माना, पुनः ययाति की पुत्री माधवी के साथ सहवास किया···वह युद्ध में भी लड़े और दाशराज्ञ युद्ध में आहत भी हुए किंतु उन्होंने वसिष्ठ के अहम् और उच्चता को स्वीकार नहीं किया··· विश्वामित्र के सम्मुख चैतन्य की चरम सीमा तक पहुँच की परीक्षा थी···दाशराज्ञ युद्ध हैहय-भार्गव महायुद्ध के सम्मुख कुछ भी नहीं था···यह सहस्रबाहु के विरुद्ध महायुद्ध संपूर्ण महाद्वीप का युद्ध होगा···दूसरे जो विषयबिंदु हैं, वे भी अद्वितीय हैं···यह मानवता और दानवता का द्वंद्व है, सभ्यता और बर्बरता का, अहम् और नम्रता का, अशिष्टता और शिष्टता का···अतएव वल्लरी, इस महाभार के संवाहक राम को लगता है कि शक्ति का मधुर लीला में अपव्यय अप्रासंगिक है, कर्तव्य विरोधी कृत्य है···राम व्यक्तिगत प्रेम के स्थान पर महाजन करुणा के द्वंद्व में जन और मानव-सभ्यता का पक्ष लेंगे, अतः उन्हें हम अपने सुख के लिए क्यों पथभ्रष्ट करें···उनके महान् व्रत की पूर्ति में अपने को मिटाकर राम की स्मृति में, इतिहास और पुराण में नक्षत्र बनकर क्यों न चमकें?···राम का कार्य विश्व का कार्य है और यह शरीर क्षण-भंगुर है, यह रूप-रंग, यह सब क्षणिक है···स्थायी तो मानव-धर्म है, जनरक्षा और उसका कल्याण, उसका अभ्युदय ही धर्म का लक्षण है!''

''किंतु मणिप्रभा देवी, तुममें राजस् गुण है···तुम्हारा स्वभाव तेजस्वी है, तुममें

अधिकार जमाने की प्रवृत्ति है···तुम लोमहर्षिणी की भाँति निस्पृह होने का हठ कर सकती हो···लोमा के प्रति तुममें स्पर्धा का भाव तो है ही···वह तुम्हें सूक्ष्म स्तर पर व्यापक बना सकता है किंतु स्मरण रखना···अंततः तुम्हारी संरचना भिन्न है···तुम सदा के लिए मन को मार नहीं सकतीं।''

मणिप्रभा हँसी, कहा—

''चारुवल्लरी···तू शुद्ध प्रकृति है···मैं सत्वप्रधान नहीं, राजसप्रधान हूँ···यह तो सच है···किंतु विश्वामित्र राजसप्रधान थे, वे ब्रह्मर्षि हो गए और राम की भाँति वे सदा तुरीय अवस्था में रहते हैं···वे कई बार नीचे गिरे किंतु तप से पुनः चरम अवस्था में जा पहुँचे···राम ही मेरी गति है, गंतव्य है···मुझे अन्य कोई पुरुष जँचता ही नहीं है किंतु मेरे भाग्य में लोपामुद्रा बनना संभव नहीं प्रतीत होता, जिसे अगस्त्य ने वरा था···राम मेरा या चंद्रकला का या तुम्हारा वरण नहीं करना चाहता, न लोमा का···किंतु हम किरणों की तरह अपने सूर्य राम में क्यों नहीं रह सकतीं?···मुझे लगता है वल्लरी···इस ग्रामसेवा से राम हमें महायात्रा में साथ ले जाएगा, क्योंकि हम पुरुषों से अधिक कष्टसहिष्णु हैं और राम की सेवा कर सकती हैं, उसकी रक्षा कर सकती हैं··· ।''

''यह तो सत्य है, मणि···किंतु मैं आप लोगों के साथ में, आपके संदर्भ में, राम के प्रसंग में कपाट के चूल की तरह ठीक बैठती नहीं···मुझे लगता है, मैं राम के योग्य नहीं हूँ, मुझमें पापबोध बना रहता है···मैं··· ।''

''अरी! तू राम को सुनती नहीं क्या, वह कहते हैं कि महान् संकल्प से, विगत गल जाता है···और यह जो हममें चेतना है, यह अग्नि है। यह सब ग्लानि गला देती है···और याद रख, तुझमें जो मादकता है वह अन्य किसी में नहीं है···उसे बनाए रख और इस महायज्ञ में आहुति देती रह।''

वल्लरी हँसने लगी, हँसती रही, पुनः अपने से ही बतियाने लगी—

''क्या विचित्र स्थिति है···क्या मृगमरीचिका है···प्यास बढ़ रही है और सामने राम, सरोवर-सा लहरा रहा है किंतु पास जाओ तो वहाँ एक कुठार है···उस फरसे से अपना कंठ रेतो···या किसी और का सिर काट डालो···मणि, हम एक अस्त्र से आसक्ति कर बैठे···यह राम मनुष्य ही नहीं है, यह तो एक आयुध है ।''

और यह कहकर वल्लरी धीमे-धीमे खिलखिलाती रही···पुनः वह अचानक चुप हो गई···किसी के पैरों की आहट हुई···वल्लरी ने मणि का हाथ दबाया···दोनों सतर्क हो गईं···मणि ने पूछा—

''शब्दवेध का अच्छा अवसर है···बाण चला दूँ?''

''नहीं···हमें इस व्यक्ति का पीछा करना है···लो, वह काला लबादा ओढ़े हुए है, पर सौभाग्यवश, आकाश पर बादल नहीं हैं···साफ दिख रहा है···चलो, वह आगे बढ़ गया। चलो, पर शब्द न हो···और वह मुड़े तो शब्दवेध अवश्य करना···आगे बढ़ो।''

वह व्यक्ति शत्रु पक्ष का है, यह तो उसकी गति से ही प्रकट था···स्वपक्ष का होता तो मेधावी, वृक, अद्रि, मेघ शर्याति का घेरा क्यों बचाता···और वे तथाकथित नायक क्या कर रहे हैं?

फुसफुसाकर वल्लरी ने पूछा कि क्या वह जाकर लोमा और राम को जगा दे किंतु मणि ने मना कर दिया। वह जानती थी कि वे शिशुयुग्म, वे जुड़वाँ बच्चे स्वयं जग जाएँगे···किंतु यह व्यक्ति निकट जाकर किसी अचेत करने वाली ओषधि का प्रयोग कर सकता है अथवा कोई त्वचा जला देने वाला विष (तेजाब) द्रव्य फेंककर भाग सकता है···किंतु मेरे धनुष पर बाण है और मेरा लक्ष्य अचूक है···इसे बढ़ने दो, देखा जाएगा।

काले आवरण में लिपटा वह व्यक्ति इधर-उधर देखता हुआ चलता गया··· हवा ज़ोर से चल रही थी अतएव पीछे मणि और चारु की फुसफुसाहट उसे सुनाई नहीं पड़ी, न पैरों की ध्वनि···उसे शीघ्रता भी थी···मंदिर के बाहर के प्रहरी सतर्क थे किंतु उस व्यक्ति ने उन प्रहरियों पर कोई वस्तु···कोई चूर्ण-सा फेंका···दो क्षणों में प्रहरी जहाँ खड़े थे, लंबलेट हो गए···कोई शब्द नहीं हुआ···एक हल्की ठस-सी हुई जो हवा के झकोरे में समा गई···वह व्यक्ति आगे बढ़ा···मंदिर के चौड़े चबूतरे पर लोगों से घिरे हुए राम सो रहे थे···पास ही लोमा पृथक् चटाई पर थी···मणिप्रभा और वल्लरी उस व्यक्ति से दस हाथ पीछे शरसंधान किए छायावत् डटी हुई थीं। जैसे ही उस व्यक्ति ने बेहोश कर देने वाले चूर्ण को निकालने के लिए जेब में हाथ डाला, दो बाण छूटे और गच्च की ध्वनि से उस व्यक्ति की पीठ में प्रविष्ट हो गए···एक चीत्कार हुआ और वह व्यक्ति गिर पड़ा···तब तक वल्लरी ने कटार फेंककर उसे और अधिक घायल कर दिया···वह पुनः चीखा···परशुराम चौंककर उठे, लोमा भी···राम ने उस व्यक्ति के सिर पर मुष्टि-प्रहार किया। वह गुड़ीमुड़ी होकर पुनः चिल्लाया। पीड़ा से वह ऐंठ रहा था···उसने कटार खींचकर घाव पर हाथ रखा किंतु रक्त बह रहा था और पीठ में दो बाण घुसे हुए थे। उन्हें निकालने का प्रयत्न राम ने किया और लोमा ने घावों का रक्त रोकने के लिए अँगोछे दिए। राम ने उन अंगवस्त्रों से उस व्यक्ति के व्रणों को बाँध दिया···तब तक लोग जग गए थे और अपने शस्त्र लेकर उस व्यक्ति पर टूटने को ही थे कि राम ने उन्हें संकेत कर चुप कर दिया···लोमा ने स्पष्ट भाषा में कहा—

''आप सब मौन रहें···यह हत्यारा कौन है, यह पता चलना चाहिए···यह शत्रु की घात का ब्यौरा भी दे सकता है।''

सब साँस साधकर तमाशा देखने लगे किंतु वे सशंकित भी थे कि कोई बड़ा हमला होने वाला है। हत्यारा सफल हो जाता तो भी आक्रमण होता, नहीं हुआ तो अब हैहयों का हमला होगा ही···राम ने व्रणों को कसकर बाँध दिया। पुन: उस कराहते व्यक्ति को एक मसनद के सहारे लुढ़का दिया। राम ने जल माँगा। उस व्यक्ति को जल पिलवाया गया। पुन: एक क्षण पश्चात् राम ने कोई ओषधि अपने

झोले से निकाली और उसे पिला दी। दो क्षणों में ही वह व्यक्ति कुछ सँभल गया...अब राम ने कड़ककर कहा—

"तू कौन है?"

"मैं? मैं एक अभागा व्यक्ति हूँ...!"

"और यह गर्हित कार्य कर रहा है? "

"क्या करूँ भगवन्...मैं चक्रवर्ती का दास हूँ...परिवार और पेट के लिए सब करना पड़ता है...वर्ना आप जैसे देवता की हत्या कौन करना चाहेगा?"

"ठीक है, तू विवश था। क्या नाम है?"

"प्रहस्त हैहय...मैं राजा का एक नायक हूँ।"

"हुम्...अब यदि जीना चाहता है तो बता, हैहयों की सेना कहाँ है?"

"वह तो आने ही वाली है...वह मेरी रक्षा के लिए आसपास ही है...।"

"कितनी संख्या है?"

"यही कोई पाँच सहस्र सैनिक होंगे, अश्वों पर, कुछ पदाति भी हैं।"

"नायक कौन है?"

"प्रचंड शर्याति। उसके अतिरिक्त हैहय विचक्षु भी है।"

तब तक राम के संकेत पर गर्म दूध आ गया था। राम ने आदेश दिया—

"ले, दूध पी और विश्राम कर...तूने राजा अर्जुन के आदेश का पालन किया। तेरा कोई दोष नहीं...जाओ लोमा, इसे किसी स्तंभ से बाँधो किंतु इस प्रकार कि यह विश्राम कर सके...इसके घावों को धोकर उस पर पट्टिका बाँध दो...वैद्य को कहो, इसका उपचार करें...चलो, अब प्रचंड शर्याति को परखें... प्रचंड! क्या नाम है! चलो।"

लोमा की सहायता के लिए सेवकों और कुछ सैनिकों को वहीं छोड़कर राम मंदिर के बाहर आ गए। वहाँ कुछ चुने हुए योद्धाओं और ग्रामीणों को मंदिर की रक्षा के लिए छोड़ा और अन्य रक्षकदलों और आश्रम के शूरवीरों को एकत्र कर राम ने कहा—

"देखो, तुम सब एक सहस्र भी नहीं हो और वे पाँच सहस्र हैं...मेधावी, अद्रि, वृक, मौरवी, चारुवल्लरी, मणिप्रभा और कुछ आश्रम के तरुण वीर मेरे साथ रहें और मेघवज्र ग्रामीणों तथा आश्रम से आए वीरों को ले जाकर मंदिर से दूर जाकर हैहय सेना की टोह लें, लड़ें...यह रात्रि का युद्ध है...वे निश्चय ही मशालें जलाएँगे...इस कारण वे तुम्हारे बाणों के लक्ष्य बनेंगे...जिन्हें रात्रि में देखने की शिक्षा मिली है, वे आगे रहें...शत्रु का प्रथम आघात झेल लिया तो विजय होगी...वे तुम्हारे अचूक बाणों से बच नहीं सकते...और देखो, पीछे हटते हुए युद्ध करना...बाण मारो और पीछे हटो...पास गए तो वे तुम्हें काट डालेंगे...मेघवज्र...समझ गए न?"

"समझ गया भगवन्!"

"तुम आगे बढ़कर अकेले अड़ मत जाना...अपनी लघु सेना को लड़ाना!"

''आदेश शिरोधार्य!''

''और सुनो, वे अश्वों पर हैं···ग्रामीण तरुण पदातियों से भिड़ सकेंगे किंतु अश्वसेना पर उनका वश नहीं चलेगा अतएव तुम आज रज्जुपाश युद्ध करो··· सबके पास रस्सियाँ हैं? फंदे तैयार हैं?''

''हाँ गुरो, सबके पास लंबी रस्सियाँ हैं, पाशुपत अस्त्रों के सामने घोड़े क्या कर लेंगे? और हमारे पक्ष में कुछ अश्वारोही भी हैं।''

''मेघवज्र, मेरे पास आओ···''

राम ने मेघवज्र को कुछ चुने हुए बाण दिए और कहा—

''प्रकाश की आवश्यकता पड़े तो इन्हें चलाना और ये पाँच बाण प्रचंड शर्याति के लिए हैं। यदि लक्ष्य ले लिया तुमने तो ये प्रचंड की प्रचंडता भुला देंगे···श्रेष्ठ यह होगा कि तुम सेना को सेना से लड़ाओ और प्रचंड मूर्ख है, वह गर्जना करेगा ही, अकड़-धकड़ दिखाएगा···तब तुम उसको लक्ष्य पर ले लेना···उसके गिरते ही हैहय भाग लेंगे···अब जाओ, तुम्हारी जय हो, विजय हो। वज्र नाम सार्थक करो, मेघ।''

प्रणाम कर मेघवज्र ग्राम के तरुणों और आश्रम के अश्वारोही, ब्रह्मचारियों की लघु सेना लेकर चला गया। लगभग दो सौ अश्वारोही लड़ाके राम के साथ रह गए···राम ने उन्हें निहारा और पदाति वीरों से कहा—

''रात में वृक्षों पर कौन-कौन चढ़ सकता है?''

लगभग सौ हाथ उठे। आदेश हुआ—

''मेघवज्र की सेना के पीछे जाओ और वृक्षों पर बहुत ऊँचे मत जाना और लक्ष्य लेना···वस्तुतः तुम्हारे लक्ष्यवेध पर ही सब निर्भर है!''

''मणिप्रभा, वल्लरी, तुम गाँव में जाओ···लोग अब तक एकत्र होकर इधर ही आ रहे होंगे···शत्रु को इस भ्रम में डालना है कि हमारे पास सेना अधिक है अतः तुम उनको कहो कि वे इधर-उधर चारों तरफ गोल के गोल बनाकर चिल्लाएँ, ''मारो काटो, मारो, जाने न पाएँ''···बस, वे केवल पूरे स्वर से चिल्लाते रहें और इधर-उधर दौड़ते रहें···यदि उन पर अश्वसेना टूट पड़े तो पाशों से सवारों को फाँसकर गिराएँ और फिर जो सूझे सो करें, ठीक है?''

''ठीक है, किंतु यह कार्य किसी ग्रामीण को सौंपा जाए···हम तो आपके साथ युद्ध करेंगी।''

राम इतने ज़ोर से चीख़े कि पास के लोग सन्न रह गए···वृक्षों पर मोर कुहकने लगे, पक्षी पंख फड़फड़ाकर बोलने लगे। राम गरजे—''नहीं, तुम जाओ।''

'नहीं' की महाध्वनि पर मणि और वल्लरी उस दशा में भी डरने के स्थान पर खिलखिला उठीं—और कुछ ग्रामीणों को लेकर गाँव को भाग गईं।

राम के आसपास थोड़े से लोग रह गए थे···मौरवी, मेधावी और अद्रि उनके पार्श्ववर्ती थे, वृक भी। राम उन बचे-खुचे वीरों को लेकर रणक्षेत्र की ओर बढ़े।

लोमा की रक्षा के लिए मौरवी और उसके सशस्त्र शंबरों को छोड़ दिया गया। मौरवी ने भी चाँहा कि वह राम के साथ जाए किंतु वह दहाड़ने लगे, अत: वह भी मुस्कराकर मंदिर की रक्षा में जुट गई।

राम आगे बढ़े। उनके हाथ में विशाल परशु था जो रात्रि में भी बिजली की तरह चमचमा रहा था। उनकी पीठ पर तूणीर था और कटिप्रदेश में लघु कृपाण थे। कंधे से कमर तक चर्म के कोष में एक विशाल तलवार थी। कंधों पर पड़े झोले में लघु परशु थे, जिन्हें राम फेंककर मारते थे। उन्होंने पीठ पर एक लंबे भाले को भी बाँध रखा था, एक बरछी भी बँधी थी···वह कवच धारण किए हुए, शीश पर एक शिरस्त्राण पहने हुए थे। एक विराट् ढाल भी स्कंध पर पड़ी थी···राम यमराज के समान लग रहे थे···उनकी भौंहें चढ़ी हुई थीं और नेत्र प्रज्वलित कोयले से दहक रहे थे···बाघ से झपटते हुए वह पवन अश्व पर चले, साथ में मेधावी था।

''मेधावी। तू विचक्षु को जानता है?''

''हाँ गुरो! मैं पहचानता हूँ।''

''वह कूट बल वाला है, युद्ध में लड़ता है क्या?''

''प्रभो! उसका क्या ठीक, वह कुछ भी कर सकता है।''

''तू कर सके तो यह कर···किसी हैहय सैनिक को मार या घायल कर उसके वस्त्र पहन लेना और उस विचक्षु का भेदिया सेवक बनकर उसके निकट पहुँचना···भूर्जपत्रों का गुच्छा यह ले और निकटता प्राप्त कर विचक्षु को पकड़ ला, कर सकेगा?''

''गुरो, आपका अनुग्रह हो तो मैं राजा अर्जुन को पकड़कर ला सकता हूँ।''

राम प्रसन्न हुए, ''तो जा, तेरी विजय हो।''

मेघवज्र शर्याति को सुरक्षित सेना की भूमिका पूरी करने राम आगे गए···तब तक हैहयों के अश्वारोहियों ने आक्रमण कर दिया परंतु मशालों के प्रकाश में मेघवज्र के ब्रह्मचारियों के शब्दवेधी बाणों की बौछारों से सैकड़ों घुड़सवार सैनिक चीत्कार करते हुए गिरे···दूसरी बौछार में घोड़ों और घुड़सवारों को वेध दिया गया। पुन: वे गिरे···उधर पास के वृक्षों पर आरूढ़ शब्दवेधियों ने मशालों की रोशनी में तीर चलाए, यह देखकर हैहय अश्वों को थामकर रुक गए। प्रचंड शर्याति चिल्लाया—''देखते क्या हो, सामने थोड़े से पदाति हैं, रौंद दो उन्हें।''

पुन: अश्वारोहियों ने आक्रमण किया, पुन: वे बाणों से बिंध गए। वे घोड़ों से गिरकर पीड़ा से चीत्कारने लगे। घोड़े इधर-उधर भाग छूटे जिन्हें मेघवज्र के लोग पकड़ते और शत्रु के सामने डट जाते···जो अश्वारोही बच जाते और मेघवज्र की सेना पर भाले फेंकते···वे रस्से के फंदों में फँस जाते···उन फँसे हुओं को घोड़ों से गिर जाने पर राम के पक्ष के सैनिक कृपाणों से हनते और पुन: पाश फेंकते···वे पाश प्रेक्षण में इतने निपुण थे कि सौ में से दस ही चूकते···सेना की हानि होते देखकर प्रचंड शर्याति ने अपना घोड़ा बढ़ाया पर उसके अंगरक्षकों ने रोका, कहा—

"स्वामी! यह सेना नहीं, परशुराम की तंत्रविद्या है। आप आगे मत बढ़िए और मशालें बुझवाकर लौट लीजिए···हम दिन में इन ब्रह्मचारियों और ग्रामीणों को देख लेंगे।"

किंतु वह नाम से भी प्रचंड था। उसने मेघवज्र को ललकारा—

"आगे आ कायर! परशुराम मायावी है···सैनिकों को क्यों कटवाया जाए··· हम द्वंद्व-युद्ध से जय-पराजय निश्चित कर लें···"

राम, यह सब देख रहे थे···वह अपने प्रबल अश्व पवन पर डटे हुए थे···वह दूर से शरसंधान कर रहे थे।

मेघवज्र ने प्रचंड शर्याति को गाली दी—"नीच, शर्यातों के शत्रु, उस लंपट पापी अर्जुन के दास, आ···मैं तेरा काल मेघवज्र शर्याति···ऋषियों और देवताओं का भक्त···आ जा नराधम, आ जा!"

प्रचंड सचमुच प्रचंड था। उसने भाला हाथ में तानकर घोड़ा दौड़ाया और मेघवज्र जब तक सँभले, उसने वार कर दिया। मेघवज्र ने उसे ढाल पर लिया पर ढाल वेध कर भाला मेघवज्र को घायल कर गया। मेघवज्र ने भाले को खींचकर फेंक दिया और अपना भाला तानकर वह प्रचंड पर झपटा। मेघवज्र का भाला भारी था। प्रचंड उसके वार से अश्व से गिर गया किंतु उठकर खड़ा हो गया। वह चिल्लाया—"मूढ़ मेघ···तू विश्वासघाती है, जिसका अन्न खाया, उसको धोखा दिया···आ जा, नीचे उतर या फिर मुझे अश्व पर चढ़ जाने दे।"

मेघ अश्व से कूद पड़ा। दोनों ढाल-तलवार लेकर भिड़ गए। प्रचंड घायल मेघ पर भारी पड़ने लगा। राम चिंतित हुए। राम ने नेत्र मूँदे, मंत्र जपा और मेघवज्र को संदेश दिया। मेघवज्र के मन में सूझ जगी। उसने शक्ति लगाकर प्रचंड को पीछे धकेला और एक क्षण में ही धनुष पर राम का दिया हुआ बाण चढ़ाकर चला दिया···वह बाण अग्नि छोड़ने लगा···चारों ओर प्रकाश हो गया···सब चकित थे···प्रचंड भयभीत हो गया, पीछे हटने लगा किंतु वह बाण भयंकर चिंगारियाँ उगलता हुआ प्रचंड के वक्ष में घुस गया। प्रचंड डकारता हुआ धराशायी हो गया।

अब बाज़ी पलट चुकी थी। राम ने पवन को आगे बढ़ाया। घायल मेघ को पीछे किया और राम का नेतृत्व पाते ही एक-एक ब्रह्मचारी कालरूप हो गया। राम परशु फेंकते, घोड़े घाव खाकर भागते, उधर वृक्षों के सैनिक मारते, सामने से रामदल हनता। सेनापति के गिर जाने से राजा की सेना के पैर उखड़ गए···वे गाँव वालों के 'मारो, काटो' के नारों से समझे कि राम की सेना का कोई अंत नहीं है···वे रणस्थल से भाग गए।

उधर विचक्षु को पकड़कर मेधावी मंदिर पर पहुँच गया। राम के दल ने कुछ दूर तक राजा की सेना का पीछा किया। पुनः विजय के ढोल बजाते ग्रामीण नाचते-नर्राते लौट आए···पवन को नचाते हुए और ब्रह्मचारियों के विजयनाद से आनंदित राम ने जय का शंख फूँका···।

18

रात्रियुद्ध में अर्जुन की सेना भाग गई, प्रचंड मारा गया, विचक्षु पकड़ा गया, पराजय के कुंड में जलते हुए कार्त्तवीर्य अर्जुन ने रुद्रदत्त को भेजा, कहा कि "वह दिन में आक्रमण करे और परशुराम को पकड़ लाए···उसके मन में प्रचंड जैसे प्रबल सेनानी का शव था और विचक्षु की पकड़ तो उससे भी अधिक चुभ रही थी, किंतु रुद्रदत्त ने राजा को समझाया कि जब तक परशुराम है कोई उससे जीत नहीं सकता क्योंकि उसके पास दिव्यास्त्र हैं और वह लगातार लोहे के गोले और मन-मन के परशु फेंकता है और उसके अमोघ कवच पर किसी प्रहार का प्रभाव ही नहीं होता। उसमें अदृश्य होने की शक्ति भी है। वह अपनी सेना में कभी कहीं, कभी कहीं, उदित हो जाता है अतएव हम व्यर्थ शक्ति का अपव्यय न करें···सेना संगठित कर राम के यात्रा पर चले जाने के पश्चात् आश्रम पर चढ़ें"···। राजा अर्जुन क्रोध में अधर चबाने लगा—"रुद्रदत्त। तुम परशुराम से आतंकित हो···आश्चर्य है···मैं स्वयं जाता हूँ।"

"नहीं, राजन्! मैं डरता नहीं, केवल वस्तुस्थिति बताता हूँ···मैं जा रहा हूँ और परशुराम की उस अनाड़ी ग्रामीण भीड़ को पीस डालूँगा, राम का भी कौतुक कतर डालूँगा।"

रुद्रदत्त ने एक और वाहिनी ली और प्रात:काल ही वह मेधावी के ग्राम पहुँच गया। आक्रमण हुआ किंतु परशुराम जानता था कि अब बड़ी वाहिनी का सामना होगा···रात-भर युद्ध में घायलों की चिकित्सा का मंदिर पर प्रबंध कर राम ने रात में ही आश्रम से ब्रह्मचारियों की नई अश्वसेना बुला ली थी, तथापि वह सेना रुद्रदत्त की सेना से आधी भी नहीं थी।

मंदिर के आगे के मैदान में आमना-सामना हुआ। मेघवज्र, मेधावी, वृक, सुबल हैहय, शंकु हैहय, शत्रुघ्न यादव, राम के दो भ्राता, रुमण्ववान् और विश्वावसु आदि ने पृथक् मोर्चे बना लिये। राम मध्य में पवन पर आरूढ़ महाकाल से डट गए।

ब्रह्मचारी अश्वारोही ताक-ताक तीर मारते किंतु हैहयों के लक्ष्य चूक जाते। राम ने अद्भुत शरसंधान किया···उनके अग्निबाणों से रुद्रदत्त की सेना आतंकित हो गई। मेधावी, रुमण्ववान्, विश्वावसु की बाण वर्षा से सभी मोर्चों पर राम दल हैहयों पर भारी पड़ने लगा। रुद्रदत्त ने ललकारा—

"मारो, आगे बढ़ो···ये आश्रम के बालक हैं···इन्हें भगाओ!"

किंतु हैहयों के घुड़सवारों का वश नहीं चल रहा था···वे पीछे हटने लगे, इधर-उधर भागने लगे···रुद्रदत्त चकित रह गया···एक भी हैहय सेनानी राम का सामना नहीं कर पा रहा था। राम एक विचित्र धनुष से दस-दस बाण एक साथ चला रहे थे और वे अचूक थे···राम के मोर्चे से हैहय सवार भाग छूटे···तब राम आगे बढ़कर हुंकार भरने लगे···निकट आने पर वे लोहे के भारी परशु फेंकते, परशु इतनी त्वरा से जाते कि हैहयों को चारों तरफ परशु ही परशु दीखते···हैहय सेना

ने ऐसा कभी देखा नहीं था···रुद्रदत्त ने स्थिति समझकर हाथ उठाया—

"राम! हमारा-तुम्हारा द्वंद्व-युद्ध हो जाए···सैनिकों की हत्या से क्या लाभ···आओ···रुद्रदत्त का सामना करो···मैं तुम्हारा जादू देखता हूँ, आओ! तू जादूगर है, योद्धा नहीं।"

राम ने भयंकर हुंकार की और पवन को आगे बढ़ाया···युद्ध बंद हो गया, सेनाएँ यह अलौकिक दृश्य देखने लगीं।

राम को जो लगातार परशु और लोहे के गोले पहुँचा रहे थे, वे लोग पीछे हट गए। राम ने सामने आकर रुद्रदत्त को धिक्कारा—

"रुद्रदत्त, तू वीर है और उस लंपट, आततायी अर्जुन का साथ देता है और तू अपने राजा की भाँति ही अशिष्ट है···ऋषि जमदग्नि के पुत्र राम के प्रति असभ्य भाषा बोलता है···तू वार कर धर्मद्रोही और यमलोक जा···प्रहार कर।"

रुद्रदत्त ने एक लंबे भाले से प्रहार किया। पवन नीचे झुक गया। वार खाली गया। फिर रुद्रदत्त ने पास आकर खंग की चोट की परंतु राम की ढाल पर वार व्यर्थ गया। तब उसने गदा फेंककर मारी किंतु पवन ने उसका वह लक्ष्य भी बेकार कर दिया। तब राम गरजे···और एक हुंकार भरकर कहा—

"तीन प्रहार कर लिये, अब मेरा प्रहार झेल···एक ही चोट में यदि तू नहीं गिरा तो मेरा नाम परशुराम नहीं···।"

भयकंपित रुद्रदत्त मन-ही-मन इष्टदेव का स्मरण करने लगा। राम ने भयंकर परशु ताना और पवन को संकेत किया। पास आकर रुद्रदत्त की भुजा पर प्रहार हुआ। भुजा में परशु यों घुस गया जैसे शत्रु की बाँह कदली की हो, रुद्रदत्त पीड़ा से डकराया और घोड़े से गिर गया। उसे राम के पार्श्ववर्ती नायक ने बंदी बना लिया और फिर रामदल हैहयों पर पिल पड़ा। घमासान में राम के आतंक से भयभीत हैहय भागने लगे। उन्हें सर्वत्र राम के फरसे-ही-फरसे दिखाई पड़ने लगे और भृकुटि चढ़ाए, नेत्रों से अग्नि बरसाते राम का बिंब उन्हें सताने लगा। वे भाग छूटे पर राम की सेना ने उनका पीछा किया।

रुद्रदत्त की सेना को खदेड़कर रामादल लौट आया। आश्रम के चिकित्सकों ने आहतों का उपचार किया। रुद्रदत्त अचेत हो गया था पर राम की ओषधि और उपचार से उसे बचा लिया गया किंतु उसकी दाईं भुजा नष्ट हो गई।

प्रहस्त, विचक्षु और रुद्रदत्त को आश्रम में लाया गया। खेत रहे, मृत प्रचंड के शव को सादर माहिष्मती भेज दिया गया। आश्रम में आहतों का सघन उपचार होने लगा और जो युद्ध में मारे गए थे, उनकी विधिवत् अंतिम क्रिया कर दी गई। राम के आतंक से फिर कार्त्तवीर्य अर्जुन का साहस नहीं हुआ कि वह आश्रम पर आक्रमण करे। उसने सेना का मन टटोला तो ज्ञात हुआ कि वे राम को मनुष्य मानते ही नहीं···वे उसे देव मानते हैं, वैसा ही ऊँचा शरीर और वैसा ही बल और चमत्कार···भला मनुष्य, देव से कैसे लड़कर पार पा सकता है?"

विचक्षु और रुद्रदत्त के कुछ स्वस्थ होने पर राम ने उन्हें अपनी कुटीर में बुलवाया। दोनों राम के प्रताप से अभिभूत उनके पैरों पड़े और क्षमा-याचना की। राम ने उनके सिरों पर हाथ रखा और विचक्षु के चातुर्य और रुद्रदत्त के वीरत्व की प्रशंसा की। राम ने विचक्षु से पहले पूछा—

"विचक्षु, वह देवापि था न, वह कहाँ है?"

"वह तो द्विपक्षीय भेदिया था। वह आपके छोटे-मोटे भेद देता था और हमारे गहरे भेद आपको भेज देता था···हमने उसे अपनी सेवा से निकाल दिया।"

"अच्छा? वह कहाँ है?"

"भेदिए का क्या पता···वह अब स्वभावत: आपकी शरण में आएगा।"

"और तुम और तुम विचक्षु?"

"हम दोनों तो आपके भक्त हो गए हैं···आपने हमें जीवन दान दिया है··· मेधावी तो मुझे मार ही डालता क्योंकि उसकी बहिन कलावती के अपहरण में मेरा हाथ था, पर आपने मुझे बचा लिया···मैं अब किस मुख से राजा के सम्मुख जाऊँगा?"

"और रुद्रदत्त तुम?"

"मैं युद्ध के काम का नहीं रहा। प्रभो, मैं आपका भक्त हूँ, अब मेरे प्राणों की रक्षा आपने की···मैं अब माहिष्मती जाकर क्या करूँगा?···वैसे भी मैं मन-ही-मन राजा अर्जुन के स्वेच्छाचार का विरोधी था···आप मनुष्य नहीं, देवता हैं, ऋषि···मैं स्वस्थ होते ही परलोक सँभालने तीर्थ यात्रा पर चला जाऊँगा या आप जो आदेश दें। हे देव, मैंने कितने पाप किए!"

"विचक्षु, तुम कुटिलता छोड़ नहीं पाओगे···तुम्हारा क्या किया जाए?"

"मैं तो वैसे ही शव के समान हूँ···मैं क्या कर सकता हूँ, पर आप विश्वास करें···अब मैं राजा अर्जुन की गुप्तचरी तो नहीं करूँगा, वह मनुष्य ही नहीं है; राक्षस है, क्रूर और नीच···प्रभो, मेरा परिवार यदि यहाँ आ जाए तो मैं और देवापि आश्रम की ओर से कूटविद्या का प्रयोग हैहयों के विरुद्ध कर सकते हैं···राजा अर्जुन के छिद्र तो मैं बता ही दूँगा···।"

"तुम्हारा कल्याण हो···तुम दोनों जाओ और ज्येष्ठ भ्राता रुमण्ववान् को भेद बता दो, फिर विश्राम करो! अब इस आश्रम के सूत्रधार मेरे ज्येष्ठ भाई ही हैं··· उन्हीं से आदेश लो और आश्रम के पक्षधर बनकर पापों का प्रायश्चित्त करो।"

राम ने पुन: युद्धपरिषद् बुलाई और अपनी अनुपस्थिति में किसे क्या करना है, यह सुनिश्चित कर दिया। युद्ध और आश्रम-प्रबंध के सर्वेसर्वा ज्येष्ठ भ्राता रुमण्ववान् बनाए गए और प्रचेतस् ऋषि को सानुरोध रोक लिया गया···उन्हें आश्रम-भर का पथप्रदर्शक और कुलपति चुन लिया गया। सप्तसिंधु के सभी आश्रमों को राजा अर्जुन के आक्रमण की आशंका की सूचनाएँ भिजवा दी गईं। विचक्षु और रुद्रदत्त तथा प्रहस्त्र से मिली जानकारियों के अनुसार व्यूहरचना पर दीर्घ विचार-विमर्श हुआ···यदि कार्त्तवीर्य का आश्रम पर आक्रमण हो तो अनल आंगिरस

और अवंती के आश्रम तथा अवंतिराज की सेना तथा ग्रामीणों की जनशक्ति से प्रतिरोध किया जाए और यह युद्ध प्रतिरक्षात्मक हो जिससे कम-से-कम हानि हो···यदि परिस्थिति अत्यधिक गंभीर हो जाए तो···तो राम जहाँ भी हों, वहाँ से लौट आएँ और यहाँ आकर मोर्चा सँभाल लें···राम ने कहा कि चिंता न की जाए, उन्हें निरंतर यहाँ की अवस्था का परिज्ञान होता रहेगा।

राम ने ज्येष्ठ भाई रुमण्ववान् को, सुषेण, वसु और विश्वावसु को दिव्य बाण दिए और उनके प्रयोग समझाए और आग्रह किया कि अस्त्र-शस्त्र विभाग नए-नए आयुध बनाता रहेगा । राम ने युद्ध में रसायनों के प्रयोग पर बल दिया और रसायन विभाग नाना प्रकार के विषों (तेज़ाबों) आदि का निर्माण करेगा किंतु इनका प्रयोग आपात्काल में ही किया जाए, यह भी बताया।

सब व्यवस्थित कर परशुराम स्व में स्थित हुए और जब उन्हें एकांत ध्यान में मग्न देखा गया तब मौरवी, मणिप्रभा, वल्लरी और चंद्रकला ने घेरा। लोमा तटस्थ रही।

इस मध्य राम के सखीसंप्रदाय ने मधुर षड्यंत्र का शुभारंभ कर दिया था। राम को वश में न आते देखकर सबने माता रेणुका को घेरा और उन्हें राम को आदेश देने के लिए प्रेरित किया।

''तुम चाहती क्या हो, बेटियो?''

''लो माँ, आप हमें बेटी कहती हैं और हमारे मन की नहीं जानतीं?''

''मैं सब समझाती हूँ···नारी का मन मैं जानती हूँ···मुझसे भला अधिक कौन जानेगा···और कन्याओ, मैंने नारीमन के अनुरूप साहस करने का दंड भी पाया है···यह पुरुषप्रधान समाज है···आर्यों की सभ्यता का केंद्र नारी नहीं, पुरुष है···मनचीते मनुष्य को अपने रूप, गुण और निष्ठा से रिझाओ और वह किसी नारी को चुन ले तो उसके प्रति न केवल निष्ठा रखो अपितु उसके अतिरिक्त किसी अन्य को ध्यान में भी न लाओ···लाओ तो मेरी भाँति कंठ कटाओ··· बेटियो···तुम व्यर्थ राम पर समय और शक्ति नष्ट कर रही हो···वह जमदग्नि का पुत्र है जिसने अपनी पत्नी की हत्या इसी राम द्वारा कराई थी और बाद में पुरुष अहंकार संतुष्ट हो जाने पर मुझे स्वस्थ भी कर दिया जिससे मैं प्राणरक्षा के लिए कृतज्ञ होकर उनकी सेवा करती रहूँ···यह नारी-जीवन निरंतर यातना का पर्याय है। बालिकाओ, और यह जो राम है, वह तो मनुष्य ही नहीं···रुद्रावतार है···उसके सम्मुख तो इस युग के धर्म का, मर्यादा का, मानवता की रक्षा का दायित्व है···वह व्यक्ति नहीं, आदर्श है, मर्यादा का मानदंड है···इस काठ से प्रीति करना व्यर्थ है क्योंकि वह तो मनुष्यता की नाप का लौहदंड मात्र है···और देवता भी यही चाहते हैं···वे उसमें निवास करते हैं और जहाँ देवता हैं वहाँ तुम्हारा प्रवेश निषिद्ध है, अतएव तुम अपने-अपने दूल्हे अन्यत्र ढूँढ़ लो और राम को संक्रोच में मत डालो, वह देव है, मानव नहीं।''

''माता! इस मन का हम क्या करें···राम के अतिरिक्त हमें अन्य नर किम्पुरुष

लगते है और किम्पुरुषों का वरण कैसे करें, हः हः हः किम्पुरुष !''

सखियों ने ठहाका लगाया। माता भी मुस्कराने लगीं···पुनः उनके नेत्रों में अश्रु छलके। बोलीं—''कितना मनोरम होता है नारी का अस्तित्व और रूप; किंतु बेटी, उसकी नियति ही यह है कि वह पराधीन रहे और कभी उस यातना से निश्वास न छोड़े—तभी वह सकुशल और सादर जीवन बिता सकती है···स्वच्छंदता बरती और नारी का नाश हुआ···तुम असंभव को संभव करना चाहती हो···राम मेरी संस्तुति नहीं मानेगा, इस विषय में···हाँ, अन्य विषयों में वह मेरा अंधभक्त है, मेरा बेटा अद्‌भुत है···उसने मुझे मारा भी, जिलाया भी, मैं तो उसके चरित्र की अलौकिकता में ही डूबी रहती हूँ···उसकी शक्ति, गांभीर्य, ममता, मर्यादा और आदर्श का पार ही नहीं है···वह साक्षात् अग्निदेव है जिसकी गवेषणा आदि भृगु ने की थी···मनुष्य को उन्होंने ही अग्नि का प्रसाद दिया था···भार्गवों में वे ही अग्निदेव प्रज्वलित हैं, सर्वाधिक राम में···उसमें आर्य सभ्यता, आर्य परंपरा का सर्वोच्च गौरव अवस्थित है···तुम चंद्रिका हो, चंद्रमा की चंदरिमा हो, तुम इस प्रचंड भास्कर का ताप नहीं सह सकोगी अतएव तुम उसको अपने मार्ग पर जाने दो···हाँ, यह एक संभावना है कि नराधम अर्जुन को मारकर वह शांत हो जाए और धर्म की पुनः स्थापना के पश्चात् वह भृगु वंश के नैरंतर्य के लिए विवाह कर ले···किंतु उसका भी आश्वासन कौन दे सकता है···दावानल से कौन अनुरोध करे, वह तो पावक की भाँति धधक रहा है।''

मणिप्रभा का क्षत्रियत्व जाग उठा। वह पराजय को स्वीकार नहीं कर सकती थी। बोली—

''माँ, आप राम को कहें कि वह हमें महायात्रा में साथ जाने दें, शेष की चिंता आप छोड़ें···हमारा भी क्या ठीक है कि कब युद्ध में समाप्त हो जाएँ, किंतु जब तक यह नारी जीवन है, तब तक राम को छोड़कर हम जीवित नहीं रह सकतीं···हमें राम के सिवा कुछ सुहाता ही नहीं है, जैसे शत्रुओं को राम का परशु स्वप्न में दिखता है,वैसे ही हमें राम का बिंब पछियाता है···हम राम का मुखड़ा अपने सरोवर में लिये लहरा रहे हैं···राम की अनुपस्थिति में हम मूलहीन वृक्षवत् सूख जाएँगे, हाँ माता।''

नारी की नियति की विडंबना पर माँ रेणुका ने अश्रु बहाए। उनका कंठावरोध हुआ, वह बड़बड़ाईं, ''क्या धर्मसंकट है!···सबका समाधान है पर नारी-पुरुष संबंध का कोई समाधान नहीं···सृष्टि की जितनी विचित्रताएँ हैं उनमें सर्वाधिक वैचित्र्य है, नारी-पुरुष के नाते में, वह स्रष्टा ब्रह्मा भी तो विवश हो गया था···वह अपनी रची हुई नारीकृति जो उसकी पुत्री ही थी, सरस्वती, उस पर मुग्ध होकर उसका पीछा करता फिरा और श्रापग्रस्त हुआ···यह जनमानस की गल्प भी हो सकती है, पर उसमें नारीसत्य अवश्य है···नारी के बिना पुरुष नहीं रह सकता पर वह नारी से आशा करता है कि वह उसे ही चाहे अन्य किसी को नहीं, जबकि पुरुष अपनी चाह में स्वतंत्र रहे···इससे अधिक आश्चर्य की बात और क्या हो सकती है?···माँ

रेणुका ने इन कन्याओं के सुंदर, भोले और अनुपम मुखड़ों को देखा और कहा—

"राम मेरी बात माने या न माने, तुम खेलो, उदास मत हो···मैं तुम्हें उसके साथ यात्रा पर भेजने का हठ करूँगी···फिर तुम जानो, बेटी··· ।"

लड़कियों के मुख दिप्-दिप् दीप्त हो गए और वे माता रेणुका से लिपट गईं, उनका सिर सूँघने लगीं, माथा दबाने लगीं, पैर पलोटने लगीं और चरण-स्पर्श करने लगीं। वे चुहुल में चिल्लाईं—"माता रेणुका की जय हो ।"

माँ भी हँसने लगीं। फिर वे माँ को धकिया कर राम की कुटज में जाने को कहने लगीं। माता रेणुका अंततः राम की कुटिया की ओर चलीं।

देर तक प्रतीक्षा के बाद भी माता रेणुका राम के कुटज से वापस नहीं लौटीं तब सखियों को चिंता हुई, वे दबे पाँव राम के कुटज में पहुँचीं, किंतु वहाँ कोई नहीं था।

अब क्या किया जाए? माँ ने कहा था कि उनकी कुटिया में प्रतीक्षा की जाए सो वे पुनः रेणुका माई की कुटज में आईं; बैठ गईं और स्थिति की विचित्रता पर परिहास करने लगीं। खाने-पीने में जुट गईं। अंत में माता रेणुका प्रसन्न मुद्रा में पधार गईं। उन्हें सखियों ने घेर लिया। माँ ने बताया कि "तुम लोग यात्रा में साथ चल सकती हो किंतु तुम्हारी रक्षा का दायित्व तुम्हारा ही होगा··· ।"

मणि बोली—"तथास्तु। हम अपनी रक्षा कर सकते हैं, राम की भी; पर लोमा तो अपनी रक्षा नहीं कर सकती, इसका दायित्व राम लेंगे या वह भी हमीं लें ?"

"बेटी! लोमा राम से पृथक् अस्तित्व नहीं रखती···पिंजड़े पृथक् हैं उनके पर उनमें एक ही शुक है, एक ही प्राण जो दोनों पिंजड़ों में रहता है···लोमा नारी नहीं, चेतना है!"

अब सब सखियों के चकित होने की बारी थी···वे स्तब्ध थीं और वे माँ के वाक्य का तात्पर्य खोजती रह गईं।

माता से आज्ञा लेकर शरद् ऋतु की पूर्णिमा की चाँदनी रात में तीसरे प्रहर राम महायात्रा पर चले। चंद्रमा पीयूष वर्षा रहा था···राम प्रिय अश्वराज पवन पर सवार था···आर्य वृक और मौरवी वनवासियों की भाषा जानते थे अतएव वे सबसे आगे अपने घोड़ों पर थे···मेधावी राम की अगल-बगल अंगरक्षक गुल्म के सेनानी के रूप में चल रहा था, शत्रुघ्न हैहय अति उत्साही था···अभी उसकी मसें भीग रही थीं। वह कभी थकता ही नहीं था। उसके पिता संताप हैहय को राजा अर्जुन ने मार डाला था सो वह कार्त्तवीर्य का सहज शत्रु था। पुनः अद्रि यादव, वैदर्भों की एक टुकड़ी का सेनानी अकड़ता हुआ चला जा रहा था··· वह मणिप्रभा का संरक्षक था···विश्वावसु भार्गव पर राम की सर्वाधिक प्रीति थी···राम और उसकी आयु में केवल दो वर्ष का अंतर था अतएव राम को वह बराबर का मानता था और सबसे छोटी उम्र का होने के कारण विश्वावसु राम की रक्षा के लिए चिंतित रहता था। उसे अपने राम को चमत्कारी और पराक्रम में इंद्र के समान सर्वजयी देखकर असीम

श्रद्धा थी। विश्वावसु ही राम-रक्षक वाहिनी का सर्वोच्च सेनापति था...वह आगे, पार्श्व में, पीछे आता-जाता रहता था...सबसे पीछे मेघवज्र शर्याति था जो उपसेनापति था...उसे बहुत रोका गया था, कि वह आश्रम की रक्षा का भार सँभाले किंतु वह राममय था। वह इतनी ज़ोर से रोने लगा कि राम हँसने लगे...वह युद्ध में वीरता और साहस प्रमाणित कर चुका था, अतः चुने हुए शर्यातों की छोटी टुकड़ी लेकर उसे राम की लघु यात्रा सेना के पृष्ठ भाग की रक्षा का दायित्व सौंपा गया...इस वाहिनी के मध्य भाग में सखीवृंद था...मणिप्रभा, कलावती, चारुवल्लरी अपने-अपने अश्वों पर अगल-बगल चलती हुई किलोलें कर रही थीं—उनके हर्ष और गौरव का पार नहीं था...वे परशुराम का मीठा परिहास कर रही थीं...लोमा का, क्योंकि उसका अश्व राम के अश्व पवन का साथ ही नहीं छोड़ता था।

राम की लघुवाहिनी में सेवकों सहित पाँच सहस्र व्यक्ति थे। पाँच संख्या शुभ थी, बड़ी सेना यात्रा में बाधक बनती और फिर राम के आतंक और प्रभाव के कारण, यात्रा के रोमांच और रहस्य के कारण यह सेना बढ़ती जाती थी...जिधर से राम निकलते, लोग साथ हो लेते, रोकने पर भी वे नहीं मानते। कोई यह अलभ्य अवसर छोड़ना नहीं चाहता था...स्पर्धा यह भी थी कि रामदेव प्रसन्न हो गए तो उनकी सात पीढ़ियाँ तर जाएँगी। राम साक्षात् रुद्र और विष्णु हैं। अभी हुए राजा अर्जुन के साथ युद्ध में राम के पराक्रम की कथाएँ पुराण का रूप धारण कर रही थीं...लोकमानस ने राम के विषय में स्वादिष्ट आख्यान रच डाले थे। वे होड़ लगा-लगाकर अतिशयोक्तियों का प्रचार करते और जनता में राम के प्रति भक्ति उपजाते।

प्रथम पड़ाव आचार्य चक्रधर के अवंती-आश्रम में पड़ा। अवंतीनरेश स्वयं राम के दर्शन करने आए। अवंती के राजा का एक पुत्र दीर्घ यादव राम के पुराण सुन-सुनकर उनका आराधक बन गया था। वह राजा अवंतिनाथ से हठ पकड़ गया कि वह राम की महायात्रा पर साथ जाएगा। उसने अन्न-जल छोड़ दिया। विवश होकर उसे सेना का एक गुल्म देकर और व्यय के लिए पुष्कल स्वर्ण देकर भेज दिया गया। इसी प्रकार आचार्य चक्रधर के पुत्रों में एक पुत्र असिधर आचार्य राम का अनुवर्ती बनकर साथ जाने को प्रस्तुत हो गया। उसका नाम तो यज्ञधर था किंतु वह सभी शस्त्रों में तलवार का धनी था सो वह 'असिधर' कहलाने लगा। उसने ब्राह्मण ब्रह्मचारियों का एक उपदल साथ ले लिया।

महायात्रा दिन-रात चली—वनों, महावनों, पहाड़ियों, नदी-नालों को पार करते हुए और जंगलियों के आक्रमणों का सामना करते हुए राम की वाहिनी बिना किसी बड़ी बाधा के काशी-क्षेत्र में पहुँच गई। वहाँ रुद्रशिव की पूजा अज्ञात काल से होती आ रही थी। राम रुद्रशिव के भक्त थे। पड़ाव पड़ा और राम ने विधिवत् पूजा की किंतु तब उस पूर्व वैदिककाल में रुद्रशिव जनजातियों के देवता थे जो पशुओं की बलि चढ़ाते और अन्य अनार्य कृत्य करते थे। तब मंदिरों की प्रथा कम थी अतएव परशुराम ने एक चबूतरा बनवाकर उस पर विश्वनाथ शिवलिंग की नवीन स्थापना

कराई और बलिकर्म वर्जित कर दिया। गंगा के जल से जलाभिषेक हुआ और बलि की जगह पुष्प चढ़ने लगे। राम ने वहाँ यज्ञ कराया जिसमें आसपास के वनों के अनार्य असुरों और आरण्यक जनजातियों के प्रमुखों को आर्य वृक और मौरवी द्वारा आमंत्रित किया गया। वे राम के अनुगामी हो गए और उन्होंने माहिष्मती पर आक्रमण में सदलबल शामिल होने का वचन दिया। राम का यात्रादल आगे बढ़ गया।

वहाँ से रामादल उस प्रदेश में पहुँचा जो अब अंग-बंग कहलाता है। तब यह प्रदेश घोर वनों से आच्छादित था और उधर संथालों के पूर्वजों का आधिपत्य था। उन्हें भी अनुकूल कर तथा महायुद्ध में सहभागी होने का वचन लेकर रामादल वहाँ पहुँचा जिसे अब असम कहते है···वहाँ भी तब जंगली और पहाड़ी जनगण रहते थे। तब ब्रह्मपुत्र नदी नहीं थी। वहाँ के जन नदी के अभाव में कष्ट पाते थे।

रामादल को घाटी में टिकाकर राम कुछ नायकों और ब्रह्मचारियों को साथ लेकर जनगणों के पथप्रदर्शन में तिब्बत अंचल में गए···राम ने देखा कि शीतकाल में सब ओर केवल बर्फ-ही-बर्फ है। राम ने ग्रीष्मकाल तक रुकने का निश्चय किया और कैलास पर्वत के नीचे मानसरोवर के तट पर डेरा डाल दिया। वहीं शेष रामदल को बुला लिया गया।

मानसरोवर नामक झील में अथाह जल होने से वह शीत ऋतु में भी जमती नहीं है। उसका जो उथला भाग है, वह बर्फ से जम जाता है किंतु अधिक गहरा विशद भाग नीले स्वच्छ जल से भरा रहता है। उस स्थान की मनोहरता वर्णनातीत है, जहाँ तक दृष्टि जाती है, तुषारमंडित पर्वत और खुले स्थल हैं···घाटी में, गुफाओं और कंदराओं में रामादल ने डेरे डाल दिए और कैलास मानसरोवर के अंचल में वे यात्रीगण मुक्त विचरण करने लगे—ग्रीष्म ऋतु की प्रतीक्षा करनी ही थी सो कैलास पर्वत को उन्होंने शिवलिंग के रूप में देखा। वह कैलास सचमुच आसपास से ऊँचा और आकृति में लिंगाकार होने के कारण रुद्रचिह्न-सा ही प्रतीत हुआ। राम ने उसकी विधिवत् पूजा की, प्रदक्षिण और भविष्य में वह सदा के लिए कैलास महादेव कहलाया। राम को अनुभव हुआ कि यहीं तपस्या कर रुद्र देवाधिदेव को प्रसन्न किया जाए।

राम के आगमन से दूरदराज़ की पहाड़ी बस्तियों से खाद्य पदार्थ आने लगे। स्वयं रामादल के लोग दिन-भर पर्वतों तथा घाटियों में घूमते और खाद्य तथा आखेट एकत्र कर डेरे पर ले आते। जनगण तो राम को महादेव रुद्र का अवतार मानते और उनका आकार-प्रकार देखकर उनकी पूजा-आराधना में दत्तचित्त हो जाते।

राम ने मानसरोवर के तट पर अपना साधना-स्थल बनाया। वह दिन-भर रुद्रजप करते और कभी-कभी रात्रियों में भीषण शीत में भी वहीं जमे रहते···रुद्रध्यान में उन पर न शीत का प्रभाव होता, न पहाड़ी धूप का···एक रात्रि में चंद्रिका का प्रसार हो रहा था और राम शिव की ध्यान-समाधि में बेसुध थे। अचानक उन्हें

आभास हुआ कि रुद्रदेव प्रकट हो गए हैं और वह परशुराम की भक्तिसाधना से प्रसन्न हैं। राम का ध्यान भंग हो गया, देखा, एक दीर्घकाय व्यक्ति उनके सामने खड़ा है और वरदमुद्रा में आशीष दे रहा है।

राम करबद्ध हुए और उस व्यक्ति की वेदमंत्रों से आराधना करने लगे—

"हे रुद्र! महान् कपर्दी या जटाधारी और वीरों के विनाशस्थान रुद्र को हम यह मननीय स्तुति अर्पित करते हैं···रुद्र, तुम सुखी हो, हमें सुखी करो। तुम वीरों के विनाशक हो। हम नमस्कार के साथ तुम्हारी परिचर्या करते हैं। पिता मनु ने जिन रोगों से उपशम और जिन भयों से मुक्ति पाई थी, रुद्रदेव, तुम्हारे उपदेश से हम भी वह पाएँ···अभीष्टदाता रुद्र···तुम ऐश्वर्यशाली मरुतों से युक्त हो···हम प्रजाहित देखकर तुम्हें आहुति देंगे—रुद्र, हम रक्षाहेतु दीप्तिमान् यज्ञसाधक, कुटिलगति और मेधावी रुद्र का आह्वान करते हैं···वह अपना क्रोध दूर करें। हम उनका अनुग्रह चाहते हैं···हम वराह की भाँति दृढ़ाङ्ग, अरुण वर्ण, कपर्दी, कीर्तिमान और उज्ज्वल रूपधारी रुद्र को नमन करते हैं···हम भवदीय स्तोत्र आपको अर्पित करते हैं, मरुतों के पिता, हमें आपका रक्षण अभीप्सित है···मरुतों के साथ रुद्र हमारा आह्वान सुनें···हम रुद्रदेव को प्रणाम करते हैं।"

(ऋग्वेद, अध्याय अष्टम्, सूक्त 114)

राम ने जब नेत्र खोलकर पुनः देखा तो उन्हें लगा कि कोई नीलवर्णी जटाजूटधारी, अरुण नेत्रवाला, विराट् व्यक्ति सामने खड़ा है और प्रसन्न है किंतु ध्यान से देखने पर वह अदृश्य हो गया। तथापि उस व्यक्ति का अट्टहास तीव्रगामी हवाओं या मरुतों के साथ सर्वत्र व्याप्त होता हुआ प्रतीत हुआ।

दीर्घकाल तक ऐसे दृश्य बार-बार प्रकट हुए। राम ने भी हठ ठान लिया कि जब तक रुद्रदेव दर्शन नहीं देते तब तक वह अहर्निश तपस्या करते ही रहेंगे। उन्होंने भोजन त्याग दिया, केवल मानसरोवर के जल पर निर्भर रहकर वह तप में लीन रहने लगे।

काल बह रहा था, तप जारी था। रुद्रशिव के अट्टहास-सा धवल तुषार चारों ओर फैला हुआ था किंतु रुद्रदेव प्रकट नहीं हो रहे थे। वे आभास देते और लुप्त हो जाते। रात्रि में तीव्र गति वाले मरुतों की ध्वनियों में राम को लगता कि मरुत्-गण वेदमंत्रों का उच्चारण कर रहे हैं—ओंकार का नाद जैसे हवाओं में प्रतिध्वनित हो रहा है···सरोवर का जल उछलता और जल पक्षीगण के शब्द उस प्राकृतिक महाराग में मिलकर रहस्यमय अनुभव प्रेषण करते। कैलास पर्वत बर्फ को ओढ़े हुए रुद्रशिव-सा साक्षी देता और सरोवर के तट से टकरातीं जलोर्मियाँ राम के साथ ठिठोलियाँ करतीं, कल-कल जलध्वनियाँ कहतीं, 'जप कर, जप कर'। राम जप में तल्लीन हो जाते और रुद्र के आभास पुनः प्रकट होने लगते।

तन से दुर्बल किंतु मन से रुद्रभक्ति में विह्वल राम को एक रात्रि में स्वप्न या आभास आया कि देव प्रसन्न हो गए हैं और उनकी आत्मा कैलास पर्वत के शिखर

पर आसीन रुद्रशिव निवास के द्वार पर पहुँच गई है। रामात्मा रुद्र के द्वार पर हठ कर रही है कि कपर्दी उन्हें दर्शन दें। अचानक कपाट खुले और रुद्र प्रकट हुए···कहा कि तुम अपने शरीर में चलो, हम आते हैं। राम का चैतन्य वापस हुआ। पुनः राम ने आँखें खोलकर देखा, पाया कि एक विराट् पिनाकी निषाद रूपधारी व्यक्ति सम्मुख स्थित है और उसके कंधे पर तूणीर बँधा है। वामहस्त में पिनाक नामक धनुष और दक्षिण हस्त में त्रिशूल है, वह विद्युत् का यज्ञोपवीत धारण किए हुए है, जो रह-रहकर कौंधता है। मेघमाल से जटाजूट में भुजंग लहरा रहे हैं, माथे पर एक प्रलयाग्नि-सा रक्तवर्णी नेत्र दहक रहा है, चंद्रमा उनके शीश पर चंद्रिका छिटका रहा है। रुद्र के केशवन में गंगा की धारा बह रही है और वह निषाद रूपधारी रुद्रशिव हाथी की खाल लपेटे हुए है···भूत-प्रेत-पिशाच उनके चारों ओर उपद्रव मचा रहे हैं, 'हू' 'हू' कर रहे हैं और उनका वृषभ पास में ही चर रहा है। राम को आश्चर्य हुआ। उन्होंने कैलास पर्वत की ओर दृष्टिपात किया तो वहाँ भी उन्हें वही रूप दिखा। तब उन्होंने चारों ओर दृष्टिपात किया, सर्वत्र वही महानिषाद प्रतीत होने लगा···राम ने सोचा कि मेरी कल्पना का यह खेल है या यह संपूर्ण ब्रह्मांड रुद्रशिव का स्वरूप है! राम ने नेत्र बंद कर पुनः खोले किंतु अब की बार वह आभास लुप्त नहीं हुआ अपितु मेघ-सा गरजता हुआ उसका महास्वर गूँजा—

"राम, मैं प्रसन्न हूँ···तू मेरा पुत्र है, मेरा अवतार है···उस अधर्मी कार्त्तवीर्य अर्जुन का वध करने और पृथिवी पर शिवत्व की स्थापना हेतु तेरे रूप में मैं आविर्भूत हुआ हूँ···ले यह महाधनुष ग्रहण कर और यह अक्षय तूणीर ले। यह पाशुपत अस्त्र धारण कर और यह परशु ले···तू अब अजेय है वत्स···अब यह उग्र तप त्याग दे और मुक्त आहार-विहार कर जीवन को संपुष्ट कर, बल बढ़ा···और देख, यह मानसरोवर का अंचल दिव्य है···यहीं बड़ी नदियों के स्रोत हैं···अब बसंत ऋतु निकट है, महासरिता इस ब्रह्मस्रोत से फूटेगी, पूर्व की ओर बहेगी, उसका ब्रह्मपुत्र नाम रखना···अब जा, तेरा कल्याण हो।"

आभास या दृश्य जो हो, वह लुप्त हो गया···अब वहाँ कोई नहीं था, केवल मानसरोवर की लहरों की छपछपाहट थी, जल-पक्षियों की ध्वनि थी, कैलास पर्वत समाधिस्थ शिव-सा लग रहा था तथा मरुतगण 'हर हर महादेव' उच्चारते सवेग चल रहे थे।

राम अभिभूत हो गए।

वह आसन से उठे। सम्मुख-विशाल इस्पाती धनुष था, चमकीले बाणों से भरा तरकस था जिसमें पाशुपत महाबाण विद्युत् लता-सा कौंध मार रहा था। उस पर दृष्टि नहीं ठहरती थी और एक सात हाथ लंबा परशु था जो पता नहीं, किस धातु का बना था किंतु उसकी धार दमक रही थी। राम ने उन अस्त्रों को प्रणाम किया। फिर मन में आया कि ये रुद्रप्रदत्त दिव्यास्त्र हैं या मेरी कल्पना के आभास हैं? राम ने उन अस्त्रों को सादर छुआ पर वे वास्तविक थे। राम चकित थे। क्या ध्यान में

यह शक्ति होती है कि इच्छानुरूप पदार्थ प्राप्त हो जाएँ या वह सचमुच देवता प्रकट हुए थे? क्या मेरे आभासों के काल में कोई निषाद इन्हें यहाँ रख गया है?

मन की गुत्थी सुलझ नहीं रही थी···आसपास की घाटियों में निषादों, किन्नरों की बस्तियाँ हैं···मुझे लगता है कि वे निषाद ऐसी धातु के आविष्कारक हैं जो किसी अस्त्र से कटती नहीं। यह भी संभव है कि इन अस्त्रों में विद्युत् का आवेश हो और ये अस्त्र किसी मंत्र से चलते हों। राम को मंत्र याद आए जो पाशुपत अस्त्र के संधानहेतु महानिषाद ने राम को रटाए थे और वे मंत्र सदा के लिए राम के मानस में अंकित हो गए थे। राम मन की उलझन में 'हर हर महादेव' का नाद करने लगे।

सृष्टि रहस्यमय है, राम सोचते हुए चले। उन्होंने मानसरोवर का जल पिया और वह दुर्बलता के कारण डगमग पैरों से घाटी में डेरे की ओर बढ़े···सवेरा हो रहा था अतः वह ब्रह्मस्रोत की ओर मुड़े। बर्फ पिघलने लगा था और एक जलधारा वर्तमान असम की ओर बह रही थी किंतु उधर शिलाओं के अंबार में जाकर वह रुक गई थी। राम को अचानक सूझा कि हो न हो यही ब्रह्मस्रोत है, ब्रह्मपुत्र का उद्‌गम···यदि इसका उत्खनन हो सके तो यह जलोद्‌गम नद का रूप धारण कर सकता है, इस सोच-विचार में लगे राम उस क्षेत्र में भटकते रहे।

राम ने शंख फूँका। आसपास घाटियों में पड़ा रामादल जाग्रत हुआ। शंखनाद में आज आनंद और शांति का घोष था। राम सस्वर, आरोह-अवरोह देते हुए शंख को बजा रहे थे। रामादल शुभ समाचार की आशा में कैलास मानसरोवर की ओर भागा। आज परशुराम प्रसन्नता से, हर्ष के अतिरेक से शंख ध्वनि कर रहे थे···राम की सेना पास आने लगी तब भी वह शंख फूँकते रहे। सब ने पास आकर प्रणाम किया। जब पर्याप्त ब्रह्मचारी, सैनिक तथा सेनानी आ गए तब राम ध्यानमुद्रा में बैठ गए। लोमा आई, उसके हाथ में जंगलियों द्वारा लाया हुआ दुग्ध था। मणिप्रभा ने पायस बनाया था। वह दोनों हाथों खीर का पात्र थामे चली आ रही थी···चंद्रकलावती ने एक लंबा, भारी पहाड़ी ऊन का आवरण (सूटर) बुना था और चारुवल्लरी ने एक बढ़िया दुशाला पहाड़ियों से प्राप्त किया था। सखियाँ राम को तपसंलग्न देखकर पहाड़ों में घूमती रही थीं और उन्होंने बहुत कुछ जाना-समझा था। सर्वप्रथम लोमा राम के निकट गई और सारी निष्ठा, प्रेम और ममत्व भरकर पुकारा—

"राम! आप भूखे हैं न जाने कब से, लीजिए, दुग्ध का शिवप्रसाद पाइए राम!"

राम ने सम्मुख लोमहर्षिणी को दूध लिये देखा जो नतनयन खड़ी थी और जिसके मुख पर सर्वातीत समर्पण का भाव था। राम लोमा का मुख देखते ही रह गए। उन्होंने लोमा के हाथ से दूध की कलशी ले ली और 'हर हर महादेव' कहकर एक ही श्वास में समाप्त कर दिया। तृप्ति की डकार से धरती को कंपित कर राम ने मानिनी मणिप्रभा को निहारा जो खीर का पात्र राम के सामने किए हुई थी। उसके मुख पर मन्यु (क्रोध) था, एक उपेक्षा से उपजी मधुर उत्तेजना, एक स्वाद भरा

उपालंभ, एक वियुक्त होने की कसक···राम उसको देखकर मुस्कराए, कहा—

''अरी मानिनी राजकुमारी मणिप्रभा, लाओ, पायस का प्रसाद दो देवी, तुम्हारी जय हो, इस पर्वतीय उजाड़ में पीयूष-सा पायस, लाओ।''

राम पायस खाने लगे। उनकी तपस्या सफल हुई थी। रामादल में जय-जयकार होने लगी, क्योंकि राम का मुख, दुर्बलता में भी कांति बिखेर रहा था और उनके पास नए शस्त्र थे जो पूर्व काल में कभी देखे नहीं गए थे। जय-जय के मध्य मणिप्रभा रूठकर, कुपित होकर, मुँह फेरकर बैठ गई। राम को आनंद हुआ और वह शिशुवत् हँसने लगे—

''मणि, तू मुझे क्षमा कर···कपर्दी रुद्र प्रसन्न हुए, उन्होंने मुझे दर्शन दिए, दिव्यास्त्र दिए। देख, यह परशु, यह अटूट धनुष—लोमा, इसे छुओ, चंद्रकला इस तूणीर को परखो और मणिप्रभा देखो, यह रहा पाशुपत बाण इसके चलने से प्रलय के समान अग्नि उपजती है···लक्ष-लक्ष कोटि-कोटि सेना जलकर भस्म हो जाती है···मणि, यह प्रलयास्त्र है···इसे कोई नहीं बना सकता, मैं भी नहीं···लो, देखो तो यह रुद्रदेव का प्रसाद···।''

मणिप्रभा, कला, वल्लरी और लोमा अपना-अपना मान और उपालंभ भूल-कर उन शस्त्र-अस्त्रों का सहर्ष अवलोकन करने लगीं। राम खीर खाते रहे और सखियों के उत्साह और उत्सुकता का स्वाद लेते रहे।

चारुवल्लरी ने साग्रह राम को ऊन का आवरण पहनाया। राम ने कौतुक से उसे धारण किया और दुशाला कंधे पर रख लिया। बारी-बारी से नायकों ने, स्वजनों ने राम के नए अभूतपूर्व अस्त्र-शस्त्र देखे, सराहा और यह अनुभव किया कि अब राम सचमुच अजेय हो गए हैं। जय-जयकारों का सिलसिला पुनः चल पड़ा।

आज कैलास पर्वत-अंचल में धूप फैली हुई थी। आकाश पर बादल इधर-उधर छितराए हुए थे जैसे जल पर नीलवर्णी तृणराजि छा जाती है जैसे नीलमणि पर असित मणियों की पट्टिकाएँ या फलक तैर रहे हों जैसे वे बादल के जहाँ-तहाँ टुकड़े महादेव के दूत हों, स्वस्तिवाचन करने आए हों···खिली धूप में बर्फ टूटने की ध्वनि आकर्षक थी। मणिप्रभा के मन में आया, कितना अच्छा होता यह राम, इस जमे तुषार-सा खिल जाता और प्रवाहित होने लगता किंतु लोमा का हर्ष प्रकट न होकर छलक रहा था जैसे भरे पात्र में द्रव अधिक होने पर वह चुपचाप रिस रहा हो। राम किशोरियों और सेना के हर्षोत्सव में तन्मय थे···वह रह-रहकर रुद्रशिव की जय बोल रहे थे। हर हर महादेव!

पुनः राम उठे। धनुष-तूणीर धारण कर राम ने वह शिवप्रदत्त विकट परशु उठाया और कंधे पर रखा। उससे रश्मियाँ फूट रही थीं और तूणीर में रखा पाशुपत बाण, शेषनाग-सा धवल आलोक छोड़ रहा था। राम आगे चले, सबने अनुगमन किया।

ब्रह्मस्रोत का जल जिस शिला से रुका हुआ था, उस पर राम ने यकायक प्रहार किया। परशु की चमक से वहाँ लोगों के नेत्र मुँद गए···एक घोर नाद हुआ और वह शिला विदीर्ण हो गई। राम ने आवाहन किया—

''नायक और योद्धा सुनें···इस ब्रह्मस्रोत से ब्रह्मपुत्र महानद का जन्म होगा···जितने परशु हैं, खनन के अन्य अस्त्र सब ले आओ और इस शिलाविरोध को हटा दो···तब तक मैं खोदता हूँ।''

राम का फरसा वज्र-सा पड़ता···चट्टानों के टुकड़े हो जाते। पत्थर पर लोहा असर नहीं करता पर वह तो अलौकिक परशु था। उसकी गति अप्रतिहत थी। राम एक प्रहर तक ब्रह्मस्रोत के मार्ग के अवरोध काटते, लोग पत्थर उठा-उठाकर जलपथ को प्रशस्त कर देते।

पर्वत के काटने का इतना बड़ा कार्यक्रम अनसुना, अनदेखा नहीं रह सकता था। दिन चढ़ आया था···आसपास के पहाड़ी जन, पशुपालक, आखेटक और अन्य जन साश्चर्य महानद के प्रवाह को देखकर किलकारियाँ भरने लगे। वे पहाड़ खोदने के अस्त्र लेने भागे और वहाँ समाचार फैलाया कि राम भार्गव नद निकाल रहे हैं। यह तो अद्‌भुत संदेश था। एक-दो घंटों में ही सैकड़ों पहाड़ खोदने वाले आ गए। उन्होंने राम के पैर छुए और बोले—

''महाराज! आपने मार्ग दिखा दिया। आप थक गए हैं, आपका दल युद्ध में लड़ सकता है, खनन नहीं कर सकता···अब आप केवल पथप्रदर्शन करते रहें···हम इस अवरोध को खोद डालेंगे। हाँ, आपके दल के सैनिक पत्थर उठाकर इधर-उधर तटनिर्माण भले ही करें परंतु यह कार्य भी हम करेंगे क्योंकि कल सहस्रों लोग आ जाएँगे···अरे भाइयो, पहाड़ी नरसिंहा बजाओ, राम भगवान् की जय बोलो, ढोल पर डंडे चलाओ और संदेश भेजो—हर हर महादेव!''

गिरिजनों ने ब्रह्मपुत्र खनन और तट-निर्माण का कार्य अपने हाथों में ले लिया। राम ने कार्य का अवलोकन किया, कहा कि तट-निर्माण व्यर्थ है···यह ब्रह्मपुत्र महानद है···इसका तट कौन बाँध सकता है···केवल चट्टानों को खोद डालो, इस पहाड़ी को खसाओ और समतल कर दो···फिर ब्रह्मपुत्र स्वयं अगाध जल के वेग से मार्ग बना लेगा, हर हर महादेव!

ऐसा नद-निर्माण का दिव्यकर्म वहाँ कभी नहीं हुआ था। दूसरे दिन तो खनकों और पत्थरों को दूर फेंकने वालों की भीड़ का कोई गणित ही नहीं रहा··· रामादल को मुक्त कर दिया गया। राम और उनके नायक सखीवृंद, उन स्वयंसेवकों को जल और भोजन पहुँचाने एवं पथ-प्रदर्शन में लग गए···श्रमदान का इतना विशाल आयोजन राम ने ही सर्वप्रथम किया!

'हर हर महादेव, जय परशुराम' के नारों के साथ श्रमदान लगातार चलता रहा।

19

महानद ब्रह्मपुत्र का वेग अद्‌भुत था, अभूतपूर्व···जैसे-जैसे हिम पिघलता गया, ब्रह्मपुत्र की धारा तीव्रतर होती गई···वह महाप्रवाह आधुनिक उत्तर प्रदेश, नेपाल, सिक्किम, भूतदेश या भूटान के काफी ऊपर-ऊपर समानांतर रेखा की तरह बढ़ा और फिर वर्तमान अरुणाचल प्रदेश दक्षिण-पूर्वोत्तर प्रदेश में नीचे की ओर मुड़ गया और असम प्रदेश में प्रवेश कर गया। असम से पुनः वह ब्रह्मपुत्र की धारा मेघालय होती हुई वर्तमान बंग प्रदेश में उतर गई और बंगाल की खाड़ी के समुद्र में लय हो गई। असम से एक धारा, जो प्रशस्त और प्रबल थी, पद्मा नाम से बंग देश को सींचती हुई और गंगा को अपने में मिलाती हुई समुद्र की ओर गतिमान हुई।

असम देश के जनगण विस्मित थे···राम नहीं लौटे और नदी उनसे पूर्व ही आ गई। नर-नारी समूह के हर्ष का कोई अनुमान भी नहीं कर सकता कि राम के प्रति उस अंचल के वासियों में कितनी श्रद्धा उमड़ी होगी···जनसमूह चकित होकर बाहर नद का प्रवाह देख रहा था और भीतर राम के प्रति प्रेम और श्रद्धा का सागर उछल रहा था। ब्रह्मपुत्र का अवतरण हुआ। उसने उस अंचल की बरबादी भी खूब की। उसके विराट् पाट में न जाने कितनी भूमि, वन और घर बह गए परंतु महामाता ब्रह्मपुत्र भूखी थी सो उसने काफी कुछ उदरस्थ किया और वह फिर फैल-फाल कर बहने लगी और अपनी संतान पशु, पक्षी तथा मनुष्यों को अमृत पिलाने लगी···वह दुःख और अभाव में सुख और समृद्धि-सी बह रही थी, वह माता ब्रह्मपुत्र नदी, पिता ब्रह्मपुत्र नद···लोग निहाल हो गए।

अंततः परशुराम सदल-बल लौटे। जनगण के उत्साह और पूज्यभाव का पारावार उमड़ रहा था। पूजा की भावना तभी जन्म लेती है जब कोई निःस्वार्थ उपकार किया गया हो और यह उपकार अवर्णनीय था, न कभी सुना गया, न देखा गया···लोगों की समझ में ही नहीं आ रहा था कि वे राम का प्रत्युपकार कैसे करें? अंततः उन्होंने हृदयों के भावभार को हल्का करने के लिए राम की पत्थर, मिट्टी, लकड़ी की मूर्तियाँ बनाकर पूजा करना शुरू कर दिया। इससे जनभावना को एक मार्ग मिल गया और वे राम, परशुराम के नाम पर गुफाओं, घाटों, पहाड़ों, निवासों का नाम रखने लगे···अरुणाचल प्रदेश में परशुराम के नाम पर पशुपालकों को एक अद्‌भुत कंदरा मिली जिसका द्वार तो था किंतु उसका ओर-छोर नहीं था···वह तुषारावृत्त पर्वत श्रेणियों के भीतर-भीतर न जाने कहाँ तक चली गई थी।

वापसी में राम को अरुणाचल प्रदेश के लोगों ने इस गुफा के विषय में बताया। राम ने सोचा कि हैहयों तथा अन्य दुष्ट, पापी क्षत्रियों के हनन के पश्चात् अंततः उन्हें हिंसा-कर्म छोड़ना ही होगा और तपस्या द्वारा मनुष्यों के वध का

प्रायश्चित्त भी करना पड़ेगा क्योंकि हिंसा, ऋषि और ब्राह्मण धर्म के विरुद्ध है अतएव वह, रामादल को असम पहुँचने के लिए कहकर उस गुफा को देखने अकेले ही चले गए। कहने पर भी किसी को साथ नहीं ले गए⋯अब उन्हें किसी रक्षक की आवश्यकता भी नहीं थी। रुद्रशिव के शस्त्र उनके सबसे प्रभावशाली संरक्षक थे। कई दिनों तक भटकने के बाद पशुपालकगण राम को उस गुफा में ले गए।

वहाँ मीलों तक वनों और बर्फीले पर्वतों के सिवा मानव-निवास तक नहीं था और वहाँ प्रकृति अपने मनोरम तथा भीषण दोनों रूपों में सर्वोत्कृष्ट थी। कंदरा के बाहर एक सरोवर था जो शीतकाल में जम जाता था और गर्मियों में छोटा-मोटा मानसरोवर बन जाता था। वनों में फल-फूलों का अंबार था। राम के भक्तों की संख्या बढ़ती जा रही थी⋯पशुपालक उनकी गुफा में दूध पहुँचाते ही रहेंगे। सबसे बड़ी बात यह थी कि वह स्थल दुर्गम था⋯वहाँ कोई पहुँच ही नहीं सकता⋯राम ने निश्चय कर लिया। पशुपालक चाहते थे कि महादेव का यह अवतार यहाँ इस गुफा में तपस्या करे तो उनका भाग्योदय होगा और उनकी सेवा से जन्म सफल हो जाएगा⋯फिर हमारे मध्य शांति रहेगी क्योंकि परशुराम बाबा के अंचल में कलह, कपट और कष्ट पहुँचाने का साहस कोई कर ही नहीं सकता⋯वे चातक की तरह राम की ओर तक रहे थे कि वह यहीं रुकते हैं या चले जाएँगे। राम उन निरीह और निष्पाप वनवासियों से बोले—

''प्रकृतिपुत्रो! मैं अभी तो जाऊँगा किंतु मैं लौटकर यहीं तप करूँगा और फिर कभी नहीं जाऊँगा⋯तुम मेरी प्रतीक्षा करना⋯तुम्हारा कल्याण हो!''

और राम असम देश को वापस हो गए। वहाँ का जनगण रात-दिन प्रतीक्षा कर रहा था।

एक महान् जनोत्सव हुआ और राम तथा रुद्रशिव की जय-जयकार से गगन कंपित हुआ⋯। राम ने ब्रह्मपुत्र के तट पर ही डेरा डाला और वह आगे की यात्रा पर चिंतन करने लगे। सखीमंडली के सुख का आर-पार नहीं था। मणिप्रभा ने राम-रंजन की एक युक्ति सोची और सबको उसमें सम्मिलित कर लिया।

अक्षय तृतीया परशुराम की जन्म-तिथि थी। यह समाचार स्वतः ही फैल गया। उस दिन सखीमंडली ने एक रूपक का आयोजन किया⋯अपार जन- समूह उमड़ पड़ा। अपराह्न काल में ब्रह्मपुत्र के तट पर लकड़ी के तख्त डालकर मंच बनाया गया। उन पर आस्तरण बिछा दिए गए। सामने जनसमूह चटाइयों और दरियों पर जम गया। राम के लिए एक ऊँचे आसन पर मृगछाला बिछा दी गई⋯बाईं ओर तख्तों की बगल में गायक बैठाए गए और सखी- मंडल नेपथ्य में नाटक की तैयारी में लगा। जनता को थामे रहने के लिए मौरवी को जनगीत गाने को कहा गया। पुनः अद्रि यादव, शत्रुघ्न यादव, यज्ञधर आचार्य आदि ने शास्त्रीय

या वेदसंगीत प्रस्तुत किया⋯तब तक सखी-संप्रदाय रूपक प्रस्तुति के लिए सन्नद्ध हो गया।

यवनिका उठी तो सामने देखा कि मणिप्रभा परशुराम का रूप धर कर ध्यानमग्न है⋯उसके सिर पर जटाजूट है, राम जैसा⋯मस्तक पर तीन समानांतर चंदन की रेखाएँ हैं⋯वह एक ढीला-ढाला पैरों तक लंबा चोलना पहने हुए है और पैर नंगे हैं। मणि की दाईं ओर परशु रखा हुआ है, बाईं ओर धनुष और तूणीर है। मणिप्रभा के दोनों हाथ घुटनों पर हैं और वह योगमुद्रा में शिवध्यान में मग्न है। जनसमूह ने राम की जय का नारा लगाया⋯जनता में एक वृद्धा ने कहा—

''अचरज! यह कितनी सुंदर लगती है यह राम की कौन है?''

''भक्त''—एक स्त्री बोली।

''तू कैसे जानती है? वह राम की अनुरक्त भी तो हो सकती है।''

''नहीं हो सकती। राम तो रुद्र हैं, वह भक्त बनाते हैं, अनुरक्त नहीं—वह तो अखंड ब्रह्मचारी हैं, पगली!''

''क्यों भला, ऐसा देव शरीर और ब्रह्मचारी!''

''अरी बुढ़िया⋯ब्रह्मचारी न होता तो ब्रह्मपुत्र को एक ही फरसे के प्रहार से बहा लाता?''

''ओ दैव⋯हाँ, यह तू ठीक कहती है⋯तो भी इसका विवाह होना ही चाहिए न⋯हाय, मैं इस सुंदरी-सी होती तो मैं तो इस फरसे वाले को भगा ले जाती, हाँ।''

स्त्रियों में घोर अट्टहास हुआ। पुरुषों को पता चला तो वे भी लोट-पोट होने लगे। विश्वावसु भार्गव ने मौन हो जाने के लिए हाथ उठाया। विश्वावसु राम जैसा ही मनोहर था। बुढ़िया ने पुनः चुहुल की—

''अरी, सुनती हो⋯यह तो राम जैसा ही है, क्या यह भी ब्रह्मचारी है?''

''नहीं, यह राम का बड़ा भाई है, विश्वावसु भार्गव, पर अभी अविवाहित है!''

''अच्छा, तो यह क्या बुरा है? इसका विवाह इस सुंदरी से करा दो कोई⋯बेचारी ध्यान धरे-धरे थक रही है।''

पुनः हँसी का रेला उठा। बड़े-बूढ़ों ने डाँटा, शांति स्थापित हो गई।

मणिप्रभा, राम के वेश में महादेव के प्रति स्वरचित वेदमंत्र पढ़ने लगी—

''हर हर महादेव! हे देवाधिदेव! आप पिनाक नाम के धनुषधारी हैं, कपर्दी हैं, कैलासवासी⋯आपके शीश पर जटिल जटाजूट में गंगा लहरा रही हैं, आपके कर्पूरवर्णी शरीर पर भुजंग फुंकार रहे हैं, आपके नीलकंठ में विष विराजता है और शीर्ष पर आसीन चंद्रमा अमृत-किरणें बिखरा रहा है⋯प्रसीदतु शिव, प्रसीदतु⋯आपको मैं जमदग्नि-पुत्र राम नमन करता हूँ, प्रसीदतु⋯हे रुद्र, आप भयानक हैं, सृष्टि के प्रलय काल में आप ही संहार करते हैं⋯अणु-परमाणु में आप लास्य कर रहे हैं किंतु क्रुद्ध होने पर आप तांडव करने लगते हैं। आप काल के

अंकुश हैं, महाकाल मृत्युंजय हैं। हे कपाली, आप श्मशानों में विचरते हैं···अशिव को शिव बनाते हैं···भूत-प्रेत-पिशाच आपके वश में हैं···प्रसीदतु ···हे मरुद्‌गण, तुम वेग से चलते हो···तुम परमेश्वर महादेव से हमारी संस्तुति करो कि वह मुझ पर प्रसन्न हो जाएँ···हे कैलास पर्वत, तुम अपने शिखरस्थ रुद्रदेव को प्रेरित करो, हे हिमालय, हिमवान, तुम हमारा स्तवन शिव तक पहुँचा दो···ओउम् रुद्राय नमः, ओउम् रुद्रशिवाय नमः, ओउम् नमः रुद्राय···ओउम् नमः शिवाय···ओउम्··· ।''

भीड़ भी मणिप्रभा के साथ मंत्रजप करने लगी, ओउम् नमः रुद्राय, ओउम् नमः शिवाय···परशुराम आनंदित थे, नायकगण मुग्ध थे। मणिप्रभा लगातार जप कर रही थी।

तभी महादेव रुद्र प्रकट हुए। चंद्रकलावती ने रुद्राभिनय किया। वह भारी जटाजूट धारण किए थी, उसके केशों में, बाँहों पर, कंधों पर, वक्ष पर बनावटी सर्प लहरा रहे थे···माथे पर तीसरा नेत्र बनाया गया था, सिर पर चंद्रमा···उसकी कटि पर बाघाम्बर था और पैर नंगे थे···वह दाएँ हाथ में त्रिशूल लिये हुए थी जिसमें डमरू बँधी थी। उसके कंधे पर लंबा धनुष और तूणीर था, और एक दीर्घ परशु कंधे पर लटका हुआ था। महादेव रुद्र ने कहा—

''राम, मैं तेरे तप से प्रसन्न हूँ, वरदान माँग।''

''प्रभो! मेरी मति आपमें अचल रहे, भक्ति दृढ़ रहे, यही माँगता हूँ!''

''तथास्तु! पर तू कुछ और माँग !''

''प्रभु, आप जो प्रसाद देना चाहें, दें किंतु मैं क्या याचना करूँ!''

''तो ले, तू चतुर है अस्त्र-शस्त्र के लिए आया है। ले, यह परशु है, यह अमोघ है, कभी व्यर्थ नहीं जाएगा···कार्त्तवीर्य अर्जुन की सहस्र भुजाएँ यही काटेगा···ले, इसका मंत्र यह है (कान में कहती है) अब ले यह धनुष है, कभी टूट नहीं सकता, कट नहीं सकता···यह लचीले इस्पात का बना हुआ है, ले और यह तूणीर है, इसमें पाशुपत बाण भी है जो प्रलयंकर है···इसे संचालन और शांत करने का यह मंत्र है (पुनः कान में कहती है) और जामदग्न्य राम, अब बता, तेरा और क्या प्रिय करूँ?''

''आप स्वयं निर्णय करें प्रभु!''

''तो सुन···तुझसे जो प्रेम करते हैं, उन्हें निराश मत कर···उन्हें अपना ले बालक! यदि तूने अपने प्रति आसक्तों की उपेक्षा की तो···तो···तो!''

''नहीं-नहीं भगवन्! मैं अनुरागियों को अपना लूँगा।''

''तो वत्स, तेरा कल्याण हो···तू यहीं रुक अभी और मेरे स्वागत-सत्कार में नृत्य और गीत का आयोजन कर···और विवाह कर!''

सभा में प्रसन्नता और हास्य का घोर नाद हुआ···लोग आनंद में उठकर नाचने लगे। स्त्रियों ने करताली बजाना शुरू किया तो वह शांत ही नहीं हो रही थीं···परशुराम और नायकगण भी ताली बजाने लगे···हँस पड़े।

पुनः चारुवल्लरी ने अप्सरा के वेश में मंच पर प्रवेश किया। राम रूपधारिणी मणिप्रभा अन्यत्र बैठ गई ताकि वल्लरी को पूरा मंच गति भरने को मिल जाए। वादकगण मंच के पार्श्व में आ बैठे। वादन का शुभारंभ हुआ!

वल्लरी ने पहले सामवेद का मंत्र गाया और नृत्य के लिए पद संचालन किया। वह आपादमस्तक सोलह श्रृंगारों से सजी थी और अप्सरा की छवि देने के लिए उसने कंधों पर लघु पंख बाँध रखे थे। उसके बड़े-बड़े दीदे, काजल की कोर और स्थायी मादकता, अमृत और विष से आपूरित थे जो देखता, पागल हो जाता। वह सब्ज़परी की मुद्रा में थी···हरी साड़ी, हरी कुर्ती, हरा उष्णीश···वल्लरी आज सब पर छा रही थी···उसके स्वर में दाना था, वह मर्म को सीधे वेधता था और वेदगायन की उच्चता भी बनी रहती थी।

वल्लरी ने नृत्य और नृत्त में, अभिनय और भावप्रदर्शन में अद्वितीय दृश्य उत्पन्न किया। सब किसी और लोक में पहुँच गए, केवल 'साधु-साधु' की ध्वनि उठती और रह-रहकर जय-जय होती। समाप्ति पर लोग आनंद से अश्रु बहाने लगे। वल्लरी भागकर नेपथ्य में छुप गई।

कोलाहल मचा कि वल्लरी एक लोकगीत गाए और लोकनृत्य प्रस्तुत करे। वल्लरी पुनः मंच पर आई। उसने प्रिय प्रिया के संयोग का एक मस्ती का गीत गाया। जनसमूह उन्मत्त हो गया। यह उनकी समझ में आया था और उसमें जनसुलभ उमंग और मतवालापन था, खुला श्रृंगार···परशुराम मुस्करा तो रहे थे किंतु सीधे वासनात्मक गीत पर उन्होंने सिर नीचा कर लिया। तब भीड़ और अधिक हँसी जैसे ब्रह्मचर्य पर लोकहृदय की जीत हो गई हो। मृदंग की गमक, मंजीर की खनक, तंतु-वाद्यों की झंकार और वेणु की धुनों से अद्भुत समाँ बँध गया···वल्लरी स्वर उठाकर सप्तम पर पहुँचती और पुनः खरज में आ जाती···वह पक्षियों की तरह-तरह की आवाजों का अनुकरण पेश कर रही थी और शरीर की मरोड़ों और कटाक्षों की मारों से लोकसमाज को मंत्रमुग्ध कर रही थी।

इस रूपक की सूत्रधारिणी ऋषि लोमहर्षिणी थी। वह भी आज तीनों सहेलियों के रंग में रँग गई थी। उसने राम के आदि पितामह ऋषि भृगु का रूप धरा था और दृश्य स्वर्ग का था।

स्वर्ग में भृगु महाराज आश्रम के कुटज जैसे स्थान में दर्भासन पर विराजे हुए थे। उन्होंने राम को बुलवाया। रामरूप धारण करने वाली मणिप्रभा करबद्ध उपस्थित हुई। भृगु बोले—

''राम, जमदग्नि का वध हुआ, और तुम अनुपस्थित थे?''

''भूल हुई, आदिपितामह! मैं तब अघोरवन में था, साधनारत!''

''वह कैसी साधना, जिसमें तुम्हें पिता पर आए संकट का आभास नहीं हुआ? और वह अघोर आथर्वण, वह भी अपनी धुन में दुर्घटना का परिज्ञान प्राप्त नहीं कर सका···मैं तुम्हें श्राप देता हूँ, स्वीकार करो!''

"स्वीकार है पितामह!"

"तो सुनो, मैं तुम्हें आदेश देता हूँ कि तुम जमदग्नि तथा उसके पूर्वजों की भाँति गृहस्थ धर्म अपनाओ···मैंने ब्रह्मा की पुत्री ख्याति से विवाह किया था···मेरा तप और बल नहीं घटा···विष्णु द्वारा उपेक्षा करने पर मैंने उसके वक्ष पर पग-प्रहार किया था जिसे वह आज भी भृगुलता कहकर धारण करता है···यह था प्रताप भृगु का और फिर ऋषि और्व, ऋचीक, जमदग्नि ने विवाहित होकर उस तेज को बढ़ाया और तुम प्रकृति धर्म से डरते हो···विवाह का वचन दो, अन्यथा मैं तुम्हें श्राप दूँगा!"—भृगु क्रोध में उफन रहे थे।

"प्रभो···मेरे सम्मुख कार्त्तवीर्य का शीश है और उस पर मेरा कुठार है···ऐसे में विवाह?···नहीं पितामह, नहीं!"

"तो वचन दो कि क्षत्रिय दर्पदलन के पश्चात् तुम भृगुवंश का दीपक बुझने नहीं दोगे।"

"वचन देता हूँ···मेरे चार-चार भाई हैं···भृगुवंश अमर रहेगा।"

"नहीं"—लोमा ने इतनी जोर से 'नहीं' कहा कि परशुराम भी हँस पड़े···जनता में भी हँसी की हिलोर उठी—

"नहीं, नहीं, नहीं···भार्गव अनेक हैं किंतु तुममें मेरा सर्वोच्च तेज है, वह व्यर्थ न जाए, ऐसी प्रतिज्ञा करो।"

भयभीत होने का भाव दिखाकर मणिप्रभा करबद्ध होकर बोली—

"मैं वचन देता हूँ!"

"क्या?"

"कि···कि···कि···कि···कि···कि···कि···मैं धरा को पापी शासकों से मुक्त कर लेने के पश्चात् विचार करूँगा।"

"अच्छा, तो तुम मानोगे नहीं?"

भृगु (लोमा) ने कमंडलु से दाएँ हाथ में जल लिया और श्राप दिया—

"राम! मैं तुम्हें अमोघ श्राप देता हूँ कि तुम्हारी मति फिर जाए और तुम विवाह करो!"

हँसते-हँसते लोकसमूह के पेट में बल पड़ने लगे। राम भी ठठाकर हँसे, नायकगण भी। रूपक समाप्त हुआ···पात्र परशुराम के सम्मुख मंच पर प्रस्तुत किए गए। राम ने हँसते हुए आशीष दी कि रूपक का प्रयोजन पूरा हो!

पर्याप्त समय तक मणिप्रभा, लोमा, कला और वल्लरी की प्रशंसाएँ गूँजती रहीं। राम उनकी सराहना करते हुए एक दिन बोले कि वे रूपककला में निपुण हैं। नाटक शत्रु के विरुद्ध प्रचार में प्रभावशाली आयुध हो सकता है अतएव मणिप्रभा ऐसी प्रचारमंडलियाँ तैयार करे और वह अभी इस महत्त्वपूर्ण कार्य के लिए जमदग्नि आश्रम लौट जाए; लोमा, चारु, कला और मौरवी साथ जाएँ किंतु यह आदेश होते ही वे अचेत-सी होकर धराशायी हो गईं···नाटक में निपुण वे थीं

ही, राम घबरा गए···वचन दिया कि ठीक है, वे महायात्रा में साथ चलें पर मंडलियाँ बनाकर वे उन्हें जमदग्नि आश्रम में भेज दें या वहाँ कोई आश्रम में ऐसा रूपक आयोजक हो तो वहाँ की रूपक मंडलियाँ ग्राम-ग्राम प्रचार करें। यह संभव था, मणिप्रभा इसके प्रबंध में लग गई।

मुख्य प्रश्न यह था कि कौन-सा मार्ग अपनाया जाए कि राम वाल्हीक देश पहुँच जाएँ। वाल्हीक देश से तक्षशिला होते हुए भारत के लिए सार्थवाह या कारवाँ चलते थे और ताम्रलिप्ति नौकायन तक आते-जाते थे जो बंगाल की खाड़ी का बंदरगाह था किंतु यह सर्वज्ञात मार्ग शत्रु की पहुँच में था और यदि इसी बीच कार्त्तवीर्य अर्जुन ने यात्रा में अवरोध खड़े किए तो युद्ध के लिए जो उत्तरकुरु के योद्धाओं का सहयोग अपेक्षित था, वह असफल हो सकता था, अतएव पहाड़ी मार्ग दुर्गम होने पर भी निर्विघ्न था।

राम के बुलाने पर असम और आसपास के जनप्रमुख, गिरिजनेश, गणप्रमुख और सार्थवाहक बुलाए गए। अधिकतर यह कहने लगे कि पर्वतों का मार्ग भयंकर है, प्राणघातक भी···वर्षा और हिम स्खलन का भी भय रहता है। पुनः रामादल के अश्व पहाड़ी मार्ग के अभ्यस्त नहीं हैं, फिर रामादल में सुकोमल किशोरियाँ हैं। वे प्राण दे देंगी यदि उन्हें साथ नहीं ले जाया जाएगा···पहाड़ पर तो पहाड़ी लोग ही आ-जा सकते हैं अतएव सबकी राय यह है कि मैदान का रास्ता ही पकड़ा जाए—और उसके कई मार्ग हैं। उदाहरण के लिए ताम्रलिप्ति से वंक्षु नदी (आमू दरिया) का मार्ग अपनाते हुए भी, आक्रामकों को भ्रम में डालने के लिए अन्य मार्ग अपनाकर पुनः उसी पथ पर आया जा सकता है।

बहुत देर तक विचार-विमर्श होता रहा। अंत में यह तय पाया कि मैदानी मार्ग ही कुशलकारी है और पथप्रदर्शन के लिए कई सार्थवाहक साथ जा सकते हैं।

वर्षा, शीत, ताप की परवाह न करते हुए अंततः परशुराम का सार्थवाह असम से लौटकर पुनः बिहार के मैदानों और जंगलों से गुज़रता हुआ, काशी लौटा और वहाँ पुनः विश्वनाथ महादेव का पूजन कर आगे प्रयाग के संगम पर डेरा पड़ा। मार्गदर्शकों के आग्रह पर अधिकतर लोगों ने तीर्थयात्रियों का वेश पहन लिया था किंतु वे उच्चराशि के घोड़ों को छिपा नहीं सकते थे। जहाँ वे पहचाने जाते तो किसी बहाने आगे खिसक लेते···वे यात्रा में किसी से उलझना नहीं चाहते थे। प्रयाग का संगम महातीर्थ था और वहाँ बृहस्पतिपुत्र ऋषिवर भरद्वाज का आश्रम था···अभी प्रयाग नगर नहीं बसा था, आसपास महावन था अतः प्रयाग तीर्थयात्रियों का लघु ग्राम-सा था।

संगम पर स्नान-विश्राम-भोजनादि के पश्चात् राम नायकों और सखीभंडली सहित ऋषि भरद्वाज से मिले। उनका स्वागत हुआ। संपूर्ण वृत्तांत सुन लेने के पश्चात् ऋषिवर बोले—

''राम! तुम भार्गव हो, तुम्हारी विजय होगी किंतु अर्जुन चक्रवर्ती राजा

है···सैन्यबल का सामना सैन्यबल ही कर सकता है अति साहस अदूरदर्शिता है···मैं इस सत्युग के सबसे बड़े युद्ध में सहस्रों आरण्यकों का बल भेजूँगा और मेरा आशीर्वाद तुम्हारे लिए अमोघ कवच का कार्य करेगा···मैं वृद्ध हूँ वरना स्वयं लड़ता तथापि मैं संगमसेना के नेतृत्व के लिए अपने पुत्र भारद्वाज युवाऋषि को भेजूँगा। इसका नाम अर्यमा है।''

राम प्रसन्न हुए। भारद्वाज अर्यमा राम की आयु के थे, सर्वविद्या निष्णात और वीरधीर। वे गले मिले और मित्र बन गए।

तब राम ने ऋषि भरद्वाज से आगे का मार्ग पूछा। बताया गया कि राम के पास अनुभवी सार्थवाहक हैं, प्रयाग से यमुना तक महावन है, गंगा के प्रदेश की भी अभी तक पूरी जानकारी नहीं है, अतः श्रेष्ठ यही है कि वह जलमार्ग से जहाँ तक संभव हो, जाएँ और जहाँ संभव न हो, गंगा का तट पकड़ लें···इस बहाने गांगेय प्रदेश का अन्वेषण भी पूरा हो जाएगा। गंगावन विकट है पर जहाँ-तहाँ साहसी ऋषियों ने गंगातटों पर लघु आश्रम बना लिये हैं···वे तुम्हें सहयोग देंगे···भला, ऋषि ऋचीक, जमदग्नि को कौन नहीं जानता···गंगा नदी को अभी तक कोई नहीं जानता, किंतु वह सब जानती है। वह तुम्हारी रक्षा करेगी, जाओ, तुम्हारा कल्याण हो।

गंगातट के मार्ग से अश्व चले और नावों से रामादल···उल्टी धारा में नावें मंदगति से चलती थीं पर तट के पास-पास वे कभी गति भी पकड़ लेती थीं।

गंगातट के आश्रमों और घाटों पर ठहरते, आखेट करते, श्रद्धा में आ गए। अन्न और फल-दूध का सेवन करते राम का दल बढ़ता ही चला गया।

राम को यह आश्चर्य कि भरद्वाज ऋषि ने यमुना का मार्ग क्यों नहीं सुझाया···उन्होंने नाविकों से पूछा तो पता लगा कि यमुना तो यम की बहिन या पुत्री कही जाती है, उसका प्रवाह भरोसे योग्य नहीं। गंगा प्रशस्त है और गंगा की खोज भी तो होगी महाराज···आपके छात्र गंगा के मानचित्र बना रहे हैं, दूरियाँ नाप रहे हैं···भूगोल बन रहा है। जब कोई प्रतापी राजा इस गांगेय देश को निवास योग्य बनाएगा, तब आपके ब्रह्मचारियों द्वारा बनाया मानचित्र काम आएगा।

राम ऋषि भरद्वाज की दूरदर्शिता से प्रभावित हुए। उन्होंने नाविकों से पुनः पूछा—''क्या आज तक किसी विजयी···आर्य ने इस अंचल पर राज्य स्थापित नहीं किया?''

''महाराज! चक्रवर्ती मांधाता ने गांधार देश से बड़ी सेना लाकर आक्रमण कर, आदिवासियों को भगाकर इधर शासन बैठाया था पर वह एक बार आकर फिर आ नहीं पाए···वहाँ वह युद्धों में उलझ गए···अब आप उनसे भी मिलेंगे ही···आपकी माता इक्ष्वाकु वंश की हैं—तब आप उन्हें प्रेरणा दें कि वह इस उपजाऊ तटभूमि को, वनों को कटवाकर स्वच्छ कराएँ और राजधानी यहाँ बनाएँ···तब जब स्थायी सेना रहेगी, तब ये जो उद्दंड, लुटेरे जो जंगली जन हैं, वश में आएँगे··· ।''

"मैं निश्चय ही चक्रवर्ती इक्ष्वाकु मांधाता को प्रेरित करूँगा···ये मानचित्र भी उन्हें दे दिए जाएँगे···तब यहाँ वन कटेंगे और राजधानी बनेगी इक्ष्वाकुओं की···वे धर्मनिष्ठ राजा होंगे और वे महान् कार्य करेंगे, शांति और आदर्श की स्थापना होगी।"

मल्लाहों ने राम को भव्य भविष्य के रूप में देखा। वे राम की भविष्यवाणी सुनकर गद्गद हो गए। जंगली लोग, व्यापार का माल जो नावों से जाता था, उसे लूट लेते थे और नाविकों को मार डालते थे···वे अराजकता से परेशान थे अतः किसी प्रबल राजा के शासन की प्रतीक्षा वे कर रहे थे। राम ने पुनः पूछा—

"क्या इस विशाल गांगेय प्रदेश में अभी तक किसी राजा का राज्य ही नहीं है?"

"नहीं है महाराज, छुटभइये तो हैं पर वे कुछ नहीं हैं···वे लुटेरों से मिल जाते हैं और उनसे चौथ लेते हैं। जो राजा रक्षा न कर सके, प्रजा को परिवारी-जन मानकर पालन न कर सके, शत्रु से भिड़ न सके, मर्यादा न माने, दस्युकर्म करने वालों को मारे नहीं, दुष्टों से दीनजन को बचाए नहीं, जो न्याय न करे, जो जनगण की बहू-बेटियों को अपनी बहू-बेटी न माने, वह क्षत्रिय या राजा तो इन जंगलियों से भी बुरा है··· ।"

एक नाविक कहने लगा—

"ऋषिवर! हम निषाद हैं और हमारे भी नायक हैं, राजा ही समझें, वे बड़े लड़ाके हैं···महाराज, कोई वेदपाठी बता रहा था कि वेद में चार वर्णों के साथ निषादों को पाँचवाँ वर्ण कहा गया है···अन्य किसी जाति का नाम नहीं लिया गया···आर्य लोग अपने सिवा अन्य सबको निषाद ही समझते हैं और हमारे नायक हैं, सेनानी हैं, हमारे अस्त्र-शस्त्रधारी राजा हैं, हाँ महाराज।"

"क्यों नहीं, क्यों नहीं"···राम को अकस्मात् कैलास के महानिषादरूपधारी महादेव का स्मरण आया। राम उत्सुक हो गए···पूछा—"नाविक, इस अंचल में सबसे बड़े निषादराज कहाँ रहते हैं?"

"भगवन्, वे घनघोर वन में हैं···निषादराज बहुत तगड़े हैं, वे ज्ञानी भी हैं, नए-नए शस्त्र बनवाते हैं, न जाने कहाँ से धातुएँ मँगवाते हैं···अब देखो महाराज···यह आपका फरसा छः-सात हाथ का होगा पर हमारे निषादराज के सैनिक दस-दस हाथ के भाले, परशु और बरछियाँ धारण करते हैं···उन्हें वृषपर्वा दैत्य के किसी वंशज ने सिखाया है···आप जानते ही हैं कि दैत्य वृषपर्वा के पुरोहित शुक्राचार्य थे। उनसे देवता भी युद्ध-विद्या सीखने आते थे।"

अब राम के चकित होने की बारी थी। राम की नैया में बैठे हुए सखी-मंडल और विश्वावसु आदि ने दृष्टि विनिमय किया जैसे रहस्य गहरा रहा हो ।

राम ने पुनः वार्त्ता का सूत्र पकड़ा—"अच्छा नाविक, हम तुम्हें स्वर्ण देंगे, क्या तुम अपने राजा को यहाँ ला सकते हो?"

"नहीं महाराज! वे आर्यों को अपना शत्रु मानते हैं···उन्हीं से तो उनकी शत्रुता है···इस वन को वे काटना चाहते हैं, राज्य स्थापित करने वाले आर्यगण ही तो हैं···वे आए और निषादराज ने उन्हें भगाया···वन, धनुष-बाण, परशु, भाला, मुगदर तथा मूशल की मार खाकर आर्य राजा पलायन कर जाते हैं।"

"किंतु हम तो मैत्री का हाथ बढ़ा रहे हैं न?"

"अजी, निषाद और आर्य की मैत्री कभी हो सकती है भला?"

"क्यों नहीं हो सकती?"

"किंतु निषादों में एक बुरी प्रथा है कि वे पहले युद्ध में भावी मित्र का बल तौलते हैं। यदि कोई उन्हें हरा दे तो वे मित्र हो सकते हैं।"

"अच्छा, यह बात है पर यह तो बताओ कि वह तुम्हारा राजा, द्वंद्व-युद्ध करेगा या अपनी सेना से आक्रमण करेगा···आक्रमण से तो दोनों ओर की सेना मरेगी, व्यर्थ लोगों के प्राण क्यों लिये जाएँ ? वह निषादराज, मुझसे द्वंद्व-युद्ध कर हमारी परीक्षा कर ले?"

"हाँ, यह तो हो सकता है···आनंद आ जाएगा किंतु ऋषिजी, आप हमारे राजा से जीत नहीं सकते···वह दस हाथ का परशु भाँजता है और आपसे कद में ऊँचा है, बिल्कुल काला, चिकना पहाड़ समझें उसे, वह कालरूप है प्रभो···आप मारे जाएँगे।"

"कोई बात नहीं, जब वह इतना प्रतापी है तो उसके हाथ से मरना भी गौरव की बात है···अब तुम नावें यहीं रुकवा लो···थक भी गए होगे, पारी बदल लो और तुम उसे बुलाकर आज रात में ही ले आओ या बहुत दूर हो तो परसों प्रातःकाल तक···परसों ही आमना-सामना हो जाए हम अधिक नहीं रुक सकते!"

"तो महाराज बात पक्की रही···हम जाते हैं। कल शाम या रात तक हम उसे ले आएँगे···वह आपका वध नहीं करेगा क्योंकि आप तो ऋषि-मुनि हैं, आप युद्ध क्या जानें, हम उसे समझा देंगे, हाँ।"

"ठीक है, यही सही। अब जाओ ?"

दूसरे दिन संध्या तक वह विराट् निषादराज आ गया। काला, प्रचंड और वृषभ-सा दृढ़। उसने लाल रंग से अपना नंगा शरीर रँग रखा था और दस हाथ का परशु हाथ में लिये था; भाला, गदा, बरछी, कृपाण, धनुष-बाण भी थे।

निषादराज के साथ उसकी सेना भी थी, एक से एक मुचंड मल्लाह और सब सशस्त्र। राम का वृद्ध नाविक आया और प्रणाम कर कहा कि राजा आ गया है। प्रात:काल सूर्योदय के बाद द्वंद्व-युद्ध होगा। महाराज, मैंने उसको कहा है कि "मेरी नावों के यात्री तो वेदपाठी ऋषि-मुनि हैं, ब्राह्मण हैं, उनके बटुक है और कन्याएँ हैं···उन्हें मारना पाप है। हाँ, बल आजमाने में कोई हानि नहीं है···।"

"तथास्तु" राम ने मुस्कराकर कहा।

प्रात:काल सूर्योदय के पश्चात् गंगा के तट पर एक मैदान में वह निषादराज

कवच पहने और शिरस्त्राण ओढ़े महाकाल-सा खड़ा था, इतनी दूर कि बाण-युद्ध हो सके। उसने राम को ललकारा—

"बाण चला बच्चे...तू भी क्या कहेगा कि किसी राजा से पाला पड़ा था!"

सब हँसे। राम को घेरकर कुछ दूरी पर रामादल खड़ा था। सब साँस साधकर इस विचित्र लड़ाई को देख रहे थे। राम ने हाथ उठाया, वह चिल्लाए—

"हम कभी प्रथम प्रहार नहीं करते। निषादराज, प्रहार करो।"

एक लंबे-चौड़े धनुष से निषादराज ने बाण छोड़ा पर राम ने विहँसकर उसे काट दिया। पुनः निषादराज बाण छोड़ता गया किंतु वे कटते गए...तब उसने अग्नि बाण छोड़ा पर वह भी कट गया। फिर निषाद ने राम का सिर काटने के लिए क्षुरा बाण छोड़े पर वे कटकर गिर गए। तब वह विस्मित हुआ, वह चिंघाड़ा—

"बालक! तू क्या महादेव का चेला है? मैं मानव से लड़ता हूँ, महादेव से नहीं...तो भी तू प्रहार कर, हम झेलेंगे।"

राम ने साधारण बाण महादेव के धनुष पर चढ़ाया तो प्रत्यंचा खींचते समय बिजली-सी कड़की और वह घोर ध्वनि दिगंत में गूँजती चली गई। बाण नाग की तरह सीधा गया और निषादराज का कवच फाड़कर उसके वक्ष में घुस गया...वह पीड़ा से चीखा। पुनः निषाद ने बाण निकालकर फेंक दिया और परशु लेकर राम की ओर दौड़ा।

"यदि तू कोई देवता है, मनुष्य शरीर में तो भी तुझे देखता हूँ...तू मेरे कुठार से बच नहीं सकता।"

राम ने भी परशु सँभाल लिया और निषाद के वार को परशु पर लिया। वह मल्लाह राजा दाँत पीसकर राम के परशु को झटका देकर फेंकने को विवश करना चाहता था किंतु राम के बाहुबल को वह दबा नहीं सका...वे देर तक परशु पर परशु दबाए बल-परीक्षण करते रहे। तब राम ने उसे झटका दिया और उसके हाथ से परशु छूटकर दूर जा पड़ा। राम गरजे—

"राजा निषाद! उठा परशु, फिर से प्रयत्न कर!"

निषाद ने पुनः परशु उठाया और वे दोनों पैंतरे बदलने लगे। निषाद ने राम के कंठ पर तिरछा वार किया किंतु राम ने पता नहीं क्या किया कि उसके परशु पर राम का परशु सीधा पड़ा...न केवल निषाद का परशु धरती पर जा गिरा बल्कि उसका बेंट भी कट गया...निषादराज अभी भी हार नहीं मान रहा था। उसने राम को मल्लयुद्ध की चुनौती दी।

दोनों ने कवच और वस्त्र उतारे और अकेले लँगोट पहनकर दोनों हाथियों की तरह डट गए।

मल्लयुद्ध के पूर्व राम ने निषादराज के लोगों से वक्ष-व्रण को कसकर बँधवा दिया था और व्रण में ओषधि भी डाल दी थी। निषादराज यह महानता देखकर

अपनी निर्दयता पर लजाया पर वह राम का शस्त्र-कौशल तो देख चुका था, अब वह शरीर बल भी आज़माना चाहता था।

दोनों भिड़ गए। वे उन्मत्त वृषभ से ज़ोर आजमाते, दाँव लगाते और छूटकर, ताल ठोंक कर पुनः गुँथ जाते···राम बचा रहे थे जबकि निषादराज आक्रामक था। राम गोरे थे, निषाद काला, लगता था जैसे, इंद्रदेव और शंबर में कुश्ती हो रही है। राजा ने सौ-सौ उपाय किए किंतु राम की अकूत-शक्ति पर वश न चलता देख, उसने अचानक राम को उठा लिया और धोबिया पछाड़ दाँव लगाकर उन्हें घुमाने लगा किंतु राम निर्द्वंद्व थे। सब घबरा गए कि अब राम की हड्डी-पसली नहीं बचेगी किन्तु राम ने उसकी गरदन प्रबल टाँगों की कैंची से बाँध ली थी और इतना दबाव पड़ा कि निषाद का कंठ अवरोध होने लगा। श्वास रुकने लगी तो वह घबराकर हाँफते हुए भैंसे-सा बैठ गया, फुर्ती से राम ने पलटा खाया और उसकी बगल में बाँहें डालकर उसका सिर बाँध लिया और दबाकर राम ने जो टँगड़ी मारी तो वह मोटा निषाद धरती पर गिरा किंतु राम उस पर सवारी बाँधे रहे और ऊपर से उसे रगड़ने लगे। उसका सिर धरती पर पटकने लगे। निषादराज चिल्लाने लगा—

"···मान गया गुरु···मान गया, तुम कोई देव हो या अवतार हो···मर गया मैं। छोड़ो, तुम गुरु, मैं चेला!"

निषादराज को परशुराम ने उठाकर खड़ा किया किंतु वह पुनः भूमि पर गिर पड़ा। देर तक श्वास लेता रहा। पुनः हाँफने के बाद उसकी श्वास सधी तो घुटनों पर हाथ लगाकर वह खड़ा हो गया और पुनः गिराऊ मुद्रा में झूमने-सा लगा। फिर पैर रोपकर वह स्थिर हुआ और हाथ जोड़कर बोला—

"महाराज! आप मनुष्य नहीं हैं···महादेव की सौगंध···आज तक कोई आर्य-अनार्य मुझसे मार खाए बिना इस महावन से नहीं गया···क्षमा करें, मैं आपके अस्त्र-शस्त्र देखना चाहता हूँ।"

राम यही तो चाहते थे। राम ने अस्त्र-शस्त्र दिखाए तो वह चकित होकर पूछने लगा—"ये आपको किसने दिये?"

"देवाधिदेव महादेव शिव ने, रुद्रशिव ने···कैलास-मानसरोवर पर उन्होंने मुझे दिए···मैं उनका भक्त हूँ!"

"किंतु आर्यगणों के देवता तो इंद्र, यम, वरुण, अश्विनीकुमार, आदित्य, आदि हैं···रुद्र के सूक्त तो ऋग्वेद में कम हैं, हैं न? तो तुमने अपने देव छोड़-कर हमारे जनों, आदिवासियों के देव, रुद्र महादेव और उनकी शक्ति ग्रामदेवी को सतीदेवी मानकर कैसे अपना लिया···? गाँव-गाँव में ग्रामदेवी है, महादेव की पत्नी, उसे भी आर्यगणों ने अपना बना लिया···आर्य हमें अपना रहे हैं···किंतु भार्गव राम, मैं तुम्हारा भक्त होने जा रहा हूँ क्योंकि तुम्हें सचमुच महादेव ने स्वीकार कर लिया है जो हमारा आराध्य है, पूर्वज है।"

''पूर्वज? तुम्हारा?''

''परशुराम भार्गव! तुम्हारा कुल अन्य आर्यों से भिन्न है। आदि भृगु से तुम तक सभी भार्गवों ने जन-जन के विश्वासों और आराध्यों को अपना लिया—हमारे मंत्र-तंत्र, हमारे देवता, सभी जनविद्याओं, अभिचारों, सिद्धियों निधियों—इन सबके मंत्रों को अथर्ववेद में भार्गवों ने भर दिया, उनको आर्य रूप दे दिया और रोचक बात यह कि हमारे मंत्रों को भी बनाए रखा···उन्हें वे शाबर-शंबरों के मंत्र कहने लगे क्योंकि अनार्यों में शंबर ही श्रेष्ठ है सो हम सब भी शंबर-कोल-किरात-निषाद कहलाते हैं और आर्यों ने कल्पों की कल्पना की, उनमें एक निषादकल्प भी घुसेड़ दिया, हाँ···वैराज, मेघवाहन, पंचम, चित्रक, आकूति, मुख्य और निषाद—ये कल्प हैं।''

अब राम विस्मय में झूल रहे थे—यह निषादराज तो सुशिक्षित भी है, दृष्टि-संपन्न भी है···राम एकटक निषाद की ओर देख रहे थे जैसे वह कोई महासत्य उगलने जा रहा हो—

''और भार्गव श्रेष्ठ राम सुनें···आपके ये सहयोगी आर्य सुनें, सहोदर विश्वावसु सुनें कि जिस महादेव को आपने कैलास पर देखा है और जिसने ये हथियार दिए हैं, वह महानिषाद हमारा ही पूर्वज है!''

अब तो अचरजों के आघातों से राम और उनके साथी चित्रवत् हो गए थे···तथापि राम ने एक क्षण बाद पूछा—

''निषादराज! क्या तुम या तुम्हारे पूर्वज इन अस्त्रों को बना सकते हो?''

''हाँ, हाँ, इसमें आश्चर्य की क्या बात है ? आर्यों को मंत्र हमने सिखाए, काष्ठ ओषधि और रसायन चिकित्सा हमने बताई···आर्य, जिन्हें दिव्य कहते हैं, वे हमारे बनाए अस्त्र-शस्त्र हैं, और महादेव जब-जब प्रकट होते हैं, तब वे या तो निषाद का रूप धरते हैं या किरात का···या वे आरण्यकों की तरह, नागों की तरह नंगमुनंगे घूमते हुए देखे गए हैं क्योंकि वे हमारे देवता हैं और वे ही गूढ़ और गुह्य विद्याओं के आचार्य हैं···आप आगे देखेंगे कि भविष्य में आर्यगण, देवाधिदेव के निषादों की डमरू से ही अपनी वैदिक संस्कृत के स्वर-व्यंजन निकाल लेंगे और जो हमारे थे, उन महादेव को आर्यगण छीन लेंगे और इतना पुराण रचेंगे कि हमारे लिंग-योनि पूजक जनगणों के हिस्से में सिर्फ़ कुछ भूत रह जाएँगे, जिन्हें हम पूजते रहेंगे और हम दरिद्र होकर, भूमिवनहीन होकर, आर्यों के दास और शूद्र बन जाएँगे या फिर दस्यु क्योंकि जीविकाहीन होकर अंततः निषाद-कोल-भल्लुक-नाग-किरात करेंगे क्या?''

राम के सम्मुख महासत्य प्रकाश की तरह स्पष्ट हो गया किंतु···क्या कैलासवासी महादेव सचमुच का कोई निषादराज था?

'निषादराज! क्या तुम यह मानते हो कि कैलासपति महादेव कोई निषादराज है?'

''नहीं, वह देवता तो है···वह निश्चय ही कोई शक्ति है, वह आर्यदेवों से श्रेष्ठ होने से महादेव है, देवों का अधिपति पर वह हमारा देवता है, अतः वह हमें प्रकृति के रहस्य पहले बताता है और वह हमारे ही रूप धारण करता है···और वह जो भूतपति कहलाता है, सो इसलिए कि महाराज, हम भूत-प्रेतों की तरह ही तो रहते हैं, और भूत-प्रेत, वे हमें सिद्ध भी शीघ्र हो जाते हैं···हम भूत हैं, रुद्र भूतनाथ हैं···अब आप देखेंगे कि रुद्र को गोरे रंग का बनाकर आर्यगण उसे पूर्ण आर्य बना डालेंगे जबकि रुद्र काला है, नीला है···वह गौरवर्ण का कैसे हो सकता है?''

''यह रौद्र परशु किस धातु का बना है?''—राम ने पूछा!

''वज्रधातु का, लचीले इस्पात का और राम, इसमें ठीक समय पर बिजली का आवेश हो सकता है और वैसे ही पाशुपत अस्त्र में और बिजली के लेख के कारण ही ये अस्त्र-शस्त्र प्रलयंकारी हैं···आपको महानिषाद ने ये अस्त्र दिए हैं क्योंकि वह आपका शत्रु कार्त्तवीर्य अर्जुन जनगण का विनाशक भी है और जो प्रजा का, आदिवासीजन का ध्वंसक है, बलात्कारी, उस पर महादेव त्रिशूल यानी बिजली का भाला चलाता है। भार्गवगण यह सत्य जानते थे सो अनार्यों और आदिवासियों को अपनाकर वह हमारे प्रिय हो गए···राम! हम उसी महानिषाद महादेव की प्रेरणा से सदलबल माहिष्मती पर तुम्हारी कमान के अंतर्गत लड़ेंगे···यह दस हाथ का 'दिव्य' परशु मैं तुम्हें देता हूँ···यह तुम्हें लड़ाई में बचाएगा—तुम्हारी विजय हो, राम भार्गव···तुम सबका कल्याण हो···अब विदा दो।''

राम ने निषादराज का बहुत सम्मान किया, उसे स्वर्ण और आभूषण तथा वस्त्र दिए और दूर तक स्वयं उसे विदा करने गए।

20

निषादराज की अद्भुत वार्त्ता से परशुराम सचमुच विस्मय में अवाक् हो गए थे···नावें चल पड़ी थीं और घनघोर वनों से आवृत तटों के मध्य गंगा का प्रवाह नीलम और पन्ना के मध्य, चाँदी-सा गतिमान था···गंगा देवसरिता है, प्रसन्न, प्रशस्त और अभयदात्री है तथापि वह मकरवाहिनी तो है ही सो जब-तब मकर-ग्राह नावों का मुँह फाड़कर पीछा करते और सखियों का वृंद भय मिश्रित विनोद में चिल्लाता···सब हँसते···तब विश्वावसु नक्रों के खुले मुखों में बाण मेल देते और वे घबराकर भाग जाते···नदी की लहरें लगातार नावों को छपछपातीं जैसे गंगा हर्ष प्रकट कर रही हो क्योंकि ऐसे विशिष्ट पथिक उस सुनसान प्रवाह में कब-कब आने वाले थे···दूर वन के मध्य कहीं-कहीं तटवासियों के लघु ग्राम थे जिनसे धुआँ उठता था और किसी जादुई दृश्य-सा आकाश में लुप्त हो जाता था···रात में नदी में नावों पर ही अथवा तट पर जाकर अश्वों और राम के साथियों, शिष्यों के साथ पड़ाव

पड़ता और मत्स्यों तथा आखेट में प्राप्त वनजीवों का मांस पकता अथवा पक्वान्न…फलों-फूलों की तो वन में कमी थी ही नहीं…यात्रा कष्टप्रद किंतु रोमांचक थी…। सब अपने-अपने ढंग से आनंद ले रहे थे और एक विचित्र रहस्य-सा भी अनुभूत हो रहा था जैसे वे एक रहस्य से दूसरे रहस्य की ओर धावमान् थे और उत्सुकता में उनके हृदय धड़का करते, अचरजों से नेत्र विस्फारित होते रहते, कान अजीब ध्वनियों और स्वरों से प्रायः खड़े हो जाते और अद्‌भुतकर्मा राम की उपस्थिति में यात्रीगण को लगता कि यथार्थ और कल्पना का मिश्रण हो गया है…पता ही नहीं चलता कि सत्य क्या है, असत्य क्या है…कभी-कभी रामादल तट से दूर चलने को विवश हो जाता…गंगा के झाड़-झंखाड़ किनारे को ढाँके हुए जहाँ मार्ग न देते, वहाँ रामादल, गंगातट से दूर चलता…तब लगता कि जैसे नावें जो तट से लगकर उलटी धारा में जा रही थीं, आगे नहीं जाना चाहतीं क्योंकि आगे भय है, ऐसी अनुभूति होती तब वे आपस में वार्त्ता करने लगते या नाविकों का उत्साह बढ़ाते और बूढ़े नाविक से जनजीवन के विचित्र आख्यान सुनते…सबने देखा कि प्रातःकाल जब से यात्रा शुरू हुई है, परशुराम अपने में निमग्न हैं जैसे कोई गूढ़ता राम की गवेषणा कर रही है। राम उस गूढ़ता को टटोल रहे हैं…सखी वृंद नाविकों की सहायता से राम की अग्रगामी नाव पर आया और देवियों ने राम को घेरा…मणिप्रभा ने जान-बूझकर मुँह लटका लिया जैसे उसका मामा मर गया हो पर राम पर उसके नाटक का कोई प्रभाव नहीं हुआ। तब उसने राम के पैर पर हाथ रखा और विषाद का नाटक करते हुए वह राम के कान में कूकी—

"राम! हम ऊब रहे हैं और यदि आप अपने कूप से बाहर न निकले तो हम गंगा में कूदकर आपसे मुक्त हो जाएँगे!"

राम के मुख पर खेल-भावना की छाया-सी आई, एक मुस्कान भी उनकी सदा वक्र भृकुटियों को सम करने लगी…तबियत की चढ़ी कमान उतरने लगी और चुनौती भरी मुद्रा में चाँदनी-सी उतरने लगी…सखियों ने ताली बजाई—

"राम…आई आई आ गई…स्मिति आ गई…राम, अब इसे मिटाना नहीं,…आप हँस पड़िए…हाँ, हाँ, आप हँस सकते हैं, हः हः हः, सखियो, हँसो न…लो यमराज के माथे की चिंताजन्य लकीरें गंगा की लहरें बन गई हैं। अहा, देखो तो, हमारे वीर नायक की कठोरता पिघल रही है…कोई उपमान खोजो। ए चंद्रकला, ए चारुवल्लरी, ए लोमा…अपनी थैलियों से एक-एक उपमा निकालो…राम के मुख पर मुस्कराहट अवतरित हो रही है—जैसे लोहे के कपाट की संधि से कोई चंद्रमुखी झाँक रही हो," वल्लरी बोली!

"साधु, क्या उपमा है, अहा।"

चंद्रकला ने समझा कि यह वल्लरी सदा मुझे राम के निकट मानकर कुढ़ती रहती है…उसने चारुवल्लरी को मुँह विराया और चहकी—

"राम के मुख पर मुस्कान…असंभव, तुमने स्वप्न में किसी सिंह, किसी गैंडे,

किसी हाथी की पीठ पर किसी उर्वशी को देखा होगा···आकाश में कुसुम नहीं खिलते, अप्सराएँ जंगली पशुओं पर नहीं चढ़तीं, व्याघ्र की गुफा में पारिजात नहीं पनपते, न चट्टान पर दूब उगती है और न हमारे राम कभी मुस्कराते हैं···हः हः हः कहो कैसी कही?''

राम अपने से उबर नहीं पा रहे थे···सखियों को बुरा लगा···उनकी मनोहर उपस्थिति और वशीकरण करने वाली चतुराई व्यर्थ जा रही थी···तब मणिप्रभा ने लोमा को कुहनी मारकर कहा—

''ऋषि लोमहर्षिणी, ऋषि कभी ऊबकारी नहीं होते···वे तो ज्ञान के दर्शन के बाद शिशु हो जाते हैं···हंस की भाँति तैरते हैं और बोलते हैं···तुम राम को हँसाओ वर्ना तुम्हारी यह कुसुम-सी काया हम धार में फेंक देंगी···बेचारे ग्राह और नक्र नौकाओं का पीछा करते-करते थक गए हैं···उन्हें तुम्हारी काया के कलेवा का स्वाद आ जाएगा···बहिनो, चलो इस बतासे को, इस खड़पुरी को गंगा के मकरों को भेंट कर दें।''

लोमा भी हँसने लगी···उसने राम से करबद्ध प्रार्थना की—

''राम! मैं आपकी जिज्ञासा का उत्तर जानती हूँ!''

''क्या?'' राम ने नेत्र खोल दिए और एक चकित अट्टहास किया···''क्या?''

''लोमा, तुम्हें कैसे ज्ञात हुआ कि मेरी जिज्ञासा क्या है···मैं सचमुच प्रश्नतृष्णा से पीड़ित हूँ।''

''मैं बताती हूँ···वह जो निषादराज था न, वह उस महानिषादरूपधारी महादेव से मिलता-जुलता है, है न? कैलास पर आपने जिस रुद्रदेव को देखा था, जिसने वर दिया, अस्त्र-शस्त्र दिए···वह निषाद के वेश में सचमुच महादेव था, निषाद नहीं···निषादों में यह शक्ति नहीं कि वे प्रलयास्त्र बना सकें और मंत्रध्वनि से योगजप्रत्यक्ष उत्पन्न कर सकें···राम, यह तो निषादराज ही कह गया था कि आपके परशु और बाणों में, विशेषकर परशु में बिजली का आवेश है···तभी उसकी चमक से जो सामने है, उसके नेत्र मुँद जाते हैं और जब मंत्र-ध्वनि से आप निरंतर नाद की सृष्टि करते हैं तो अस्त्र में विद्युत् का प्रकाश और बल आ जाता है, यह जो ऊपर से पदार्थ जड़ प्रतीत होते हैं, भीतर से परमाणुओं के समुच्चय हैं और ध्यान और मंत्रध्वनन से ठोस द्रवित हो जाता है । स्थूल, सूक्ष्म रूप में शक्ति का तरल रूप है···उसकी यथास्थिति को महादेव, शाबरमंत्रों से, वेदमंत्रों से, जप से, ध्यान और धारणा से परम अणु को क्षुब्ध कर देते हैं और तब उससे प्रलयकारी शक्ति-उच्छलन हो सकता है···यही रहस्य है और यह निगूढ़ ज्ञान कैलासपति रुद्रमहादेव ही दे सकता है···वह सचमुच है, वह महादेव और वह इस कारण है कि हम स्वयं अपने में संपूर्ण ब्रह्मांड की शक्ति रखते हैं···बिंदु और समुद्र, पिंड और ब्रह्मांड में शक्ति बराबर मात्रा में है··· ।''

परशुराम तीनों सखियों का ध्यान लोमा ऋषि की प्रतिभा की ओर खींचने के

लिए उनकी तरफ देखने लगे···वे कृतार्थ हो गईं और करताली बजाने लगीं—

''राम, आश्चर्य है···यह नन्ही, कोमल, फूल-सी हलकी लोमा और इस जादू की पुड़िया में इतना भारी ज्ञान···भई, हम तो अचेत होने जा रहे हैं विस्मय से। अरे, हमें कोई रोको वर्ना हम तन तजने जा रहे हैं···अरे, वह वल्लरी तो सचमुच अचेत हो गई···राम, अब इसे तुम चेताओ··· ।''

राम ने वल्लरी की नाड़ी देखी···अरे, वह सचमुच अचेत हो गई है···राम ने गंगा का जल लेकर उसके सिर पर, माथे पर छिड़का और उसके पलक उठाकर उसके नेत्र देखे···उनमें विनोद का आभास पाकर राम ने मणिप्रभा को गंभीर स्वर में बताया—

''मणिप्रभा, वल्लरी तो सचमुच लोमा की अंतर्दृष्टि देखकर मुमूर्ष हो गई···इसे नाव से गंगा में उलटा लटकाया जाए तो गंगाजल इसे बचा सकता है···चलो, इसे उलटा कर इसका सिर गंगा में डुबोओ और क्षण-भर डुबाए रहना फिर जल के बाहर सिर लाकर इसके मुख पर तमाचे मारना···स्यात् तब यह चेत जाए··· ।''

आनंद में सखियों ने किलकारी मारी और वल्लरी के पैर पकड़कर उसे नाव के नीचे पानी में उलटा लटकाने का प्रयत्न किया···तब वल्लरी मणिप्रभा के कान में फुसफुसा दी···मणिप्रभा प्रसन्नता से चिल्लाई—

''राम, यह भारी है, यह वल्लरी, आप स्वयं इसे पानी में डुबकी लगवाइए!''

राम ने कुछ सोचा नहीं, वह झाँसे में आ गए और उन्होंने वल्लरी को फूल की तरह उठाकर उसके मुख को, हाथ झुकाकर पानी में डालना चाहा···वल्लरी को अवसर मिल गया, उसने 'उई' का अलाप स्वर भरा और राम से लिपट गई जैसे वह पानी में डूबने से डर गई हो···सबने अट्टहास किया···राम ने वल्लरी को उसकी बहानेबाज़ी से चिढ़कर एक ओर पटक दिया और विनोद में व्याजकोप किया—

''अच्छा, तो वल्लरी, तू अपनी हत्या का आनंद लेने लगी थी, क्यों री?''

''हाँ राम, सचमुच मुझे अच्छा लग रहा था···आपने मुझे स्पर्श किया, मैं सब सुध-बुध भूल गई। लोमा तो पगली है, यह मिथ्या को, गल्प को, कल्पना को, तत्त्वज्ञान की भाषा में बोलकर असत्य को सत्य सिद्ध करना चाहती है···आप प्रभावित हो जाते हैं पर आप यह तक नहीं जानते कि हमारे अस्तित्व के अणु धारणा और ध्यान से नहीं, स्पर्श से क्षुब्ध होकर विस्फोट करते हैं···।''

अब हँसी की हिलोरों का कोई अंत नहीं रहा···राम मंत्रमुग्ध होकर वल्लरी को ऐसे घूरने लगे जैसे एक मूर्ख के मुख से परमसत्य निकला हो···सखियाँ, राम को प्रभावित देखकर खूब हहराईं और वल्लरी की ओर गर्व से ताका। मणिप्रभा ने कहा—''राम, वल्लरी ऋषि की प्रशस्ति में कुछ कहो!'

सबने आनंद लिया पर राम सचमुच प्रभावित हुए···नाना विश्वामित्र ने यह तो बताया था कि जो ठोस है, वह भीतर से तरल है और उसके कणों को क्षुब्ध कर

दिया जाए तो प्रलयंकर ऊर्जा का विस्फोट होगा···किंतु यह मंत्रबल से, ध्यान से कैसे हो सकता है? परशुराम पुन: सोचने लगे···लोमा ने पुन: स्पष्ट किया—

"राम! जब कोई सतत्, गहन ध्यान करता है और मंत्रध्वनि करता है, तब यह जो ध्वनन होता है, उससे स्थूल की खोल का विखंडन होने लगता है जैसे प्रबल ताप में वस्तुएँ गल जाती हैं··· ।"

अचानक वल्लरी झूमने लगी जैसे उस पर भूत आ गया हो··वह झूमती रही और आवेश में आकर बोलने लगी—

"राम! लोमा आभास के आधार पर बोलती है जैसे छायाएँ उसे बता रही हों···मैं अनुभव से कहती हूँ, सुनो और करो···यह मंत्र, ध्वनि, ध्यान से नहीं होता···यह अग्नि जागरण से होता है···अणु विखंडन करना है तो ताप बढ़ाओ···मुझे लगता है कि कैलास पर्वत की गुफाओं में कहीं अष्टधातुओं की बनी कोई बुलबुले-सी प्रयोगशाला है और उसमें महादेव रुद्र या उनके गण अणु विखंडन पर प्रयोग कर चुके हैं···अगली बार जब आप वहाँ जाएँ तो प्रयोगशालाओं को कैलास पर खोजें और यदि यहीं चाहें तो हममें से किसी को तप्त कर, उसके अणुओं को पृथक्-पृथक् किया जा सकता है ।"

घोर अट्टहास में राम की जिज्ञासा परिहास में बह गई । लोमा भी हँसने लगी और राम भी ।

तभी एक व्यक्ति तट पर खड़ा दिखा । वह भव्य रेशमी वस्त्र धारण किए हुए था । सिर पर लघु उष्णीश था, कंठ में स्वर्णमाला, पतली-सी, बहुत मूल्यवान् नहीं, साधारण मूल्य की परंतु सुंदर, कटिबंध गुलाबी रेशम का और कोट नीली रेशम का, पैरों में धवल धोती और नोकदार जूते, कमाए हुए चाम के । कमरबंद में एक कृपाण, हाथ में एक दंड···माथे पर तीन रेखाएँ चंदन की, एक थैली बाएँ कंधे पर पड़ी, लटकी हुई और दाएँ में काठ का दंड···वह दंड उठाए राम की ओर संकेत कर चीख़ रहा था ।

"भद्र राम! नावों को रोको ।"

नावें रोक दी गईं । वह क्षौमवस्त्रधारी व्यक्ति पास आया । उसने प्रणाम किया और शुरू हो गया जैसे उसने दिन में ही सोमरस या विजया का पान किया हो—

"भद्र राम! यह लहरें देखें जैसे ये फेनोज्ज्वल वीचियाँ परशुराम महाराज के यश की लहरें हों, और यह ऊपर नीलाकाश नहीं, इंद्र का प्रांगण है जिसमें वह कभी इंद्रधनुष को क्षितिज से क्षितिज तक खींचता है और ये पक्षी कितनी बोलियाँ एक साथ बोल रहे हैं, ये विहग नहीं, ये तो सरस्वती की वीणा के बजते तार हैं अथवा ये कवि-कवयित्रियाँ हैं, वृक्षों पर काव्यगोष्ठियाँ कर रहे हैं···वह देखें, काक कवि के कर्कश-कविता सुर सुनकर पक्षी श्रोताओं ने उसे धिक्कारा है सो वह क्रोध में बोलता हुआ उड़कर भागा जा रहा है···सूर्य की किरणों में राम के परशु जैसी प्रभा है और इस अर्यमा सूर्य का गोला राम ने गगन में फेंक दिया है···पल्लवों के

समूह में पत्तों के सिरे, राम के आरी-बाणों से जैसे परस्पर रगड़ रहे हैं जिससे उनकी धार तीखी हो जाए और ये नौकाएँ परशुराम प्रभु की हथेलियों की भाँति है जो भारावनत होने पर भी चल रही हैं···वह तट देखें, उधर वाला, उसके नीचे गंगा कितनी शुभ्र श्वेत लग रही है जैसे राम के श्वेत उष्णीश को खोलकर लंबाइयों में बिछा दिया गया हो और वह हवा से कंपित हो रहा हो···वह उधर दूर बड़ा पक्षी, परशुराम की दृष्टि की एकाग्रता लाकर मछली की उछाल की प्रतीक्षा कर रहा है किंतु मत्स्य तो रामवत् एक ही समय में चारों ओर देख लेती है···लो वह उछली, चाँदी की कतरनें बिखराईं और डूब गई जैसे सहस्र मूर्ख कार्त्तवीर्य अर्जुन की नियति डूब गई है···बहिनो-बेटियो, आज गंगा को देखें, वह श्वेत साड़ी पहनकर कितनी त्वरा से अपने प्रिय समुद्र की ओर जा रही है और उस साड़ी में ये किशोरियाँ बेल-बूटे-सी जड़ी हुई प्रतीत हो रही हैं··· ।

गंगा का प्रवाह भगवान् परशुराम का गत्यात्मक मानस है जो सोचता हुआ बह रहा है और जिसकी कोई थाह नहीं है···किनारे से छप्-छप् करतीं लघु वीचियाँ तट से बतियाती भी हैं और उसकी जड़ता पर उसे तमचियाती भी हैं···वृक्ष इस कौतुक पर प्रसन्न होकर वायु के झकोरों में रत्नों की भाँति पत्तियाँ, फल, फूल, गिरा रहे हैं, और 'साधु' 'साधु' कह रहे हैं···वातावरण में ब्रह्मा कविता घोल रहा है···और ऐसा अर्थ भर रहा है जिसे मन अनुभव तो करता है कि कुछ है पर क्या है, यह बोध में आता नहीं है···एक अस्फुटता है सृष्टि में···सविता किरणों की अँगुलियों से उस तात्पर्य को टटोलता है और न मिलने पर ताप बढ़ाकर उस प्रयोजन को पिघलाने में लगा है···यह सब जो हो रहा है, होता रहता है, वह, प्रातः-संध्या, रात-दिन, निरंतर होता रहता है, वह गंगा की बालू पर चलती वायु के खेल की भाँति है जो रेत पर लकीरें खींचता है, एक ज्यॉमिति बनती है और विद्यालय के बालक की स्लेट पर लिखे व्याकरण-सी मिट जाती है, और पुनः हवा बालुका पर बारहखड़ी लिखने लगती है···जब कोई भूल हो जाती है तो प्रचंड स्वभाव के अध्यापक की तरह हवा का झापड़ पड़ता है और धूलि के अंबार उठते हैं और फिर बिला जाते हैं···मेढकी को सर्प निगलता है तब वह माहिष्मती-सी चीखती है, और क्षण-प्रतिक्षण कटता किनारा कभी अर्जुन-सा खस जाता है···एक शब्द होता है जैसे माहिष्मती के नगरवासी अपशकुन से आतंकित हो गए हों···जीवन की नैया स्थिर है पर कंपित हो रही है, डगमगा रही है···वृद्ध नाविक की तरह ब्रह्मा चिंतित है कि उसकी सृष्टि सुख-दुःख में काँपती क्यों रहती है···जो पदार्थमय यह विस्तार है, यह पृथिवी है, वह थाली की भाँति समुद्र पर थरथरा रही है···उसकी कोरें पकड़े रहो बंधुओ, वर्ना भय है···राम भद्र, सावधान, सावधान, सावधान!''

राम नाव से कूदकर तट पर आए और उत्सुकता से भरकर पूछा—

'आपका परिचय?''

''देवापि हैहय?''

"अरे, देवापि तुम?"

"हाँ मैं···हैहयों ने मुझे उभयपक्षीय भेदिया जानकर सेवा से निकाल दिया, सो मैं कविता करने लगा !"

सब हँसे पर देवापि उखड़ा नहीं, बोला—"भय है···मणिप्रभा का वेश धारण कर उस आपकी भूतनी शाल्मली ने राजा अर्जुन कार्त्तवीर्य को मूर्ख बनाया और सेना तथा राज्य के भेद प्राप्त कर लिये जो आपको मिल भी गए थे आश्रम में···तब से वह मूर्ख अर्जुन सेना की एक वाहिनी द्वारा मणिप्रभा, चंद्रकलावती, वल्लरी के अपहरण का प्रयत्न कर रहा है···नौका से आप युद्ध नहीं कर सकते अत: अब आप अपनी सेना के साथ चलें···मैं मार्ग बताऊँगा।"

"किंतु तुम कवि हो गए हो···तुम्हारा क्या विश्वास···उभयनिष्ठता में कहीं हमारे यात्रियों को फँसा न दो?"

"मैंने कहा था न कि मैं प्रायश्चित्त करूँगा, सो कर रहा हूँ और विश्वास के लिए मैं आजीवन आपके सामने ही रहूँगा तथा युद्ध में भी सम्मुख ही मरूँगा।"

"ऐसा?"

"यही, देवापि अब हैहयराज की जड़ें खोदकर उस पर मट्ठा डालकर ही चैन पाएगा···वह अपने को समझता क्या है? वह दुरभिमानी, आपको जनपुराण-कथाओं द्वारा प्रचारित-पुरुष कहता है और उसे अपने बल पर इतना भरोसा है कि उसे कोई पराजित कर ही नहीं सकता।"

"किंतु देवापि वह यह भूल गया कि यदि धोखे से मेरे पितृव्य ऋषि चायमान को न मारा गया होता तो वह बच नहीं सकता था···मैं पिता के वध से भी अधिक ऋषि चायमान की हत्या से विक्षुब्ध हूँ और वह काल का मारा वन्य पशु अर्जुन समझता है कि वह प्रपंच से मुझे भी मरवा देगा।"

"वह यही समझता है और रात-दिन खटपट में लगा है···उसके दो लक्ष्य हैं, आपकी सखियों का अपहरण और आपकी छल से हत्या···वह सरस्वती नदी के तट के आश्रमों पर आक्रमण भी करेगा।"

"कब?"

"जब आप उत्तरकुरु की यात्रा पर होंगे?"

"और उत्तरकुरु में?"

"वहाँ भी उसके लोग हैं, वहाँ तो वधिकों को और अधिक सुविधा रहेगी···वहाँ पता ही न चलेगा, कौन अपना है, कौन पराया।"

परशुराम ठठाकर हँसे।

"इस आत्मविश्वास का कोई कारण तो होगा, भगवन्?"

"आत्मश्रद्धा क्या पर्याप्त कारण नहीं?"

"नहीं, उससे तो व्यक्ति असावधान हो जाता है···जो सदा चौकन्ना रहता है जैसे वह लक्ष्य पर हो, तब वह बच सकता है···रात्रि में विश्राम तो आप भी करते

है और मेधावी के ग्राम में आप निद्रावश थे, तभी आक्रमण हुआ था···प्रहस्त सफल भी हो सकता था।''

''छोड़ो देवापि, देखा जाएगा···चलो, नौका यात्रा अन्य लोग करें···हम सब सेना के साथ चलें।''

धावा मारते हुए परशुराम सकुशल कान्यकुब्ज होते हुए जहाँ बाद में हस्तिनापुर बना, वहाँ गंगा को छोड़कर सब स्थल-मार्ग से आगे बढ़े। हस्तिनापुर-स्थल को राम प्रस्थान के पूर्व सूँघते रहे, ध्यानमग्न रहे···पुनः अचानक बोले—

''यह स्थान आगे महत्त्वपूर्ण होगा, इसकी भूमि में भीतर कुछ बज रहा है···इतिहास और पुराण दोनों यहाँ धरातल के भीतर झंकृत हो रहे हैं।''

सबने सुना, देखा किंतु तब वह स्थल सूना पड़ा था।

राम ने उस स्थान को कमंडलु के जल से अभिषिक्त किया और चल पड़े।

यमुना पार कर रामादल सरस्वती क्षेत्र में सुरक्षित पहुँच गया था। देवापि की सूचना के अनुसार आक्रमण का भय देवलोक या उत्तर कुरु की यात्रा में था। वही हुआ। परशुराम को देवापि पर विश्वास जमने लगा। देवापि कुशलतापूर्वक रामादल को ले आया था। वह प्रमुदित था और सारस्वत क्षेत्र में आकर वह सखीमंडल का मनोविनोद करने लगा था। उसकी कविता में कल्पना की उड़ानों से सखीवृंद खूब हँसता और सखियाँ गप्पें लगाकर देवापि की हँसी उड़ातीं। वह रसिक था। सबको मौरवी पर उसकी आसक्ति का पता था, सो उसे लेकर सखियाँ उसको बनाती रहतीं किंतु वह मौरवी का नाम लेते ही कान पकड़ता और भय का भाव दरसाता। एक दिन मौरवी से उसका सामना कराया गया पर मौरवी ने उसे देखते ही कटार निकाल ली। वह घबराकर मौरवी 'बहिन' कहकर क्षमा माँगने लगा।

सरस्वती तट पर आते ही रामादल उस महानद का पाट देखकर चकित रह गया। सरस्वती ब्रह्मपुत्र नद की लघुभगिनी-सी लग रही थी। वह तरंगित थी, घर्घर ध्वनि दूर तक पहुँचाती और अपने वेग से उत्साहित, उच्छलित वेदपाठ-सा करती हुई जा रही थी। कोसों तक उसके तट पर आश्रमों का सिलसिला था जहाँ से यज्ञधूम उठता। आकाश में विविध आकार बनाता और वातावरण के प्रदूषण को भगाता···वेदमंत्रों के स्वर सदा ध्वनित होते रहते···आर्यों के घोड़ों की टापों से सरस्वती के तट दिन-रात ताल-सी देते रहते और छात्रों, जनसमुदायों, आचार्यों, ऋषि-मुनियों का आवागमन होता रहता···दूर तक कृषि, शिल्प और वणिज-व्यवसाय की गतिविधियाँ जारी थीं और सब स्वस्थ और व्यस्त प्रतीत होते थे।

नदी तट पर परशुराम अश्व 'पवन' से उतरे। घोड़े की लगाम निकालकर उसे चरने, जल पीने को छोड़ दिया और मुग्ध होकर सरस्वती नदी के सुंदर दृश्यों में खो गए···वर्षा ऋतु बीत गई थी, शरद ऋतु में सरिता एकदम स्वच्छ और अपनी

मंथर गति में कुलकामिनी-सी भद्रमुद्रा में आ गई थी। राम उसके किनारे किसी देवता से सशस्त्र खड़े थे और सूर्य को दोपहर-किरणों के जल में अनूठे खेल देख रहे थे। उन्हें लगा कि सूरज के आलोक में जैसे रजत मुद्राएँ ढल रही हैं···उन्हें देवापि की कल्पनाओं का स्मरण हो आया और वह मुस्कराने लगे।

जैसे समूचा आर्यगौरव, ज्ञान, तप, संयम, सत्यानुसंधान, रचना और कर्म सब जैसे सरस्वती के जलरूप में प्रवाहित हो रहा है। यह आर्यों के लिए संजीवनी है, माता है, गुरु है। यहाँ वेदमंत्र उतरते हैं, देवता दर्शन देते हैं। देव-देवियाँ, अप्सराएँ, गंधर्व और विद्याधर यहाँ स्नान करने आते हैं···क्या नदी है जैसे हिमालय ने संचित पुण्यों से यह सलिला रची हो और धराधाम को पावन बनाने के लिए इसे बहा दिया हो।

राम ने वस्त्र उतारे और स्नान के लिए नदी में कूद पड़े। वह इस तट से उस तट तक तैरते हुए गए और वहाँ देखा कि उस तट पर भी आश्रमों की पंक्तियाँ हैं और उनका कोई ओर-छोर नहीं है। राम देर तक उस सांस्कृतिक भव्यता को अपने में भरते रहे और पुनः तैरते हुए लौट आए···यात्रा की सारी थकान मिट गई जैसे नदी का जल पीयूष हो जिसे पीकर और उसमें अवगाहन कर प्राण तृप्त हो गए हों। वस्त्र बदलकर वह देवाराधन में संलग्न हो गए। समाधि लग गई। मन इस नदी के तट पर भटका नहीं यों यह जो मन है, उसे समाधि में मग्न होने में विलंब होता है। शून्यता की दशा में राम की चेतना देर तक तल्लीन रही। तब सहसा महानिषादरूपधारी महादेव रुद्र का अभ्युदय हुआ। वह वही कैलास मानसरोवर वाला रूप था। रुद्रदेव ने वरदहस्त उठाया हुआ था। मुख पर मंद स्मिति थी और वह राम को विगत संदेह होने का उपदेश दे रहे थे—

"परशुराम! तू मेरा पुत्र है और फिर भी संदेह करता है···क्यों न हो, मेरी शक्ति तुझे अपनी माया में बाँधती है, कभी-कभी परंतु तू इसे माँ की क्रीड़ा समझा कर···तेरा चैतन्य नभ निरभ्र है पर जो आकाश है तो उस पर मेघ आते ही हैं और फिर उड़ जाते हैं···मैं तेरी श्रद्धा से परिचित हूँ···अब संशय में मन को व्यर्थ मत भटकाना···जब संदेह घेरें···तब उस घेराव से घबराना मत···बादलों को खेलने देना···वे घिरेंगे, बरसेंगे, तड़ित कड़केगी, पुनः हमारे मरुतगण सब साफ़ कर देंगे···यह तो लीला है महामाया की, समझा?"

"समझ गया, देव!"

"और देख, अब तू गुडाकेश बन, यात्रा में रात्रि का जागरण कर और शून्य नीरव रातों में लक्ष्यभेद का अभ्यास किया कर···तेरे लिए विश्राम वर्जित है, पुत्र···तू अहर्निश जाग्रत रह, तेरा कल्याण हो।"

राम को आश्चर्य हुआ। क्या देवाधिदेव मुझे किसी आगत भय के प्रति सचेत कर रहे हैं? देवापि मुझसे छल नहीं कर सकता···वह भी मुझे सावधान कर चुका है···रात्रि में विश्राम के समय ही बधिकों से भय होता है···दिन में तो कोई साहस

नहीं कर सकता···किंतु मनुष्य तो निद्रा, भोजन और भय का पात्र ही है तथापि मैं निद्रा को जीतूँगा···किंतु तो भी भेदियों का डर रहेगा ही···क्या मैं अघोर आथर्वण का आवाहन करूँ? वह कोई व्यवस्था कर सकते हैं।

राम ने पुनः ध्यान लगाया। उनका मन पुनः तल्लीन हो गया। अरे, यह मन क्या सरस्वती माता में नहाकर निष्पाप हो गया? मन तो स्वेच्छाचारी होता है किंतु अचरज है कि यहाँ इस सरिता ने इस दुष्ट मन को भी सीधा कर दिया। राम ने ध्यान में सहसा अघोर वन को उदित होता हुआ पाया। वन को जला दिया गया था किंतु उसके भीतरी भाग यथावत् थे और कंदराओं में पूर्ववत् साधना चल रही थी—भूत-प्रेत वेश बदल-बदलकर कौतुक कर रहे थे और साधक ध्यानधारणा, प्राणायाम, प्रत्याहार और समाधि में मग्न थे। अचानक रुरु भार्गव दिखा···वह स्यात् ध्यान लगाए हुए राम का स्मरण कर रहा होगा। रुरु ने प्रणाम किया। वह समझ गया कि राम चिंतित हैं। उसने बताया कि कार्त्तवीर्य अर्जुन ने जिन साधकों को कारागार में डाल दिया था, उन्हें छुड़ा लिया गया और सब सुरक्षित हैं। जिन सैनिकों ने पीड़ा पहुँचाई, उन्हें दंड दिया गया। रुरु ने राम को पूर्वदीप्ति विधि पर कारागार का दृश्य दिखाया।

राम ने घनघोर रात्रि में अघोर मुनि के साधकों को जेल में बंद देखा। वे लोहे की हथकड़ी और बेड़ियों से कसे हुए विवश कोठरियों में पड़े कराह रहे थे। अर्धरात्रि को अघोर मुनि अपनी प्रेत सेना लेकर आए। प्रहरियों को अचेत किया, कुछ की दृष्टि बाँध दी, कुछ निद्रित हो गए और तब अघोर मुनि ने बंधन-उन्मोचन मंत्र पढ़ा। सबके पाश खुल गए और सब बंदियों को लेकर अघोर मुनि मुख्य द्वार से ही बाहर हो गए। एक प्रहरी जाग गया। वह चिल्लाया, "सावधान, बंदी भाग रहे हैं, पकड़ो, जाने न पाएँ, सावधान।" बाहर के सैनिक टूट पड़े पर अघोर मुनि ने एक चूर्ण फेंका, उड़द के दाने अभिमंत्रित कर चलाए···सैनिक जहाँ थे, वहीं जम गए जैसे कठपुतली के खेल में होता है, वैसे ही हुआ···राम ने सुना, अघोर मुनि खिलखिलाकर हँसे, बोले—

"मूर्ख अर्जुन, अघोर आथर्वण से टकराना चाहता है। उसका काल परशुराम है। यदि भैरव का यह पूर्वनिश्चित विधान न होता तो मैं उसको आज ही पकड़-कर ले जाता और श्मशान में महाभैरव की बलि दे देता। वह महामहिष-सा तगड़ा है, उसका रक्त और मांस मेरे प्रेत-पिशाचों के लिए, योगिनीगण के लिए तृप्तिकारक होता···तो भी मैं उसको एक ठोकर तो लगाऊँगा।"

दृश्य बदल गया। राम ने देखा कि अघोर मुनि अदृश्य हो गए और कार्त्तवीर्य अर्जुन के शयनकक्ष में प्रकट हुए। वह मदिरा के नशे में कुछ सुंदरियों के साथ सो रहा था। अघोर मुनि ने वितृष्णा से यह सब देखा। फिर अचानक उन्होंने हुमक कर राजा की छाती पर एक लात जड़ दी। राजा पीड़ा से दोहरा हुआ, कराहा और अँधेरे में आँख फाड़कर देखता हुआ डर से काँपने लगा। तब तक अघोर मुनि ने

उन निर्लज्ज नारियों के एक-एक तमाचा जड़ा और अट्टहास करते हुए उड़ गए। राजा और उसकी प्रेयसियों में कोहराम मच गया ।

राजा चिंघाड़ा—"कौन है, कौन?"

"मैं, अघोर आथर्वण, नीच तू परशुराम का ग्रास है अतएव तुझे उसके परशु के लिए छोड़ता हूँ। सावधान, यदि अघोर वन पर पुनः आक्रमण किया तो तुझे हमारे पिशाच कच्चा चबा जाएँगे। जा, सो जा, मैं अपने साधकों को तेरे कारागार से मुक्त करके लिये जा रहा हूँ···तुझमें शक्ति हो तो रोक ले!"

अघोर मुनि के श्मशानी महाअट्टहास से राजा अर्जुन का हृदय भय से धक्-धक् करने लगा। वह वृक्ष पर पड़ी लात की चोट से अधमरा हो गया था। वह कराह कर गिर गया।

दृश्य मिट गया। राम को यह दिखाकर रुरु ने कहा—"राम! तुम्हारी चिंता मैं समझ गया···तुम चैन से रात्रि में सोना, आठों पहर तुम्हारे आसपास हमारे प्रेत-पिशाचों का घेरा रहेगा और भय का अवसर आएगा ही नहीं। आया तो तुम्हें जगा दिया जाएगा। किंचित् चिंता न करना। राम, तुम्हारी जय हो।"

राम का ध्यान भंग हो गया। वह बड़े जोर से हँसे जैसे उन्होंने कुछ अद्भुत देखा हो। लोग अब तक स्नान-ध्यान से निवृत्त होकर राम की समाधि टूटने की ही प्रतीक्षा कर रहे थे। सब दौड़े, पूछने लगे कि बताइए, आपने क्या देखा था जो इस तरह हँस रहे हैं। राम बोले—

"अभी तो गुरु मैत्रावरुण वसिष्ठ के आश्रम चलें, विश्वरथ विश्वामित्र नाना के आश्रम···पुनः रात्रि में बताएँगे।"

विश्वामित्र राम के नाना थे, इस कारण सबको उन्हें देखने की उत्सुकता थी। रामादल सहित राम वहीं पहले गए···अन्य आश्रमों की तरह विश्वामित्र का आश्रम था परंतु वह बहुत लंबा-चौड़ा था, जमदग्नि आश्रम की भाँति···उसमें न कोई चारदीवारी थी, न पत्थर के कुटज···चारों ओर घास-फूँस की झोंपड़ियाँ थीं···आम्र, नीम, पीपल, न्यग्रोध के वृक्षों के झुंड थे···कदली के गह्वरों की पंक्तियाँ थीं···स्वर्ग में देवपुरोहित बृहस्पति के आश्रम-सा वह साधना-स्थल था···वृक्षों पर निर्भय पक्षियों की किलोलों से आश्रम गूँज रहा था···मयूर इतने ढीठ थे कि वे कुटजों में निर्द्वंद्व घुस जाते और कुहककर दाना-पानी माँगते। तब ब्रह्मचारी बटुक उन्हें लाड़ लड़ाते हुए दाने चुगाते और जल पीकर वे कैं-कैं करते हुए भाग जाते···बच्चे उनको पछियाते, तालियाँ बजाते···मयूर झुंड बनाकर उन्हें डराते, कभी चोंचों से दिखाऊ प्रहार करते और ऊधम मचाते। राम यह दृश्य देखकर मुग्ध हो गए।

विश्वामित्र के शिष्य जामदग्न्य राम का नाम सुनते ही स्वागत में दौड़े और उन्हें अश्व से उतारकर, नायकों और सखी-समूह के साथ विश्वामित्र के पास ले गए। राम उनके चरणों में दंडवत् गिरे···वृद्ध विश्वामित्र ने उन्हें उठाकर वक्ष से लगा लिया, लगाए रहे···उनके नेत्रों में अपार स्नेह उमड़ा, अश्रुजल भर आया···वह

राम के शरीर की दृढ़ता को टटोलते, सिर सूँघते और भुजाओं की लौह मांसपेशियाँ देखकर पुलकित हुए। विश्वामित्र के शिष्यों ने आचमन कराया, मधुपर्क पेश किया और सभी का ऐसा ही स्वागत हुआ।

ब्रह्मर्षि विश्वामित्र स्वागत-सत्कार के पश्चात् मृगछाला के अपने आसन पर विराजे और तब एक क्षण का सन्नाटा छा गया। राम हाथ जोड़े घुटनों के बल उनके सामने श्रद्धाभिभूत बैठ गए। कुछ समय ऋषिवर भावनाओं, जमदग्नि के वध के शोक को नियंत्रित करते रहे। पुनः ज्ञानदशा में आकर स्पष्ट स्वरों में बोले—

''राम, मेरे परशुराम, तू मुझे सारा वृत्तांत विस्तार से सुना।''

राम ने संक्षेप में सब सुनाया। ब्रह्मर्षि पुनः ध्यानमग्न हुए···''तो वह कार्त्तवीर्य अर्जुन सारस्वत-प्रदेश पर, हम पर आक्रमण करेगा?''

''निश्चय ही ऐसा होगा। तू सावधान करने आया है···तुझे उत्तरकुरु जाना है और शत्रु यह बात जानता है···तू यहाँ रहता तो वह साहस नहीं करता पर तेरे बिना हम असुरक्षित हैं···स्यात्, यही ब्रह्म की इच्छा है···तू ऐसा कर, महागुरु वसिष्ठ से मिल, वह कोई प्रबंध कर सकते हैं···पर आज तो तू मेरा अतिथि है···मैं अशक्त हूँ···और मेरे कुशिकगण में कोई महावीर नहीं है तथापि हम लड़ेंगे···अच्छा राम, भोजन तैयार हो रहा है, तब तक तू मुझे अपने अस्त्र-शस्त्र दिखा···सुना है, भगवान् रुद्रदेव ने तुझे रुद्रास्त्र और पाशुपत अस्त्र दिए हैं,परशु दिया है, अमोघ धनुष और कवच प्रदान किया है?''

''ऐसा ही है देव!''

और राम ने विश्वामित्र को शस्त्र दिखाए···वह श्वेत श्मश्रुओं और भारी पलकों को उठाकर ध्यान से वे अस्त्र-शस्त्र देखते रहे···फिर दीर्घ मौन के बाद बोले।

''राम, तू अजेय है किंतु तेरे नायकों की ढालें छोटी हैं और भार्गवों में शुक्र तारे के समान उशना कवि का कहना था कि लंबे भाले और सैनिक के शरीर को लगभग ढँक लेने वाली लोहे की ढालें चाहिए···लंबी ढालों और दीर्घ कुंतों की सेना पर न अश्वारोही प्रभावी होते हैं, न हाथी क्योंकि लंबे भालों से गजों के कर्णकुंजों और पैरों को आहत कर उन्हें भगाया जा सकता है और तेरे पास अश्व सेना तथा गज सेना की न्यूनता होगी, नहीं?''

''मैं घोड़ों के लिए भी शाकद्वीप तथा उत्तरकुरु जा रहा हूँ।''

''हाँ, यह ठीक है पर गज सेना और रथ?''

''उसका प्रबंध भी हो जाएगा···पर यह तो है कि हमारी चतुरंगिणी सेना में चक्रवर्ती अर्जुन की सेना जितने रथ और गज नहीं होंगे पर अश्वों और पदाति सेना की कमी नहीं होगी।''

''पर्याप्त है···निर्णय तो पदाति सेना और अश्वारोही सेना से ही होगा···पर राजा से द्वंद्व-युद्ध में तू भी रथारूढ़ हो जाना जिससे तुझे बाण-संधान में सुविधा रहे···अश्व से शरसंधान में वह बात नहीं आ पाती, ठीक है?''

''जो आज्ञा···मैं आज ही ऋषि जमदग्नि-आश्रम को सूचना भेजता हूँ, अन्य भार्गव आश्रमों को भी कि वे भालों की लंबाई बढ़ाएँ और लोहे की प्रलंब ढालों को बनवाएँ···उनके प्रयोग की भी व्यवस्था होगी।''

''स्वस्ति, स्वस्ति···तेरी विजय हो ···राम, मेरे पास चार धनुष और दिव्य बाण हैं···मैं उन्हें तेरे भाइयों को देना चाहता हूँ···विश्वावसु, ले तू इन्हें सँभाल।''

ब्रह्मर्षि ने अस्त्रागार से धनुष-बाण, कवच और अन्य अस्त्र-शस्त्र मँगाए। राम के नायकों में उत्साह आ गया। विश्वावसु से उन्होंने कहा कि उन्हें भी ब्रह्मर्षि का प्रसाद मिले। विश्वामित्र मुस्कराए। उन्होंने सभी नायकों को कवच, धनुष-बाण और अन्य अस्त्र दिएं। तब सखीवृंद ने अनुरोध किया—

''नानाजी, आप हमारी रक्षा के लिए भी कुछ प्रसाद दीजिए न, क्या हम आपको प्रिय नहीं?''

''तुम परशुराम की शक्तियाँ हो, प्रेरणा, उसकी प्रीति और स्नेह की भाजन हो···तुम्हारी राम के प्रति अपूर्व भक्ति है···मैं तुम्हें अमोघ अस्त्र-शस्त्र दूँगा···पर, यह लोमा, यह राजा सुदास की पुत्री, यह तो पुष्पा है, फुलवा···फूल-सी कोमल और हल्की-फुल्की···यह भी लड़ेगी क्या?''

''नाना, मैं भी लड़ती हूँ—मुझे आप प्रसाद दीजिए।''

हँसी बिखरी। ब्रह्मर्षि खिल गए, बहुत समय बाद ऐसे व्यक्तित्व देखने को मिले। ऋषि के संकेत पर उनके शिष्यों ने खोजकर लड़कियों के शरीर के अनुरूप कवच, शिरस्त्राण, धनुष-बाण, कटारें और बरछियाँ दीं। तब मौरवी रोने लगी—

''नानाजी, हमें अनार्य मानकर और मेरे पति आर्य वृक को आपने कुछ नहीं दिया?''

सबने अट्टहास किया। उन्हें भी शस्त्र दिए गए और सब भोजन को उठे। ब्रह्मर्षि ने राम और विश्वावसु को निकट बैठाकर भोजन किया और विश्राम के बाद संध्याकाल को राम वसिष्ठ मुनि के पास जाएँ, यह आदेश दिया। सब विश्राम को कुटजों में चले गए।

महामाता अरुंधती तथा महागुरु वसिष्ठ के दर्शनार्थ राम नायकों और सखीवृंद के साथ पहुँचे तो उनका हार्दिक स्वागत हुआ। दाशराज्ञ युद्ध में वीतिहव्य हैहयों ने वसिष्ठ और सुदास का साथ दिया था, किंतु भार्गवगण वसिष्ठ के विरुद्ध लड़े थे। इससे राम आशंकित थे कि वसिष्ठ मुनि तटस्थ हो सकते हैं या विमुख किंतु अब उन्हीं हैहयों का भय वसिष्ठ को भी था। विश्वामित्र की तरह वसिष्ठ भी वृद्ध हो गए थे किंतु वसिष्ठ में वह सहृदयता कम लगी जो विश्वामित्र में दिखाई पड़ी थी तथापि अरुंधती तथा वसिष्ठ ने पर्याप्त सद्भाव दिखाया। सारा वृत्तांत सुनकर वसिष्ठ मुनि गंभीर हो गए बोले—

''चिरंजीव राम! भार्गवगण ने दस राजाओं के युद्ध में हमारा विरोध किया था किंतु जमदग्नि ने विश्वामित्र के संबंधी होने पर भी आर्यों के आपसी कलह में

तटस्थता बरती थी···और फिर अब यह जो कार्त्तवीर्य अर्जुन है, यह तो सप्तसिंधु के सभी आर्यों का वैरी हो गया है···मैंने एक आर्यनारी की मर्यादा की रक्षा के लिए युद्ध का वरण किया था और अनार्यों के समर्थकों को पाठ पढ़ाया था किंतु यह वन्यपशु नारीनाशक अर्जुन तो राक्षस हो गया है पर वह बहुत प्रबल राजा है, वह निश्चय ही आर्य जीवन पद्धति, मर्यादा और आदर्शों को नहीं मानता। वह राक्षसों की तरह ललनाओं का अपहर्त्ता और विलासी है, क्रूर और अधर्मी है और क्योंकि मैं आर्य शील, आर्य आदर्शों के प्रति आग्रही हूँ अतएव वह सर्वाधिक कोप मुझ पर रखता है, वसिष्ठगण पर किंतु हम इतने कम समय में संगठित नहीं हो सकते। हाँ, तुम कुछ समय रुक जाओ···आर्य राजाओं और जनगण को आश्रमों की रक्षा में लगा दो, तब उत्तरकुरु की यात्रा करो, क्या यह संभव है?''

राम बोले—''ब्रह्मर्षि वसिष्ठ, ब्रह्मर्षि विश्वामित्र जब दोनों एक साथ युद्ध के उपाय करेंगे तो उसमें हमारी कोई आवश्यकता नहीं···आपका संदेश पाते ही आर्य सेनाएँ चल पड़ेंगी और कार्त्तवीर्य अर्जुन का प्रतिशोध होगा···भला, दाशराज्ञ युद्ध के विजेता वसिष्ठ मुनि के सामने वह नर्मदा वन का पशु क्या कर लेगा···उसे माहिष्मती की रक्षा की भी तो चिंता रहेगी···अत: वह सारी सेना लेकर तो यहाँ आ नहीं सकता···शर्याति, दक्षिण के जनगण, लंका के राक्षस, अवंती के यादव, सब उसकी अनुपस्थिति में माहिष्मती पर आक्रमण कर सकते हैं अतएव आप पुराने बल और कौशल का स्मरण करें···ब्रह्मशक्ति के सम्मुख क्षत्रियशक्ति जीत नहीं सकती···वह भगोड़ा है, वह संगठित आर्य सेनाओं से पिटकर भागेगा और तब देवलोक और उत्तरकुरु की सेनाएँ लेकर जब हम लौटेंगे, तब यहाँ के सैन्यबल के साथ आप और नाना विश्वामित्र के पथदर्शन में हम माहिष्मती को घेरकर उस तथाकथित सहस्रबाहु की भुजाएँ इस परशु से काट डालेंगे···वह आततायी है अत: वध्य है!''

''तो ऐसा ही हो राम, यह तुम सच कहते हो कि उसे माहिष्मती में बड़ी सेना छोड़नी ही पड़ेगी और यहाँ अभी राजा सुदास के गण हैं ···हम प्रतिरोध करेंगे···तुम निश्चिंत होकर देवलोक तथा उत्तरकुरु के आर्यों, अनार्यों का समर्थन जुटाओ···तुम, संभव हो तो परशुदेश (जो बाद में फारस या पर्शिया कहलाया, ईरान) भी जाना···वहाँ शुक्राचार्य के भार्गवगण हैं, मैं उन्हें तथा चक्रवर्ती मांधाता, हरिश्चंद्रपुत्र रोहित और कश्यप सागर के ऋषि कश्यप मुनि को पत्र लिख दूँगा···तुम हम सबके पुण्यों के प्रतिफल हो जामदग्न्य राम, तुम्हारी जय हो···तुम वह कर सकोगे जो हम नहीं कर सके···तुममें रुद्र-विष्णु का तेज है, जाओ तुम्हारा पथ शुभ हो।''

परशुराम ने नायकों आदि के साथ ऋषिवंदना की और सरस्वती-तट पर आकर, विदा से पूर्व, ससमुदाय सरस्वती नदी के जी भर दर्शन किए···उनके मन में उभरा कि दृषत्वती, आपया और सरस्वती ने ही इस सारस्वत-क्षेत्र को माताओं की भाँति पाला-पोसा है अत: उन्होंने अपने कुलदेव अग्नि के स्तवन में कहा—

''हे अग्नि, सुदिन की प्राप्ति के लिए गोरूपा इस धरा के इस उत्कृष्ट स्थान

में तुम्हें हम स्थापित करते हैं। अग्निदेव तुम दृषत्वती (राजस्थान की वर्तमान घग्घर) आपया (कुरुक्षेत्र की नदी) और सरस्वती नदी के तटों पर रहने वाले मनुष्यों के गृहों में धनधान्य प्रदान करते हुए दीप्तमान रहना।'' (तृतीय मंडल, तृतीय अष्टक, ऋग्वेद, हिंदी, पृष्ठ 382)

कार्त्तवीर्य अर्जुन के संभावित आक्रमण के समय परशुराम चिंतित थे जैसे वह एकटक महासरिता सरस्वती का जल वैभव अपने मन में भर रहे थे और तटवासी आश्रमों के अस्तित्वरक्षण के लिए क्लांत थे···अग्नि से ही भय था, सो राम ने अग्निदेव को सारस्वत-क्षेत्र सौंप दिया।

21

मैत्रावरुण वसिष्ठ मुनि को चिंतित देखकर परशुराम ने बिना किसी को बताए एक निर्णय लिया। विश्वावसु का आकार-प्रकार और रूप परशुराम से मिलता-जुलता था। राम ने विश्वावसु को बुलाया, कहा—

''भाई! सारस्वत प्रदेश पर संकट है···नाना विश्वामित्र और मैत्रावरुण वसिष्ठ महावृद्ध हो गए हैं। वे आर्यों में श्रेष्ठ हैं। उनके आवाहन पर आर्य सेनानी और राजा तथा जनगण संगठित हो जाएँगे किंतु मैं चिंतित हूँ···आप मुझ जैसे ही दिखते हैं, अतएव आप यहीं रुक जाएँ। कृतु ऋषि के पुत्र बालखिल्य ऋषियों की संख्या सर्वाधिक है। वे तपस्वी हैं, दृढ़ी योगी पर उनके शाप से सब डरते हैं···वे वृक्षों में उलटे लटककर साधना करते हैं और उनके योग के प्रभाव से जनगण उन्हें वरदान के लिए घेरे रहते हैं···वे एकांतवासी हैं···आप उन्हीं में जाकर रहें और सुबल और शंकु हैहय, दीर्घ यादव, यज्ञधर तथा शत्रुघ्न हैहय, इन सेनानायकों के साथ कार्त्तवीर्य अर्जुन के आक्रमण के समय तब भिड़ें जब अपरिहार्य हो जाएँ···मैं आधी सेना आपके नेतृत्व में यहीं छोड़ दूँगा···और आप अपने लोगों से यह प्रचारित करवाते रहें कि परशुराम आप ही हैं···मैं आपको रुद्रास्त्र देता हूँ···उसका मंत्र और संचालन की विधि बताता हूँ···वह अमोघ अस्त्र है···यदि अर्जुन का सामना हो जाए तो प्राण संकट के समय विश्वामित्र तथा रुद्र के अस्त्रों का प्रयोग करें···वह रुद्रास्त्र अपना कार्य कर आपके पास लौट आएगा···क्योंकि सेना कम है, अत: आप चाहें तो नई भरती कर लें। नए रंगरूटों को शिक्षा दें और अस्त्र-शस्त्रों का निर्माण कराएँ, क्या यह कार्य आप सहर्ष कर सकेंगे?''

''सहर्ष। मैं कार्त्तवीर्य अर्जुन को ऐसा पाठ पढ़ाऊँगा कि वह यहाँ से भागने को विवश हो जाएगा, किंतु तुम कहते हो कि मैं लड़ाई के उस क्षण में हस्तक्षेप करूँ जब सारस्वत-क्षेत्र के आर्य योद्धा पराजित होने लगें···यदि वे विजयी हों तो मैं हस्तक्षेप न करूँ?''

"नहीं, क्योंकि हमें अपने बल को बचाना है, माहिष्मती के महायुद्ध के लिए...और आपकी वहाँ आवश्यकता होगी अतएव आप दुस्साहस से बचें...मुझे विलंब हो रहा है, यात्रा पर जाना ही है।"

"तथास्तु, तुम जाओ और यहाँ से निश्चिंत रहना...रुद्रास्त्र मेरे पास है फिर अर्जुन क्या कर लेगा...प्रश्न यह है कि सखियों का क्या होगा?"

"उन्हें बुलवाइए...वे मेरी भक्त हैं, अंध ममतालु, वे मान जाएँ, तब है।"

सखीवृंद आया। परशुराम को गंभीर देखकर वे समझ गईं कि कोई बड़ा निर्णय हुआ है क्योंकि विश्वावसु भी चिंतित से लगे। लोमा को संबोधित करते हुए परशुराम ने कहा—

"ऋषि लोमहर्षिणी, तुम अपने पिता राजा सुदास के घर नहीं जाना चाहतीं? वह महावृद्ध हो गए हैं...यहाँ रुककर उनकी सेवा की इच्छा नहीं है क्या?"

"है, किंतु हम सब तो उनसे मिलकर लौट भी आईं...वह बड़े राजा हैं...उन्हें सेवकों की क्या कमी है?...और आपको हमारी सुरक्षा की चिंता है, है न? परंतु सहस्रबाहु के आक्रमण के समय हमें कोई बचा नहीं सकता यहाँ...हमारे पिता भी तो वृद्ध हैं और वह अब प्रतापी भी नहीं हैं।"

राम ने कहा—"मणिप्रभा, वल्लरी, चंद्रकला, लोमा को समझाओ और तुम सब राजा सुदास के दुर्ग में सुरक्षित रहो। मैं यात्रा से लौटकर तुम्हें वापस ले चलूँगा...यहाँ आश्रमों को भय है। राजा सुदास के साथ हैहयों का पुराना संबंध है...दाशराज्ञ युद्ध में हैहय राजा सुदास के पक्ष में लड़े थे, इस कारण कार्त्तवीर्य अर्जुन उन पर आक्रमण नहीं कर सकता।"

"नहीं, नहीं, नहीं...वह निकृष्ट व्यक्ति है, राक्षस हो गया है...वह मेरे पिता पर आक्रमण चाहे न करे परंतु वह हम सबका अपहरण करने के लिए भी आ रहा है और आप हमें यहीं छोड़कर जाना चाहते हैं। मेरे पिता ने कहा है कि तुम राम के साथ ही रहो।"

"किंतु मैं यहीं रहूँगा...मैं अपना शरीर यहीं छोड़कर छाया-शरीर से यात्रा करूँगा...अपने को विभक्त कर लूँगा तब तो कोई आपत्ति नहीं?"

लोमा कहने लगी—"मैं जानती हूँ कि आप अपने सहोदर ज्येष्ठ विश्वावसु को आश्रमों की रक्षा के लिए 'परशुराम' नाम से छोड़े जा रहे हैं और आपने भाई को दिव्यास्त्र भी दिया है जिससे वह अजेय हो गए हैं किंतु अपहरण तो मेरे दुर्ग से चुपचाप होगा...नहीं, मैं तो आपके साथ ही सुरक्षित हूँ, अन्यत्र नहीं।"

राम तथा अन्य सब विस्मित थे। यह लोमा तो अलौकिक है। यह राम का मन पढ़ लेती है...तभी यह विश्वावसु का रहस्य जान गई...यह लोमा राम की अभिन्न हृदया है, एक प्राण...आश्चर्य है...वल्लरी ने नाटकीय मुद्रा में लोमा को प्रणाम किया—

"ऋषिवरा, आपकी जय हो...राम ने तो हम सबको यहीं त्याग देने का निर्णय

ले लिया था पर लोमहर्षिणी देवी, तुमने हमें बचा लिया, तुम्हारी जय हो। बहिनो, आओ, लोमा के स्तवन में वेदमंत्र रचें···हे ऋषि लोमहर्षिणी! सहस्रबाहु भी जिसके नाम से थरथराता है, वह रुद्रराम भी तेरे आगे विवश है। हे देवि, तुम भारती, सरस्वती, इला की अवतार हो···आकाश के पक्षियों को भी जो वरुण मार्ग बताता है, वह राम को सन्मति दे···हे इंद्र···तुमने राम को वज्र-परशु तो दिलवा दिया पर तुम देवराज महादेव से कहो कि वह अपने पुत्र राम की मति फेर दें और हमें उस भेड़िया अर्जुन के अपहरण और बलात्कार से बचाएँ···हे अग्नि! इन अग्निसुत राम के मन में हमारे प्रति ऊष्मा उत्पन्न करो···।''

विश्वावसु तथा अन्य सबने अट्टहास किया, कहा—

''राम, ये तुम्हारी ज्वाला की अर्चियाँ हैं। ये तुम्हें छोड़ नहीं सकतीं···तुम इन्हें छोड़ गए तो ये या तो दु:खी रहा करेंगी या फिर सरस्वती नदी में डूब मरेंगी। मैं सहस्रबाहु से अपने पिता की हत्या का प्रतिशोध ले सकता हूँ परंतु इन शक्तियों को नहीं सँभाल सकता···धन्य हैं ये देवियाँ जिनकी हमारे राम में इतनी अविचल भक्ति और अनुरक्ति है!''

मणिप्रभा चहकी—''लो, राम, विश्वावसु महाराज से तो हम धन्य हो लिये, अब आप भी हमें धन्यवादी करो, वर्ना!''

''वर्ना?''

''वर्ना हम इस नदी में डूबकर तुम्हारी प्रेत सेना में सम्मिलित होकर उस शाल्मली की भाँति उपद्रव करेंगी। सोच लो, तुम्हें यह स्वीकार्य हो तो हम जलसमाधि लगा लें?''

सखियाँ सरस्वती नदी की ओर भाग खड़ी हुईं···राम, विश्वावसु उनके पीछे दौड़े। अंतत: राम विवश हो गए। वह हाथ उठाकर चीखे—

''रुक जाओ और यात्रा की तैयारी करो···मैं हार गया, तुम जीत गईं··· बलिहारी है इस स्त्रीहठ की, बलिहारी है।''

सखियाँ रुक गईं और पुष्पों-सी खिल गईं। वल्लरी ने राम की ओर विजय की मुद्रा में देखा। राम सिर खुजा रहे थे और मुस्करा भी रहे थे।

राम का रहस्य तो लोमा ने प्रकट कर ही दिया था अतएव राम ने विश्वावसु से कहा—''ठीक है, सखियाँ साथ चलें किंतु आप यहाँ सावधान रहकर रण-संचालन करें और ऋषि मरीचि, भृगु, अंगिरा, पुलस्त्य, पुलह, दक्ष, क्रतु, अत्रि और वसिष्ठ आदि के आश्रमों की सूचनाएँ एकत्र करते रहें जिससे समय पर कर्तव्य निर्धारित कर सकें···चलो लोमा, अब हम प्रस्थान करें।''

लोमा बोली—''राम! आपने सप्तर्षियों के आश्रमों का नाम नहीं लिया? उनके नाम पर भी तो यहाँ आश्रम हैं?''

''हैं तो, पर वे सप्तर्षियों की भाँति सदा चलायमान रहते हैं। सनक, सनंद, सनातन, सनत्कुमार और ऋभु आदि तो आकाश में आसीन हो गए···उनके नाम

पर जो ऋषि हैं, वे सप्तर्षियों की परंपरा के अनुसार एक स्थान पर ठहरते नहीं हैं···वे जनगण में विचरते हुए उपदेश करते रहते हैं और अपरिहार्य हो जाने पर हस्तक्षेप करते हैं।''

वल्लरी बोली—''किंतु वे तो ब्रह्मा के मानस पुत्र हैं, भला कोई मन से पुत्र कैसे उत्पन्न कर सकता है?''

''ब्रह्मा के लिए क्या असंभव है और यह समूची सृष्टि है, वह सर्वप्रथम मन में ही भासती है···मन ही स्रष्टा है। वही ब्रह्मा है···कविगण का मन ही नई रचनाएँ करता है।''

''किंतु राम यह ब्रह्मा या मन तो बहुत चंचल होता है न···ब्रह्मा ने स्वयं सरस्वती को रचा और उसी पर आसक्त होकर उसके पीछे भागते फिरे।''

सखियों ने ठहाका लगाया। राम ने समझाया—''देखो, स्रष्टा जो रचता है, उस पर वह मुग्ध होता है और सरस्वती ब्रह्मा की वाणी थी, वाक् शक्ति···तभी व्यक्ति, अपनी वाणी के सौंदर्य पर आसक्त हो जाता है···कवि, इसी कारण स्ववाक् की प्रशंसा चाहते हैं···वे जो सृजन करते हैं, उसमें कोई दोष बताए तो वे चिढ़ जाते हैं।''

''किंतु सरस्वती के तो ब्रह्माजी जनक थे, वह उनकी पुत्री थी, पुत्री पर आसक्ति से ब्रह्मा लांछित हुए थे।''

''वह एक रूपक है, उसके सत्य को समझो।''

''आप समझिए···आप तो निस्पृह हैं। आप भी तो कवि हैं, मंत्र-स्रष्टा···आपमें आसक्ति क्यों नहीं उपजती।''

सब खिलखिला उठीं। राम ने विनोद में परशु कंधे से उठाकर उन्हें धमकाया। पुनः सब हँसीं। राम सखियों सहित यात्रा की व्यवस्था में लगे। सखियों ने एक-एक आवश्यक वस्तु की चिंता की और कुछ दिनों बाद रामादल पुनः यात्रा-पथ पर चल पड़ा।

शरद् ऋतु के सुहावने मौसम में सहस्रबाहु की सेना काले नाग की तरह पंक्तिबद्ध रेंग रही थी। सेनापति रुद्रदत्त के स्थान पर वज्राधिप हैहय को प्रमुख बनाया गया था जो विराट् शरीरधारी था। छोटे घोड़े उसके भार से बैठ जाते थे। वह इतना बलवान् था, इतना भयंकर कि उसकी हुंकार से ही शत्रु काँप उठता था। वह अत्यंत क्रूर और निर्दयी था···वह हाथियों को लड़ाता और उन्हें पहाड़ पर ले जाता था। वहाँ से वह हाथियों को गिराता और उनकी आर्त्त चीत्कारों पर अट्टहास करता। वह युद्ध से पलायनकर्त्ता सैनिकों को अपने हाथ से मारता। उनके सिर मुद्गर या मूसल से फाड़ देता और उनमें नमक भर देता। जब वे तड़पते तो हँसता। उसके भय से सैनिक युद्ध में मर जाना पसंद करते पर भागने का नाम कभी नहीं लेते।

वज्राधिप हैहय लघु पर्वत-सा एक प्रचंड, ऊँचे, तगड़े घोड़े पर आरूढ़ था।

उसने राजा अर्जुन को सेना के मध्यभाग में हाथी पर आराम से बिठाया था और सारी सेना को गुल्मों में बाँटकर एक-एक गुल्म एक-एक सेनानी के अधीन कर दिया था। एक सहस्र गुल्मों की यह सेना ही राजा कार्त्तवीर्य की हजार बाँहें थीं। इसी से वह सहस्रबाहु कहलाता था। इतनी ही सेना उसने युवराज जयध्वज के नेतृत्व में माहिष्मती में छोड़ी थी और गूढ़ पुरुष कृतांत को चौकस रहने का आदेश दिया था। राजा के सहोदर कार्त्तवीर्य अरिंदम को दुर्ग का रक्षक बनाया गया था। राजा का दूसरा वंशज शार्दूल हैहय माहिष्मती की हरावल सेना का सेनापति था जिसे नगर का द्वाररक्षक नियुक्त किया गया था। राजा की कमान में सहस्र गुल्मों की कई वाहिनियों के अधिपति थे जिनमें विकराल गर्जन, हैहय प्रमुख था जो वज्राधिप का सहायक महासेनापति भी था ।

राजा की गजसेना में सैकड़ों हाथी और सहस्रों अश्व थे। पदाति सेना का कोई आरपार नहीं था। ऊबड़-खाबड़ मार्ग के कारण रथसेना को नहीं लाया गया था। सर्वप्रथम अर्जुन ने नृसिंहराज हैहय पर आक्रमण किया । समाचार पहले मिल जाने से नृसिंह हैहय पहले ही घोर वन में चला गया था। अर्जुन की सेना ने प्रतिरोध न पाकर जी-भरकर नृसिंह हैहय की राजधानी को लूटा और नगर में आग लगा दी···उस ज्वाला में वज्राधिप उठा-उठाकर नागरिकों को फेंकता और ठहाके लगाता। राजपरिवार तो वन में प्रस्थान कर गया था। यदि वह उन्हें पा जाता तो राजद्रोह का प्रतिशोध लेता, पर वे वहाँ नहीं थे और महावन में उन्हें खोज-खोजकर मारने का समय नहीं था। राजा अर्जुन ने अवंती यादवों पर हमला नहीं किया था क्योंकि रणयात्रा में उससे बाधा पड़ती और अवंती का राजा सेना सजाकर भिड़ने को प्रस्तुत भी था। उससे उलझना विलंबकारी और हानिकर जानकर अर्जुन आगे बढ़ गया। उसने अवंती के पास चक्रधर का आश्रम उजाड़कर उसको अग्नि में स्वाहा कर दिया किंतु आश्रम खाली था । चक्रधर के लोग और शिष्य पूर्व ही खबर पाकर इधर-उधर गाँवों में छिप गए थे।

सहस्रबाहु की सेना रात्रि में पड़ाव डालती, दिन में चलती हुई कार्तिक की पूर्णिमा को यमुना नदी पर पहुँच गई। मार्ग के आश्रमों को ध्वस्त करती, ग्रामों को उजाड़ती, हाथी-घोड़ों के लिए खेत-खलिहानों का उपयोग करती हुई अर्जुन की वाहिनी किसी के द्वारा सामना न करने से अहंकार से मतवाली हो गई थी । उसके सेनानी और सैनिक ग्रामों और नगरों से स्त्रियों को पकड़ लाते और अपना मुख काला करते और नारियों की चीखों का आनंद लेते थे।

यमुना पर सेना का पड़ाव कई दिनों तक रहा।

मैत्रावरुण ऋषि वसिष्ठ ने राजा सुदास के त्रित्सुगण को भेजने का पत्र लिखा। द्रुह्य, तुर्वस, पुरोडास, अनु, कवष, अष्टक, अष्मक, उत्कील, आर्यगणों के अतिरिक्त पख्त, भलानास, अलिन्, विशानिन, शिवस्, शंबर, शरभ, शुष्ण, पिप्रु, पणि आदि अनार्यगणों को विश्वामित्र ने बुलवाया। विश्वामित्र के अनेक पुत्रों में

देवव्रत, मधुच्छंदा, प्रजापति, कत, ऋषभ, रेणु, पूर्ण, गालव और शुन:शेप ने कौशिकगण की कान्यकुब्ज सेना को सन्नद्ध किया । वसिष्ठ के पौत्र पराशर के नेतृत्व में इंद्रप्रमति, कुंडिन आदि आए। मरीचि ऋषिगण को असित, शांडिल्य, सुमेधा, रेभ ने तैयार किया। अगस्त्य मैत्रावरुण के वंशजों का गण हुंकारें भरने लगा। अंगिरागण के उकथ्य, बृहस्पति, संवर्त्त, दीर्घतमस और भरद्वाज ऋषि तथा योद्धा पधार गए। ऋषियों के अट्ठारह मूल गोत्रों के नाम से बने आश्रमों से लड़ने योग्य ब्रह्मचारी, बटुक और अन्य जन युद्ध को यज्ञ समझकर प्राणों की हवि देने को तत्पर हो गए।

युद्ध परिषद् में राजा सुदास के पौत्र वामदेव को जो राजर्षि था, प्रधान बनाया गया। कार्यकारी प्रधानों में वसिष्ठ पौत्र पराशर और विश्वामित्र पुत्र देवव्रत को सम्मिलित किया गया। विश्वामित्र और वशिष्ठ को वृद्ध मानकर उन्हें हिमालय जाने का परामर्श दिया गया किंतु वे क्रोध में यह सुझाव देने वालों को श्राप देने के लिए प्रस्तुत हो गए। तब सबने युद्ध का महापरामर्श-मंडल बनाया और उसमें अन्य वृद्ध ऋषियों को स्थान दिया। आदेश हुआ कि जो परामर्श का आदेश न माने, उसे अवज्ञा का दंड दिया जाएगा। बूढ़े महर्षि प्रसन्न हो गए और उन्होंने विचार कर सलाह दी कि युद्ध आश्रमों से दूर सरस्वती और यमुना के मध्यवर्ती मैदानों में किया जाए।

लगभग बीस-पच्चीस हजार सेना लेकर आर्य राजा और ऋषि योद्धा कार्त्तवीर्य अर्जुन के यमुनातट के शिविर की ओर बढ़े। प्रत्येक आश्रम की रक्षा के लिए ब्रह्मचारी बटुक डटे हुए थे। आपात्काल में कुछ भी हो सकता है, इस आशंका से स्त्रियों, वृद्धों, बालकों और अन्य सबको दूर ग्रामों में भेज दिया गया और उनके साथ ग्रंथों की पांडुलिपियों को भी···जो भी, पवित्र और महनीय था, आश्रमों से हटा दिया गया, केवल छात्र सैनिक और जनता के स्वयंसेवक युवाजन रक्षा के लिए रह गए।

कार्त्तवीर्य अर्जुन को आर्यसेना के चल पड़ने का समाचार मिला, संख्या, अस्त्र-शस्त्रों का भी। उसने तुरंत निर्णय लिया। तीस सहस्र सेना के लिए साठ हजार सैनिक पर्याप्त हैं और वह गरजा—

''वज्राधिप! तुम यहाँ लड़ो और मैं भी यहीं हूँ। तीस सहस्र सेना निरंकुश हैहय, व्याघ्र, प्रचंड हैहय के भाई चंड हैहय, शर्याति, निकुंभ हैहय और सिंहध्वज हैहय के सेनापतित्व में आश्रमों पर आक्रमण करे। सिंहध्वज, तुम मेरे वंशज हो, जयध्वज जैसे, राजकुमार हो सो तुम यह दायित्व सँभालो, तुम महासेनापति हुए। तुम्हारे अधीन सेनानी निरंकुश रणव्याघ्र, चंड और निकुंभ लड़ेंगे···तुम नदी सरस्वती को दूर रखते हुए दक्षिण की ओर जाना, और जहाँ से आश्रम प्रारंभ होते हैं, वहाँ से उन्हें अग्नि में स्वाहा बोलो और कहो, ''इदम न मम्''।''

राजा ने गगनकंपक ठहाका लगाया और सिंहध्वज को विस्तार से रणनीति

समझाता रहा। उसने विद्युन्माली विद्याधर राक्षस को सिंहध्वज के साथ भेजा और कहा कि वह अपनी देखरेख में आश्रम-दहन का कार्य पूरा कराए।

पहली झड़प दोनों पक्ष की टोह लेने वाली टुकड़ियों से हुई। कृतांत भेदिए का वंशज गूढ़ पुरुष दुर्दांत हैहय उस राजा की टुकड़ी का प्रधान था। ऋषि सेना के गुल्म का नायक महासेनापति राजा सुदास के पौत्र वामदेव का लघु भ्राता सोमदेव था। सोमदेव के युवा योद्धाओं ने दुर्दांत हैहय की टुकड़ी को ललकारा। दोनों गुल्म छोटे थे पर अग्रगामी मोर्चे के ये वीर आक्रामक थे। दुर्दांत हैहय ऋषि-पुत्रों को तुच्छ समझता था। उसने सबको एक साथ रण में पेल दिया किंतु सोमदेव ऋषि योद्धा था। उसने चुने हुए कुछ योद्धाओं को सुरक्षित सेना के रूप में एक नायक को सौंपकर दुर्दांत के सैनिकों पर सधे हाथों से बाण छोड़ने का आदेश दिया। अचूक बाणों से हैहय वीर बिंधने लगे, उनके अश्व घायल होने लगे। हैहय, ब्रह्मचारियों की बाण-विद्या की अचूक प्रहारशक्ति से तिलमिला गया। उसने अश्वरोहियों को तीव्रगति से सीधा प्रहार करने की आज्ञा दी, वह नर्राया—

''ये धनुर्विद्या में निपुण हैं, सीधे श्येन से टूटो···ये खंग और भालों का सामना नहीं कर सकते।''

पवनगति धारण कर हैहयों ने घोड़ों को सोमदेव की टुकड़ी पर हूल दिया···अब युद्ध छोटे हथियारों का होना था। विश्वामित्र के परामर्श से पूरे शरीर को ढँक लेने वाली ढालों को आगे कर ऋषि-पुत्रों ने लंबे भाले फेंके, घोड़े गिरे और हैहयों ने देखा कि उनके भाले और बरछियाँ लंबी लोहे की ढालों पर व्यर्थ हो गए···क्षण-भर असमंजस में हैहय मतिभ्रम में पड़ गए···तब दुर्दांत दहाड़ा—

''पदातियो! आगे बढ़ो···ढालों पर मुगदर, मूशल चलाओ'' और दुर्दांत स्वयं गदाएँ फेंककर सोमदेव की सेना को ध्वस्त करने लगा।

तब सोमदेव सुरक्षित सैनिकों को लेकर दुर्दांत को घेरने के लिए बढ़ा। उसने लोहे के भारी गोले और छोटे बेंटवाले भारी भार के परशु फेंके। ब्रह्मचारी सैनिक पीछे हटना जानते ही नहीं थे। वे मरते, गिरते किंतु दूसरे उन्हें रौंदते हुए आगे बढ़ जाते। दुर्दांत घबराया। ये ब्रह्मचारी तो मृत्यु का भी भय नहीं रखते। मेरे सब सैनिक मारे जाएँगे। उसने रण में हाथ उठा दिया—

''सोमदेव! तू ऋषि कहलाता है। सैनिकों की हत्या से श्रेष्ठता सिद्ध नहीं होती। आ, दो-दो हाथ हो जाएँ···आगे आ ब्राह्मण···मैं दुर्दांत हूँ, दुर्दांत हैहय और तू ज्ञानी-ध्यानी दादुरों की भाँति वेदमंत्र बोलता रहता है, मैं तुझे वेद पढ़ाता हूँ बटुक।''

सोमदेव एक दर्शनीय अश्व पर सामने आया। युद्ध बंद हो गया। दोनों पक्ष के मृतों, आहतों को ले जाया जाने लगा। सोमदेव बोला—

''हम धर्मयुद्ध करते हैं, तू आततायी है। तेरा काल तेरे सिर पर है, प्रहार कर ले वर्ना नरक में जाकर पछताएगा।''

दुर्दांत ने क्रोध में दाँत पीसकर भाला मारा पर शिक्षित अश्व एक ओर हट गया। पुनः पास आकर दुर्दांत ने खंग की चोट की जिसे सोमदेव की ढाल ने व्यर्थ कर दिया। तब उसने गदा चलाई किंतु वह भी अश्व बचा गया। तब सोमदेव ने हुंकार भरी—

"दुष्ट दुर्दांत, तू मूर्ख है, युद्ध करना जानता ही नहीं। युद्ध विद्या है और तू क्रोध में, अहंकार में अंधा है। ले, प्रहार से बचा अपने को!"

सोमदेव ने देवमंत्र बुदबुदाते हुए कुंत फेंका जो दुर्दांत की ढाल फाड़ता हुआ उसके उदर में प्रविष्ट हो गया। वह अश्व से गिर गया और चीत्कारने लगा। सोमदेव अपने अश्व से उतरा…भाला खींचा और घाव के छलकते रक्त को एक वस्त्र से रोका और व्रण में एक ओषधि भर दी। पुनः पट्टी से घाव को कस दिया और हैहय सैनिकों से कहा—

"ले जाओ इस दुर्दांत को और अपने उस राजा को भेंट कर दो… ।"

घायल दुर्दांत बची-खुची सेना को लेकर लौट गया किन्तु घायलों को घोड़ों पर बाँधते और खेत रहे सैनिकों की दाहक्रिया के प्रबंध में सोमदव को वहाँ रुकना पड़ा। दुर्दांत के सैनिकों को अचानक एक बड़ी सेना उधर आती दीखी । सब हाल बताया गया तो उस बड़ी हैहय सेना के अश्वारोही सैनिक सोमदेव की लघु टुकड़ी पर टूट पड़े और उन्हें गाजर-मूली की तरह काट डाला। सोमदेव मायामोह छोड़कर लड़ा किंतु सौ के आगे सती क्या कर सकती थी। सोमदेव के हारे-थके सैनिकों ने बाणों के प्रहार से हैहय सेना के सैकड़ों सैनिकों को आहत कर दिया किंतु वे चारों ओर से घेर लिए गए, अतः चौमुखा वार करते हुए सोमदेव के गिने-चुने सैनिक मारे गए। मृत्यु को निश्चित जानकर सोमदेव ने तूणीर से नाग बाण निकाला और अवशिष्ट शक्ति से धनुष खींचकर हैहयों के सेनापति को लक्ष्य पर ले लिया। बाण अमोघ था। वह सनसनाता, अग्नि की चिनगारियाँ छोड़ता हुआ सेनापति, सूर्यातप हैहय की ढाल को फोड़ता उसके वक्ष में घुस गया और सेनानी सूर्यातप के प्राण लेकर ही माना । रक्त फेंकते सोमदेव के शरीर में अब शक्ति निःशेष हो चुकी थी, अतएव वह भी अचेत होकर धराशायी हो गया।

दुर्दांत और सूर्यातप हैहय जैसे वीर नायकों को मारने वाले मृत सोमदेव के शव को असभ्य हैहय उठा ले गए। राजा ने समाचार सुने। दुर्दांत तो सोमदेव की ओषधि से बच गया था पर वह इस युद्ध के लिए व्यर्थ हो गया था। उसे चिकित्सक शिविर में भेजकर हैहय सूर्यातप का शव राजा ने परखा। उसे मृत जानकर वह क्रोध और संताप में सोमदेव को अपशब्द कहने लगा और सोमदेव के शव को पैरों की ठोकर लगाते हुए राजा अर्जुन ने उसे खूब रौंदा, उसके मुख पर थूका और उसके शव को कुत्तों-गिद्धों के लिए बाहर फिंकवा दिया।

बाद में दुर्दांत हैहय को जब होश आया और जब उसने सोमदेव के शव के साथ राजा के पशुवत् व्यवहार का वृत्तांत सुना तो उसे बहुत दुःख हुआ। सोमदेव

ऋषि-पुत्र का दिव्य रूप और देव-व्यवहार से उसका भक्त हो गया···उसने प्रतिज्ञा की, राजा अर्जुन की बर्बरता का वह बदला लेगा···उसने अपने विश्वसनीय अश्वपालक भद्र हैहय को बुलाया और कहा कि बिना किसी से कहे तुम जाकर देवापि हैहय को आश्रमों में खोजना और उसे भेद देना कि आश्रमों पर दक्षिण से आक्रमण होगा। जाओ, यदि देवापि हैहय न मिले तो तुम ऋषियों का वेश बनाकर वसिष्ठ या विश्वामित्र या किसी भी श्रेष्ठ ऋषि को यह रहस्य बता देना···और यदि तुम यह कर सके तो भद्र तुम्हारा नाम सार्थक हो जाएगा···मेरा तो नाम भी अभद्र है, दुर्दांत भला क्या मनुष्य का नाम होता है पर यह नराधम राजा, हमारे उपनाम ऐसे ही रखता है। अब जाओ भद्र, तुम सफल हो जाओ, तब है।

दुर्दांत सोमदेव के सुघर, सभ्य बिंबों में पुनः खो गया और उसके निधन पर अश्रु बहाता रहा।

सिंहध्वज, नायकों के साथ राक्षस विद्याधर के परामर्श से, सरस्वती के समानांतर दक्षिण की ओर दिन-रात चलता रहा···जब आश्रमों का क्रम समाप्त हो गया, तो उसने दिन-भर विश्राम के पश्चात् रात्रि में मशालों का विशद प्रबंध किया।

शीत से ठिठुराने वाली वह अगहन मास के कृष्णपक्ष की रात्रि थी। सर्वत्र अंधकार इतना घना था कि सूची भी उसे भेद नहीं पाती। सरस्वती का वह भाग हैहय सेना के आगमन की आशंका से खाली पड़ा था। जनता भागकर वनों में जा छिपी थी और गाँव उजाड़ थे। कोई रोकने वाला उधर नहीं था। निश्‍चिंत होकर सिंहध्वज हैहय ने एक विकट हुंकार भरी और सेना सहित आश्रमों की ओर बढ़ने लगा। रात्रि में आश्रमों में कहीं संध्या-पूजा हो रही थी, कहीं मंत्र-जाप। यज्ञशालाओं से सुगंधित धूम्र उठ रहा था। सचेत आश्रम रक्षकों की टुकड़ियाँ आसपास सावधान थीं। क्योंकि गाँवों से खाद्य पदार्थ मिलना दुष्कर था अतएव विद्याधर ने सिंहध्वज को समझाया कि आश्रमदहन के पूर्व सैनिक आश्रमों से खाद्य पदार्थ छीनें और पशुओं, विशेष कर गायों को हाँक लाएँ जो सेना का भोजन बने और तब आश्रमों को जला दिया जाए। सिंहध्वज ने ललकारा—

''पहले लूटो फिर आश्रमों का दाह-संस्कार करो। जो प्रतिरोध करे, उसे मार डालो, चलो।''

मशालों के प्रकाश में सेना आगे बढ़ी। आश्रमों पर एक साथ हज़ारों सैनिकों ने धावा बोल दिया। आश्रम-रक्षक जूझे किंतु एक तो रात्रि थी और ऊपर से वे अल्पसंख्यक थे। वे जमकर लड़े किंतु अंत में मारे गए। आश्रमों को लूटकर उन्हें भस्म कर दिया गया।

देवापि हैहय को भद्र हैहय से सूचना मिलते ही उसने सर्वप्रथम विश्वावसु को बताया और वापस चला गया। विश्वावसु ने वह सूचना स्वयं जाकर विश्वामित्र और वसिष्ठ को दी, जो परामर्शमंडल के प्रधान थे। भद्र हैहय ने यह भी बताया

था कि राजकुमार सिंहध्वज की कमान में तीस सहस्त्र सैनिक हैं। परामर्श देर तक चला। विश्वामित्र ने उच्छ्वास छोड़ा—

"हाय! परशुराम होता तो वह अकेले ही दुष्ट हैहयों को मार भगाता···अब क्या किया जाए ? सेना जो थी वह तो राजा अर्जुन से टकरा रही है और यहाँ आश्रम-रक्षक तो गिने-चुने ही हैं···मैत्रावरुण, आप कुछ करें,···कल सैन्यबल न भेजा गया तो वह सिंहध्वज सारे आश्रम जला देगा।"

वसिष्ठ ने विश्वावसु को कहा—"विश्वावसु, पंचनद के यौद्धेयगण कल ही आ सकते हैं, वे विकट योद्धा हैं, हमारे यजमान···तुम किसी को भेजो अभी, मैं पत्र लिखवाता हूँ।"

दस सहस्त्र यौधेय और राष्ट्र या राठगण तीसरे दिन शाम तक आ गए। तीन सहस्त्र सेना भार्गव विश्वावसु के पास थी ही। आसपास के जनगणों सहित पंद्रह हजार सैनिकों को लेकर विश्वावसु अवंती राजकुमार दीर्घ यादव, शत्रुघ्न यादव, यज्ञधर, शंकु, और सुबल हैहय तथा देवापि भेदिए के साथ सरस्वती तट पर दक्षिण की ओर बढ़े। उन्होंने सैकड़ों आश्रमों को जलकर धुआँ छोड़ते पाया, कई तो राख हो चुके थे। न कोई रक्षक था, न परिजन—चारों ओर शव सड़ रहे थे। उन्हें चीलें, गिद्ध, कुत्ते, सियार और भेड़िए नोच-नोच कर खा रहे थे।

दिन में कोई नहीं दिखाई पड़ा था और इस दुर्गति में भी सरस्वती नदी बेसुध, मस्त बह रही थी और हवा से उड़े हुए छप्परों के अंशों, बाँस, घास-फूँस को बहाए लिये जा रही थी। एक विचित्र भय व्याप्त था और निर्जन आश्रमों के ध्वंसावशेष विश्वावसु को चिढ़ा रहे थे। जहाँ दग्ध आश्रमों की पक्तियाँ नहीं थीं, वहाँ विश्वावसु की सेना ने पड़ाव डाला। हारी-थकी सेना के अश्व खोल दिए गए और पदाति वस्त्र उतारकर स्नान-ध्यान में लग गए। भोजन-विश्राम के बाद, अश्वों को ताज़ादम करके प्रतिरोध की तैयारी हुई किंतु आश्चर्य यह कि उस रात सिंहध्वज ने आक्रमण नहीं किया, फलतः रक्षकों को नियुक्त कर यौद्धेयों-राठों, भार्गवों तथा जनता के लड़ाकों ने नींद निकालने का सुनहरा अवसर पा लिया। तब सजग विश्वावसु ने देवापि से कहा—

"देवापि, तुम्हारा प्रायश्चित्त पूरा हो गया। अब हमें तुम पर विश्वास जम गया। अब तुम्हीं बताओ कि क्या किया जाए?"

"रात-रात-भर आश्रम जलाकर और रक्षकों से भिड़कर सिंहध्वज के सैनिक थक गए हैं। वे विश्राम कर रहे हैं और आज आक्रमण नहीं होगा···उन्होंने जो अधर्म युद्ध किया है, उसके बदले उन पर भी रात्रि में आक्रमण होना चाहिए।"

"किंतु देवापि, यह तो आर्यपरंपरा नहीं।"

"यह आपत्धर्म है ऋषिवर···यह युद्ध है···वह भी पुण्यपक्षीय···पापियों के पास शक्ति अधिक है···एक गुप्त शब्द सबको बता दिया जाए जिससे हमारी सेना अपने लोगों को पहचान सके।"

'' 'जय परशुराम' कैसा रहेगा?''

''युक्तियुक्त, सटीक···और आप परशुराम रूप में हैं भी···जो जय परशुराम न बोले, जान लें कि वह शत्रु है···मैं देख आया कि हैहय सेना कहाँ है?''

''कहाँ है?''

''यहाँ से अधिक दूर नहीं है और वह नींद में है···आक्रमण अर्धरात्रि से पूर्व ही हो जाना चाहिए।''

''तथास्तु!''

विश्वावसु ने परशुराम जैसा जटाजूट बाँधा। कवच, शिरस्त्राण पहना। परशुराम जैसा विशाल धनुष बाएँ कंधे पर रखा, दाएँ हाथ में विशाल परशु लिया और राम का दिया रुद्रास्त्र सँभालकर तूणीर में प्रविष्ट किया। विश्वावसु एक ऊँचे अश्व पर चढ़े···तब तक नायकगण भी आ लगे। देवापि ने चौधरियों के गणपति वीरेंद्र यौधेय और राष्ट्रों के यूथप अर्बुद राठ को भेद दिया और कहा कि वे सब सैनिकों को 'जय परशुराम' का कूट मंत्र बता दें। उसी से स्वपक्ष की पहचान होगी वर्ना रात्रि-युद्ध में क्या पता चलता है कि शत्रु कौन है मित्र कौन?

विश्वावसु के अश्व को सेना के मध्य कर वीरेंद्र यौधेय और अर्बुद राठ के दल हैहयों की नीचता पर दाँत पीसते हुए उन पर टूट पड़े। सिंहध्वज और उसके नायक जगे, सँभले, सशस्त्र हुए तब तक सोते समय के आक्रमण में भगदड़ मच गई···जिस सैनिक को अँधेरे का लाभ मिला, नंगे बदन भागा। यौधेय और राठ दुर्दमनीय और निर्दय योद्धा थे। उन्होंने नायकों के और अन्य शिविरों में आग लगा दी और पछिया-पछिया कर हैहयों को मारा। चारों ओर प्रकाश हो गया। विद्याधर ने सिंहध्वज को परामर्श दिया कि परशुराम आ गया है। उसका इतना आतंक है कि रात्रि में उसका सामना नहीं किया जा सकता अतएव रक्षात्मक युद्ध करो और पीछे खिसको···परशुराम का सामना मत करना, जो उसको चुनौती देगा, वह बच नहीं सकता।

यही किया गया। सिंहध्वज और उसके नायकों ने, जो सेना सावधान हो गई थी और जिन सैनिकों ने शस्त्र उठा लिये थे, उन्हें लेकर यौधेयों, राठों और भार्गवों का सामना किया···और अन्य सैनिकों को भाग जाने का आदेश दिया ताकि कम-से-कम हानि हो और दूसरे दिन युद्ध किया जा सके···जलते शिविरों का प्रकाश मंद हो चला था···मशालें बुझने लगी थीं। भगदड़ मच गई थी···अंधकार का लाभ उठाते हुए हैहयों के नायक भी भाग गए और लड़ती हुई सेना भी पलायन कर गई···घुप्प अंधकार में पीछा करना संभव नहीं था अतएव विश्वावसु ने जीत का शंख फूँका और अपने आहतों और मृत सैनिकों को लादकर विजयी भार्गव विश्वावसु वापस हुए।

दूसरे दिन लड़ाई के लिए आश्रम-रक्षक सेना प्रात:काल ही तैयार हो गई किंतु सिंहध्वज ने आक्रमण नहीं किया अतएव रात के थके, उनींदे सैनिक घोड़ों पर

ऊँघने का सुख लेने लगे और पदाति सेना, जहाँ खड़ी थी, वहीं लंबलेट होकर विश्राम करने लगी···दिन-भर प्रतीक्षा में यही होता रहा। दोपहर को भोजन-विश्राम के बाद पुन: सेना आराम करने लगी।

किंतु दूसरे दिन प्रात:काल ही हैहयों ने आक्रमण किया। नदी के तट से विश्वावसु के सैनिक उतरे और एक लंबे-चौड़े मैदान में जहाँ सिंहध्वज व्यूहबद्ध सेना लिये खड़ा था, वहाँ जाकर शत्रु को ललकारा।

दोनों ओर की सेना के मध्य अंतर इतना रह गया कि धनुष-बाण युद्ध हो सके। विश्वावसु परशुराम के वेश में महाकाल-सा अश्व पर बैठा था। हैहयों ने अचरज से देखा कि यह तो सचमुच परशुराम ही है और उसका भयंकर परशु धूप में चमचमा रहा है। विकरालगर्जन हैहय आगे बढ़ा। उसने परशुराम को अपशब्द कहे, बोला—

''मैं विकराल गर्जन हैहय महासेनापति···कल मैं नहीं था इस कारण चोरों-डाकुओं की भाँति तूने हमारी सेना को नीचा दिखाया···आज मैं तुझे देखता हूँ···तू यातुधान है, जादू करता है···आ, विकराल हैहय से द्वंद्व-युद्ध कर।''

विश्वावसु, उस हैहय की अशिष्टता पर तिलमिलाए, आगे बढ़े और ललकारा—

''तू अशिष्ट है, राक्षस विद्याधर का पिछलग्गू···मैं तुझे द्वंद्व-युद्ध के योग्य नहीं मानता···द्वंद्व समकक्षता में होता है···मैं तेरे उस राक्षस राजा कार्त्तवीर्य अर्जुन से लड़ूँगा, तू तो उसका दास है, दस्यु···तू···।''

यौधेय वीरेंद्र बोला—

''अरे पामर विकराल नामधारी श्रृगाल···तेरी यह धृष्टता, आ पहले मुझसे भिड़···मैं तेरा काल वीरेंद्र यौधेय।''

विकराल ने आक्रमण का आदेश दिया। राठी अर्बुद ने विकराल को देशी भाषा में गाली दी और उसे द्वंद्व-युद्ध से जय-पराजय निश्चित करने की चुनौती दी पर विकराल जानता था कि उसके पास दुगुनी सेना है। पहले सेना का कलेजा परखा जाए, पुन: द्वंद्व-युद्ध हो सकता है।

दोनों सेनाएँ व्याघ्रों और सिंहों की तरह झपटीं। भार्गवों ने तक-तक कर लक्ष्य भेदन किया। आश्चर्य यह कि यौधेय और राठ सैनिक भी बाण विद्या में कुशल प्रमाणित हुए। विश्वावसु ने 'जय परशुराम' की ध्वनि की और बाण-प्रहार में ऐसा हस्तलाघव दिखाया कि सामने की हैहय अश्व सेना विचलित हो गई। विश्वावसु दस-दस बाण एक साथ चलाते और सैनिक बिंध-बिंधकर चीत्कार करते हुए गिरते। कब तरकस से तीर निकला, कब शरसंधान हुआ, यह पता ही न चलता। विश्वावसु के प्रहारों से हैहय प्राण लेकर भागने लगे। उनके सैकड़ों सैनिक और नायक मारे गए। उधर यौधेयों और राठों ने अश्वों पर बैठे-बैठे बाणों की झड़ी लगा दी···हैहयों ने भी धनुर्विद्या का अच्छा प्रदर्शन किया किंतु उनके लक्ष्य चूक जाते थे। पदाति

सेना धीरज छोड़कर एक-दूसरे पर पिल पड़ी। कटाजुझ्झ शुरू हो गया था। अश्वारोहियों ने भी बाण-युद्ध बंद कर एक-दूसरे पर झपट्टे मारे। सेनाएँ गुँथ गईं। यौधेयों और राठों ने जान हथेली पर रख ली। भार्गव और जनगण माया-ममता छोड़कर मरने-मारने लगे। विश्वावसु ने इस झुरमुट में पुनः चमत्कार किया। वह परशुराम की तरह भारी परशु फेंकते। सैनिकों की गरदनें कट जातीं। वह कभी लोहे के गोले तक-तक कर चलाते···भर्रा पड़ गया। विश्वावसु की मार से कोई सैनिक सामने न आता···वे प्राण-रक्षा के लिए भागने लगे···तब विकराल गर्जन हैहय ने अपना अश्व आगे बढ़ाया और विश्वावसु को परशुराम समझकर ललकारा—

"ठहर भार्गव, मैं तुझे देखता हूँ।"

"आओ महासेनापति, आओ।"

विकराल ने एक भारी लोहे की परिघ चलाई किंतु विश्वावसु ने उसे बाण से नष्ट कर डाला। उसने भाला, बरछी, गदा सारे अस्त्र आज़माए पर विश्वावसु ने सब काटकर गिरा दिए। तब वह हाथ में लंबी खंग लेकर विश्वावसु पर झपटा पर विश्वावसु की ढाल पर तलवार का प्रहार भी व्यर्थ हो गया···विकराल भौचक-सा देखने लगा। तब विश्वावसु ने अट्टहास किया—

"विकराल नहीं, तू बिडाल है। ले अब सँभल, तेरा खेल तो देख लिया। अब राम का परशु झेल।"

विश्वावसु ने विश्वामित्र का दिया परशु उचकाया और अश्व को संकेत किया। अश्व हिनहिनाया और विकराल के अश्व पर चढ़ गया। विश्वावसु ने नाना विश्वामित्र का ध्यान किया···परशु की चमक से विकराल और उसके अश्व के नेत्र मुँद गए···विश्वावसु ने जनेवा मारा···विकराल कंधे से पेट तक चिर गया। एक सामूहिक आर्त्तनाद हैहयों में हुआ जबकि भार्गवों और यौधेयों में 'जय परशुराम', 'हर हर महादेव' का आकाशस्पर्शी भैरव नाद हुआ।

तब सिंहध्वज आगे बढ़ा। विश्वावसु हँसे—"राजकुमार! तू जाकर माहिष्मती में आनंद ले···युद्ध तेरे वश का नहीं,···मैं तुझ जैसे किशोरों को नहीं मारना चाहता।"

"अच्छा तो यह बात है···तू मेरे एक सेनानी को मारकर विश्वविजयी हो गया है क्या?"

सिंहध्वज ने बहुत ज़ोर लगाया, कौशल भी दिखाया पर विश्वावसु का वह बाल बाँका नहीं कर सका। उन्होंने उस पर दया की और उसे केवल घायल किया। उसके प्राण नहीं लिये।

उधर निरंकुश, व्याघ्र, चंड और निकुंभ को यौधेयों, राठों और भार्गवों ने घेर लिया। राम ने चंड के ज्येष्ठ भ्राता प्रचंड शर्याति को मारा था सो चंड आपे से बाहर हो रहा था। वह साथियों को मोर्चा सौंपकर विश्वावसु की ओर लपका और उन्हें बिना सावधान किए, जबकि उनका ध्यान अन्यत्र था, चंड ने एक बाण

विश्वावसु के पार्श्व में मार दिया। बाण का कुछ अंश विश्वावसु के उदर में घुस गया। यह देखकर भार्गवों ने चंड को घेरकर मार डाला। विश्वावसु को अश्व से उतारकर, बाण निकालकर मरहमपट्टी करवा दी गई, मामूली घाव था और वह पुनः घोड़े पर सवार होकर बाण वर्षा करने लगे ।

उधर निरंकुश, वीरेंद्र यौधेय से उलझ गया। व्याघ्र और निकुंभ राठों से घिर गए। वीरेंद्र ने एक प्रलंब तलवार से निकुंभ का सिर काट लिया और व्याघ्र तथा निरंकुश भी राठों-यौधेयों की मार से खेत रहा···हैहय भाग गए। विश्वावसु ने विजय का शंख फूँका। यौधेयों, राठों और भार्गवों ने हैहयों का पीछा किया··· बहुत से सैनिकों को संहारा···फिर बहुत दूर जाने के भय से वे लौट आए और विश्वावसु के साथ, 'जय परशुराम' बोलते हुए नदी के तट पर आ पहुँचे।

रात में हैहयों के पुनः लौटने की आशंका अभी भी थी और यह भी कि राजा अर्जुन के पास सेना की कमी नहीं है। अतएव विश्वामित्र-वसिष्ठ के पास देवापि को भेजा गया। क्योंकि सेना सरस्वती के दक्षिण की ओर थी और उत्तरी तट के आश्रमों में रक्षक कम थे अतएव धर्म संकट यह था कि यदि यहाँ से जाते हैं तो हैहय पुनः इधर से आश्रमों को जलाना शुरू कर देंगे और कुछ सेना वसिष्ठ-विश्वामित्र के आश्रमों की ओर भेज दें तो यहाँ के आश्रम नहीं बच सकते···देवापि दूसरे दिन लौटा। उसने बताया कि अब वे हैहय दक्षिण से आश्रमदाह नहीं करेंगे। अब वे मध्य या उत्तर के आश्रमों पर आक्रमण करेंगे। अतः यहाँ थोड़ी सेना छोड़कर हम उत्तर को लौटें और वृद्ध ब्रह्मर्षियों की रक्षा करें।

वीरेंद्र यौधेय और राठों की सेना के एक भाग को वहीं छोड़कर विश्वावसु भार्गवों सहित विश्वामित्र-वसिष्ठ के पास गए। दोनों वृद्धों ने एक साथ विश्वावसु का स्नेह से आलिगन किया, उसका सिर सूँघा और अमोघ आशीर्वाद दिए—

''अहा ! तू विश्वावसु तो परशुराम ही हो गया···तूने दक्षिण तट युद्ध जीत कर और विकराल हैहय को मारकर परशुराम का आतंक और बढ़ा दिया···तू वरदान माँग।''

ऋषियों ने मंत्र पढ़े। जल हाथ में लिया।

''माहिष्मती के महासंग्राम में विजय का आशीर्वाद प्रदान करें।''

''और माँग, विजय तो होगी ही, और माँग।''

''मुझे वसिष्ठ-अस्त्र, ब्रह्मास्त्र और विश्वामित्र-अस्त्र, आग्नेयास्त्र प्रदान करें।''

''तथास्तु!''

फिर देर तक दोनों ऋषि विश्वावसु को उन दिव्यास्त्रों का रहस्य समझाते रहे और संचालन सिखाते रहे, मंत्र रटाते रहे।

22

परशुराम अपनी लघु सेना के साथ अश्वों पर महायात्रा के हेतु गतिमान हुए···पैदल यात्रा असंभव थी और लौटकर महासंग्राम की शीघ्रता थी। विश्वावसु के पास वसिष्ठ, विश्वामित्र तथा रुद्र के शस्त्र थे तथापि चिंता थी । परशुराम को भाई पर रणभार छोड़कर इस तरह चल देने से अच्छा नहीं लग रहा था किंतु विवशता थी । यात्रा की प्रेरणा देवगण दे चुके थे। उनकी यही आज्ञा थी तथापि राम का मन सरस्वती के जल-सा कंपन कर रहा था ।

लोमा ने परशुराम का मानस पढ़ लिया। वह पार्श्व में अपने अश्व को ले आई और कहने लगी—

''राम! आप उधर से ध्यान हटा लें, जो होगा, वह परिणाम में युक्त ही होगा ।''

राम उसकी अंतर्दृष्टि पर मुस्कराए, बोले—

''किंतु प्रक्रिया में?''

''प्रक्रिया का क्या है, वह तो कष्ट कर ही होगी पर अंत में अच्छा ही होगा···इस घटना से समूचा आर्य-क्षेत्र, अर्जुन कार्त्तवीर्य से प्रतिशोध के लिए उबलने लगेगा ।''

''तुम बहुत क्रूर हो लोमा!''

लोमा हँसने लगी। वह पुनः चहकी—

''इतिहास क्रूर होता है, राम। महान् घटनाएँ प्राणों की हवि माँगती हैं। परिणाम यदि शुभ हो तो प्रत्येक अश्रु और रक्त उचित ठहरता है !''

''हमें अश्रुओं और बहने वाले रक्त की, स्वपक्ष के लोगों के प्राणों की ही तो चिंता है। ''

''घटनाओं ने आपको अपने में खींच लिया है और प्रत्येक घटना पर अपना वश नहीं है···घटनाचक्र में हमें संभव की ही चिंता करनी चाहिए।''

''तथास्तु।''

राम ने एक निश्चिंत अट्टहास किया और जो होना है, उसे भावी पर छोड़ दिया···लोमा की भविष्यवाणी चिंताजनक तो थी पर अंत में आश्वस्तिकारक भी थी। राम ने सुखद विस्मय से लोमहर्षिणी को देखा किंतु वह जैसे अदृष्ट के आधिपत्य में थी। राम ने आशंकित हृदय से पुनः पूछा—

''प्रिय लोमा। भाई विश्वावसु को तो कोई भय नहीं है?''

''कोई नहीं क्योंकि आपका रूप उन्होंने धारण किया है और वह चिरंजीव हैं। पिता जमदग्नि ने आपको चिरंजीवी होने का वरदान दिया है न, अतएव अब आर्य विश्वावसु वीरता का नया इतिहास रचेंगे···अभी तक वह आपकी छायामात्र थे। अब वह स्वंतत्र व्यक्तित्व से आपसे पृथक् प्रतिष्ठा प्राप्त करेंगे।''

राम की आशंका दूर हो गई । अब उनका ध्यान दृश्यों की ओर उन्मुख हुआ । सप्तसिंधु देश समृद्ध था···चारों ओर यव, गोधूम, मुद्ग, माष, अरहर, चणक और व्रीहि की फसलों से यही लग रहा था जैसे वह पृथिवी सुंदर कविताओं की तरह, खेतों में उमग रही थी···हरे-हरे क्षेत्र लहलहा रहे थे और घास के प्राङ्गणों, मैदानों में लाखों पशु चर रहे थे । पशुपालक अजा, गोधन, अश्व, उष्ट्र, वृषभ, मेष, अवि (भेड़) महिष आदि के अंतहीन झुंडों को कहीं पछिया रहे थे, कहीं उनको भटक न जाने के लिए ललकार रहे थे । जब सब व्यवस्थित हो जाता, पशु उनकी दृष्टि में आ जाते तो पशुपालक वंशी और अलगोझे बजाने लगते और गीत गाने लगते । उनमें कई तो विद्यार्थी होते जो मंडली बनाकर वेदपाठ करने लगते, कोई आख्यान प्रारंभ कर देते, कोई खेलने लगते ।

परशुराम ने सहज जीवन की सुंदरता पर सोचा । निर्विघ्न दिनचर्या कितनी आनंदमयी होती है, कितनी उपकारिणी···लक्ष-लक्ष लोगों का जीवन, व्यवस्थित दिनचर्या पर निर्भर होता है···ये पशुपालक और कृषक, शिल्पी, व्यवसायी और सेवकगण न हों, ये नित्य अपना कार्य न करें, पसीना न बहाएँ, कर्तव्यभार का वाहन न करें तो मनुष्यों और अन्य प्राणियों का पालन कैसे हो···हमें अस्वाभाविक कार्य करना पड़ रहा है···दुष्ट दुर्दांत कार्त्तवीर्य अर्जुन ने हमें युद्ध के लिए विवश कर दिया है अन्यथा आश्रम में हम भी अन्न उगाते, कुल्याओं से पुष्पों और धान्यों को सींचते···अंकुरों को बढ़ते, उचकते, लहलहाते और खिलते देखने से कितना उल्लास और उत्साह पनपता है···समस्याएँ हमें कितना उलझा देती हैं···हमें सहज और प्राकृतिक नहीं रहने देतीं । युद्ध, हमारा स्वभाव नहीं हो सकता । वह क्रूर और कष्टकर कर्म है । वह हमें जीवन के राग से वियुक्त करता है···जनजीवन की कविता से हमें विलगा कर युद्ध हमें विध्वंसक बनाता है···हमारी प्रकृति कठोर हो जाती है और हम अहंकार को ही अपनी अस्मिता और पहचान समझने लगते हैं···जीवन जीने के लिए है, मरने-मारने के लिए नहीं । इसी कारण वेदमंत्रों में देवताओं से जीवन-समृद्धि की, धन की, संतान की, पशुधन की कामनाओं को बार-बार व्यक्त किया गया है···सहज जीवन में सर्जना है···ये कृषक कवि हैं, ये श्रमिक, ये पशुपालक, ये शिल्पी, ये सब रचना करते हैं, रात-दिन सृष्टि, संतान की सृष्टि, अन्न, दुग्ध, घृत, मंथा (मक्खन), मिष्टान्न, पक्वान्न, वस्त्र···कितनी वस्तुओं की रचना होती है और ये रचनाकार, युद्ध में विनष्ट हो जाते हैं···युद्ध पाप है···ब्राह्मण के लिए तो यह महाअघ है···इसका प्रायश्चित्त करना होगा ।

···किन्तु आक्रांता मनुष्य हमें प्रतिरोध के लिए विवश करते हैं···साधारण लोग अपने गण, जन, वंश और समुदाय के वर्चस्व और सुख-सुविधा के लिए भी युद्ध करते हैं, सभ्यता सिखाने के लिए भी···इंद्र ने आर्यों के अधिकार और प्रभुत्व के हेतु असुरों, अनार्यों और आदिवासियों का कितना विशद विनाश किया···वृत्रासुर अनार्यों का योद्धापुरोहित था । शंबरों और दूसरे अनार्यों के पास

क्या नहीं था ? उनके पास व्यवस्थित दुर्ग थे, कृषि थी, पणियों का व्यवसाय था⋯समुद्र भी पणियों के लिए अगम्य नहीं था⋯वे दूर-दूर के देशों में इस देश की वस्तुएँ बेचकर, स्वर्ण से, अन्य विदेशी वस्तुओं से, इस अपने राष्ट्र को धनी बनाते थे⋯अभी भी वे यह कर रहे हैं⋯आर्यगण भी क्या करते⋯उन्हें भी अपनी सत्ता, अपना अधिकार स्थापित करना था। अतएव, आर्यों के महानायक इंद्रों ने अनार्यों को युद्ध में पराभूत किया, उनके दुर्ग और पुर जीत लिये⋯इंद्र पुरारि कहलाए, असुरसंहारक⋯अब वे सप्तसिंधु में आर्यों से पराजित होकर औघटघाट, पर्वतों, मरुस्थलों और अरण्यों में रह रहे हैं और वहाँ भी वे विजिगीषु आर्यों के दबाव में हैं⋯वे पराभूत अनार्य, दानव, दैत्य, असुर कहलाते हैं⋯प्रतिशोध में वे पराभूत आर्यों की गाएँ चुरा ले जाते हैं, आर्य-संपत्ति का अपहरण कर लेते हैं⋯यहाँ तक कि आर्य-स्त्रियों को भी उठा ले जाते हैं⋯उस शरभ नाम के असुर ने, राजा सुदास के वंश की शशीयसी नाम की सुंदरी का मन मोह कर उसे उड़ा ले गया था जिसका परिणाम दस राजाओं का युद्ध हुआ⋯हज़ारों लोग मारे गए और अंत में क्या मिला? वह शशीयसी अपने प्रेमी अनार्य को ही चाहती रही⋯नारी पुरुषों की संपत्ति नहीं है, उसे प्रेम का अधिकार मिलना चाहिए था किंतु वसिष्ठ को आर्यों के गोरे रंग की चिंता थी, आर्यसंस्कारों की, आर्यों के वर्चस्व की⋯उनका सोच असंगत भी नहीं था किंतु यहाँ रहकर आर्य-अनार्य संपर्क से कैसे बचा जा सकता है? आर्य श्रेष्ठता के गर्व में गौराङ्ग आर्यगण, दस्यु, शूद्र या आदिवासियों की आकर्षक श्यामाओं को रक्षिता बना लेते हैं, और तब जो संतान पनपती है, उसको अपनाना ही पड़ता है⋯इस सबका अर्थ क्या है? क्या यह अवश्यंभावी है?⋯इसका अर्थ यही है कि इतिहास का आधार, धन है, संपत्ति है, क्षेत्र है⋯धन और धरती पर जिसका आधिपत्य होगा, वह स्वाभिमान से सुखी रह सकता है, पराजितों को दास या शूद्र बनना ही होगा, यही अस्तित्व की अपरिहार्यता है⋯अस्तित्व रखना है, श्रेष्ठ होकर जीना है तो युद्ध करना ही होगा⋯सहस्रों जनगण, यह करते आए हैं, करते रहेंगे⋯कश्यप सागर से सिंधु नदी तक के आर्य और अनार्यगण निरंतर इसी छीना-झपटी में लगे रहे हैं। उधर से प्रबल अश्वों पर आरूढ़ आक्रांता आते हैं, इधर से जाते हैं और अपने अधिकार-क्षेत्र बनाते हैं⋯यह टकराहट दैवी प्रेरणा नहीं है⋯युद्ध की प्रेरणा तो अस्तित्व की प्रेरणा है⋯जहाँ प्रकृति कठोर और अनुर्वर है, वहाँ के कठिन जीवन व्यतीत करने वाले जन सुखी जनों पर आक्रमण करते हैं क्योंकि वे सुखी भौतिक जीवन जीना चाहते हैं⋯इतिहास स्वयं अपने में न क्रूर है, न अक्रूर⋯युद्ध की घटना मनुष्यों की भूख, कष्ट, अभाव को दूर करने की अभिलाषा में छिपी रहती है⋯कोई ऐसी वैश्विक स्तर पर व्यवस्था बने जिससे युद्ध अनावश्यक हो जाए तो भी अहंकार के लिए लोग लड़ते रहेंगे, पहचान के लिए अपनी संस्कृति, जीवन-वृत्ति की उच्चता के घमंड

की रक्षा के लिए, प्रतिद्वंद्विता के लिए···उस कार्त्तवीर्य अर्जुन को क्या कष्ट है? उसे कोई न्यूनता नहीं किंतु वह अपने मनोविकारों, विकृत-विनाशक विचारधारा के कारण जनशत्रु हो गया है···वह जिस आर्यजाति से निकला है, उसी का मानमर्दन कर सारे राष्ट्र का चक्रवर्ती बनना चाहता है और कोई मानव-मर्यादा नहीं मानता···क्षत्रियों में आपस में या आक्रांता के साथ बल-परीक्षा असंगत नहीं है किंतु वह धर्म की मर्यादा के साथ होनी चाहिए···कौशल और बल में जो प्रतिद्वंद्विता हो, वह युद्ध के नियमों के अनुसार हो किंतु आर्यगण भी युद्ध में स्वेच्छाचारी हो जाते हैं, तथापि समग्रतः आर्यों में मर्यादा-विध्वंसक को बुरा माना जाता है और एक वह आक्रांता अर्जुन कार्त्तवीर्य है जो लोमा, मणिप्रभा, चंद्रकलावती और चारुवल्लरी के अपहरण और सारस्वत आश्रमों का विध्वंस कर रहा है···।

दिन-रात चलते हुए परशुराम की अश्वारोही सेना विपाशा नदी के तट पर आ गई, वहाँ पड़ाव पड़ा। शीतकाल था तथापि नदी में पहाड़ों पर वर्षा होने से वह पाश या तटमर्यादा न मानकर विपाशा या निर्बंध (चिनाव) हो रही थी। रामादल को रुकना पड़ा···विलंब हो रहा था। नदी में उतार आ नहीं रहा था। अंततः परशुराम ने विश्वामित्र के रचे सरिता-सूक्त पढ़े। वह रात-भर विपाशा नदी का स्तवन करते रहे। दूसरे-तीसरे दिन अचानक पानी कम हो गया। रामादल समझा कि राम ने मंत्र पढ़कर सरिता को प्रसन्न कर लिया। शुतुद्री-सतलज नदी तो विशाल थी, वहाँ भी यही विधि प्रयुक्त की गई। राम श्रद्धा-भरे स्वरों में सरिता-सूक्त पढ़ने लगे—

''विपाशा और शुतुद्री, पर्वत की गोद से सागर के संगम की अभिलाषिणी होकर अश्वशाला से विमुक्त घोड़ियों की तरह स्पर्धा करती हुई दो गायों के समान सुशोभित होकर अपने बछड़ों को चाटने की इच्छा से—वेग से—समुद्र (सिंधु नदी) की ओर जा रही है···हे सरिताओ, तुम्हें इंद्र प्रेरित करते हैं। तुम उनकी प्रार्थना सुनती हो। तुम दो रथियों की भाँति समुद्र की ओर दौड़ रही हो···।''

मैं मातृतुल्य सिंधु नदी के निकट हूँ···(हमें मार्ग मिले)।

जैसे नदियाँ बोलने लगी हों···''हम दोनों सरिताएँ इस जल से धुलकर देवकृत स्थान के सामने जाती हैं। हमारे गमन का उद्योग बंद होने वाला नहीं है'' इस कारण यह विप्र हम दोनों नदियों को पुकारता है—

''जलवती नदियो! मेरे (विश्वामित्र) सोमसंपादक वचन के लिए एक क्षण के लिए रुक जाओ। मैं कुशिक का पुत्र हूँ···मैं प्रसन्नता के लिए महती स्तुति द्वारा नदियों को अपने उद्देश्य की सिद्धि के लिए बुलाता हूँ।''

नदियाँ बोलीं—''सरिताओं के परिवेष्टक वृत्रासुर को मारकर वज्रबाहु इन्द्र ने हमें खोदा है··हे स्तोता! तुम यह जो वाक्य घोषणा करते हो, उसे नहीं भूलना। भविष्यत् यज्ञों में मंत्ररचना करके तुम हमारी सेवा करना···हम तुम्हें नमस्कार करती

हैं।''

''हे भगिनीद्वय, मैं (विश्वामित्र) स्तुति करता हूँ, सुनो। मैं दूर देश से अश्व और रथ लेकर आया हूँ...तुम निम्नस्थ हो जाओ ताकि मैं पार हो जाऊँ। नदियो, स्रोतवत् जल के साथ रथचक्र के अधो देश में गमन करने लगो!''

नदियाँ बोलीं—''स्तोता! हमने तुम्हारी बातें सुनीं? तुम दूर से आए हो, इस कारण रथ और शकट के साथ गमन करो...जैसे पुत्र को स्तनपान कराने के लिए माता और जैसे पुरुष को आलिंगन करने के लिए युवती स्त्री अवनत होती है वैसे ही हम भी तुम्हारे लिए अवनत होती हैं।''

''नदी द्वय! मैं सर्वत्र तुम्हारी स्तुति करूँगा, तुम यज्ञ के योग्य हो...नदीद्वय तुम्हारी तरंग इस प्रकार प्रवाहित हो कि युगकील उसके ऊपर रहे। तुम रज्जु को नहीं छूना। पापशून्या, कल्याणकारिणी और आनंदनीया विपाशा और शुतुद्री इस समय न बढ़ें!''[1]

नदियाँ नत हो गईं। सिंधु नदी तक निर्विघ्न यात्रा हुई। सिंधु महानदी थी। वह समुद्रवत् गर्जना कर रही थी। वहाँ रामादल ने पड़ाव डाला। लोग भोजन-भजन में लगे और राम सिंधु की स्तुति में। राम को लगा, उस महासरिता के दर्शन से उनके मन में भी महानदी उसी प्रकार बहने लगी है। सिंधु अपनी सहायक नदियों से जल ग्रहण करती महानागिन की तरह फुफकारती हुई जा रही थी किंतु उसका जल तो अमृत था। वह फेन उपजाता, लहरों के द्वंद्व में उमड़ता चला जा रहा था। पहाड़ पर खड़े होकर देखने से लगता है, कोई महान् ऊर्णनाभ, अनेक श्वेत रुई की टाँगों को फैलाए, मुख्यधारा में मिलकर सिकुड़-सिमटकर सागर की ओर रेंग रहा है अथवा ब्रह्मा ने अनेक शृंखलाओं में बाँटकर तरल चौपड़ बिछाई है जिस पर वह शतरंज खेल रहा है। वृक्षों के प्रतिबिंब, पहाड़ियों की प्रतिच्छायाएँ, रात में नक्षत्रों और चंद्रमा के बिंब जैसे उस सरिता में कूटागार बनाकर हिल रहे हैं...एक विचित्र दृश्य था जिसे देखते रहने से हृदय ऊबता नहीं था, अपितु वह भी प्रवाह का रूप धरकर किलोलें करने लगता था...हम प्रकृति के प्रतिफलन हैं अतएव जो प्राकृतिक है, वह हमारा समाहार अपने में करने लगता है और मन करता है कि हम पर्वतों की तरह ऊँचे हो जाएँ, नदियों की तरह तरल होकर बहें, खेतों में हरे-भरे लहलहाएँ, पक्षियों की तरह उड़ें, कलरव करें, पशुओं की भाँति यह पन्ना रत्न-सी हरी घास उदरस्थ करें, आकाश से नीले तंबू बनकर तन जाएँ और नक्षत्रों के दीए जलाकर दीपावली मनाएँ, हम सूर्यवत् तपें, सबको आलोक बाँटें और शाम को थककर समुद्र में सो जाएँ...लहरों की कथा सुनते हुए, उनकी लोरियों से झंकृत होते हुए...मन करता है कि हम सप्तसिंधु की शस्यश्यामल धरा से विस्तीर्ण हो जाएँ...घाटियों से गहन बन जाएँ, हिमालय से तुषारमंडित हो लें और वनों से

---

1. अष्टक तृतीय, सूक्तसंख्या 33, ऋषि विश्वामित्र नदीसूक्त।

आच्छादित होकर हवा में वृक्षों की भाँति इठलाएँ··· । प्रकृति में रहकर हम उसकी तरह अनंत और विशाल हो जाते हैं किंतु मनुष्य जीवन में हम संकुचित और विकारग्रस्त बनने को विवश हैं··· । प्रकृति ने मनुष्य को यह जो बुद्धि और अहंकार दिया है, इसी से वह इतने प्रपंच रचता है और कष्ट पाता है और उस कष्ट को वह अपने गर्व में सानंद सहता है···विचित्र है यह मनुष्य···यह प्रकृति का निरंकुश उपयोग करता है किंतु इस उपभोगी प्रवृत्ति से ही वह अपनी मूल नैसर्गिक प्रवृत्ति से दूर चला जाता है। फिर शक्तिहीन, वृद्ध हो जाने पर मनुष्य पछताता है, धर्म और उपासना का ढोंग करता है किंतु अपना चांचल्य और चतुराई नहीं छोड़ता···क्या मनुष्य के उद्धार का कोई उपाय नहीं है?

···परशुराम को बताया गया कि सिंधु की एक सहायक नदी तृस्तामा (गिलगित) नदी चाँदी की लकीर-सी है और सुषर्तु (पंजशीर) तथा रसा नाम की नदियाँ सिंधु में अविस्थान (अफगानिस्तान) से आकर मिलती हैं।[1] उन्हें परामर्श दिया गया मार्गदर्शकों द्वारा कि वह सिंधु की सहायक सरिता कुभा के तट का मार्ग अपनाएँ जिसकी श्वेति सहायक नदी है। उसी क्षेत्र में क्रुमा (कुरुम) और महत्नी नदियाँ हैं। सिंधु सहायक गोमती (गोमल) थी जहाँ प्रसिद्ध गायों का क्षेत्र है। सिंधु के उत्तर-पश्चिम में सोम की घाटी है जहाँ सोमलता मिलती है। कुभा (काबुल) की सहायक गौरी (पंचकौर) तथा स्वात नदियाँ हैं, वहीं अनिताभ या अलिगर सरिता है और हरयू या सरयू है जो सिंधु नदी में गिरती है।

इसके अतिरिक्त शिफा, अंजसी कुलिशी, विबाली, वितस्थान, हरियूपिया (सरयू), यकावती, प्रमिदु, वायीयु, श्वेतवारि और अंशुमती हैं। इसके अतिरिक्त कश्यपदेश (कश्मीर) की सुषोमा और शरण्यावत् नदियाँ हैं जो सिंधु नदी के साथ यों मिलती हैं जैसे बहिनें परस्पर गले मिल रही हैं।

इस अंचल में त्रिककुद—तीन चोटियों वाला पर्वत है। वितस्ता के पश्चिम में, कश्यपदेश (कश्मीर) में शरण्यावत् है। उधर आर्जीक नदी भी है। और भारत को अविस्थान तथा वाल्हीक देश से जोड़ने वाला मुजावत पर्वत (हिंदुकुश) है जहाँ सोमलता कोसों तक उगती है।

मार्गदर्शकों ने कहा कि वह गिरिद्वार या दर्रा (खैबर) से जाकर मुजावत पहाड़ के मार्ग से बल्ख जा सकते हैं अथवा कुभा का मार्ग पकड़कर कपिशा और बाद में गांधार (कंदहार) जाकर तब वाल्हीक देश की यात्रा कर सकते हैं।

मार्गदर्शकों ने राम को समझाया कि सिंधु से परशुपुर (पुरुषपुर-पेशावर) और वहाँ से कुभा (काबुल) प्रदेश में जाया जा सकता है। परशुराम ने सोचा और कहा—

---

1. ''हे मरुतो, रसा, अनितभा और कुभा नाम की नदियाँ एवं सर्वत्र गमनशील सिंधु तुम्हें नहीं रोकें। जलमयी सरयू तुम्हें निरुद्ध नहीं करे।''
—ऋग्वेद, मंडल चतुर्थ, सूत्र, 53

''द्रुह्यु यादव के गण वाल्हीक देश में हैं, अनु यादव भी अविस्थान में हैं। त्रसदस्यु, दस्युओं के शत्रु त्रसदस्यु, स्वात नदी के क्षेत्र में हैं जहाँ से गांधार (कंदहार) तक अंगिरा के कुछ आश्रम हैं। अकथ्य आंगिरस, चक्रवर्ती मांधाता के कुलगुरु हैं। अकथ्य के पुत्र कक्षीवंत भी उधर ही कहीं हैं। गृत्समद ऋषि तथा मैत्रेय भार्गव के आश्रम भी सुने गए हैं, स्वयं रश्मि भार्गव भी। उत्तरकुरु में पृथुपरशुवाही भार्गव हैं···वाल्हीक देश में वंक्षु और श्री (आमू और सीर) नदियों के आगे रुशम (रूस?) देश के राजा ऋणन्जय हैं किंतु सर्वप्रथम हमें सिंधु के पार आटवी या आटवक (अटक) के क्षेत्र में ऋषि अगस्त्य की शाखा के ऋषि से मिलना है। वही जो मार्ग बताएँगे, उसी पर चलना है। मेरी सूचनाएँ यही हैं। स्पष्ट है कि इनमें भ्रांति भी हो सकती है परन्तु उनको अगस्त्य मुनि ही शुद्ध कर सकते हैं।''

मार्गदर्शक ने कहा—''प्रभो! अगस्त्य का आश्रम तो आटवक में निकट ही है। वहीं से सिंधु को पार करना है और दूसरे तट पर पास ही अगस्त्य का आश्रम है, चला जाए?''

सिंधुनद में जलप्रवाह तो खूब था किंतु अटक के पास नावों से रामादल पार हो गया। साहसी अश्वारोहियों ने घोड़े जल में छोड़ दिए। जो यह नहीं कर सके, नौकाओं से गए। परशुराम ने 'पवन' को थपकी देकर प्यार किया। उससे पूछा कि सिंधु पार करेगा कि नाव से चलेगा; पर वह राम की थपकी पर उत्तेजित होकर हिनहिनाता हुआ सिंधु में कूद पड़ा और तैरता, गोते खाता उस पार जा पहुँचा। वह शीतल जल से ठिठुर गया था। उसने फुरहरी ली और प्रसन्नता से अश्वध्वनि करने लगा जैसे वह नौकाओं पर मंदगामी यात्रियों और अश्वों का उपहास कर रहा हो। नदी के दूसरे तट पर व्यवस्थित होने में घंटों लग गए। सखियों के कुतूहल और रोमांच का कोई अंत नहीं था। नौका पर वे एक-दूसरे को चिकोटियाँ काटतीं, खिलखिलातीं और नदी के विशाल पाट पर आश्चर्य करती हुईं आनंद में तालियाँ बजा रही थीं। उन्होंने पवन अश्व के वेग, साहस और बल तथा कौशल पर उसे वहीं से शाबासियाँ दीं तो पवन उनकी बात का संकेत समझकर आनंदध्वनि करने लगा।

मध्याह्न तक तट पर ही अश्वों को चराकर, उन्हें पुनः थकान से मुक्ति दिलाकर, खा-पीकर परशुराम ने सेना को वहीं विश्राम करने को कहा तथा मेधावी, आर्य वृक् मौरवी और सखियों के साथ मार्गदर्शक के पथप्रदर्शन में वह अगस्त्य ऋषि के आश्रम में गए।

विश्वमना अगस्त्य ऋषि अटक के आश्रम में अपनी महिमा में महामहिम हो रहे थे। जमदग्निपुत्र राम के आगमन का समाचार सुनते ही आश्रम के बाहर आकर स्वागतार्थ खड़े हो गए। तप और यज्ञ से पवित्र उनकी आयु का अनुमान नहीं हो रहा था तथापि उनकी श्वेत श्मश्रु और दाड़ी से लगता था कि वह वयस्क हैं। यों उनका दृढ़ शरीर और तेज से वह यज्ञाग्नि से दहक रहे थे ।

सत्कार के पश्चात् राम ने ऋषि विश्वमना अगस्त्य से पूछा—

"भगवन्! आपको संपूर्ण वृत्तांत ज्ञात है...आप हमें मार्गदर्शन दें...यह पूर्वजों का देश हमारे लिये तो अज्ञात है किंतु यहाँ आप हैं तो फिर क्या कहना है...आप सर्वज्ञ हैं, सर्वसमर्थ है, हम पर अनुग्रह हो!"

"राम! मैं सब सुन चुका हूँ, तुम चिंता छोड़ दो। ऋषि जमदग्नि के हत्यारे की कुशल नहीं...गांधार एक तो इधर ही है किंतु दूसरा गांधार देश अविस्थान (अफगानिस्तान) के पश्चिम में है और वहाँ चक्रवर्ती मांधाता हैं जो महाराज युवनाश्व के पुत्र हैं। तुम्हारी माता रेणुका इक्ष्वाकुओं की पुत्री है। अतः तुम अपनी ननिहाल गांधार जाओ। तुम्हारे नानाओं के ज्येष्ठ युवनाश्व-पुत्र मांधाता गांधार नरेश सब व्यवस्था करेंगे और हम इस आटव अंचल से आटविक, आरण्यक, पर्वतीय योद्धाओं को माहिष्मती युद्ध में भेजेंगे...विंध्याचल के अनल आंगिरस और अगस्त्य ऋषियों के आश्रमों से हमें समाचार और संदेश पहले ही मिल चुका था... ।"

"पूज्यवर! हम कौन-सा मार्ग पकड़ें...यह देश तो दुर्गम है?"

"मैं मार्गदर्शन के लिए ऋषियोद्धा सुदीप्त अगस्त्य को भेज दूँगा। वह तुम्हें परशुपुर—पुरुषपुर से कुभा—कपिशा तक ले जाएँगे फिर आगे गांधार देश तक ले जाने वाले तुम्हारे भार्गवगण के लोग होंगे ही। परशुपुर के क्षेत्र में परशुधारी भार्गव आश्रम और गण हैं—वहाँ से, पुष्करावती-कुभा-कपिशा तक जाना संभव है...तुम निश्चिंत यात्रा करो! तुम्हारी विजय होगी!"

"प्रभो! कोई भय या बाधा?"

"परशुपुर से कुभा के मार्ग में सावधान रहना पर जहाँ तुम हो, वहाँ कोई भय और बाधा तुम्हारा अनिष्ट नहीं कर सकती, पर तुम जानते ही हो, इस देश में दस्युता को यहाँ की जनजातियों, विशेषकर पख्त (पठान) जनगण बुरा नहीं मानते पर उनमें से अनेक पख्तजन, मांधाता महाराज की सेना में वेतनभोगी सैनिक हैं...उनका नाम लेने से पख्त लुटेरे तुम्हारे अनुगामी बन जाएँगे!"

विश्वमना अगस्त्य, आदि अगस्त्य ऋषि की भाँति ही प्रतापी शस्त्र-शास्त्रविद्, लोकप्रिय और लोकोपकारी थे। उन्होंने राम को नायकों सहित रात्रि का भोजन कराया और प्रस्थान वेला में कुछ अस्त्र-शस्त्र दिए। ऋषि ने कहा कि ये युद्ध में कभी व्यर्थ नहीं जाएँगे...किंतु संकट आने पर ही इनका प्रयोग होना चाहिए...उन्होंने अगस्त्य-बाण का विधि-विधान भी समझाया और सखियों को पहाड़ी ऊन के चद्दरे, दुपट्टे और अंगवस्त्र प्रदान किए।

साष्टांग प्रणाम कर राम सिंधु के तट पर लौट आए और फिर परशुपुर या पुरुषपुर (पेशावर) की ओर चले। अगस्त्य ऋषि ने पुरुषपुर से कुभा के मध्य सावधानी बरतने को कहा था, अतः परशुपुर पहुँचकर उन्होंने परशुधारी भार्गव-जनों के निवासों के पते पूछे। उस स्थान का तब नाम ही परशुपुर था अतः सुदीप्त

अगस्त्य ऋषि उन्हें भार्गवगण के प्रमुख तिरिंदर भार्गव के घर ले गए। तिरिंदर नाम के अनुरूप वह भयंकर योद्धा थे। वह लंबा परशु धारण करते थे। उन्हें जमदग्नि ऋषि की हत्या की घटना ज्ञात थी और उन्होंने एक भार्गव गुल्म राम के साथ कर दिया, जिसका नायक युयुत्स भार्गव था। वह युद्ध के लिए सदा उत्सुक रहता था और धनुष-बाण तथा परशु से सुसज्जित था।

परशुराम युयुत्स और सुदीप्त के पथ-प्रदर्शन में कुभा—कपिशा की ओर बढ़े। मार्ग में एक पहाड़ी के नीचे अनुकूल स्थान पर पड़ाव पड़ा। शीतकाल की रात्रि थी पर घाटी में शीत कम था। रामादल इधर-उधर खोहों-कंदराओं में टिक गया और सुदीप्त तथा युयुत्स, मेधावी और वृक के घेरे में सखियों को व्यवस्थित कर राम ध्यानमग्न हो गए।

कड़ाके की सरदी में, कंबल बिछा-बिछाकर, कंबलों में छिपकर रामादल सो गया और हारी-थकी सखियाँ भी तंद्रालस होने लगीं किंतु लोमा के नेत्रों में नींद कहाँ···उसके रोम खड़े हुए थे और वह किसी घटना की आशंका में, किसी आहट को सुनने के लिए उत्सुक थी···लगभग अर्द्धरात्रि के समय वह दबे पाँव उठी और घाटी के मुख की बगल में एक शिला पर सशस्त्र आसीन राम के पार्श्व में जा पहुँची। राम का ध्यान भंग नहीं हुआ। वह मेरुदंड को सीधा किए सीधे अपने में लीन थे। उनके पृष्ठभाग पर तूणीर था, जिनके बाण चमक रहे थे। कटिप्रदेश में कृपाण और खंग थी, दाएँ हाथ के पास प्रलंघ परशु था जो अंधकार में भी दमक रहा था। ठीक अर्धरात्रि की वेला में लोमा ने राम के हाथ को छुआ। राम चौंककर जागे तो लोमा ने संकेत किया। राम सिंह की तरह उछले। परशु हाथ में लिया और शिरस्त्राण पहनकर उसे कसकर बाँधा।

राजा अर्जुन के भेदिए कृतांत के सहयोगी अनिरुद्ध हैहय के नेतृत्व में तुर्वस यादवों का एक गुल्म बिना आहट किए, धीरे-धीरे घाटी की ओर खिसक रहा था। उस गुल्म में स्थानीय पख्त क़बीलों के लड़ाके भी थे जो लूटपाट का ही व्यवसाय करते थे। अनिरुद्ध सबके आगे था, सशस्त्र, ऊपर से नीचे तक कवचबद्ध। वह नंगी लंबी खंग हाथ में लिये हुए था। वह चलता और रुक जाता । सन्नाटा देखकर वह पुनः आगे सरकता। उसके पीछे सैकड़ों हथियार लिये दस्युगण चुपचाप आ रहे थे।

लोमा ने जाकर मेधावी, वृक आदि को सब बता दिया। अतः बिना शब्द किए रामादल कंबल फेंककर, हथियार सँभालकर सन्नद्ध हो गया था और सैनिक पंक्ति बनाकर घाटी के मुखद्वार की ओर आ लगे थे। युयुत्स और सुदीप्त सावधान थे परंतु चुपचाप प्रहार की बाट जोह रहे थे।

जैसे ही अनिरुद्ध मार के भीतर आया, राम ने अंधकार को दूर करने वाला एक बाण चला दिया। प्रकाश में अनिरुद्ध की आँखें मुँद गईं। वह घबराकर बैठ गया और पार्श्व में खिसक गया। उसके संकेत पर दस्युगण और तुर्वस यादव जो

आर्यसंस्कार भूलकर स्वयं भी दस्यु हो गए थे, आगे बढ़े। परशुराम सामने ही थे। उन्होंने कई बाण एक साथ धनुष पर चढ़ाए और चुपचाप छोड़ दिए···अग्रगामी दस्यु गिरे और पीड़ा से चिल्लाने लगे। तब युयुत्स और सुदीप्त, मेधावी और वृक के संकेत पर सैनिक दस्युओं पर टूट पड़े···राम रोशनी करने वाले बाण बीच-बीच में फेंकते और शब्द पर बाण हनते···अग्रगामी दस्यु घबरा गए···उन्होंने ऐसा युद्ध कभी नहीं देखा था, न रात्रि में प्रकाश कर देने वाले बाण सुने थे···झुरमुट हो गया और रामादल श्येन पक्षियों के सदृश दस्युओं से उलझ गए। राम के बाणों के आलोक का लाभ उन्हें भी मिला। युयुत्स उत्साही था। वह दस्युओं में अकेले ही चला गया और तलवार से चहुँमुखे वार करने लगा। दस्युओं ने उसे घेर लिया और वे उसे मारने लगे। राम ने उन आक्रामकों को बाणों से वेध डाला किंतु पीछे के दस्यु पुनः अकेले युयुत्स पर हावी होने लगे। तब सुदीप्त ऋषि और मेधावी तथा मेघ उन पर बाज़ की तरह टूटे पर दस्युओं की मार से घायल हो गए। तब राम ने विकराल परशु हाथ में लिया और घिरे हुए अपने नायकों के शत्रुओं को गाजर-मूली की तरह काटने लगे। परशु की चमक में विद्युत् का आवेश आ गया। शत्रुओं की आँखें मिंच गईं। वे राम को घेरने लगे किंतु पीछे, वृक, मेघ और सुबल हैहय थे। वे राम के पृष्ठभाग की रक्षा में लग गए। उनके संकेत पर अन्य रामादल के सैनिक दौड़े और तीन ओर से राम की रक्षा के लिए सक्रिय हो गए। सामने के दस्युओं को राम का परशु शत्रुओं को धराशायी कर रहा था और अगल-बगल के आक्रामकों को वृक और अन्य मार रहे थे। यह घमासान देर तक चला क्योंकि दस्युगण कटते-मरते पर पीछे से अन्य आ जाते।

तब राम ने वृक से कहा कि वह उनकी चिंता छोड़ें और सखियों की रक्षा करें। वृक पीछे हट गया। उसका स्थान सुबल और मेघवज्र ने ले लिया। सुबल चिल्लाया—

''महाराज! इन्हें खिला-खिलाकर मारना सखियों के लिए भयंकर हो सकता है। वे अरक्षित हैं। वृक और मौरवी क्या कर लेंगे? इन्हें दिव्यास्त्र से समाप्त कर दीजिए। राम ने परशु उसे दिया और धनुष पर अग्नि-बाण अविलंब चढ़ाकर मंत्र जपते हुए छोड़ दिया। भयानक अग्नि प्रकट हो गई। दस्यु जलने लगे। तब राम ने कई अग्नि-बाण चलाए···दस्यु दग्ध होते, चीखते और भागते हुए दिखने लगे। उनके पास अग्नि-बाण का कोई प्रत्युत्तर नहीं था। उनका नायक एक पर्वताकार यवन तुर्वस आगे बढ़ा और उसने तक कर एक प्रस्तर शिला राम की ओर फेंकी किंतु वह राम के बाण से लक्ष्य चूक गई और महाशब्द करती हुई एक ओर गिर गई। तब वह दस्युनायक एक प्रचंड तलवार ताने हुए राम पर झपटा। राम ने परशु सुबल के हाथ से लिया और शत्रु का सामना किया। दस्यु की तलवार को फरसे पर लेकर राम ने ऐसा झटका दिया कि वह विशाल दस्यु एक ओर झुक गया। राम को अवसर मिल गया। उन्होंने उसका कंठ ताक कर परशु का विकट वार

किया और उसका सिर कटकर दूर जा पड़ा। अब दस्युओं का साहस छूट गया और वे भाग छूटे। रहे-बचों को सुबल, मेघ वज्र, युयुत्स, सुदीप्त और अन्य रामादल के सैनिकों ने समाप्त कर दिया। फिर, राम अपने विजयी रामादल के साथ आगे बढ़े···आगे दस्यु पलायन कर रहे थे, पीछे राम प्रकाश-बाण चलाते और रामादल लक्ष्य लेकर शत्रुओं को मारता। अंततः दस्यु सिर पर पैर रखकर विलीन हो गए और रामादल, राम के पीछे-पीछे लौट आया। राम ने शंख पर विजय ध्वनि की।

अनिरुद्ध कुछ दस्युओं को लेकर छिपता हुआ, पृथ्वी पर खिसकता हुआ युद्ध को पीछे छोड़कर सखीवृंद के पास पहुँच गया। अनिरुद्ध के संकेत पर, सखियों के मुखों पर हाथ या वस्त्र रखकर उन्हें उठा लिया गया किंतु मौरवी क्रोध में उन्मत्त हो गई। उसने कृपाण से कइयों को घायल कर दिया। तब तक वृक पहुँच गया पर उन दोनों पर एक साथ प्रहार हुए और अंधकार में वृक कुछ न कर सका, आहत होकर गिर गया।

कंबलों में लिपटी सखियों को कंधों पर लादे हुए अनिरुद्ध की टोली, उस घाटी के एक सँकरे मार्ग से पार हो गई। स्थानीय दस्यु उस मार्ग को जानते थे। वह टोली, उस पहाड़ी पर चढ़ने लगी और वह छिपकर देख रही थी कि युद्ध समाप्त हो तो वे निकल जाएँ। उन्होंने देखा कि दस्युसेना को भगाकर राम घायल सुदीप्त, मेधावी, युयुत्स, सुबल और मेघवज्र के साथ आ रहे हैं। यही अवसर था। जैसे ही राम लौटकर घाटी में घुसे, अनिरुद्ध पहाड़ी की दूसरी ओर उतरने लगा और सखियों को लेकर अदृश्य हो गया। वह हर्ष में उन्मत्त था। वह जानता था कि राजा अर्जुन आश्रम-दाह से भी अधिक इस अपहरण से प्रसन्न होगा। उसने अब भय का कोई चिह्न न पाकर सखियों को उतारा, कंबलों को पृथक् किया और एक-एक सखी को लेकर चार सशक्त दस्यु घोड़ों पर बैठ गए और अनिरुद्ध को आगे कर घुड़दौड़ शुरू हो गई।

राम भीतर सखियों को न पाकर स्तब्ध रह गए···तो, कृतांत का साथी अनिरुद्ध अपहरण में सफल हो ही गया। राम ने पाया कि मौरवी और वृक तथा अन्य रक्षक सैनिक घायल पड़े हैं और सखियों का कहीं अता-पता नहीं है।

राम ने घायलों की चिकित्सा का संकेत किया और वह प्रिय अश्व पवन की ओर दौड़े। राम को अकेला जाते देख सुबल, मेघ आदि अश्वों पर आरूढ़ हुए। तब तक युयुत्स घावों को बँधवाकर भागता हुआ आया—

"राम! कन्याओं के अपहर्ताओं की खोज में मैं सहायक बन सकता हूँ···मैं इधर के भूगोल से परिचित हूँ···आप मुझे साथ ले चलिए···आप भटक जाएँगे और मारे भी जा सकते हैं क्योंकि भागे हुए दस्यु पुनः एकजुट होकर आक्रमण कर सकते हैं। वे कभी पराजय स्वीकार नहीं करते और लौटे-लौटकर लड़ते हैं, उनका यही पेशा है—वे दस्युवृति जीवी हैं···मैं घोड़े पर बैठने योग्य हूँ।"

युयुत्स के मार्गदर्शन में राम की टोली चली। युयुत्स राम के बाणों का प्रकाश करवाता हुआ पहाड़ी के दूसरी ओर इस अनुमान पर गया कि भगोड़े पीछे की दिशा ही पकड़ेंगे···पहाड़ी के पीछे सचमुच थोड़ी दूर पर अश्वों के पैरों के चिह्न मिल गए। युयत्सु बोला—

''ये रहे···अभी वे दूर नहीं गए होंगे···मैं आगे चलता हूँ···आप चिंता न करें, हम उन्हें पकड़ लेंगे!''

उधर चारुवल्लरी और मणिप्रभा ने अपने अपहर्ताओं से कहा कि वे कुछ विश्राम चाहती हैं। अनिरुद्ध से यह प्रार्थना की गई। एक स्थान पर अश्वारोही रुक गए क्योंकि मणिप्रभा ने राजसी तेज दिखाया। अनिरुद्ध अंततः एक सेवक था और मणिप्रभा राजा की प्रिया। मणिप्रभा ने अनिरुद्ध को डाँटा—

''अनिरुद्ध! अब जब तुम हमें ले ही आए हो तो सकुशल यात्रा करो···राम तो अब रक्षा के लिए यहाँ आ नहीं सकते और प्रातःकाल होने में अभी विलंब है। तुम सुरक्षित हो। देखो, लोमा अचेत हो गई है···वह घोड़े पर लुढ़क-लुढ़क पड़ती है···वह मर गई तो राजा सुदास क्या करेंगे, यह तो वही जानें किंतु मैं राजा से कहकर तुम्हें सपरिवार सूली पर चढ़वा दूँगी···हमें उसका उपचार कर लेने दो···घड़ी-भर रुक जाओ···आसपास कोई नहीं है···एक क्षण की बात है, फिर चलते हैं···तुम तब तक कुछ खा-पी लो, घोड़ों की भी श्वास सध जाने दो।''

विवशता थी। अनिरुद्ध मणिप्रभा पर ज़बरदस्ती तो कर नहीं सकता था। राजा कार्त्तवीर्य अर्जुन उस पर जान छिड़कता था। वह ज़्यादती करने पर चक्रवर्ती से शिकायत कर सकती थी। अतएव उसने अश्वों को रुकवाया और ओषधि के लिए मणिप्रभा, वल्लरी, लोमा और चंद्रकलावती को उतारकर एक वृक्ष की छाया में, एक कंबल बिछवाकर बैठा दिया।

लोमा अचेत थी। वह यकायक आक्रमण और अपहरण की कल्पना नहीं कर सकी थी···और युद्ध की हड़बड़ में उसकी अंतर्दृष्टि ने उसका साथ नहीं दिया था। वह राम की छाया सखी थी। वह सह नहीं सकी और बेहोश हो गई। मणिप्रभा चिंतित थी···यह बहुत कोमल है, राम के वियोग में कहीं प्राण न त्याग दे। मणि ने उसे बेहोशी दूर करने वाली ओषधि सुँघाई, उसके सिर पर पानी की पट्टी रखी, उसे मधुपर्क पिलाया पर वह नहीं पी सकी। तब उसका मुख खोलकर मधुपर्क पिलाया गया किंतु लोमा को उल्टी हो गई। चंद्रकलावती और वल्लरी रोने लगीं। अनिरुद्ध को एक-एक क्षण भारी हो रहा था। वह रह-रहकर पहलू बदल रहा था। तब वल्लरी अश्रु पोंछकर उसके पास गई। अनिरुद्ध चकित हो गया। वल्लरी ने मधुर संकेत किया। अनिरुद्ध उसके साथ एक ओर चल पड़ा। वे कुछ दूर चले गए। वल्लरी ने भाँपा कि वे साथ वाले दस्यु संख्या में अनिरुद्ध सहित दस हैं, जिनमें मौरवी और वृक के प्रहारों से कुछ घायल भी हैं। उनकी रुचि तो लूट के माल में होती है। यदि यह नीच अनिरुद्ध मेरी माया के वश में आ जाए तो

युद्ध-निपुण चंद्रकला और मणिप्रभा इन दस्युओं को भगा सकती हैं। जैसे अचानक उसे कुछ याद आ गई हो, वह अनिरुद्ध को वहीं रोककर, और उसे एक रोमांटिक चुटकी काटकर मधुर कल्पनाओं में डुबो गई और लोमा की परिचर्या में लगी मणिप्रभा और चंद्रकलावती को एक गूढ़ संकेत देकर पुनः वापस लौट गई। वल्लरी अनिरुद्ध के पास बैठ गई और मुग्ध पक्षिणी की भाँति चहकने लगी—

"अनिरुद्ध, तुम्हारा साहस और चातुर्य देखकर मैं तो इतनी प्रभावित हुई हूँ कि सुध-बुध भूल गई हूँ···किंतु तुम कैसे वीर हो जो राजा की दासता में अंधे होकर अपने मन को मार रहे हो···लो, यह मेरी अँगूठी लो···तुम जब चाहो, इसे दिखाकर माहिष्मती के राजप्रासाद में आ जाया करना···हम वहाँ मौज करेंगे···और तुम्हारा घर स्वर्ण से भरवा देंगे और तुमने यदि मेरी बात नहीं मानी तो सोच लो, राजा तो मणिप्रभा पर पागल है और मैं तुम पर···यदि मुझे तुमने कुपित कर दिया तो तुम्हारी कुशल नहीं···आओ, हम एक-दूसरे के प्रति प्रेम-निर्वाह का वचन लें।"

अनिरुद्ध चकराया कि यह क्या हो रहा है? उसने घबराकर कहा—

"वल्लरी, हमें एक-एक क्षण का विलंब हो रहा है···तुम परशुराम की शक्ति से परिचित हो···वह सर्वज्ञ ऋषि हैं···अंधकार में भी देखता है···वह यहाँ आ सकता है···अभी आप चलें, यह सब बाद में देखेंगे···वैसे भी, कहाँ मैं, कहाँ आप!"

वल्लरी बोली—"प्रेम ऊँचा-नीचा नहीं देखता और मैं तुम्हारे वीरत्व पर स्वयं ही मुग्ध हुई हूँ। तुम मुझे अपनाकर, राजा के संबंधियों में उच्च स्थान पा जाओगे···लो, यह ओषधि लो, सूँघो, खाओ···मैं भी खाती हूँ···इसमें तुम्हारा संकोच छूट जाएगा। इसमें मादकता भी है।"

अनिरुद्ध ने मना किया किंतु वह जासूस की सतर्कता भूल चुका था। वल्लरी की मादकता ही ऐसी थी। तथापि, भेदियों के नियम के अनुसार उसने अस्वीकार कर दिया पर वल्लरी उसकी कायरता का परिहास करने लगी। उसने उसे बलात् वह ओषधि सुँघाई और उसका मुख बलात् खोलकर उसे उदरस्थ करा दिया और वल्लरी उसके कान में कपोती की तरह मधुर शब्द कूजने लगी। अनिरुद्ध पर ओषधि का तत्काल प्रभाव हुआ और वह ऊँघने लगा, उसके हाथ-पैर शिथिल होने लगे। वल्लरी ने उसे अपनी गोद में शिशु-सा सुला लिया और थपकी देने लगी। अनिरुद्ध वल्लरी के साथ रोमांस के दृश्यों में खोने लगा। उसने उसी मनोदशा में वल्लरी को आलिंगन में कसना चाहा किंतु अचेत होकर वह लुढ़क गया। वल्लरी ने उसकी कमर से कटार निकाली और एक ही वार में वह कृपाण उसके हृदय को फाड़ती हुई दूसरी ओर जा पहुँची। एक मर्मभेदी चीख वातावरण में व्याप्त हो गई। दस्युगण भयभीत होकर उधर को दौड़े—किंतु वल्लरी के पास अनिरुद्ध का धनुष, तूणीर और तलवार थी। उसने अचूक बाणों से दस्युओं को वेध डाला। उधर मणिप्रभा और चंद्रकला, दस्युओं के हथियार लेकर उन पर पिल पड़ीं और अचेत लोमा सचेत हो गई जैसे वह इसी क्षण की प्रतीक्षा कर रही हो!

चार दस्यु घायल होकर रँभाते-कराहते गिर गए। शेष ने अनिरुद्ध को मृत देखकर भागने में ही कुशल मानी क्योंकि उन्हें अनिरुद्ध के द्वारा अग्रिम धन मिल ही चुका था और वे वृक और मौरवी की कृपाणों से आहत भी थे। यह भी अनिश्चित था कि ऐसी विकट नारियों को अब अनिरुद्ध के अभाव में लक्ष्य तक पहुँचा सकेंगे भी या नहीं। वे मणिप्रभा और चंद्रकलावती के सधे वारों से अपने को बचाते हुए घोड़ों की ओर भागे। तभी पीछे से लोमा ने उन्हें अपने लघु धनुष से, उनकी आहटों पर वेध दिया। वे मरते बैल की तरह डकारे और ढेर हो गए।

अब बाज़ी पलट गई थी। दस्युओं की धृष्टता और उनके द्वारा पाई अवमानना से सखियाँ मोहममता भूल गईं और वल्लरी बिजली की तरह तड़पी—

"ये वन्य पशु हैं, ये कभी भी उठकर खड़े हो सकते हैं। चलो, इनको स्वर्ग पहुँचाओ।"

सखियों की कृपाणें सीधे कलेजों में प्रविष्ट हो गईं। चंडी बन गईं सखियों ने रीछों की तरह उन्हें सूँघ-सूँघकर मारा और फिर जी भरकर उन पर घृणा से थूका—

"गंदे कीड़ो, पामरो, नारकीयो, शृगालो, सिंहनियों का अपहरण करने का साहस कर बैठे···हम आर्य कन्याएँ हैं। हम इला, भारती, सरस्वती की अवतार हैं···लो, और लो!"

क्रोध शांत होने तक वे देवियाँ उन्हें ठोकरें मारती रहीं और वाक्दंड देती रहीं। जब देखा, वे अब मुक्त हैं, तो वे सब अनिरुद्ध और दस्युओं के अश्वों में से चुने हुए घोड़ों पर बैठीं और वापसी शुरू हो गई।

राम का पवन, अपने सजातीय घोड़ों की गंध के सहारे राम को उधर ही ला रहा था और वह युयुत्स भी अश्वों के खुरों के चिह्न पा गया था। इसके अतिरिक्त सखियों ने अपनी पहचान बताने के लिए अपने अलंकार, रूमाल और वस्त्रादि फेंके थे। वे भी राम को रास्ते में मिलते गए थे तथापि अपहर्ता काफी दूर निकल आए थे। यदि सखियाँ चमत्कार न करतीं तो पता नहीं क्या होता। पवन, सुबल और युयुत्स आदि के अश्व प्राण छोड़े भागते आ रहे थे···रात्रि के अँधेरे में राम का ऊपर उठा परशु बिजली-सा चमचमा रहा था और तरकस के दिव्यबाण सर्प की मणियों से प्रभा छोड़ रहे थे···।

सामने चार घोड़ों पर अप्सराओं-सी थकीं किंतु प्रसन्न मुख सखियाँ आ रही थीं। पवन उन्हें पहचान गया। उनकी पद्मगंध निराली थी। वह अश्व हिनहिनाया और कान दबाकर तूफान की तरह भागा। राम समझ गए कि अपहर्ताओं को सखी संप्रदाय ने धूल चटा दी होगी अन्यथा वे चारों इतने उल्लास से 'राम राम' का नाद करती हुई यहाँ कैसे आ जातीं···?

निकट आकर सब घोड़ों से कूद पड़े और महामिलन हुआ। लोमा राम के चरणों से जा लगी। तब वल्लरी ने परिहास किया—

"अरी लोमा, पुनः अचेत न हो जाना। राम, यह तो बड़ी वक्ध्यानी

निकली…यह नन्ही-मुन्नी लोमहर्षिणी, यह तो कूट विद्या में भी अनुपम है। लोमा, राम का स्नेह कुछ हमारे लिए भी छोड़ देना।''

रामादि सब अट्टहास करने लगे। देर तक सखियों की साहसिक परिकथा सुनते रहे। पुनः अश्वों को ताज़ादम कर घाटी की ओर लौटे!

23

यमुना और सरस्वती के मध्य राजर्षि वामदेव ने विश्वामित्र और वसिष्ठ के परामर्श पर गरुड़ व्यूह बनाकर सेना को यथास्थान स्थित किया। गरुड़ की चंचु के स्थान पर वामदेव राजा सुदास के त्रित्सु सैनिकों को लेकर स्वयं डट गए। वामपार्श्व में अंगिरा गण के उकथ्य के सेनापतित्व में बृहस्पति, संवर्त गृत्समदगण और भरद्वाज के वंशज जमा हुए। दायाँ पार्श्व मरीचि ऋषिगण सहित शांडिल्य मुनि को सौंपा गया, जिसमें सुमेधा, रेभ और सुकृत प्रधान थे। पराशर वासिष्ठजन वामदेव के पृष्ठ रक्षक बनाए गए और विश्वामित्र के पुत्र देवव्रत के नेतृत्व में मध्यवर्ती स्थान पर अपने कौशिक सैन्यबल के साथ जम गए…। इसी मध्यवर्ती स्थल पर पख्त, भलानास, शरभ, शुष्ण, पिप्रु और पणि तथा अन्य जनगण थे। पृष्ठभाग की रक्षा में द्रुह्य, तुर्वस, पुरोडास, अनु कवष, अष्टक, अश्मक, उत्कील आदि थे। इन्हीं राजाओं और प्रमुखों की सेना का एक भाग सुरक्षित सेना के रूप में छोड़ दिया गया जो आपात्काल में हस्तक्षेप करेंगे। उसी समय सुसंयोगवश, हिमाचल प्रदेश की इक्ष्वाकु शाखा के राजा रोहिताश्व के भाई राजा सुधन्वा की पहाड़ी अश्वारोही सेना आ गई जिसका आर्यसैनिकों ने शंख बजाकर और हर-हर महादेव का महानाद कर स्वागत किया।

परम भट्टारक, वामदेव के सम्मुख अर्जुन की लगभग दोगुनी सेना समुद्र की भाँति तरंगित हो रही थी। वज्राधिप ने अपने बल को वज्रव्यूह में स्थापित किया था और वह व्यवस्था के पश्चात् आगे अश्व बढ़ाकर उत्तेजित बाघ-सा बिफरा हुआ प्रतीत हो रहा था। राजा कार्त्तवीर्य अर्जुन की सहस्र भुजाओं की भाँति उसकी विशाल वाहिनियाँ सर्वत्र लहरा रही थीं। प्रत्येक चमू के अपने झंडे थे और चमूपति के साथ झंडे चल रहे थे। दोनों ओर फहराते हुए केतुओं से विचित्र दृश्य बन रहा था। दोनों ओर दुंदुभिनाद और तूर्यवादन हो रहा था। वीर उत्साह में अपनी मूँछें ऐंठ रहे थे और वे लड़ाई के लिए अधीर थे।

वामदेव महासेनापति ने विशाल शंख फूँका, तब सभी सेनापति, चमूपति, अनीकिनी के प्रमुख, वाहिनी के अग्रगामी सेनानी अपने-अपने शंख फूँकने लगे। महाध्वनि की उच्च स्वरतरंगें दूर-दूर तक ध्वनित होने लगीं। ऋषि वामदेव ने अपना अश्व बढ़ाया और अपने को उचकाकर हाथ उठाया—

"सावधान! राजा कार्त्तवीर्य अर्जुन सुनें। धर्म-युद्ध होगा या अधर्म-युद्ध?"

वज्राधिप आगे आया, वह दहाड़ा—

"यह तो युद्ध है। युद्ध में हमारी विजय निश्चित है तब हम धर्म और अधर्म की बातें क्यों करें तो भी हम सामान्य युद्ध की मर्यादा का पालन करेंगे। हमारा संग्रामनाद हर-हर महादेव होगा तुम कोई अन्य नाद चुन लो।"

"तू अशिष्ट है, आर्य तो तू भी है, आप नहीं कह सकता क्या?"

"आप जैसे भिक्षुकों को हम तुम या तू के योग्य समझते हैं। तू याचक है वामदेव···चल, लड़ाई लड़ और शिष्टाचार हमें मत सिखा···हम तेरे शत्रु हैं, शिष्य नहीं!"

"मूर्ख! तू नहीं जानता क्या कि आर्यऋषि और ब्राह्मणों ने ज्ञान, तप और शिक्षा के लिए अर्थ संग्रह और राज्य त्याग दिया है अन्यथा हम चाहते तो क्षत्रियों को राजा बनने ही नहीं देते···हम स्वेच्छा से, अज्ञान से आलोक की ओर गति के लिए याचक बने हैं और आर्यसमाज इसी कारण ऋषि-मुनियों और ब्रह्म-साधकों या ब्राह्मणों को श्रेष्ठ मानता है···तेरा राजा भी पहले आर्य था। तब वह आर्य मर्यादा मानता था पर वह अनार्य, अधर्मी और क्षत्रिय से हत्यारा हो गया है, बलात्कारी, आज तुझे और तेरे राजा को आर्य-पाठ पढ़ाया जाएगा। सावधान!"

खिसियाकर उस प्रचंड वज्राधिप ने आक्रमण का आदेश दे दिया। हैहय सेना ने बाण वर्षा शुरू कर दी। उसका उत्तर आर्यधनुर्धारी देने लगे किंतु उसके साथ ही भट्टारक वामदेव के संकेत पर अब तक चतुराई से सैनिकों के पीछे छिपाए गए यंत्रों को आगे धकेला गया और शतघ्नी नाम की तोपों में जो शीघ्र तापवाही अग्निचूर्ण (बारूद) भरा था, उसमें अग्नि दे दी गई। इसके अलावा ऋषि वामदेव के यंत्रविद्या विशेषज्ञ ब्रह्मचारियों की भुशुंडीधारिणी सेनापंक्ति लोहे की गोलियाँ छोड़ने लगी।

यह अप्रत्याशित था। लोहे के अंगार जैसे गोले शतघ्नी से निकलते और सवारों सहित घोड़ों के समूहों को ध्वस्त कर देते। भुशुंडियों (बंदूकों) की गोलियों की झड़ी लग गई। हैहय अग्रगामी—हरावल दस्ते पीछे हटने लगे। राजा ने पीछे हटने का संकेत किया। वज्राधिप चिल्लाया—

"पीछे हटो···इन अग्नि-बाणों की आतिशबाजी से बचो···पीछे हटो, इधर-उधर हो जाओ···यह खेल है, शीघ्र समाप्त हो जाएगा।"

किंतु यह विश्वामित्र और वसिष्ठ की यंत्रविद्या थी। राजा अर्जुन तथा अन्यों के पास भी यंत्र होते थे किंतु इतने मारक, देर तक गरम न होने वाले यंत्रास्त्र आश्रमों में ही थे। वज्राधिप समझा था कि शीघ्र ही भुशुंडियाँ और शतघ्नियाँ तप्त होकर व्यर्थ हो जाएँगी किंतु आश्रमों के इन नवीनतम आविष्कारों में बंदूकों और तोपों के निर्माण में अष्टधातु की लौहनलियों का प्रयोग किया गया था।

अग्निगोलकों, गोलियों की बौछारें बंद नहीं हुईं और ऊपर से ऋषियों और आर्य राजाओं एवं ब्रह्मचारियों के अमोघ शरसंधान से हैहय हाय-हाय करते तिड़बिड़ होने लगे। सैन्य पंक्तियाँ बिखरने लगीं। घुड़सवारों की पंक्तियाँ इस तरह बिछ गईं जैसे खड़ी फसल अग्निदाह से जलकर राख हो जाती है···वज्रव्यूह अस्त-व्यस्त हो गया और अश्वारोही प्राण बचाने के लिए इधर-उधर भागने लगे किंतु वज्राधिप ने भगोड़ों को मारने के लिए वधिक सैनिकों को लगा रखा था। दोनों ओर से मार खाकर हैहय सैनिक अधिक संख्या में मरने लगे···वज्राधिप ने अपने को बचाते हुए हाथी पर सवार सहस्रबाहु की ओर देखा। राजा तड़पा जैसे जलविहीन अकाल का बादल गरजा हो—

''ये भिखारी जादूगर हैं···पीछे हटकर पार्श्व पर टूट पड़ो, गरुड़ तो पक्षी होता है और पक्षी चोंच चला रहा है। पंख तोड़ो, उधर ये खिलौने नहीं हैं···!''

हैहय घुड़सवारों का रेला दोनों ओर से सम्मुख जगह छोड़कर दाएँ-बाएँ ब्रह्मसेना पर उमड़ा और दोनों ओर से बाण-वर्षा होने लगी।

किंतु हैहयों को भ्रम था। रणनीति विशारद ऋषियों ने पार्श्वों में भी आग्नेयास्त्र लगा रखे थे। जैसे ही हैहय पार्श्वों पर टूटे और शरसंधान के लिए उन्होंने अश्व खड़े किए, उसी समय आगे डटे आर्य सैनिकों की पंक्ति पीछे सरक गई और प्रथम पंक्ति के पीछे छिपे शतघ्नी-यंत्र पुनः चलने लगे···अश्वारोही पुनः बड़ी संख्या में मरने लगे—जिस घोड़े के गोला लगता, उसमें सेंध हो जाती और सवार सहित अश्व ढेर हो जाता।

व्यग्र होकर राजा के संकेत पर वज्राधिप ने सैकड़ों हाथी हूल दिए। वे सिर नीचा किए पहाड़ से लुढ़कते हुए आगे आए और ऋषि वामदेव की हरावल सेना पर पिल पड़े, सैनिकों को रौंदने लगे। भट्टारक वामदेव के संकेत पर आग्नेयास्त्रों को पीछे कर गोलों की बौछार हाथियों पर की गई जबकि आगे या पार्श्व के हैहयों पर ब्रह्मसेना तक-तक कर बाण चला रही थी और अश्वारोही मर रहे थे। हाथियों ने इतनी लागू तोपें और बंदूकें कभी देखी नहीं थीं···वे चुपती ही नहीं थीं, चलती ही जा रही थीं। गोलों की मार से हाथी-समूह के पेट फटने लगे और वे टीलों से रणस्थल में गिरने लगे। भहराकर बैठते गजों ने बहुत से ब्रह्म सैनिकों को रौंद डाला किंतु यह हानि तो अवश्यंभावी थी। दबकर मरने की परवाह न करते हुए जो हाथी तोप-गोलों से बच जाते थे, आर्य सैनिक उनके पैर उठाते समय भालों से वेध देते या उनके कर्णकुंजों को छेद डालते। दूर स्थित सैनिक बाणों से गजारोही हैहयों को मारते और उनके हस्तिपा (महावत) लोगों को गिरा देते।

चिंघाड़ते हुए गजों और हिनहिनाते अश्वों के सामूहिक पलायन से चिंतित वज्राधिप ने पुनः राजा की ओर देखा। राजा चीखा, ''चिंता नहीं, अब खिलौने गरम होकर चुप हो रहे हैं···अब अश्वसेना सीधा आक्रमण करे···बाण-विद्या में ये याचक हारेंगे नहीं, इस कारण आक्रमण कर अब इन्हें खसा दो, ध्वस्त कर दो ।''

हैहयों के सहस्रों सवार टूट पड़े और बाण चलाने में चतुर ब्रह्मसेना ने छोटे हथियार निकाल लिये किंतु पार्श्व के धनुर्धारी तब भी तलवारें-भाले ताने हुए आ रहे अश्वारोहियों को मारते रहे। अब दृश्य यह था कि गरुड़-व्यूह की अग्रिम वामदेवसेना पीछे हट गई और मध्यवर्ती सेना के साथ मिलकर टूट पड़े हैहय अश्वारोहियों से भिड़ गई। हैहयों को संख्या का बल था किंतु ब्रह्मसेना का प्रत्येक योद्धा अटल और निर्भय था···हैहय अश्वसेना को क्षुर, नाराच, विपाठ, कर्णी, नालीक, वस्तिक, सूची, कपिश, गवास्थिज, आरामुख, क्षुरप्र, गोपुच्छ, अर्धचंद्र, भल्ल, वत्सदंत, काकतुंड आदि बाणों से मार-मारकर घायल कर दिया गया। हैहयों के प्रहारों से ब्रह्मसेना की भी पर्याप्त हानि हुई···रण-स्थल नरमुंडों और आहतों से पट गया किंतु दोनों सेनाएँ जैसे अपनी आन पर अड़ी हुई थीं और भारी जनहानि के बावजूद कोई हार स्वीकारने या पलायन की चेष्टा नहीं कर रहा था।

ऋषि वामदेव ने यह देखकर संकेत किया कि हैहय सैनिक नायकों के संकेत पर लड़ते हैं, अतः नायकों को घेरो और मारो।

आर्य सेनापतियों ने हैहय नायकों को घेरा। वज्राधिप स्वयं अब आगे बढ़ा, ऋषि वामदेव अपने सैनिकों से सुरक्षित आगे झपटे···ऋषि ने देखा कि अब स्वयमेव दोनों सेनाएँ फैल-फैलकर लड़ने लगी हैं···अब पदाति पदातियों से और अश्वारोही अश्वारोहियों से लड़ने लगे थे। वज्राधिप अपनी ओर झपटते ऋषि वामदेव को देखकर हँसने लगा—

''तू वेद पढ़ ब्राह्मण, वज्राधिप से टकराना तेरे बूते का नहीं।'' वह हैहयों को बढ़ावा देने लगा—''मारो इस वामदेवा की वाहिनी को, काटो, चीरो, मार डालो।''

देवव्रत कौशिक ने जब यह देखा तो उसने महासेनापति की रक्षा के लिए विश्वामित्रों को संकेत किया और भयंकर अनार्यों, पख्तों, भलानासों, शंबरों और पिप्रुओं आदि को भी, वे विकट अनार्य शरीर से पुष्ट और वाणी में धृष्ट थे···वे महासेनापति को संकट में देखकर बर्र-ततैयों से वज्राधिप के साथ की वाहिनी पर टूट पड़े···झुरमुट हो गया और अंधाधुंध अस्त्र चलने लगे। मरीचिगण में शांडिल्य सर्वाधिक प्रज्वलनशील थे। वे अपनी टुकड़ी के साथ 'हटो, हमें जाने दो' चिल्लाते हुए आगे जा पहुँचे। उन्होंने कड़ककर कहा, ''ऋषे! आप महासेनापति हैं, सेना को सँभालिए···हम इस जंगली पशु को देखते हैं।''

महासेनापति को बलात् पीछे कर देने से वह वामदेव ऋषि सेना को व्यवस्थित करने में लग गए। हैहयों ने अपने सेनानियों और नायकों के उपनाम रखे हुए थे। उनमें कुछ अत्यधिक उपद्रव मचा रहे थे। उनमें भी देवराज हैहय बहुत बड़ा लड़ाका था। वामदेव के संकेत पर उसे विश्वामित्रों ने घेर लिया। हैहय नायक पुरींद्र के सम्मुख द्रुह्यराज जा डटे। हैहय ऊर्ध्ववाहु को पुरोडास राजर्षि ने घेर लिया, हैहय नायक दुर्विजय को अंगिरागण ने चुनौती दी। इसी प्रकार ब्रह्मसेना के

योद्धाओं ने हैहय नायकों को अपना-अपना लक्ष्य चुन लिया और संग्राम अब फैल-फूटकर होने लगा।

मरीचि शांडिल्य मुनि ने वज्राधिप को आमने-सामने के युद्ध के लिए ललकारा और मरीचिगण दो-दो तलवारों को एक साथ भाँजते हुए वज्राधिप की सेना को काटने लगे। तब क्रोध में आग के अंगारे-सा लाल होकर वज्राधिप ने सामने जाकर उसका हृदय तक कर बाण छोड़ा; पर मरीचि ऋषियों में शांडिल्य बाण-विद्या में बहुत प्रवीण थे। उनके चतुर अश्व ने अचानक अलग हटकर बाण को बेकार कर दिया। तब वज्राधिप ने अपने घोड़े को आगे बढ़ाकर एक भारी गदा धमक दी पर दिव्य अश्व ने उस प्रहार से भी ऋषि शांडिल्य को बचा लिया। वज्राधिप का खड्ग का वार भी खाली गया। यह देखकर उपसेनापति ने वज्राधिप को शपथ दिलाकर पीछे किया और कहा—

''यह शांडिल्य आपके समकक्ष योद्धा नहीं है···यह यदि मेरा सामना कर ले तो वह प्रसिद्ध हो जाएगा···अभी तो इसे कोई जानता नहीं है।''

उपसेनापति वृषाकपि हैहय के औद्धत्य का स्वाद उसे देने के लिए महर्षि शांडिल्य ने उसे शपथ दी—

''तू यदि अपने पिता का पुत्र है तो सामने आ। कपि···तू तो बंदर ही है, ऊधमी और उद्धत, तू भी प्रहार कर ले···तेरा वध निश्चित है।''

वृषाकपि हैहय ने दाँत पीसकर शांडिल्य की छाती में भाला मारा पर लक्ष्य चूक गया। अश्व की अद्भुत कला पर शांडिल्य ऋषि ने उसको प्यार की थपकी दी और उस कपि हैहय के पास जाने का संकेत किया···फिर बिजली-सी चमक कर शांडिल्य की खड्ग ने यज्ञोपवीत-प्रहार किया जिसमें कंधे से पेट तक शत्रु चिर जाता है। वृषाकपि की ढाल फट गई और वज्रवत् तलवार कंधे को चीरती हुई, पेट फाड़ती हुई चली गई। कवच उसकी चोट को रोक नहीं सका। वृषाकपि के गिरते ही हैहयों में हाहाकार मच गया।

उधर विश्वामित्रों ने रेवाराज हैहय नायक का वध कर दिया। पुरींद्र को द्रुह्ययादवराज ने हना और पुरोडाश राजा ने ऊर्ध्ववाहु की भुजा काट डाली। दुर्विजय नायक भी खेत रहा और तब ब्रह्मर्षि सेना ने, 'विश्वामित्र और मैत्रावरुण वसिष्ठ की जय हो' का विजयी नारा लगाया और ब्रह्मसेना हैहयों को विकट मार देने लगी। तब वज्रायुध आपे से बाहर हो गया। उसने उस सेनापति की पराजय और वध को नहीं सहा और वह देवव्रत तथा अन्य विश्वामित्र पुत्रों तथा शांडिल्य आदि मरीचि ऋषिगण पर पिल पड़ा। विश्वामित्रों के कत, रेणु और पूर्ण नामक ऋषि मारे गए। मरीचि पुत्रों में रेभ और असित घायल होकर गिर गए।

तब विश्वामित्र पुत्र देवव्रत ने विश्वामित्र-बाण धनुष पर रखा। वह धनुष से छूटते ही आग उगलने लगा···वज्राधिप ने उसकी काट के लिए वरुण-बाण छोड़ा

पर वह कुछ न कर सका। विश्वामित्र-बाण सेना को जलाता हुआ वज्राधिप के वक्ष में घुस गया और वह महासेनापति आर्त्तनाद करता हुआ गिर गया ।

तब कार्त्तवीर्य अर्जुन का कोपानल धधक उठा। उसने अपना हाथी आगे बढ़ाया और उसके आसपास के सैनिक क्रोध में विक्षिप्त होकर लड़ने लगे। वज्राधिप के हत्यारे देवव्रत कौशिक को राजा ने बरछी मारकर घायल कर दिया। तब पक्त प्रमुख अनार्य राजा मुजावत ने कबीलाई गुल्म को आगे किया और राजा पर एक लंबा भाला फेंका जो राजा को कुछ घायल करते हुए हौदे में जा गिरा किंतु राजा अर्जुन ने नाग-बाण से उस मुजावत पक्त को आहत कर दिया। तब शंबर, विशानन, पिप्रु, पणि, शरभ और शुष्ण ने एक साथ प्रहार किया किंतु राजा अर्जुन ने सबको घाव दिए और वे पीछे हट गए···बहुत से आर्य-अनार्य सैनिक मारे गए। तब ऋषि वामदेव रोकने पर भी आगे बढ़े और उन्होंने राजा को ललकारा। राजा ने अट्टहास किया—

''वामदेव बटुक! तुम जाकर भिक्षा माँगो, युद्ध में क्यों व्यर्थ प्राण गँवा रहे हो···तुमने हैहयों को जो हानि पहुँचाई है, वह असह्य है···तुम्हें मैं दंड दूँगा।''

राजा ने अग्नि बाण चलाया, जिसे वामदेव ने वारुणास्त्र से शांत कर दिया । तब राजा ने कोप कर नाग-बाण से वामदेव को घायल कर दिया किंतु आहत होने पर भी ऋषि वामदेव ने वसिष्ठ का ब्रह्मास्त्र चला दिया। वह भयंकर बाण था। वह सामने के हैहयों को फूँकता हुआ राजा की ओर बढ़ा किंतु राजा ने भी ब्रह्मास्त्र छोड़ दिया···दोनों ब्रह्मास्त्र टकराकर शांत हो गए। व्रण से दुर्बल हुए महासेनापति वामदेव को पीछे कर अंगिरागण के उकथ्य ऋषि ने माया-शस्त्र चलाकर राजा को सम्मोहित कर दिया । वह हाथी पर बैठा ही रह गया। आर्य सैनिकों में 'जय अंगिरा' का नारा लगा किंतु हैहयराज पुनः एक क्षण पश्चात् सचेत हो गया। अन्य हैहय नायक भी आ गए और राजा के संकेत पर ताज़ा दम, सुरक्षित हैहय सेना ने चारों ओर से घेरकर ब्रह्मसेना को काटना शुरू कर दिया। लड़ते-लड़ते अपराह्ण हो गया था। सर्दी में दिन वैसे भी छोटे होते हैं···ऋषियों की आधी से अधिक सेना खेत रही थी और हैहयों की आधी से अधिक सेना का ख़ात्मा हो गया था तथापि नई बड़ी सेना के चौतरफा हमले से ब्रह्मसेना प्राणपण से मार-काट में जुटी थी परंतु उनकी सुरक्षित सेना के रण में कूद जाने के बाद यह लगने लगा था कि चरम बलिदान देने पर भी इतनी बड़ी सेना को जीतना असंभव है तथापि जीवन और मृत्यु को समान भाव से लेने वाले ब्रह्मर्षि सैनिक स्थितप्रज्ञ मनःस्थिति में हैहयों को मारते और मरते जा रहे थे···परिणाम तो अपने हाथ में नहीं है पर जब तक प्राण हैं, तब तक लड़ते रहना ही कर्तव्य है···यदि देवता यही चाहते हैं, तो यही सही; पर अंतिम सैनिक तक आर्य योद्धा लड़ता रहेगा···महासेनापति घायल पड़े देवस्तवन कर रहे थे···''हे इंद्र, हे अग्नि, हे वरुण, हे पूषन, हे रुद्र, हे मरुद्गण, हे अगणित नेत्रों से सर्वदर्शी द्यावापृथिवी···आप अपने याज्ञिकों का सर्वनाश चाहते हैं क्या?

यदि पराजय हुई तो आपमें किसकी श्रद्धा बची रहेगी?…देव, कोई चमत्कार करो, इंद्र किसी वज्रधारी को भेजो…हाय, आज परशुराम होता तो ब्रह्मर्षि सेना की क्या यह दशा होती? रुद्र महादेव, उस त्राता परशुराम को भेजो…हे देवाधिदेव, रक्षा करो!''

तभी चमत्कार हुआ, सचमुच हुआ…देवापि से सूचना मिलते ही कि ब्रह्म सेना का नरसंहार हो रहा है और राजा अर्जुन के सम्मुख कोई पैर नहीं अड़ा पा रहा है, विश्वावसु ने यौधेयों-राठों-भार्गवों और नए रंगरूटों के ग्रामीणों को लेकर बिजली की गति से आक्रमण किया। वे ब्रह्मसेना के पृष्ठभाग में, कुछ दूर वनस्थली में सशस्त्र तैयार खड़े थे। विश्वावसु एक उच्चराशि के अश्व पर परशुराम के वेश में था। उसके ऊँचे जटाजूट पर बड़ा शिरस्त्राण औंधाया हुआ था, जिससे उसका सिर सिंह जैसा बहुत बड़ा दिखता था। उसके शरीर पर विश्वामित्र द्वारा प्रदत्त कवच था जो हाथ के पहुँचों तक लंबा था। हाथ में बाणों की रगड़ से रक्षा के लिए हस्तिघ्न बँधा हुआ था और छाती पर प्रहार से बचाव के लिए, कवच के ऊपर लोहे के तवे थे। उसके पैरों में भी लोह के पट्टे बँधे थे और कटिप्रदेश पर इस्पात की चादर कमरबन्द से जकड़ी हुई थी। अक्षय तूणीर उसके कंधे पर था, ढाल थी और कमर में छुरे, कृपाण और खड्ग थी । उसकी बाईं ओर के कंधे का सहारा लिये भाले घोड़े पर टिके हुए थे, गदा घोड़े पर रखी थी और दाएँ हाथ में प्रलंब परशु था जो धूप में चमचमा रहा था। विश्वावसु इंद्र की भाँति हुंकारें भर रहा था।

परशुराम को ससैन्य आते देखकर राजा अर्जुन ने दो निर्णय तत्काल लिये। उसने अपने एक विकट योद्धा प्रभंजन उपनामधारी हैहय को महासेनापति बनाया जो वज्राधिप से भी भयानक था। वह दो-दो तगड़े सैनिकों को बगल में दबाकर एक साथ भींच डालता था। वह महासेनापति न बनाए जाने से क्षुब्ध होकर अनमने भाव से लड़ रहा था। परमभट्टारक बनाए जाने से वह गर्जना करने लगा।

राजा अर्जुन ने दूसरा निर्णय यह लिया कि परशुराम के ससैन्य इधर आ जाने से आश्रम तो अल्परक्षित ही रह गए होंगे। इसलिए उसने राजकुमार सिंहध्वज को आदेश भिजवाया कि वह घायल तो है पर इतना नहीं कि आश्रम भी न जला सके। सिंहध्वज पराजित और आहत हो जाने से ग्लानि में गल रहा था। आदेश मिलते ही उसने सुरक्षित सेना की एक बड़ी वाहिनी ली और चुपचाप चक्कर काटकर आश्रमों की दिशा में चढ़ दौड़ा। उसके साथ कई नायक भेजे गए और एक महानायक अनम्र हैहय को सेनापति बना दिया गया था।

परशुराम विश्वावसु ने देखा कि ब्रह्मसेना पर चारों ओर से प्रहार हो रहे हैं और वह पिसी हुई है…एक भी योद्धा भाग नहीं रहा है, पराजय निश्चित जानकर भी मार रहा है और मर रहा है। उसने सोचा कि उसके पास सेना कम है अतः वह चारों तरफ से घेरा नहीं डाल सकता । वह केवल एक स्थान पर दबाव

डालकर आर्य सैनिकों को पीछे हटने का मार्ग बना सकता है। विश्वावसु ने राजा का सीधा सामना करना ही तय किया। राजा का मोर्चा फेर देने से ही घेरा डालकर ब्रह्महत्या में लगे हैहय साहस छोड़कर भागेंगे। अतः विश्वावसु ससैन्य राजा के मोर्चे पर पहुँचा और उसे ललकारा।

परशुराम की सेना आते ही हारे-थके आर्यऋषियों, राजाओं और ब्रह्मचारियों में रक्त की उछाल आई और वे समझ गए कि अब विजय सुनिश्चित है। भला, परशुराम का मुक़ाबला कौन कर सकता है? एक महाजयकारा उठा—"रुद्र-विष्णु तेजधारी परशुराम की जय"। यह जय-जय रह-रहकर होती। अब ब्रह्म सैनिक 'जय परशुराम' कहते और शत्रु पर प्रहार करते। अब घिरे होने पर भी ब्रह्मर्षि सैनिक, अनार्य आदिम जातियों के योद्धा शंबरासुर के नेतृत्व में उड़-उड़कर लड़ने और मरने लगे। परशुराम का मेघचंद्र स्वर गूँजा—

"माहिष्मती के कलंकी, क्रूर, कायर अर्जुन, तेरा काल सिर पर आ गया...तू जो यह ब्रह्म हत्या कर रहा है, उसका फल भोग...आगे आ नीच...हाथी पर बैठा वहाँ सेना से घिरा क्या कर रहा है, सामना कर पामर...परशुराम आ गया, मैं तुझे युद्ध की चुनौती देता हूँ!"

राजा अर्जुन कार्त्तवीर्य ने अट्टहास किया—

"अच्छा, तू आ ही गया ब्राह्मण, मैं तेरी ही प्रतीक्षा कर रहा था...तेरा बड़ा नाम सुना है...तू प्रचार विद्या में निपुण जो है, भूलोक में अपना पुराण पढ़वाने वाले पोंगा होते हैं...तू पोंगापंडित है बावले। आ, आज तेरा नाटक मैं समाप्त कर दूँगा...आ जा, गप्पी गर्वीले जामदग्न्य...तेरा बाप तो स्वर्ग गया...तू यहाँ क्या कर रहा है? तू भी उस पाखंडी के पीछे पधार जा, आ!"

और तब सहस्त्रबाहु अर्जुन ने महाक्रोध में जबड़ों में दाँत पीसते हुए शरसंधान किया किंतु परशुराम ने त्वरित गति से उसका धनुष काट दिया। राजा चकित रह गया। परशुराम हँसे, ब्रह्मसेना ने उनकी जय बोली। राजा ने हाथ उठाया...।

"युद्ध स्थगित हो...सब द्वंद्व-युद्ध देखें...विजय-पराजय का यह निर्णायक आमना-सामना देखने का आनंद लें...।"

अद्‌भुत दृश्य था। दोनों रक्तरंजित सेनाएँ जहाँ की तहाँ स्थिर हो गईं जैसे नृशंसता का जीवंत दृष्टांत अचानक स्थगित रह गया हो...जैसे सहस्त्रों प्रहार के लिए उठे हाथ अचानक गिर गए हों, जैसे फुंकारते, डसते, काटते महासर्प फण गिराकर शांत हो गए हों, जैसे आगामी, भविष्य निर्धारक महाघटना उनकी श्वास को स्थगन दे गई हो...सब साँस साधे उधर ही तकने लगे। राजा अर्जुन ने दूसरा लोहे का धनुष उठाया और विद्युतगति से परशुराम पर बाणों की बौछार की किंतु परशुराम ने उसके तीर काट डाले और बदले में दस-दस बाण एक साथ चलाकर हाथी के हौदे को भर दिया। राजा परशुराम की त्वरा देखकर पुनः विस्मित हुआ। विश्वावसु ने ठहाका लगाया, कहा—"मैं परशुराम हूँ—रुद्रदेव का पुत्र और

शिष्य-जैसे महादेव ने त्रिपुरासुरों को मारा था, वैसे मैं तेरा वध करूँगा। ले, अब यह और ले।''

परशुराम ने अग्नि बाण मारा। ज्वाला ने हाथी को घेर लिया। वह चिंघाड़ा, बिलबिलाया परंतु राजा ने वारुणास्त्र से उस आग्नेय शस्त्र को शांत कर दिया।

तब राजा अर्जुन ने वायव्य बाण चलाया किंतु परशुराम ने उसे नारायणास्त्र से व्यर्थ कर दिया। राजा और परशुराम अंधाधुंध बाण चलाने लगे। वे एक-दूसरे के बाण काटते पर कभी वे दोनों प्रतिद्वंद्वियों को आहत भी कर जाते। तब राजा ने एक शक्ति (बरछी) से वार किया पर परशुराम ने उसे भी गिरा दिया। बदले में राम ने एक छोटे बेंट का भारी परशु फेंका जो हौदे में जाकर गिरा और राजा अर्जुन चोट खा गया। परशु ने अपनी धमक से शत्रु को भीतरी मार दी। राजा ने पीड़ा को सहा और क्रुद्ध होकर नाग-बाण मारा किंतु परशुराम के हस्तलाघव के सम्मुख वह भी गरुड़ास्त्र से नष्ट हो गया। तब चिढ़कर राजा कार्त्तवीर्य ने लोहे का गोला फेंका पर राम का अश्व एक ओर हो गया, प्रहार व्यर्थ गया। परशुराम ने कुपित होकर तदनंतर विश्वामित्र-बाण धनुष पर रखा···ब्रह्मर्षि सैनिक चीखे—

''राम! बहुत हो गया। यह विश्वामित्र-अस्त्र अमोघ है, मारो!''

विश्वामित्र-अस्त्र के छूटते ही अंधकार छाने लगा। लगा, प्रलय होने जा रही है। आकाश में घोर ध्वनि होने लगी। राम की प्रत्यंचा खिंचते ही इतनी कड़क हुई कि लगा, बिजली तड़पी हो···स्थान-स्थान पर अग्नि के लूके जल उठे। विश्वामित्र-बाण सीधा राजा के कवच को वेध कर उसकी छाती में प्रविष्ट हो गया। अर्जुन मूर्च्छित होकर अंबारी में ढेर हो गया। 'जय परशुराम' का नाद दिगंत को ध्वनित करने लगा। क्रोध में हैहय सेना मर्यादा भूलकर ब्रह्मर्षि सेना पर चढ़ दौड़ी। युद्ध पुनः शुरू हो गया। परशुराम की ताज़ादम फौज राजा की अनीकिनी पर टूट पड़ी। घमासान युद्ध आरंभ हो गया।

राजा के वक्ष से बाण खींचकर अंबारी में बैठे चिकित्सक ने घाव में ओषधि भरी और व्रण को कसकर बाँध दिया। फिर कवच पहनाकर राजा को चेतने की दवा सुँघाई। राजा होश में आया। तब तक परशुराम ने अनेक क्षुरप्र बाण चला-चलाकर हैहयों के मुंडों के ढेर लगा दिए। तदनंतर वे अश्व को लेकर भेड़िए की तरह शत्रुसमूह में घुस गए और तब परशुराम का लंबा फरसा चला। जिस तरह कुल्हाड़ी से काठ कट-कट गिरता है, उस तरह शत्रु धराशायी होने लगे··· वह राम कभी तो परशु चलाते, कभी लघु परशुओं को फेंककर मारते जो भारी वज़न के थे। कभी वह हुंकार भरते तो हैहय सैनिक भयभीत होकर गिर जाते···लगा, परशुराम सर्वत्र हैं, उनके परशु क्षिप्र गति से चारों ओर उड़ते दीखे जैसे कोई यंत्र उन्हें लगातार फेंक रहा है···हैहयों में हौदफा बैठ गया और वे सिर पर पैर रखकर भागने लगे। गोल टूटने लगा और भर्राहट फैल गई। राम की हुंकारों से हैहय डरे हुए पक्षियों से जिधर राह मिली, पलायन करने लगे। ब्रह्मर्षि सेना विजय की

संभावना से चौगुने जोश से लड़ने लगी। हैहय कटने लगे। अनार्य आदिवासियों के नेता शंबर-असुर ने भयानक गुर्राहट भरी और विषैले बाणों की बाढ़ से हैहयगण मरने लगे। जिसे ज़हरीला बाण लगता, वह तड़प-तड़पकर एड़ियाँ रगड़ता और स्वर्ग सिधार जाता।

तब उस परशुराम ने अनवरत बाणों का महाचक्र रचा और परशु की मारों से शत्रुओं को दहला दिया। शंकु, सुबल, वीरेंद्र यौधेय, अर्बुद राठ, यज्ञधर असिधर, दीर्घयादव आदि ने परशुराम का पृष्ठभाग सुरक्षित कर रखा था। यज्ञधर असिधर की तलवार ने विचित्र हस्तलाघव का प्रदर्शन किया और राठ, यौधेय वीरेंद्र और अर्बुद बाघों की तरह हैहयों को चीथ रहे थे।

तब तक सहस्रबाहु अर्जुन चेत गया था। उसने चौंककर कटती हैहय सेना और भागती हुई वाहिनी को सकोप देखा। वह क्रोध में आगबबूला हो गया। उसने परशुराम की हत्या के लिए ब्रह्मास्त्र चला दिया। अग्नि की लपटों से ब्रह्मर्षि सेना दग्ध होने लगी। प्रलय का दृश्य उपस्थित हो गया। चराचर भाड़-सा तप्त होने लगा। वायु लू-लपट में बदल गई। ब्रह्मास्त्र अग्नि की चरखी-सा तीव्रगति से परशुराम की ओर बढ़ा किंतु परशुराम ने वसिष्ठास्त्र का प्रहार किया। वह ब्रह्मास्त्र का ही एक प्रकार था और ब्रह्मास्त्र से वह जा टकराया। ऐसा लगा जैसे दो धूमकेतु आपस में ध्वनिगति से आते हुए भिड़ गए हों···अनल धधके, चिनगारियाँ उड़ीं, लपटों, धुएँ से आकाश भर गया और फिर दोनों बाणास्त्र शांत होकर धरती पर गिर गए।

तब अर्जुन ने खिसियाकर, पूर्वकाल में तपस्या से प्राप्त रुद्र-शक्ति का प्रयोग किया जो अमोघ थी। ब्रह्मर्षि सेना में त्राहि-त्राहि मच गई। ऋषि, महादेव की शक्ति को शांत करने के लिए रुद्रसूक्त पढ़ने लगे। सेना का युद्ध स्थगित हो गया। वह रुद्रशक्ति प्रसिद्ध थी···परशुराम का बचना असंभव था किंतु वह निष्कंप थे। एक क्षण को विश्ववसु स्तब्ध हुए और उसी क्षण रुद्र की उस बरछी ने परशुराम के वक्ष को छेद डाला। उसे रोकने के लिए राम के प्रयत्न व्यर्थ हो गए थे। परशुराम घोड़े से एक ओर को झुक गए। तुरंत वीरेंद्र यौधेय ने उन्हें कौलीभर पृथिवी पर लिटा दिया। वामदेव भागते हुए आए। राजा ने हैहयों को इस अवसर से लाभ उठाने के लिए सिंहनाद किया। हैहय ब्रह्मर्षि सेना को मारने लगे किंतु परशुराम की सेना ने उनके आस-पास वृत्त बनाकर प्रतिरक्षात्मक युद्ध करना शुरू कर दिया। विश्वामित्रों, वासिष्ठों, आंगिरसों और द्रुह्यों-तुर्वसों आदि ने जान हथेली पर रख ली और वे खिसकते हुए परशुराम के चारों ओर झुंड बनाकर खड़े हो गए और लड़ते रहे। इस अवसर का लाभ उठाकर ऋषि वामदेव ने वसिष्ठ-पुत्र पराशर को बुलवाया जो अचूक ओषधि के धनी थे। परशुराम का कवच उतारकर पराशर ने बरछी खिंचवाई और घाव में कभी व्यर्थ न जाने वाली दवा सावधानी से प्रविष्ट कर दी। दवा के तुरंत प्रभाव से विश्ववसु के अचेत शरीर में शक्ति का संचार हुआ पर उन्हें शांत

रहने का सुझाव देकर मुनि पराशर ने घाव को दृढ़ता से बाँधा और पुनः कवच और लौहजाली पहना दी। पराशर ऋषि राम के मस्तक पर हाथ रखकर मंत्र पढ़ते रहे। उन्होंने नेत्रों में अश्रु भरकर फफकते हुए देवताओं को कहा—"यदि ऋषि वसिष्ठ ने, उनके हम पुत्रों ने माता अरुंधती ने, मेरे पिता महान् शक्ति ऋषि ने पुण्य किए हों, उन सबको हे देवता-देवियो, उन सबको मैं अर्पित करता हूँ कि परशुराम-विश्वावसु जीवित हो जाएँ और रुद्रदेव, अपनी शक्ति का प्रभाव क्षीण कर दें!"

चमत्कार हुआ और परशुराम ने चौंककर नेत्र खोल दिए। वह सोते से जगे, पूछने लगे कि क्या हुआ था। उन्हें बताया गया तब विश्वावसु परशुराम सोते सिंह से उठे और उन्होंने इतनी विकट हुंकार की कि हैहयों के हाथों से अस्त्र गिर गए···

'परशुराम की जय हो, विजय हो' के महाघोष के साथ विश्वावसु अश्व पर आरूढ़ हो गए और कालानल के सदृश कोप से धधकने लगे। वह गरजे—

"कार्त्तवीर्य अर्जुन, यदि मेरे रुद्रास्त्र से अब की बार तू बच गया तो पिनाकी की शपथ, मैं कभी शस्त्र धारण न करूँगा। राजा, तेरा काल आ गया, सँभल जा!"

राजा अर्जुन ने उपहासक हास्य बिखेरा, बोला—

"तू मेरे अन्न, दक्षिणा और मेरी सुविधाओं पर पला भिखारी···तू अपने जनक जमदग्नि को नहीं बचा सका, तू मुझे क्या मारेगा ? रुद्रदेव केवल तेरे स्तोत्रों से तेरे वश में होने वाले नहीं हैं···चला, अपना रुद्रास्त्र···तू मेरा बाल बाँका नहीं कर सकता। तू यातु कर, घात कर···मेरे दूसरे प्रहार में तू आहत नहीं होगा, मरेगा।"

परशुराम विश्वावसु महायज्ञ के पावक से जल उठे। उनके मुख पर लपटें उठीं और उन्होंने रुद्रास्त्र के मंत्र तन्मय होकर बुदबुदाए, पुनः बाण के धनुष को, त्वरा के साथ छोड़ दिया। वह रुद्रास्त्र था जिसे परशुराम ने शंबरासुर की विंध्याटवी में घोर तप कर पाया था। स्वयं रुद्र ने वह महास्त्र प्रदान किया था। एक भैरव गड़गड़ाहट हुई···शीतऋतु की संध्या वेला में भी सबको लगा कि उनके शरीरों को कढ़ाव पर औटाया जा रहा है, ऐसी गर्मी का अहसास हुआ। लोग व्याकुल होकर चित्रलिखे से खड़े रह गए। कुछ अचेत हो गए। तापक्रम बढ़ता ही गया। त्वचाएँ झुलसने लगीं, धुआँ उठने लगा···हवा जलने-जलाने लगी—सूर्य से लपटें उठने लगीं···वनों में आग लग गई···नदियों का पानी खौलने लगा। धरती तवे-सी तपने लगी और वह रुद्रास्त्र राजा की ओर इंद्र के वज्र-सा दीप्ति छोड़ता, अर्चियाँ उगलता, मेघ-सा तड़कता हुआ नातिकाल में राजा की ढाल को रुई-सा भस्म करता हुआ राजा के शरीर को फूँकने लगा। हैहयों की त्राहि-त्राहि और आर्य सेना में जय रुद्रास्त्र, जय परशुराम के नारों के मध्य सहस्रबाहु माहिष्मती नरेश राजा कार्त्तवीर्य अर्जुन हाथी की अंबारी में होश खोकर फैल गया और राजा का गज अर्धदग्ध अवस्था में धरती पर भस्म हो गया।

···विश्वावसु रुद्रास्त्र से लगातार मंत्रस्तवन द्वारा प्रार्थना करते रहे थे कि वह

अर्जुन परशुराम का ग्रास है अतएव वह राजा का प्राणांत न करे, केवल उसे घायल करके छोड़ दे।

रुद्रास्त्र ने जैसे विश्वावसु का अनुरोध मान लिया और वह अर्जुन को गहरा व्रण देकर लौट आया तथा तूणीर में स्थित हो गया।

अचेत राजा को चिकित्सक शिविर में भिजवाकर प्रभंजन यादव ने हैहयों को राजा के साथ घातकर्त्ता आर्यों के वध की शपथ दी और वह ससैन्य आर्यगणों पर टूट पड़ा। अर्जुन के पराभव से हैहय सैनिक क्रोध में पागलों की तरह लड़ रहे थे किंतु परशुराम ने बाणों की बाढ़ उत्पन्न कर दी···अवशिष्ट ऋषियों और अनार्यों के सिवाय परशुराम के नाना राजा सुधन्वा इक्ष्वाकु ने इस बार महा-पराक्रम किया। इक्ष्वाकु पहाड़ी सेना 'जय परशुराम' बोलती हुई हैहयों से गुँथ गई। जिस प्रकार पनवाड़ी पान कतरता है, उस प्रकार इक्ष्वाकु सैनिक हैहयों को कतरने लगे···अंत में प्रभंजन हैहय ने राजा सुधन्वा को चुनौती दी। राजा गरजा—

"तू अर्जुन का चाकर है, जिसने चौरकर्म से मेरी पुत्री रेणुका के यशस्वी पति ऋषि जमदग्नि का वध करवा दिया था। रेणुका की शपथ, मैं यदि तब आश्रम में होता तो मैं तभी अर्जुन को मार डालता···मैं तुझ जैसे चरकटे की चिंता नहीं करता, भाग जा मेरे सामने से, वर्ना मरेगा।"

विश्वावसु नाना की रक्षा के लिए आए पर नाना सुधन्वा बिगड़ उठे—

"पौत्र, तू अपने हाथ दिखा चुका, अब अपने नाना का पराक्रम देख!"

प्रभंजन ने नाना सुधन्वा पर एक भारी गदा फेंकी जिसे राजा सुधन्वा ने खेल-ही-खेल में बाण से लक्ष्य-भ्रष्ट कर दिया। तब प्रभंजन घोड़ा बढ़ाकर और पास आया और भाला फेंका पर वह भी चूक गया। तब प्रभंजन हैहय ने और निकट आकर एक विशाल खड्ग से नाना के कंठ पर चोट की पर सुधन्वा की इस्पाती ढाल पर वह व्यर्थ हो गई। तब नाना व्याघ्र की भाँति नर्राने लगे—

"देवता, दैत्य, सुर, असुर सब सुनें, ऋषिगण, पितर सब देखें। यदि मेरे एक ही वार में यह प्रभंजन उपनामधारी नराधम नहीं मरा तो संन्यास ले लूँगा। सँभल प्रभंजन, मैं परशुराम का नाना हूँ···तू जब मेरे पौत्र का सामना नहीं कर सका तो मेरा क्या करेगा?"

"नानाजी की जय हो" के नारों के बीच ब्रह्मर्षि सेना के ठहाकों में राजा सुधन्वा ने घोड़े को प्रभंजन के निकट कर खड्ग से झड़ाका किया और प्रभंजन का सिर काट लिया। अब हैहय सेना विचलित हो गई और भाग खड़ी हुई···आर्य सेना मर-कटकर थोड़ी रह गई थी सो खदेड़ने का निर्णय नहीं लिया गया। ऋषि वामदेव ने घोषणा की कि ब्रह्मसेना आश्रमों की ओर लौट चले। फिर ऋषि वामदेव और परशुराम ने विजय के शंख फूँके और शवों और आहतों को घोड़ों पर लदवाकर रात होते-होते अवशिष्ट बल के साथ आश्रमों की ओर लौटने लगे।

24

अगस्त्य सुदीप्त ऋषि को सादर विदा कर दिया गया। युयुत्स और अन्य साथियों के व्रण भरने तक परशुराम को वहीं रुकना पड़ा, यद्यपि वहाँ पुनः आक्रमण की आशंका बनी रही परंतु अब राम ने रात्रिजागरण अनिवार्य कर दिया था। वे दिन में विश्राम करते। उनके साथी साथ में लाई हुई सूखी मेवा खाते, आखेट में मिले खाने योग्य वनजीवों को पकाते और फल-फूल बीन लाते। युयुत्स भार्गवों की टुकड़ी इस क्षेत्र से परिचित थी, सो किसी प्रकार निर्वाह होने लगा।

परशुराम की अमोघ ओषधि और व्रणचर्या से शीतकाल में घाव शीघ्र भर गए। मौरवी अति उत्साहित थी। उसके साहस की बड़ी प्रशंसा हुई थी। वह यात्रा के लिए सन्नद्ध हो गई। उसने वृक को व्याजकोप से धिक्कारा, अन्य घायलों का परिहास किया। फलतः रामादल युयुत्स के पथ-प्रदर्शन में कुभा की ओर बढ़ा। उस युग में कुभा (काबुल) कोई महानगर नहीं था पर व्यापार का केंद्र होने के कारण वह एक उपनगर तो था ही। कुभा नदी में नौका से और स्थलमार्ग से व्यवसायियों के सार्थवाह दिन-रात चलते थे। वहाँ से वाल्हीक देश को मार्ग जाता था किंतु राम को तो महागांधार (कंदहार) जाना था। अतएव उन्होंने कुभा नदी के तट पर विश्राम, ओषधि तथा अन्य सामग्रियों के लिए डेरा डाल दिया।

दिन-भर विश्राम के पश्चात् रात्रि में राम कुभा के तट पर ध्यानधारणा के लिए एक शिला पर मृगछाला बिछाकर बैठ गए। उन्होंने सरस्वती नदी के तट पर ध्यान केंद्रित किया। वह चिंतित थे कि वहाँ क्या घटना घटी है?

सर्वप्रथम युद्ध का दृश्य उभरा। सिंहध्वज की कमान में उन्होंने निरंकुश व्याघ्र, चंड और निकुंभ की सेना को आश्रम जलाते हुए देखा। पुनः यौधेयों-राठों और भार्गवों की सेना को उधर जाते हुए पाया, जिसका नेतृत्व विश्वावसु कर रहे थे। विश्वावसु परशुराम के रूप में सचमुच जँच रहे थे। शत्रुघ्न यादव, चक्रधर-पुत्र असिधर, दीर्घयादव अवंती राजकुमार, वीरेंद्र यौधेय, अर्बुद राठ और सर्वाधिक विश्वावसु का साहस तथा रण-कौशल देखकर सुखदायक अचरज हुआ। अपने ज्येष्ठ भ्राता पर उन्हें गर्व हुआ। पुनः दृश्य बदल गया। तब राम ने यमुना-सरस्वती के मध्य राजा अर्जुन की विशाल सेना के साथ युद्धरत ब्रह्मर्षि सेना के संग्राम का दर्शन किया···एक-एक दृश्य उभरता, लुप्त हो जाता। इस युद्ध में ऋषियों और अनार्यगणों की वीरता रोमांचक लगी। संख्या में अल्प होने पर भी ऋषि वामदेव की व्यूह-संरचना और नेतृत्व प्रभावशाली था···जो ऋषि मारे गए उनके कटे सिरों, दाढ़ी-मूँछों-जटाजूटों को धराशायी पाकर राम वेदना से व्यथित हो गए। पुनः ऋषिदल के घिर जाने पर जब विश्वावसु ने हस्तक्षेप किया, तब राम का हृदय उच्छलित होने लगा।

राम के चिद्विलास में ब्यौरेवार युद्ध प्रदर्शित हुआ और अंत में जब विश्वावसु राजा अर्जुन से टकराया, जब भाई घायल होकर गिरा, जब पुनः वह शार्दूल-सा उठा, रुद्रास्त्र चलाया तब राम ने हाथी की अंबारी में अर्जुन कार्त्तवीर्य को अचेत अवस्था में गिरते देखा, तब राम को अत्यंत हर्ष और गौरव का अनुभव हुआ। तत्पश्चात् राम ने आश्रमों को जलते हुए पाया और उनकी प्रसन्नता दुःख में बदल गई।

राम को बूढ़े विश्वामित्र-मैत्रावरुण वसिष्ठ आश्रमों से पलायन करते दिखे जिनका अधर्मी हैहय उपहास कर रहे थे। सिंहध्वज के सैनिकों और नायकों ने आर्यों के आश्रम जला डाले और अनेक रक्षक ब्रह्मचारियों को जलते आश्रमों की अग्नि में झोंक दिया या मार डाला। आर्यवर्चस्व को गहरा धक्का लगा। झुलसे हुए पशुओं की भाग-दौड़, चीत्कारते आहत छात्रों, ऋषियों-मुनियों की दुर्गति परशुराम से देखी नहीं जा रही थी। यमुना-सरस्वती के मध्य के रण में आहत सैनिकों की कराह राम स्पष्टतः सुन रहे थे। अवशिष्ट आर्य-अनार्य वीर जब तक आश्रम लौटते तब तक सिंहध्वज ने सारे आश्रमों को भस्म कर दिया था।

पुनः रात्रि में, रण से लौटे ब्रह्मर्षि सेना के थके-हारे योद्धाओं को सिंहध्वज ने बर्बर सैनिकों पर झपटते हुए पाया। यौधेयों, राठों, शंबरों, इक्ष्वाकुओं तथा अट्ठारह कुल के ऋषिगणों के बचे-खुचे वीरों ने बिना विश्राम और भोजन किए सिंहध्वज की सेना को अभूतपूर्व साहस से भगा दिया। राजा अर्जुन आश्रमों को जलाकर राख कर देने में तो सफल रहा किंतु रुद्रास्त्र से आहत हो गया और वह सार्वजनिक निंदा का पात्र बन गया। अर्जुन कार्त्तवीर्य के इस कुकृत्य से सप्तसिंधु अमर्ष से उबलने लगा। जब राजा की विशाल सेना से आमने-सामने की लड़ाई में ऋषिगण सफल नहीं हुए तब विश्वामित्र-वसिष्ठ की सलाह पर गुरिल्ला युद्ध शुरू हुआ। रोज़ रात में जनसाधारण और ब्रह्मसेना के युवक अचानक आक्रमण कर देते, शिवरों में आग लगा देते और अश्वों को हाँक ले जाते और भाग जाते। राजा का घाव भरने में विलंब हो रहा था। अंततः राजा ने विद्याधर को बुलाया और कहा—

''विद्याधर, तुम तो इंद्रजाली हो, कुछ करो वर्ना सप्तसिंधु की विजय पराजय में बदल जाएगी, उस परशुराम ने तो मुझे मार ही डाला होता···आश्चर्य यह है कि रुद्रास्त्र ने मुझे भस्म क्यों नहीं कर दिया?''

''क्योंकि वह परशुराम नहीं था।''

''क्या, क्या कहा?''

''हाँ, वह विश्वावसु था, राम जैसा ही है वह, वही था···उसे राम, रुद्रास्त्र देकर वाल्हीक-यात्रा पर चला गया था। वह होता तो रुद्रास्त्र पता नहीं क्या कर डालता!''

राजा अर्जुन का हृदय भय से थरथराया किंतु वह दर्प का धनी था, बोला—

''और परशुराम के शेष जो तीन भाई और हैं···वे भी क्या ऐसे ही वीर हैं?''

''सुनते तो यही हैं।''

''परशुराम, उन्हें भी अलौकिक बाण दे सकता है न?''

''क्यों नहीं, वे पंचमुख रुद्र के अवतार लगते हैं···एक उपाय है?''

''क्या?''

''रति और राका राक्षस-कुमारियाँ हैं, लंकिनी हैं दोनों···वे रूप बदलकर राम के भाइयों को मोहित कर उन्हें विष दे सकती हैं!''

''तो उन्हें अब तक क्यों नहीं भेजा?''

''तब तक एक तो यह विचार आया नहीं और तब वे इतना बड़ा साहस करने को प्रस्तुत नहीं लगीं···अब वे तैयार हैं, उन्हें भेजा जाएगा।''

''भेजो···यदि वे सफल रहीं तो उन्हें मैं विधिवत् रानी बना लूँगा और उनके पुत्र राज्य करेंगे।''

''तब वे सहर्ष अपने को खतरे में डालेंगी, मैं प्रबंध करता हूँ।''

''और उस अनिरुद्ध का क्या हुआ?''

''वह तो आपकी मणिप्रभा और उससे भी अधिक आपकी चारुवल्लरी के मधुर षड्यंत्र से मारा गया···वह अनिरुद्ध मूर्ख था। वल्लरी ने प्रेम का नाटक रचा, वह गर्दभ था, फँस गया। तब वल्लरी ने उसे ओषधि खिलाकर अचेत कर दिया और उसके कलेजे में कृपाण घुसेड़ दी।''

''यह तो बुरा हुआ, बहुत बुरा हुआ।''

राजा सोचता रहा, उसे अपनी कूट-योजनाओं की विफलताओं पर शोक हो रहा था। फिर कहने लगा—

''विद्याधर, तुम्हारे सिद्धांत के प्रयोग में तो सफलता मिली···इन भिक्षुक ब्राह्मणों, ऋषियों पर हमारा आतंक स्थापित तो हो ही गया···कहाँ गया उनका देवमंडल···? वह विश्वावसु न आ जाता तो वह तथाकथित ब्रह्मसेना मेरे प्रताप के अनल में पूर्णत: स्वाहा हो जाती···हमारी भी भारी हानि हुई है पर हम क्या परवाह करते हैं···इस गुरिल्ला-युद्ध का क्या करें···यह तो हमारी रीढ़ ही तोड़े दे रहा है?''

''सेना विश्राम में है। वह रात्रि में सोए नहीं, जागे और दिन में विश्राम करे!''

''यह तो आप ठीक कहते हैं, ऐसा आदेश सेना में भेजा जाए, अभी और नया महासेनापति किसे बनाया जाए?''

''वाहिनीनायकों में सर्वाधिक कौशल और साहस आपके वंशज आदि हैहय ने दिखाया है।''

''तो उसका उपनाम संग्रामजित् हैहय रखकर उसे सेनाधिप बना दिया जाए, और उस परशुराम का क्या किया जाए?''

''उसकी सखियों का अपहरण-प्रयत्न असफल रहा, अब तो तुर्वस यादवों से

ही आशा है···उन्हें राम ने बहुत मार लगाई है···वे प्रतिशोध लेंगे ही।''

राजा सोचने लगा···बोला—

''उधर और भी हमारे समर्थक हैं, उन्हें मैं पत्र लिखवा दूँगा और तुर्वसों को पुष्कल स्वर्ण भेज दिया जाए।''

''जो आज्ञा!''

''और यह मेरा घाव नहीं भर रहा है, कहीं सड़ न जाए।''

''नहीं, आज राक्षस-ओधषि का प्रयोग करूँगा। आप चिंता न करें।''

''और ये दढ़ियल ब्रह्मर्षि आतंकित हो गए हैं, खिसियाकर गुरिल्ला-युद्ध करवा रहे हैं···इनकी रमणियाँ कहाँ गईं?''

''उस देवापि ने हमारे भेद दे दिए थे सो ऋषियों के परिवारों को पहले ही दूरदराज़ ग्रामों में भेज दिया गया था···और ग्रामीण ऋषियों के भक्त हैं।''

''तो भी, सुचंद्र, हमारा साला चाहे तो वह खोजकर कुछ को ला सकता है।''

''क्यों नहीं? उसको कहा जाएगा।''

राजा मौन हो गया। विद्याधर चला गया।

परशुराम ने ध्यान में यह सब देख, सुन लिया। अब उनका ध्यान भंग हो गया। प्रयत्न करने पर भी आश्रम और अघोर मुनि के क्षेत्र पर चित्त एकाग्र नहीं हुआ। वह चिंतित हुए कि राजा अर्जुन के नए षड्यंत्रों को असफल कैसे किया जाए? उन्होने शाबर मंत्र पढ़े, अघोर मुनि के तांत्रिक मंत्रों का जप किया किंतु जमदग्नि आश्रम में अपने भाइयों की चिंता के कारण ध्यान उचट जाता। तब राम ने विश्वावसु पर मन जमाया किंतु वह पता नहीं कहाँ था। शायद वह रक्षा-प्रयत्नों में जी हलकान कर रहा होगा क्योंकि ऋषिसेना का बहुलांश कट गया था और जब तक बाहर से रक्षकबल न आ जाए, तब तक राजा अर्जुन बड़ी वाहिनी भेजकर बचे हुए ऋषि-मुनियों का नरमेध करा सकता है···विश्वावसु के पास बल कम रह गया है।

राम आधी रात तक उधेड़बुन में विकल्पों को तौलते रहे किंतु कोई कारगर उपाय सूझ नहीं रहा था। पास ही कुभा के तट पर शिविर लगाकर रामादल कुक्कुर-निद्रा ले रहा था, कुछ सैनिक पहरा दे रहे थे। युयुत्स भार्गव सजग था। उधर सब ठीक देखकर राम पुन: अघोर मुनि का स्मरण करने लगे। तभी चमत्कार हुआ। सम्मुख धुआँ-सा प्रकट हुआ और रुरु भार्गव प्रकट हो गया। उसने परिचित हँसी में राम का अभिवादन किया, प्रणाम के लिए झुका—

''राम, तुम कई बार हमारा स्मरण कर चुके हो···हमारा चित्त भी इधर ही लगा था···किंतु तुम्हारी चेतना की तरंगें पकड़ में नहीं आ रही थीं···आथर्वण अघोर बाबा भी चिंतित थे···राम, वे हमारे ऊधमी शंख और शाल्मली, बाप-बेटी, इधर नहीं आए?''

''नहीं, अभी तक तो नहीं। क्या वे आने को थे?''

"अरे! आपको ज्ञात नहीं कि सखियों के अपहरण कांड में उनका भी कुछ खेल था?"

"अच्छा? किंतु उन्होंने क्या किया?"

"उन्होंने लोमा को लघुधनुष पहुँचाया और उस अनिरुद्ध की बुद्धि भ्रष्ट करने में भी उनका हाथ था।"

"अरे, क्या वल्लरी की ओषधि से वह अनिरुद्ध अचेत नहीं हुआ था?"

"पूरी तरह नहीं···तब शंख ने चमत्कार किया···उसके कंठ से लग गया था वह, तब वह बेहोश हुआ।"

"अच्छा? आश्चर्य है।"

"और राम, रात्रि में अनिरुद्ध की टोली को उन्होंने ही मार्गभ्रष्ट किया था।"

"साधु शंख और शाल्मली···भ्राता रुरु···उन बेचारों को अब प्रेत योनि से मुक्त क्यों नहीं करवा देते आप?"

"वे महायुद्ध में सेवा कर प्रतिशोध लेना चाहते हैं···तब वे इस अर्जित पुण्य से स्वयं मुक्त हो लेंगे···अर्जुन मरा और वे मुक्त हुए।"

राम हँसने लगे, बोले—

"कितने भयंकर और कितने भोले हैं ये पिशाच-पिशाचिनी···इन्हें तो रुद्रगण बनवा दिया जाए, ऐसा मन हो रहा है किंतु···वे तो मुक्त होकर स्वर्ग जाएँगे न?"

"रुद्रगणों में सम्मिलित होना भी मुक्ति का एक प्रकार ही है···आप रुद्रदेव से उनकी संस्तुति कीजिएगा।"

"हम यह करके मानेंगे···वे अब हैं कहाँ, हमारे प्यारे पिशाच?"

तभी शंख और श्यामली की प्रेत ध्वनि हुई। वे कुभा के कोहरे को गाढ़ा करने लगे और मिमियाते रहे, गाते, नाचते रहे और व्याजकोप से आपस में झगड़ते रहे···पुनः वे अचानक प्रकट होकर, दूर रहते हुए धरती पर झुक गए, प्रणाम करने लगे।

राम ने उन्हें आशीष दी, रुरु भार्गव ने भी हँसते हुए उन्हें शाबाशी दी, उन्हें सराहा। वे प्रसन्न होकर आकाश में उड़कर कलाबाज़ियाँ खाने लगे। राम ने रुरु भार्गव से परामर्श कर उन्हें आज्ञा दी—"शंख और शाल्मली, तुमने हमारा बहुत उपकार किया है, शत्रु को छकाया है। मणिप्रभा का रूप धरकर तुमने तो कमाल ही कर दिया···अब ध्यान से सुनो···दुष्ट अर्जुन का वध होते ही मैं तुम्हारे पुण्यपक्ष समर्थन से तुम दोनों को रुद्रदेव के गणों में शामिल करा दूँगा, तुम्हें स्वीकार है ?"

वे गद्‌गद हो गए और नकियाए स्वर में बोले—

"वाह हम! हम कैलासवासी होंगे और रुद्रशिव के गण बनेंगे···स्वर्ग उसके आगे क्या चीज़ है···हम कृतार्थ हुए भगवन्···अब हमें या तो कार्य बताया जाए अन्यथा हम उत्पात करेंगे।"

राम हँसे, प्रसन्न हुए रुरु भी—

''देखो शंख, मेरा पत्र लेकर तुम वेग के साथ जाओ और मेरे ज्येष्ठ भाई रुमण्ववान् को दो···उसके पूर्व, मार्ग में एक पत्र विश्वावसु भाई तक पहुँचाओ । ठीक है?''

शंख पिशाच ने भूर्जपत्रों का एक बंडल निकाला और राम के चरणों में रख दिया। राम विस्मित हुए। अग्नि प्रज्वलित की गई तो वे पिशाच दूर चले गए···अग्नि से वे घबराते थे। राम ने ध्यान से उन पत्रों को पढ़ा। तब वह रुरु को संबोधित हुए—

''भ्राता रुरु, ये पिशाच तो अद्‌भुत है···ये वे पत्र हैं जिन्हें राजा अर्जुन ने इस अविस्थान के अपने पक्ष के प्रमुखों को लिखा है कि वे हमें नष्ट कर दें और हमारे समर्थन में जो आएँ, उन्हें विमुख कर दें।''

''अच्छा?'' रुरु ने कहा।

''हाँ, और यह महत्त्वपूर्ण कार्य इन पिशाचों ने किया है। ये तो विचित्र हैं, धन्यवाद के पात्र।''

राम ने अग्नि के आलोक में पत्र लिखे और उस प्रेतयुगल को सौंपे। वे प्रणाम कर, प्रमुदित मन, उड़ गए। तब राम ने रुरु से पूछा—

''रुरु भाई, तुम यहाँ किस प्रकार आए?''

''अघोर मुनि की कृपा से, हम उड़ सकते हैं, उड्डयन योग द्वारा और पानी पर चल सकते हैं।''

''क्या आप अदृश्य रहकर राजा अर्जुन के शिविर में भेदभाव नहीं ले सकते ?''

''क्यों नहीं ले सकते, लेंगे, और?''

''और यह कि वहाँ भाई विश्वावसु अकेले पड़ गए हैं···वह आपको जानते ही हैं···मैंने अघोर मुनि तथा आप सबके विषय में बताया है···आप कोरे योगी नहीं, वीर भी हैं अतएव आप पधारें और उनकी सहायता करें···कहीं वह नरपिशाच अर्जुन अल्पसंख्यक ऋषि-मुनियों का नरमेध न कर दे···उसे रोकना होगा···आपको कष्ट तो होगा पर यह करणीय है।''

''अवश्य करणीय है···मैं अभी जाता हूँ···किंतु मुझे चिंता आपकी है···शत्रु यहाँ भी है और इधर दस्युवृत्ति के यूथ अनेक हैं···वे आपको मारकर लूट सकते हैं···मैं सोचता था कि मैं आपके साथ महागांधार तक रहूँ···मैं रात्रि में नहीं सोता···घातकों से आपकी रक्षा मैं कर सकता हूँ···सखियों का भी पुन: अपहरण हो सकता है···चक्रवर्ती मांधाता तक आप पहुँच जाएँ तो फिर कोई भय नहीं···आप सखियों को वहाँ छोड़कर वाल्हीक देश जा सकते हैं, उत्तरकुरु और कश्यपसागर-क्षेत्र, ये दूर हैं, और सखियों को आप कहाँ लिए-लिए फिरेंगे?''

''यह तो युक्त है भाई, पर वे मानें तब न ? ठीक है, आप रुक जाइए, और उन्हें मनाइए···मैं तो उनसे हार गया···मनुष्यों में ऐसी अगाध प्रीति और भक्ति मैंने

कहीं नहीं देखी, वे तो मानवी-सी लगती ही नहीं हैं···वैसे भी मैं नारी को आपकी तरह शक्ति या देवी ही मानता हूँ···और ये तो अति अद्‌भुत हैं।''

रुरु ने कहा, ''किंतु तब विश्वावसु का क्या होगा? आपका मत है कि वह अकेले पड़ गए हैं वहाँ?''

''मैं उनके लिए चिंतित हूँ इसी कारण मैं आपको वहाँ भेजना चाहता था।''

''मैं एक ही साथ ये दोनों कार्य कर सकता हूँ।''

''सो कैसे?''

''दिन में मैं विश्वावसु भाई के साथ रहूँगा और रात में आपके साथ!''

''किंतु इसमें आपकी योग शक्ति का अपव्यय होगा, दुर्बलता आएगी··· आप मेरी चिंता न करें···आप वहीं पधारें।''

''मैं सखियों से वार्त्ता कर चला जाऊँगा और गांधार तक आपको सकुशल पहुँचने के समय तक इधर-उधर दोनों की देखभाल कर लूँगा···आप अब विश्राम करें यदि चाहें,···मैं सखियों से बातचीत करने जा रहा हूँ।''

सखीवृंद जग रहा था। रात्रि जागरण का आदेश भी था। अकेली लोमा अंतर्दर्शन में लीन रहती थी। वह घटनाओं को सूँघ रही थी और सखियों की बकबक से तटस्थ थी। रुरु मुनि उनके निकट पहुँचे, परिचय दिया। मणिप्रभा ने उनका स्वागत किया । कुछ खिलाया-पिलाया। अचानक लोमा समाधि भंग कर चहकने लगी—''महासाधक रुरु भार्गव, आपकी जय हो किंतु हम राम के साथ ही रहेंगी। आप हमें बरजने आए हैं कि हम गांधार में रुक जाएँ और राम अकेले यात्रा पर जाएँ। यह नहीं होगा।''

सखियाँ विस्मित हो गईं, फिर आश्चर्य को विनोद में बदलते हुए मणिप्रभा बोली—

''मुनिवर! आप महान् हैं, पर हमारी लोमा भी महान् ऋषि है···यह राम से विलग होते ही मर जाएगी···आप हमें राम के साथ सर्वत्र जाने का वरदान दें।''

''देवी! आप सबकी भक्ति और अनुरक्ति दिव्य है, अश्रुतपूर्व किंतु राम अगम्य हैं, अनुमान से परे···वह जो कर रहे हैं, वह मात्र आपत्धर्म है···ब्राह्मण ऋषि का सहज धर्म तो यज्ञ, तप, शिक्षादान और मानवधर्म का पालन है···यह जो हिंसा हो रही है, वह अपरिहार्य है, तथापि यह हिंसा तो है ही···राम को महायुद्ध के बाद प्रायश्चित्त करना होगा···तब आप किस आशा में उनके पीछे पड़ी हैं···वह विवाह और गृहस्थ धर्म के लिए जन्मे ही नहीं हैं। आप उनकी कठिनाइयाँ न बढ़ाएँ···आपने देखा होगा कि आपके अपहरण कांड से राम कितनी विपत्ति में पड़ गए थे।''

लोमा बोली—''ठीक है, यदि हमारे कारण राम द्विविधा में हैं, उनका ध्यान बँटता है हमारे कारण तो हम···तो हम कुभा में जलसमाधि ले लेंगी किंतु हम राम के बिना नहीं जी सकतीं···मनुष्य का ध्यान बँटाने वाली तमाम चीजें होती हैं···स्वयं

उनका अस्तित्व कितनी सेवा और पोषण चाहता है किंतु झंझटों के डर से क्या कोई शरीर को छोड़ देता है? इसी प्रकार हम राम की सत्ता की नींव हैं···हम लोग उन्हीं के अस्तित्व से फूटे किसलय हैं और वह हमसे पृथक् हैं कहाँ जो हम उन्हें छोड़कर चली जाएँ···हम तो उनके तने से निकली टहनियाँ हैं, उनके पौधे के हम पुष्प हैं···हम उनकी ब्रह्मशक्तियाँ हैं···हम तूणीर की तरह उनके स्कंध से बँधे हुए हैं, हम उनके परशु की धार और चमक हैं, हम उनकी भृकुटि के बल हैं···हम राम-रुद्र की पार्वती हैं···हम अपर्णाओं को तप करने दीजिए रुरु भार्गव मुनि!''···

पुन: सखियों की सिसकियों से रुरु व्याकुल हो गया। सोचा, आश्चर्य है। यह तो कोई देवताओं की लीला है···इनकी गति, मति और मन राममय हो गया है···ये सचमुच अपने राम-चंद्र की चंदरिमा हैं, राम-दिनमणि की किरणें···ये राम के हृदय परिवर्तन की अभिलाषिणी हैं और यह मधुर लालसा प्रकृति देवी की सर्वोत्तम कविता है। इसे वियुक्त करना अमानवीय है···जिस नैसर्गिक राग को प्रकृति के मूल में स्थापित किया गया है और जो महावासना जीवन लीला की प्रेरक है, उसी का प्रस्फुटन इन कलिकाओं में हुआ है···नहीं-नहीं, ये तो शुद्ध चित्त-शक्ति हैं···इनकी प्रेरणा और प्रीति से ही राम परशुराम बने रह सकते हैं···ये रामरूपी पादप को अहर्निश सींचने वाली कुल्याएँ हैं, जो कलकल ध्वनि से राम की क्यारी में बह रही हैं···इनके जाने से राम का भावानुभूतिलोक शुष्क होकर नीरस हो जाएगा···मुझसे बहुत बड़ी भूल हो गई जो मैंने इन कलियों से कर्कश वचन कहे··· ।

''राम की सखियो! मैं क्षमा चाहता हूँ···राम और हम समर्थ हैं···हम यदि शत्रु का हनन करने योग्य हैं तो हम आपकी सेवा और रक्षण में भी समर्थ हैं···आप सदा राम के साथ रहें, हमारा पुरुष-अहंकार क्षम्य है, क्षमा देवियो।''

सखियाँ अश्रुओं में मुस्कराईं, चारुवल्लरी ने चुहुल की—

''क्या मत है, रुरुदेव को क्षमा कर दिया जाए?''

रुरु ने एक सुशील अट्टहास किया। वह गद्‌गद था। उसकी कृतज्ञ हँसी में सब सखियाँ हँसने लगीं। वातावरण का बोझ दूर हो गया।

मणिप्रभा चहकी—''रुरुदेव, हमने सुना है कि आप सिद्ध हैं··· उड़ते हैं, जल पर चलते हैं, योगज प्रत्यक्ष पदार्थ उत्पन्न कर लेते हैं, अदृश्य हो जाते हैं, सुना है, अघोर मुनि की तरह आपने दिक् और काल को जीत लिया है··· कोई चमत्कार दिखाइए···न, हम ऊब रहे हैं, हमारे चित्त का उच्चाटन हो रहा है।''

''आप क्या खाना चाहेंगी?''

''कोई चटपटी चीज़ें खिलाइए न, लड़कियों वाली···हमारी जीभें चटखारा मारना चाहती हैं···लोमा, तू तो अचंचल है, खीर-मिठाई-विठाई माँग ले!''

सब पारिजात-सी खिल-खिल करने लगीं। रुरु उनकी सजीवता पर मुग्ध हो गया।

''अच्छा तो देवियो···लो ये रहे पानी के बताशे, मसालेदार चटपटे··· ।''

रुरु ने नेत्र मूँदे, हाथ हवा में उठाया और सखियों को लगा कि कोई अदृश्य चाटवाला है जो बताशे बना रहा है, और उससे लेकर पत्तों पर ज़ायकेदार बताशे प्रकट हो रहे हैं। सखियों ने कई-कई पत्ते उड़ाए···लोमा भी इस खेल में बह गई···वह बोली—

"रुरुदेव, थोड़ा-सा मिर्च-मसाला तीखा कीजिए।"

मिर्च-मसाला तेज़ हो गया। रुरु हँसते जा रहे थे और अधर से चाट के पत्ते वसूल कर रहे थे। सखियों की जीभें जलने लगीं, आँखों में आँसू आ गए। वे चिल्लाईं—

"रुरुदेवा, अब कुछ मीठा मिले, हमारी जीभ ही जल गई।"

रुरु महाराज ने मिष्टान्न और खीर प्रकट की। सबने खाई और चिड़ियों की तरह विहग ध्वनियाँ व्यक्त कीं। तब वे रुरु से कहने लगीं—

"रुरुदेवा, आप सर्वदा हमारे साथ ही रहें वर्ना आपके बिना यात्रा में हमें चाट कौन खिलाएगा।"

"लो, अब हम साधक-सिद्ध न होकर चाटवाले हो गए।"

तीसरे-चौथे दिन, उस क्षेत्र के मनुपुत्र प्रांशु, धृष्ट और करुष के वंशजों को तिरिंदरपुत्र युयुत्स भार्गव बुला लाया। मनुपुत्रों में शर्याति तो आधुनिक गुजरात और नर्मदा-क्षेत्र में जा बसे थे, इक्ष्वाकु महागांधार में थे किंतु उनकी एक गद्दी हिमाचल प्रदेश में थी, जहाँ राजा रोहित और उनके भाई राजा सुधन्वा का शासन था, जिनकी पुत्री रेणुका थी। नाभाग और नाभागोदिष्ट इधर-उधर रम गए थे, सुद्युम्न भी किंतु प्रांशु, धृष्ट और करुष मानवों के अड्डे अविस्थान में ही थे । उनके गणों के राज्य थे, और उनकी सेनाएँ थीं। वे मनु का गौरव स्मरण कर अपने कुछ आर्य संस्कारों को बचाए हुए थे यों वह स्थानीय कबीलों के रंग में रँग चुके थे। इनमें धृष्ट मानवों में तो दस्युवृत्ति भी होती थी और वे उद्धत और क्रूर योद्धा थे।

भोजन-विश्राम के बाद अपराह्न काल में परशुराम कुभा तट पर सुखद धूप में स्थिति की विकटता पर सोच रहे थे। उन्हें युयुत्स की चिंता हो रही थी। उसे गए हुए कई दिन हो गए थे···घटना की तीव्रता में तन-मन उसकी त्वरा का अभ्यस्त हो जाता है···स्थिरता आ जाने पर विचित्र आशंकाओं का जन्म होने लगता है। उनके आग्रह पर रुरु भार्गव, सरस्वती क्षेत्र चले गए थे और विश्वावसु की ओर से कुछ निश्चिंतता हुई थी···रुरु एक रात आकर कुशल समाचार भी दे गए थे किंतु युयुत्स का क्या हुआ···क्या उसको अविस्थान के किसी कबीले ने मार डाला या पकड़ लिया?

तभी अश्वों की टापों की ध्वनि हुई। परशुराम ने परशु पर दायाँ हाथ कसा और तरकस से तीर निकाला। वह यमराज की भाँति आशंका में खड़े हो गए और धनुष को बाएँ कंधे से उतारकर उन्होंने वाण उस पर चढ़ा लिया, परशु दाएँ हाथ से नीचे अपनी दक्षिण जंघा से टिका लिया। अश्वों की संख्या का अनुमान कठिन था

क्योंकि वे पंक्तिबद्ध आ रहे थे। दृष्टिपथ में आने पर राम ने देखा कि सबसे आगे युयुत्स भार्गव अपने अश्व पर विश्वविजयी के आत्मविश्वास के साथ आ रहा है। उसका अश्व राम को चीन्हते ही हींसने लगा। उसके पीछे के अश्वों पर तीन मुकुटधारी राजाओं की भाँति अश्वारोही थे जिनके स्वर्णिम वस्त्र थे, स्वर्णिम वल्गा थी और घोड़े के आस्तारण भी सुनहले थे। राम ने सोचा कि युयुत्स ने तो असंभव को संभव कर दिया। लगता है कि मनुपुत्र वंशज राजा स्वयं पधार गए हैं।

परशुराम ने स्वागत का हाथ उठाया और बाण तरकस में रख लिया और परशु को बीच से पकड़ लिया ताकि मुद्रा अनाक्रामक हो जाए। युयुत्स घोड़े से उतरकर राम के पैरों पड़ा और राम के साथ आगे बढ़कर वह राजाओं के स्वागत के लिए बढ़ गया।

तीनों राजागण सहर्ष अश्वों से उतरकर ऋषि राम के आगे नतशिर हो गए और उन्होंने सुगंधित प्रणाम किए। राम ने वरदहस्त उठाया—''महाराज, हम सबके आदि पिता मनु के वंशज नरेशों का, जमदग्निपुत्र राम के शिविर में स्वागतम, सुस्वागतम...राजन्, आपकी जय हो...आपने अकारण कष्ट किया...मैं आपके दर्शनार्थ आ जाता।''

मनुपुत्र राजा बोले—''ऋषिश्रेष्ठ हुतात्मा जमदग्नि के पराक्रमी पुत्र रामऋषि हमारे देश पधारें और हम उनके दर्शनार्थ न दौड़ें तो महाराज मनु हमें धिक्कारते! और भगवन्, आदिभृगु तो मानव नहीं थे। वह तो ब्रह्मा के मानस पुत्र थे। स्रष्टा के संकल्प से प्रकट हुए थे। वह अलौकिक भृगु जिन्होंने विष्णु, अपने जामाता के वक्ष में पगप्रहार किया था...आप उन सर्वोच्च ऋषि के वंशज हैं...हम धन्य हो गए आपको इस भेड़ों-भेड़ियों के देश में पाकर। आप आदेश दें...आर्यजनों का यहाँ जहाँ-जहाँ प्रसार है, उस दुष्ट कार्त्तवीर्य अर्जुन को युद्धाग्नि में हवि देने के लिए वे आपके नेतृत्व में चलेंगे, आप निश्चिंत हो जाएँ...यह तो हमारे लिए सत्कर्म का शुभ अवसर है!''

परशुराम अभिभूत हो गए। वह सबको सादर अपने तंबू में ले गए और ऊन के ग़लीचों पर बिठाया। साथ आए सैनिकों को रामादल के सैनिकों ने सँभाला। मेवा और फलों से, मधुपर्क से सबका स्वागत-सत्कार किया गया। परिचय हुआ—''महाराज राम, मैं गिरिवज्र-धृष्ट हूँ, नाम के अनुरूप ही हूँ— हमारी धृष्टता के कारण सप्तसिंधु के संस्कृति अभिमानी आर्य हमें मनुपुत्र तो मानते हैं पर हमें मानव नहीं मानते।''

ठहाका लगा। परंतप प्रांशु ने कहा—''ऋषिवर राम, गिरिवज्र धृष्ट ने परिहास में ही सही, पर युक्त कहा है...हम मनु-आत्मज, आर्य संस्कारविहीन हो गए हैं...आप तो जानते ही हैं कि हम यहाँ इन पहाड़ी अनार्यों में घुलमिल गए हैं और सप्तसिंधु दूर है सो हम स्वयं हीनभाव से ग्रस्त हो गए हैं तथापि हममें मनु की अग्नि तो अभी भी जल रही है...हम आपकी लड़ाई लड़ेंगे, किंतु हमारा आर्यीकरण

कराएँ, हमारे आश्रमों का उद्धार करें।''

मनुपुत्र राजा करुष ने भी यही भावनाएँ व्यक्त कीं और माहिष्मती के युद्ध में राम के प्रति प्रतिबद्धताएँ दुहराईं किंतु विनती की कि उनकी शिक्षा-व्यवस्था सुधारी जाए। राम ने कृतज्ञता व्यक्त की और घोषणा की—

''राजन्! मैं सारस्वत-क्षेत्र के आश्रमों के पुनः व्यवस्थित हो जाने पर इधर के आश्रमों में शिक्षित-दीक्षित आचार्यों और ऋषियों को प्रशिक्षण के लिए भेजूँगा और ज्येष्ठ-वरिष्ठ ऋषि और आचार्य आर्यों के इस क्षेत्र में आते-जाते रहेंगे···राजन्, हमारी तो प्रतिज्ञा ही है, कृण्वन्तो विश्वमार्यम्,···समूचे विश्व को आर्य अर्थात् श्रेष्ठ मानव बनाओ और हम यह करेंगे···युद्ध होता रहेगा किंतु आर्य संतान को आर्य संस्कार में न ढाला गया तो वे बर्बर हो जाएँगे और मैं स्वयं युद्ध के पश्चात् संपूर्ण जम्बूद्वीप में विशेषकर अविस्थान, सप्तसिंधु से लेकर धुर दक्षिण तक और पूर्व में, उत्तर में सर्वत्र आश्रमों की उन्नति के लिए भ्रमण करूँगा, यही तप है, यही धर्म है···आप निश्चिंत हों।''

राजा कृतज्ञ हुए, बोले—

''महाराज परशुराम, अब युद्ध के विषय में कुछ विवरण हो जाए···हमें क्या करना है···हम जो कर सकते हैं वह यह है···हममें राजा अक्षोभ करुष ज्येष्ठ हैं, वह बताएँगे।''

राजा अक्षोभ बोले—''ऋषियो! हमने युयुत्स भार्गव से दीर्घवार्त्ता की है···हम तीनों मिलकर साठ-सत्तर सहस्र अश्व सेना लेकर माहिष्मती में उस नीच राक्षस अर्जुन को खड्ग का पानी पिलाएँगे, और हम क्या कर सकते हैं, यह बताया जाए।''

राम ने कहा—''आप यहाँ जो-जो हमारा समर्थन कर सकते हैं, उनको अनुकूल करें, अधिकस्य अधिकम् फलम्! अविस्थान में मनुपुत्र सुद्युम्न के पुत्र प्रश्घ्र मानव हैं···सुना है कि आपसे वे वैर रखते हैं। आप वैर-वैमनस्य अब भूल जाएँ क्योंकि यह संकट समग्र मानव सभ्यता पर है···कार्त्तवीर्य अर्जुन का लक्ष्य मानवता का, आर्यता का विनाश है। वह ज्ञान, तपस्या, विद्या, सभ्यता, शिष्टता और संस्कृति का शत्रु है अतएव वृहत्तर प्रयोजन के लिए आर्य एकता आवश्यक है···यहाँ से वाल्हीक, उत्तरकुरु और कश्यपसागर तक आर्यगणों के निवास हैं···आर्य संस्कृति का केंद्र सप्तसिंधु हो जाने पर वे हमें भूल रहे हैं···आप जहाँ तक आपका वश चले, वहाँ तक आर्यगणों को प्रेरित करें···आपकी अनुपस्थिति के कारण आप देख ही रहे हैं कि अर्जुन कार्त्तवीर्य ने सरस्वती नदी तक की आश्रम-व्यवस्था को नष्ट कर दिया, आश्रम जल गए और ऋषि, मुनि प्राणरक्षा के लिए भटक रहे हैं। इस कारण आप पर विशेष दायित्व है और आप भी मनुपुत्र हैं।''

गिरिवज्र धृष्ट अपने बाँके अंदाज़ में बोला—

''महर्षि राम, इधर जर्भरि-तुर्फरि-फर्फरी कबीले अधिक हैं जो यह समझते नहीं

है···उन्हें यदि माहिष्मती की लूट का आश्वासन मिल जाए तो वे अनार्य भाषाभाषी, व्यूहबद्ध हो जाएँगे। वे महाभयानक लड़ाके हैं, यह तो आपको तुर्वसों के साथ आए दस्युओं के आक्रमण, अपहरण कांड में ही ज्ञात हो गया होगा···आप यह हम पर छोड़ें किंतु हमारा प्रभाव सीमित है···आप विश्वविख्यात हैं, आपको कौन नहीं जानता···आप महागांधार के महाराज मांधाता के पौत्र-प्रपौत्र हैं···वह उत्तरकुरु वाल्हीक से लेकर कश्यप मुनि के सागर तक के आर्यों-अनार्यों को एक करा देंगे···अविस्थान, शाकद्वीप और उत्तरकुरु के टिड्डीदल के आगे नर्मदा के तट ढह जाएँगे, और माहिष्मती में एक भी अर्जुन का समर्थक बिना लुटे-पिटे नहीं बचेगा···हमारी भूल यह थी कि हम अपने पहाड़ों, घाटियों और कबीलों में ही रम गए··· हम यदि अपने बालकों को सप्तसिंधु शिक्षा के लिए भेजते रहते तो वहाँ संपर्क बना रहता···अब इस भूल का मार्जन होगा और समस्त जम्बूद्वीप एक हो जाएगा···अब आप महागांधार को पधारें और यहाँ का कार्य हम पर छोड़ दें।''

राम बोले—''युयुत्स! यह तुम्हारा दायित्व है कि तुम अपने पिता राजा तिरिंदर को प्रेरित करो कि वह महान् मनुपुत्र, राजा धृष्ट, करुष और प्रांशु वंश के नृप श्रेष्ठों को स्मरण कराते रहें···मैं कश्यप प्रजापति के देश से लौटता हुआ युद्ध में प्रस्थान की तिथि सुनिश्चित करूँगा।''

''यही शुभ है, मान्य है, शिरोधार्य है।''

''तो राजन् अब संध्याकाल हो गया है। आप नित्यकर्म से मुक्त हो लें और हमारे शिविर में रूखा-सूखा खाकर विश्राम करें। कल हम गांधार को चलेंगे और आप अपने-अपने राज्यों को लौट जाएँ।''

''महाराज, हम निश्चय ही आपका प्रसाद ग्रहण कर पवित्र होंगे किंतु आप महायात्रा पर हैं। हम कुछ मेवा, फल, खाद्य पदार्थ लाए हैं, उन्हें आप स्वीकार कर कृतार्थ करें···मार्ग में आप सब उन्हें प्रयुक्त करेंगे, यह सोचकर हम धन्य हो जाएँगे।''

''तथास्तु।''

राम की जय-जयकार हुई, सब संध्याकार्य के लिए उठ गए।

रात्रि में राम कुभा के अपने प्रिय स्थान पर ध्यानधारणा के लिए बैठे। पहाड़ियों से आती हुई तुषार से अवशीतित हवा हड्डियों को कँपा देने वाली थी। निशा काले रंग की बनी किसी चित्राकृति के सदृश प्रतीत हुई जो जीवित सत्ता की तरह श्वास ले रही थी। कुभा नदी में जलपक्षियों के स्वर यह आभास देते कि राम अकेले नहीं हैं, पर्वत, जलप्रवाह, आकाश, पृथिवा साक्षी के सदृश अपनी दृष्टि राम पर केंद्रित किए हुए हैं और वे सचेत हैं कि वह क्या कर रहे हैं। राम ने इसके सिवा काल की भी उपस्थिति का अनुभव किया जैसे समय की सरक उन्हें यह समझा रही हो कि वह है और वह उन्हें परख रही है···राम ने कुंभक प्राणायाम से फेफड़ों में हवा भरी और उसे भीतर ही रोककर वे चेतना को टिटकार कर, अपने

आसपास के आर-पार जाने लगे···अंततः वह शून्य में अपने करकते चैतन्य को समोने में सफल हो गए और वहाँ अमूर्तता में मूर्त जगत् की प्रतिच्छायाएँ देखने लगे···जो यथार्थ है, वह प्रतिबिंबित तो नहीं हो रहा था पर वह प्रतिच्छायित अवश्य हो रहा था। यों वे साए गूँगे थे, बहरे भी थे···राम ने रेचक प्राणायाम से श्वास छोड़ी और सोचा कि निर्विकल्प समाधि असंभव हो रही है। ऐसा लग रहा है, कोई रोचक समाचार इसी ओर को आ रहा है।

तभी रुरु भार्गव प्रकट हुए। राम ने उन्हें आदर वे साथ अपनी शिला पर ही बैठा लिया और उनकी ओर देखा। रुरु किसी आनंदमय विस्मय से विस्मित थे—

''राम! एक अद्भुत घटना घटी है···आप उच्च मनोदशा में रहते हैं, सो, आत्मगौरव से भर उठेंगे। आप जानते हैं कि क्या हुआ?''

''क्या हुआ?''

''हाय राम! आर्य परंपरा ने एक बार पुनः अपने को महान् सिद्ध किया···राजा अर्जुन का घाव सड़ने लगा था। उसकी मृत्यु निश्चित थी। राक्षसों का जादू असफल हो गया···तब आर्य वैद्यों की परीक्षा लेने के लिए उसने विश्वामित्र आश्रम के मुख्य चिकित्सक को बुलवाया। ऋषि से वह अनुमति लेने गया। ऋषि ने कहा कि भारतीय वैद्य शत्रु-मित्र नहीं देखते। वह बुलाने पर सबका उपचार करते हैं···चिकित्सक तो प्राणदाता अश्विनीकुमार के अवतार होते हैं।''

वैद्यराज ने पूछा—''किंतु भगवन्, वह तो अनार्य नरपशु है, वह जी गया तो पुनः विनाश करेगा।''

विश्वामित्र बोले—''वह उसका जो क्रूर कर्म है, वही उसका शत्रु है···वह अपना कार्य कर रहा है, आप अपना कर्तव्य पूरा करिए···आर्य ऋषि किसी रोगग्रस्त व्यक्ति को शत्रु नहीं मानते, भले ही वह स्वस्थ होकर उसका वध कर दे···आप जाकर उपचार करें। यदि अर्जुन बच गया तो परशुराम उसका काल है, उसकी कोई चिंता नहीं है···पधारिए।''

चिकित्सक चकित था और उसने वहाँ राजा के शिविर में जाकर ओषधि दी, आवश्यक शल्य-क्रिया की और वह राजा स्वस्थ होने लगा। दूसरा आदर्श यह देखने को मिला कि जब राजा ने वैद्यजी को दक्षिणा देनी चाही तो उसने अस्वीकार कर दिया, कहा—

''आर्यमर्यादा यह है कि आपने आर्तपुकार की है। दूसरे, आपने जो किया है, उसके बाद पात्रता के नष्ट हो जाने से हम आपकी दक्षिणा नहीं ले सकते···हम समदर्शी हैं परंतु पात्रता का विचार अवश्य करते हैं···आप जब सत्पात्र बन जाएँ तब माहिष्मती से मेरी दक्षिणा भिजवा दें।''

राम आर्य-आदर्शों की यह कथा सुनकर अभिभूत हो गए, बोले—

''रुरु, यही आर्यों की श्रेष्ठता है—स्यात् अब अर्जुन को सद्बुद्धि मिल जाए।''

''उसकी क्षण-भर को सन्मति जाग भले ही जाए परंतु उसकी मनुष्यता सड़ चुकी है···उसे नष्ट करना ही होगा।''

''तथास्तु'' कहकर राम पुन: ध्यान में चले गए और रुरु शिविर में गया।

25

रुरु की रखवाली में युयुत्स के मार्गदर्शन में रामादल महागांधार की यात्रा पर चल पड़ा। मार्ग कठिन था, चढ़ाई, उतार, पत्थर, घाटियाँ, वन्य-पशु और शीत की ठिठुरन का सामना करते हुए अंतत: सकुशल सब महागांधार पहुँच गए। रास्ते में दस्युओं के छुट-पुट आक्रमण भी हुए किंतु कोई हानि नहीं हुई। राम के बाणों से आततायी भाग छूटे और रात्रियों में तो किसी ने साहस ही नहीं किया क्योंकि राम के प्रकाशवर्षी बाणों का आतंक छा गया था।

महागांधार में सूचना मिलते ही वयस्क किंतु अभी भी वाराह से दृढ़ अंग और शक्ति से संपन्न चक्रवर्ती मांधाता अपनी प्रिय रेणुका के पुत्र की अगवानी के लिए स्वयं पधारे और दल-बलसहित परशुराम मांधाता के राजप्रासाद पहुँचे ।

रामादल ने, राम और रुरु ने इतना विशाल भवन कहीं नहीं देखा था। उस राजमहल में एक हजार द्वार थे और इतने ही स्तम्भ थे[1]। खंभों, छतों, दीवारों पर सुनहली कलम के चित्र थे जिनमें बेल-बूटों, पशुपक्षियों, आदि ऋषियों और इन्द्र, यम, वरुण, सविता, अश्विनीकुमार, रुद्र, मरुद्‌गण, अग्नि आदि देवताओं के आकार थे···महल के अलिंद, प्राङ्गण और कक्षों के फर्श, स्फटिक पत्थरों के थे जिनके मध्य अन्य रंगीन प्रस्तरों के टुकड़े जड़कर मनोहर बनाया गया था। विराट् राजदरबार में सात हाथ ऊँचा चक्रवर्ती का स्वर्णिम सिंहासन था, जिसमें नवरत्नों की जड़ावट से उस पर नेत्र नहीं ठहरते थे और चौंध उत्पन्न होती थी। दाएँ-बाएँ दोनों ओर आसनों की पंक्ति थी और बीच में तमाम जगह छोड़ी गई थी जहाँ जनसाधारण बैठ सकें। ऊनी कालीनों और गलीचों को एक कोने से दूसरे कोने तक बिछाया गया था।

सभी कक्षों में सजावटों और सुविधाओं का पूरा सरंजाम था। पर्यङ्कों पर आरामदेह गद्दों के ऊपर रेशमी चद्दरे थे, कलाबत्तू से कढ़े हुए तकिए, द्वारों पर परदे···राजप्रासाद के ऊपर एक ऊँचे लौह स्तंभ पर इक्ष्वाकुवंश का ध्वज फहरा रहा था जिस पर सूर्यदेव की सुनहली प्रतिमा अंकित थी । राज्यभोजनशाला प्रलंब थी और राजा के गोपनीय विशिष्ट परामर्श के लिए प्रशस्त कक्ष (दीवाने-खास) था। प्रासाद के चारों कोनों पर ऊँचे स्तंभ (बुर्ज) थे जिनमें धनुर्धारी सैनिकों के बैठने की व्यवस्था थी और वह राजप्रासाद जिस लंबे-चौड़े दुर्ग में था उसकी भित्तियाँ इतनी

1. सप्तम मंडल, सूक्त संख्या -88

चौड़ी थीं कि उन पर अश्वारोही आराम से चल सकते थे। कोणों पर तथा मध्य-मध्य शतघ्नी की पंक्तियाँ थीं, जिनकी नालें गोले बरसाने के लिए सदा उत्सुक प्रतीत होती थीं···वहाँ गोला-बारूद का ढेर था और सतर्क उन यंत्रों के संचालक रात-दिन डटे रहते थे। अग्निचूर्ण से ठँसी भुशुंडियों को लिए सैनिकगण दुर्ग की दीवारों पर सन्नद्ध थे। दुर्ग और प्रासाद के रक्षण के लिए सहस्रों सैनिक पग-पग पर खड़े थे और दुर्ग के बाहर प्रशस्त प्राङ्गण में सहस्रों सैनिकों के दल युद्धाभ्यास या कवायद कर रहे थे। उसी मैदान में चाँदमारी का क्षेत्र था जो एक ओर कोसों तक फैला हुआ था। वहाँ धनुष संधान, खड्ग-अभ्यास, मल्लविद्या, कुंत-क्षेपण या भाले चलाने के स्थल थे···वहाँ दिन-रात अभ्यास चलता था और लगातार कोलाहल और धरपटक जारी रहती थी।

चक्रवर्ती मांधाता ने महल के अंत:पुर में सखियों को भेजा और रामादल को सेना के साथ ठहराकर नायकों को पृथक् कक्ष दिए तथा रुरु और राम को विशिष्ट स्थानों पर टिकाया गया।

राम नित्यकर्म, हवन-पूजा के बाद, दोपहर को भोजनोपरांत, महीनों में प्रथम बार चिंतारहित निद्रा का सुख लेने लगे। सबने यही किया। थकावट दूर कर तथा अपराह्ल गरम पानी से पुनः स्नान कर राम सखियों सहित रुरु भार्गव को आगे कर महारानी माता के दर्शन को गए। वहाँ विधिवत् स्वागत के बाद महारानी बिंदुमती गांधारी ने राम को पास बैठाकर उनका सिर सूँघा। राम के विपुल वज्रशरीर पर ममता से हाथ फेरा, लाड़-दुलार किया और पूछा—

"राम, तू हमारी सुधन्वा इक्ष्वाकु की पुत्री रेणुका का सर्वाधिक प्रिय पुत्र है···रोहित और सुधन्वा तो हिमाचल-क्षेत्र में राज्य बनाकर रहने लगे और हमें भूल गए···किंतु तू प्रतापी है, यहाँ तक चला आया···अब तू यहीं रहना···मैं तेरा विवाह करूँगी और तुझे चक्रवर्ती का आधा राज्य दिलाऊँगी···हाँ, और तू यह तो बता कि तूने रेणुका पर यह भीषण फरसा चलाया और उसे मार डाला था?"

बिंदुमती चैत्ररथी महारानी की ममता और सरलता पर राम गद्‌गद हुए। विनोद उभरा, कहा—

"महामाता···आप तो मेरी महारानी हैं···मेरे नाना सुधन्वा की भी पितृव्या हैं सो मेरी नानी की सास हैं आप···मेरी बड़ी नानी—अब आप ही बताइए, क्या मैं अनार्य हूँ जो अपनी जननी का वध कर देता?···वह तो एक नाटक था। मेरी जननी इक्ष्वाकु राजकुमारी हैं···ऋषियों का कर्कश जीवन उन्हें उबाता था सो वह भ्रमण किया करती थीं। पिता उनकी व्यसनप्रियता से चिढ़ गए। उनके वध का अनुचित आदेश दे डाला। तब मैंने माता पर हल्का प्रहार कर उन्हें कुछ घायल कर दिया। पिता प्रसन्न हो गए और स्वयं उन्हीं ने माता को पूर्ववत् कर दिया···बस, इतनी सी बात थी।"

"तो भी तूने यह भयंकर परशु तो चला ही दिया न?"

सब हँसने लगे। राम ने कहा—

''बड़ी नानी माँ, यदि मैं ऐसा न करता तो क्रोधाविष्ट पिता या तो पागल हो जाते या सबको छोड़कर चले जाते···उन्होंने मेरे भाइयों को श्राप देकर पत्थर बना ही दिया था···।''

''जमदग्नि ऐसे तो नहीं थे···ये ऋषि लोग कुछ सिरफिरे तो होते ही हैं···रात-दिन अकेले में तप करते रहते हैं, सो उनके माथे पर गर्मी चढ़ जाती है···तुम भी ऋषि हो गए। राम, मैं तेरा विवाह करूँगी···तुम यह जटाजूट उतारो और राज्य करो! मैं शशबिंदु चक्रवर्ती की बहिन और चक्रवर्ती की पत्नी हूँ!''

ठहाका लगा। रानी आनंदित हो गईं। रुरु भार्गव बोला—

''महामाता! मैं रुरु भार्गव हूँ, ऋषि ऋचीक के भाई महाअथर्वण अघोर मुनि का शिष्य···मेरा प्रणाम स्वीकार करें और बताएँ कि माता रेणुका के साथ भृगुपति जमदग्नि ने जो व्यवहार किया, उसके बाद कोई इक्ष्वाकु कुमारी किसी भार्गव का पाणिग्रहण करेगी?''

''क्यों नहीं करेगी? क्या सब भार्गव जमदग्नि की तरह ही होते हैं···इसे देखो, मेरे राम को···यह तो देवता-सा लगता है। भला इससे अच्छा दूल्हा कहाँ मिलेगा? क्यों राम, विवाह करेगा?''

''माँ, मेरा विवाह तो हो चुका!''

''क्या, क्या कहा? तू मुझे बुद्धू समझता है···मेरे भेदियों ने तो कहा है कि तू अविवाहित है, अखंड ब्रह्मचारी, क्यों री कन्याओ, तुम लोग बताओ, सत्य क्या है?''

मणिप्रभा बोली—''सत्य तो राम ही जानते हैं, यह उनका ही रहस्य है, वह जानें।''

रानी बिंदुमती ने कहा—''इसका अर्थ है कि तुम लोग भी राम से असंतुष्ट हो, हो न? यह राम भी पगला ही निकला, ऐसी सुंदर कन्याएँ···मैं राम के स्थान पर होती तो इन सबसे विवाह कर लेती!''

आनंद से छलकते ऊँचे अट्टहास से महल गूँज गया।

कन्याओं का परिचय दिया गया। रानी प्रभावित हुईं। मणिप्रभा ने कहा—

''महामाता! हम तो यह चाहती थीं, पर राम मानते ही नहीं···कहते हैं कि उनका विवाह तो उनके परशु के साथ, उनके धनुष के साथ हो गया है···वह कठोर हो गए हैं नानीजी।''

''अच्छा, यह बात है किंतु तुम लोग इस कर्कश, युद्धप्रिय राम को छोड़कर अन्य किसी से विवाह क्यों नहीं कर लेतीं···यह है तो आकर्षक, देवशरीरी पर इसकी भृकुटि सदा चढ़ी रहती है···तुम डरतीं नहीं इससे?''

सखियाँ हर्ष में हहराईं। पुनः बोलीं—''माता! यह जो राम हैं न, पूर्णतः पगला गए हैं, अपनी धुन और ध्वंस में रहते हैं, किसी की सुनते ही नहीं।''

रानी चहकीं—''क्यों रे राम, तू सुन रहा है न? उत्तर दे।''

राम विहँसे पर मौन रहे। तब रानी ने सखियों को उपाय बताया—

"ऋग्वेद में एक अगस्त्य लोपामुद्रा सूक्त है। वह इस राम को सुनाना, इसकी मति बदल जाएगी...वह सिद्धमंत्र है। उसका प्रयोग कर कई युगलों के विवाह हुए हैं...ऋग्वेद के प्रथम मंडल का वह एक सौ उन्नासीवाँ सूक्त है उसे खोजकर इसे सुनाओ और वर पा जाओ!"

महारानी के ज्ञान पर सबको आश्चर्य हुआ। चंद्रकलावती बोली—

"माताजी, राम तो स्वयं वेद रचते हैं। इन पर किसी सूक्त या मंत्र का प्रभाव नहीं होता...आप तो वेद से भी अधिक मान्य हैं...राम, आपके आदेश की अवज्ञा नहीं कर सकते।"

"अरे, इस राम ने अपनी जननी पर हाथ उठाया। यह नानियों की क्या परवाह करेगा...? इसे तो चक्रवर्ती ही आदेश देंगे...उनके सामने तो इसकी घिग्घी बँध जाएगी...मैं उनसे कहूँगी।"

सब हास्य में लहराते हुए रानी से विदा हुए। रानी माँ ने उन सबको जमकर खिलाया-पिलाया।

रात्रि के भोजन के पश्चात् राजा के विशिष्ट परामर्श-कक्ष में सभा जुड़ी। चक्रवर्ती ने राम को अपने पास बिठाया। चक्रवर्ती को राम ने संक्षेप में घटित समाचार दिया। राजा गंभीर हो गया। उन्होंने महासेनापति पर्जन्य गांधार तथा कुलगुरु अकथ्य को आदेश दिया कि आप दोनों परशुराम को साथ लेकर वाल्हीक देश जाओ और एक बड़ी सेना साथ ले जाओ। वहाँ उत्तरकुरु कश्यपसागर-क्षेत्र परशुदेश के उशना वंशी भार्गव, मरीचि, भृगु, अंगिरा, पुलस्त्य, पुलह, क्रतु, दक्ष, अत्रि और वसिष्ठ ऋषियों के वंशजों तथा अन्य अनुकूल आर्यगणों एवं अनार्यों में हमारे अनुगामी पख्तों, जर्भरि-तुर्फरि बोलने वाले अन्य कबीलों के प्रमुखों को वाल्हीक बुला लो और माहिष्मती के महायुद्ध में उन्हें सम्मिलित होने की प्रेरणा दो। राम का नाम समस्त जम्बूद्वीप में पहुँच गया है अतएव राम के संबोधन और सम्मोहन से वे सब इस महासंग्राम में भाग लेंगे। उन्हें यश और गौरव प्राप्त करने का ऐसा अवसर कब मिलगा? उनको कहें कि यहाँ लूटमार और छोटे-मोटे युद्धों को स्थगित कर वे महान् लक्ष्य के लिए किए जा रहे धर्म-युद्ध की तैयारी करें और अपना जीवन सफल बनाएँ... युगों तक उनकी कीर्ति गूँजती रहेगी। और यह कि हमारी अर्धसेना तुम्हारे नेतृत्व में माहिष्मती जाएगी...मैं यहाँ की सुरक्षा के कारण यहीं रहूँगा किंतु युवराज देवधाता गांधार तुम्हारे साथ जाएँगे। माहिष्मती जीतकर पुनः वहाँ से तुम गांगेय प्रदेश पर आधिपत्य जमाना। वहाँ मैंने इक्ष्वाकुओं का आतंक स्थापित कर दिया था। तुम्हारे साथ राजा सुधन्वा की सेना भी होगी और तब गंगा-क्षेत्र को निषादों तथा अन्य अनार्यों से मुक्त कर वहाँ राजधानियों की स्थापना करा देना।'

परशुराम संतुष्ट और प्रसन्न मन सभा से वापस हुए। रुरु भार्गव भी चक्रवर्ती मांधाता के प्रताप और प्रभाव से पुलकित था। दोपहर को भोजन के बाद राम जब

विश्राम के लिए अपने कक्ष में आए तो वहाँ पहले से ही, सखी-वृंद उपस्थित था। वे एक मधुर-षड्यंत्र में रहस्यमय मुस्कानें मार रही थीं और उनके हाथों में कुछ पत्रपुष्प थे। चारुवल्लरी के करों में एक भूर्जपत्र था, जिस पर कुछ लिखा हुआ था।

राम विश्राम के लिए काष्ठशैया पर मृगछाला बिछाकर लेट गए। तब सखियों ने उनके चरणों पर पत्र-पुष्प चढ़ाए···उनके मस्तक पर चंदन लगाया और सुगंधित इत्र छिड़का। राम समझ गए कि सखियाँ कोई-न-कोई नाटक करती ही रहती हैं। वह कौतुक देखने के लिए प्रस्तुत हो गए। वल्लरी ने लोपामुद्रा अगस्त्य सूक्त पढ़ा—

"लोपामुद्रा उवाच—अगस्त्य, अनेक वर्षों से मैं दिन-रात वृद्धावस्था न लाने वाली दवाओं से तुम्हारी सेवा करके थक गई हूँ। जरा, शरीर के सौंदर्य का नाश करता है। उस अवस्था में नर नारी के निकट कैसे जा सकता है?"

"अगस्त्य, जो प्राचीन और सत्यरक्षक ऋषि देवताओं से सत्य वचन बोलते थे, उन्होंने भी रेत का स्खलन किया है···पुरुषों को स्त्री के साथ सहवास करना चाहिए।"

"अगस्त्य,···हम सारे भोगों का उपयोग कर सकते हैं, यदि हम चाहें।"

"यद्यपि मैं तप और संयम में नियुक्त हूँ तथापि किसी कारण मुझे कामभाव हो गया है। सेवा करने वाली लोपामुद्रा पति के साथ संयुक्त हो। अधीरा स्त्री, धीर और महाभाग पुरुष का उपभोग करें।"

"हृदय में प्रीत···इस सोम से मैं आंतरिक प्रार्थना करती हूँ कि सोम मदमत्त करे। मनुष्य कामनाप्रिय होता है।"

"उग्र ऋषि अगस्त्य ने अनेक पुत्रों और बल की इच्छा करके काम और तप दोनों वरेण्य वस्तुओं का पालन किया था और इस कारण देवों का आशीर्वाद प्राप्त किया था?"[1]

अब सब सखियों ने एक साथ स्वरचित वेदमंत्र पढ़ा—

"हे राम! आप भी अगस्त्य की भाँति हम सबको एक साथ अथवा हममें से किसी एक का वरण करके देवताओं की शुभाशंसा उपलब्ध करें···वृद्धावस्था तो आपको भी वरेगी, और हम भी वृद्धाएँ हो जाएँगी···हम, लोपामुद्रा की भाँति आपकी टहल करते हुए थक गए हैं, ऊब भी रहे हैं···आपने अगस्त्य के सदृश अपना हठ नहीं छोड़ा···तो···तो देवकोप का सामना आपको करना पड़ेगा।"

"हे इंद्र, यम, अर्यमा, मैत्रावरुण, अश्विनीकुमार द्वय, हे अग्नि देव, हे द्यावापृथिवी, हे रुद्र, विष्णु, मरुद्गण, आप यदि वधिर नहीं हैं तो सुनें···आप अभी हमारे प्रिय राम को आदेश दें कि वह अगस्त्य की परंपरा को मान्यता दें।"

अब परशुराम के हँसने की बारी थी। वह प्रमुदित हुए। पुनः गंभीर होकर सखियों की व्यथा से आर्द्र होकर कहने लगे—

---

1. ऋग्वेद, प्रथम मंडल, 179 सूक्त

"तुम हमारे बल-विक्रम से आकर्षित हुई थीं और अब भी हो किंतु अब विश्वावसु ने सिद्ध कर दिया कि वह मुझ जैसा ही हो गया है। अब यह भी प्रमाणित हो गया है कि मेरे भाई रुमण्ववान्, सुषेण और वसु भी वीर और कर्त्तव्यनिष्ठ हैं···आप चार हैं, लोमा, वल्लरी, मणि और चंद्रकला···चार दूल्हे और चार दुल्हनें···हे इंद्र, हे पूषा, हे वरुण, आप मेरी प्रिय सखियों को बुद्धि प्रदान करें···वे जानबूझकर मुझे घेर रही हैं जबकि मेरे भ्राता इन्हें स्वीकार कर लेंगे···हे इंद्र···हे यम···!"

राम करताली बजा-बजाकर ठहाके लगा रहे थे और मुस्कराती हुई सखियाँ भी उस मनोरंजन में बह गई थीं। तब लोमा ने गंभीर होकर कहा—

"राम, चक्रवर्ती ने हमें यहीं रुकने का आदेश दिया है, सत है न?"

"सत्य है देवि, अब मैं विवश हूँ, चक्रवर्ती के सम्मुख तो मैं बोलने से रहा···तुम स्वयं जाकर उन्हें मना लो···जाओ, मेरे प्राण छोड़ो, मैं सोना चाहता हूँ। पधार जाओ!"

सखियाँ चक्रवर्ती मांधाता के पास गईं···वह भोजन के बाद अपने शयनकक्ष में बैठे थे और रानी उन्हें तांबूल सुपारी खिला रही थीं। उनका राजा-रानी ने स्वागत किया। प्रचंड राजा के मुख पर स्नेह की चिकनाहट आ गई। वह वात्सल्य भाव से बोले—

"बेटियो! क्या बात है। तुम्हें कुछ कहना है?"

किसी का साहस नहीं हो रहा था। वे एक-दूसरे को ठेलने लगीं कि वह कहे और वह बोली कि वह कहे। रानी हँस पड़ीं—

"अच्छा कन्याओ, तुम मेरे कान में बता दो। मैं महाराज को कह दूँगी।"

रानी के कान में वे फुसफुसाईं। रानी ने कंठ स्वच्छ किया और कहा—

"महाराज! ये लड़कियाँ राम की आराधिकाएँ हैं···इन्हें आप राम की वाल्हीक यात्रा पर जाने दें।"

राजा का स्वर कड़ा हो गया—"नहीं, यह तो भयानक है। इसमें भय है···नहीं, बेटियो, तुम यहीं खिलो, खाओ, खेलो। राम के लौटने पर उसके साथ जाना···तुम नहीं जानतीं, उधर तुम्हारी कुशल नहीं है···नहीं, नहीं···रानी, तुम इन्हें समझाओ···और अब जाओ···मैं, कुछ विश्राम करूँगा।"

बात खत्म हो गई। सखियाँ निराश होकर रानी के साथ लौट आईं।

ऋषि आंगिरस अकथ्य तो महायात्रा पर नहीं गए किंतु उन्होंने अपने पुत्र कक्षीवान् को भट्टारक पर्जन्य गांधार के साथ भेज दिया। परशुराम और मांधातापुत्र देवधाता समवयस्क थे। उनमें सहज मैत्री हो गई। देवधाता राम के साथ चलने को उत्सुक हुआ। राजापिता से आज्ञा लेने गया तो अनुमति नहीं मिली। देवधाता ने बात बनाई—

"जामदग्न्य राम अकेला जा रहा है। कुल पुरोहित अकथ्य भी नहीं जा रहे।

उनका पुत्र कक्षीवान् जा रहा है। महासेनापति पर्जन्य महावीर हैं पर यह सैन्य अभियान नहीं, कूटनैतिक और राजनैतिक कार्य है। राम का मत है कि वाल्हीक देश में, बल्ख (आधुनिक बुखारा) में आर्यगण और अनुकूल अनार्यों की सभा बुलाई जाए···वैसे बल्ख से ऊपर कल्पक नाम का एक स्थान है जो कश्यप सागर-क्षेत्र से आने वालों के लिए निकटतर पड़ेगा किंतु मेरु-मुजावत पहाड़ों के क्षेत्र, उत्तरकुरु (चीनी तुर्कस्तान) तथा परशुदेश या आर्याना (ईरान) के लोगों के लिए अपेक्षाकृत दूर पड़ेगा। वाल्हीक देश में वंक्षु और श्री नदियों के अंचल में आर्यगण अधिक हैं। उनके लिए बल्ख नगर निकट पड़ेगा। आपका अभिमत क्या है?''

''देवलोक या बल्ख या कल्पक दो ही विकल्प हैं···प्रथम दस्युओं के विरोधियों के सिरमौर त्रासदस्युओं को स्वात् नदी के क्षेत्र से बुला लो। कुभा-क्षेत्र के अपने समर्थक राजाओं को भी। फिर वे जो कहें, करना।''

''अर्थात् मैं राम के साथ चला जाऊँ···मेरे रहने से सब प्रभावित होंगे कि चक्रवर्ती ने अपना पुत्र भेजा है तो चुनौती बड़ी ही होगी···राम का आतंक और यश अवश्य है पर वह तो मेरु-उत्तरकुरु, परशु और वाल्हीक-कश्यप देशों से परिचित नहीं हैं···मुझे भेज दिया जाता···तो राम को अधिक सुविधा हो जाती।''

''तो तुम यह क्यों नहीं कहते कि तुम जाना चाहते हो···और तुम्हारे जाने के बाद शत्रु आक्रमण कर दें···वृंगदों (बिलोचिस्तान) के क्षेत्र में विकट अनार्यों का जमघट रहता है···वे और आर्ययाना (ईरान) के आर्य-अनार्य आक्रमण कर दें तब क्या होगा?''

''चक्रवर्ती उन जैसों की क्या चिंता करते हैं? फिर मेरे भाई हैं, वंशज हैं···आर्य-स्थान या अविस्थान के आर्यगण आपके अनुगामी हैं और हम गांधार पर आक्रमण होने पर क्या वाल्हीक में सभा जोड़े बैठे रहेंगे?···अपना परशुराम आपके शत्रुओं के लिए अकेला ही पर्याप्त है···वह मनुष्य योनि का लगता ही नहीं है। वह तो देव-सा है और उसके पास दिव्यास्त्र हैं···पाशुपत अस्त्र भी है···आप चिंता न करें···राम ने मेरा मन मोह लिया है···मैं उसकी सेवा करना चाहता हूँ···अंततः वह हमारी बुआ रेणुका का ही पुत्र है, हमारा भाई ही हुआ।''

चक्रवर्ती मांधाता देवधाता की राम के प्रति भावना और अनुरक्ति देखकर हँसने लगे। उन्हें देवधाता की वाणी की नम्रता, चातुर्य और दूरदर्शिता पर अभिमान हुआ, हर्ष हुआ। वह बोले—''ठीक है, तुम युवराज हो···मैं तो अब वृद्ध हो रहा हूँ, तुम्हारी जैसी इच्छा···किंतु मुझे वृद्ध समझकर और यह सुनकर कि मेरी आधी सेना वाल्हीक जा रही है, कहीं कोई सैनिक अभियान न कर दे!''

''तात! आप इसकी चिंता न करें। यदि ऐसा हुआ तो हमें उसी क्षण समाचार मिल जाएगा!''

''कैसे? वाल्हीक तो दूर है, पहाड़ी रास्ता है, मार्ग में दस्युओं का भय है।''

''यह रहस्य है पर हमें यहाँ का समाचार मिलता रहेगा।''

"वह रहस्य बताओ।"

"राम का वंशज वह जो रुरु भार्गव है न, वह सिद्ध है और उसके वश में प्रेत-पिशाच हैं। वे उसके साथ रहते हैं। वे उधर के समाचार आपको देंगे और आपके हमें···यह सत्य है।"

महाराजा मांधाता इतने उच्च स्वर में हँसे कि राजमहल के लोग चौंक गए। ऐसा ठहाका तो चक्रवर्ती कभी नहीं लगाते। उस अतिहास में युवराज की मूर्खता की ओर संकेत था पर देवधाता दृढ़ था—

"महाराज, आप मुझे अभी भी शिशु समझते हैं···मैं आज रात में प्रदर्शन करा दूँगा···आज रात्रि में रुरु भाई के पिशाच-प्रेत सारस्वत-प्रदेश से समाचार लेकर आएँगे···।"

"अच्छा।"

अब राजा विस्मित हुआ। यह तो जनश्रुतियाँ हैं, भला, भूत-प्रेत और कूटनीतिक कार्यवाहियाँ···यह तो अचरज की बातें हैं। राजा पुनः हँसने लगा।

"हाँ महाराज, आपको विश्वास नहीं होता···भूत-प्रेत नहीं होते तो विश्व-भर में लोग उन्हें क्यों मानते हैं?"

"वे मूर्ख हैं, भोले, तुम्हारी तरह, भूत तो भय के कारण उपजते हैं···अर्थात् ये जो प्रेत-पिशाच हैं, ये भयभीत व्यक्तियों को, उनकी कल्पना के कारण प्रतीत होते हैं···हमें तो वे कभी नहीं दीखे, तुम्हें कभी दिखाई पड़े क्या?"

"नहीं, किंतु प्रत्यक्ष को प्रमाण की क्या आवश्यकता है···पिताश्री, यह जो राम जामदग्न्य है···यह देव है। इसने तंत्रविद्या भी सीखी है···यह अदृश्य हो सकता है, पानी पर चल सकता है, यह उड़ता है। यह चमत्कारी है, हाँ···यह रुरु है न, इसके साथ राम ने साधना की है···आज रात्रि में हम आपको आश्वस्त कर देंगे।"

राजा नेत्र विस्फारित कर, इसे मनोरंजन समझकर विहँसते रहे। देवधाता, प्रणाम कर चला गया।

रात्रि में एक प्रहर बीत जाने पर राजा मांधाता, महल के आँगन में सपरिवार बैठे। सखियों सहित राम और रुरु विराजे। महारानी बिंदुमती अत्यंत उत्सुक थीं जैसे कोई अभूतपूर्व खेल हो रहा हो। राजा त्रसदस्यु की प्रतीक्षा की जा रही थी, राजा तिरिंदर भार्गव की भी। राजा ने सोचा, तब तक मनोरंजन ही सही···ठीक अर्धरात्रि के समय शंख और शाल्मली प्रकट हुए। वे आकाश से दो कोहरों में लिपटे हुए से थे और वे दोनों विशाल प्राङ्गण के एक कोने में जादू से प्रकट हो गए। उन्होंने नाक से बोलते हुए धरती पर झुककर सबको प्रणाम किया और वहीं से भूर्जपत्रों का एक गुच्छा राम और रुरु की ओर फेंका। राम ने उसे उठाया और राजा मांधाता को दे दिया। राजा चकित था। उसने प्रकाश का प्रबंध कराया, पढ़ा तो पता चला कि वह राम के भाई विश्वावसु के पत्र हैं, विश्वामित्र और वसिष्ठ के भी। कुछ पत्र ऐसे भी थे जो वाल्हीक देश के आश्रमों के ऋषियों को विश्वामित्र

और वसिष्ठ ने लिखे थे ताकि वे परशुराम की सहायता करें। चक्रवर्ती मांधाता को विश्वास करना पड़ा। तथापि उन्होंने कड़ककर पूछा—

''तुम कौन हो, भेदिए हो तुम लोग?''

''नहीं, हम तो भूत हैं!''

''भूत कैसे बन गए, तुम?''

शंख बोला—''महाराज, मैं शंख हूँ···यह मेरी पुत्री शाल्मली है, शाल्मली का अपहरण राजा अर्जुन ने कराया और इसका शीलहरण किया। इसने प्राण दे दिए···मैं राजा कार्त्तवीर्य अर्जुन के सैनिकों से टकरा गया, मारा गया। अकाल मृत्यु से हम भूत-प्रेत हो गए!''

''आश्चर्य है, किंतु तुम राम और रुरु के लिए यह सब क्यों कर रहे हो, भूतराज?''

''क्योंकि हम अर्जुन से प्रतिशोध ले रहे हैं।''

''तुम सरस्वती नदी तट से कब चले थे?''

''यही कोई एक मुहूर्त्त पूर्व और एक-दो मुहूर्त्त में वापस जा पहुँचेंगे!''

राजा मांधाता सिर खुजाने लगे। सबने अट्टहास किया। राजा ने पूछा—

''तुम तो बड़े उपकारी हो भूत भाई···तुम्हारा क्या आतिथ्य किया जाए?''

''कोई राजा अर्जुन का हितैषी, दुष्ट हैहय मिल जाए तो हमारा भोजन हो जाए···हम भूखे-प्यासे हैं राजन्।''

''हमारे कारागार में माहिष्मती के अर्जुन के पक्ष के कुछ बंदी हैं तो··· सेनापति अभी एक को पकड़ लाओ जो सबसे नीच हो।''

एक हैहय बंदी लाया गया। वह द्रुह्य यादवों के साथ युद्ध में पकड़ा गया था । वह थरथर काँपता हुआ आया। उसे देखते ही शंख और शाल्मली प्रसन्न हो गए। वे उस पर झपटे। वह डरकर रिरियाने लगा पर वे पिशाच उस पर टूट पड़े और उसे गिराकर वे उसके कंठ से लग गए। वह हैहय चीत्कार कर रहा था, एड़ियाँ रगड़ रहा था और अंत में वह अंतिम चीख के बाद मौन हो गया। वे पिशाच तृप्ति की डकारें लेकर प्रसन्न मन आकाश में उड़ गए। बाद में देखा गया कि वह हैहय, मर गया है। उसे हटा दिया गया और मांधाता कुछ न समझ में आने से जड़ हो गया । देवधाता बोला—

''पिताश्री, अब तो विश्वास हो गया न···ये ही पिशाच आज से आपकी सेवा में रहेंगे और हम जहाँ भी होंगे, रुरु भाई की आज्ञा से ये समाचार लाते-ले जाते रहेंगे।''

···राम ने युयुत्स भार्गव को विदा करना चाहा किंतु उसने कहा कि उसके पिता स्वयं आ रहे हैं। वह उनसे आज्ञा लेकर परशुपुर लौट जाएगा।

अंततः तिरिंदर और राजा त्रसदस्यु आए और महायात्रा में देवधाता, सेनापति पर्जन्य गांधार और कुलगुरुपुत्र ऋषि कक्षीवान् रामादल के साथ चले। मांधाता की

सेना, पर्जन्य और अन्य सेनानियों की कमान में साथ चली। सखियों को साथ नहीं ले जाया गया। वे उदास, ऊबी हुईं, निराश और हतप्रभ अश्रु बहाती रहीं। रानी और राजा सांत्वना देते रहे किंतु उनके अश्रु बहते रहे···पुनः वे सब राम को विदा कर अपने कक्षों में लौट गईं और वहाँ उच्च स्वर से रोने लगीं। फिर वे शैयाओं पर गिर पड़ीं और अचेत हो गईं।

बिंदुमती···रानी बहुत कोमल हृदय की थीं। वे घबरा गईं। राजा को बुलाया गया। राजा मांधाता ने देखा कि वे अचेत पड़ी हैं और जो किंचित् होश में आ जाती हैं तो सिसकने लगती हैं और 'राम' 'राम' की रट लगाए हुए हैं। राजा चिंतित हुए—

"रानी, इन्हें समझाओ···इन्हें राम के साथ भेजना इनकी हत्या करना है। ये नहीं जानतीं कि ये क्या कर रही हैं···मार्ग में भयंकर दस्युओं के दल हैं···ये इतनी सुंदर हैं कि इन्हें देखकर वे अपहरण करके मानेंगे···एक बार कुभा से गांधार के मार्ग में वे ऐसा कर भी चुके हैं। राम एक महान् उद्देश्य के हेतु खतरों से भरे क्षेत्रों में जा रहे हैं···हमें उनकी चिंता है···इन्हें उनके साथ भेजकर हमारा भय द्विगुणित हो जाएगा।"

"किंतु आर्यपुत्र, ये तो राम की आत्माएँ हैं, उसकी श्वास···और ये गूढ़ शक्ति की स्वामिनी भी हैं···वे प्रेत-पिशाच इनके भी अधीन हैं। ये नहीं मानीं और ये प्रेतों की सहायता से वाल्हीक देश जा पहुँचीं तो क्या होगा? इससे तो यही अच्छा था, आप इन्हें रामादल के साथ जाने देते तो इस संकट से तो बचते···ये राम की आराध्या हैं, राजा, ये रो-रोकर मर गईं तो राम के लौटने पर हम उसे कैसे मुख दिखाएँगे?"

"तथापि रानी, आप इन्हें समझाएँ, राज्य और युद्ध के काम में भावुकता नहीं चलती···हमारा दायित्व है इनके प्रति, इनकी सुरक्षा के प्रति, यह कोई बच्चों का खेल नहीं है।"

रानी ने कहा—"वह तो है आर्यपुत्र, किंतु यहाँ इनकी आत्महत्या का दोष तो हम पर ही आएगा। राम के साथ यदि इनको कुछ हुआ तो वह जानें और यह कलंक हम क्यों लें···न हो तो इन्हें आप तीव्रगति अश्वों पर भेज दीजिए···सेना तो मंथर गति से ही चलेगी···अभी दूर नहीं होगी···?"

"नहीं, यह असंभव है, राज्यधर्म के विपरीत···भला, इन्हें दस्युओं के हवाले कैसे किया जा सकता है?"

"और ये यदि स्वयं चली गईं तो?"

"तो हम क्या कर सकते हैं···स्वेच्छाचार का दायित्व इन्हीं पर होगा···मुझे यह बालहठ पसंद नहीं।"

नाराज़ राजा चला गया। सखियाँ रानी माँ से लिपट गईं और उनकी गोद में सिसकने लगीं। रानी उनका दुःख देखकर स्वयं रोने लगीं।

···प्रथम पड़ाव पर राम, रुरु, देवधाता, पर्जन्य, त्रासदस्यु, तिरिंदर भार्गव, मेधावी, वृक, मौरवी, आदि नायकों की परिषद् जुड़ी। तय पाया गया कि गृत्समद ऋषि, मैत्रेय भार्गव, स्वयं रश्मि भार्गव और उत्तरकुरु के पृथुपरशुवाही भार्गवों और वंक्षु तथा श्री नदियों के आश्रमों और राजाओं को पत्र भेजे जाएँ—सेना में तो पदाति भी हैं, पशु भी अतः पवनवेगी अश्वों से पत्रादि और मौखिक समाचार अग्रिम रूप में प्रेषित किए जाएँ···यह तो निश्चित है कि परशुराम सर्वत्र नहीं जा सकते और मार्ग अत्यंत विलंबकारी है।···मेरु पर्वत उत्तरकुरु में तो पैदल चलना भी दुष्कर है अतः यही ठीक है कि हमारे दूत, घोड़ों पर, पैदल, जैसे भी हो, हमारा आमंत्रण ले जाएँ और विश्वामित्र तथा मैत्रावरुण वसिष्ठ के पत्र भी।

राम ने कहा—''किंतु मैं उत्तरकुरु तो जाना चाहता था क्योंकि उधर पृथुपरशुवाही भार्गव है। वे अजेय हैं और वहाँ के स्थानीय यूथों-गणों की संख्या अमिट है। वे निश्चय ही हमारा पक्ष लेंगे।''

राजा त्रासदस्यु ने सुझाया—

''तब आप सर्वप्रथम वंक्षु नदी-अंचल में चलें। फिर वहाँ से शाकद्वीप का मार्ग है जो चीन, महाचीन जाता है, उत्तरकुरु होते हुए···उस मार्ग पर अश्व चल सकते हैं। थोड़े से नायकों और सैनिकों को लेकर आप उत्तरकुरु चलें, राजा तिरिंदर और हम साथ देंगे···और महाराजकुमार देवधाता तथा कुलगुरु कक्षीवान् आपके लौटने तक वंक्षु नद के आश्रमों में डटे रहेंगे।''

''तथास्तु''—राम ने कहा।

राय बन गई। रामादल रात में विश्राम करता और दिन में चलने लगा। रुरु के भूतगण समाचार लाने ले जाने लगे।

किंतु राम को लगने लगा जैसे कुछ पीछे छूट गया है या कोई पीछे खींच रहा है···वह नित्य रात्रि में जागते और ध्यान धरते किंतु बार-बार ध्यान सखियों की लीलाओं में उलझ जाता। उनके प्रीतिपगे, सुंदर मुख राम के चैतन्य में कौंधते···राम को प्रथम बार लगा कि क्या यही प्रेम होता है?···सखियों ने कितने प्रकारों से प्रेमानुरोध किए···मैं उन्हें शिशु क्रीड़ा समझता रहा···चंद्रकला की गूढ़ संकेत भरी वार्त्ताएँ याद आईं, राम को वह खंजन युगल याद आया जो चंद्रकला से संवाद के समय पथप्रदर्शन कर रहा था और मेरी तटस्थता से चंद्रकला ने स्नेह भाषण बंद ही कर दिया···वह रोती, उपालंभ भरी आँखों से मुझे देखा करती है और वह मणिप्रभा, वह कितनी गरिमामयी है, बृहत्बल राजा विदर्भ की कन्या···राजा अर्जुन उस पर आसक्त है, इतना कि शाल्मली पिशाचिनी ने उस मणिप्रभा का रूप धरकर अर्जुन को मूर्ख बना दिया किंतु वह मणिप्रभा को इतना चाहता था, तभी तो वह मूढ़ बन गया···मणिप्रभा ने मेरे लिए सब त्याग दिया और यदि मैं माहिष्मती के युद्ध में हार गया जो संभव है···युद्ध में विजय का क्या ठिकाना···युद्ध में विजय और पराजय तो संयोग पर निर्भर होती है···हार हो गई तो मणिप्रभा कहीं की नहीं

रहेगी···हाँ, यदि हम जीत गए तो उसकी बहिन दीप्तिमती कनकलता, उसका भांजा जयध्वज और वे हैहय जो हृदय से हमारे भक्त हैं, विवश होकर वे भले ही हैहयराज का साथ दे रहे हों किंतु यदि वे मन से मेरे हैं तो उनका अस्तित्व तो सुरक्षित हो जाएगा। जयध्वज भला है। वह राजा अर्जुन से आतंकित रहता है। उसकी माता कनकलता भी भद्र महिला है···मणिप्रभा चाहती है कि उसकी बहिन, भांजा और अन्य परिजन मेरे कोप से बच जाएँ···वे निश्चय ही बचेंगे···मैं कोई हत्यारा नहीं हूँ···मैं सकारण और अपरिहार्य हिंसा को ही वैदिकी हिंसा मानता हूँ···मैं, अनर्थ कैसे कर सकता हूँ किंतु क्या मणिप्रभा कूटनीतिवश मेरे साथ है? नहीं, नहीं, ऐसा सोचना भी पाप है। कूटनीतिज्ञों में इतनी भाव-तल्लीनता नहीं हो सकती···यह बात दूसरी है कि उस प्रगाढ़ भावना के तल में यह इच्छा हो कि वह मुझे अनुकूल कर माहिष्मती का राजा बना देगी और वह मेरी पट्टमहिषी बन जाएगी···मैं अपने को राजा के रूप में देखकर सिहर जाता हूँ···मुझे हँसी आती है, परशुराम और राजा का पद···नहीं, यह तो असंभव प्रत्यय है···मेरी आत्मा में तो बस एक ही काँटा है, दुष्ट अर्जुन···वह निकल जाए और सर्वत्र मानवधर्म स्थापित हो जाए तो मैं प्रायश्चित्त करना चाहूँगा···किंतु इन किशोरियों का क्या करूँ?

···और वह चारुवल्लरी है, वह वैदर्भी, वह तो कनकलता की सखी और सेविका थी···बेचारी···राजा अर्जुन उसका भी नाश करना चाहता था पर वह विदर्भ नरेश से डरता है···उसी के सहयोग से कार्त्तवीर्य को राज्य मिला था और चारुवल्लरी कनकलता की सखी है जो उसके प्रति प्रेमवश विदर्भ से चली आई थी···उसमें प्रकृति ने कूट-कूटकर मादकता भरी है···वह तो मणिप्रभा से भी अधिक मनमोहक है···वह चारुवल्लरी और लोमहर्षिणी···वह तो···अलौकिक व्यक्तित्व है···राममय राम में रमती हुई उसकी चित्तवृत्ति अन्यत्र कभी भटकती नहीं···मैं इस निमग्नता का सामना कैसे करूँ?···कितना समझाया कि मेरे भाइयों से वे विवाह कर लें मेरी उधर प्रवृत्ति ही नहीं है···मैं सहज जीवन जी नहीं सकता···वैश्विक दायित्व का भार मुझ पर है···मैं तो यज्ञानल हूँ···मुझमें जो पड़ेगा, भस्म हो जाएगा···ये लहलहाती लताएँ भी मेरे संन्यास लेते ही मुरझा जाएँगी···कर्तव्य के आगे कोमलता सदा कुंठित हुई है···यह अनिवार्य है···मैं प्रकृति के इस नियम का, इस ऋत् का, इस सत्य का अपलाप कैसे करूँ?

···जो महान् विषय हैं, प्रश्न हैं, चिन्ताएँ हैं···वे मुझे माध्यम बनाकर अपना समाधान चाहती हैं···मुझे अपने और अपनों के प्रति कठोर होना ही पड़ेगा···राम के चेतना-प्रवाह में अचानक वे चारों मुखड़े कौंधे···राम ने उन्हें मांधाता के महल में रोते-बिसूरते पाया। राम दु:खी हो गए···चक्रवर्ती पर सखियों की रक्षा का भार है और वह विस्मयजनक पराक्रम करके चक्रवर्ती बन पाए हैं। आर्यस्थान या अविस्थान से पारसदेश या आर्याना तक और पुरुषपुर-पुष्करावती से कश्यप सागर तक उनकी धाक है। उन्होंने गांगेय प्रदेश तक सैनिक अभियान किए हैं, और

विजय पाई है। वह आर्य धर्म के रक्षक हैं, महामानव हैं···प्रजा उनको श्रद्धेय मानती हैं···वह प्रजापालक है···ऐसा व्यक्तित्व मोह-ममता में आकर सखियों को मेरे साथ भेजकर महाभय का खतरा कैसे उठा सकता था···मैं चाहता तो भी वह अस्वीकार कर देते···और यही कर्तव्य भी है किंतु सखियाँ वहाँ रो रही हैं···वे अन्न-जल छोड़ चुकी हैं और उनका मेरे बिना रहना असंभव-सा ही है···कहीं वे अतिसाहस कर इधर को प्रस्थान न कर दें किंतु यह सोचना भी दुष्कर है···हे देवताओ, कोई मार्ग बताओ···रुरु भाई से परामर्श किया जाए?

राम की चित्तधारा भंग हो गई···उन्हें विचित्र व्याकुलता हो रही थी। शायद इसी को प्रेम कहते हैं। विरह में यह व्यथित करता है परंतु मुझमें सखियों जैसा समर्पण का भाव ही नहीं है। बस, एक आत्मीयता है, एक वात्सल्य है किंतु मैं विश्व-भर के उत्तरदायित्व से बँध गया हूँ···सखियों का एक पक्षीय प्रेम कहीं जानलेवा न हो जाए···।

राम ने रुरु भार्गव पर ध्यान केंद्रित किया। वह अंतःप्रेरणा से खिंचकर स्वतः वहाँ आ गए। राम ने प्रसन्नता व्यक्त की।

''राम! क्या बात है···आपके मुख पर विषाद, आश्चर्य!''

''भ्राता रुरु! सखियों के रोते हुए बिंब मेरा ध्यान भंग कर रहे हैं। राजा ने उन्हें भेजा नहीं···यात्रा में भय तो है ही···किंतु प्राणभय वहाँ भी है···वे वहाँ अन्न-जल छोड़कर रो रही हैं, क्या किया जाए?''

''आप उनकी चिंता छोड़ दें, मैं प्रबंध करता हूँ।''

''क्या व्यवस्था करेंगे?''

''अभी तो नहीं कह सकता, सोचकर बताऊँगा।''

''नहीं, आप सब सोच चुके हैं, बताइए न, क्या करेंगे?''

रुरु हँसने लगा किंतु उसने बताया नहीं। वह अचानक उठा और बिना अनुमति लिये धृष्टता के साथ चला गया। राम चकित रह गए। राम ने सोचा, यह प्रेमाधिकार कितना अशिष्ट बना देता है अपनों को परंतु वह क्या कर सकते थे, निःश्वास छोड़कर चुप रह गए और ध्यान की दूसरी दिशा पकड़ने लगे। मन चक्कर खाने लगा। वह बलात् उसे शून्य में सताते रहे किंतु जैसे ही मन एकाग्र होता, सखियों के बिंब आने लगते। तब राम इस विचित्र स्थिति पर अचानक हँसने लगे। रुरु जब लौटा तो उसने अंधकार में राम को हँसता हुआ पाया। रुरु विस्मत हुआ, बोला—

''राम! क्या विक्षिप्त हो रहे हो? या विक्षिप्त होना ही आपकी सहृदयता का प्रमाण है किंतु हमने आपकी समस्या का समाधान कर दिया है। अब आप समाधि लगा जाइए।''

''क्या, क्या कहा? समस्या का समाधान हो गया?''

''हाँ, हो गया!''

''कैसे हुआ, क्या हुआ, कब हुआ?...सखियाँ अब रो नहीं रही हैं?''

''वे तो हँस-हँसकर आनंद के अश्रु बहा रही हैं और गीत गा रही हैं।''

''अरे, यह आप क्या कह रहे हैं?''

रुरु बोले, ''अरे, राम आप सर्वज्ञ तो हैं पर आप त्रियाचरित्र नहीं जानते... आपमें केवल करुणा है, आत्मीयता...प्रेमरस के रहस्य, वही जान सकता है जो स्वयं प्रेम करता है...अब आप निश्चिंत हो जाइए, आप कुछ समय के लिए मुक्त हो गए!''

''यह क्या बात हुई? सर्वदा के लिए हम अभी भी मुक्त नहीं हुए?''

''नहीं, अस्थायी मुक्ति तो भोगिए और स्थायित्व का विषय तो कालाधीन है!''

''देवताओं का क्या आदेश है, यही पता नहीं चलता...जैसे वे भी मेरे विरुद्ध षड्यंत्र में सम्मिलित हों...देवता विषादी नहीं, विनोदी होते हैं किंतु रुरु भाई, अब तुम भी मेरे साथ विनोद कर रहे हो।''

रुरु ने अट्टहास किया, कहा—

''सखियों ने जब रुदन और अनशन से उत्पात मचाया तो राजा मांधाता पहले तो रुष्ट हुए, पुनः पिघल गए। पूछा कि वे चाहती क्या हैं? उन्हें बताया गया कि वे राम से विवाह करना चाहती हैं। राजा ने वचन दे दिया कि यदि वे राम के लौटने की सानंद प्रतीक्षा करें तो राम से उनका विवाह वह बलात् करा देंगे...राम का यह साहस कि उसने इन देवियों को पागल बना दिया और अब वह संन्यास की बातें करता है...मैं उसे बँधवाकर फेरे डलवा दूँगा...उसे लौटने तो दो।''

और तब राम स्तब्ध हो गए और रुरु हँसते-हँसते पागल हो गया।

26

पदाति सेना और माल-सामान के खच्चरों-टट्टुओं के कारण, अश्वसेना तो आगे बढ़ जाती और जब भारवाहक पशु रक्षकों के साथ-साथ आ लगते तो पुनः अश्वसेना तीव्रगति से आगे बढ़ जाती। महागांधार से वंक्षु नदी दूर है और आर्य स्थान या अविस्थान के राज्य, वंक्षु नदी के पूर्व ही समाप्त हो जाते हैं...वाल्हीक देवलोक है—वहाँ सरस्वती और दृषत्वती के सदृश वंक्षु और श्री नदियों पर आश्रम हैं और शाकद्वीप (शकस्तान) अनेक राज्यों में बँटा हुआ है। राम ने देवधाता मांधाता से पूछा कि उसने राजा से अनुमति माँगते समय चक्रवर्ती ने गांधार पर आक्रमण की आशंका जताई थी। युवराज बोला—

''राम, बल या वृंगद (बिल्लोची, बिलोचिस्तान) यूथ और मौलेय गण यदि

आपस में न लड़ते रहते तो वे मिलकर सब आर्यों को परास्त कर देते···वे बहुत विकट हैं।''

राम ने पूछा—''ये मौलेय क्यों कहलाते हैं?''

''वे अपने को मूल यूथ या गण कहते हैं···वे कहते हैं कि पूर्वकाल में उन्हीं का समूचे जम्बू द्वीप पर राज्य था, इस कारण वे मौलेय कहलाते हैं···बृह्नद (बिल्लोची) भी अपने को मौलेय मानते हैं। महागांधार वहाँ (बिलोचिस्तान) से दूर नहीं है, और बृह्नदों तथा मौलेयों के गण, आर्याना में भी हैं। यदि वे मिलकर गांधार पर आक्रमण कर दें तो हमारा छत्रभंग हो सकता है।''

''अच्छा?''

''हाँ, राम, इसी कारण, चक्रवर्ती हमें रोक रहे थे।''

राम ने कहा—''किंतु चैत्ररथ यादव तो आपके संबंधी हैं न? माता बिंदुमती चैत्ररथी कहलाती हैं। उनके पिता चित्ररथ और भाई शशबिंदु भी तो चक्रवर्ती कहलाते हैं?''

''मामा शशबिंदु ने तो सप्तसिंधु की ओर राज्य स्थापित कर लिया है अतएव हमारे नाना चित्ररथ अविस्थान में ही हैं, रसा और सुस्रतु नदियों की ओर। वह वयस्क हो गए हैं, और चक्रवर्ती शशबिंदु कभी यहाँ रहते हैं, कभी सप्तसिंधु में···नाना चित्ररथ ने सर्वप्रथम सप्तसिंधु पर आक्रमण किया था और उधर राज्य भी बना लिया जिसे मामा शशबिंदु ने बहुत बढ़ा दिया।''

''और वर्णु (बन्नू) तथा बृजिस्तान (वजीराबाद) के आर्य-अनार्यगण क्या करेंगे?''

''वे हमारा साथ देंगे···वे लोग चक्रवर्ती मांधाता और चक्रवर्ती चित्ररथ दोनों के प्रजाप्रिय व्यवहार के वशीभूत हैं···हम उन अनार्यों की जीवनपद्धति में बाधा नहीं डालते। जो हमारे यज्ञों-वेदमंत्रों-आर्य मर्यादाओं और शिष्टाचारों से प्रभावित होते हैं वे हमारे आश्रमों में पढ़कर आर्य बन जाते हैं किंतु उन्हें शिक्षा का झंझट अधिक प्रिय नहीं है···वे तो स्वच्छंद और पराक्रमी जीवन पसंद करते हैं। पशु पालना, जहाँ संभव है, कृषि और फलों की खेती करना और दस्युवृत्ति करना···वे लूटने, मारने-मरने को अपना धर्म मानते हैं। वे किसी का माल यों ही नहीं लूट लेते, उन्हें मारते भी हैं। वे कहते हैं कि कष्ट उठाए बिना किसी का माल लेना अधर्म है!''

मांधाता देवधाता हँसने लगा। राम विस्मित हुए—

''अर्थात् कोई कहे कि भाई हमें मारो मत, हमारा माल ले जाओ तो वे कहेंगे कि मुफ्त में सामान लेना चोरी है···यही न?''

''यही, वे मारने का कष्ट उठाए बिना बट्टे में किसी की सामग्री, स्वर्ण, रजत आदि छीनने को अपनी आनबान के विरुद्ध मानते हैं।''

''मारने में क्या प्राण ले लेते हैं या मारपीट करके छोड़ देते हैं।''

''जैसा अवसर और मन हो।''

"यह तो विचित्र है!"—राम चकित थे।

"विचित्र हैं वे लोग···वे माहिष्मती के युद्ध में भी लूटमार के लोभ में ही चलेंगे···वे आर्य धर्म की जटिलता को नहीं समझते···वे प्रकृति पुत्र हैं···जो बली हो, वह निर्बलों से छीनकर खाए···निर्बलता को वह पाप मानते हैं···"

"देवधाता, तुम मेरुमंडल और उत्तरकुरु कभी गए हो?"

"कभी नहीं किंतु सुना है कि वहाँ देवलोक है···वंक्षु से कश्यपसागर तक और वंक्षु से उत्तर कुरु-मेरुपर्वत मंडल से पूर्व दक्षिण की ओर कश्यप देश (कश्मीर) यह सब देवलोक कहलाता है···क्योंकि, वहाँ आर्यगण अपनी संस्कृति बनाए हुए हैं यों अब सप्तसिंधु वैदिक संस्कृति का प्रधान केंद्र बन गया है तथापि मूल ऋषियों के आश्रम और आर्यगण देवलोक में बिखरे हुए हैं और उनकी शाखाएँ अब सप्तसिंधु में स्थापित हो गई हैं, वर्षों पूर्व। इसी कारण ऋग्वेद में देवलोक और पर्वतों, सरिताओं तथा ऋषियों, राजाओं के स्मरण हैं···इस दृष्टि से हम आर्यगण अपने को मौलेय आर्य कह सकते हैं। सप्तसिंधु तो हमारा ही विस्तार है या कहें, हम सप्तसिंधु के विस्तार हैं।"

"साधु देवधाता, तुम्हारी दृष्टि दूरगामी है···हम उत्तरकुरु और मेरुमंडल अवश्य चलेंगे···वहाँ मेरुमंडल में देवता हैं, वे हमें दिव्य अस्त्र-शस्त्र दे सकते हैं।"

"क्यों नहीं, वे हमारी निष्ठा से और यज्ञयाग से प्रसन्न हो जाएँगे—हम उन्हीं की तो संतान हैं···हम देवजाति के ही तो हैं।"

राम ने बताया—"एक कवि ने मेरुमंडल का रोचक वर्णन किया है···क्योंकि वह अगम्य है, अतः उस विवरण में कल्पना भी हो सकती है किंतु है मनोहर, सुनोगे?"

"क्यों नहीं, सुनाइए, अवश्य सुनाइए!"

राम ने कहा—"मेरुमंडल स्वर्ग है, वह नाकपृष्ठ ही कहलाता है, स्वर्ग···वहाँ वेद-वेदांग हैं, विद्वत्ता है, शब्दसिद्धि है···सर्व देवताओं का अधिवास वहीं है···सर्वश्रुतियाँ वहीं हैं···वहाँ वेदश्रुतियों का गायन होता है।"[1]

"किंतु राम, आज तक कोई मेरुमंडल से नहीं आया···उत्तरकुरु तो अगम्य नहीं है, उधर सार्थवाह चलते हैं किंतु मेरु का पठार तो निवास योग्य ही नहीं है। हाँ, वहाँ गिरिजनों के गण रहते हों तो आश्चर्य नहीं होगा···मुझे लगता है कि यह पुराण कथा है···राम, इधर रोमहर्षण कथावाचक बहुत हैं···शीतकाल में वे रात्रियों में पुरानी गाथाएँ सुनाते हैं जिनसे रोंगटे खड़े हो जाते हैं···रोमहर्षकों की यही वृत्ति है···लोग उन्हें दक्षिणा जी भरकर देते हैं···वे अद्वितीय अतिशय-उक्तियों के सर्जक हैं,

---

1. वायुपुराण में इस जनश्रुति को इस प्रकार कहा गया है—नाकपृष्ठं दिवं स्वर्गं, इति यैः परिपठ्यते तदेतत्सर्व देवानामं, अधिवास कृतात्मनाम, देवलोको गिरौ तस्मिन्, सर्वश्रुतिषु गीयते!

खुलकर गप्प लगाते हैं···मुझे लगता है, मेरुमंडल का वर्णन भी किसी रोमहर्षक का ही है···वर्ना उस अगम्य प्रदेश के देवगण या देवता जैसे लोग क्या वहीं कूपमंडूक की तरह पड़े रहते?''

राम बोले—''यह तो वहाँ जाकर ही कहा जा सकता है···वैसे, देवधाता, देवता वहाँ हो सकते हैं···वे एकांतप्रिय होते हैं···यह जो सृष्टि का प्रसार तुम देखते हो, यह देवमय है, पदार्थ मात्र में शक्ति का भंडार छिपा है···एक-एक कण में अनंत ऊर्जा भरी हुई है और राजकुमार देवधाता, सृष्टि की प्रक्रिया के साथ तादात्म्य कर अपरिमित शक्ति प्राप्त की जा सकती है।''

''राम, बस, यह मुझे सिखा दो, तुम्हें लोग मनुष्य नहीं मानते, देव मानते हैं···तुम्हारा भारी सिर, प्रशस्त मस्तक, आकर्ण नेत्र, जो समुद्र से गहरे हैं, मुख ऐसा जो करोड़ों में पृथक् दिखे, भृकुटि बंकिम, कपोल भरे हुए, लंबा खिंचा हुआ चेहरा, हनु (ठोड़ी) दृढ़ जैसे वज्र हो, कंधे वृषभ को भी लजाते हुए; वक्ष मेरु के पठार-सा कठोर, ऊँचा और उदर रसा और सुखतु के मैदान-सा, समतल, कटि सिंह जैसी क्षीण और जंघाएँ गजशुंड जैसी, टखने दृढ़ दंड-बैठक से कसी मांसपेशियाँ, पद प्रलंभ और सर्वाधिक प्रभावशाली तो आपकी भुजाएँ हैं···लगता है, ब्रह्मा ने सारा अयस्क गलाकर लौहसार (इस्पात) से किसी साँचे में ढालकर इन भुजाओं को बनाया हो और आश्चर्य यह है कि अस्थियों और मांसपेशियों के भार के बावजूद आप आँधी की तरह चलते हैं, जैसे मरुद्गण उड़ते हैं···राम, आपको प्रकृति ने सचमुच किसी महाप्रयोजन के लिए गढ़ा है और मुझे गौरव है कि हम सब रामकार्य में लगे हैं···शरीर तो क्षणभंगुर है। वह राम के काम में आए इससे अधिक सार्थकता और क्या होगी···?''

राम ने अट्टहास किया, कहा—

''बंधु, तुम तो स्वयं रोमहर्षण हो, सूत, कथाकार, कवि···अहा, क्या वर्णन किया है।''

दोनों विहँसे और घोड़े बढ़ाकर उन्होंने सपाटा भरा। जो देखता वह अभिभूत हो जाता। वे अश्विनीकुमार से शोभायमान हो रहे थे!

परशुराम के तिरिंदर राजा तथा त्रासदस्यु राजा संभूत अपने घोड़े फेंकते हुए राम के पास आए और उन्होंने उपालंभ दिया—

''राम! आप मांधाता देवधाता को ही सत्संग का अवसर देंगे, हमारी उपेक्षा करेंगे क्या? वैसे ठीक ही है। यह राजकुमार तो तुम्हारे नाना का पुत्र है, हम तो बस आर्य होने का अधिकार रखते हैं, क्यों?''

''अरे नहीं, राजन्, मार्ग में यह सब तो संयोगवश हो जाता है। देवधाता तुम अब सेना और सेवकों को देखो, हम अब इन पक्षधर राजाओं के संगसाथ का पुण्य अर्जित करेंगे!''

राजा गद्गद हुए। देवधाता पीछे को गया और संभूत त्रासदस्यु तथा तिरिंदर

बगल में आ गए। राम ने पूछा—''राजा संभूत, आपके पिताश्री की आयु अब क्या होगी?''

''अब तो वे वृद्ध हो रहे हैं तो भी वे दस्युओं का दमन करते हैं। मैं उनका ज्येष्ठ पुत्र संभूत युवराज हूँ और पिता ने कहा है कि राम भार्गव की सेवा कर सात पीढ़ियों को तार···राम, वे आपको अवतार मानते हैं···ब्रह्मा ने रचा और रुद्र और विष्णु ने अपना तेज आपमें स्थापित कर दिया···आप मुझे कोई आज्ञा प्रदान करें !''

राम हँसे जैसे विद्युत् का हास प्रकट हुआ हो। राम ने प्रश्न किया—

''अनुरोध यह है राजन् कि मुझे यह बताएँ; राजा तिरिंदर आपको राजा संभूत से भी अधिक अनुभव है वाल्हीक देश में पुरुरवा महाराज की राजधानी थी, वह अभी भी है क्या?''

''हाँ है, अभी भी है किंतु राजा पुरुरवा के वंशजों में कई सप्तसिंधु जाकर बस गए हैं।''

''और पुराने इक्ष्वाकुओं में?''

''राजा पुरुकुत्स के वंशज उधर अभी भी हैं। बाद में तो कुछ गांधार गए, कुछ हिमाचल प्रदेश और कुछ सप्तसिंधु में जा बसे···अभी भी राजा पुरुरवा और उर्वशी के प्रेमगीत गाए जाते हैं और उनके कुछ वंशज वहाँ हैं···वाल्हीक, राजा पुरुरवा की राजधानी थी···उधर राजा पृथु के पार्थगण हैं, पार्थिया (खुरासान) में, राजा ययाति के पूर्वज राजा नहुष के कतिपय गण आर्याना चले गए थे जो अब 'ये ओस' कहलाते हैं। उधर आर्याना में आपके गुरु चायमान के गण भी हैं।''

''क्या? क्या बतलाया आपने?''

''हाँ, ऋषि चायमान की गौरवगाथा से हम परिचित हैं···वह परशुदेश के ही थे मूलतः पर दशराज्ञ युद्ध में वीरत्व और कौशल दिखाकर वह जमदग्नि-आश्रम चले गए थे···दस राजाओं के युद्ध में सुदास के विरुद्ध जो राजा लड़े थे, उन्होंने चायमान की ही रणनीति अपनाई थी।''

''साधु, साधु···राजन् ऋषि चायमान जैसा व्यक्तित्व अब कहीं नहीं दिखता··· उनका अपना कुछ नहीं था। वह सदा दूसरों के लिए जिए···उनमें देवांश था। वह जीवित होते तो वही हमारे साथ आते···मैं उन्हीं का शिष्य हूँ।''

''हम जानते हैं···आपकी चाल तक पर उनका प्रभाव है···वह पवन की भाँति चलते थे।''

''वही चायमान-चाल मैंने उनसे सीखी है···मेरा जो है, सब उनका ही है।''

राम के नेत्रों में अश्रु छलके जैसे सिंह के नेत्रों में आँसू भर उठे हों। दोनों राजा राम का शोक देखकर सन्न रह गए। राम ने अश्रु पोंछे और कंठ स्वच्छ कर कहने लगे—

''राजन्, मैंने सुना है कि प्रजापति कश्यप के पुत्र-पौत्रादि अभी उसी ओर रहते हैं?''

"वे हैं भगवन् और अभी भी उनका आदर है···अवत्सार और संबरण काश्यप प्रजापति कश्यपगण के प्रसिद्ध प्रमुख हैं···वे संपूर्ण आर्यगणों के शिरोमणि माने जाते हैं, क्योंकि सारी सृष्टि ही कश्यप ऋषि की संतान मानी जाती है···देव, दैत्य, दानव सभी के आदि जनक कश्यप प्रजापति ही थे। इस कारण मनुपुत्रों जैसे प्रतापी न होने पर भी वह गणेश कहलाते हैं, सर्व आर्यगणों और अनार्यगणों के ईश्वर।"

राम को अचानक स्मरण हुआ कि रुद्र महादेव के एक पुत्र का नाम भी गणेश है···तो क्या गणेश देवता नहीं हैं, पर्वतों के जनगण के मात्र प्रमुख ही हैं? क्या प्रमुखों को ही तो देवता नहीं बना दिया गया? उन्होंने पूछा—

"तात, तिरिंदर···गणेश क्या एक ही हैं या प्रत्येक गण का प्रमुख गणेश कहलाता है?"

"प्रत्येक गण का प्रमुख कहीं गणेश, कहीं गणपति, कहीं गणेश्वर, कहीं गणाधिपति, कहीं गण्यमान्, कहीं गणप्रमुख, और कहीं गणाधीश्वर कहलाता है ?"

"तो रुद्रशिव के पुत्र गणेश क्यों कहलाते हैं क्या वह देवता नहीं हैं, मात्र गणपति हैं?"

"जिसमें शक्ति की चमक होती है, वह द्युति के कारण देवता कहलाता है···गणेश, पहाड़ियों के देवता हैं···उधर भूतदेश भी है, सो वे भूत-प्रेतों के भी गणेश बन गए हैं। रुद्रगणों में अनार्यगणों को सम्मिलित कर उन्हें अपना लिया गया है।"

"तब सप्तसिंधु में आर्य और अनार्यों में इतना भेद क्यों है···इधर तो पर्याप्त मेल-जोल और मिश्रण हुआ है, उधर उतना नहीं।"

"राम, बात यह है कि हम प्राचीनतर आर्य हैं···हम अनार्यों में बिना घुले-मिले, अपना काम नहीं चला सकते अतएव हमने जनजातियों का आदर करना सीखा और यदि आप जिन्हें अपना बनाना चाहते हैं, उनके देवी-देवताओं को मान्यता दे दें तो वे आपको मान्यता दे देंगे···इसी कारण वृङ्गदों की जो देवी थी, उसे आर्यगण पूजने लगे हैं।"

राम बोले—"वृङ्गदों (बिल्लोचियों) के देश में 'ह्रींनाद' देवी है···सुनते हैं, वह आशुसिद्धिदात्री देवी है ह्रीं, श्रीं, घ्रीं···ये जो मंत्र हैं ये मूलतः शबरों या आदिवासियों के मंत्र हैं जिनका संस्कार कर आर्यों ने उन्हें संस्कृत कर लिया है···और वे ह्रींगनाद जैसी भयंकर देवी को पूज रहे हैं···इसी देवी को लोकभाषाओं में 'हिंगलाज' कहा जाने लगा है···समय मिला तो मैं भी उस आदि शक्ति के दर्शन करूँगा। वहाँ शीघ्र मंत्र सिद्ध हो जाता है···आर्य देवता और देवियाँ बहुत समय लेते हैं, स्थानीय आराध्य तुरंत प्रसन्न हो जाते हैं, नहीं?"

राजा तिरिंदर ने हामी भरी, कहा—

"राम, यह सत्य है···जनजातियों को जरा-सा पुचकार दो, प्यार-स्नेह दो,

आदर-सत्कार करो, उनकी प्रशंसा करो, उन पर विश्वास करो, उन्हें बढ़िया भोजन करा दो, मधु पिला दो तो वे प्राण निछावर कर देते हैं···वे सरल और अविकृत हैं···आर्यों में तो बहुत दर्प तथा स्वचेतना है, श्रेष्ठता की अकड़ है पर जनगण तो बच्चों की भाँति होते हैं।''

''तो आर्यस्थान के मधुमत्तों, मौलेयों और वृङ्गदों को भी अनुकूल किया जाए?''

''अवश्य और राम, आप यह भी स्मरण रखें कि यादवों में तुर्वसु, अनु, द्रुह्य, जैसे पुराने आर्यगण भी अनार्यवत् हो गए हैं···वे जनगण जैसे ही असंस्कृत, उद्दंड और दस्युवृत्तिजीवी बन गए हैं और उनमें बहुतेरे उस कार्त्तवीर्य अर्जुन के पक्षपाती हैं। क्योंकि हैहय भी यादव हैं और ये भी ययाति के पुत्रों से निकले हैं अतएव कार्त्तवीर्य अर्जुन, मूलवंशज का संदर्भ देकर उन्हें अनुकूल कर लेता है। दूसरे, वह धनी राजा है सो वह उन्हें स्वर्ण भेजता रहता है···वे इसी कारण अर्जुन के पक्ष में लड़ेंगे और आपके यहाँ के एकताकार्य में बाधा डालेंगे···तुर्वसों ने तो आपकी सखियों का अपहरण भी किया था और आक्रमण भी···वे सालामृग (चरख या लकड़बग्घा), द्विपिन (तेंदुआ), ऋक्ष (रीछ) और व्याघ्रों से भी चालाक और डरावने हैं···उनके भेदिए···आपके विरुद्ध प्रचार कर रहे होंगे, लोगों को भड़का रहे होंगे और परशुपुर (पेशावर) चूँकि सप्तसिंधु के पास है अतः हमें सूचना है कि राजा कार्त्तवीर्य के दूत, भेदिए निरंतर षड्यंत्र कर रहे हैं···इस कारण वे छुपकर आपकी हत्या कर सकते हैं और आपके समर्थक राजाओं और गणों पर घात कर सकते हैं···आपको बहुत सावधानी बरतनी होगी···वे आपको नींद में, सभा में, कहीं भी जहाँ उनका दाँव लगेगा, आपको विषैले बाणों से मार सकते हैं···यह कहलाता तो अविस्थान है पर है, मेष या अजा स्थान, पर है यह वृक स्थान—भेड़ियों का स्थल और पित्रलोक (सुग्ध) और देवलोक (वाल्हीक) देश में, उत्तरकुरु में आपके शत्रुओं का बाहुल्य तो नहीं है पर अभाव भी नहीं है!''

राम हँसने लगे। पुनः कहा—

''राजन्, यह जीवों की सत्ता मित्रों और शत्रुओं के मध्य संयोग वश ही बनी रहती है···तुर्वसु-अनु-द्रुह्य बाहर ही नहीं, हमारे भीतर भी रात-दिन हमें नष्ट करने में लगे हैं···असंख्य कीट विषाणु हमें काट रहे हैं, कुतर रहे हैं और उनके विरुद्ध हमारे मित्र कीट और अनुकूल-अणु उन अमित्रों से लड़ रहे हैं···वे हमारे रक्त में, अस्थि में, मज्जा में, कोशिकाओं में, ऊतकों और शिराओं में, धमनियों में, वृक्क-प्लीहा-फुफ्फुस और हृदय में सर्वत्र इस घात में रहते हैं कि मित्रकीट या अणु दुर्बल हो जाएँ तो अमित्र कीट हमें नष्ट कर दें···विषाणु बाहर भी हैं। उनके कुप्रभाव से हम रोगग्रस्त हो जाते हैं···हम जो भोजन करते हैं, तो वह उदर में रसों से मथा जाता है, फिर वह आँतों में जाता है, मल रूप में बहिष्कृत होने के लिए। यदि उदर और आँतों की स्वच्छता नहीं हुई तो वह सड़ने लगता है और मल में कीट

उपजते हैं···प्रकृति ने जीव की, पदार्थ की बहुत सूक्ष्म और जटिल रचना की है और इस रचना का रहस्य परस्पर विरोधी तत्त्वों, शक्तियों और प्रक्रियाओं का द्वंद्व है···सनातन तो यह द्वंद्व ही है, जो संगति, स्थिरता, शांति ऊपर दिखाई पड़ती है, वह अस्थायी है—क्षणकालीन है···जब द्वंद्व नैसर्गिक है, हमारे भीतर-बाहर सर्वत्र है, तब करणीय तो यही है कि हम अंदर-बाहर मित्र, अनुकूल शक्तियों को बढ़ाएँ और विपरीत का विध्वंस करें अन्यथा वे हमारा नाश कर देंगे···ये जो आर्य से अनार्य हो गए हैं, मानव से दानव, ये तुर्वसु, ये द्रुह्य, ये कार्त्तवीर्य अर्जुन, ये राक्षस, ये दैत्य, ये वस्तुतः विषाणु हैं। ये मानवता, ममता आर्यता, उच्चता, शुभ्रता, शील या धर्म के ध्वंसक कीड़े हैं···ये लकड़ी में लगे घुण हैं, ये दीवालों में बसे लोना या नमक हैं, इन्हें पालना, इनसे दबना, इनका आतंक मानना, इनका मनोबल बढ़ाना, उन्हें अधिक सबल बनाकर ऋत् या सत्य का, शुभ और शिव का विनाश करना है अतः उनके निर्मूलन के लिए हम यहाँ भटक रहे हैं और आप विषाणु-अधर्मियों के विरुद्ध संघर्ष में सहायक हैं···हमें अपना शक्तिसंवर्धन करना है और उस विषाणु-मानव अर्जुन का मूलोच्छेदन करना है···वही विश्व-भर में हो, लोग बुरे को, गन्दे को, विनाशक को, असुंदर को सहें नहीं, शक्ति संगठित कर भिड़ें···जीवन युद्ध है, चाहे वह अज्ञान, रोग और दैव आपदाओं के विरुद्ध हो या जनरक्तशोषकों या आततायियों से, राजन्, पलायन से, क्षमा करने से, उदासीन हो जाने से, तटस्थता से तो अमानव को मानव के ऊपर आच्छादित करना है, जो अनैतिक है, अशोभन है···यह जीवन इस रूप में तो एक बार ही मिला है, पुनर्जन्म में पूर्वजन्म का स्मरण नहीं रहता, अतः उसका विचार असंभव है। संभव यह है कि हम एक-एक क्षण, आर्यसत्य-आर्यजीवन, आर्य मानव की बढ़ोतरी के लिए बलि देते रहें···यही यज्ञ है और यह यज्ञ बलि चाहता है, हवि चाहता है। इसमें आत्म को होमना है और कहना है, इदम न मम।''

राजा तिरिंदर और संभूत को लगा वे अंधकार से अचानक दोपहर में उदित हो गए हों···दोनों युवा परशुराम की पहुँच और पूर्णता को देखकर इतने आविष्ट हो गए कि वे राम को रोककर, अश्वों से उतरकर उनके बार-बार चरण स्पर्श करने लगे और करबद्ध खड़े रह गए जैसे उनको आर्य जीवन-दर्शन आज ही मिला हो—''भगवन्, आपने तो हमारे हृदय की आँखें खोल दीं···जीवनपथ आलोकित हो गया···संशय मिट गए और लक्ष्य निर्धारित हो गया···आपकी जय हो राम भद्र, जय हो, विजय हो।''

राम शिशुवत् खिलखिला उठे—''राजन्, इसमें मेरा क्या है, यह तो आर्य परंपरा का ज्ञान है, पूर्वजों द्वारा अर्जित, प्रयुक्त···हम तो उसके मात्र वाहक हैं···प्रसारक···अब चलें?''

''हाँ, महाराज, अब चलने में, लड़ने में रस आ जाएगा···अब तक तो हमारे मन ऐसे थे जैसे काई से भरे कूप, धन्य हो गए हम!''

संभूत और तिरिंदर अश्वों पर चढ़े और राम के पार्श्व में आकर बोले—

"भगवन्, अब जीवन का मूल्य तो निश्चित हो गया। अब अपने विषय में बताइए···आप रात में सोते नहीं, दिन में कभी ऊँघ लिये या आँख झपक लीं···आप स्वस्थ कैसे रहते हैं?"

"यह तो प्रकृति जाने, पर स्वास्थ्य का रहस्य उदर में है···अन्न कम खाता हूँ, प्रायः दूध और फल लेता हूँ···मांस नहीं खाता। नींद तो अन्न से आती है। लोग ठीक कहते हैं कि अन्न से सन्न उपजता है!"

"किंतु अन्न के बिना तो लगता ही नहीं कि कुछ खाया है, दुर्बलता आती है!"

"वह तो मात्र भावना है या आदत···आप अभ्यास करके देख लीजिए!"

"अच्छा महाराज, प्रयत्न करेंगे।"

पड़ाव पड़ा और सब अपने-अपने नित्यकर्म में लग गए। सैनिकों ने अग्नियाँ प्रज्वलित कीं, भोजन और मांस पकने लगा। सैनिक मार्ग में आखेट कर लेते थे या भेड़-बकरियों के झुंड मिल गए तो चरवाहों से छाग या भेड़ क्रय कर लेते थे। पशुपालकों या फल-उत्पादकों से छीनकर खाने की रामाज्ञा नहीं थी। रामादल तो अभ्यस्त था किंतु चक्रवर्ती की सेना, पर्जन्य गांधार से शिकायत करती कि नियमों में कुछ ढील दी जाए। किंतु पर्जन्य हँसकर राम के परशु की याद दिला देता। सैनिक भी विहँस उठते, डर जाते। तो भी वे सैनिक थे, कभी-कभी पशुपालकों के बकरे उड़ा लेते और फलों के बागों से मुफ़्त फल तोड़ लाते···और नायकों की डाँट खाते।

मांधाता पुत्र देवधाता पुनः राम को घेरकर चिपक गया। उसने राम को रोचक सूचना दी—

"राम! सेना का पड़ाव सुनकर एक रोमहर्षण सूत यहाँ आ गया है। वह कथा कहने की अनुमति चाहता है?"

"मैं अभी व्यस्त हूँ, रात में ध्यान करूँगा, तुम सुनो, सुनवाओ···मन हुआ तो आकर सुन लूँगा।"

"जो आज्ञा।"

भोजन के बाद रोमहर्षण का दरबार लग गया। सैकड़ों सैनिक, सेवक और नायक कंबल ओढ़-ओढ़कर खुले आकाश में बैठ गए। रोमहर्षण के लिए एक छोटा तंबू तान दिया गया और उच्च आसन लगा दिया। रोमहर्षण कथा कहने लगा।

कुछ दूर एकांत में राम ध्यानस्थ हुए। उन्होंने चित्त एकाग्र कर सारस्वत क्षेत्र के दृश्यों का आवाहन किया। रुरु आया और राम को समाधि मग्न देखकर कुछ दूर जम गया। राम ने अंतर्मानस में देखा कि राजा अर्जुन पर्याप्त स्वस्थ हो गया है। उसका व्रण सूख गया है और वह अब मदिरापान में मग्न है। उसने दो-चार प्याले चढ़ा लेने के बाद ताली बजाई—

"सुचंद्र को बुलाओ। विद्याधर को भेजो, सेनापति संग्रामजित को।"

तीनों आए। राजा अर्जुन अब अपनी पूर्व मनोदशा में आ गया था। उसने प्रथम महासेनापति की ओर देखा।

''महाराज! सेना अब ऊब रही है···रात-रात-भर जगना, दिन में सोना···अब माहिष्मती लौटा जाए···यहाँ तो अब कोई बड़ा प्रतिरोध हो नहीं रहा और परशुराम देवलोक में भटक रहा है।''

''उसकी हत्या में तुम्हारे भेदिए क्यों सफल नहीं होते?''

''महाराज, सुनते हैं कि उसकी पीठ पर भी आँखें हैं और वह रात में सोता ही नहीं है।''

''पीठ पर आँखें···क्या तू पागल हो गया है?''

''यह सत्य है प्रभु···जैसे मछली एक साथ चारों ओर देख लेती है, वैसे ही वह सर्वदर्शी राम है···उसके रोम-रोम में नेत्र हैं···कर्ण हैं···वह जब सोता भी है, तभी भी सब देखता, सुनता रहता है, अतएव घातक पकड़े जाते हैं और वह घिरा भी रहता है···चक्रवर्ती मांधाता की सेना साथ है और महाराज, भूत-प्रेत भी उसकी रक्षा में चौकस रहते हैं।''

राजा ने अट्टहास किया—

''लो विद्याधर, सुनो, यह हमारे परम भट्टारक, महासेनापति संग्रामजित् हैं सुचंद्र, यह विक्षिप्त है, इसका उपचार कराओ!'' सब हँसने लगे पर संग्रामजित् गंभीर था। विद्याधर बोला—

''किंतु सेनापति सत्य कहता है।''

''लो, यह भी पागल हो गए!''

ठहाकों में सब मग्न हो गए। राजा गंभीर हुआ—

''विद्याधर ! तुर्वसों, द्रुह्ययों-अनुओं आदि को पुष्कल स्वर्ग भिजवाया या नहीं?''

''भिजवाया महाराज, किंतु राम पर किसी का वश नहीं चल पाता···वे भूत-पिशाच उसे बचा रहे हैं।''

''क्या सचमुच? पर भूत-प्रेत?''

''हाँ राजा, वे उसी अघोर आथर्वण के गण हैं और उसका प्रधान शिष्य रुरु स्वयं राम की सेवा में है वर्ना यहाँ के समाचार वहाँ कैसे पहुँचते हैं, और वे भी तुरंत।''

''आश्चर्य है, क्या उन्हें मारा नहीं जा सकता···मार से तो भूत भी भागते हैं?''

''नहीं, यह असंभव है···भला हवा को मारने से क्या होता है।''

''यह तो विचित्र विघ्न है···तुम्हारी राक्षसी माया क्यों नहीं चलती?''

''बस, नहीं चल सकी···उस अघोर मुनि की माया की कोई काट नहीं है···वह तो अदृश्य, मानवेतर योनियों का महागुरु है, उनका स्वामी।''

''क्या वे भूत यहाँ भी आते हैं?''

''निश्चय ही आते होंगे···वे पिशाच हैं और प्रति रात्रि एक हैहय का रक्त पी जाते हैं···प्रति रात्रि।''

''तब क्या करना चाहिए?''

''हमें अब माहिष्मती चल देना चाहिए···अन्यथा यदि परशुराम लौट आया तो उसके साथ देवमंडल की सेना भी आएगी ही और यमुना-युद्ध में हमारी आधी सेना कट चुकी है।''

''क्या चलने के पूर्व विश्वामित्र, वसिष्ठ और अन्य ऋषियों के आतंकित, स्वजनों की मृत्यु से, शोकग्रस्त और आश्रमों के जलने से, दुःखी मुखों को देख-देखकर ठहाके लगाने का अवसर भी नहीं मिलेगा?''

''राजा, यह अविवेक होगा, वे आपको श्राप दे सकते हैं···वे क्रोध में खौल रहे हैं, उनकी सैन्यशक्ति नष्ट हुई है। आध्यात्मिक शक्ति नहीं··· ।''

''किंतु मैं चाहता हूँ कि उनका मानमर्दन पराकाष्ठा पर पहुँच जाए···सुचंद्र तुम कुछ सफल हुए या नहीं?''

''कुछ-कुछ···किंतु ··कुछ क्षण पश्चात् बताऊँगा!''

''अच्छा, संग्रामजित्···तुम जाओ···हम सेना की इच्छा पर विचार करेंगे।''

''जो आज्ञा!''

वह चला गया। तब राजा ने सुचंद्र की ओर ताका। सुचंद्र ने कहा—

''विश्वामित्र और वसिष्ठ के वंश की दो कन्याओं को हम ग्रामों से उठा लाए हैं···यद्यपि हमारे कई सैनिक घायल हो गए और कई स्वर्गीय हो गए···वह परशुराम-रूपधारी वह विश्वावसु बालखिल्य तपस्वियों के एकांत आश्रम में रहता है···जहाँ हम जाते हैं रमणीहरण के लिए, वह वहाँ पहले पहुँच जाता है और वह अजेय है।''

''बालखिल्यों का आश्रम क्यों नहीं जलाया गया?''

''कोई सैनिक प्रस्तुत नहीं हुआ—वे संसार से निस्पृह तपस्वी हैं, पेड़ों से उलटे लटके रहते हैं, पहरों···उनसे सब डरते हैं और वे हमारे क्या किसी के भी लेने-देने में नहीं हैं।''

''अच्छा, तो विद्याधर हम आज ऋषि कन्याओं का स्वाद ले लें, फिर लौट चलें राजधानी को।''

विद्याधर चला गया। अब सुचंद्र निर्बंध हो गया, बोला—

''राजा, आपने अब तक सामान्याओं को भोगा है···ये ऋषि-पुत्रियाँ। अहा, इनमें तो पावन-सौंदर्य है, ऐसा कि उन पर बलात्कार की प्रेरणा मिलती है···ये अनविधे, अनछुँटे रमणी रत्न हैं। हाँ, अनसूँघे पुंडरीक कमलपुष्प···किंतु···।''

''फिर 'किंतु'···यह किंतु क्यों जड़ रहा है अब?''

''क्योंकि मुझे प्रेत-पिशाचों से डर लगता है···आप भी सावधान रहिएगा···वे दो बार आपको छका चुके हैं···वे···वे···वे···।''

सुचंद्र भयभीत मुद्रा में भागा, राजा उच्च स्वर में हँसता रहा—

''किम्पुरुष कहीं का!''

पुनः एक क्षण पश्चात् दो अपरूप किशोरियों को घेरे हुए सुचंद्र के सैनिक आए। वे आतंकित थीं किंतु उनके मुख पर विचित्र दृढ़ता और पवित्रता थी। वे तुलसी के पौधों-सी नतनयन खड़ी थीं और आसन ग्रहण करने के लिए कहने पर भी बैठी नहीं थीं···उनकी विवशता के बावजूद उनके चेहरों पर एक अदृश्य संकल्प-सा था जैसे वह विस्फोटित होने जा रही हों जैसे कदली के गह्वर में कोई अग्निचूर्ण छिपा हो और वह प्रज्वलित होने जा रहा हो, उनमें एक शिष्ट औद्धत्य-सा महसूस हो रहा था···राजा को यह अभूतपूर्व लगा। उसने मुस्कराकर नम्रता से उन्हें बैठने को कहा किंतु उन्होंने जैसे सुना ही नहीं। तब राजा ने परिहास किया—

''आप तो मानिनी हैं, होना भी चाहिए···सैनिकों ने धृष्टता की होगी, की है न?''

वे नहीं बोलीं। जैसे मौन घृणा का दृष्टांत उपस्थित कर रही हों। राजा बोला—

''मैं सैनिकों की ओर से क्षमायाची हूँ···आप विराजिए न···मैं तो ऋषि-कन्याओं के दर्शन करना चाहता था···अब कुछ वार्त्ता हो···आप हमें कुछ उपदेश करें···कुछ खाएँ-पीएँ तो हम कृतार्थ हों···कुछ तो कहिए।''

किंतु वे पूर्ववत् रहीं···बस, पैरों के अँगूठों से गलीचे को कुरेदती रहीं···पुनः एक बार प्रयत्न किया गया—

''देखिए, मैंने स्नेह, प्रेम और दुलार-लाड़ के लिए आपको बुलाया है···आप मेरी आत्मीयता ठुकरा रही हैं!''

राजा घाघ अघी था। उसने पुनः जाल फेंका—

''परिचय तो हो जाए, मैं कार्त्तवीर्य अर्जुन माहिष्मती का राजा···आप?''

···कोई प्रतिक्रिया नहीं, पूर्ववत्।

राजा कहने लगा—''आपके विरोध की यही बेजोड़ चेष्टा है···किंतु इससे तो मुझे आप अधिक उकसा रही हैं और आप इस मुद्रा में अनुपम लग रही हैं।''

वही स्थिति, वे वैसी ही रहीं।

राजा ने ताली बजाई···एक अत्यंत संभ्रांत महिला और चार शरीर से खूब तगड़ी सेविकाएँ आ गईं। महिला ने उन दोनों को कंधे से थामा, कहा—

''आप मेरे साथ पधारिए···महाराज तो विनोद कर रहे थे···आपको यहाँ कोई भय नहीं···किसी भूल से सैनिक आपको यहाँ ले आए हैं···यहाँ पूरा परिवार है··· आप कुछ खा-पी लीजिए और तब हम आपको आपके निवास पर भेज देंगे।''

वे चली तो गईं किंतु उन्होंने पानी तक नहीं छुआ। वे बैठ अवश्य गईं किंतु गुम-सुम ही रहीं—

''भला, आपका क्या नाम है?''

''अग्नि!''

"और आपका शुभ नाम?"

"तड़ित।"

महिला इन नामों से चौंकी। परंतु वे बोलीं तो। "आप हमारे घर का कुछ खाएँगी नहीं···आप ऋषि-परिवार की हैं, भला आक्रामक क्षत्रिय का अन्न-जल कैसे छुएँगी···ठीक ही है···किंतु आप अब जा रही हैं···ए सेनानी!"

महिला ने ताली बजायी। एक नायक ने आकर सैनिक अभिवादन किया—

"नायक! ये ऋषि-कन्याएँ किसी भूल से यहाँ ले आई गई हैं···रथ प्रस्तुत है न···तो तुम चलो, इन्हें लेकर हम आते हैं···देवी अग्नि और तड़ित देवी, विदा के समय हमारा पुष्प-गुच्छ तो स्वीकार कीजिए!"

लड़कियों ने वे पुष्प-गुच्छ ले लिये, उनसे एक विचित्र गंध आ रही थी। महिला ने लगभग बलात् पुष्प-गुच्छ सुँघाए और उन्हें अपना परिचय देने लगी—

"देखिए, मैं राजा के अंतःपुर की अधीक्षक हूँ···मेरा नाम चंद्रा है···मैं···।"

···बात पूरी नहीं हुई और कन्याएँ पुष्पों की गंध से अचेत होकर गिरने को हुईं···उन्हें सधे हाथों साध लिया गया और उन्हें आराम से शैया पर लिटा दिया गया। पुनः दोनों के दाँत खोलकर मादक पेय पदार्थ पिला दिया गया और जब उनके शरीर में हरकत हुई तो उन्हें कुछ खाने को दिया गया। मादक द्रव्य के प्रभाव में वे खाने लगीं और नशे की झूम में वे प्रथम बार मुस्कराईं···वे अपनी स्थिति भूल रही थीं तथापि उन्हें एक क्षण बाद स्वबोध हो गया। वह तड़पकर बोलीं—

"हमें आप घर भेज दीजिए।"

और वे उठकर खड़ी हो गईं और चलने लगीं किंतु चंद्रा हैहय ने करताली बजाई और स्वयं सेविकाओं के साथ कक्ष के बाहर आकर कहा—

"हम रथवान् को बुलाते हैं, आप एक क्षण रुक जाइए।"

कक्ष के बाहर आकर उन्होंने द्वार बंद कर साँकल चढ़ा दी। तब तक राजा अर्जुन नशे में झूमता हुआ आया और दोनों को कंधों से थामकर बोला—

"सुंदरी, थोड़ा ठहर जाइए, जाना तो सभी को है।"

वह दोनों को आलिंगन में लेने लगा। तभी उसके गाल पर एक अदृश्य झापड़ पड़ा। राजा डगमगाया किंतु थम गया। उसने पुनः उन दोनों को जकड़ा और विवस्त्र करने लगा। दूसरा झापड़ इतनी जोर का था कि राजा गिर गया। वह दहाड़ने लगा—

"कौन है कायर, सामने आ!"

किंतु कोई सामने नहीं आया। तभी एक अदृश्य घूँसा राजा की नाक पर पड़ा। आघात इतना प्रबल था कि राजा डकराकर फैल गया। वह चिल्लाया—

"मार डाला पिशाचों-प्रेतों ने···अरे, कोई है? कोई है?"

और उधर सेना में कोलाहल मच गया। सैनिक भाग रहे थे और चीख रहे थे।

"परशुराम आ गया, परशुराम आ गया···भागो, परशुराम सिर पर है।"

कई शिविरों में आग लगा दी गई, कई सैनिक मारे गए। सैनिकों के शोर से चंद्रा को कक्ष खोलना पड़ा। वह राजा को पुकार रही थी कि परशुराम आ रहा है राजा, भागो, वह आ रहा है। राजा अचेत पड़ा हुआ था और वे कन्याएँ उस अफरातफरी में निकलकर भाग रही थीं। उन्हें भागते हुए अंततः विश्वावसु के एक भार्गव ने देख लिया। वह उन्हें सुरक्षित ले गया और तब परशुराम अदृश्य हो गया।

राम का ध्यान भंग हो गया। दृश्य लुप्त हो गए। राम ने एक निःश्वास छोड़ी और इधर-उधर देखा तो रुरु भार्गव बैठा दृष्टिगोचर हुआ। वह राम के पास आया। उसने पूछा—

''राम, यह दुःख की उच्छ्वास कैसी? आपने क्या देखा? अवश्य सारस्वत क्षेत्र का साक्षात्कार किया होगा...क्या हुआ?''

''रुरु भाई...आर्यऋषियों की यह दशा हो गई है कि उनकी कन्याओं का शीलहरण हो रहा है पर हो नहीं पाया...वे आपके जो पिशाच हैं उन्होंने एक बार फिर विश्वामित्र और वसिष्ठ की मर्यादा बचा ली।''

और राम ने सब वृत्त सुना दिया। रुरु कहने लगा—

''अब आप निश्चिंत हों, अब वह नृशंस हैहय माहिष्मती लौट रहा है और उसने जो किया है उससे वह अपनी शव-यात्रा को निश्चित कर चुका है...अब इस घटना से आर्यगणों का रक्तचाप उच्चतम बिंदु तक पहुँच जाएगा... ।''

''वे पिशाच न होते और विश्वावसु ने गुरिल्ला आक्रमण न कर दिया होता तो उन कन्याओं का नाश हो जाता...धिक्कार है...यह धरती इस पापी अर्जुन के भार से समुद्र में डूब क्यों नहीं जाती?''

राम और रुरु विषाद में निमग्न ध्यानभूमि से शिविरों की ओर लौटे...वहाँ रोमहर्षण तन्मय होकर सम्मोहित श्रोताओं को कथा सुना रहा था।

''तो भद्रजन, यह जो जामदग्न्य राम हैं न...वह कैलास मानसरोवर गए थे । एक पूरा गगनचुंबी पर्वत मानसरोवर की ओर से आते हुए जलस्रोत को रोक रहा था। आप जानों कि ग्रीष्म ऋतु में बर्फ पिघल रही थी, भगवान् रुद्रशिव के हास्य की भाँति सर्वत्र हिम फैला हुआ था, द्रवित हो रहा था...मरुद्गण उस शिवहास्य को अपने झोंकों में समेटकर विश्व-भर में उस प्रसाद को वितरित करने के लिए भागे जा रहे थे...नीलाकाश इस दृश्य की सुंदरता से और अधिक नीला होता जा रहा था, वह धन्य, धन्य कह रहा था...तभी महाराज परशुराम तपस्या से रुद्रदेव को प्रसन्न करने और उनसे पाशुपत अस्त्र, पिनाक धनुष का भाई धनुष और विराट् परशु प्राप्त कर उस पर्वत को देखने लगे। उन्हें लगा कि यह जो जल स्रोत है, उसे यह पर्वत रोके हुए है। उन्होंने शिवप्रदत्त परशु को उस पर्वत पर दे मारा। पर्वत चिर गया...उसके दो भाग हो गए और जल स्रोत इतने वेग से उमड़ा, बहा कि जल के धक्के से वह बीच से चिरा पहाड़ फट गया और लुप्त हो गया।

शिलाओं को बहाता ब्रह्मजल नद बन गया जिसका नाम रामभद्र ने ब्रह्मपुत्र रख दिया।

"पुनः परशुराम उस नद के आगे-आगे दौड़ते हुए गए और उसे रज्जुवत् मोड़कर बंगसमुद्र की ओर बहा दिया। फिर वह पहाड़ों पर गए और अपनी तपस्या के लिए परशु की एक ही चोट से एक गुफा बना दी वह कंदरा मुख से सँकरी किंतु पर्वत के भीतर-ही-भीतर पचास योजन तक चली गई है···भला, आप लोग ही सोचें कि भगवान् के बिना ऐसे अद्‌भुत कार्य क्या कोई कर सकता है? अतएव सज्जनो, हमारे अटल वचन सुनो···यह परशुराम महाराज रुद्रावतार हैं और उसमें विष्णु का भी अंश है और वह माहिष्मती के राक्षसराज कार्त्तवीर्य अर्जुन का वध करेंगे···उस पापी में इतनी शक्ति कहाँ जो रुद्रप्रदत्त धनुष, पाशुपत बाण, रुद्रास्त्र और भयानक परशु का सामना कर सके। बोलो, परशुराम भगवान् की जय!"

राम और रुरु रोमहर्षक की पुराण कथा सुनकर, अँधेरे में हहराकर हँसने लगे और कोई देख न ले, इसलिए वे चुपचाप खिसक गए। भीड़ में भगवान् राम का जयकारा लग रहा था।

27

अर्जुन कार्त्तवीर्य पिशाचों के तमाचों से मुँह सुजाए नाक से आता रक्त पोंछता हुआ ससैन्य आर्य-क्षेत्र से वापस हुआ। वह ऋषिगणों और समस्त आर्यावर्त्त में अपने लिए इतनी घृणा छोड़ आया था कि सब आर्य राजा और प्रजा, आर्य और अनार्य अपना वैर-भाव भूलकर सेनाओं की भरती शुरू करने लगे थे और यह निश्चित हो गया था कि राम के देवलोक और उत्तरकुरु से लौटते ही, उनकी देवासुर सेना के साथ, माहिष्मती पर आक्रमण कर दिया जाए।

उधर जमदग्नि के आश्रम में एक विचित्र घटना घटी। एक संध्या के समय तीन किशोरियाँ अवतरित हुईं जो अपने को आचार्य बृहस्पति मुनि की कन्या कह रही थीं और उन्होंने माता रेणुका को प्रसन्न कर आश्रम में प्रवेश कर लिया था। वे मानवी लगती ही नहीं थीं। ऐसा रूप और आभा मनुष्यों की बेटियों में नहीं होती। रेणुका उन्हें देखते ही मुग्ध हो गई···वे इतनी शिक्षित थीं कि वे विद्याधरी कहलाने लगीं। वे जिस विभाग में पढ़ने जातीं, उसके आचार्यों को पढ़ाने लगतीं। गुरुगण विस्मित थे और उन्हें सुनाने के स्थान पर वे स्वयं उन्हें सुनते थे···ऐसा तो कभी नहीं देखा गया, न सुना गया।

राका (लंकिनी) रति और पूर्णिमा तीनों श्रीलंका के राक्षसराज की वंशजा थीं। विद्याधर का आदेश पाते ही वे तीनों, रूप तथा नाम बदलकर छात्रा बनकर जमदग्नि आश्रम में जम गईं। वे रेणुका माई की सेवा करतीं और उनकी आँखों

की पुतलियाँ हो गईं···उन्हें पृथक् कुटज दे दिए गए जहाँ वे तीनों पृथक्-पृथक् रहती थीं किंतु वे अधिकाधिक समय रेणुका माई के कुटज में ही व्यतीत करती थीं। उन्होंने अपने नाम सोमा, रोमा और भौमा बतलाए थे। सोमा (राका) सबसे बड़ी और भौमा सबसे छोटी। तीनों में कौन अधिक सुंदर थी, यह बताना असंभव था। एक से एक मनमोहिनी छबियाँ और ऊपर से विद्या, गुण, शील, स्वभाव और चातुर्य···जैसे महकते सुवर्ण की तीन प्रतिमाएँ गढ़ी गई हों और उनमें प्राणप्रतिष्ठा कर दी गई हो। उनमें इतना धैर्य और सहिष्णुता थी कि रेणुका माई को शिरशूल होने या राम और विश्वावसु के स्मरण में व्यथित होने या पति जमदग्नि के शोक में व्याकुल होने अथवा ज्वर-शीत से ग्रस्त होने पर वे तीनों माता की सेवा में जैसे प्रतिस्पर्धा कर रही हों। बड़े-बड़े छिद्रान्वेषक हार गए, वेधक दृष्टिवाले किन्तु उनमें कोई दोष या न्यूनता दीखती ही नहीं थी···वे आचार्य बृहस्पति का ज्ञान इस प्रकार रखतीं जैसे वह विश्व व्याख्या उन्हीं की हो···उनकी मौलिक व्याख्याएँ सुनकर अध्यापकों की बोलती बंद हो जाती और बटुकगण उन्हें घेरकर खंडन-मंडन के अवसर खोजते रहते···वे इतनी मृदुभाषिणी थीं कि वे सबको प्रसन्न रखती थीं। आश्रम में ऐसी कन्याएँ कभी नहीं आईं··· चंद्रकलावती, मणिप्रभा, वल्लरी, मौरवी, लोमा और अनेक सुंदरियाँ आईं-गईं पर ये तो दिव्य प्रतीत होती थीं।

रेणुका माई प्रारंभ में सतर्क रहीं किंतु कोई छिद्र न मिलने और उन छोरियों की छटा और सेवा-भाव से माता अपनी सावधानी शिथिल करती गईं और वे उनके लिए अपरिहार्य हो गईं। उधर कुलपति प्रचेतस् से वह जैसे आतंकित थीं। उनके सम्मुख वह चुप रहतीं और अपने सिर ढँक लिया करती थीं जैसे वह उनके श्वसुर हों। इससे कुलपति भी वात्सल्य भाव में तैरने लगे थे।

किसी-न-किसी बहाने से सोमा (राका) रुमण्ववान् के घर जा पहुँचती। रोमा, सुषेण के यहाँ और भौमा वसु के निवास पर आ टपकतीं और चुपचाप गृहकार्य में सहायता करने लगतीं—कभी-कभी सेविकाओं, छात्राओं के हाथ से कलेवा या भोजन स्वयं लेकर जा पहुँचती, परोसतीं और कहने पर भी न बराबरी पर बैठतीं, न उनके साथ कुछ खातीं।

एक बार आचार्य बृहस्पति भी पधारे। ज्ञान का डंका बजाया। अपना परिचय दिया। अपने वक्तव्य में न वेदनिंदा की, न यज्ञ, स्वर्ग, पुनर्जन्म और ब्रह्म या ईश्वर का खंडन ही किया। स्वयं राका, रति और पूर्णिमा चकित थीं। आश्रम में यदि वह नास्तिक मत का प्रचार करते तो गड़बड़ हो सकती थी सो वह ऊपरी बातें कर अपना प्रवचन समाप्त कर देते थे और प्रातः-संध्या यज्ञ-हवन में भी शामिल हो जाते। उन्होंने अपने निवास का पता भी बता दिया और कई विशिष्ट ऋषि-मुनियों से अपना संबंध प्रमाणित किया। अब वे सुंदरियाँ अज्ञात कुलशीला भी नहीं रह गई थीं।

सर्वप्रथम राका (सोमा) ने रुमण्ववान् पर पाश फेंका। वह उनके कुटज की

ओर से कहीं अन्यत्र जाने को थी। बसंत की ऋतु आ गई थी और आश्रम में कोयलें, पपीहे बोल रहे थे। फूलों की गंध मंद समीरण के साथ सर्वत्र फैल रही थी। संयोगवश रुमण्ववान् कुटज से निकले। उधर से सोमा आ रही थी। उन्होंने कहा—

"सोमा, आप कहाँ जा रही हैं?"

"कहाँ जाऊँ?"

"क्यों, माता के यहाँ जा सकती हैं, कहीं भी जा सकती हैं।"

"वहाँ तो मैं रहती ही हूँ...इसलिए कहा कि कहाँ जाऊँ?...आप कहीं चलने के लिए कहें तो चलूँ।"

"हाँ, हाँ, क्यों नहीं, चलें...टहलने चलें क्या? कहाँ?"

"यह मैं क्या जानूँ...?"

सोमा के इस भोले और सधे अंदाज पर रुमण्ववान् मुग्ध हो गए। सोचा, बेचारी ऊबती होगी। बोले—

"सामने के उपवन में चलें, कुछ बातें करें...आप लोग आश्रम के एकरस जीवन में ऊबती होंगी, नहीं?"

"आपने आज पूछा तो वर्ना किसी को क्या पड़ी है।"

"नहीं, ऐसा नहीं है, आओ वार्त्ता करते हैं। आपका जी बहलेगा।"

दोनों उपवन में जाकर बैठ गए। राका ने रुमण्ववान् पर शील का प्रभाव डालने के लिए उसको भर आँखें ताका नहीं। वह मुस्कान में सारी मादकता भरकर पैरों से घास के तिनके कुचलती बैठी रही। रुमण्ववान् को वह लज्जा प्रिय लगी। पूछा—"ऋतुओं में बस बसंत ऋतु है जो मन को मुदित कर देती है...आपको कैसा लगता है?"

"जैसा आपको...और आप मुझे आप क्यों कहते हैं, तुम कहिए न !"

"तुम अतिथि हो सोमा, अतः आप कहना ही आर्य-शिष्टाचार है!"

"यह आप ठीक कहते हैं तो आप ही कहिए या दोनों का प्रयोग कीजिए!"

दोनों एक साथ हँसने लगे। रुमण्ववान् ने पूछा—"आप, नहीं, तुम कुछ कहना चाहती हो सोमा, यह मैंने अनुभव किया है किंतु... ।"

"किंतु आर्य-शिष्टाचार के कारण कैसे पूछते? धन्य भाग जो आज पूछ लिया।"

"क्या-क्या कहना चाहती हैं?"

"कुछ नहीं, कभी ऐसा लगता है कि कोई किसी से कुछ कहना चाहता है पर क्या, यह नहीं कहा जा पाता...अब प्रतीत हो रहा है कि कुछ कहने को था ही नहीं।"

पुनः दोनों हँसे। सामने एक गौरैया बैठी थी, वह फुर्र से उड़ गई। सोमा ने कहा—"लीजिए वह उड़ गई...ये चिड़ियाँ भी नहीं चाहतीं कि हम हँसें...ये आश्रम

की शिष्ट चिड़ियाँ हैं न।''

पुनः दोनों हँसने लगे। रुमण्ववान् को स्वाद आने लगा, सोचा, क्या बाँकपन है सोमा की वाणी में। उसने पूछा—

''अच्छा सोमा, यह तो बताओ कि तुम अचानक इस आश्रम में कैसे आ गईं, क्या कोई विशिष्ट प्रयोजन था?''

''पता नहीं, प्रयोजन? प्रयोजन तो पंडित, ऋषि-मुनि, कुलपति, कुलपुरोहित निश्चित करते हैं...मैं क्या जानूँ...आप जानते हैं क्या कि मेरा यहाँ, इस क्षण में क्या प्रयोजन है?''

''यह तो संयोगज है। आप आश्रम में हैं, घुल-मिल गई हैं, सर्वप्रिय हैं, संयोगवश मिल गए, बैठ गए, बातें होने लगीं?''

''इन बातों का क्या प्रयोजन है?''

पुनः हास उमड़ा। पुनः बात आगे बढ़ी। रुमण्ववान् को लगा कि सोमा से बात करने में तो शतरंज के खेल जैसा आनंद आता है। यह एक से बढ़कर एक चाल चलती है। बोला—

''सोमा, कई बार व्यक्ति प्रयोजन नहीं जानता, न वह बड़ों के द्वारा निश्चित उद्देश्यों पर चलता है पर बाद में पता चलता है कि उसमें वरिष्ठों का नहीं, प्रकृति कर प्रयोजन था!''

''हाँ, यह बात हुई किंतु आप कैसे कह सकते हैं कि प्रकृति कोई दादी है जो अपने पौत्र-पौत्री को खेल के लिए इंगित कर रही है?''

''जानता तो नहीं हूँ किंतु ऐसा आभास-सा होता है!''

''आभास और उसके आगे भी 'सा' लगा है, तब उसका क्या ठीक?''

''अनुभव कह लीजिए।''

''क्या...क्या कहा, अनुभव? नहीं...ऋषि कुमारों के लिए यह शब्द आर्य-शिष्टाचार के विरुद्ध है।''

दोनों ने अब की बार अट्टहास किया। रुमण्ववान् को जान पड़ा, कोई कचनार का वृक्ष हिल गया है और फूल झर रहे हैं...वह सोमा की वाणी की गहराई से रोमांचित हो गए। वह मौन होकर उस गहन संकेत का, उस उपालंभ में छिपे रहस्य पर सोचने लगे!

अब सोमा बोली—''अब आपको वह शब्द सता रहा होगा?''

रुमण्ववान् बोले—''आपको कभी इस 'अनुभव' शब्द ने पछियाया नहीं, कभी भी?''

सोमा ने कहा—''अनुभव का क्या है, वह नहीं है। जो है वह परिज्ञान है या स्मरण...अनुभव तो क्षणांश में स्थगनमात्र होता है और ज्ञान बुझकर पुनः दीप्त हो जाता है, अतएव जब ज्ञान पीछा नहीं छोड़ता तो अनुभव के पछियाने का क्या अर्थ रह जाता है?''

''किंतु वह जो क्षणांश का स्थगन है, ज्ञान की लौ का, उसमें ही अनिर्वचनीय प्रतीति होती है।''

''तृप्ति या अनुभूति कहिए न···क्या इन शब्दों से भय है आर्यत्व को?''

ऋषि बोले—''आर्य, भय को नहीं मानते।''

सोमा बोली—''यह गर्व मनोहर है···इससे वक्ता के मुख पर एक दीप्ति आती है···सौंदर्य-बोध की दृष्टि से अहंकार शोभा का उर्वरक होता हैं···किंतु आप तो किसी अनिर्वच अनुभव की बात कर रहे थे न, उसका क्या हुआ?''

''वह···वह तो केवल अनुभव से ही जाना जा सकता है।''

पुनः दोनों विहँसे किंतु सोमा ने तुनककर कहा—

''ऋषि कुमार, आप जिसे अनिर्वच अनुभव कहते हैं, वह तो मात्र चेतना की लुप्ततामात्र है।''

''अच्छा, लगता है, आप अनुभवी हैं।''

''और आप?''

''मैं तो एक बटुकमात्र हूँ''

''च् च् च् बेचारे विद्यार्थी!''

दोनों पुनः हास्य में तैरते रहे। रुमण्ववान् को लगा कि यह सोमा तो चुनौती दे रही है, उकसा रही है। बोले—

''सोमा, हमें अपनी अनुभवहीनता इसलिए नहीं अखरती क्योंकि महत्कार्य के हेतु जो रंजनकारी है, उसे छोड़ना पड़ता है···और महत्ता का अनुभव मीठे अनुभवों को नीचे छोड़ देता है···नहीं?''

''मैं आपकी विवशता समझती हूँ···कितना अच्छा होता कि मेरी विवशता आप जैसी होती···अब ये दो प्रकार की विवशताएँ हैं और हम हैं···अब किया क्या जाए?''

''यह दैवाधीन है।''

''आप तो कह रहे थे कि आर्य भय नहीं मानते तब अधीनता क्यों, और दैव का क्या प्रमाण है?''

''कुछ नहीं, वहाँ भी अनुभव ही प्रमाण है।''

''यदि ऐसा है तो आप देवताओं से अपने को स्वतंत्र करिए, या उन्हें प्रसन्न कीजिए किंतु मैं जानती हूँ कि देवता अनुभवों को परस्पर विरोधी नहीं मानते, आप मानते हैं, यह आपका भय है, देवों का नहीं।''

रुमण्ववान् निरुत्तर हो गया। उसके संस्कार दृढ़ थे। वह सोचने लगा··· । सोमा को विजय का रोमांच हुआ, कहा—''अब आप सोचें नहीं, संस्कारबद्ध व्यक्ति सोच ही नहीं सकता। वह तो स्तवन कर सकता है···समय हो गया···लोग हमें घूरते हुए संध्या के यज्ञ-हवन के लिए कुलपति की ओर जा रहे हैं, आप भी पधारिए। यहाँ बैठना आर्य-शिष्टचार के विरुद्ध है।''

''अब आप कब मिलेंगी?''

''क्या लाभ होगा? वार्ता घूम-घामकर आर्य संस्कार पर आ गिरेगी···अच्छा प्रणाम, मैं अभी यहीं बैठूँगी।''

''मैं चलता हूँ···मैं विचार कर आपको उत्तर दूँगा···सोमा, तुम्हें अनिवर्यताओं और संस्कारों में अंतर करना चाहिए।''

''तथास्तु, मैं विचार कर आपको उत्तर दूँगी।''

दोनों ने सम्मिलित अट्टहास किया और रुमण्ववान् चले गए।

राका वहीं बैठी रही। उसने अपने आप से कहा—

''विद्याधर, क्षमा करें···यह मनुष्य इतना भोला है कि मैं इसकी हत्या कैसे कर सकती हूँ···? इस पर दायित्व का सर्वाधिक भार है···यह आकर्षित तो हो ही गया है, शायद प्रथम दृष्टि से ही मेरी चुंबक से खिंच आया था···किंतु कहीं मेरी दशा वह न हो जाए जो मणिप्रभा की हो गई है। वह मणिप्रभा, उस कुठार, उस कुल्हाड़े जैसे राम को पटा रही है और मैं इस पटे-पटाए बटुक रुमण्ववान् को विष देने जा रही हूँ···कैसा अजीब घटनाचक्र है···सोमा, अपने में मुस्करा उठी···एक मनोग्रंथि में उलझकर सोमा जितनी उस गाँठ को खोलती, वह उतनी ही उलझ जाती···उसने निःश्वास छोड़ी···नारी का रहस्य उसका अपना नहीं होता क्या? वह तो किसी शतरंज की गोट है···मुझे कोई चला रहा है···वह महिष, माहिष्मतीवाला, वह मोटा भैंसा राजा और मुझे उसकी घृणित वासना के लिए इस्तेमाल किया गया और राक्षसी अभिचार से मेरा यौवन अक्षत किया गया···बेचारी रति का भी वही हाल हुआ और उस निरीह नन्ही भौमा की भी यही दशा होगी···राक्षसगण स्वार्थ, सत्ता और गर्व के लिए नारियों को साधन बना लेते हैं और हम बन जाती हैं, क्या यह स्थिति हमें स्वीकार्य होनी चाहिए···मैं, इस बटुक रुमण्ववान् को नष्ट कर क्या पाऊँगी? धन? पद?···पर मैं इससे विवाह भी कर लूँ तो भी मेरा भेद खुल जाने पर मेरी दुर्गति होगी, इधर कुआँ, उधर खाई···नहीं, नहीं···एक ही विकल्प है कि हम तीनों बहिनें, यहाँ विद्याधर और राजा अर्जुन की गोटें न बनकर लंका लौट जाएँ···पर, वहाँ भी पकड़ी जाएँगी···आचार्य बृहस्पति के आश्रम में चली जाएँ क्या?···किंतु वहाँ भी राक्षस हमें न छोड़ेंगे···हम यहीं यह नाटक करती रहें, कब तक? राम दो-चार महीनों में लौटेगा···उसके आते ही हमारा छल खुल जाएगा और उसके फरसे से हम कट जाएँगे···वह कितना भयंकर है, वह राम···किंतु क्रोध न होने पर वह भोला लगता है,···ऐसा लोग कहते हैं, राम स्वभाव से मनोरम है, सरल किंतु इस नराधम अर्जुन ने उसे व्यक्ति से परशु बना दिया···वह भी क्या करे, बाप की हत्या का बदला तो लेना ही पड़ता है···ये ऋषि लोग हैं···यदि मैं इन्हें सब बता दूँ तो क्या ये हमें क्षमा कर देंगे? विद्याधर हमारे परिवार को नष्ट कर देगा, वहाँ लंका में···राका, ···अब मरो, मारो, परिवार के लिए, वंश के लिए···किंतु यदि राजा और विद्याधर मारा जाए, राम जीत जाए तो?''

सोमा इस 'तो' पर सोचती रही···यदि राम की विजय का विश्वास मुझे हो जाए तो उसके भाइयों की हत्या हम क्यों करें···उसके भाई जिएँ या मारे जाएँ···वह राम पूरे जम्बूद्वीप की सेना और अपने परशु से अर्जुन और माहिष्मती को अवश्य ध्वस्त कर देगा। तब इन राम के भ्राताओं को क्यों हना जाए···ठीक है, तब राम लौट आएँ तो मैं उन्हें सब बता दूँगी और अर्जुन विद्याधर के पराभव के पश्चात् हमारा कोई क्या कर लेगा? राम इतना महान् है कि भाइयों को विष देकर न मारने से वह हमें क्षमा कर देगा, वह नारियों को वैसे भी पूज्य मानता है···वह तो सदा आकाश में रहता है, धरती पर नहीं···और मणिप्रभा और वल्लरी, जो मुझसे घृणा करती हैं, मुझे बचा लेंगी, जब उन्हें ज्ञात होगा कि हमने अर्जुन और विद्याधर के षड्यंत्र को असफल कर दिया···तो, राम की प्रतीक्षा की जाए और तब तक इन बटुकों को मूर्ख बनाया जाए?

राका लंकिनी बाग में ही बैठी रह गई। उसमें पुनः संदेह जग गया—

''कहीं राम हार गया···ये सब भार्गव भाई माहिष्मती में मारे गए···तो? ···और यह असंभव भी नहीं है···अर्जुन का पक्ष भी प्रबल है···तभी तो वह अकड़ा हुआ है···नर्मदा से दक्षिण की अनेक शक्तियाँ उसके साथ हैं और उत्तर, उत्तरकुरु, वाल्हीक में भी अर्जुन के पक्षधर हैं···कहीं अर्जुन की विजय हो गई तो हम न इधर के रहेंगे, न उधर के···क्या करूँ मैं··· ।''

सोमा पुनः भँवर में चक्कर काटने लगी। जब रेणुका माई का बुलावा आया, तब वह बाग से घर गई!

रति सुषेण पर डोरे डालने के लिए उसके साथ चिपकने लगी। सुषेण चिकित्सा विभाग का कर्ता-धर्ता था। रति वहीं रुकने लगी। वहाँ छात्र और वैद्य ही थे। वे व्यस्त रहते, रति भी काम में हाथ बँटाने लगी। सुषेण ने एक बार भी रोमा (रति) की ओर नहीं घूरा, वह सर्वदा दवाएँ और रस-विष बनवाने में लीन रहता। रोमा ऊबने लगी। उसने बहाना बनाया—

''आचार्य सुषेण, आप कभी थकते, ऊबते नहीं? मैं तो क्लांत हो गई···कहीं मुझे ज्वर तो नहीं है? आप मेरी नाड़ी देखिए न।''

अब सुषेण को ध्यान देना पड़ा। उसने यांत्रिक ढंग से रोमा का हाथ पकड़ा और नाड़ी पर अँगुलियाँ चलाने लगा। फिर उसने उसका मुँह खुलवाकर जीभ देखी ···फिर कहा कि वह लेट जाए तो उसकी परीक्षा की जाए···सुषेण ने रोमा के वक्ष पर कनसुनी लगाई और हृदय की गति सुनने लगे। रोमा से कहा कि वह जोर से साँस खींचे और छोड़े। सुषेण ने रोमा के सुगठित शरीर को ध्यान से परखा, कहा—

''आपका स्वास्थ्य उत्तम है पर आपको मानसिक रोग है क्या?''

''हाँ है, सुषेणजी, मैं जब नेत्र मूँदती हूँ तो आपकी प्रतिमा उभर आती है। हाँ, सचमुच···ऐसा ही होता है···आप मुझसे, अपने को पृथक् कीजिए वर्ना मैं रेणुका माई से आपका प्रतिवाद करूँगी।''

सुषेण ने अट्टहास किया—

"अच्छा! तो यह रोग है आपको···यह गंभीर है क्या?"

"क्यों, जब मैं इसे गंभीर मानती हूँ तो आप क्यों नहीं मानते···आपके चिकित्सा शास्त्र में इसे क्या कहते हैं?"

"मानसिक-आच्छादन, यह कि आपका विवाह हो जाना चाहिए।"

"तो विवाह कर लीजिए।"

"क्या विवाह कर लूँ, अभी तो बड़े भाई का विवाह होना है।"

"उनका विवाह तो सोमा से हो गया?".

"हो भी गया? कब हुआ?"

"अरे, आप जानते नहीं क्या?"

वे दोनों उपवन में घंटों बैठते हैं और नदी पर भी जाते हैं। बस, भाँवरें पड़ने की देर है—आप मुझे भ्रमण के लिए ले चलिए न···आचार्य, मैं आपको गीत सुनाऊँगी···मैं संगीत, नृत्य जानती हूँ, हाँ··· ।"

"अच्छा? तो आपका कार्यक्रम आश्रम में करा दें?"

"अवश्य किंतु आप यह काष्ठादिक ओषधियों को कूटते रहते हैं। इस खटराग को छोड़िए···कुछ इस रोमा का भी ध्यान रखिए···नहीं, आप अभी चलिए···कहीं बैठें, बातें करें···अच्छा, यदि रुमण्ववान् जी और सोमा का विवाह हो जाए तो आप मुझे वरेंगे?"

"भई, मैंने तो यह कहा था कि आप विवाह कर लो—यह तो नहीं कहा था कि मुझसे विवाह कर लो।"

"किंतु मैं करूँगी तो आपसे ही विवाह करूँगी···क्या मैं आपको रुचती नहीं हूँ?"

"अरे, आप तो अनुपमा हैं, अद्वितीय किंतु मैं आपके योग्य नहीं···रोमा तुम चिंता मत करो···मैं तुम्हारे लिये वर खोज दूँगा, हाँ।"

"आप हमें टाल रहे हैं। ठीक है, मैं माँ के पास जाती हूँ···तब आप क्या करेंगे?"

"मैं कह दूँगा कि यह रोमा विक्षिप्त लड़की है···पगली न होती तो क्या प्रथम संवाद में ही विवाह की बात करने लगती?"

"आप यह कहना चाहते हैं कि मैं विवाह का अभिप्राय बातों में झलकाती रहती, आपसे कहती नहीं और जहाँ तक झलकाने का प्रश्न है, मैं तभी से झाँकियाँ दे रही हूँ किंतु आपने कभी समझा ही नहीं···आप बड़े बुद्धू हैं, इतने महान् हैं आप और नन्हा-सा संकेत नहीं समझते···जब आपने इंगित नहीं समझा, तब मैं ऊब गई, स्पष्ट कह दिया···स्पष्टता अच्छे स्वास्थ्य का लक्षण होता है न?"

सुषेण हँसते-हँसते दुहरा हो गया। उसने ऐसी विलक्षण बाला कभी नहीं देखी थी। वह रस लेने लगा—"निश्चय ही, स्पष्टता, आत्मा की, स्वभाव की

पारदर्शिता का लक्षण है पर आप जरा घुमा-फिराकर कहतीं। वर, कन्या से कहे तो शोभा बढ़ती है···।''

''मैं इसे नहीं मानती···यह तो पुरुषों का अहंकार है···कि वही सदा शुभारंभ करे और नारी समर्पित हो जाए, चुपचाप, कुछ हाव-भाव दिखाकर या मन-मन भाए मूँड हिलाने वाला नाटक करके···मैं वैसी नहीं हूँ···मैं स्वयं आगे बढ़कर शुभारंभ कर सकती हूँ···अब आप मेरे सामने समर्पण कर दीजिए—फिर मैं आपको मनचाहा बना-बनाकर खिलाया करूँगी। हाँ, मैं खीर, मालपुए और चटनी बढ़िया बनाती हूँ।''

सुषेण रोमा की बातों पर हँसता ही गया। फिर कहने लगा—

''अच्छा रोमा, यह तो बताओ कि यदि मैं मना कर दूँ तो क्या करोगी?''

''क्या, क्या कहा? किसकी शक्ति है जो रोमा महामहिमामयी का प्रस्ताव अस्वीकृत कर दे? हाँ, मैं कला और सौंदर्य की अधिष्ठात्री देवी हूँ···मैं जानती थी कि आप आयुर्वेद जानते हैं, प्रेम जानते ही नहीं, अत: मैं आपको प्रेमवेद सिखा रही हूँ···आप सीखना नहीं चाहते क्या?''

सुषेण हँसते-हँसते एक पीढ़े पर बैठ गया। एक आसन लेकर रोमा सामने जम गई···

''देखिए सुषेणजी, शुभारंभ मैंने किया है, आप कहिए, हाँ, हाँ, हाँ, बस, हाँ कह दीजिए।''

''नहीं रोमा, नहीं।''

''अच्छा आप मानेंगे नहीं, आप निश्चय ही अस्वस्थ हैं। कोई स्वस्थ व्यक्ति मुझ जैसी सुंदर रमणी को, 'न' नहीं कह सकता···अब मैं आपका परीक्षण करूँगी।''

रोमा उठी और उसने सुषेण की नाड़ी पकड़ ली। विनोद में सुषेण ने उसे करने दिया। रोमा ने नाड़ी की गति परखी···पुन: उसके नेत्रों में नेत्र डालकर कहा—

''आप एक सभ्य रोगी की भाँति जरा सहयोग कीजिए···मेरी आँखों में आँखें डालकर मुग्धमन से हेरिए।''

सुषेण हँसा तो रोमा ने टोका—

''हँसिए नहीं, उससे आकर्षण हलका हो जाता है, गंभीर हो लीजिए···यह आँखों का विषय है···अच्छा, देखिए मेरी ओर···हाँ, ठीक है, पलक गिरें नहीं, एकटक हूजिए और मेरी आँखों में डूबिए···हाँ, इस तरह, आप अच्छे बालक हैं, इसी प्रकार मेरे नेत्रों के समुद्र में डूब जाइए, डूबे रहिए।''

सुषेण ने रोमा को स्नेह से डाँटा—''अरी रोमा, पगली, कोई देखेगा तो क्या कहेगा?''

''मैं चाहती हूँ लोग देखें और मुझे सराहें कि मैं आपको प्रेम-शास्त्र का पाठ पढ़ा रही हूँ।''

सुषेण को बातों में उलझा देखकर उस विभाग के वरिष्ठ आचार्य आए। उन्हें आवश्यक कार्य था। उन्होंने यह दृश्य देखा तो वह सन्न रह गए। उन्होंने रोमा को डाँटा—

''रोमा, यह तू क्या कर रही है?''

''क्यों, मैं सुषेणाचार्य को प्रेम का पाठ पढ़ा रही हूँ···इसमें अनुचित क्या है? क्या आप चाहते हैं कि सुषेणजी सदा कुँवारे ही बने रहें ?''

वृद्ध आचार्य अब समझ गए कि यह विनोद है···भला, कोई सभ्य और शिष्ट लड़की यह सब कैसे कह सकती है। उन्होंने खिलखिलाते सुषेण को संबोधित किया—

''सुषेण, पारा और अभ्रक का संयोग नहीं बन रहा है···आप कुछ करें।''

सुषेण दिल्लगी में बोला—

''नहीं बन रहा है···पारा, अभ्रक की बात नहीं मान रहा है किंतु अभ्रक पीछा नहीं छोड़ रहा है, अब आप ही बताइए कि क्या किया जाए?''

वृद्ध आचार्य भी हँसने लगा। उसने रोमा को पुन: डाँटा—

''क्यों री रोमा, जब पारा नहीं चाहता तो तू अभ्रक-सी क्यों सुषेण को सता रही है। अब यह परिहास छोड़ और हमें पारा और अभ्रक को मिलाकर सिद्धरस बनाने दे।''

रोमा चहकी—''प्रथम, मुझे रससिद्धि कर लेने दीजिए···वह तो द्रव्य का मिलन है, यहाँ तो आत्म-संयोग हो रहा है···अच्छा, आचार्यजी, हम आपके सुषेणजी को छोड़ देंगे, बस, एक और प्रयोग कर लेने दीजिए, शायद रस-सिद्ध ही हो जाए।''

''अच्छा, अच्छा। कर लो प्रयोग पर शीघ्रता करो।''

रोमा ने वृद्ध आचार्य के कान में जाकर कहा कि यह युवक सुषेण अनाड़ी है। इस हेतु वह रोमा की मदद करें। आचार्य ने मुस्कराकर हामीं भरी। रोमा ने सुषेण की नाड़ी वृद्ध वैद्य को पकड़ा दी—

''अब देखिए आचार्यजी, आप नाड़ी देखें···मैं इनका हृदय परखती हूँ···यदि नाड़ी की गति तीव्र हो जाए तो समझिए रससिद्धि हो जाएगी, ठीक है, सावधान, भूल न हो।''

हँसी के निर्झर में भीगते हुए रोमा ने सुषेण के हृदय पर हाथ रखा। रोमा के स्पर्श से सुषेण को रोमांच हुआ। वह रोमा सुषेण पर झुकी हुई थी। विनोद में भी उसके मादक स्पर्श से सुषेण की हृदय की गति तेज हुई।

रोमा ने बूढ़े वैद्य से पूछा—

''आचार्य, नाड़ी की गति में कुछ अंतर आया क्या?''

''हाँ, आया।''

रोमा प्रसन्नता में ताली बजाने लगी—''लीजिए, अब आप लोग जाइए।''

''प्रयोग से क्या परिणाम निकला?''

रोमा बोली—''परिणाम? परिणाम और इतनी जल्दी? परंतु रससिद्धि की संभावनाएँ है।''

सुषेण और वृद्ध चिकित्सक ठट्ठा मारते हुए चले गए। रोमा अपने कुटज की ओर हँसती-खिलखिलाती, गाती-गुनगुनाती चली गई।

उधर भौमा वसु भार्गव को रिझाने में लगी थी। वसु को युद्ध-अभ्यास में मज़ा आता था। भौमा वाणी में चटुला नहीं थी। वह बस वसु को एकटक देखा करती और उसकी उपेक्षा से कुछ समय बाद अपने कुटज या रेणुका माई के पास चली जाती। बड़ी बहिनें भौमा को पुरुष को प्रभावित करने की तरकीबें सिखातीं, बातें बनाना, हाव-भाव किंतु वह सचमुच सरला थी। उसे लज्जा घेरती और वह वसु के आतंक से सब भूल जाती। बस, वह वसु भार्गव के व्यस्त हो जाने पर एकटक हेरती रहती किंतु मुखरता से अधिक मौन का प्रभाव होता है। पुनः वह वस्तुतः भोली थी अतः कई दिनों बाद जब अपनी ओर भौमा को देखता पाया तो वसु भार्गव ने पूछा—

''भौमा! यह तू एकटक क्या देखती रहती है?''

भौमा नतनयन होकर चुप हो गई। पुनः-पुनः पूछने पर भौमा की आँखों में आँसू छलक आए। वसु को बहुत दुःख हुआ, पूछा पर वह बोली ही नहीं, केवल अश्रु बहाती रही और फिर उठकर चली गई। दोनों बहिनों को उसने यह घटना बताई तो दोनों ने उसे डाँटा कि पूछने पर कुछ मनमोहक बात कहनी चाहिए थी।

एक दिन पुनः वह गई और उसी तरह वसु को अभ्यास करती देखती रही। वसु ने सोचा कि यह बोलती नहीं है। इसे काम में लगाना चाहिए तो यह खुल जाएगी। उसने कहा—

''अरी भौमा, तू वह बाण उठाकर मुझे दे दे।''

भौमा ने बाण दिया। वह वसु धनुष पर शरसंधान करने लगा। पुनः उसने भौमा से पानी पिलाने को कहा। वह भी हो गया। कुछ समय वसु अभ्यास करता रहा। फिर उसने अकस्मात् पूछा—

''भौमा, तेरी बहिनें कहाँ हैं?''

''मैं क्या जानूँ, या तो माँ के पास होंगी या···या फिर···।''

''या फिर क्या?''

''या फिर सोमा तो ज्येष्ठ भ्राता के पास होंगी और···रोमा···रोमा आयुर्वेद के पास।''

अब वसु के हँसने की बारी थी। यह भौमा तो बड़ी शर्मीली है किंतु इसका संकोच कितना मधुर है। वसु की रुचि बढ़ी—

''अच्छा भौमा, क्या तू जानती है कि तेरी बहिनें वहाँ क्या कर रही हैं।''

भौमा लजा गई, मुस्कराने लगी। वसु उत्सुक हुआ—

''भौमा, तू यहाँ मेरे पास क्यों आती है?''

उसने कोई उत्तर नहीं दिया किंतु सिर नीचा किए मुस्कराती रही।

''अच्छा, यही बता कि तू रो क्यों रही थी ?''

भौमा पुनः सिसकने लगी और उठकर चलने लगी। वसु हँसने लगा···उसने भौमा को पुकारा···''अरी, फिर वही···मैं कहता हूँ कि भौमा तू लौट आ···अच्छा, अभ्यास स्थगित। अब मैं तुझी से बातें करूँगा। अब रोना नहीं, अच्छे बच्चे रोते नहीं, चहकते हैं···तू बहुत अच्छी है, भौमा···आ, यहाँ मेरे सम्मुख बैठ और बातें कर।''

अब भौमा मुस्करा रही थी। उसने अश्रु पोंछ डाले थे और वह नतनयन पास बैठ गई थी।

''अच्छा भौमा, तू इसीलिए तो नहीं रो रही थी कि तुझसे कोई मीठी बातें नहीं करता? यही बात है न ?''

भौमा ने स्वीकृति में सिर हिलाया और मुस्कराई। वसु उसकी सुंदरता और शील पर प्रसन्न हो गया।

''भौमा, सुन, मुझे तू प्रिय लगती है, इसे किसी से कहना नहीं, बहिनों से भी नहीं, कहेगी तो नहीं?''

''नहीं कहूँगी।''

''साधु! तू तो बड़ी गूढ़ है भौमा, साधु···अब बता कि तू क्या चाहती है, क्या प्रिय करूँ तेरे लिये?''

''कुछ नहीं···मैं कुछ जानती ही नहीं।''

''तू चाहती है कि मैं तेरे साथ उसी प्रकार घुलूँ-मिलूँ, जिस प्रकार ज्येष्ठ भ्राता सोमा से और मँझले भाई रोमा से गप्पें मारते हैं या टहलने जाते हैं···किंतु वे तो चहकती हैं, खूब परिहास करती हैं और तू गुमसुम रहती है···अब मैं बोलता रहूँ और तू सिर हिलाती रहे तो कैसे चलेगा, अच्छा, तू सूचनाएँ ही दे। बता, कल की दिनचर्या बता, क्या-क्या किया?''

''कुछ नहीं, कुछ पढ़ा, कुछ देर यहाँ रही, कुछ क्षण माता के पास। फिर सो गए।''

वसु ने ठहाका मारा।

''अच्छा, यही बता कि तेरे कितने भाई हैं?''

''चार और तीन बहिनें।''

''वे भाई कहाँ हैं···?''

''पता नहीं, बहिनें जानती हैं।''

वसु चकित हुआ। वह सतर्क होकर पूछने लगा।

''बहिनों ने रोका होगा कि मूल निवास का पता मत बताना, यही न?''

भौमा ने सिर हिला दिया।

अब वसु का संदेह और बढ़ा—

"यहाँ आने के पूर्व तुम कहाँ थीं?"

"आचार्य बृहस्पति के आश्रम में।"

"और उसके पूर्व?"

"मैं नहीं जानती···आप बहिनों से पूछ लें···मैं जानती ही नहीं, क्या बताऊँ···मैं बता नहीं सकती···मुझे वर्जित किया गया है।"

"अच्छा? किसी से उसका देश, नगर, ग्राम पूछो तो वह तुरंत बता देता है, तुम क्यों छिपा रही हो···तुम मेरे प्रति प्रीति रखती हो, रखती हो न?"

भौमा ने स्वीकृति में सिर हिलाया। मैं भी तुमसे स्नेह करने लगा हूँ। अब इस परस्पर प्रीति में एक-दूसरे से भेद रखना, छिपाना अनुचित है या नहीं··· देखो, भौमा, मुझे जब तुम्हारे विषय में सब-कुछ ज्ञात होगा, तभी तो हमारी-तुम्हारी मैत्री बढ़ेगी···भेद रखने से तो भय रहेगा, मैं तुम्हें वचन देता हूँ कि मैं तुम्हारे रहस्य की रक्षा करूँगा, तुम निर्भय होकर बता दो।"

"आप किसी से कहेंगे तो नहीं?"

"नहीं कहेंगे।"

"मेरी बहिनों से भी नहीं कि मैंने आपको यह बताया है?"

"अरी भौमा, हम ऋषि हैं भार्गव, हम वचन देते हैं, किसी से नहीं कहेंगे।"

"मेरा मूल देश लंका है।"

"क्या···क्या कहा? तुम लंका की हो···स्पष्ट है कि तुम माहिष्मती से आई हो?"

"वहीं से।"

"और तुम्हें यहाँ विद्याधर ने भेजा है, यह भी सही है न?"

भौमा मौन रह गई।

"अब बस यह बताकर इस प्रसंग को समाप्त करो कि उसने तुम्हें क्यों भेजा है?"

"पढ़ने के लिए, सर्वोत्तम शिक्षा यहीं मिलती है।"

"नहीं, यह झूठ है···तुम्हारा प्रयोजन कुछ और भी है, वह क्या है?"

"भेजा तो आपकी हत्या के लिए है, विष देकर किंतु हुआ उलटा है···मेरी बड़ी बहिन यहाँ आकर बदल गई है और वह अब यहीं की होकर रहना चाहती है, मँझली बहिन भी और मैं तो आपके अधीन हूँ।"

"तो यह बात है···कोई चिंता नहीं। तुम पूर्ववत् रहो···तुम सच्ची हो, भव्य हो भौमा···तुमने भेद नहीं रखा, यदि बड़ी बहिन बदल गई है, तब तो ठीक है वर्ना आप तीनों आज की रात ही यहाँ से चुपचाप चली जाना वर्ना तुम तीनों को, शत्रु का मित्र होने के कारण प्राणदंड मिलेगा। आश्चर्य है कि तुमने वही भेद बता दिया जिसकी पूर्ति के लिए तुम आई थीं··· ।"

"मैं नहीं आई, बड़ी बहिन हमें लाई थीं···मैं तब भी प्रस्तुत नहीं थी पर क्या करती?"

"और तुम्हें मुझसे प्रेम के लिए प्रेरित। किया गया और तुम नाटक कर कभी मुझे विष दे देतीं?"

"पहले तो यही सोचा था किंतु जब आपको देखा तो सब बदल गया···बड़ी बहिन जो सब-कुछ कर सकती हैं, उनका भी हृदय परिवर्तन हो गया···मैं आपसे···आपसे प्रेम करने लगी हूँ···तब विष कैसे देती ? मैं क्या करूँ, क्या न करूँ, उस तनाव को झेल नहीं सकी और आपका स्नेह पाकर सब उगल दिया ।"

"तब सोचा नहीं कि इसका परिणाम क्या होगा?"

"सोचा था पर दोनों ओर भय था, है···तब सोचा कि जब हमें मरना ही है तो अपने स्नेहियों को धोखा क्यों दें···आपका प्रेम मिल गया, अब प्राणों का क्या मूल्य रह गया?"

वसु भार्गव को काटो तो खून नहीं···वह सिर पकड़कर बैठ गया और नारी-चरित्र की रहस्यमयता में भाँवरें भरने लगा···ये बेचारियाँ तो निर्दोष हैं···इनमें यह भौमा तो पूर्ण निर्दोष है···वह बड़ी वाली निश्चय ही राका होगी···भौमा से वसु ने पूछा—

"बड़ी बहिन का नाम राका है न?"

"वही है ।"

"और रोमा का नाम क्या है?"

"रति ।"

"और तुम्हारा?"

"पूर्णिमा ।"

"पूर्णिमा, तुमने अच्छा किया जो सब बता दिया और अब निश्चिंत हो जाओ, मैं तुम्हारे भाव की रक्षा करूँगा और तुम्हारी भी···तुम अभी पूर्ववत् रहना···अब तुम जाओ ।"

किंतु भौमा नहीं गई । वह सिसकने लगी । तब वसु ने उठकर उसके कंधे पर हाथ रखा और कहा—"भौमा, तुम्हारा कोई दोष नहीं । दोष किसी का नहीं, यह तो परिस्थिति की क्रीड़ा है···मैं यह सब जो तुमने कहा है, उसे रहस्य की तरह सुरक्षित रखूँगा और ऐसा प्रयत्न करूँगा कि तुम तीनों की कोई हानि न हो···भौमा, तुमने जो कहा है, वह तुम्हारी कल्पना या परिहास तो नहीं है?"

भौमा उठी और पास खड़े वसु भार्गव के पैरों पर गिर गई, रोने लगी । वसु ने उसे खड़ा किया तो वह उनके वक्ष पर सिर रखकर रुदन करने लगी—

"अच्छा, चलो मैं साथ चलता हूँ—माता के कुटज में छोड़ दूँगा ।"

दोनों चल पड़े । जो लोग देखते वे मुस्कराते, सोचते···ये दिव्य कन्याएँ बड़ी

चतुर निकलीं, तीनों भाइयों को वश में कर लिया···वे मणिप्रभा, वल्लरी और चंद्रकला तो असफल रहीं, भला, राम उनके सम्मोहन में कैसे आता किंतु ये जादूगर निकलीं, आश्चर्य है।

वसु भौमा को लेकर रेणुका माई के कुटज में आया। माँ ने दोनों को देखा, तौला, प्रसन्न हुई, बोलीं—''वसु, जोड़ी तो बढ़िया बनी है, तुम इस भौमा से विवाह कर लो···यह कितनी मनोरमा है।''

वसु हँसने लगा, कहा—

''माँ जो दिखाई पड़ता है वह वैसा ही नहीं होता···प्रत्येक प्रतीति के पीछे कोई पाश छिपा रहता है और राम का परशु ही यह नागपाश काट सकता है।''

''यह तू क्या कह रहा है वसु···कौन-सा पाश, कैसा पाश?''

''प्रीति का, स्नेह का···यह बन्धन तो सबसे दृढ़ पाश होता है न।''

माता तर्क हो गईं। वह संदेह से भौमा को भाँपने लगीं···भौमा, प्रणाम कर चली गई। तब माता ने वसु को प्रश्नवाचक दृष्टि से देखा। वसु बोला—''माँ, आपको बाद में सब बताऊँगा। कोई समाचार आया है, उधर से?''

''देवापि आया है, समाचार है कि विश्वावसु लौट रहा है, आने को है, सब कुशल है, राम भी सकुशल यात्रा कर रहा है···अभी समय लगेगा पर इस ग्रीष्म ऋतु में देवलोक की यात्रा पूरी कर लेगा और वर्षा ऋतु के बाद माहिष्मती पर आक्रमण होगा···देवापि से मिल लो तुम···वह अपने कुटज में होगा या कुलपति के पास।''

वसु चला गया। माता चिंतित हो गईं। वसु सीधा कुलपति के निकट गया। वहाँ देवापि कुलपति प्रचेतस् से गुप्त वार्त्ता कर रहा था। वसु को कुलपति ने बुला लिया। वसु ने कहा—

''देवापि, यहाँ का भेद क्या है?''

''वह तो आप बताइए, वहाँ के रहस्य मैं बता चुका हूँ···विश्वावसु मार्ग में हैं सकुशल, स्वस्थ···राजा अर्जुन अपनी राजधानी पहुँच गया।''

''यहाँ का रहस्य यह है कि राका, रति और उनकी लघु भगिनी पूर्णिमा ने नाम और रूप बदलकर यहाँ डेरा डाल दिया है और वे हम तीनों भाइयों पर प्रेमपाश फेंककर हमें भोजन में विष देने वाली थीं।''

''क्या? वह लंकिनी राका तो राजा अर्जुन की रक्षिता थी। विद्याधर ने उसे अर्जुन को सौंप रखा था और रति को भी क्या हुआ? आप तीनों इतने भोले हैं क्या कि उनके रूपजाल में फँस गए?···यह युद्ध की स्थिति है और बिना उनके बारे में पूछताछ किए उनसे घुलमिल गए?···राम ने सुन लिया तो प्रलय हो जाएगी···अहा, नियति का चक्र भी कितना अद्भुत है, विवाह का वचन दे दिया क्या?''

वसु को बुरा लगा, तड़पा—

"तुम हैहय हो, तुम भार्गवों को क्या भौंदू समझते हो···? अभी कुछ नहीं हुआ।"

"पर हो तो सकता था···प्रश्न यह नहीं है कि कुछ घटा नहीं, प्रश्न यह है कि आप तीनों ने उन अज्ञात कुलशील यातुधानियों को विश्वास में कैसे ले लिया···वे चाहतीं तो अब तक विष दे देतीं पर उन्होंने आपको मार नहीं डाला, इसके लिए आपको नहीं, उन्हें धन्यवाद देना चाहिए।"

"निश्चय ही हम उनके कृतज्ञ हैं पर उन्होंने घात नहीं की क्योंकि उनके हृदय-परिवर्तन हो चुके हैं।"

"अच्छा? यह तो रोचक दशा है।"

वसु ने पूछा—"कुलपति पिता, अब क्या होना चाहिए?"

"देवापि जो कहे, वही करणीय है···मैं समझता हूँ वे यदि सचमुच बदल चुकी हैं तो वे अमूल्य हो गई हैं···उन्हें कहीं सुरक्षित रखा जाए और उनसे भेद लिये जाएँ।"

देवापि की भी यही राय बनी। देवापि बोला—

"आप ऐसा करें वसुजी कि आप तीनों अपना प्रेम का नाटक जारी रखें··· उन्हें कोई संदेह न हो और न आश्रम में अन्य किसी को कोई संशय हो···आज ही उन्हें, बल्कि अभी, उन्हें आचार्य चक्रधर के आश्रम में अवंती भेज दिया जाए।"

वसु बोला—"किंतु अवंती-यात्रा में तो रहस्य छुपा न रहेगा···उन्हें आश्रम से नातिदूर किसी ग्राम में रखा जाए और वहाँ उनकी रक्षा के लिए एक गुल्म भेज दिया जाए···ग्राम में हमारे भक्त किसी को कुछ बताने से रहे।"

देवापि इस सुझाव से सहमत हो गया। दोपहर के भोजनादि के बाद शाम को तीनों कन्याओं को भ्रमण के बहाने पृथक्-पृथक् रूप में रुमण्ववान्, सुषेण और वसु ने नदी के तट तक पहुँचाया और वहाँ पहले से प्रस्तुत अश्वों पर बिठाकर एक ग्राम के ग्रामणी के घर पहुँचा दिया गया। ग्राम प्रमुख को बता दिया गया कि कन्याएँ भार्गव कुल की हैं और वे यहीं रहेंगी, उनको गुप्त रूप से रखा जाए और उन्हें घूमने-फिरने से रोका जाए—वे न मानें तो आश्रम में समाचार भेजा जाए···।

इधर से निश्चिंत होकर देवापि उस ग्राम से आश्रम लौटा और तीनों भार्गव भाइयों से कहा—

"आप उस ग्राम में आते-जाते रहें और चक्रवर्ती अर्जुन के भेद लें···राका और रति अत्यंत गोपनीय प्रसंगों से परिचित हैं, विशेषकर राका को राजा के सारे छिद्र ज्ञात हैं···अत: रुमण्ववान् सर्वप्रथम राका से वे भेद उगलवाएँ। राम के आने में अभी विलंब है। तब तक आप यह सब कर डालें। यह अति महत्त्वपूर्ण विषय है···और भार्गव भ्राताओ, आप कहीं उनके मोह में पुन: न आ जाएँ।"

सबने ठहाके लगाए किंतु वसु चिढ़ गया था, देवापि की धृष्टता पर। वह बिगड़कर कहने लगा—

''देवापि, तू श्रद्धाविहीन हैहय है···तू हमारे विषय में अयुक्त अभिमत रखता है।''

देवापि ने वसु को शांत किया—

''महाराज, हम आपके गौरव और आत्म सजगता से परिचित हैं···किंतु वे राक्षसी हैं, उनकी माया अपरंपार है···मुझे तो अभी भी संशय है कि इतना मूर्खतापूर्ण निर्णय विद्याधर ने कैसे ले लिया···वह क्या यह भी भूल गया कि मैं भार्गव पक्ष का भेदिया हूँ और मैं राका और रति को जानता हूँ···विद्याधर ने ऐसी भौंडी चाल क्यों चली, यही समझ में नहीं आता।''

कुलपति प्रचेतस् जमदग्नि की तरह सर्वदर्शी थे। वह दीर्घ मौन के पश्चात् कहने लगे—

''देवापि! क्या यह नहीं हो सकता कि विद्याधर जान गया हो कि राजा अर्जुन युद्ध में नष्ट हो जाएगा और परशुराम, विश्वावसु तथा उनके भाई अजेय हैं···इस स्थिति में उसने इन सुंदरियों के माध्यम से राम के पक्ष को अनुकूल करने का प्रयत्न किया हो?''

तब देवापि ने एक अन्य रहस्य बताया—

''कुलपति पिताश्री, मैं आपको बताना चाहूँगा कि विद्याधर लंका-नरेश की ओर से नियुक्त व्यक्ति है। अर्जुन कार्त्तवीर्य से लंका का राजा पराजित हो चुका है। वह युद्ध में तो जीत नहीं सकता अत: उसने कूटयुद्ध के लिए विद्याधर को मूर्ख अर्जुन की अवशिष्ट बुद्धि को नष्ट करने के लिए भेजा है···वस्तुत: कार्त्तवीर्य अर्जुन उतना बुरा मनुष्य नहीं था···वह अभागा है, राक्षस के कुसंग में उसने अपने कुलगुरु जमदग्नि का ही वध कर दिया और प्रजा के साथ स्वेच्छाचार करने लगा। उसने नए कर लगा दिए, विलास में भ्रष्ट और क्रूर हो गया···और भार्गवों से भिड़ गया···उसका पराभव हो, यही तो विद्याधर चाहता है। वह सफल रहा। अब जब परशुराम राजा के काल की भाँति प्रमाणित हो रहा है तो उसने उसी लंकिनी को, रति को, पूर्णिमा को यहाँ भिजवा दिया ताकि राका गूढ़ स्त्री बनकर, सारे भेद देकर रामपक्ष को अनुकूल कर ले और राक्षसहितों की रक्षा हो जाए···राम जीते तो विद्याधर राम का और हारे तो वह राजा अर्जुन का कार्यकर्ता है ही···यह रहस्य है।''

सभी भाई तथा कुलपति देवापि के रहस्यभेदन से प्रभावित हो गए और चक्कर में चक्करों, भेद में भेदों की शृंखला देखकर चकित रह गए। देवापि पुन: बोला—''एक अन्य चक्कर यह भी है कि मणिप्रभा राम पर आसक्त है, भक्त···इतनी कि वह चाहती है कि परशुराम अर्जुन को मारकर माहिष्मती का राजा बने। वह सहमत न हो तो कोई अन्य भाई सिंहासन पर बैठे और वह पट्टमहिषी का पद पाए···उस मणिप्रभा को चिंता, अपनी बहिन की, अपने भांजे जयध्वज और स्वजनों की है···और बृहत्बल राजा, विदर्भ नरेश भी मणिप्रभा के इस विचार का विरोधी नहीं, अतएव यह संभव है कि मणिप्रभा अपने वीर भ्राता, भीम वैदर्भ से

कहे कि वह अर्जुन के पक्ष में भले ही लड़े किंतु सही समय पर ससैन्य भार्गव पक्ष में आ जाए, मेघवज्र शर्याति की तरह अतएव युद्ध में विजय का सूत्र मणिप्रभा और राका के हाथ में है।

यह सुनकर सब विस्मय में जड़ हो गए, और कुलपति ने कहा—''देवापि, हम सब तुम्हारे कृतज्ञ हैं।''

28

वंक्षु नदी (आमू दरिया) सरस्वती जैसी विशाल और वेगमयी थी। पवन की वल्गा पकड़े राम उसके तट पर खड़े देवलोक का दृश्य देख रहे थे। तट पर और तट के निकट आश्रमों की पंक्तियाँ थीं जिनसे यज्ञधूम्र उठकर आकाश में चित्रकारियाँ कर रहा था। वह राम देवलोक में किसी देवयोद्धा से खड़े थे जैसे शून्य से किसी मनुष्यता के प्रतिमान ने अपने को अचानक भास्वरित किया हो। राम को प्रतीति हो रही थी कि जैसे वह पूर्वजों के देश में आ गए हों···एक अनिर्वच ममत्व वह अनुभव कर रहे थे जैसे मूल धरती ने उनके पैर जकड़ लिये हों···कुछ ऐसा बंधन होता है जिसे व्यक्ति महसूस तो करता है किंतु उसे कह नहीं पाता। जब कोई प्रवासी स्वेदश लौटता है, तब ऐसी ही प्रतीति होती है। राम को वहाँ पिंगलकेशी आर्य दिखे जिनके केश और दाढ़ियाँ पीले वर्ण के थे और नेत्र नीले थे—वे लंबे, छरहरे, दृढ़ और भव्य थे···सचमुच, ये देवताओं जैसे हैं। इन्हीं को देखकर इंद्र की कल्पना की गई होगी···राम को अनार्य भी दिखे जो कई प्रकार के थे। उत्तर-पूर्व के अनार्यों के केश तो थे पर दाढ़ियाँ छोटी-छोटी थीं। कपोलों की अस्थियाँ उभरी हुईं, नेत्र छोटे किंतु तीखे और आर्याना की ओर के अनार्य आर्यों की तरह लगते थे। देवलोक में सप्तसिंधु की तरह अनेक नृवंशों के नमूने थे। मेधावी और मेघवज्र राम के पास आए और कहा कि ऋषि देवल, कश्यप ने बुलाया है।

ऋषि देवल कश्यप सागर क्षेत्र से आए थे और अत्रि ऋषि के आश्रम में अतिथि थे। राम ने कक्षीवंत ऋषि, देवधाता, राजा तिरिंदर और संभूत त्रासदस्यु आदि को साथ लिया और घोड़े बाहर छोड़कर नंगे पाँव नम्रता से आश्रम में गए। आतिथ्य-सत्कार के पश्चात् राम ने उन्हें अपनी यात्रा का वृत्तांत सुनाया और करबद्ध होकर पूछा—''ऋषिवर, आर्यों की मर्यादा, गौरव, स्वतंत्रता और प्रतिष्ठा देवलोक के आर्यगणों और ऋषि-मुनियों के अनुग्रह पर निर्भर है आप जानते ही हैं कि दुष्ट राजा अर्जुन ने सहस्त्रों आर्य राजाओं और ऋषियों को यमुना-युद्ध में हताहत किया है और आश्रम भस्म कर दिए हैं। वह कार्त्तवीर्य आर्यों में, अनार्यों में, प्रबलतम है। उसका पराभव—देवलोक, शाकद्वीप, उत्तरकुरु और आर्यायण या आर्याना (ईरान) के सहयोग के बिना असंभव है। अतएव आप हमारा पथ-प्रदर्शन करें।''

देवल कश्यप दाढ़ी पर हाथ फेरते हुए सोचते रहे, आत्रेय ऋषि भी। फिर देवल ने कहा—

''जामदग्न्य राम, तुम अकेले ही उस महिषासुर माहिष्मती के अर्जुन का हनन कर सकते हो···तुम रुद्रदेव के पुत्र और शिष्य हो···किंतु युद्ध के बहाने तुम भूले-बिसरे हम लोगों को गौरव देने के हेतु आए हो···तुम समग्र जम्बूद्वीप को इस युद्ध के संदर्भ में एक करने आए हो···तुम्हारी विजय हो···यह ग्रीष्म ऋतु है और इस ऋतु में ही तुम्हें देवलोक और उत्तरकुरु की यात्रा कर लेनी है। तुम अपनी सेना यहीं छोड़कर कुछ चुने हुए नायकों के साथ ऋषि रूप में यात्रा करो अन्यथा दस्यु आक्रमण करेंगे···वे सेनाओं को नहीं सहते अतएव, राम तुम अश्वों पर, पैदल, जलमार्ग से, जैसा जहाँ सुपास हो, वैसे यात्रा करो···प्रथम तुम आर्यायण (ईरान) जाओ, मार्ग में पृथुवंशी पार्थवों के राजा से मिलो, पुनः तुम उसके मार्गदर्शन में आर्यायण जाना···वहाँ तुम्हारे पूर्वज उशना कवि के वंशज हैं, आर्यायण वालों के पुरोहित आथर्वण कवि शुक्र आश्रम पीठ के पीठाधिपति···वे वहाँ परशु देश के आर्यों-अनार्यों को तुम्हारे साथ कर देंगे··· तुम्हारा यश तो सर्वत्र फैल चुका है।''

आत्रेय ऋषि ने सहमति जताई, कहा—

''राम! मैं तुम्हारे मार्गदर्शन के लिए अपने परम शिष्यों को भेजूँगा··· ऋषि कक्षीवान् तुम्हारे साथ ही हैं और चक्रवर्ती मांधाता का पुत्र देवधाता तुम्हारी छाया की भाँति है···चक्रवर्ती मांधाता को आर्यायण में सब जानते हैं, अतएव सब शुभ होगा और जय होगी।''

''भगवन्, यही होगा किंतु फिर शाकद्वीप होते हुए उत्तरकुरु के लिए पुनः यहीं वंक्षु को लौटना होगा न?''

''अवश्य, अन्य कोई मार्ग नहीं है···उधर आर्यायण और पार्थ देश से जो सेना तुम्हारे साथ आएगी, उसे भी यहीं रोककर तुम उत्तरकुरु और मेरुमंडल चले जाना और उधर का सैन्यबल लेकर यहीं आ जाना। पुनः लौटकर आर्यस्थान की शक्ति का संग्रह कर तुम सप्तसिंधु लौट जाना।''

''जो आज्ञा, प्रभो! अब अनुमति दें।''

ऋषि आत्रेय बोले—''नहीं, संध्याकाल के यज्ञ में सम्मिलित होना, रात्रि का भोजन यहीं करना, तब अपने शिविर में जाना···तुम्हारी वाहिनी के लिए सामग्री भेज दी जाएगी और नायकों तथा ऋषि कक्षीवान् सहित तुम यहीं यज्ञ का प्रसाद पाओ।''

अनुगृहीत राम ने पूछा—''ब्रह्मर्षि! मुझे ऐसा लगता है कि देवलोक में आर्य सभ्यता से अधिक अनार्य जनगण की स्थानीय संस्कृति अधिक प्रभावशालिनी हो गई है—नहीं?''

''तुम ठीक कहते हो राम, तथापि यहाँ हम पैर रोपे हुए हैं। यहाँ वेदपाठ,

यज्ञयाग हो रहे हैं, मंत्रों का संग्रह-संरक्षण भी···अन्य भौतिक शास्त्र भी रचे जा रहे हैं और हम उनकी प्रतियाँ सप्तसिंधु भी भेजते रहते हैं। उधर से भी यही होता है, आवागमन भी जारी है पर तुम जानो कि दूरियों के कारण इस प्रवाह में अवरोध आ जाते हैं।''

दूसरे-तीसरे दिन राम, नायकों, कुछ सैनिकों के साथ ऋषि कक्षीवंत को आगे कर यात्रा पर चले। पर्जन्य गांधार ससैन्य वंक्षु प्रदेश में रह गया और रामादल भी उसी को सौंप दिया गया। राम कभी पवन पर, कभी दौड़ने योग्य प्रशस्त स्थल मिल जाने पर चायमान-चाल से धावक की भाँति चलते और आँधी की तरह उड़ते—पवन उनके पीछे दौड़ता। हाँफने पर दम लेते और ऊबड़-खाबड़ मार्ग आने पर धीमी गति पकड़ लेते। कई दिनों बाद वह राजा पृथु के वंशजों—पार्थों के देश (पार्थिया) पहुँचे। पृथुवंशजों को परिचय मिला। राम का स्वागत हुआ। प्रमुख पार्थ ने राम को बताया—

''जामदग्न्य राम! आपका स्वागत है···सुना जाता है कि हमारे पूर्वज राजा पृथु ने ही यह पृथिवी बसाई थी और इसी से वह पृथिवी कहलाती है···हम अब उनके उत्तराधिकारी उतने प्रतापी नहीं रहे किंतु हमारा गण और हमारी अनार्यप्रजा में वीरों का अभाव नहीं है···हम उन हैहयों को मथेंगे। आप आर्याना जा रहे हैं। उधर से लौटने पर हमारी वाहिनी सन्नद्ध मिलेगी और हम उसका व्यय वहन करेंगे।''

''तथास्तु, राजा जैसा सुना था, वैसा ही आपको पाया, उससे भी अधिक आप व्यय की चिंता न करें और सेनापति नियुक्त करें।''

''हम स्वयं सेना लेकर चलेंगे, यह तो धर्म-युद्ध है, यज्ञ है, आराधना है!''

''साधु, तो आप कुछ मार्गदर्शक हमें प्रदान करें और आज्ञा दें।''

राम आर्यायण गए। वहाँ वह पूछताछ कर कवि उशना शुक्राचार्य के आश्रम पहुँचे। राम को देखकर वर्तमानकाल के उशना भार्गव ऋषि वात्सल्य से भावुक हो गए। उन्हें सब वृत्तांत बताकर राम ने ऋषि चायमान के गण का पता पूछा। वह उन्हें बताया गया। राम उशना भार्गव के यहाँ कई दिन रुके। थकावट उतारी और शुक्राचार्य से परंपरागत ज्ञान और शस्त्रविद्या के रहस्य सीखे। उशना आथर्वण ने राम को एक अमोघ अस्त्र दिया जो एक वज्र था। वह लौहवज्र भारी था और उसमें लोहे के आरे लगे थे। उशना ऋषि स्वयं विराट् शरीरी थे। उन्होंने वज्रसंचालन करके दिखाया। कहा—

''राम! जब शत्रुसंकट आए, इस वज्र का प्रहार करना, यह चूकेगा नहीं। यह अपनी धमक से रथसहित रथी को, गजों को चकनाचूर करता है और यह अपनी धधक से सब जला देता है···इसके भीतर अग्नि चूर्ण भी भरा रहता है···चलते ही वह जल उठता है···राम, इसे धारण करो। तुम्हारी जय हो। और सुनो,···यहाँ हमारे यजमानों में परशुगण भी हैं, वे भी माहिष्मती जाएँगे। यहाँ के राजा की सेना भी जाएगी और तुम जब तक चायमानगण से मिलकर लौटोगे, सैन्यबल तैयार

मिलेगा···तुम्हें कल राजा से भेंट करा देंगे···वह अपने को अभी भी कवि कहते हैं और असुर···वे इंद्र को भी असुर मानते हैं पर आर्यआथर्वण को कुलपुरोहित बनाते हैं। वह चक्रवर्ती हैं, तुम्हें देखकर उन्हें लगेगा कि कोई सुर प्रकट हुआ है पर वे तुम्हें असुर ही कहेंगे···उनका नाम यमि है यम का पर्याय···वह यम की भाँति ही प्रचंड है और उनके बल की कोई सीमा नहीं···तुम्हारा वह अर्जुन तो सहस्रबाहु है, हमारा यमि तो शतसहस्रबाहु है।''

राम प्रभावित हुए। दूसरे दिन, कक्षीवान्, उशना, शुक्राचार्य और राम का नायकों सहित राजा यमि के दरबार में सुघड़-स्वागत हुआ? राम ने राज्यसभा को सम्मोहित कर दिया। राजा यमि युद्धप्रेमी था। उसने परशुराम की परीक्षा के लिए शस्त्रसंचालन कराया। राम ने धनुर्विद्या का प्रदर्शन किया और परशु-प्रहार का भी। राजा यमि ने पूछा कि क्या राम शब्दवेध कर सकता है ? राम ने आहट पर बाण मारकर लक्ष्य को गिरा दिया और द्वंद्व-युद्ध के लिए ललकारा। राजा के सेनानी डर गए किंतु महासेनापति तैयार हो गया। नियमानुसार प्रदर्शन के लिए द्वंद्व-युद्ध हुआ। महासेनापति भी युद्धकुशल था किंतु वह राम का हस्तलाघव और बल देखकर विस्मित रह गया। उसने राम को प्रणाम कर उन्हें अपना गुरु मान लिया। राजा से बोला—

''महाराज, यह मनुष्य नहीं, यह तो देव है···यह तो साक्षात् यमि है···मैं अपनी पराजय स्वीकार करता हूँ।''

राजा यमि को कुछ हीनता-सी अनुभूत हुई। वह स्वयं द्वंद्व के लिए कूद पड़ा···

''आओ राम! मैंने तुम्हारी अजेयता के विषय में बहुत सुना है···तुम मुझे युद्ध में छका दो तो मैं अपने पुत्र यमि राजकुमार को उस हैहय यादव का सामना करने भेज दूँगा···तुम हार गए तो मैं तुम्हारी कोई सहायता नहीं करूँगा, ठीक है?''

''तथास्तु!''

राम और राजा यमि, रुक्म (कवच) शिरस्त्राण, हस्तघ्नि आदि धारण कर पर्याप्त दूरी पर खड़े होकर धनुर्वेद का प्रदर्शन करने लगे। बाण चले, कट गए। पुनः बाणों से अग्निवर्षा हुई, पवन चला, बादल उमड़े किंतु राजा चिल्लाया—''राम! बचो मैं आर्यायण का महाबाण चलाता हूँ।''

वह भयंकर अस्त्र था किंतु राम ने उसके टुकड़े कर दिए। अब राजा यमि के चकित होने की बारी थी।

यमि करताली बजाने लगा। उसने राम की सराहना की। अचरज ज़ाहिर किया। फिर कहा—

''राम, आनंद आ गया···तुमने मेरा आर्यायण-बाण काट दिया···अब मैं तुम्हारा परशुयुद्ध में हस्तकौशल देखना चाहता हूँ।''

दोनों परशु लेकर भिड़ गए। राम की पग गति, रक्षा और प्रहार के दाँव देख राजा यमि बहुत प्रसन्न हुआ। वह दहाड़ा—

"राम बचो, मैं प्रहार करता हूँ।"

राजा यमि ने कराल परशु का राम के कंठ पर प्रचंड प्रहार किया किंतु राम ने उसे परशु के बेंट पर लिया और वे दोनों बल आजमाने लगे। अंततः राम ने राजा को पीछे धकेल कर परशु का तिरछा वार किया...यदि राजा पर कवच न होता तो वह कट जाता। राजा ने परशु फेंक दिया और राम से लिपट गया—

"तुम्हारा परशुराम नाम सटीक है, अहा, ऐसा योद्धा आर्यायण में नहीं है और यदि वह मेरे देश में नहीं है तो अन्यत्र कहीं नहीं हो सकता...राम, तुम विश्वबाहु हो...तुम निश्चय ही उस हैहय को हत करोगे किंतु मैं तुम्हारा शरीर बल भी देखना चाहता हूँ...मैं यमि हूँ...मल्लयुद्ध में मैं तुम्हें निश्चय ही रगड़ डालूँगा, आओ।"

अखाड़े में दोनों लंगोट चढ़ाकर नग्नवदन सुर-असुर से उलझ गए। यमि ने राम को भ्रम में डालकर उनके भुजदंड बाँध लिये और वह इस घात में था कि टँगड़ी लगाकर राम को पटक दे किंतु राम की भुजाओं के बल के दबाव से राजा यमि का दाँव चला ही नहीं...दंड क्या थे जैसे कि वे लौहदंड हों...दाँव खाली जाने पर यमि ने राम को बगली मारी (पार्श्व-बंध) और उसने राम की बगलों में हाथ डालकर पीछे से उनकी गरदन बाँध ली और बल लगाया कि राम झुककर गिर पड़ें किंतु राम ने लीलाभाव से ही झुकाई देकर शरीर को ऐसा हिलाया जैसे उन्हें झुरझुरी आ रही हो...राजा, राम की पीठ से ऊपर उछला, उसके हाथ राम के वृषभ कंधों के दबाव से छूट गए और वह अखाड़े में धड़ाम से जा गिरा। राम ने सिंह की तरह झपट्टा मारकर राजा को रगड़ना शुरू किया। वह उठ न बैठे, इस हेतु राम ने उसके कंठ में भुजाओं से कैंची बाँध ली थी। राजा यमि ने बहुत बल लगाया किंतु सँडसी की तरह उसकी गरदन कस गई थी। राम ने उसकी खूब रगड़ाई की और कटिप्रदेश में हाथ डालकर राजा को चित कर दिया। राजा हाँफता हुआ आकाश देख गया। पुनः वह उठा, झूमता रहा और साँस सधने पर वह राम का आलिंगन कर उसकी पीठ थपथपाने लगा—

"राम, तू मुझसे बच गया आज, अब तू अजर-अमर हो गया...यमि तुझसे हार गया...तू कालजयी होगा, परशुराम, जब यमि हार गया तो यमराज भी तेरे पास नहीं फंटकेगा।"

उसने एक नोकदार गदा मँगाई और वह विजय चिह्न भेंट किया। चारों ओर राम की जयजयकार होने लगी, राजा यमि की भी। राम राजा यमि की शक्ति और हस्तलाघव से प्रभावित हुए, कहा—

"राजा यमि, आप निश्चय ही महाबली हैं,...जय-पराजय तो संयोग की बात है...आपने जानबूझकर मुझे जिता कर अपना बड़प्पन दिखाया है, आप वस्तुत; यम हैं। आपका कल्याण हो।"

"नहीं, परशुराम तुम विश्वबाहु हो, तुममें देव-अंश है वरना मनुष्य तो यमि को परास्त कर ही नहीं सकता। तुम चायमानगण से मिल आओ, तब तक यमि-

सैन्य-बल, सन्नद्ध मिलेगा···मैं अपने ज्येष्ठपुत्र यमि असुर को भेजूँगा···माहिष्मति के उस महिषासुर को आर्यायण की शक्ति का स्वाद चखाकर, हमारा यमि राजकुमार लौटेगा और तुम्हारी विजय निश्चित कराएगा। तुम्हारी जय हो।''

राम ऋषि चायमानगण से मिलने गए। वे संख्या में कम किंतु शास्त्रज्ञ योद्धा थे। वे अपने पितृव्य चायमान के यश और राम के प्रति उनके वात्सल्य से परिचित थे। वे सहज ही राम का साथ देने के लिए उत्सुक थे। चायमानगण की सेना लेकर कुछ दिनों बाद परशुगणों के प्रमुख से मिले और वे तो जमदग्निवध से क्रोधाग्नि में उबल ही रहे थे। अतः परशुगण के सैन्यबल सहित, राम लौटकर राजा यमि के यहाँ आए और यमि के यम-सैनिकों सहित पार्थदेश वापस हो गए। वहाँ रुककर और पार्थों को आगे कर सब देवलोक में वंक्षु के तट पर जम गए।

राम, तिरिंदर, संभूत, त्रासदस्यु, देवधाता, मेधावी, मेघवज्र शर्याति, चायमानगण के गणेश, चायमानप्रमुख, उशनाकवि-पुत्र सहित, ऋषि कक्षीवान् को आगे कर शाकद्वीप और उत्तरकुरु की यात्रा पर चले। जहाँ वर्तमान समरकंद है, वहाँ उस समय भयंकर अनार्य यूथ रहते थे। सुंदर अश्व और चमकदार यात्रियों को देखकर उन्होंने लूटपाट के लिए हमला कर दिया। त्रासदस्यु संभूत, दस्युवृत्तिवालों का काल था। उसने हाथ उठाया, सावधान कहा। मोर्चे लेकर संभूत और तिरिंदर ने बाणों की झड़ी लगाकर कबीलों को रोक दिया। वे भागने लगे। उनके अनेक साथी छिद गए। तब उनके प्रमुख चकित रह गए और उसने आगे बढ़कर ललकारा—

''तुम लोग कौन हो और कहाँ जा रहे हो?''

राम ने हँसकर परिचय दिया कि वे यात्री हैं और उत्तरकुरु जा रहे हैं। राम का नाम सुनकर तथा ऋषियों तथा मांधाता चक्रवर्ती का उल्लेख होते ही वह भीषण शकराज शांत हो गया। उसने अनजान में आक्रमण पर खेद प्रकट किया। राम के साथियों को समरकंद के फल और मतीरे खिलाए, खरबूज़ों-फूटों और तरबूज़ों से उनके खच्चरों और टट्टुओं को लाद दिया और पथप्रदर्शक भी दिए।

शकदेश की यात्रा में विघ्न अधिक पड़े किंतु रामादल को रोका नहीं जा सका। वे दिन-रात चले और वर्तमान ताजिकस्तान पार कर वे चक्कर काटकर उत्तरकुरु में जा पहुँचे। उस समय भी विश्व प्रसिद्ध रेशम मार्ग चालू हो गया था। उसी को पकड़कर, मार्ग में समर्थन जुटाते हुए वे उत्तरकुरु गए। वहाँ राम ने पृथुपरशुवाही भार्गवों का पता पूछा।

राम ने देखा, उत्तरकुरु में अनार्यों के बहुमत के बावजूद आर्य आश्रमों और आर्य राजाओं या प्रमुखों का अभाव नहीं है और वे राम के प्रति अनुकूल हो गए। पृथुपरशुवाही भार्गवों के एक आश्रम में राम का डेरा पड़ा। राम ने ऋषि से परामर्श किया—

''भगवन्, मैं मेरुमंडल देखना चाहता हूँ, वहाँ, सुना है कि स्वर्ग है और

वेदध्वनि होती रहती है···सूचना है कि वहाँ देवता हैं, स्वर्ण और रत्न हैं और अलौकिक अस्त्र-शस्त्र हैं। राजा इंद्र का वहाँ दरबार लगता है, वहाँ उर्वशी, रंभा और मेनका हैं, आचार्य बृहस्पति हैं, क्या यह सत्य है?''

''यह सत्य भी है और असत्य भी है···देवता वहाँ दिखते तो नहीं किंतु वहाँ घोर एकांत है···गगनचुंबी पर्वत और जनशून्य घाटियाँ हैं, विरल पथ हैं···कहीं कुछ पशुपालक हैं···राम, वह क्षेत्र अगम्य है···आप ऐसा करें, अपने इन साथियों को यहीं छोड़ दें और ऋषि कक्षीवान् आंगिरस, देवधाता मांधाता सहित आप पधार जाएँ। शेष यहीं रहें। वहाँ निर्जनता है, भय नहीं है पर यात्रा स्वयं भयावह है···मैं मार्गदर्शक भेजता हूँ, खच्चरों पर सामग्री···आप तो स्वयं देवता हैं, शायद वहाँ आपको देवता दिख जाएँ। वे मिल गए तो उनके वरदान से आप कृत्कृत्य हो जाएँगे।''

मेरुमंडल सचमुच दुर्गम था। वहाँ सँकरी पगडंडियाँ थीं, कहीं-कहीं, वर्ना वहाँ अधिकतर ऐसे स्थल थे जहाँ कभी किसी के पैर नहीं पड़े थे। पर्वतों के नीचे नदियाँ बह रही थीं, बर्फ पिघल रहा था। पहाड़ों के आसपास इतने संक्षिप्त मार्ग थे, इतने चिकने, बर्फ से ढँके कि पैर फिसला और नीचे हजारों फीट गिरे, जहाँ हड्डी-पसली का चूरा बन जाता किंतु राम तो राम थे। वे किसी प्रकार भारी कष्ट सहते हुए एक घाटी में पहुँच ही गए और वहाँ रुक गए। राम ने पूछा कि यह स्थल कहाँ है तो उन्हें पृथुपरशुवाही के मार्गदर्शकों ने बताया कि यह घाटी मेरु के केंद्र में है···आगे पहाड़ हैं और मार्ग नहीं हैं। अतएव राम यहीं साधना करें···आगे जाना तो आत्महत्या है···वहाँ कुछ नहीं है···केवल पर्वत हैं, उनकी शृंखलाएँ पुनः आगे गर्मियों में भारी हिमस्खलन होता है—यहाँ भी घाटी में वन्य जीव-जन्तुओं का खतरा है··· ।

राम वहीं रुक गए और ऋषि कक्षीवान् तथा राम ने देवाराधन शुरू किया। उन्होंने चकमक पत्थर से अग्नि-संस्कार किया और खच्चरों पर लदी सामग्री से यज्ञ आरंभ किया। राम ने इंद्रदेव का आह्वान किया—''हे इंद्र! जिस प्रकार दूध दुहने वाला गायों को बुलाता है उसी प्रकार अपनी रक्षा के हेतु हम भी आपको बुलाते हैं। हे सोमपानकर्त्ता इंद्र, हमारे त्रिश्रवण यज्ञ में पधारो। तुम बलशाली हो···हे रिपुमर्दन इंद्र, तुम्हारी कृपा से शत्रु और मित्र हमारे हेतु सौभाग्यशाली हैं···हे शतक्रतु इंद्र, तुम संग्राम में महान् योद्धा हो···अनंतगुण संपन्न इंद्र हमारे उद्देश्यों का साधन करें···हे शत यज्ञकर्त्ता इंद्र, तुमको सोममंत्र और ऋक् मंत्र प्रतिष्ठित कर चुके हैं। हमारी स्तुति भी तुमको प्रतिष्ठित करे···हे स्तवनीय इंद्र, तुम सामर्थ्यवान् हो, ऐसा करना कि विरोधी हमारे शरीर पर आघात न कर सकें, हमारा वध न हो···जो प्रताप में सूर्यरूप से, हिंसाशून्य अग्निरूप से और विहरणकर्त्ता मरुद्गण रूप से अवस्थित हैं, उन्हीं इंद्र से हम मनुष्य संबंध स्थापित करते हैं···उग्र इंद्र, अपनी अप्रतिहत, रक्षणशक्ति द्वारा महासमर में हमारी रक्षा करना···इंद्र हमारे ही हैं।''[1]

---

1. ऋग्वेद, प्रथम मंडल, सूक्त 4 से 10

ऋषि कक्षीवान् और राम ने एकाग्रचित्त होकर देर तक इंद्र, यम तथा अग्नि के मंत्र पढ़े और हवि दी और देव-आवाहन में अपनी सुध-बुध भूल गए। दिन में भोजन-विश्राम कर रात्रि में राम पुनः इंद्र के ध्यान में निमग्न हो गए। कई दिन ऐसा ही हुआ। एक रात्रि राम की समाधि लग गई···मेरुमंडल में, रात्रि की भीषण सर्दी में, चलती हवाओं के सतत तीव्र प्रवाह में, आसपास होते हिम-स्खलन से टूटती-गिरती शिलाओं की महाध्वनियों में, आकाश पर घिरते, अचानक गरजते मेघों में, लपालप करती बिजली की कड़क में परशुराम अविचलित रहे···तब इंद्रजाल प्रकट हुआ। राम ने देखा कि वह इंद्रसभा में पहुँच गए हैं। राजा इंद्र एक अद्‌भुत रत्नजटित सिंहासन पर विराजमान थे···नवरत्नों से जड़े हुए किरीट के कारण इंद्र के मुख पर दृष्टि स्थिर नहीं हो पाती थी। उनके स्वर्णकुंडल कानों में हिल रहे थे, पिंगल केश मुकुट से बाहर निकले हुए पीतवर्ण के सर्पों से लहरा रहे थे। उनकी विराट् भुजाओं पर बाजूबंद बँधे थे, कटि में स्वर्ण मेखला थी, वक्ष पर स्वर्णहारों के वृत्त थे। वह गंगा-सी धवल धोती धारण किए थे और उनके पैरों में कामदार मखमली जूतियाँ थीं जिनकी नोकें, पूँछ उठाए बिच्छुओं सी तनी हुई थीं। उनका चमकता वज्र इंद्र की दाहिनी भुजा के पार्श्व में डटा हुआ था और विद्युत् जैसा कौंध रहा था।

···सम्मुख उर्वशी नृत्य कर रही थी। देवगुरु बृहस्पति नृत्यकला को दत्तचित्त होकर देख रहे थे। अलौकिक बाजे बज रहे थे और उर्वशी के हाव-भावों, पगगतियों और नृत्त की चाल और लाघव पर 'साधु-साधु' हो रही थी। सूर्य, यम, वरुण, अग्नि तथा अन्य देवता चमचमा रहे थे। नेपथ्य में वेदपाठ की ध्वनि आ रही थी और दिव्य विहंगों के वृंद गान गूँज रहे थे···वहाँ सब स्वर्णमय था। राज्यसभा इतनी प्रशस्त, अलंकृत और भव्य थी कि आश्चर्य होता था। सभा द्वार पर कई द्वारपाल सशस्त्र सावधान खड़े थे और सोमरस के दौर चल रहे थे···तभी परशुराम, धनुष और परशु से सजे-बजे वहाँ पहुँचे। द्वारपाल ने रोका—"आप कौन हैं, और यहाँ मनुष्यों का क्या कार्य···आप जाइए वर्ना हम आपका यह जटाजूट नोच डालेंगे। राम ने परिचय दिया और बताया कि इंद्र ने बुलाया है। मैं अनाहूत नहीं आया हूँ···मैं भृगुपुत्र राम हूँ···तुम जाकर इंद्र को कहो।"

द्वारपाल गया। इंद्र ने सूचना मिलने पर उसे डाँटा और राम को सादर बुलवाया। पर राम के विचित्र वेश और भयंकर परशु की प्रभा छिटकने से देवगण स्तब्ध रह गए। राम ने परिचय सुनाया—

"मैं जामदग्न्य राम, भृगु वंशी, महाराज इंद्र के अनुग्रह के हेतु आया हूँ···भेंट में सोमरस पृथिवी से लाया हूँ, देवगण तथा देवेंद्र स्वीकार करें।"

देवमंडल हर्षित हुआ। राम ने रोमरस से भरा कलश इंद्र के चरणों में रख दिया। देवगुरु बृहस्पति ने परिहास किया—

"इंद्र, भृगुपुत्र का स्वागत करो वर्ना जैसे विष्णु को भृगु ने ठोकर मार दी थी, उसी प्रकार यह आदि भृगु से भी उग्र परशुराम तुम्हें आहत करेगा।"

सभा में अट्टहास हुआ। इंद्र ने राम को प्रणाम किया और पार्श्व में आसन दिया, कहा—

''जामदग्न्य राम! कैसे कष्ट किया!''

''देवराज, माहिष्मती के राजा कार्त्तवीर्य अर्जुन ने आर्य धर्म, मानव धर्म छोड़ दिया। वह राक्षस हो गया है। उसने मेरे पिता का वध कर दिया…सरस्वती नदी के आश्रम जला दिए और सहस्रों यज्ञों में आपका आवाहन करने वाले पवित्र ऋषियों तथा धर्मज्ञ राजाओं को मार डाला।''

इंद्र तड़पे, ''उसका यह दुस्साहस! देवगुरु, क्या परामर्श है?''

''राम को विजय मिले, ऐसा किया जाए…यह रुद्रदेव का पुत्रवत् शिष्य है तथापि आप इसको आशीर्वाद दें और अस्त्र-शस्त्र भी प्रदान करें और युद्ध में सहायता करें, स्वर्ण और रत्न दें।''

''तथास्तु।''

इंद्र ने हवा में हाथ उठाया और पाँच अस्त्र राम को दिए। एक वज्र, एक खड्ग, एक बरछी, एक धनुष और तरकस तथा एक परशु…इसके सिवा एक अवेध्य कवच और अपने जैसा शिरस्त्राण भी दिया, कहा—

''राम, तुम तो स्वयं रुद्र-विष्णु अंशधारी हो तथापि देवता तुम्हारे पक्षधर हैं क्योंकि वे पृथिवी लोक में अशिवत्व और अत्याचार सहन नहीं कर सकते…तुम उस असुर अर्जुन को मारकर धरती का भार हलका करो…तुम्हारा पथ प्रशस्त हो, जय हो…तुम्हारी कोई और इच्छा?''

''आर्य, इच्छा नहीं, पुण्य का संकल्प करते हैं राजन्, हमें कुछ नहीं चाहिए। बस, आप हमारे समर्थकों की मति अनुकूल किए रहें ताकि हम यह देवकार्य कर सकें।''

''तथास्तु…और कुछ?''

''और कुछ नहीं, कृपाभाव रहे, बस…आचार्य बृहस्पति, देवगुरु, आप देवसम्राट् तथा देवताओं को हमारे अनुकूल किए रहें, यह प्रार्थना है!''

''तथास्तु! राम, तुम मृत्युलोक में भी मृत्युञ्जय हो…तुम, मानवयोनि के उत्कृष्टतम आदर्श हो। जाओ, विजय होगी…शुभास्तु ते पंथानाः!''

राम प्रणाम कर लौटने लगे। अप्सराएँ राम को देखकर भयभीत हो गई थीं। ऐसा विचित्र और विकट जीव उन्होंने कभी नहीं देखा था। एक अप्सरा तो अचेत हो गई…वह डरकर ई ई ई करने लगी। सभा में अट्टहास हुआ। मेनका ने उसे बरजा—

''तू डर मत, यह परशुधारी राम तो मेरा संबंधी है?''

''अच्छा?''

''हाँ, वह विश्वामित्र हैं न, जिनका मैंने तप भंग कर दिया था, यह उसकी बहिन सत्यवती का पौत्र है, यह राम—इसमें अपने नाना की उग्रता भी है और

हृदय की विशालता भी, करुणा और कोमलता भी···तू इसका तप भंग करना चाहे तो जा और इससे विवाह कर लेना!''

वह अप्सरा यह सुनते ही पुनः मूर्च्छित हो गई। अबकी बार इंद्र भी ठहाके मारने लगा। मेनका ने राम को भेंट में अलंकार दिए। राम इस सबसे अप्रभावित अपनी धुन में मग्न देवसभा से लौट आए। राम का ध्यान भंग हो गया। उन्होंने देखा कि इंद्र द्वारा प्रदत्त हथियार उनके पास रखे हैं और जिस माला से उनका स्वागत हुआ था, वह पुष्पमालिका उनके गले में पड़ी है और दिव्य सुगंध फैल रही है। राम ने इंद्र-साधना की सफलता देखकर शंख बजाया। सब प्रसन्न होकर उनकी ओर दौड़े और राम को मिले। दिव्यास्त्र देखकर वे अभिभूत हो गए । राम ने कौतुकवश इंद्रधनुष पर देववाण चढ़ाया तो कक्षीवान् ऋषि ने रोका, ''राम, प्रत्यंचा की ध्वनि से यह पूरा पर्वतशृंग ही टूटकर हमारी यहीं समाधि बना देगा। इस धनुष का प्रयोग संकट काल में ही करें···इस धनुष से पर्वत डरते हैं। इंद्र ने इसी कमान से उनके पंखे काट डाले थे···!''

राम ने धनुष की प्रत्यंचा उतार दी। वह ऋषि कक्षीवान् के परामर्श से कृतज्ञ हुए।

मेरुपर्वत से ही सूर्य उदित होते हैं सो प्रातः उनकी अभ्यर्थना की गई। सविता, ध्यानमग्न, राम के मन में कौंधे और कहा—

''राम, मैं प्रसन्न हूँ···तुम्हें सब मिला किंतु स्वर्ण के बिना सैनिक अभियान कैसे होगा···हिरण्यमयवर्ष (बदख्शों) में तुम्हें स्वर्ण मिलेगा उससे तुम्हारा सेना-व्यय पूरा हो जाएगा। जाओ, देवकार्य में विजय पाओ!''

राम की मंडली मेरुमंडल से लौटने लगी। उस सुनसान, अतिशीतसंपन्न, विरलजन वाली पर्वत शृंखला को किसी प्रकार पार करते हुए और इंद्र का गुणगान करते हुए राम सकुशल उत्तरकुरु वापस हो गए। वापसी यात्रा में उत्तरकुरु की अच्छी-खासी सेना साथ चली।

राम को आश्चर्य यह था कि जो अदृष्ट है, वह भी दृष्ट की भाँति ही सत्य है किंतु उसका साक्षात्कार कठिन है। यज्ञयाग और धारणा ध्यान से, चेतना की एकाग्रता से जो अप्रत्यक्ष है, वह प्रत्यक्ष हो जाता है···अब इंद्र को ही लें, वह कहाँ है, कहीं नहीं दिखता पर वह है अन्यथा ये अस्त्र-शस्त्र कहाँ से आ गए···मान लें कि मैंने समाधि में जो देखा, वह मेरी अतिकल्पना थी। अतिकल्पना में व्यक्ति जो देखना चाहता है, वह देखता है। उसमें कार्यकारण, दिक् काल के बंधन टूट जाते हैं किंतु वह है तो मन की मौज ही जो अनंत है, किंतु ये अस्त्र-शस्त्र तो ठोस तथ्य हैं। इनका अपलाप कैसे हो सकता है?··· कहीं, किसी आदिवासी पहाड़ी ने तो ये अस्त्र-शस्त्र मुझे नहीं दे दिए?

पुनः संशय! ऐसा संदेह राम को रुद्र महादेव के विषय में भी हुआ था···क्या मनुष्य सीमाओं में बँधा हुआ प्राणी नहीं है? निश्चय ही वह है···तप, साधना में

अदृष्ट शक्तियाँ क्यों प्रकट हो जाती हैं···क्या इस जड़ प्रकृति में उसी प्रकार सर्वव्यापक चैतन्य है जिस प्रकार हमारे शरीरों में हमारी चेतना रहती है? जिस प्रकार प्रलय में वह महाचैतन्य ब्रह्म या देवाधिदेव स्वयं में स्थित रहता है, उसी प्रकार शरीर के नष्ट होने पर आत्मा, उस ब्रह्म में मिल जाता होगा, जिसकी वह किरण है···यदि यह नहीं मानें तो जो मुझे अनुभव हुआ है, उसकी क्या व्याख्या हो सकती है? राम ने कक्षीवान् ऋषि से पूछा। वह हँसे, बोले—

"राम! तुम बुद्धि से उस सत्य को समझना चाहते हो जो बुद्धि के परे है···सृष्टि जैसी दिखती है, वैसी नहीं है···उसके सूक्ष्म रूप में तो चिति सत्ता है और जिस प्रकार वह सर्वशक्तिमान् अस्तित्व स्वेच्छा से सृष्टि रचता है, उसी प्रकार उससे एकाकार होने पर वह शक्ति साधक में आ जाती है, और प्रकृति के नियम शिथिल हो जाते हैं···तुमने जो देखा, उसका प्रमाण चाहे न हो किंतु तुम्हें जो मिला है, वह तो प्रमाणित है···ये तुम्हारे योगज-पदार्थ नहीं हैं, ये देवशक्ति द्वारा प्रदत्त पदार्थ हैं···संशय छोड़ो और पार्थिव देवलोक लौटो!"

मार्ग में सेना पंक्तिबद्ध हुई, अधिकतर अश्वारोही सेना थी, पदाति सैनिक भी पर्याप्त थे। राम ने पृथुपरशुवाही राजा से उनके मूल स्रोत पूछे। परशुधारी भार्गव ने बताया कि हमारे बल में, चीन के उत्तर के पहाड़ी और मरुक्षेत्र के श्वश्रुविहीन, ऊँची कपोलअस्थिवाले एवं छोटी आँखों वाले मंगोलक कबीले के असुर हैं जो पशुओं का, मनुष्यों कर रक्त पी जाते हैं···ये अश्वों की नंगी पीठ पर सैकड़ों योजन नित्यक्रम से दौड़ते हैं। इनके अनेक गण हैं और ये खूनी लड़ाके हैं···ये दौड़ते घोड़ों पर बैठकर बाण चलाते हैं और चलनशील लक्ष्यों को वेधते हैं। पुनः हमारे उत्तरकुरु की सेना में किम्पुरुष हैं जिन्हें देखकर यह कहना कठिन है कि ये मनुज हैं या मानवेतर योनि के हैं। ये कौतुकी हैं, कराल भी···ये आहत होने और सिर कट जाने पर भी लड़ते रहते हैं। पुनः उत्तरकुरु के देवगण हैं, हमारे परशुवाही आर्यवीर हैं जो आपके सदृश बलवान् हैं···और शाकद्वीप के शक-यूथ हैं जिनकी क्रूरता अद्वितीय है। ये भुना मांस खाते है और जब युद्ध में कुछ मिलता नहीं तो ये घोड़े की जंघा में लोहे की नोकदार गुप्ती घुसेड़कर उसका रक्त पी जाते हैं और पचा जाते हैं···ये अग्रमुखी हैं, सदा हरावल में लड़ते हैं···ये अश्वपालक हैं और शाकद्वीप के अश्वों की कोई समता नहीं···और हमारे नेतृत्व में चीन और महाचीन या भूतदेश के भूत से दिखाई पड़ने वाले सैनिक गुल्म भी हैं जो मृत्यु को मज़ाक समझते हैं। वे कच्चा मांस खा जाते हैं किंतु ग्रीष्म में ये भूत हाँफने लगते हैं अतः माहिष्मती पर शीतऋतु में ही आक्रमण होना चाहिए।

राम उत्तरकुरु और शाकद्वीप आदि के सैनिकों को विस्मय से घूरते रह गए···उन्होंने सोचा कि असुर-राक्षसों-दैत्य-दानवों से देवता इसीलिए हार जाते हैं क्योंकि ये लोग सात्त्विक नहीं, तामस होते हैं और बल और तीव्रता तामसतन-धारियों में ही होती है।

शाकद्वीप के रेशमी मार्ग से लौटते हुए तिरिंदर देवधाता-संभूत-त्रासदस्यु और परशुवाही भार्गवों के प्रयत्न से, शक्रयूथों के गणेशों की अनुमति से, रेले के रेले, राम के सेनासमुद्र में नदी की धाराओं की तरह मिलने लगे। परशुवाही भार्गव गणपति ने चिंता प्रकट की कि ये वन्यपशु जैसे भीषण योद्धा हैं। इन्हें तुरंत स्वर्ण चाहिए वर्ना ये लूटमार शुरू कर देंगे। राम ने कहा कि इंद्र का दिया सोना, चाँदी, रत्न अकूत है। वह ऋषि कक्षीवान् की देख-रेख में मेधावी तथा मेघवज्र के पास हैं—

"तुम वह स्वर्ण लो, और सब गणेशों के कोष भर दो अन्यथा ये भयंकर अनार्यगण सप्तसिंधु की समृद्धि को देखकर लूटपाट करेंगे···।"

धावे पर धावा मारते हुए सैनिक वाहिनियाँ, कोई आगे, कोई पीछे देवलोक के केतुमाल वर्ष (वंक्षुप्रदेश) की ओर बढ़ती गईं और ग्रीष्म के अंत तक दूर-अदूर फैल गईं। शकों, उदूगरों या उद्‌गरों आदि के चमड़े के तंबू लग गए और सैनिक अपनी रुचि का भोजन पकाने लगे। शकों के एक सैनिक ने अपने गणपति से पूछा—"एक जिसाज्ञा है, नायक···यह ररसराम बिरहमन फल-फूल खाता है, दूध पीता है, भला, घास खाने वाला इतना शक्तिशाली कैसे हो गया?"

नायक हँसा, बोला—

"क्यों, जितने बड़े पशु हैं, बली, ऊँचे, बड़े, वे कभी मांस नहीं खाते— हाथी, घोड़े, गैंडे, ऊँट, भैंसे, इनसे सिंह भी डरता है, पर ये सब शाकाहारी हैं···तुम भी ऐसा ही करो···क्यों मांस खाकर पेट की अंतड़ियों को खराब करते हो?"

शक सैनिक हँसता हुआ चला गया।

···आत्रेय ऋषि के आश्रम में युद्ध परिषद् की बैठक हुई। वहाँ रुरु भार्गव भी आ गया था। बीच में वह बिना कहे कहीं अंतर्धान हो गया था। वहाँ आत्रेय ऋषि देवल के अतिरिक्त तब तक प्रांशु, शर्याति, धृष्ट, करुष मनुपुत्रों के अलावा अवत्सार काश्यप, भूतांश काश्यप भी कश्यप सागर से आ गए थे। मरीचि, आंगिरस, पुलस्त्य, पुलह, क्रतु, अत्रि, वसिष्ठ ऋषियों के आश्रमों के प्रतिनिधि भी पधार गए। धृष्ट मनुपुत्रगण के राजा गिरिवज्र धृष्ट, प्रांशुगण के नायक परंतप, करुष मनुपुत्रों के अक्षोभ, सुद्युम्न मानव के पुत्र प्रशघ्र नामक राजा भी युद्ध परिषद् में डटे हुए थे। ऋषि कक्षीवान् के पास देवधाता मांधाता बैठा था, तिरिंदर और संभूत थे। ऋषि गृत्समद के प्रतिनिधि, मैत्रेय और स्वयं रश्मि भार्गव थे। आर्यायण के राजकुमार यमि अपने विलक्षण मुकुट से छटा बिखेरते हुए आसीन थे। पृथुपरशुवाही भार्गवराज थे, पार्थिया के राजा पार्थ थे। शकगणों के शासक थे और मंगोलकों के मुखिया विराजमान थे। अन्य अनेक गणेश और गणपति शोभायमान थे।

राम ने संक्षेप में महासंग्राम का कारण, पृष्ठभूमि और राजा अर्जुन के पापों का वर्णन किया। श्रोतागण उत्तेजित होने लगे। महाऋषि देवल काश्यप ने हाथ उठाया। सब सुनने लगे—

''प्रजापति कश्यप के पश्चात् ऋषियों में श्रेष्ठ महर्षि गृत्समद ब्रह्मर्षि हैं। वह उपदेश दें कि अब सैन्यबल के एकत्र हो जाने के पश्चात् हम क्या करें?''

गृत्समद ऋषि ने नेत्र मूँदे, पुनः जैसे सत्य सूझ गया हो, बोले—

''राम, राजा तिरिंदर और संभूत त्रासदस्यु हिरण्यमयवर्ष (बदख्शाँ) ससैन्य जाएँ और वहाँ से स्वर्ण एकत्र कर सप्तसिंधु की सरस्वती के तट पर पहुँचें, जहाँ उस धन को सेनानियों में वितरित कर दिया जाए...पुनः वाल्हीक देश से यहाँ तक जो ऋषि-आश्रमों की ब्रह्मचारी सेना है, वह एक सेनापति के अधीन की जाए...उसका सेनापति किसे बनाया जाए?...यदि देवल काश्यप को आपत्ति न हो तो भूतांश कश्यप कमान सँभालें क्योंकि वे युवा हैं और वाल्हीक देश के अप्रतिम योद्धा हैं।''

भूतांश ने प्रणाम कर दायित्व स्वीकार कर लिया, करतल ध्वनि हुई। गृत्समद पुनः कहने लगे—

''अब जो सेनाएँ हैं, वे कल ही यहाँ से वाम्यन, कापिशी, पुष्करावती उद्भांड-तक्षशिला (तब यह नाम नहीं था) परशुपुर या पुरुषपुर के संक्षिप्त मार्ग से पहुँच जाएँ। राम, मांधाता सम्राट् की सेना के साथ महागांधार जाएँ और चक्रवर्ती मांधाता से आशीष लेकर महागांधार से पुरुषपुर जा लगें। अब तक मौलेयों और वृंगदों का सैन्यबल महागांधार में आ गया होगा। देवधाता इस समूची सेना का प्रमुख और पर्जन्य गांधार सेनापति होगा।

'साधु-साधु' की ध्वनि हुई।

''किंतु अविस्थान, पार्थिया, आर्यायण, वाल्हीक, केतुमाल, शकस्थान और उत्तरकुरु की वाहिनियों का महासेनापति कौन होगा?''

''निश्चय ही आर्यायण के राजा यमि और पृथक्-पृथक् देशों के गणपति अपनी-अपनी सेनाओं के सेनापति रहेंगे!''

जय-जयकार हुई। राजकुमार यमि ने खड़े होकर अभिवादन किया। सबके कर्तव्य, पद और दायित्व निश्चित कर युद्ध परिषद् विसर्जित हो गई।

'परशुराम की जय-जय' से दिशाएँ बहरी हो गईं और आकाश विजय-नादों से पट गया।

29

रुरु, देवधाता और पर्जय के साथ परशुराम महागांधार चले, वर्षा ऋतु में भी यात्रा नहीं रुकी और न किसी ने असुविधाओं की चिंता की। राम न रात्रि में सोते, न दिन में...वे गुड़ाकेश हो चुके थे और उनके नेत्रों की लालिमा और अधिक बढ़ गई थी। यात्रा में एक रात्रि जब वह ध्यानस्थ थे, रुरु भार्गव उनके पास आया। राम

का ध्यान टूट गया। रुरु क्षमा माँग कर उनके निकट बैठ गया, बोला—

"राम! एक रोचक समाचार है?"

"क्या?"

"यह कि वह लंकिनी राका, रति और उनकी लघुभगिनी पूर्णिमा, सोमा, रोमा और भौमा नाम धारण कर, राक्षसी माया से रूप बदलकर, जमदग्नि आश्रम पहुँच गईं।"

"अरे?"

"हाँ, राम!"

"उन्होंने क्या किया?"

"विद्याधर राक्षस ने उन्हें आपके तीनों भाइयों को रूपजाल में फँसाकर उन्हें विष देकर मारने के लिए भेजा था!"

"अच्छा? तब क्या हुआ?"

"हुआ यह कि रुमण्ववान् और सुषेण को तो कोई संदेह नहीं हुआ किंतु वसु को संशय था सो उसने भोली भौमा को भाव दिखाकर उससे रहस्य उगलवा लिया। उधर विश्वावसु भी सरस्वती नदी के तट से लौट आया था क्योंकि अर्जुन ससैन्य माहिष्मती को वापस हो गया था अतएव भेदिया देवापि हैहय साथ ही था। उसने उन राक्षस कुमारियों को पहचान लिया!"

"फिर क्या हुआ?"

"फिर कुलपति प्रचेतस् की आज्ञा से उन तीनों को बंदी बनाकर आपकी प्रतीक्षा में एक ग्रामणी के यहाँ रख दिया गया, जहाँ वे हैं।"

राम ने कहा—"यह तो अचरज की बात है···और पुनः क्या हुआ?"

"पुनः यह हुआ जो सचमुच विस्मयजनक है। वे तीनों आपके ज्येष्ठ भ्राताओं से प्रेम करने लगी हैं और इसी कारण उन्होंने उन्हें विष नहीं दिया अन्यथा वे चाहतीं तो कभी भी वे यह कर सकती थीं···उनका हृदय-परिवर्तन हो गया···भौमा तो भोली-भाली थी, शुद्ध पर वे ठगविद्या में निपुण और राजा अर्जुन द्वारा उच्छिष्ट राका और रति भी बदल गईं।"

राम आश्चर्य से अभिभूत रुरु भार्गव की ओर अंधकार में घूरते ही रह गए, बोले—

"यह तो अभूतपूर्व घटना है···मुझे विश्वास नहीं होता···तुम परिहास तो नहीं कर रहे हो?"

रुरु भार्गव ने ठहाका लगाया—

"यह तथ्य है, एकदम खरा···मैं कह चुका हूँ कि आपने सब जाना किंतु रमणी के रहस्य को नहीं जान सके आप···इस संसार में सबसे आकर्षक और भेदभरी कोई वस्तु है तो वह नारी है और उसी को आप मात्र शिशु समझते हैं···सबके विषय में भविष्यवाणी संभव है किंतु देवता भी रमणी को नहीं समझ सकते।"

राम कहने लगे—"अब क्या होगा रुरु भाई···अब चार की जगह ये नारीरत्न तो सात हो गए। मैं तो चार सखियों से ही क्लांत था, किंकर्त्तव्यविमूढ़ कि इनका क्या किया जाए···अब तीन और आ गईं···रुरु भ्राता, अब तुम्हीं कोई छुटकारे का मार्ग सुझाओ।"

रुरु के हँसते-हँसते पेट में बल पड़ गए। वह कहने लगा—

"करना क्या है···आपने सोचा था, शुरू से ही कि मणिप्रभा, चंद्रकला, वल्लरी और लोमा का विवाह अपने चारों भाइयों से कर दिया जाए···यही न? किंतु वे तीन राक्षस कुमारियाँ वहाँ आत्मशुद्ध होकर, आपके भाइयों के लिए सती अपर्णा की तरह तप कर रही हैं, उनका क्या होगा?"

"किंतु राका और रति को तो अर्जुन, उस कामांध नरपिशाच ने जूठा कर दिया है रुरु भाई, उन्हें कैसे स्वीकार कर सकते हैं?"

"आपका ही वचन है, अन्य ऋषियों का भी कि नारी कभी उच्छिष्ट नहीं होती। ऋतुकाल के पश्चात् वह शुद्ध हो जाती है और राका तथा रति सचमुच व्रत-अनुष्ठान-तपस्या से शुद्ध हो गई हैं। पुनः उन्हें विवाह का भी आग्रह नहीं है···वे मित्र बनकर रहने को प्रस्तुत हैं किंतु वे न लंका जाने को तैयार हैं, न माहिष्मती को।"

"किंतु उनको किसी भी प्रकार का संरक्षण देना भयंकर है···कभी स्मरण आने पर वे भाइयों को मारकर भाग सकती हैं···और यदि वे प्रात्यश्चित्त कर रही हैं तो वे तपस्विनी बनकर रहें···किंतु विवाहित या मित्र रूप में उन्हें आश्रम में पालना नागिनों को दूध पिलाना है!"

"यह ठीक नहीं···आपने उन्हें अभी देखा नहीं है···उन्हें देखते ही आप उनके विषय में मत बदल लेंगे?"

"ऐसा उन्होंने क्या किया है, तपस्या ही तो की है उन्होंने?"

"उनके पास शत्रु के भेद हैं जो किसी अन्य के पास नहीं हैं···वे कहती हैं कि राम के लौटने पर वे चक्रवर्ती अर्जुन के दुर्ग के, प्रासाद के, सेना के, कोष के, मंत्रियों और नायकों के सारे भेद दे देंगी और उन्हीं भेदों को जानकर राम को विजय मिल सकती है, अन्यथा नहीं।"

"अच्छा?"

"हाँ राम, यह सत्य है···वे इस महासंग्रामरूपी समुद्र को पार करने की नौकाएँ हैं और वे बदले में कुछ भी नहीं चाहतीं। केवल आपकी कृपादृष्टि चाहती हैं, यह कि आप उन्हें हृदय से क्षमा कर दें।"

"अद्‌भुत है रमणी-रहस्य···किंतु।"

"किंतु-परंतु नहीं, वे क्षम्य हैं और समर्पिताएँ हैं···वे पश्चात्ताप में जलकर तप्त कंचन बन चुकी हैं···उन्हें देखकर लोगों के हृदय मलिनता से मुक्त हो जाते हैं वे तो ग्रामदेवियों की भाँति पुज रही हैं!"

"अरे!"

"हाँ राम।"

"किंतु उन्होंने माहिष्मती के भेद भाइयों और कुलपति को क्यों नहीं बता दिए?"

"यह उनका रहस्य है···वे कहती हैं कि वे केवल राम की अपराधिनी रही हैं और उन्हीं को यह अधिकार है कि राम उनको जानें, उनके पास जो रहस्यनिधि है, उसे वह राम ही अनावृत करें!"

अचानक राम ने अँधेरे में ऊँचा अट्टहास किया। रुरु भी हँसा। राम ने कहा—

"यह खूब रही···और अब सखियों का क्या किया जाए—हमारे महानाना चक्रवर्ती मांधाता हमारे विवाह के लिए मंडप बनवाकर बैठे होंगे···उन्होंने सखियों से प्रतिज्ञा की है कि वह बलात् मेरा विवाह उनसे करा देंगे।"

दोनों विहँसे। रुरु भार्गव बोले—

"महानाना चक्रवर्ती हैं···उनकी अवज्ञा असंभव है···अब तो आपको पाणिग्रहण करना ही पड़ेगा।"

और रुरु भार्गव राम की स्थिति का मज़ा लेने लगा। राम सिर खुजाने लगे। मौन हो गए और कातर होकर रुरु से बोले—

"रुरु भ्राता, आपने सर्वदा मुझे संकटों से उबारा है। इस महासंकट से भी उबारिए···कोई चमत्कार कीजिए···मैं अखंड व्रतधारी राम हूँ···मैं प्राण रहते विवाह के बंधन में बँध ही नहीं सकता।"

"मुझे लगता है कि देवता एक ओर तो आपको सहयोग दे रहे हैं किंतु इस रुक्ष और कठोर युद्ध के प्रसंग के प्रक्रम में वे आपके साथ प्रेम का परिहास भी करना चाहते हैं, स्यात् परीक्षा भी···एक उपाय हो सकता है राम?"

"कोई उपाय हो सकता है क्या ? विकल्प अभी भी है? शीघ्र बताइए···मैं चक्रवर्ती अर्जुन से नहीं डरता किंतु सखियों के अलौकिक प्रेम का सामना नहीं कर सकता।"

रुरु भार्गव हँसा, फिर, कहा—

"राम! एक विकल्प है कि आप महागांधार न जाएँ और यहीं से सीधे परशुपुर-पुरुषपुर सेना में जा मिलें···मैं महानाना को समझा लूँगा और सखियों को साथ ले आऊँगा।"

"तुम चक्रवर्ती मांधाता को नहीं जानते···वे तुम्हें यज्ञ में बलि चढ़ा देंगे···नहीं, नहीं, उनका अपमान असंभव है···उनकी प्रतिज्ञा वह स्वयं भले ही तोड़ दें, अन्य किसका साहस है जो उनकी अवहेलना करे? पुनः वह मुझे देवधाता से भी अधिक स्नेह करते हैं···अब गांधार चलो, मैं ही कुछ करूँगा।"

कुछ दिनों बाद सब महागांधार पहुँचे। राम का अपूर्व स्वागत हुआ। चक्रवर्ती मांधाता स्वयं दुर्ग से बाहर आए और सस्नेह राम को प्रासाद में ले गए। राम ने

उन्हें सारा हाल सुनाया। पुनः कहा कि यदि महानाना की आज्ञा हो तो वे ऋषि कक्षीवान् को कुलपुरोहित अकथ्य को सौंप आएँ। राजा, कुलगुरु का नाम आ जाने पर विवश हो गया। राम अकथ्य ऋषि के आश्रम को गए, रुरु साथ था, कक्षीवान् को भी साथ ले लिया गया।

प्रासाद से बाहर नगर के एक कोने में ऋषि का आश्रम था। अकथ्य मुनि अपनी महिमा में शोभायमान थे। राम ने दंडवत् प्रणाम किया और ऋषि कक्षीवान् को सौंपा, कहा—

''महर्षि, ऋषि कक्षीवान् ने आपका गौरव रखा...अवर्णनीय कष्ट उठाए और मुझे सकुशल यहाँ ले आए, मैं कृतज्ञ हूँ।''

''यह उसका कर्तव्य था...राम, मैं तेरे अद्‌भुत कार्यों से अति प्रसन्न हूँ...तू वरदान माँग...मैंने आजीवन तपस्या की है...कभी उसका उपयोग नहीं किया...मैं उसके बल पर तुझे वरदान देना चाहता हूँ।''

''ब्रह्मर्षि, मुझे सभी की शुभाशंसा मिली है। महाभाग, यदि आप प्रसन्न हैं तो मेरे बड़े नाना की स्नेहवश की गई प्रतिज्ञा से मुझे बचाइए।''

ऋषि विस्मित हुए—''वह क्या प्रतिज्ञा है?''

''यह कि मेरे साथ जो कन्याएँ आई हैं, वे मुझसे एकपक्षीय प्रेम करती हैं और मैं ब्रह्मचारी हूँ...माहिष्मती का मानमर्दन कर मैं संन्यास लूँगा और क्षत्रियों को धर्म का पाठ पढ़ाऊँगा। वे नहीं मानेंगे तो उन्हें हनूँगा। इस मेरे व्रत में सखियाँ बाधक हैं...आप अपने तोपबल से उनका मन मेरी ओर से फेर दीजिए और नाना को बरजिए वर्ना वह प्रतिज्ञा कर चुके हैं कि वह उनसे मेरा विवाह बलपूर्वक करा देंगे।''

ब्रह्मर्षि अकथ्य वरदान की मुद्रा भूलकर इतने ज़ोर से हँसे कि उनके हाथ में वरदान देने के लिए जो जल था, वह गिर गया और वे अट्टहास करते-करते बैठ गए!

रुरु भार्गव, वहाँ उपस्थित शिष्यगण, कक्षीवान् और ऋषि बालाएँ सब हँसते-हँसते लोट-पोट हो गए...ऐसा हास का प्रसंग पहले कभी नहीं आया। दुर्दमनीय राम घुटनों के बल बैठा ऋषि के आगे नतमस्तक संभ्रम में दैन्य का प्रदर्शन कर रहा था। वह सचमुच कातर था।

ऋषि अकथ्य बोले—''राम मैं तेरी विचित्र स्थिति समझ रहा हूँ...अब यह कातरता छोड़...यह दैन्य तुझे शोभा नहीं देता...तू तो अपनी प्रचंडता में ही शोभता है...अच्छा, मैं तुझे वरदान देता हूँ कि चक्रवर्ती मांधाता अपनी अनुचित प्रतिज्ञा वापस ले लेगा...मैं अभी उसे यहीं बुलाता हूँ।''

चक्रवर्ती को आश्रम में ही बुलाया गया। वह आया और प्रणाम कर आसीन हो गया। ब्रह्मर्षि अकथ्य ने गंभीर भाव धारण किया—

''महाराज, एक धर्मसकंट आ गया है, आप वचन दें कि जो मैं कहूँगा, करेंगे।''

''वचन दिया किंतु आज तक आपने कभी बताने के पूर्व मुझसे ऐसी प्रतिज्ञा नहीं कराई···आप मुस्करा भी रहे हैं, कौन-सा धर्मसंकट आन पड़ा है?''

''राजन्, यह जो राम है न, यह रुद्र और विष्णु का अवतार है, है न?''

''अवश्य है, इस जैसा तो कोई है ही नहीं···यह तो इक्ष्वाकुओं और भार्गवों का कुलदीपक है, आर्यों का शिरोमणि है।''

''तो सुनें राजन्···यह अखंड, प्रचंड ब्रह्मचारी है और रहेगा···इसे समस्त भूभार उतारना है···जो शासक क्षत्रिय हैं, वे प्रजा पर अत्याचार करते हैं···यह उनको दंड देगा और समस्त जम्बूद्वीप में, मानव धर्म की स्थापना करेगा··· माहिष्मती का सग्राम प्रतिशोध का फल नहीं है, वह तो मानवता की रक्षा के लिए है···राम की सखियाँ इससे एकपक्षीय प्रेम करती हैं, वे सचमुच देवियाँ हैं, पवित्र और पावन परंतु वे नारियाँ हैं, ममता हो गई है उन्हें राम से और राम उनका वरण कर नहीं सकता अतएव आप राम के साथ सखियों से बलात् विवाह की जो प्रतिज्ञा कर बैठे हैं, स्नेहवश, उस पर आग्रह मत कीजिए और आप प्रतिज्ञा कर चुके हैं कि आप मेरे वचन का पालन करेंगे।''

राजा मांधाता हँस पड़ा, हँसता रहा, कहा—

''तो यह बात है क्यों राम, तू मुझसे नहीं कह सकता था···तूने ऋषि अकथ्य, मेरे कुलगुरु को कष्ट दिया किंतु तू यह तो बता कि वे कन्याएँ क्या करें? वे इतनी दिव्य हैं कि उनके मुख पर उदासी और विवाद मैं सह नहीं सकता··· ।''

''नाना, उनके विवाह अपने भ्राताओं से करा दूँगा और मैं क्या करूँ?''

राम सिर खुजाता, नतनयन बैठ गया और नाना के पैर दबाने लगा। राम कितना स्नेही है, कितना आत्मीय! सारा आश्रम इस रोचक प्रसंग से हँसते-हँसते पागल हो रहा था। राम नाना के पैर पकड़े बैठा हुआ मंद-मंद मुस्करा रहा था। रुरु भार्गव ठट्ठा मार रहा था। अकथ्य ने कहा—

''जिस परशुराम के आतंक से प्राणी नहीं, प्रकृति भी काँपती है, वह स्नेह की अवज्ञा न कर पाने से कैसा पानी-पानी हो रहा है···राजन्, उस पर दया की जाए, वह महान् भूमिका पूरा करने जा रहा है···आप उन कन्याओं को सांत्वना दीजिए और उनका विवाह राम के सहोदरों से करा दीजिए।''

राजा किंकर्त्तव्यविमूढ़ हो गया। उसने कहा—''ऋषिवर, आपने उन देवियों को देखा नहीं है। राम के प्रति उनका प्रेम अवाङ्मनसगोचर है···आप कहें तो उन्हें भी यहीं बुला लिया जाए···मैं भी इस रुचिकर, ममतामय, किंतु कष्टकर शिरशूल से मुक्त होना चाहता हूँ।''

सखियाँ आईं। राम को वहाँ देखते ही वे ठिठककर, विस्मय में अवाक् रह गईं और फिर उनके नेत्रों से एक साथ अश्रु छलके जैसे पुष्पों के भीतर भरी ओस के कण ऊपर छलक आए हों। पुनः वे एक साथ सिसकीं और एक साथ अचेत होकर धराशायी होने के लिए लहराईं···ऋषि के आश्रम की स्त्रियों ने दौड़कर उन्हें

थाम कर आसनों पर बिठाया, उनकी पीठ मलने लगीं। उन्हें तुरंत जल पिलाया गया। कुछ स्थिर चित्त होने पर वे उपालंभ भरी दृष्टियों से राम को एकटक देखने लगीं जैसे राम ने उन्हें गांधार अकेला छोड़कर अन्याय किया हो। सब स्तब्ध हो गए। आश्रम की महिलाओं और कन्याओं पर जैसे तुषार पड़ गया हो···उन्होंने राम को सहज कोप से घूरा और ऋषिपत्नी का हृदय इतना प्रभावित हो गया कि वह मर्यादा को तिलांजलि देकर राम की भर्त्सना करने लगीं—

''राम, सभी ऋषियों ने गृहस्थ धर्म को धर्म माना है, देवताओं ने भी, श्रुति ने भी···तू संन्यास अवश्य लेना किंतु गृहस्थाश्रम का धर्म पूरा कर। फिर तू स्वतंत्र है किंतु तू इन कन्याओं का जीवन निष्फल करेगा तो···तो···।''

यह कहकर अकथ्य ऋषि की पत्नी स्नेह से आर्द्र होकर सिसकने लगीं। शेष सब महिलाएँ भी रोने लगीं। ऋषिपत्नी ने तड़पकर कहा—

''वह ऋषि कैसा जो इतना कठोर हो···मनुष्य का श्रेष्ठ रूप उसकी भावनाओं में व्यक्त होता है···उनका तिरस्कार तो पाषाण हृदयता है, राम, क्या तेरे हृदय नहीं है?''

अब सबके मुस्कराने की बारी थी। राम क्या कहता, चुप ही रहा।

ऋषिपत्नी पुनः बोलीं—''राम, तू कहता है कि तू इन्हें अपने सहोदरों से विवाह देगा किंतु क्या ये प्रस्तुत हैं?''

एक ज़ोरदार कातरता और करुणा से भरी 'नहीं' इस प्रकार गूँजी जैसे वह 'नहीं' वहाँ से गूँजती हुई चराचर में व्याप्त होने लगी हो। चारों ओर केवल 'नहीं' का नाद सुनाई पड़ने लगा।

''नहीं, नहीं, नहीं!''

पुनः सखियों की त्रिवाचा से उनकी एकनिष्ठता पुनः प्रमाणित हो गई। तब ऋषि अकथ्य ने व्यवस्था दी—

''आकाश, पृथिवी, देवगण, मरुद्गण, सूर्य सब सुनें···राम, अश्रुतपूर्व कर्मा है और इस कारण उसके प्रति कोटि-कोटि लोगों की प्रीति है···और उनमें जो उसकी सखियों का प्रेम है, वह भी अश्रुतपूर्व है जो कभी कहीं नहीं घटा। प्रेम के इतिहास में ऐसी घटना कभी नहीं घटित हुई···तो हमें हस्तक्षेप का अधिकार नहीं रहा···यह असाधारण है, विचित्र है···अतएव मेरा सुचिंतित मत है कि जो हमसे परे है, उसे काल पर छोड़ दिया जाए···काल बली है, समर्थ है···वही निर्णय देगा···हम तो विवश हैं, क्यों चक्रवर्ती मांधाता?''

''हम विवश हैं, आर्त्त भी हैं, कातर भी हैं···आपका वचन प्रामाणिक है···यह विचित्र वृत्तांत है और इसे विचित्र ही रहने दिया जाए···अब हम इस भावनाभार को सह नहीं पा रहे हैं अतः जाने की अनुमति मिले!''

द्रवित चक्रवर्ती राजा आँसू पोंछता चला गया। सखियाँ उठीं और राम से बोलीं—

"राम, तुम भूखे होगे, अब उठो। हमने तुम्हारे लिए पायस बनाया है···अच्छा, पूज्यवरो, आज्ञा दें कि हम राम को ले जाएँ।" सखियों ने ऋषि-पत्नी के पैर छुए और ऋषि को सबने हाथ जोड़े।

सबको प्रणाम कर राम भी नतशीश चल पड़े। वह अपने में खोए हुए चले जा रहे थे और सखियाँ उन्हें घेरे जा रही थीं जैसे अग्नि के भभूके को लहलहाती बेलें आवृत्त कर रही हों। आश्रमवासी नर-नारियों के हृदयों में एक कसक उभरी, यहाँ तक कि मानव कोमलता का वह उच्चतम दृष्टांत देखकर ऋषि अकथ्य का भी कंठ रुँध गया···वह आशीषों की वर्षा करने लगे। वरदानों की झड़ी लगाते रहे।

सखियों को कोप हुआ कि राम ने उनके एकांतिक अनुराग को सार्वजनिक क्यों किया? राम को खिला-पिलाकर सखियों ने उन्हें जाने नहीं दिया। मणिप्रभा बोली—

"राम, तुम तो महान् हो। हमसे मुक्ति के लिए कुलगुरु तक जा पहुँचे··· तुम्हें यह क्या हो गया राम? हम तुम्हारे महाव्रत में बाधक नहीं थे, न हैं···हमारी नियति हमें ज्ञात है किंतु हम इसी में मग्न हैं···तुम जब तक हो यहाँ तब तक हमें सिर्फ साथ रहने दो···जब संन्यास लो, तब ले लेना···हम भी संन्यासिनी बन जाएँगी किंतु अब कभी हमें किसी अन्य के मत्थे मढ़ने की मत सोचना··· तुम्हारे भाई निश्चय ही वरेण्य हैं, किंतु हमने तो राम को वरा है···राम, हमने रुरु भार्गव से सब सुन लिया है···तुम अपने भाइयों का विवाह उन राक्षस कन्याओं से क्यों नहीं कर देते···हमारे पीछे क्यों पड़े हो···वे हमसे अधिक मादक हैं, नहीं?"

अब राम के हँसने की बारी आई।

"प्रिय सखियो! हम तो बार-बार आप सबसे हारे हैं। अब जिन्हें जिससे विवाह करना होगा, कर लेंगे—अब अगर आज्ञा हो तो मैं विश्राम कर युद्ध-यात्रा की तैयारी करूँ?"

"राम, तुम ऊब रहे हो हमसे···तुम वचन दो कि अब हमें कभी अपने से विलग नहीं करोगे?"

"तथास्तु।"

"अच्छा, हमने तुम्हें क्षमा कर दिया···अब हमें उत्तरकुरु, केतुमाल, बल्ख, आर्यायण···के वृत्तांत सुनाओ।"

"अभी नहीं, रात में सुना देंगे, भोजन के बाद, अब आज्ञा है?"

"नहीं, हमें वरदान दो कि हम इसी प्रकार तुममें अनुरक्त रहें और हमारी रागानुगाभक्ति अचल रहे!"

"तथास्तु।"

राम और सखीगण एक साथ हँसने लगे। राम ने कहा—

"आज की घटना से मैं आपका कृतज्ञ हूँ···आपने सभी को अपनी संसक्ति से

चकित कर दिया और एक अनुपम उदाहरण प्रस्तुत किया···लोग हमें चाहे भुला दें किंतु आपकी अनुराग गाथा अमर हो गई, मैं धन्य हुआ।''

अब लोमा बोली—''धन्य हो गए न? अच्छा, चलने के पूर्व यह बताइए कि आप हमारे लिए दूर गूढ़ देशों से क्या लाए हैं? लाए अवश्य हैं किंतु आपका भाव प्रकट न हो जाए इस कारण भेंट छुपाए रहे···अब यहाँ तो कोई है नहीं जो जानेगा कि आप भी हमसे प्रीति रखते हैं···चलिए, जो लाए हैं, हमें दीजिए···नहीं तो चक्रवर्ती और ऋषि अकथ्य से फरियाद करेंगी हम!''

राम पकड़े गए। उन्होंने मुस्कराते हुए इंद्र के दरबार में मेनका ने जो दिव्य आभूषण दिए थे, वे एक-एक कर उन्हें दे दिए !

सखियों ने वे आभूषण लिये किंतु उनके नेत्रों में अश्रु आ गए। लोमा ऋषि ने राम को उलाहना दिया—

''राम, तुम सचमुच अनाड़ी हो, भला इस प्रकार यांत्रिक रूप से भी भेंट दी जाती है?···राम, आप इन्हें हमें पहनाइए अन्यथा हम इन्हें स्वीकार नहीं करेंगी, हाँ।''

राम विवश हो गए, बोले—''भई, हम अस्त्र-शस्त्रों को सँभालने वाले अलंकारों को पहनाना क्या जानें? लोमा, तुम हमारी ओर से सबको पहना दो।''

''नहीं, आप पहनाइए, मैं सहायता कर दूँगी!''

''तथास्तु।''

और राम ने लोमा की मदद से सब सखियों को अलंकार धारण कराए। राम की अँगुलियों के स्पर्श से सखियाँ पुलकित हो गईं। उस सुख को उन्होंने नेत्र बंद कर हृदयों में सहेजा और उन्हें लगा कि राम भले ही अपने संकल्प के कारण दूरी बरत रहे हों किंतु वह हमसे अलग नहीं हैं···वह केवल दृढ़तापूर्वक अपने को रोके हुए हैं···एक परशु से प्रीति की है हमने तो उससे अधिक आशा करना भी अयुक्त है। राम को अपने फरसे की धार की चिंता है, प्यार की नहीं। वल्लरी सर्वाधिक मुखरा थी। उसने आभूषण पहनाते हुए राम पर व्याजकोप किया—

''राम शीघ्रता क्यों करते हैं—यह कुल्हाड़ा नहीं, आभूषण है···इसे धीरे-धीरे धारण कराइए न।''

राम ने लोमा के सहयोग से पाँच-पाँच अलंकार पहनाए। कंठ में चंद्रहार, कानों में कर्णफूल, नाक में हीरे की लौंग, हाथों में जड़ाऊ कड़े और पैरों में रुनझुन करते पायल या नूपुर··· जब राम नूपुर पैरों में बाँधने लगे, तब लोमा ने राम की मर्यादा की रक्षा की—

''रहने दीजिए, मैं बाँध दूँगी, आप या तो टेढ़ा-मेढ़ा बाँधेंगे या बल लगाकर तोड़ डालेंगे···ये सखियों के चरणकमल हैं, किसी हैहयराज के नहीं, जिन्हें आप मरोड़ देंगे।''

सखियों की हँसी में राम की स्वचेतना भी गलने लगी और उन्होंने वज्रकरों में मसृणता लाकर अलंकार पहना दिए। विनोद में सखियों ने स्वरचित सूक्त पढ़ा—

"हे राम, आपके ये लौह कर रण में वज्र बन जाएँ···इनसे फेंका गया बाण कभी न चूके, ये हाथ सदा अन्यायी का ही कंठ काटें, कभी किसी निरीह को पीड़ा न पहुँचाएँ और ये आपकी अँगुलियाँ सदा हमारे हेतु आभूषण लाकर हमारे अवयवों पर स्पर्श की नित नई बुनावटें करती रहें। आपको हमने आज बहुत सताया···अब आपको प्रस्थान की अनुमति है···हे राम, चलने के पूर्व बस यह बताते जाइए कि मेनका माई ने हमारे विषय में कुछ कहा था या नहीं?"

राम एक क्षण भौचक्के हुए, पुनः परिहास में बनावटी गांभीर्य से बोले—

"मेनका नानी ने कहा था कि आप जिनको ये आभूषण भेंट करें उनको मैं वरदान देती हूँ कि अब भविष्य में वे कोई मूर्खता नहीं करेंगी और उनकी चंचल मति स्थिर हो जाएगी, यह कि महायुद्ध के पश्चात् वे इंद्रलोक का भ्रमण कर सकेंगी और जब वे आएँगी तब मैं उन सखियों को चटपटी चाट खिलाऊँगी।"

एक मुक्त ठहाके के बाद राम प्रस्थान कर गए!

अपराह्न में राम, चक्रवर्ती मांधाता की अध्यक्षता में युद्धपरिषद् में सम्मिलित हुए। वहाँ बलस्थान (बिल्लोचिस्तान) के वृङ्गद और मौलेयगण के गणपति उपस्थित थे। रुरु भार्गव, परमभट्टारक पर्जन्य, मेघवज्र शर्याति, देवधाता, मेधावी आदि भी थे। चक्रवर्ती ने कहा—

"वृङ्गदगणनायक अंबष्ट और मौलेयगणाधिपति मल्लूक, आपका गांधार में स्वागत है···माहिष्मती के हैहयराज कार्त्तवीर्य अर्जुन ने मानवमर्यादा त्याग कर दानव रीति-नीति अपना ली है···उसके अत्याचारों का वर्णन संभव नहीं···धरती उसके भार से दुःखी है, प्रजा पीड़ित···उसने हमारी पौत्री रेणुका के पति ऋषि जमदग्नि की हत्या कर दी है···अतएव आपके सहयोग की अपेक्षा है···आप हमारी सहायता करें···हम आप दोनों को युद्ध से लौटने पर विधिवत् राजा का पद देंगे और पाँच वर्षों का राजकर माफ कर देंगे···आपको माहिष्मती में हैहयराज के पक्षपातियों की लूट का अधिकार भी दिया जाएगा किंतु यदि आपके गणों ने किसी अन्य को लूटा तो आप दंड के भागी होंगे।"

"महाराज", हमें स्वीकार है···किंतु माहिष्मती में तो उस अर्जुन के अनेक पक्षपाती घर होंगे···मालदार होंगे वे लोग या वे हम जैसे भुक्खड़ हैं?"

चक्रवर्ती हँसे। अन्य भी मुस्कराने लगे। मांधाता ने उत्तर दिया—

"अरे, आप लोगों का ध्यान बस लूट के माल पर ही रहता है···वह खूब मिलेगा, लेकिन हैहयराज की सेना विशाल है और वे बड़े लड़ाके हैं।"

"महाराज, हमारा एक लड़ाका सौ हैहयों के बराबर है, आप चिंता न करें, हम उनकी ऐसी की तैसी कर देंगे।"

"आपको सभा का कुछ शिष्टाचार सीखना चाहिए न···यह कैसी अटपटी भाषा बोल रहे हैं आप?"

"चक्रवर्ती, हम सभ्यता को नहीं मानते, सिर्फ़ शक्ति को मानते हैं और

हमें नगरों में रहने वालों से घृणा है···अच्छा, आप ही बताइए···जब पशुपक्षी खुले संसार में रहते हैं, खुली हवा में···तब ये नगरवासी जो आराम से जीवन बिताते हैं वे किनके बल पर? अवश्य वे दूसरे मनुष्यों के श्रम पर, सेवा के बल पर पलते हैं, भला उन्हें यह अधिकार किसने दिया है···हम ऐसे सुखी, संपन्नों को यदि लूटते हैं तो उन्हें हमारा उपकार मानना चाहिए कि हम उनके कुकर्म का दंड देकर उन्हें सुधार रहे हैं···महाराज, यह तपस्या है। किंतु आपके ऋषि-मुनि और आप सब हमें लुटेरा मानते हैं।''

सभा में विनोद की लहरें उठीं। मौलेय मल्लूक उत्साहित हुआ—

''महाराज, हम दरिद्र हैं, किंतु हम श्रम करते हैं, प्राकृतिक जीवन जीते हैं और बिना कष्ट उठाए किसी का माल नहीं छीनते, यह पुण्य का कार्य क्यों नहीं है?''

राजा मांधाता हँसे—''साधु, आपके पुण्य का क्या कहना और श्रम भी खूब है···दूसरों को मारना- पीटना, छीन-झपट, यह भी पुण्य का कार्य होता है?''

''हाँ होता है राजा, किसी की संपत्ति छीनना उपकार है क्योंकि उसे संग्रह का अधिकार ही नहीं है···सिंह, स्यार, भेड़िए, पशु-पक्षी कभी संग्रह नहीं करते···वे प्रतिदिन श्रम करते हैं, तब खाते हैं···हम लूटने के पहले मारते हैं, तब छीनते हैं, क्या यह धर्म नहीं है?''

''यदि लूट-मार धर्म है तो अधर्म क्या है?'' चक्रवर्ती ने हँसते हुए पूछा।

मल्लूक ने कहा—''मूल धर्म तो जीना है, होना, होते रहना। और इसका माध्यम है, शक्ति, शेष सब निर्बलों की अपने पक्ष में की गई कल्पनाएँ हैं ताकि सबल उन्हें दबाएँ नहीं···शक्ति ही धर्म है, अशक्त होना अधर्म है।''

राजा हँसा—''किंतु मौलेय मल्लूक···तब हैहयराज पर आक्रमण के लिए क्यों जा रहे हो···वह तो सर्वाधिक शक्ति संपन्न है।''

''किंतु वह तो अप्राकृतिक है, विकृत है···वह तो शक्ति का दुरुपयोग कर रहा है··· ।''

राम ने हस्तक्षेप किया—''मौलेय राजा, शक्ति का दुरुपयोग ही अधर्म कहलाता है, शक्ति का सदुपयोग ही धर्म···आपके गण जब पशु पालते हैं, खेती करते हैं, फल-फूल संग्रह करते हैं, तब वे धर्म करते हैं, जब आप लूटमार करते हैं तो वह शक्ति का दुरुपयोग करते हैं···आप यह छोड़ दें तो आर्य हो सकते हैं!''

''किंतु महाराज, हमारे देश में यह संभव नहीं, पशुपालन और कृषि से काम नहीं चलता।''

''तो शिल्प और व्यवसाय सीखिए।''

''व्यवसाय और हम, हम शूरवीर हैं और वीर व्यवसाय नहीं कर सकते। हमें वह घिनौना काम लगता है, उसमें शक्ति का नहीं, चालाकी का उपयोग होता है।''

सब हँसने लगे। राम ने पूछा—

''गणनायक, आप किस स्थान पर लड़ना पसंद करेंगे?''

"हरावल में···हम सदा आगे ही रहते हैं···पीछे तो सियार चलते हैं, हम तो सिंह हैं, बाघ!"

रणनीति निश्चित की गई। मांधाता ने राम को बताया कि समग्र देवलोक की सेना में किसे कहाँ लड़ाया जाएगा, इसका एक मानचित्र पर्जन्य ने बनवाया है, उसको देखो और जो परिवर्तन आवश्यक हो, करो···मैं चलता हूँ। तुम सब ब्यौरे बार सब निश्चित कर डालो···घमासान हो जाने पर यह पृथक्-पृथक् युद्ध गड़बड़ा जाता है। तथापि उस अस्त-व्यस्तता में भी सेनाओं की केंद्रीकृत टोलियाँ किसी भी दशा में व्यवस्थित बनी रहें, यह भी सुनिश्चित कर लिया जाए। सेनाओं के पास पृथक्-पृथक् पताकाएँ हों और उनके संकेत पर सेनाएँ आगे-पीछे, बाएँ-दाएँ बढ़ें···जो अनुशासन न माने, उसे वहीं दंड दिया जाए··· ।

चक्रवर्ती चले गए। मौलेय मल्लूक और अंबष्ट वृह्नद ने राम से आपत्ति प्रकट की—

"ये सब बड़े लोगों के चोंचले हैं। हमें आप इस अनुशासन-फनसासन से अलग रखिए···हम अवसर देखकर आपका कार्य करेंगे···हम जंगली जानवरों से सीखते हैं···झपट्टा तभी मारो जब अवसर आ जाए···वर्ना छुपे रहो।"

राम सहित सब हँसने लगे।

एक प्रहर में युद्ध परिषद् में विवरण तैयार कर लिया गया और स्थान के साथ सेनापतियों के नाम लिख दिए गए। सुरक्षित सेना में कौन रहेंगे, कितने, यह भी तय हो गया । मल्लूक ने माहिष्मती को एक साथ चारों ओर से घेरने और शत्रु के दुर्बल मोर्चे पर आक्रमण की योजना पसंद की किंतु कहा— "महाराज, भीतरी तोड़-फोड़ का प्रबंध तो किया ही नहीं गया?"

"किया गया है···आप करेंगे?"

"अरे बाबा, हम तो दुर्ग के भीतर पकड़े जाएँगे···हम दूर से ही ऊँट की तरह पहचान लिये जाते हैं···हमें तो बस लड़ना आता है।"

अंबष्ट ने पूछा—"महाराज, वहाँ भोजन में क्या मिलेगा?"

"जो पाओ, खाओ की नीति चलेगी वहाँ।"

अंततः युद्धपरिषद् की बैठक पूरी हो गई और सेनाओं को कल परशुपुर चलने का आदेश दे दिया गया···देवलोक की सेना तो कभी की वहाँ पहुँच गई होगी।

···उधर माहिष्मती में कार्त्तवीर्य अर्जुन, विद्याधर, विदर्भराजा बृहत्बल के पुत्र, राजकुमार भीम यादव, आनर्त्त, अनूप, सुराष्ट्र, शर्याति, हैहय मत्स्य राज, सुदूर पूर्व (वर्तमान मिथिला) के राजा सोमदत्त, दक्षिण के ऋक्षगण के राजा भल्लूक, वानरगण के गणनायक अरुणमुख, राक्षसराज सिंहदंत, सुचंद्र, उसका पुत्र पुष्कराक्ष, शुष्णगणपति हल्लीश, असुरराज वृत्वंशी, बलासुर, दैत्यवंशी कर्दम, आरण्यक अनार्य, करंज, अनुयादव, तुर्वसु तथा अन्य अनेक गणों और वंशों के योद्धा उपस्थित हुए। महासेनापति संग्रामजित् दुर्गरक्षक शार्दूल हैहय, सिंहध्वज,

जयध्वज, कृताग्नि, कृतांत हैहय का पुत्र वृत्तांत हैहय, और अन्य हैहय प्रमुख भी आए थे।

सहस्रबाहु अर्जुन ने हाथ उठाया, मूँछों पर ताव दिया, दोनों कंधों और भुजाओं को सगर्व देखा, वक्ष फुलाया और अरुणचूड़ की अकड़ के साथ बोला—

''वह जमदग्नि ऋषिपुत्र राम बेचारा आर्यस्थान सप्तसिंधु में तो सैन्यबल पा नहीं सका सो वह याचक, देवलोक से सैनिकों की भिक्षा के लिए भटक रहा है···उसने पूर्वोत्तर से लेकर वाल्हीक तक और वहाँ से उत्तरकुरु और सुमेरु पर्वत तक दौड़ लगाई है···सुना है कि उसने कुछ भाड़े के लड़ाकों का झुंड एकत्र भी कर लिया है···अविस्थान और उत्तर के लोग प्रायः दस्युकर्मी हैं, निश्चय ही उन्हें लूट का लालच दिया गया होगा···मुख्य बल तो उस राम के नाना मांधाता इक्ष्वाकु का है, शेष तो लुटेरों का जमावड़ा है···सुना है कि राम ने सर्वोच्च सेनापति आर्यायण के राजा यमि को बनाया है···कोई अपने देश का नहीं मिला तो विदेश का बना दिया। और याचक राम भार्गव ने सप्तसिंधु के आर्य राजाओं, ऋषि-मुनियों और बटुकों का जमघट किया है···अब आप बताइए कि मेरी चतुरंगिणी, सुशिक्षित, नियमित वेतनभोगी महासेना तथा आप सब दुर्दमनीय योद्धाओं के बल का सामना वे पहाड़ी और जंगली दस्यु कैसे करेंगे?''

युद्ध सभा में उपहास से भरा ठहाका लगा किंतु विदर्भ का भीम यादव चुप रहा। अर्जुन ने पुनः कहा—

''अब आप युद्ध के विषय में कोई सुझाव दीजिए, कोई रणनीति बताइए।''

शार्दूल हैहय गरजा—''अजी, काहे की रणनीति···वे ऋषि-मुनि तो सहस्रबाहु की एक हुंकार में ही भाग जाएँगे, डटे रहे तो उनकी बलि चढ़ जाएगी···रणनीति तो बराबरी में बनाई जाती है···उन्हें तो हमारे हाथी ही कुचल डालेंगे···उनके पास गजसेना तो है ही नहीं!''

विद्याधर ने हाथ उठाया—

''भद्रजनो, शत्रु को लघु समझना युक्तियुक्त नहीं है···सरस्वती और यमुना के युद्ध में बटुकों और ऋषियों ने पर्याप्त पराक्रम दिखाया था···तब उनकी संख्या कम थी, अब वे अगणित हैं और वे प्रतिशोध की ज्वाला में जल रहे हैं अतएव रणनीति निश्चित करनी ही है।''

राजा बोला, ''रणनीति का क्या करना है···माहिष्मती के चारों ओर एक-दो योजन तक हाथियों की पंक्ति हो, उसके बाद रथों और अश्वारोहियों की, पुनः पदाति सेना को अड़ा दो···नगर में पग-पग पर सैनिक हों, चतुष्पथों पर दुर्ग और प्रासाद के रक्षकों की संख्या दसगुनी कर दो और नर्मदा नदी को पीछे रखकर···माहिष्मती से अवंती के मध्य जो समतल भूमि है, उस पर हम मुख्य सेना को जमा देंगे और उतनी ही सेना, पीछे सुरक्षित रहेगी···एक बड़ी सेना चक्कर काटकर उनकी खाद्य-सामग्री को रात्रि में लूटे···नर्मदा का पानी उन्हें प्राप्त न हो

सके···वे अवंती के मार्ग से ही आ सकते हैं···समुद्र से नर्मदा की धार में उलटे तो वे चलने से रहे और यदि आए तो भृगुकच्छ में हमारे नाविक-सैनिक उन्हें नष्ट कर देंगे···मरुस्थल और समुद्र से आए तो उनका सर्वनाश निश्चित है। वे उसी मार्ग से आएँगे, जिस मार्ग से हम सरस्वती नदी की ओर गए थे, अतएव हम अपने मन का मैदान चुनें जिसमें कि रथ चल सकें, गज गमन कर सकें···शत्रु को पानी और अन्न न मिल सके, इसके लिए माहिष्मती के ग्रामों को हम स्वयं उजाड़ दें, उनमें आग लगा दें···बस, अवंती राज्य बाधक है···सबकी राय हो तो पहले अवंती की ईंट से ईंट बजा दी जाए?''

विद्याधर बोला—''अवंती निश्चय ही बाधा है···अपने ग्रामों को नष्ट करना व्यर्थ है क्योंकि राम भार्गव की सेना को अवंती से सामग्री आ जाएगी···अवंती समृद्ध राज्य है और प्रजा अवंती राजा की पीठ पर है···किंतु अवंती से उलझ जाने का यह समय नहीं है।''

राजा शूकर की तरह घुड़का—''क्यों समय नहीं है···अवंती पर हम अभी चढ़ बैठें···तो जब तक राम का वह विचित्र झुंड आएगा, तब तक अवंती को पीछे कर हम खुले मैदान (आकर) में लड़ें।''

भेदिया वृत्तांत हैहय ने सूचना दी—''मैं विद्याधरजी से सहमत हूँ, अब समय नहीं है क्योंकि राम की सेना सेना नहीं, वह तो टिड्डीदल है···अवंती पर आक्रमण होते ही हम वहीं घिर जाएँगे और वह क्षिप्रा नदी शीत ऋतु में हमारी सेना की जलपूर्ति नहीं कर सकती और यह भी भय है कि राम के टिड्डीदल का एक भाग राजधानी माहिष्मती पर आक्रमण कर दे।''

राजा अर्जुन बड़ी ज़ोर से घूत्कारा—''वृत्तांत, तू हमारा भेदिया है या उस भिक्षुक राम का गूढ़ पुरुष है? तू हमारा मनोबल तोड़ रहा है···तू क्या समझता है कि अवंती पर चढ़ते समय हम राजधानी को अरक्षित छोड़ देंगे?''

राजकुमार जयध्वज ने हस्तक्षेप किया। पिता से अनुमति लेकर वह कहने लगा—

''वृत्तांत की बात माननीय है···अंततः महाराज चक्रवर्ती एक समय में दो स्थानों पर तो लड़ नहीं सकते और पिताश्री के बिना हमारा आतंक क्षीण हो जाएगा, अतः हम शत्रु की रसद में बाधा अवश्य डालें किंतु विजय का निर्धारण युद्ध ही करेगा और युद्ध के लिए राजधानी से बहुत दूर जाना ठीक नहीं।''

विद्याधर ने जयध्वज को सराहना की दृष्टि से देखा, पुनः राजा की ओर वह ताका। राजा प्रसन्न हो गया—

''देखा विद्याधर, जयध्वज तो हमारा सच्चा उत्तराधिकारी सिद्ध हो गया। साधु राजकुमार जयध्वज साधु···तो निश्चित हुआ कि हम राजधानी के पास ही महाव्यूहरचना करें और राम भार्गव को घेरकर मार डालें। शत्रुपक्ष में केवल वह परशुराम ही है, शेष तो साधारण हैं, राम और उसके भाई···ये रण में धर लिये

जाएँ तो सब भाग जाएँगे···रामेतर जमघट तो लूटने के लिए आएगा, प्राण देने नहीं···और वे सप्तसिंधु के ऋषि-मुनि···उनकी यमुना-युद्ध में ऐसी धुनाई हुई है कि उनका यह साहस नहीं कि वे हैहयों का सामना करें। उनकी तरह, हमने सैनिकों की भिक्षा नहीं माँगी है, हमारा अपना अनंत बल है और आप सब हमारे आत्मीयजन हैं, मित्र राजागण हैं, व्यवहारी हैं। हमारी विजय होगी, हमें कोई पराजित कर ही नहीं सकता।''

शत्रु को नगण्य समझते हुए अर्जुन ने स्वपक्षीय राजाओं और सेनानियों के लिए नृत्य और गायन का आयोजन किया···मदिरा के चषक चले। नशे में राजा अर्जुन उन्मत्त हो गया। उसने अपने साले सुचंद्र को संकेत किया। वह आया और कान में कहा कि एक रमणी ले आई गई है और वह सप्तसिंधु के किसी ऋषि वंश की है। राजा ने सुचंद्र को डाँटा कि उसने यह क्या किया, कहीं वही दशा न हो जैसी सप्तसिंधु में हुई थी। ऋषिकन्याओं के रक्षक प्रेत-पिशाच हैं अतएव वह किसी अन्य सुंदरी का प्रबंध करे। सुचंद्र फुसफुसाया कि राजा चिंता न करें। राजप्रासाद को एक तांत्रिक से कीलित करा दिया गया है और अब पिशाच आ ही नहीं सकते। राजा प्रसन्न हो गया और पुनः नृत्य देखने लगा।

रात्रि के प्रथम प्रहर बीतने पर राजा उठा और शयनगृह की ओर बढ़ा। उसे ऐसा लगा कि जटाजूट बाँधे परशुराम खड़ा है और उसका परशु चमचमा रहा है। मदिरा के उन्माद में राजा ने बल लगाकर नेत्र खोले तो परशुराम का बिंब लुप्त हो गया। राजा हँसा, बड़बड़ाया—कि यह मदिरा का प्रभाव है या वह परशुराम यातुविद्या का प्रयोग कर रहा है? राजा पुनः आगे बढ़ा···वह कामातुर था किंतु परशुराम के आभास बाधक थे। राजा ने देखा कि राम का फरसा कौंध मारता हुआ वेग से उसी की ओर आ रहा है। राजा ने खंग चर्मकोष से खींच ली और परशु पर वार किया किंतु वार खाली गया। पुनः राजा आगे बढ़ा। अबकी बार वह शयनगृह का द्वार पार कर गया किंतु लाई गई रमणी के स्थान पर एक लंबा परशु सीधा खड़ा था। राजा ने पुनः तलवार निकाली और उस परशु की ओर चला। परशु अधर में उड़ गया और छत से टकराकर उसने खट् की ध्वनि की। राजा पीछे हटा। परशु नीचे आने लगा। निकट आने पर राजा ने उस फरसे पर प्रहार किया किंतु वहाँ कुछ भी नहीं था। कक्ष में शांति थी। राजा डर से थरथरा गया···वह ऊँचे स्वर में बोला··· सुंदरी तुम कहाँ हो?

किंतु कोई शब्द नहीं···वहाँ सिर्फ़ सन्नाटा था और दीपाधारों पर जलते हुए दीए मूर्खों की भाँति दिपदिपा रहे थे। अर्जुन ने एक-एक कोने को देखना शुरू किया। कुछ भी नहीं मिला। वह भोजन के आसन पर बैठ गया और उसने सुरा का पात्र बनाया। एक निमिष में सुरा के प्रभाव से उसकी आशंका दूर हो गई। राजा प्रमुदित हुआ। उसने ताली बजाई। सुचंद्र आया। उसके साथ एक सुंदरी थी। उसे राजा की ओर ठेलकर सुचंद्र लौट गया। राजा ने उस रमणी का स्वागत

किया। सुंदरी वहीं रुक गई। अर्जुन ने उसे दिलासा दिया किंतु वह यथावत् रही। तब राजा ने आगे बढ़कर उसके कंधे पर हाथ रखा तो वह सिमिट गई। राजा ने उसका अवगुंठन हटाया। देखा तो वह सचमुच निष्कलुष सौंदर्य था। राजा ने उसका आलिंगन करना चाहा तो उसे लगा कि कोमल शरीर के स्थान पर उसने किसी परशु का बेंट छुआ है। राजा चकराया। उसने कहा—"रमणी, तुम सुंदर हो, अहा, क्या नयनानिराम दृश्य है...आओ, मेरे पास बैठो...क्या शुभ नाम है आपका?"

"भद्रकाली।"

"क्या कहा?"

"भद्रकाली।"

"अच्छा भद्रकाली भद्रे! आप विराजें तो सही।"

भद्रकाली अबकी बार बैठ गई और कुछ मुस्कराई भी। राजा की बाँछें खिल गईं। उसने अंगूरी मदिरा के दो चषक बनाए और एक चषक को भद्रकाली के अधर से लगा दिया। वह एक साँस में पी गई। राजा आनंद में मत्त हो गया। उसने स्वयं अपना चषक चढ़ाकर भद्रकाली को पुनः एक प्याला दिया। उसे भी वह पी गई। तब राजा ने उसे खाने को दिया। वह खाने लगी। दोनों पीते-खाते रहे। अब भद्रकाली की झिझक खुल गई। वह जैसे राजा का उपहास करती हुई हँसने लगी। राजा रोमांचित हुआ, पूछा—

"आपका परिचय?"

"वेश्या का परिचय नहीं होता।"

"क्या, तुम वारांगना हो?"

"और क्या मैं कोई कुलकन्या हूँ, कुलवधू हूँ, आप क्या समझे?"

"किंतु सुचंद्र ने तो कहा था कि आप कोई ऋषिकन्या हैं?"

"नारी की जाति तो एक ही होती है...उसको वर्ण, वंश, जाति तो पुरुष से मिलती है।"

"अच्छा? बड़ी ज्ञानी हो तुम...किंतु तुम्हें छूने में मुझे लगा था कि तुम लोहे की तरह कठोर हो, ऐसा क्यों?"

"क्योंकि मैं एक अस्त्र ही हूँ!"

"किसका?"

"परशुराम का फरसा हूँ मैं।"

और वह भद्रकाली खिलखिला उठी। हँसते-हँसते दोहरी हो गई। कहने लगी—

"आप सभा में अकड़ते हैं राजा, और एकांत में शत्रु के आभास से डरते हैं।"

"तुम्हें पता कैसे चला? क्या तुम यातुधानी हो?"

"प्रत्येक नारी जादूगरनी होती है...मैं भी हूँ, पुनः मैं वेश्या हूँ...अपने ग्राहकों

का मन परख लेती हूँ।''

''किंतु...मैं निर्भय हूँ...मदिरा के नशे में विचित्र मानसिक प्रतिमाएँ बनती हैं पर वे वास्तविक तो नहीं होतीं?''

''कल्पना, कब सत्य में बदल जाए, यह कौन कह सकता है?''

''अच्छा? आपका निवास कहाँ है?''

''कभी यहाँ, कभी वहाँ...जहाँ डेरा पड़ जाए, वहीं!''

राजा आशंकित हुआ। उसने पुनः सुरापान किया और भद्रकाली को भी कराया। वह पुनः पी गई। राजा ने पूछा कि उसे नशा क्यों नहीं होता तो वह बोली—

''मैं अभ्यस्त हूँ—वेश्या हूँ न!''

वे खाते-पीते रहे। राजा अब धैर्य और होश खोने लगा। उसने भद्रकाली को अपनी ओर खींचा तो वह स्वयं उसके अंक में पसर गई। किंतु राजा को लगा कि कोई कठोर अस्त्र उसकी गोद में पड़ा है।

भद्रकाली ने राजा को भुजपाश में बाँधा और दबाव डाला। राजा की पसलियाँ दरकने-सी लगीं जैसे लौह महिला उसे भींच रही हो और जब राजा ने उस भद्रकाली का मुख देखा तो उसे लगा कि वह कोई धातु की देवी है, जिसकी जीभ निकली हुई है और उससे रक्त टपक रहा है। भद्रकाली के नेत्र राजा को फटे-फटे से लगे और उसके हाथों में लंबे नाखून राजा को नोचते से प्रतीत हुए...राजा के कंठ से एक दबी हुई चीख निकली किंतु भद्रकाली ने उसका मुख बंद कर दिया। वह रीछ की तरह राजा को कस रही थी। राजा ने बल लगाकर भद्रकाली को एक ओर पटका और उसकी गर्दन पर हाथ जमा दिए...किंतु राजा ने पाया कि वह एक फरसे को दबा रहा है और उसके हाथ रक्तरंजित हो गए हैं। राजा भय से काँपता भागा...किंतु वह परशु उसका पीछा करने लगा...वह चिल्लाया—''बचाओ, यह परशु सुंदरी है, बचाओ।'' राजा ने भागकर कपाट खोले—सुचंद्र आया। वह राजा की दशा देखकर घबरा गया।

''क्या हुआ?''

''सुचंद्र, वह सुंदरी तो यातुधानी थी, एक जादूगर वेश्या...वह परशु में बदल जाती थी...वह लोहे की बनी वारांगना...देखो, वह लुप्त हो गई... भद्रकाली, तू कहाँ है?''

''मैं यह रही!''

सुचंद्र के पूछने पर उसने बताया कि ''राजा परशुराम के भय में विक्षिप्त हो गए हैं...तुम देखो, क्या मैं लौहतरुणी हूँ? देखो, मुझे छुओ, मेरा आलिंगन करो...मैं सामान्य हूँ न? स्पष्ट है कि राजा सभा और समाज में तो दर्प दिखाता है किंतु उस पर काल आरूढ़ है और वह सर्वत्र राम का फरसा देखकर भय से विक्षिप्त हो गया है...आप इनका उपचार कराइए...मैं चलती हूँ।''

वह चली गई। सुचंद्र ने देखा, राजा अचेत हो गया है और बड़बड़ा रहा है—''वह राम का परशु···वह फरसा, बचाओ, बचाओ !''

30

परशुपुर-पुरुषपुर में चक्रवर्ती मांधाता की विशाल सेना आ गई। सखियों सहित राम आ गए, देवधाता मांधाता आए, वृङ्गद और मौलेयगण आए, उनके प्रमुख अंबष्ट और मल्लूक आए। राजा यमि के नेतृत्व में आर्यायण, पार्थिया के शासक पार्थ आए, देवलोक की आर्य सेना ऋषि भूतांश काश्यप की कमान में आई, शक मंगोलकगण आए, उत्तरकुरु के पृथु परशुवाही आए, मनु-पुत्रों का सैन्यबल आया, तिरिंदर भार्गव और स्वात नदी के प्रदेश के संभूत त्रासदस्यु हिरण्यमयवर्ष (बदख्शों) से प्रभूत स्वर्ण ले आए जिसे मेघवज्र शर्याति और मेधावी ने राजा यमि के परामर्श और ऋषि भूतांश की देख-रेख में वितरित कर दिया। अनार्यगण प्रसन्न हो गए।

देवलोक के ऋषि मरीचि, अंगिरा, पुलस्त्य, पुलह, क्रतु, दक्ष, अत्रि, वसिष्ठ, गृत्समद, कक्षीवान्, आदि को आगे कर राम पवन अश्व पर आरूढ़ होकर विजयकेतु लेकर सप्तसिंधु को चले। राम के केतु पर महादेव का रेखाचित्र था जिसके सामने करबद्ध आदिभृगु को आसीन दिखाया गया था। सेना अपने-अपने झंडों को फहराती उत्साह में सिंधु नद की तरह गरज रही थी। अश्वारोहियों और पैदल सैनिकों की रेलमपेल में केवल विजयपताकाओं से ही पहचान होती थी।

दुंदुभिनाद, तूर्यवादन, और अन्य वाद्यों की घनघोर ध्वनि से सैनिकों के रक्त में उच्छलन हो रहा था। योद्धाओं के तने हुए चेहरे सूर्य से प्रदीप्त हो रहे थे। हथियार और अन्य सामग्री ऊँटों-रासभों-घोड़ों-टट्टुओं-छकड़ों-शकटों पर लदी हुई थी, सैकड़ों मन अविस्थान के फल और मेवा का अंबार साथ चल रहा था···जिधर देखो उधर सैनिक समुद्र था। युद्ध का ऐसा महायोजन पहले कभी नहीं हुआ था जैसे वात्याचक्र घूम-घूमकर धूलधक्कड़ के साथ वेग में उन्मत्त होकर चलता है, परशुराम के योद्धा उसी प्रकार उफनते फेन फेंकते, उत्ताल तरंगें उठाते, कोलाहल से कान फोड़ते, हुमसते-हुलसते हुए चले जा रहे थे···शिशिर ऋतु व्यतीत हो गई थी। शीतकाल का सूर्य जैसे इस विराट् सैनिक-सागर से भयभीत ठिठुर रहा था और शीतल पवन जैसे लड़ाकों की त्वरा देखकर अपना वेग भूलकर आतंकित हो मंदगति अपना रहा था। पंक्तिबद्ध महासेना अतिकाय अजगर-सी लग रही थी। पदाति सैनिक अश्वारोहियों की गति से दौड़ में जैसे प्रतियोगिता कर रहे थे। लोकगण आतंकित किंतु हर्षित थे।

अग्रगामी ऋषि अचानक रुक गए। उन्होंने हाथ उठाए। सेना ठहर गई। राम

ने देखा कि वहाँ सहसा सप्तर्षि प्रकट हो गए हैं, सनक, सनंद, सनातन, सनत्कुमार आदि ने वरदहस्त उठाए। देवलोक के ऋषि अश्वों से उतर पड़े और सप्तर्षियों को प्रणाम किया। सप्तर्षि पुरातन होने पर भी बालकों से भोले और निष्पाप मुखों वाले थे। वे केवल एक लंगोटी धारण किए हुए नग्न शिशु शरीरी थे। उनके मुख अग्नि की तरह जगमगा रहे थे और उनके अर्धनिमीलित लोचन किसी समाधि में अधडूबे से प्रतीत हो रहे थे। ऋषियों के संकेत पर राम आगे बढ़े और सप्तर्षियों के चरणों में दंडवत् गिरे। आदि मुनियों ने राम को सस्नेह, 'स्वस्ति-स्वस्ति' कहते हुए उठाया और उन्होंने राम को पुत्रवत् छाती से चिपका लिया। राम अपनी विशाल काया को झुकाकर ऋषियों के वक्षों में छिपने का प्रयत्न करने लगे और आनंद तथा गौरव में उनका कंठ भर आया। ऋषियों ने मंत्रोच्चारण किया और मेघमंद्र स्वर में बोले—

''जामदग्न्य राम, विजय होगी किंतु अनावश्यक हिंसा न हो···क्रोध में बालक, वृद्ध, नारी, तटस्थ और पलायनकर्त्ता का वध न किया जाए···हैहयराज अर्जुन पापी है किंतु उसके परिवारीजन निर्दोष हैं, वे न हने जाएँ···निस्संग प्राणियों को भय न हो, श्रमिक, कृषक, शिल्पी तथा अन्य जनसाधारण पीड़ित न किए जाएँ···राम, युद्ध आपत्धर्म है, मुख्य धर्म नहीं, यह स्मरण रहे। जाओ, पवित्र, पुण्यशील ऋषिगण तुम्हारे पथप्रदर्शक हैं, शुभास्तु ते पंथानाः।''

सप्तर्षियों का शुभागमन का समाचार सेना में तुरंत फैल गया। राम समझ गए कि अब सब दर्शनार्थ दौड़ेंगे और व्यवस्था भंग हो जाएगी अतएव उन्होंने सप्तर्षियों से प्रार्थना की कि वे पास की पहाड़ी पर खड़े हो जाएँ जिससे सैनिकगण दर्शन कर पुण्य लूट सकें। सप्तर्षि मुस्कराए और राम सनक-सनंदन आदि को कंधे पर लादकर शीघ्र टीले पर ले गए। सैनिकों ने प्रणाम की महाध्वनि की। ऋषियों ने वरदहस्त उठाए और चकित योद्धा जैसे क्षण-भर का स्वप्न देख रहे हों। वे राम पर आसीन सप्तर्षियों की जय-जयकार करते हुए आगे चले। सनक-सनंदन आदि राम के कंधों पर बैठे आशीष दे रहे थे। पुनः वे अचानक लुप्त हो गए और राम सानंद विस्मय में स्तब्ध सोचने लगे कि सर्वोच्च देवर्षियों का अवतरण व्यर्थ नहीं जा सकता। अकस्मात् उन्हें विष्णु के सुदर्शन चक्र का ध्यान आया···इसके पूर्व राम के मन में सुदर्शन चक्र का बिंब इस प्रकार कभी नहीं उभरा था। क्या विष्णुदेव यह प्रेरणा दे रहे हैं कि चक्र के बिना विजय नहीं होगी? किंतु अब समय नहीं है···याद आया कि ऋषि वसिष्ठ या विश्वामित्र पर चक्र-निर्माण का रहस्य अवश्य होगा और वहाँ सरस्वती नदी पर सेना का पड़ाव भी पड़ेगा। तब मैं चक्र का निर्माण करूँगा···विचित्र है, पहले यह विचार क्यों नहीं आया?

रात्रि में रुकता और दिन में धावा पर धावा मारता हुआ धूलि, शीत, पवन और प्रस्वेद, थकावट और अनिवार्य विलंब को झेलता हुआ राम का सैन्य-सागर, सरस्वती नदी के निकट पहुँच ही गया जैसे समुद्र स्वयं नदी के साथ संगम के

लिए आ गया हो···दूर-दूर तक फैलकर पड़ाव पड़ गए। प्रातः ऋषिगण के साथ राम गुरु वसिष्ठ और विश्वामित्र से मिलने गए। वहीं अन्य ऋषियों को बुलवा लिया गया। जिसने सुना, वह भागा। राम अब तक किंवदंती बन चुके थे। उनकी गाथाएँ और पुराण कथाएँ बना-बनाकर सूतगण जनमानस में उनका विचित्र और विकट बिंब बना चुके थे। विश्वामित्र, वसिष्ठ तथा अन्य ऋषियों ने रामादल को देखने की इच्छा प्रकट की। सब सरस्वती तट पर कोसों तक पड़ी हुई सेना को देखने लगे। वे राम की संगठन शक्ति से चकित हो गए। उन्होंने कहा कि देवलोक के ऋषिगण यहीं रुकें, कलेवा करें···अपने-अपने कुलों से मिलें, वे तो राम के साथ पूरी सेना का निरीक्षण करेंगे। वे अश्वों पर बैठाए गए—बूढ़े विश्वामित्र और वसिष्ठ के रक्त में उत्साह उफनने लगा। वे अकड़कर घोड़ों पर जम गए और श्वेत दाढ़ियों पर हाथ फेरते हुए नेत्रों में नई चमक और गर्व भरे हुए, सैन्य-दर्शन के लिए चले। राम परिचय कराते और प्रत्येक वाहिनी के सेनापति से उन्हें मिलवाते और आशीषें बरसाते हुए बढ़ते गए। दोपहर हो गई तब कहीं निरीक्षण पूरा हुआ। ऋषियों ने सभी सेनापतियों और राजाओं का स्वागत कर रात्रि की युद्ध समिति में बुलाया और वे लगातार वरदान की मुद्रा में आशीर्वाद देते हुए हाँफ गए। राम ने डौंडी पिटवा दी कि एक सप्ताह सेना यहीं विश्राम करेगी। यात्रा से श्रांत-क्लांत सैनिकों ने राम की जय बोली और भोजन-विश्राम और खेल-क्रीड़ा में व्यस्त हो गए।

रात्रि की परिषद् वसिष्ठ-आश्रम के प्राङ्गण में जुड़ी। राम ने गुरु वसिष्ठ से प्रार्थना की कि उन्हें सुदर्शन-चक्र ने बार-बार दर्शन दिए हैं और चक्रनिर्माण से वह अनभिज्ञ हैं अतएव यदि किसी ऋषि के आश्रम में उसे बनाया गया हो तो वह दिलवाया जाए। वसिष्ठ ने राम के कान में कहा कि यह असंभव कार्य केवल बालखिल्य ऋषियों के प्रमुख ही कर सकते हैं और वह सुदर्शन-चक्र दे देंगे। उन्हें विधि-प्रविधि ज्ञात है। चक्र सब नहीं चला सकते—और उसका निर्माण दुष्कर है तथापि वह मिल जाएगा।

परिषद् में अनेक निर्णय हुए जिन्हें गुप्त रखने की आज्ञा दी गई। विश्वामित्र ने राम को अकेले में बताया कि वह अपने अंगरक्षकों का मंडल बनाएँ जिसमें आर्यायण के चायमानगण के प्रधान, पृथुपरशुवाही गणपति, पार्थिया के पार्थ, तिरिंदर भार्गव, युयुत्स, देवधाता, मांधाता, संभूत मेधावी, मेघवज्र, दीर्घ यादव अवंतीपुत्र और आचार्य चक्रधर का पुत्र यज्ञधर अवश्य रहें, शेष में राम जिन्हें चाहें रख लें। रहस्य यह है कि वह अर्जुन, राम को ही घेरकर मारना चाहेगा अतएव राम के आसपास का मोर्चा सबसे अधिक विश्वसनीय और प्रबल होना चाहिए। विश्वामित्र ने यह भी सुझाया कि यदि संभव हो तो विश्वावसु को अंगरक्षकों का प्रधान बना दिया जाए—वह निश्चय ही महावीर है और राम के आहत होने या अनुपस्थिति में युद्ध का दायित्व सँभाल सकता है। विश्वामित्र ने निःश्वास छोड़ा, कहा—

"राम, मैं अशक्त हूँ...दाशराज्ञ युद्ध में मैं आहत हो गया था, रुग्ण हूँ अन्यथा मैं स्वयं तुम्हारे साथ चलता...किंतु तुम्हें अब किसी अभिभावक की आवश्यकता नहीं है, राम तुम एक लघु नक्षत्र से, आदित्य बन चुके हो...जाओ, युद्ध यात्रा करो और विजय पाओ किंतु तुम निर्दोषों पर हाथ मत उठाना और अपने योद्धाओं को यथासंभव धर्म युद्ध की सीख देना...जाओ, विजयी भव!"

दूसरे दिन प्रातःकाल राम बालखिल्य आश्रम गए। उन्होंने देखा, अनेक बालखिल्य ऋषि वृक्षों से सिर के बल लटके हुए नेत्र बंद किए योग साध रहे हैं। राम उन्हें प्रणाम कर प्रधान ऋषि बालखिल्य के पास पहुँचे...वह बूढ़े होने पर भी बालक से लग रहे थे। वह राम को देखते ही उचके और राम से लिपट गए—

"पुत्र राम, तू वीरगाथा बन गया रे, साधु...विजय होगी पर तू इधर क्यों आया? हम योगी हैं, तपस्वी और कर्मकांडी ऋषि हमें शिशु समझते हैं।"

"ऋषे! शिशुभाव तो परमहंस ही धारण कर सकते हैं...मुझे वसिष्ठ गुरु ने भेजा है।"

"अच्छा, यह वसिष्ठ बहुत सयाना है राम...काम पड़ा तो बालखिल्य का स्मरण अन्यथा वह कर्मकांडी बस अपने को परमश्रेष्ठ मानता है...तुम ठहरो, मैं चक्र लाता हूँ।"

बिना कहे वह योगी सब समझ गया। राम विस्मित होकर वहीं खड़े रह गए। बालखिल्य एक अष्टधातु का बना चमचमाता चक्र ले आए, बोले—

"राम, यह वैष्णव अस्त्र है...इसका चालन और लक्ष्यभेदन कठिन है...आओ तुम सीख लोगे, तुम तो विष्णु के ही अंश हो।"

दोपहर तक ऋषि बालखिल्य बच्चों की तरह हँसते-खिलखिलाते हुए चक्रचालन सिखाते रहे। ऋषि ने कहा कि इसका प्रयोग अमोघ है। यह कभी चूकता नहीं। शत्रु इससे बच ही नहीं सकता क्योंकि यह लक्ष्य को पछियाता है...ऐसा कोई शस्त्र इस विश्व में नहीं है...किंतु इसे उस दुष्ट अर्जुन पर मत चलाना क्योंकि वह नीच दुरात्मा है, अधमों में अधम, उसे तो परशु से काटना—जो कम बुरे हों, चक्र उन्हीं पर चलाना, यह वैष्णव आयुध है न।"

ऋषि बालखिल्य ने यह भी दिखाया कि यह सुंदर, सुदर्शन चक्र लक्ष्यभेद कर लौट आता है। इसमें एक लगभग अदृश्य ताँत की डोरी बँधी है। प्रहार करो और इस डोरी को खींच लो...कितना सुघड़ है यह चक्र...बालखिल्य ताली बजाकर किलक रहे थे। राम को प्रथम बार अपने पर पश्चात्ताप हुआ कि वह सर्वदा भृकुटि चढ़ाए हुए क्यों रहते हैं...विकट मुद्रा से तनाव पनपता है...ये बालखिल्य इसी कारण तनाव नहीं पालते...इनमें बालकों जैसा आर्जव है, सरलता है और ये मन के सच्चे हैं किंतु राम को तो अभी इस धरा से धूर्तों और धृष्टों को निर्मूल करना है जो तनाव और त्वेष के बिना असंभव है तथापि अन्तःकरण में बालखिल्य बने रहना और इस

भीषण संग्राम को खेल समझते रहना सर्वथा संभव है। राम भी ऋषि बालखिल्य की तरह खिलखिलाकर बोले—

"महागुरो, आपने मुझे सुदर्शन चक्र ही नहीं दिया, नया जीवन दर्शन भी दिया है। मैं आपके दर्शन से सहज हो गया! कृतार्थ हो गया···अब आज्ञा दीजिए।"

"राम, तू पगला है। तू अपने को कर्त्ता मत समझ, तू केवल निमित्त कारण है···यह महाप्रकृति की लीला है और तू उसका माध्यम है, साधन···अपना कर्म सावधानी से कर और युद्ध को क्रीड़ा मानकर बालखिल्य बन जा···बालक, जा तेरी विजय अवश्यंभावी है···राम, तू विष्णुपद पाएगा, अवतारों में गण्यमान होगा···तू।"

विनोदस्वभावी बालखिल्य खिलखिला उठे। राम ने वह बिंब मन में भरा और प्रणाम कर लौट आए। पुनः प्रस्थानवेला में शंख, नगाड़े, धौंसे बजे और सेना चल पड़ी। तभी हिमाचल से राम के नाना राजा सुधन्वा सेनासहित आ गए···वह सप्तसिंधु के बल में मिल गए। राम ने उन्हें प्रणाम किया तो वह बोले—"राम, तूने व्यर्थ देवलोक को कष्ट दिया···हम पर्याप्त थे उस महिषासुर हैहय के लिए···राम, हम इक्ष्वाकु हैं···महागांधार से चक्रवर्ती मांधाता नहीं आए?"

"राजकुमार देवधाता आया है।"

"यह शुभ है, हम उसके सैन्यबल के साथ ही लड़ेंगे।"

सप्तसिंधु और हिमालय के अभ्यागतों के स्वागत के बाद कुछ दिनों के पश्चात् रामादल अंततः जामदग्न्य आश्रम पहुँच गया। मार्ग में नृसिंहराज हैहय और अवंतिराज सेनासहित आ मिले थे, आचार्य चक्रधर ब्रह्मचारियों का बल साथ ले आए थे···अवंतिपुत्र दीर्घयादव और चक्रधरपुत्र असिधर पहले से ही राम के साथ थे और विश्वावसु के नेतृत्व में अपने हाथ दिखा चुके थे। पुरुषपुर से जमदग्नि के आश्रम तक ग्रामों-ग्रामों से अनेक लड़ाके रामादल में स्वेच्छा से शामिल हो चुके थे···जनगण वीरता और बलिदान का ऐसा अवसर गँवाना नहीं चाहते थे। रामादल लगातार बढ़ता ही जा रहा था।

जमदग्नि आश्रम से एक-दो कोस पर ही पड़ाव पड़ गए। पास की नदी में जल था···आश्रम इतना जनभार झेल नहीं सकता था।

राम अंगरक्षकों के साथ अपने रामादल को लेकर आश्रम गए। वह सर्वप्रथम माता रेणुका से मिले, सखियाँ साथ ही थीं। माता राम के वक्ष से लगकर मूर्च्छित हो गईं। उन्हें शांत कर सब समझा-बुझाकर वह कुलपति से मिले और वहीं ज्येष्ठ भ्राताओं को बुलवा लिया। कुलपति ने मधुपर्क से विधिवत् राम का स्वागत किया, अंगरक्षक नायकों का भी। पुनः उन्होंने कहा—

"राम भद्र! सर्वप्रथम देवापि हैहय के साथ उन देवियों राका, रति और पूर्णिमा से मिलो, अकेले···रुमण्ववान् और भाई, सेना के आतिथ्य का यथासंभव प्रबंध करें···सेनापतियों, राजाओं और गणपतियों का भोज आश्रम में आयोजित हो और इस बहाने व्यूहरचना का निर्णय लिया जाए।"

राम, देवापि के साथ देवियों से मिलने चले किंतु विश्वामित्र के आदेश से विवश अंगरक्षकों को साथ लेना पड़ा···क्या पता, मार्ग में आक्रमण हो जाए। राम देवियों के ग्राम सकुशल पहुँच गए···अंगरक्षकों को कुछ दूर छोड़कर वह अभीष्ट स्थान में देवियों से मिले।

वे तीनों दीर्घ तपस्या, व्रत-अनुष्ठान और योगसाधना की अग्नि में तप कर दिव्य हो चुकी थीं। वे राम के चरणों में गिरीं। राम ने आशीष दी—

''कल्याण हो, सद्बुद्धि स्थिर हो!''

किंतु उन तीनों ने राम के पैर छोड़े नहीं। सबसे छोटी भौमा बोली—

''ऋषि राम, प्रथम हमें क्षमा का वचन दें।''

''तथास्तु।''

तीनों चमेली की बेलों-सी फूलों से लद गईं। उन्हें गर्व और हर्ष हुआ। अब राका बोली—

''राम, मैं और रति पापी हैं और हमारे पाप प्रायश्चित्त से धुल नहीं सकते। हमारा अब न कोई आग्रह है न इच्छा, न अनुरोध···भौमा तो पूर्ण निरीह और निष्पाप है···मैं और रति अपराधभावना से ग्रस्त हैं···हम अपनी ही दृष्टि में गिर चुकी हैं अतएव राम, आप हमारा उद्धार करें···हमें क्षमादान दें जिससे पापबोध से मुक्त होकर हम रामकाज में विशुद्ध मन से संलग्न हो जाएँ।''

राम बोले—''क्षमा कोई करता नहीं, कर नहीं सकता···क्षमायाची, स्वयं कुकृत्य के अनौचित्य को सोच-सोचकर दु:खी होकर, उस दु:ख और पश्चात्ताप की ज्वाला में जलकर शुद्ध हो जाता है···तुम अब पूर्वकाल की राका और रति नहीं हो···तुमने दत्तचित्त होकर आत्मशोधन किया है···अब तुम स्वयं अपने को क्षमा करो, हीनभाव त्यागो और जो नरमेध यज्ञ होने जा रहा है, उसकी सफलता के लिए तुम माहिष्मती के रहस्य और भेद बताकर पतितपावन देवी का पद प्राप्त करो जो तुम्हें जनसमूह ने दे ही दिया है।''

राम ने देवापि की ओर ताका। वह उठकर चला गया। तब राका और रति ने कार्त्तवीर्य अर्जुन के ऐसे-ऐसे भेद बताए कि राम विस्मित हो गए। एक प्रकार से रणनीति तो राका ने ही निश्चित कर दी। उसने यह भी कह दिया कि मणिप्रभा के प्रयत्न से उसका भाई भीम वैदर्भ, ठीक समय पर अपने बहनोई अर्जुन का साथ छोड़कर राम की सेवा में आ जाएगा या तटस्थ हो जाएगा। अन्य कई यही करेंगे···मणिप्रभा और वल्लरी उन्हें पूरी तरह स्वपक्ष में लाने का कार्य करेंगी और हम साथ देंगी···हम सब इस नरमेध यज्ञ में आहुति देंगी।

''राम, हम ऐसा करेंगी कि सही समय पर उस दुष्ट अर्जुन के सहायक राजा और सेनानी अचानक साथ छोड़कर या तो तटस्थ हो जाएँ, चले जाएँ या आपके पक्ष में आकर युद्ध करें···मणिप्रभा और वल्लरी, विदर्भ के गूढ़पुरुषों के माध्यम से अर्जुन के पक्षधरों को उसके पाप बताकर उनका मनोबल तोड़ रही हैं तभी से।

आपकी शक्ति आप नहीं, आपकी सखियाँ हैं, और अब हम भी उनके अंतर्गत गूढ़सखी की भूमिका पूरी करेंगी।''

राम स्तब्ध थे। उन्होंने सोचा कि रुरु भार्गव ठीक कहता था कि नारी अज्ञेय है···कितनी गहन होती है रमणी, आश्चर्य है। राम प्रभावित मुद्रा में कहने लगे···''किंतु इस, गूढ़-विद्या के क्रम में आप सब अतिसाहस कर रही हैं और मान लो, राजा अर्जुन के गूढ़ पुरुषों ने आप सबको हानि पहुँचाई तो क्या होगा?''

''क्या होगा भला? बलिदान का एक अनिर्वच आनंद होता है, एक आवेश···सांसारिक अनुभव का मूल्य तो जान लिया कि वह महत्कार्य के सामने कुछ नहीं होता ···एक भ्रम से दूसरे भ्रम का नैरंतर्य ही तो भव है···जो हो रहा है वह ज्ञात है, वह साधारण है, सर्वभुक्त है किंतु जो होना चाहिए, जो वांछनीय है, जो मूल्यवान् है, जो महासंकल्प है, उसका ही महत्त्व है···यह बोध हमें आपके व्यक्तित्व और कृतित्व पर विचारने से हुआ है···हमारे अंधकार के रेशमी पर्दे फट गए हैं और हम राम के आदित्य के आलोक में नहाकर रूपांतरित हो गए हैं···राम, आपने अंततः हमें भी तार दिया—हम आपको पुनः प्रणाम करते हैं।''

और वे तीनों देवियाँ राम के चरणों पर सिर पटकने लगीं, रोने लगीं। राम द्रवित हो गए। उन्होंने उन्हें उठाया और उनके मस्तक पर हाथ रखकर उनकी त्रिकुटि की कोई नस दबा दी। उन्हें लगा जैसे विद्युत् का कोई झटका लगा हो और वे सचमुच किसी ऊँचे सोपान पर पहुँच गईं। राम मंत्र बुदबुदाते रहे और उन्हें आश्वस्त करते रहे। राका अब स्वस्थ हो गई थी, बोली—

''राम, दुर्ग का दुर्बलतम अंश उसका पृष्ठभाग है और सेना का वह अंश दुर्बल है जो हृदय से उसके साथ नहीं है। अर्जुन की दुर्बलता उसका असह्य मिथ्याभिमान, औद्धत्य और अभद्रता है···उसकी इंद्रियपरायणता है···वह प्रलुब्ध पशु है अतएव वह आपसे भयभीत है···हमें भद्रकाली नाम की रमणी ने सूचना दी है कि वह रात्रि में अतिमदिरापान से आपके भय को भुलाता है किंतु उसे सर्वत्र आपका परशु दिखता है···काल उस पर आरूढ़ हो चुका है किंतु दर्पवश वह हठ पर अड़ा है···उसके वंशजों, परिजनों में भी उसके प्रति घृणा है पर वे विवश हैं। अर्जुन के पास धन है, असंख्य सैन्यबल है किंतु उसकी नींव में भूसा भरा है।''

राम ने राका की प्रशंसा की, कहा—

''राका, तुम एक सूची तैयार करो, मणिप्रभा और वल्लरी से भी सहयोग लो जिसमें राजधानी के उन लोगों के नाम हों जो राजा अर्जुन के भीतर से विरोधी हैं और उनके भी जो युद्ध में पाली बदल सकते हैं। तुम्हारी सूची के लोगों की हम रक्षा करेंगे···जो अर्जुन के पक्षपाती हैं, उनका ही वध होगा, यह हमारा वचन है···मैं अनावश्यक हिंसा को वैदिक हिंसा नहीं मानता।''

''यही राम के गौरव के अनुकूल है। यही आर्यों की श्रेष्ठता का परिचायक है।''

"तो तुम अभी मेरे साथ चलो और सखीमंडल बना लो—मौरवी के सहित जिसे चाहो, साथ में रखो···तुम्हारे शिविर की रक्षा मैं स्वयं करूँगा, और मेरे भाई यदि चाहें तो वे आपसे विवाह कर सकते हैं।"

"नहीं राम, मणिप्रभा तथा अन्य सखियों ने हमें मार्ग दिखा दिया है···वही श्रेष्ठ पथ है, सबके प्रति प्रीति तथा ममता रखना किंतु गृहस्थी के झंझट में वे पड़ें जिन्हें झंझावात न झेलने पड़ें···राम, हमें तो विद्याधर राक्षस ने सहज जीवन जीने ही नहीं दिया···हम तो प्रयुक्त प्राणी हैं, अभिशप्त हैं और अब रामकाज ही हमारी नियति है।"

राम के साथ तीनों देवियाँ सहर्ष चलीं। अंगरक्षकों ने उन्हें बीच में ले लिया और उनके अश्वों को घेर कर वे आश्रम पहुँच गए। राम ने उन्हें सखियों को सौंप दिया और उन्हें देवियों का आत्मपरिवर्तन का तथ्य बताकर मणिप्रभा को सस्नेह डाँटा—

"मणि, तुम और वल्लरी बड़ी चतुर और गहरी हो···मुझे भी नहीं बताया कि तुम हमारे पक्ष में राजा के पक्षपातियों को ला रही हो?"

"राम, जब आप हमें भेद नहीं बताते तब हम आपको अपनी रचना का रहस्य क्यों बताते···? बता देते तो उसकी नाटकीयता समाप्त हो जाती···अभी देखते जाइए कि हम क्या जादू करती हैं और अब तो हम सप्तर्षि हो गई हैं, नहीं।"

राम गद्‌गद थे। उन्होंने कहा—

"सप्तर्षि तो आशीष देकर गए किंतु हमारा सप्तर्षि-महिलामंडल तो कूटयुद्ध लड़ रहा है और विजय होगी तो उसका श्रेय हमें नहीं, आप देवियों को ही मिलेगा।"

"रहने दीजिए, कृतज्ञ मत होइए···वही विकटता बनाए रहिए···जब आप शत्रु को तृणवत् समझने वाली दृष्टि से देखते हैं तो हमें आपकी वही छवि प्रिय लगती है। पधारिए, आपकी जय हो, आपकी भौंहें तनी रहें और परशु आपकी मुट्ठी में बना रहे।"

राम को सखियों की वह अगाध प्रीति से भरपूर हँसी बहुत प्रिय लगी। वह विश्राम कर रात्रि के भोज में गए और ब्यौरेवार निर्णय वहाँ लिये गए। देवापि और अन्य गूढ़ पुरुषों ने राजा अर्जुन के बल का विवरण दिया। तैयारियों में न्यूनताओं की विशद समीक्षा की गई—और अंत में राजा यमि और भूतांश काश्यप ने पूर्ण विश्राम का आदेश दिया जिससे सैनिक शक्तिसंग्रह कर लें। रात्रि में रक्षकों, प्रहरियों की विस्तृत व्यवस्था की गई।

विश्राम और प्रबंध सुनिश्चित हो जाने के पश्चात् रामादल माहिष्मती की ओर बढ़ा।

राम का टिड्डीदल जैसे ही नर्मदा की ओर चढ़ा तो राम ने देखा कि नर्मदा के तट पर अर्जुन के सैनिकों का भारी जमावड़ा है। राम ने राजा यमि की ओर देखा।

यमि बोला कि पहले शिविर लगाए जाएँ और कार्त्तवीर्य अर्जुन को अंतिम पत्र भेजा जाए जिसमें संधि का प्रस्ताव हो। यदि वह शर्तें पूरी कर दे, मुख में तिनका रखकर, नंगे पाँव, नि:शस्त्र क्षमायाचना करने आए, पश्चात्ताप करे, क्षतिपूर्ति करे, हमारा सैनिक व्यय दे दे और भविष्य की गारंटी के लिए अपने पुत्र को भेज दे तो उसे क्षमा कर दिया जाए।

''यह तो करणीय है, अभी पत्र भेजा जाएगा किंतु नर्मदा के तट को मुक्त कराए बिना सेना प्यासी रहेगी···इधर जल का कोई अन्य स्रोत नहीं है।''

यमि सोचकर कुछ कहें, इसके पूर्व भूतांश ऋषि ने कहा—''यह निश्चित है कि मूढ़ अर्जुन हमारी माँगें मानेगा नहीं अत: युद्ध निश्चित है परंतु हम ऋषि हैं, धर्म-युद्ध करना है सो जब तक पत्र का उत्तर न आ जाए, हम लड़ेंगे नहीं ।''

''किंतु, पत्र का उत्तर तो रात तक या कल तक आ पाएगा—तब तक पानी का क्या होगा?''

राम बोले—''नर्मदा तट का युद्ध हम न करें, यह तो कश्यप ऋषि का निर्णय युक्त है किंतु राजा अर्जुन हमें प्यासा मारकर हमसे आशा करता है कि हम निर्जला एकादशी का व्रत करें···दोपहर हो रही है, कल तक सेना और पशुओं की क्या दशा होगी?''

राजा यमि ने रास्ता निकाला—

''राम, जो अपने को आर्य कहते हैं वे तटस्थ रहें किंतु हमारे वृङ्गद, मौलेय, शक, मंगोलक और उत्तरकुरु के आरण्यक हैं, वे धर्म-युद्ध को आर्यों की मूर्खता मानते हैं और वे नर्मदा तट के हैहयों पर चढ़ेंगे, हमारा आदेश वे नहीं मानेंगे, आप देखते जाइए।''

राम, यमि, भूतांश और ऋषिगण के रोकते-रोकते ही मल्लूक मौलेय, अंबष्ट वृङ्गद, शक और मधुमत्त, शुष्ण और शंबर आदि अनार्य यूथ, नर्मदा की ओर झपटे। वे संख्या में हैहयों से दस गुने थे और बाणों की मार में आते ही उन्होंने अश्व रोके और धनुषों पर बाण चढ़ा लिये। उधर हैहय पक्ष के सैनिकों ने भी शरसंधान किया और दोनों ओर के योद्धा तीरों से बिंधने लगे। पुन: विदेशी धनुर्धारियों ने घोड़े बढ़ाए। घोड़े कानों को दबाकर पवनगति से दौड़े और भागते घोड़ों से वे अनार्य धनुर्धारी उन सब हैहयों को छेदते रहे···यह तमाशा हैहयों ने कभी नहीं देखा था। दौड़ते अश्वों से निशाना मारना आर्यस्थान में तो अल्पज्ञात था। हैहयों ने भी अनेक शत्रुअश्वों और सैनिकों को गिराया किंतु उनसे दसगुनी सेना के एक साथ टूटने पर वे हतप्रभ रह गए। वे एक को मारते तो सौ आगे बढ़ जाते जैसे मरने का भय अनार्यों को छू न गया हो और राम के पक्ष के वे विकट वीर नर्मदा के तट पर पहुँचकर हैहयों पर छोटे हथियारों से पिल पड़े···भालों की मार से हैहय घबराए पर डटे रहे और फिर खंग, परशु, तोमर (गँडासे), बरछी, कृपाण और गदा-मुग्दर चले। पुन: अश्वों को बाधक समझकर कई अनार्य शूर

घोड़ों से कूद पड़े और हैहयों को सब्जी की तरह काटने लगे···हैहयों में भर्रा पड़ गया। वे भागे। तब हैहय सेनापति अरिंदम ने अनार्य नायकों को ललकारा—

''तुम वीर बाप के बेटे हो, तो आओ, हमसे लड़कर बल की परीक्षा कर लो—अल्प वेतनभोगी सैनिकों से तुम्हें क्या लेना-देना है?''

अंबष्ट वृङ्गद ने घोड़ा आगे बढ़ाया और अरिंदम के सामने जाकर वह अड़ गया। उसने चुनौती दी—

''मैं अंबष्ट वृङ्गद···ह्लींग-हींगलाज दैवी का भक्त, तुझ हैहय कुत्ते को ललकारता हूँ···तू द्वंद्व-युद्ध करना चाहता है तो पहले युद्ध बंद करवा दे और फिर रण में हमारे हाथ देख।''

अरिंदम हैहय ने हाथ उठाया। पताका फहराई। युद्ध बंद हो गया। अनार्य योद्धा पुन: अपने अश्वों पर चढ़कर मैदान खाली कर चारों ओर दूर खड़े हो गए। हैहय भी अपने सेनापति की ओर डट गए। अरिंदम ने कहा—

''तू हिंगलाज देवी के प्रसाद को चाटने वाला शूकर अंबष्ट, प्रहार कर— तू विदेश से आया है—तू भी याद करेगा कि हैहय लड़ाकों में कितना आत्मविश्वास है।''

''अबे तू ही अपना करतब दिखा ले···मुर्गे-सा अकड़ रहा है···हम राम के सैनिक हैं और वे कभी पहले चोट नहीं करते।''

अरिंदम ने घोड़ा बढ़ाया और भाला चला दिया। अंबष्ट वृंगद ने अपनी ढाल पर उसे लिया। भाला गिर गया। ढाल गैंडे की थी, नहीं फटी। तब अंबष्ट हँसा और उसने अरिंदम हैहय के घोड़े पर वार किया। घोड़ा भागा तो एक मील पर जाकर रुका। अनार्यगण, हैहयों की टिलटिली बोलने लगे। तब शार्दूल हैहय ने अश्व को आगे किया। किंतु अंबष्ट को पीछे कर मल्लूक मौलेय सामने आ गया। उसने शार्दूल हैहय को ऐसे घूरा जैसे वह किसी वन्यपशु की आखेट कर रहा हो। उसने शार्दूल पर एक कराल खंग से तिरछा वार किया। शार्दूल की ढाल फट गई और वह घायल हो गया। तब तक अरिंदम दूसरे अश्व पर आ गया और उसने ललकारा। अंबष्ट ने मल्लूक से कहा कि वह उसका शिकार है और वह अंबष्ट अरिंदम का उपहास करने लगा । तब अरिंदम ने पाश फेंका। किंतु अंबष्ट ने झुकाई देकर उसे व्यर्थ कर दिया और अरिंदम पर तलवार का प्रहार किया। ढाल उठी पर वह फट गई। अरिंदम घाव खा गया और घोड़े से गिर गया। तब अंबष्ट हर्ष से चिल्लाया और उसका सिर काट लिया—''कोई और नायक हो तो वह सामने आंए वर्ना नर्मदा का तट खाली करो, मारो इन कायरों को, भगा दो···और नदी का जल पियो।''

हैहयों पर पुन: मार पड़ी तो वे भागने लगे। उन्हें दूर तक खदेड़ा गया। वे भयभीत थे और उन्होंने पुन: लड़ने का साहस नहीं किया। प्यासे अनार्य सैनिकों ने जी-भर जल पिया और अश्वों को पिलाया। पुन: उन्होंने अपने घायलों को पानी

से संतुष्ट किया और वहाँ तट पर ही अपना पड़ाव डाल दिया ताकि हैहय पुनः नदी पर अधिकार स्थापित न कर सकें।

अरिंदम का कटा सिर लेकर सरदार अंबष्ट और मौलेय मल्लूक विजय का समाचार देने राजा यमि और राम के पास गए और शत्रु का कटा सिर सामने रख दिया। उनको राजा यमि ने अपने कंठ से उतार कर स्वर्णहार पुरस्कार में दिए और राम ने दो परशु भेंट किए। भूतांश ऋषि ने आशीष दी। तथापि राम ने उन्हें समझाया—

''आप सबने नर्मदा माता को मुक्त कर लिया, यह प्रशंसनीय है किंतु आपने आदेश नहीं माना, यह अच्छा नहीं रहा···अब ऐसा न करना···यह आर्य देश है और हमें धर्म-युद्ध करना है।''

अंबष्ट और मल्लूक लज्जित हुए। उन्होंने क्षमा माँगी किंतु अपना रंग फिर भी प्रकट कर दिया—''महाराज, हम क्या प्यासे मर जाते···अधर्म तो हैहयों ने किया है, फिर भी हमें क्षमा किया जाए, हम अब आपका झंडा देखते रहेंगे··· जिधर कहेंगे, बढ़ेंगे या पीछे हट जाएँगे किंतु आप जानें कि हम आर्य नहीं हैं···हमसे आपका धरम सधता नहीं।''

राम, राजा यमि और भूतांश ने अनुकूल अट्टहास किया और दोनों की वीरता को बार-बार सराहा। वे प्रसन्नमन अपनी सेना में लौट गए। जल की समस्या का समाधान हो गया अतएव माहिष्मती से दूत आने की प्रतीक्षा में सेना अपनी जलापूर्ति तथा शिविर स्थापना आदि कार्यों में लग गई। अरिंदम का शीश राम ने सादर माहिष्मती को भिजवा दिया।

राम का शिविर एक टीले पर लगाया गया और उसी छोटे पर्वत पर सखियों का तंबू ताना गया उसके आसपास प्रथम राम का अपना दल ठहरा जिसमें जमदग्नि आश्रम के ब्रह्मचारी अधिक थे। राम के भ्राताओं के शिविरों को घेर कर ब्रह्मसेना खुले आकाश के नीचे जम गई। उसके बाद अन्य सेनाओं ने अपने-अपने स्थान चुन लिये और भोजन-भजन शुरू हो गया।

संध्या-वंदन के पश्चात् राम की युद्ध-परिषद् जुटी। राजा यमि, ऋषि भूतांश, ऋषि तथा अन्य सब प्रमुखगण एकत्र हुए। रुमण्ववान् ने गजसेना के अभाव पर चिंता प्रकट की···राजा सुधन्वा सहित कुछ आर्यराजा रथ और गज लाए थे जो अर्जुन की गजसेना की तुलना में कम थे। राम सोच रहे थे। तभी समाचार मिला कि अर्यमा भारद्वाज की ब्रह्मसेना आ गई है और गांगेयप्रदेश से निषाद-राज भी आरण्यक बल ले आए हैं । ब्रह्मपुत्र प्रदेश के पहाड़ी जनगण भी आ लगे हैं और मगध और उत्कल के गणपति भारी गजसेना के साथ पधारे हैं। उत्कल की सेना में पर्वताकार हाथी हैं जो मद में उन्मत्त हैं और वे रणकुशल हैं। अर्यमा भारद्वाज, निषादराज, उत्कल नरेश और मगधपति का राम ने विधिवत् स्वागत किया। वे संतुष्ट हुए।

राम सर्वाधिक प्रभावित और कृतज्ञ मगध (वर्तमान) और उत्कल (वर्तमान)

देशों के गणपतियों से हुए क्योंकि वे धर्मयुद्ध में स्वयं भाग लेने आए थे। राम ने उन्हें बहुत महत्त्व दिया। गजसेना की न्यूनता को दूर कर देने के कारण राम भार्गव मागधों और उत्कल के जनगणों तथा अधिपतियों के आभारी बने। तब द्वारपाल ने सूचना दी—

''महाराज, भार्गव राजदूत आ गया है, अनुमति हो तो उसे आने दिया जाए?'' राम ने स्वीकृति में सिर हिलाया।

भार्गव राजदूत ने सबको प्रणाम कर राजा अर्जुन की प्रतिक्रिया मौखिक रूप से सुनाई।

''राजा अर्जुन ने कोई पत्र नहीं दिया?'' यमि ने पूछा।

''नहीं, श्रीमन्···राजा ने कहा कि पत्र तो समकक्ष शत्रु या मित्र को लिखा जाता है, राम भार्गव तो हमारे दान पर पला याचक है···वह धृष्टपुरोहित जमदग्नि मारा गया क्योंकि उसने राजा की इच्छा को आदेश नहीं माना था और उसका प्रतिशोध लेने उसका कनिष्ठ पुत्र राम जो अपने को परशुराम कहलवाता है, माहिष्मती पर विश्व-भर से भिक्षा में सैनिक माँग बटोर कर ले आया है···अतएव याचक राम भार्गव की संधिवार्त्ता के पत्र को हम फाड़कर फेंकते हैं और राम और उसके विचित्र सहायकों को तृणवत् समझते हैं···माहिष्मती पर चढ़ आए आक्रामकों की समाधियाँ यहीं बनेंगी, एक भी बचकर नहीं जा सकता···मैं सहस्रजित वंशज, सहस्रबाहु कार्त्तवीर्य अर्जुन हूँ···हम क्षत्रियों के राजदर्प को चुनौती देने वाले प्रत्येक सिर को काट देंगे और जो दशा जमदग्नि की हुई थी, वही दशा उनके भिक्षुक पुत्रों की होगी···क्षत्रिय राजाओं के टुकड़ों पर पलने वाले भिखारी ब्राह्मण हमारे दर्प, अभिमान और आनबान को ललकारेंगे, यह असह्य है। भार्गव दूत, जाकर कह दे उस बटुक राम से, उसके ऋषि-मुनियों से कि उन्होंने माहिष्मती के हैहयों के प्रताप को अमान्य किया है और उनके इस दुस्साहस का दंड रण-प्रांगण में दिया जाएगा।''

राजा यमि, संदेश का अनुवाद सुनकर आपे से बाहर हो गया···ऋषिगण, क्रोध में उन्मत्त होकर खड़े हो गए। उनकी मूँछें फड़क रही थीं और गुस्से में उनकी दाढ़ियाँ डोल रही थीं। राजाओं और सेनापतियों ने म्यान से खंग खींच लिये और वे आक्रोश में होठ काटने लगे, दाँत पीसने और ताल ठोंकने लगे। भूतांश काश्यप ने हाथ उठाया—

''मैं आदि कश्यप प्रजापति का वंशज भूतांश काश्यप, कश्यप सागर से आया हूँ···संपूर्ण भूमि प्रजापति कश्यप की है और समस्त सृष्टि काश्यप सृष्टि है देव, दैत्य, दानव, राक्षस, यक्ष, गंधर्व, नाग, निषाद सब आदि कश्यप की संतानें हैं···धर्म, तप, योग, कर्मकांड, देवाराधन, सत्य-शोधन और ज्ञान-विज्ञान के लिए, आदर्शों और उच्च लक्ष्यों के निर्धारण और उन पर आचरण के लिए ऋषि-मुनि आगे आए, जिनमें सभी थे पर बाद में प्रमुख ज्ञानी-विज्ञानी-तपी और कर्मकांडी ब्राह्मण ही कहलाए। सर्वपृथिवी पर इस कारण ज्ञान तथा तप की श्रेष्ठता से ब्राह्मणों

का अधिकार है तथापि उन्होंने उसे स्वेच्छा से छोड़ दिया था क्योंकि क्षत्रिय या रक्षकवर्ग को क्रूर कर्म करना पड़ता है जो तपस्या और कर्मकांड में, ज्ञान कांड में बाधा डालता है। यदि क्षत्रिय वर्ग आततायी हो जाए तो ऋषि-मुनियों और ब्राह्मणों का यह धर्म है कि ऐसी नराधम-शक्तियों को स्वेच्छा से दी गई—अपनी काश्यप भूमि को, अधिकार और वैभव को जनगण के सहयोग से छीन लिया जाए उसी प्रकार जैसे ऋषियों ने दुष्ट राजा वेन को मथा था और राजा पृथु को प्रकट किया था।...जैसे सप्तर्षियों ने राजा नहुष को उसकी कामांधता के कारण श्राप देकर सर्प बना दिया था...वृत्र को लोग ब्राह्मण कहते थे पर उसकी क्रूरता के कारण इंद्र ने उसे मारा...वर्ण या जाति नहीं, गुण और कर्म निर्णायक तत्त्व हैं और गुण तथा कर्म में माहिष्मती का अर्जुन अधमों में भी अधम है, अतः वह हन्यमान है और राम उसकी भुजाएँ परशु से काटकर इस महानरमेध महायज्ञ में उसकी बलि दें...उसके दुर्वचन पर क्रोध व्यर्थ है...हम उसको महिषासुर मानकर उसके भार से धरा को हलका करें, शांति और धर्म की रक्षा करें।''

जैसे क्रुद्ध नागों से उठे हुए, फुंकारते हुए फण, सम्मोहक सँपेरे के अलगोझे की ध्वनि से शांत हो जाते हैं, वैसे ही तप्त योद्धा और ऋषिगण तथा ब्रह्मचारी यूथ शांत हो गए और उन सबने आदि कश्यप प्रजापति के पौत्र भूतांश काश्यप को उनकी युक्तियुक्त वाणी के लिए प्रणाम किया। फिर वे सब राम भार्गव की ओर आदेश के लिए देखने लगे। राम ने सबको सिर झुकाया और कहा—

''कल नरमेध यज्ञ होगा। हम सब आहुति देंगे। हमारे पक्ष में असंख्य सैन्यबल है। मधुमत्तगण, वृङ्गद, मौलेय, निषादगण, पिप्रु, अर्बुद, बल, नमुचि, करंज, पर्णय, शुष्ण और पणि, शाकद्वीप के शकगण, शंबरासुर और उनके पुत्र जलौघ तथा आर्य वृक के नेतृत्व में माहिष्मती को घेर लें और दुर्ग को ध्वस्त करें। और हम अर्जुन की सेना को आमने-सामने के युद्ध में हनें। उत्कल और मगध के कुछ हाथी दुर्ग-ध्वंस के लिए जाएँ, शेष अर्जुन की गजसेना से भिड़ें...यह स्पष्ट है कि माहिष्मती का अधिकांश बल मैदान में आ जाएगा और नगर तथा दुर्ग की रक्षा के लिए हैहय सेना की संख्या वहाँ कम रह जाएगी। अतएव युद्ध द्विस्थलीय हो और हम तरंग-सिद्धांत से युद्ध करें। सेना लहरों की भाँति लड़े—एक लहर थके तो दूसरी लहर उन्हें पीछे कर आगे बढ़ जाए...नगर का घेरा अचल रहे, जो मेरे नाम की दुहाई दे, उसे छोड़ दिया जाए, जो पलायन करे, उसे भागने दिया जाए जो अर्जुन का पक्ष ले, उसका वध कर दिया जाए...हैहयराज के पक्षपाती घरों की लूट का अधिकार दिया जाता है किंतु निर्बलों के प्राण न लिए जाएँ। स्त्री, बालक, वृद्ध, गो, ब्राह्मण, बटुक ये अवध्य हैं...प्रत्येक राजा और सेनापति सारी सेना को एक साथ न झोंक दे, सुरक्षित भाग प्रतीक्षा करे, अवसर देखकर ही वह हस्तक्षेप करे...इत्यलम्।''

''परशुराम की जय, कश्यप महाराज की जय, राजा यमि की जय, ऋषि-

मुनियों की जय'', बोलते हुए नायक और राजा सब अपने-अपने शिविर को गए और तैयारियों में लग गए।

राम ने रुरु भार्गव को बुलवाया और उनसे कहा कि वह किसी प्रकार राजा अर्जुन द्वारा बनाए गए मोर्चों का नक्शा मँगाएँ जिससे पता चल जाए कि शत्रु की ओर से कौन कहाँ खड़ा किया जाएगा। रुरु भार्गव चला गया। तब राम सखी-शिविर में गए और उनसे हैहयों में अनुकूलों, प्रतिकूलों की सूचियाँ लीं। पुनः वे सूचियाँ देखीं जिनमें यह विवरण था कि कौन-कौन निर्णायक क्षण आ जाने पर अर्जुन का पक्ष छोड़ देंगे। सखियाँ जब अपनी भेदबुद्धि की प्रशंसा राम से वसूल रही थीं तभी शंख और शाल्मली कफन में लिपटे प्रकट हुए और उन्होंने अर्जुन के मोर्चों का विवरण राम को दे दिया। राम प्रसन्न हुए। तब मणिप्रभा ने शंख और शाल्मली को संबोधित किया—

''शंख, तुम बस राम का काम करते हो, कुछ हमारा कार्य भी करो न···हम तुम्हें पुरस्कार देंगे।''

शंख भिनभिनाया। हाथ जोड़े, आज्ञा माँगी। तब मणिप्रभा ने उसे दो पत्र दिए, कहा—''देखो, ये गोपनीय पत्र हैं। इनमें एक विद्याधर को देना है, दूसरा रानी कनकलता को जो दीप्तिमती भी कहलाती हैं, समझ गए न?''

''समझ गया।'' भूत बोला।

''तो ठीक है, अब जाओ और लौटकर पुरस्कार पाओ।''

दोनों पिशाच प्रणाम कर उड़ गए।

राम ने पूछा—''मणि, इन पत्रों में क्या था?''

''यह हमारा रहस्य है···आप तो यह बताइए कि जो अनार्य टिड्डीदल आप माहिष्मती भेज रहे हैं, उसके साथ आर्य सेनानायक कौन जा रहा है?''

''सोच रहा हूँ, मेधावी को भेज दूँ, क्यों?''

''दुर्गध्वंस के लिए हम स्वयं साथ वेश बदल कर जा रहे हैं···आपने शतघ्नी (तोपें) और भुशुंडी का प्रबंध किया है या नहीं?''

''भला उनके बिना दुर्ग टूटेगा कैसे?''

''क्या आपके यंत्री रात्रि में निशाना साध सकते हैं?''

''क्यों नहीं? और फिर मेधावी, प्रकाश करने वाले राम बाण ले ही जाएगा।''

''तो आप शतघ्नियों को अभी भेज दीजिए, तुरंत···दुर्ग का पिछला भाग घनघोर वन में है···प्रातःकाल तक शतघ्नी समूह दुर्ग के निकट पहुँच जाएगा··· फिर हम देख लेंगे?''

''मणि, तुम यहीं रहकर जो चाहे रचो किंतु तुममें से कोई युद्ध-स्थल पर नहीं जा सकता, यह राम का आदेश है।''

''जो आज्ञा, अब आप पधार जाइए, हम व्यस्त हैं, कल भेंट हो सकती है।''

राम को खुटका लग गया कि ये गूढ़ ललनाएँ अति साहस कर सकती हैं। उन्होंने मेधावी को भेज दिया और अपने विश्वासी अद्रि यादव को सतर्क कर दिया कि वह सखियों का भेद उन्हें देता रहे।

रुरु आया। राम ने पूछा कि वह गूँगा क्यों हो रहा है? रुरु हँसा, कहा कि वह ध्यान कर रहा है। रुरु नेत्र बंद कर सचमुच ध्यानस्थ हो गया। राम अपने शिविर में अपने अस्त्र-शस्त्र सँभालने में लग गए।

ठीक अर्धरात्रि को महाआथर्वण अघोर मुनि प्रकट हो गए। राम दौड़े, उनके चरणों पर पड़े···अघोर ऋषि आशीष देकर राम को ग़ौर से देखते रहे···फिर स्नेह से राम को तरबतर करते हुए कहा—

''राम, तुम्हारा नरमेध यज्ञ भयंकर होगा। राजा अर्जुन ने अपना समस्त बल संकलित किया है और मुनि दत्तात्रेय से उसने अमोघ अस्त्र पाए हैं···तुम्हारे लिए भय का प्रसंग है···तुम यह मंत्र ध्यान लगाकर जपो···भगवान् दत्तात्रेय धर्मज्ञ हैं, वह अपने द्वारा प्रदत्त अस्त्रों का प्रभाव सीमित कर देंगे और यह कि हमारी भूत-प्रेत-पिशाच सेना भी तुम्हारे पक्ष में लड़ेगी और हम भी।''

अब राम के चकित होने की बारी थी। वह स्तब्ध रह गए। और जब तक वह कुछ कहते अघोर मुनि अदृश्य हो गए। रुरु ठठाकर हँसा, ''राम अब तुम मुनिवर दत्तात्रेय का जप करो, मैं बाबा की सेवा में जाता हूँ···तुम निश्चिंत होकर युद्ध करना, हम संकट में हस्तक्षेप करेंगे।''

राम ने आसन बिछाया और मुनि दत्तात्रेय के आवाहन में लग गए। वह तन्मय हो गए। अर्ध प्रहर बाद राम को आभास हुआ कि मुनि प्रकट हुए हैं और राम को आश्वासन देकर अंतर्धान हो गए हैं। राम निश्चिंत हुए।

31

उषाकाल आया। आज वह उषा रानी, सुनहले रथ पर रक्तमणि से जटित शाटिका धारण किए हुए थी और शीतकाल की रात्रि के काले आवरण को अपने रागारुण रंग से पोत रही थी। जैसे वह आज अमर्ष में हो और अपनी तूलिका से कोई नई रचना करने के लिए चित्रफलक से विशाल आकाश पर लिखित नक्षत्रों को लाल वर्ण से मिटा रही हो अथवा वह नील-यवनिका पर स्वर्णिम चूर्ण मल रही हो और अभ्रक के कण बिखरा रही हो। कच्-कच् करने वाली चिड़ियाँ सर्वप्रथम स्वागत में बोलीं जैसे कह रही हों, कच्-कच् कश्च—क्या है, कौन है, क्यों है अर्थात् जो होने जा रहा है, वह क्या है क्यों है? किंतु कोई निष्कलुष प्राणियों की वाणी पर ध्यान नहीं देता···चिढ़कर उषा सुंदरी त्वरा से पिचकारियों में भर-भरकर लाल रंग फेंकने लगी—अधीर और गुलाल भी, रक्तवर्ण की होली। खिलते हुए···तारे वह

अरुण-बौछार न सह सके, भागने लगे···उषा हँसी। उस स्फटिक हास से दिग्दिगंत श्वेतिमा में नहा गए जैसे प्रातः देवी ने कपास की धुनी हुई रुई की फुहियाँ फैला दी हों और उसकी उज्ज्वल स्मितियों से हतप्रभ अंधकार भयभीत होकर सफेद पड़ गया हो और इस दृश्य से उत्साहित विहगवृंद नई-नई ध्वनियों की प्रतियोगिता करने लगे हों। वृक्ष-वृक्षों पर कविता गोष्ठियाँ जम गईं और अनाहूत काक पक्षी बेसुरे-बेढब स्वरों में काँव-काँव करने लगे। पक्षी-रचनाकारों ने काक कवियों को चिल्ला-चिल्लाकर हूट कर दिया। वे बेचारे कर्कश कवित्त पढ़ते हुए से उड़ गए।

आज खग-समूह के कलरव में भी एक भय-सा मुखरित हो रहा था जैसे कुछ अपूर्व घटने जा रहा है। पुनः राम के फरसे-सा रक्तिम आभा झलकाता हुआ आदित्य प्राची दिशा में उदित हुआ। वह क्रमशः परशुराम के क्रुद्ध मुख-सा दहकने लगा और उसकी प्रथम तिरश्चीन किरणें पदार्थों को छेदने लगीं। आकाश आज निरभ्र था, जैसे उसे उषा ने नीले थोथे से पोता हो और पुनः वह पूर्व में परशुराम के परशुवत् उदित भास्कर से डरकर अदृश्य हो गई हो··· आज आश्चर्य यह था कि बिना मेघों के पूरे गगन में इंद्रधनुष खिंच गया, सप्तवर्णी इंद्रधनुष जिसे देखकर लोगों को भय हुआ···यह अकाल का इंद्रधनुष तो प्रलय का सूचक है···माहिष्मती वालों को वह धनुष परशुराम के धनुष-सा लगा और यह प्रतीति हुई कि उस पर महाबाण चढ़ा हुआ है और राजधानी लक्ष्य पर है।

आज प्रातःकाल की हवाओं में खनक थी जैसे अस्त्र-शस्त्रों की झनक झकोरों से झर रही हो···आज कुछ और ही प्रकृति में हो रहा था, कुछ और ही मुद्रा थी निसर्ग की जैसे प्रकृति में कंपन हो रहा हो—भूचाल आने को हो। वनों में पशु-पक्षी व्याकुल होकर बोल रहे थे, इधर-उधर भाग रहे थे।

अर्ध प्रहर बीतते दोनों ओर की सेनाओं के मोर्चे जमने लगे थे। राजा अर्जुन ने मुख्य सैन्यबल का महाव्यूह बनाया था और राम की सेना ने श्येन-व्यूह क्योंकि उसे आक्रमण करना था। राजा यमि, भूतांश काश्यप, राजा सुधन्वा, मनुपुत्र धृष्ट, प्रांशु, प्रशघ्र, करुष, ऋषि गृत्समद तथा अन्य ऋषि रथारूढ़ हुए और उनके सैनिक उन्हें घेरकर मोर्चे पर डट गए। आज राम भी रथारूढ़ हुए। अंगरक्षक तथा रामादल के ब्रह्मचारी अश्वारोही उन्हें घेर कर चले।

राम के लौहरथ में छोटे बड़े परशु, गदा, भल्ल, खंग और बाणों भाले तूणीरों का अंबार था और चार प्रचंड अश्व उसे यों खींच रहे थे जैसे मेरुसमान वह रथ कोई खिलौना हो। राम का सारथी ऋषि चायमान का ईरानी वंशज था जो प्रसिद्ध सारथी था और विख्यात रणनीतिज्ञ···। राजा सुधन्वा और मांधातापुत्र देवधाता की इक्ष्वाकु सेना,परशुराम के दाएँ-बाएँ उनसे कुछ दूरी बनाए हुए साथ थी क्योंकि उन्हें राम की चिंता थी। उनके बाद रुमण्ववान्, सुषेण, वसु और विश्वावसु के मोर्चे थे ताकि संकट आने पर राम का स्थान ले सकें और यदि वे चक्कर में पड़ें तो राम उन्हें बचाएँ। इसके बाद अन्य थे। दुंदुभिनाद से वातावरण उत्तेजित हो रहा था।

राजा अर्जुन ने सबसे आगे, राम की शतघ्नी पंक्ति के सामने अपनी तोपों को लगाया था और उनके पीछे दोनों ओर भुशुंडीधारी सैनिक स्थित किए गए थे। उसके बाद दोनों ओर हाथियों की पक्तियाँ थीं जो चलनशील टीलों-सी हिल-डुल रही थीं। उसके बाद नायकों सहित अश्वसेना थी और फिर पैदल सिपाही जो फैल फूटकर पंक्तिबद्ध खड़े थे।

राम के मोर्चे के सामने दशराज्ञयुद्ध में भाग लेने वाले बूढ़े किंतु प्रबल राजा वीतहव्य रथ में बैठे थे और क्रोध से राम को लख रहे थे। उनका पुत्र व्याघ्र हैहय आत्मविश्वास में उफनता खड़ा था। राम के भ्राताओं के सम्मुख राजकुमार सिंहध्वज अपने निरंकुश, चंड शर्याति, निकुंभ आदि नायकों के साथ था। राम ने यह देखकर यौधेयों और राठों को वीरेंद्र और अर्बुद के नायकत्व में भेजा कि वे सिंहध्वज से भ्राताओं की रक्षा करें।

वैदर्भ भीम यादव ने ऋषि गृत्समद और अन्य के सामने अपना रथ जमाया। मत्स्यराज, मागध सोमदत्त, राजा का संबंधी सुचंद्र और उसका पुत्र पुष्कराक्ष, अर्यमा भारद्वाज के सामने आ गया। गुजरात (वर्तमान) के शर्याति, अनूप, आनर्त्त और सुराष्ट के यादवगण भी अपने-अपने राजाओं के साथ रामपक्षीय मोर्चों के सामने आ गए। दक्षिण की लंका का राजा सिंह या सिंघल विद्याधर सहित सहस्रबाहु अर्जुन के साथ था। अर्जुन एक ऊँचे रथ पर सेना के मध्य में था जिसे लंकाधिपति और उसकी कई रानियों के एक शत पुत्र-पौत्रादि घेरे हुए थे। रानी दीप्तिमती या कनकलता का पुत्र जयध्वज राजकुमार अपने रथ पर लंबा झंडा फहराता हुआ अपनी गरिमा में ऐंठा हुआ-सा उपस्थित था। मोर्चे मीलों तक चले गए थे और अश्वारोही सेनापति पताकाओं की गति से, स्काउटों क़ी तरह, उन्हें आगे-पीछे दूर-निकट स्थापित कर रहे थे। वे लगातार मोर्चे-प्रति-मोर्चे दौड़ रहे थे। अंतत: अश्वारोही ऋषियों को संकेत किया गया। वे भूतांश के पास घोड़े नचाते हुए आए और भूतांश काश्यप ऋषि ने हाथ उठाया और शंखवादन किया। भूतांश बोले—''माहिष्मती नरेश राजा कार्त्तवीर्य अर्जुन सुनें।''

राजा का रथ आगे आया। उनके लिए हाथी हटाकर स्थान बना दिया गया। राजा अर्जुन ने हाथ उठाया।

भूतांश काश्यप ने चिल्लाकर पुन: कहा—''राजा सहस्रबाहु कार्त्तवीर्य अर्जुन सुनें, अभी भी लक्षाधिक प्राणियों की हिंसा से बचा जा सकता है…आप आत्मावलोकन करें और यदि आपमें अपने किये पर पश्चात्ताप हो तो अभी भी संधि हो सकती है।''

राजा फूटे घड़े सा बजा—

''बकध्यानी ब्राह्मण! भिक्षुकों को क्षत्रिय दान देते हैं, तुम दक्षिणा लो और देवाराधन करो…यहाँ सहस्रबाहु कार्त्तवीर्य अर्जुन पर चढ़कर यम-निवास लोक क्यों जाना चाहते हो?''

"क्षत्रियों के युद्ध तो सुने गए हैं किंतु ब्रह्मज्ञानियों का संग्राम में क्या काम है···? तुम भाग जाओ विप्रो···यहाँ तुम्हारी कुशल नहीं, दत्तात्रेय की शपथ, मैं तुममें से एक को भी जीवित नहीं छोड़ूँगा···तुम्हारा यह साहस कि हमारे अन्न और धन पर पलने वालो तुम, चक्रवर्ती सहस्रबाहु पर आक्रमण कर दो···जाओ, प्रस्थान करो, तुम्हारा पंथ शुभ हो।"

काश्यप भूतांश तड़पे—"तू दुर्मुख है क्षत्रिय, अभद्र, तू जान कि भूमि, राज्य, धन, बल यह सब वैभव ब्रह्मज्ञानियों ने, ब्राह्मणों ने स्वेच्छा से छोड़ा है, और क्षत्रियों को रक्षा और धर्म के लिए राज्य प्रदान किया गया है। मूर्ख, राज्य तो ब्राह्मणों द्वारा क्षत्रियों को दिया गया दान है···भिक्षुक तो तू है जो ब्राह्मणों द्वारा प्रदत्त राज्य का दुरुपयोग कर रहा है। तू हत्यारा, अधर्मी और कामांध हो गया है···हम तेरा क्षत्र भंग कर देंगे जैसे हमने राजा वेन का किया था···तू पराजय और पश्चात्ताप की बात मानता है कि नहीं?"

अर्जुन ने क्रोध में दाँत की चक्की घिसी और धनुष पर तुरंत बाण चढ़ाकर भूतांश काश्यप पर चला दिया किंतु राम ने वह बाण काट दिया। राजा लौटा और सेना के मध्य में स्थित होकर उसने आदेश दिया—

"मारो इन परावलंबी तथाकथित याचकों को, प्रहार करो।"

सेनाओं में अभी पर्याप्त दूरी थी अत: शतघ्नी की नालें गरज उठीं···हाथी सीधे निशाने पर थे। वह घबराकर भागे। दोनों ओर यह हुआ। तब राम बोले—

"गज सेना को अगल-बगल करो, दाएँ-बाएँ और सेना पीछे खिसके। शतघ्नी चलती रहें। रामादल के यंत्रियों ने अर्जुन के गजों को खसाया क्योंकि वे शीघ्र इधर-उधर नहीं किए जा सके। झंडों के संकेत पर चलने वाला रामादल गजहानि से बच गया···अर्जुन समझा कि राम का टिड्डीदल डरकर पीछे हटकर शतघ्नी और भुशुंडी की मार से दूर चला गया है, अत: उसने उपहास भरा कहकहा लगाया और आदेश दिया कि आगे बढ़ो और शरसंधान करो, हाथियों को हूल कर शत्रु की शतघ्नी पंक्ति पर अधिकार कर लो, भुशुंडियाँ छीन लो।"

जैसे ही अर्जुन के रथी और अश्वारोही लपके···रामादल सधी-सोची हुई गति से आगे आ गया और ऋषियों, ब्रह्मचारियों-नायकों ने तक तक शरसंधान किया। रामादल के आश्रम शिक्षित ब्रह्मचारी अचूक बाण-प्रहार करते थे। हैहय बिंधने लगे। हाथी हाथियों से और धनुर्धारियों से धनुर्धारी उलझ गए। राम के संकेत पर प्रशिक्षित पदातियों ने अर्जुन के हाथियों के पैरों को भालों से आहत किया और धनुर्धारियों ने गजों के कानों में तीखे बाणों की मार से उन्हें विचलित कर दिया। राम और राम के भाइयों ने, राजा और नायकों ने बाणों का जाल बुना, हाथियों ने देखा कि बाण उन्हें घेरे हुए हैं, उनके गजपालक और गजारूढ़ योद्धा तो पहले ही मारे गए थे। अत: वे घायल निराश्रित हाथी सामने बाणों की दीवार से भड़ककर

पीछे भागे और अपने पक्ष के सहस्रों सैनिकों को रौंदते हुए तथा माथे की टक्करों से अश्वारोहियों को धराशायी करते हुए भाग छूटे—रण-स्थल में गजों की चिंघाड़ों और उनके पागल-प्रहारों से हैहय सेना अस्त-व्यस्त हो गई । उधर रामादल के हाथियों ने हैहयों को जमकर छकाया । उत्कलों और मागधों की राम ने प्रशंसा की । गजारूढ़ सैनिकों ने बाणों और अस्त्रों की मार दी और हैहयों में राम की गजसेना ने आतंक स्थापित कर दिया । तब वीतिहव्य के पुत्र व्याघ्र यादव ने वृद्ध पिता से कहा कि आप इन बटुकों को खिलाइए मत, पुराने हाथ दिखाइए और मारिए । वृद्ध वीतिहव्य ने राम को लक्ष्य कर अद्भुत शरसंधान किया । व्याघ्र यादव और वीतिहव्य की बाण-वर्षा से राम मुस्कराए और उन्होंने अग्नि बाण से वीतिहव्य और व्याघ्र के गुल्म को जला डाला । अश्वारोही, राम के प्रहारों से बिंध कर इधर-उधर भागे । तब वीतिहव्य रथ आगे कर राम के सम्मुख अड़ गए । राम ने देखा कि यह व्याघ्र बहुत उत्पात कर रहा है । उन्होंने नाग बाण चढ़ाया । उनकी प्रत्यंचा से भयंकर ध्वनि गूँजी । बाण सनसनाता सर्प की तरह बढ़ता हुआ व्याघ्र यादव का वर्म वेधकर उसके वक्ष में घुस गया । वह नर्रा कर गिरा और मर गया । राम के अंगरक्षक और इक्ष्वाकु वीतिहव्य को घेरे हैहयों पर अग्नि वर्षा करने लगे । पितामह वीतिहव्य पुत्र के वध से अंगारे-सा धधकने लगा । उसने क्षुरप्र बाण मारा किंतु वह कट गया । राम चीखे—

''पितामह वीतिहव्य, आपको मैं मारना नहीं चाहता, आप युद्ध से विराम लीजिए ।''

वीतिहव्य गरजे और राम पर उन्होंने वायव्य बाण छोड़ा । उसने राम को आहत कर दिया । राम ने बाण निकालकर फेंक दिया और क्रोध में उबलते हुए विश्वामित्र द्वारा प्रदत्त बाण का संधान किया । वह अमोघ बाण ज्वाला की चिंगारियाँ छिटकाता हुआ वीतिहव्य के कंठ में प्रविष्ट हो गया और वह दशराजाओं के युद्ध का विख्यात शूरवीर आर्त्तनाद कर रथ में मृत होकर गिर गया । राम ने विजय का शंख फूँका ।

वीतिहव्य का मोर्चा फिर गया । राजा अर्जुन चकित रह गया । उसे पितामह से बहुत आशा थी किंतु परशुराम तो महाकाल की भाँति हैहय सेना का संहार कर रहा था । सामने किसी को न पाकर राम गरजे—''राजा अर्जुन, आओ और युद्ध से मुख मत छिपाओ ।''

कार्त्तवीर्य अर्जुन ने रथ बढ़ाया किंतु लंकाधिपति और विद्याधर ने राजा को रोककर स्वयं अपने रथ बढ़ाए । वे राम के सम्मुख आ डटे । लंका का राजा राक्षस था, महाभीषण । रथ उसके बोझ से दबा-सा जा रहा था । विद्याधर ने उसे रोका और स्वयं बाण चलाने लगा । राम विहँसे—

''विद्याधर विद्युन्माली! तूने अच्छे-भले अर्जुन को क्षत्रिय दर्प का पाठ पढ़ाया । उसकी मति मारी गई···तूने राक्षसराज लंकाधिपति की पराजय का प्रतिशोध ले

लिया···माहिष्मती को तू नष्ट करवा के मानेगा···आज मैं तेरा अंत करता हूँ···तू पाप का मूल है नराधम, सँभल और राम का प्रहार झेल।''

रामादल, इक्ष्वाकु और ऋषिगण राक्षसों को बाणों से छेदने लगे। विद्याधर राम से उलझ गया। उसने दस-दस बाण चढ़ाकर रामादल को आहत करना शुरू कर दिया। राम ने अश्वों और सारथी पर बाण वर्षा कर उन्हें चोट पहुँचाई। चायमान चीखे—''राम! यह अधर्म की जड़ है, इससे उलझो मत, इसके भार से पृथिवी को हल्का करो।''

राम ने वसिष्ठ-बाण चढ़ाया। वह अर्धचंद्र बाण था। उसने विद्याधर का कंठ काट डाला और वह हाय-हाय करता हुआ रथ में ढेर हो गया। तब लंका का राजा सामने आ गया। उसने विचित्र शर-प्रहार किए। वह घूमते हुए बाण चलाने में कुशल था। उसके बाण सामने से नहीं, घूमते हुए आते और रामादल को आहत करते। तब राम ने भी घुमौउआ तीर चलाए और लंकानरेश के बाण कटने लगे। राजा ने राक्षसी माया फैलाई। अचानक अंधकार छा गया। रामादल हतप्रभ हो गया। तब राम ने प्रकाशकर्ता बाणों से आलोक फैला दिया। तब वह राक्षसराज क्रोध में उन्मत्त होकर बाणों की जगह भारी गदाएँ फेंकने लगा। राम उन्हें लक्ष्यभ्रष्ट करते किंतु एक-दो घोड़ों पर पड़तीं। अश्व काँपने लगे···वे पीछे हटने लगे। राम ने सतर्क होकर शत्रु के अस्त्रों को व्यर्थ कर दिया। तब वह लंका का राजा रथ से कूद पड़ा और राम को धरातल पर युद्ध की चुनौती दी। वह विराट् गदा लिये राम को ललकार रहा था। चायमान ऋषि ने राम को रोका···रथी को रथ से उतरना नहीं चाहिए···इसे प्रक्षेपण विद्या से यहीं से मारिए। राम ने एक भारी परशु उठाया और चायमान के रोकते-रोकते वह रथ से कूदकर लंका के राजा के सम्मुख आ गए। राजा ने गदा का सीधा प्रहार किया किंतु राम हट गए। वार खाली गया इस क्षण, रामादल ने राक्षसों को बाणों की बौछार से आगे नहीं बढ़ने दिया। लंकेश ने पुनः प्रहार किया। राम ने दोनों हाथों से साध कर परशु पर वार झेला और पूरी शक्ति से राजा को झटका दिया। वह यम के महिष-सा डकरा कर गिर गया। राम ने परशु उठाकर जैसे लकड़ी चीरी जाती है, वैसे उस राक्षस का सिर धड़ से पृथक् कर दिया और विजय का शंखनाद किया। वह रथ पर आरूढ़ हो गए और उन्होंने अर्जुन को ललकारा। राजा नेत्र विस्फारित कर परशुराम की भयंकरता से स्तब्ध रह गया।

नायक विहीन राक्षसों की अनीकिनी जान हथेली पर रखकर रामादल पर टूट पड़ी किंतु राजा सुधन्वा और देवधाता तथा ऋषिगणों के बाणों से वे मरने लगे किंतु वे बलिदान पर उतारू हो गए थे। राजा और सचिव विद्याधर के बिना वे मुख कैसे दिखाते? वे धूमकेतु से धनुष फेंककर कुंत और खंग लेकर टूट पड़े। तब ऋषियों को पीछे कर देवधाता, तिरिंदर, त्रासदस्यु और पृथुपरशुवाही तथा संभूत त्रासदस्यु अपने सैनिकों समेत राक्षसों पर श्येन से टूटे। राक्षस मरते, गिरते किंतु वे भागे नहीं। वे विचित्र भाषा में नारे लगाते और खंगयुद्ध में उलझ गए। इक्ष्वाकुओं और

परशुपुर के फरसेधारियों तथा पृथुपरशुवाहियों के प्रहारों से राक्षसगण क्षीण होने लगे। और फिर वे चिल्लाते हुए भागे—

"भागो, ये देव हैं, देव, देव, भागो !"

देवधाता, संभूत, तिरिंदर, युयुत्स, पृथुपरशुवाही नायक घायल हो गए। उन्हें तुरंत चिकित्सा शिविर में भेज दिया गया। राम हैहयसेना को दर्जनों बाण एक साथ मारकर नष्ट करने लगे। यह दशा देखकर नेपाल की तराई क्षेत्र का राजा सोमदत्त अपनी वाहिनी सहित राम के सम्मुख आया। तब राजा यमि ने हाथ उठाया—"यह राजा है, इससे राजा यमि लड़ेंगे।"

राजा यमि ईरानी और राजा सोमदत्त ने प्रशंसनीय धनुर्विद्या का कौशल दिखाया। सोमदत्त ने अग्निबाण चलाकर ईरानियों को दग्ध कर दिया…वे पीछे भागे। राजा यमि ने अरुणास्त्र से शत्रुबाण को शांत कर दिया। सोमदत्त ने सूचीबाणों से यमि ईरानी का कवच वेध डाला। तब राजा यमि ने द्विभल्ल बाण से सोमदत्त को आहत कर दिया। जब तक वह सँभले, तब तक आर्यायण के विकट सैनिकों ने सोमदत्त की वाहिनी को व्याकुल कर दिया। तब सोमदत्त ने कर्णिक बाणों से राजा यमि को व्यथित किया किंतु यमि ने काकतुंड बाणों से सोमदत्त को मूर्च्छित कर दिया। तब भल्ल बाणों से यमि ईरानी सोमदत्त की सेना को काटने लगा। सोमदत्त पुनः शरसंधान करने लगा। उसने रोष में आकर यमि पर बरछी का प्रहार किया। यमि चोट खा गया। बरछी निकालकर उसने फेंक दी और आथर्वणपुरोहित द्वारा प्रदत्त अथर्वबाणों से उसने सोमदत्त को मार डाला।

हैहयसेना में त्राहि-त्राहि मच गई। राजकुमार यमि चिल्लाया—

"अर्जुन, अब तू जिसे भेजेगा उसे मैं जीवित नहीं छोड़ूँगा, मैं यम हूँ, असुर हूँ।"

राजा यमि की प्रशंसा हुई। फिर उसे बरछी के घाव की मलहमपट्टी के लिए भेज दिया गया।

राजा अर्जुन ने अपने साले सुचंद्र को भेजा। उसका पुत्र पुष्कराक्ष साथ था। उसे देखकर राम हँसने लगे—

"यह अर्जुन के व्यभिचार का आयोजक है। मेघवज्र शर्याति तुम इसको मारो और पुष्कराक्ष को वसुभाई हनें…मैं इस पर अपने हाथ अपावन नहीं करना चाहता।"

सुचंद्र और पुष्कराक्ष ने बहुत ज़ोर दिखाया किंतु वे मेघवज्र और वसु भार्गव के हाथों मारे गए।

अब तक संध्या हो गई थी। राम ने शंख बजाया। राजा अर्जुन ने भी युद्धबंदी की घोषणा की। अब आहतों और दिवंगतों को ढोने और उपचार का समय आ गया था। दोनों पक्षों में यह कार्य शुरू हो गया। राजा अर्जुन परशुराम के पराक्रम से आतंकित हो गया था। वह राजमहलों में पहुँचा। मरे हुओं के लिए शोकसभा की गई। उनके गुण गाए गए और श्रद्धांजलि दी गई। राजा मन में डरा हुआ किंतु

ऊपर से ऐंठ रहा था जैसे कुछ न हुआ हो। स्नान कर उसने क्लांत्ति मिटाने और भारी हानि के शोक को भुलाने के लिए मदिरा का कलश मँगाया और वृत्तांत को बुलवाया।

भेदिया वृतांत हैहय ने बताया कि पूरा नगर अनार्य टिड्डीदल से घिर गया है और वे अधर्म युद्ध करते हैं, नागरिकों को मारते हैं, नगर में भय फैला रहे हैं। संग्रामजित् महासेनापति और शार्दूल हैहय उन्हें रोक नहीं पा रहे हैं···दुर्ग के पीछे तो घोर वन है, उधर से कोई चिंता नहीं है किंतु तीनों ओर अनार्य विदेशी सेना के ठट्ठ के ठट्ठ जमा हैं और अग्निबाणों से राजधानी को जला रहे हैं···यह जो धुआँ उठ रहा है, वह उसी अग्नि के कारण···युद्ध की तैयारी में बाधा पड़ रही है···अब बाहर लड़ें या भीतर घरों की रक्षा करें ? राजा असमंजस में पड़ गया। पुनः कुछ सोचकर बोला—

''यदि बाहर का युद्ध दुर्बल हुआ तो वह परशुराम भी राजधानी को घेर लेगा और शतघ्नी के गोलों से नगर को ध्वस्त कर देगा अतएव बाहर और भीतर दोनों स्थानों पर युद्ध चलना चाहिए···तू ऐसा कर। हमारे पिता कृतवीर्य के बंधु कृतवर्मा, कृताग्नि और कृतौजा के वंशज, इन्हीं नामों से जाने जाते हैं। उन्हें कहो कि वे महान् हैं और वे कल उस परशुराम का सामना करें। पुनः हमारे पक्ष में दक्षिण के तुर्वस हैं, ऋक्ष, वानर और अनार्यगण भी हैं। उन्हें नगर को घेरने वालों को हनने के लिए भेजो···अनार्य रात में भी देख लेते हैं, उन्हे भेजो, निषादराज को भी। वृत्रासुर के पुत्र बलासुर को प्रेरित करो।''

आर्यगण वृत्रासुर के शत्रु थे। उसे इंद्र ने मारा था सो उसके वंशज इंद्र के उपासक आर्यों के विरुद्ध कार्त्तवीर्य अर्जुन के सहज समर्थक थे। बलासुर, तुर्वसु, ऋक्ष, वानर, निषादराज के सहस्रों समूह नगर के द्वारों पर एकत्र हुए। संकट यह था कि बाहर राम के पक्ष के अनार्यगण लगातार बाण-वर्षा कर रहे थे। यदि फाटक खोलते हैं तो वे नगर में घुस आएँगे और उनका प्रतिरोध नहीं होता तो वे अग्निबाणों से राजधानी को जला देंगे। बलासुर अंधकारयुद्ध में निपुण था। उसने कहा कि द्वार खोलो और हम एक साथ ढालें आगे कर बढ़ें और प्रथम धक्के में उन्हे पीछे ढकेल दें···यदि रस्सियों से उधर जाते हैं तो देर लगेगी···यही तय हो गया। अश्वारोही और पैदल सैनिक द्वार खुलते ही आगे अड़ गए और रामादल को मारते-धकियाते बाहर चले गए। पीछे फाटक बंद कर दिए गए।

बलासुर प्रबलतम वीर था। उसने इंद्र द्वारा पूर्वज वृत्रासुर के वध का हवाला देकर अपने सैनिकों को उकसाया और वे भिड़ गए। तुर्वसुराज परशुराम से चिढ़ता था। अविस्थान में तुर्वस मार खा चुके थे। वे राम से प्रतिशोध लेना चाहते थे। निषादराज अपने कृष्णवर्णीय मल्लाहों के समुदाय के साथ शंबरों से उलझ गया क्योंकि जंगलों और नदियों पर अधिकार की स्पर्धा में वे एक-दूसरे के शत्रु बन चुके थे। जलौघ की मदद के लिए आर्य वृक भी आ गए थे। शंबर-पुत्र जलौघ

ने निषादराज को ललकारा तब तक मेधावी ने रामबाण से प्रकाश कर दिया। जलौघ ने विष बुझे बाणों से निषादपति को घायल कर दिया। वह पीड़ा से छटपटाने लगा, तथापि बाण निकालकर वह अड़ा रहा। तब वृकाचार्य ने धनुर्वेद के हाथ दिखाए और अर्धचंद्र बाण से निषादपति का कंठ काट दिया। जलौघ दौड़ा। उसने तोमर से उसका सिर धड़ से अलग कर राम के पास विजयचिह्न के रूप में भेज दिया। तब शंबर, जलौघ और वृक निषादों को भगाकर तुर्वसों पर झपटे। मेधावी रामबाणों से प्रकाश करता रहता और रामपक्ष के अनार्यगण तब तक निशाने मारते।

राम के अनार्य टिड्डी दल के सामने प्रतिरोधी कमजोर पड़ने लगे किंतु तब तक नगर से अन्य सैनिक आने लगे···रात्रि युद्ध लंबा खिंचता गया।

उधर दुर्ग के पीछे कुछ और ही हो रहा था। सखीमंडल पुरुषवेश में सशस्त्र था। उन्होंने अपने मुखों पर मुखौटे लगा रखे थे और वे नमुचि असुर की नारी सेना का नेतृत्व कर रहा था। अति कष्ट उठाकर यंत्रियों ने कुछ शतघ्नों के कल-पुरज़े जोड़-जाड़कर उनमें अग्निचूर्ण और गोले भर दिये थे। रात में कुछ और शतघ्नियों को लाने का आयोजन चल रहा था किंतु विलंब हो रहा था। लंबा चक्कर काटकर रामादल के शस्त्र केंद्र पर जाना पड़ता था पर कोई विकल्प ही नहीं था। तोपों के भारी अवयवों को लाना कोई हँसी खेल नहीं था। रासभों पर उन्हें लादा जाता और वन में उन्हें सैनिकगण स्वयं लाते और तब यंत्री उन्हें जोड़ते···भट्ठियाँ दहक रही थीं, मशालें जल रही थीं किंतु डर भी था। देख लिए गए तो सर्वनाश निश्चित था अतः जब तक तोपें तैयार न हो जाएँ, तब तक यह कार्यवाही जंगल के भीतर किले से कुछ दूर ही हो रही थी।

···राजा अर्जुन नशे में आज बेसुध नहीं हुआ, वह सोचने लगा किंतु उसका मन पुनः-पुनः राम के उस रूप को चेतना में ले आता जब परशु से उन्होंने राक्षसराज का शीश काटा था···राम साक्षात् महाकाल लग रहा था···रक्त से नहाया हुआ था और उसके नेत्र लाल अग्निपिंडों से कैसे धक्-धक् जल रहे थे जैसे उसके भीतर प्रज्वलित कोई धूमकेतु हो और वह नक्षत्रों को निगल रहा हो···तथापि वह मुझसे बचेगा नहीं···मेरे पास दत्तात्रेय के दिव्यास्त्र हैं···हा हन्त, वह विद्याधर भी मारा गया···अब परामर्श कौन दे सकता है। उसने कुलपुरोहित दिव्यधर को बुलवाया किंतु वह शांतिवादी थे, वह कहने लगे कि राम भार्गव से संधि कर लेना ही शुभ है, हुं···शांति! रानी दीप्तिमती कनक का भी यही अभिमत है···उसने सुरा चढ़ाई और वह अट्टहास करने लगा···वह रात-भर राम का परशु देख-देखकर कंपित होता रहा, किसी प्रकार रात्रि बीती और वह दत्तात्रेय और रुद्र के ध्यान में लग गया।

दूसरे दिन राम द्वारा मनुपुत्रों के आग्रह पर पुरुरवावंशज राजा प्रमति, गिरिवज्र, धृष्ट, परंतप प्रांशु, अमिताभ करुष को प्रमुखता दी गई। इनके विरुद्ध अर्जुन ने कृतवर्मा, कृताग्नि, कृतौजा के वंशजों को खड़ा किया। द्रुह्य, अनु और तुर्वस

राजाओं ने भी मोर्चे बाँधे। संग्रामजित् महासेनापति ने राजा को आज भी सेना के मध्य सुरक्षित किया और स्वयं भोज, आनर्त्त, सुराष्ट्र, अनूप तथा शर्याति शूरों के साथ अनल आंगिरस, अर्यमा भारद्वाज, गृत्समद आदि ऋषिगणों तथा इक्ष्वाकु राजाओं के सामने रथारूढ़ हो गया।

राजा यमि और भूतांश काश्यप के पथ-प्रदर्शन में युद्ध शुरू हो गया। पुरुरवावंशज राजा प्रमति, धृष्ट, परंतप प्रांशु, प्रशध्र और अमिताभ करुष ने देवलोक की धनुर्विद्या का चमत्कार दिखाया । ऋषिगणों ने सप्तसिंधु का कौशल प्रदर्शित किया। शर्त यह रही कि कोई लक्ष्य चूकने न पाए···हैहयों में कृतवर्मा, कृताग्नि और कृतौजा धनुर्धारियों का कोई जवाब नहीं था। दोनों ओर की सेनाएँ गिरने लगीं। यह देख राम के नाना सुधन्वा को क्रोध आ गया। उन्होंने कृतवर्मा को ललकारा और बाणों से उसे वेध दिया। कृतवर्मा ने सुधन्वा पर फेंककर शक्ति का प्रहार किया, नाना सुधन्वा आहत होकर रथ में अचेत हो गए। तब देवधाता ने कृतवर्मा पर चक्रवर्ती मांधाता के अमोघ क्षुरप्र बाण का प्रयोग कर उसका सिर काट दिया। तब राजा प्रमति ने उसे प्यार से डाँटा कि ये तीनों मनुपुत्रों के लक्ष्य हैं और प्रमति और अन्य मनुपुत्रों ने कृताग्नि और कृतौजा को विचलित कर दिया। तब संग्रामजित् हँसा और मनुपुत्रों की ओर बढ़ा किंतु भूतांश काश्यप ने बाणों की झड़ी लगाकर उसकी गति रोक दी और कश्यप अस्त्र का प्रयोग कर महासेनापति को मूर्च्छित कर दिया···भोज यादवों, आनर्तों, अनूप और सुराष्ट्र के यादवों ने ऋषि गृत्समद तथा अन्य ऋषियों-ब्रह्मचारियों पर बाण-प्रहार कर उन्हें घायल कर दिया। तब ऋषि गृत्समद ने इंद्रास्त्र की चोट से यादव राजाओं को वेध डाला। संग्रामजित् पुनः सामने आ गया। गृत्समद ने सोचा कि यही महासेनापति है। इसे मारकर टंटा ख़त्म करना है···ऋषि गृत्समद ने मंत्र बुदबुदाया और वरुणास्त्र छोड़ दिया। वह बाण क्या चला जैसे भूकंप आ गया हो। दोनों सेनाओं में शोर मच गया। वह बाण अग्नि का भभूका छोड़ता हुआ गया और संग्रामजित् को रथ सहित जलाने लगा। सेनापति चीखने लगा किंतु भस्म हो गया। उसका रथ लपटें छोड़ने लगा। राजा अर्जुन ने महासेनापति के निधन पर माथा पीट लिया।

पुनः द्रुह्य, अनु और तुर्वस यादव ऋषियों पर पिल पड़े। घमासान हो गया। रथी, रथों से कूद पड़े और गदा, खंग, तोमर और परशु चलने लगे। तब राजा यमि ने पृथुपरशुवाहियों को झंडे से संकेत किया, पार्थवों को भी···वे फरसे लेकर यादवों को धान की फसल की तरह काटने लगे।

उधर राम अपने अंगरक्षकों और रामादल के साथ, राजा यमि पर भरोसा कर माहिष्मती को चले गए। वहाँ रात-भर के युद्ध से अनार्यगण दुर्बल हो रहे थे। उन्हें विश्राम का आदेश देकर राम की सेना, तुर्वसों-निषादों-रीछों-वानरों और अर्जुन के पक्षपाती अनार्यों पर टूट पड़ी। दक्षिण के तुर्वस यादवों ने राज्य स्थापित कर लिये थे और वे अथक लड़ाके थे। तुर्वस राजा तितिक्षु महाबली था। वह दोनों हाथों से

हथियार चलाता था। उसने राम के घोड़े पवन पर एक भारी लोहे की परिघ फेंकी जो बचाते-बचाते भी पवन को चोट पहुँचा गई। राम आगबबूला हो गए। उन्होंने अगस्त्य बाण से तितिक्ष का हनन कर दिया और लगातार तीर की बौछारों से तुर्वसों को भगा दिया। तब एक अन्य निषादराज ने राम को घेरा। रामपक्षीय निषादराज राम के आगे आ गया और दोनों निषादगुल्मों में ठन गई। राम उन्हें बाणों से वेधते और अपने निषादराज के मल्लाहों को बढ़ावा देते, अंगरक्षक अन्य अनार्यों को हनते। अर्जुन के मल्लाह मल्ल ने रामपक्ष के निषादराज से द्वंद्वयुद्ध माँगा। दोनों भिड़ गए।

राम भक्त निषादराज यों प्रसन्न हुआ जैसे उसे कोई वरदान मिल गया हो। उसने परशु से माहिष्मती के मल्लाह को मारा। उसने भी प्रत्युत्तर दिया। पुनः वे दोनों परशु फेंककर गुत्थमगुत्था हो गए। राम हँसे—

''निषादराज, वही दाँव लगाओ जो तुमने मुझे पर चलाया था।''

निषादराज ने माहिष्मती वाले को झुकाई देकर धोबियापाट मारा और उस वज़नी मल्लाह को उठाकर घुमाने लगा। पुनः उसे इतने वेग से धरती पर पटका कि वह चोट खाकर गिर गया। तब निषादराज ने उसका सिर काटकर राम को पेश कर दिया। यह देखकर निषाद भाग गए और रामादल तुर्वसों के झुंडों को काटने लगे। वह जिधर जाते, उनके परशु को देखते ही शत्रुओं में भागने की होड़ लगती। राम ने मैदान साफ कर दिया और सुरक्षित सेना के पिप्रुओं-वृंगदों-अर्बुदों को बुलवाया। उन्हें रण सौंपकर राम ने लौटने की सोची किंतु प्रबलतम वृत्रपुत्र बलासुर आ गया। वह तड़का—

''राम भार्गव, तेरे इंद्र ने मेरे पूर्वज वृत्रासुर को मारा था···आज तुझे मारकर मैं बदला लूँगा।''

राम ने अट्टहास किया—

''अ़वश्य लो, लो सहो।''

राम ने बाणों का निर्झर बना दिया। बलासुर ने भी जवाब दिया। पुनः वह गदा लेकर राम को ललकारने लगा। तब राम ने घोड़े से उतरकर परशु से उसका सामना किया। वह असुर था। उसने गदायुद्ध के नियम तोड़कर गदा, राम के कटिप्रदेश पर धर धमका—राम यदि हट न जाते तो वह सदा के लिए व्यर्थ हो जाते। राम क्रोध में जलने लगे।

''नीच! गदा चलाता है या लाठी? मर्यादा नहीं मानता तो ले!''

परशु के तिरछे एक ही प्रहार में बलासुर का सिर कटकर दूर जा पड़ा। राम की जय-जय से दिगंत कंपित हो उठे।

अनार्य सेनापति शंबर को दायित्व सौंपकर राम युद्ध-स्थल को आँधी की तरह लौटे किंतु राजा यमि भलीभाँति युद्ध का संचालन कर रहे थे और राजा अर्जुन राम को अनुपस्थित देखकर स्वयं युद्ध करने लगा था। तब राम ने रथारूढ़ होकर

अर्जुन को विराया—''मेरे यहाँ न रहने पर वीरता दिखा रहा है···और मेरे सामने से मुँह छिपाकर सेना के मध्य में सुरक्षित हो जाता है···कब तक बचेगा अर्जुन? जब तुझे मरना ही है तब आज ही क्यों नहीं नरक यात्रा करता···आ, तेरा काल राम तेरे सिर पर है।''

राजा हँसा—''जमदग्निपुत्र! मैं बालक वध नहीं करना चाहता था किंतु आ, तू अपने करतब दिखा ले···जमदग्नि की भाँति मैं तुझे ब्रह्मलोक भेज दूँगा, आ जा!''

चायमान ने राम को परामर्श दिया ''राजा अर्जुन के पास त्तात्रेय की शक्ति (बरछी) है···जब वह चले तो मैं उसे लक्ष्यभ्रष्ट करूँगा···तुम रथ में एकदम लेट जाना अन्यथा वह अमोघ अस्त्र है।''

राम, अर्जुन को बाणों से मारने लगे। पहर भर तीर चले किंतु दोनों वीर अडिग रहे। तब राजा ने अग्नि बाण चलाया। राम ने वरुणास्त्र चलाकर उसे शांत कर दिया। तब अर्जुन ने सम्मोहन बाण फेंके। रामादल खड़ा-खड़ा जड़ हो गया। तब राम ने माया-निवारण इंद्र-बाण चलाया। रामादल जैसे सोते से जगा। क्रोध में इक्ष्वाकुओं और ऋषियों ने अर्जुन की सेना को हनना शुरू कर दिया। हैहय उखड़ने लगे। राजा घिर न जाए, इस कारण सिंहध्वज, नायकों सहित राजा को पीछे कर आगे आ गया। राम ने क्षुरप्र से उसका सिर काट डाला और उसके नायकों के मस्तक भी भूलुंठित हो गए। राजकुमार के वध से जयध्वज आगे बढ़ा किंतु राम ने उस पर प्रहार नहीं किया, वह मणिप्रभा का बहिनौता जो था। उसें राम ने घायल कर पीछे हटने पर विवश कर दिया। तब राजा पुनः आगे आ गया।

तब कृताग्नि और कृतमौजा के शेष वंशज अर्जुन को धकेल कर आगे आ गए। वे कुछ घायल हो गए थे किंतु अर्जुन की रक्षा आवश्यक थी। तब मनुपुत्रों ने राम को पीछे कर उनका सामना किया, कहा—

''ये राजा हैं, हमारे आखेट हैं, तुम्हारा लक्ष्य अर्जुन है जो तुमसे भय खाकर पीछे सरक गया है···इन्हें हम लक्ष्य पर लेंगे।''

पुरुरवावंशज राजा प्रमति ने अद्‌भुत शरसंधान कर कृताग्नि को क्लांत कर दिया। किंतु कृतांत ने नाग-बाण से प्रमति को आहत कर दिया। प्रमति ने पुरुरवा और माता उर्वशी की शपथ खाई और ऐल बाण चढ़ाकर लक्ष्य वेध कर दिया। कृताग्नि मरने के पूर्व रिरियाया, पीड़ा से दुहरा हो गया और छाती में घुसे बाण को निकालते-निकालते स्वर्गस्थ हो गया। तब कृतौजा को प्रांशु-प्रशघ्र-धृष्ट आदि मनुपुत्रों ने घेर कर उसे दिवंगत कर दिया।

मत्स्यराज आगे आया। उसे रुमण्ववान् ने उलझा लिया। दोनों ने प्रशंसनीय प्रवीणता दिखाई। मत्स्यंराज ने आरामुख बाणों से रुमण्ववान् को आहत कर दिया परंतु सुषेण भार्गव ने वत्सदंत बाणों से उसे मूर्च्छित कर दिया। तब राजा के सैकड़ों पुत्र-पौत्रों ने राम के भाइयों को घेर लिया। वे मामा सुचंद्र, पुष्कराक्ष, सिंहध्वज और जयध्वज की दुर्गति से दग्ध थे। रुमण्ववान्, सुषेण, वसु और

विश्वावसु की मार का वह सामना नहीं कर सके। आधे से अधिक मरे या घायल हो गए। शेष बचे हुए हट गए।

राम के मोर्चे के सामने किसी का वश न चलते देख राजा ने भीम वैदर्भ को भेजा। राम ने सबको संकेत कर दिया कि उसे मारा न जाय केवल घायल कर दिया जाए।

भीम अपने नाम के अनुसार सचमुच भयंकर था। उसने आते ही बाणों की बरसात की और अपने अचूक लक्ष्यों से राम के भ्राताओं और ऋषिगणों को आहत कर दिया। उसने राम पर भी तीरकसी की किंतु उसके बाण कट गए। तब क्रोध में भीम यादव ने भारी गदाएँ फेंकना शुरू कर दिया जो रथियों को कम, घोड़ों को अधिक आहत करती थीं। वह इतने वेग से गदाएँ फेंकता कि ऋषिगणों के रथ टूट गए और राम के भ्राता भी पीछे हटने लगे। तब राजा यमि ईरानी अमर्ष में जलकर कोयला हो गया। उसने भीम को ललकारा—

''राम ने रोक दिया है अन्यथा तू बच नहीं सकता था किंतु तुझे पाठ तो पढ़ाना ही है, आ, मैं तेरा भुजबल देखता हूँ।''

राजा यमि ने भीम की भुजा को बाण से छेद डाला। भीम पीड़ा से कराहा मगर बाएँ हाथ से गदा फेंककर उसने राजा यमि के ईरानी घोड़े आहत कर दिए···वे भागे और एक मील दूर जाकर हिनहिनाए। भीम बाएँ हाथ से ही गदा फेंक रहा था। तब विश्वावसु ने दृष्टि साधकर गोपुच्छ बाणों से भीम यादव की वाम भुजा को भी व्यर्थ कर दिया और तब उसका सारथी अचेत भीम वैदर्भ को पीछे ले गया। राजा अर्जुन ने भीम के प्रति पक्षपात साफ़ देख लिया था। उसे भीम की राजनिष्ठा पर संदेह हो गया। उसने भीम की मरहमपट्टी करवाई और अगले मोर्चे पर स्वयं जाने की तैयारी करने लगा। उसके कई स्वजन हताहत हो चुके थे और राम की सेना निरंतर उसकी सैन्यशक्ति को क्षीण कर रही थी। कोई ऐसा वीर नहीं रहा जो राम का मुकाबला कर सके किंतु भीम ने उसे हाथ जोड़कर रोका—

''राजा, हम सबने आपके लिए रक्त बहाया है, अनेकों ने प्राण भी दिए हैं। उस अधिकार से मेरी विनती है कि आप राम से संधि कर लें। वह मानव नहीं, देव है और दोष आपका है, उसका नहीं।''

सहस्रबाहु जलविहीन वारिद-सी गर्जना करने लगा। कहा—

''भीम, विदर्भराम बृहत्बल यादव के सुपुत्र···मैं तुम्हारा बहनोई हूँ···मेरे मरने से तुम्हारी बहिन दीप्तिमती कनकलता विधवा हो जाएगी किंतु तुम कुलद्रोही निकले···राजा विदर्भ महान् थे···उन्होंने हठ कर अमरावती में अपने भुजबल से अनार्यों को पराजित कर राज्य स्थापित किया था···तुम्हें अपने भांजे जयध्वज की चिंता है जैसे वह मेरा पुत्र न हो और तुम्हारी बहिन मणिप्रभा, उस ब्राह्मण राम के साथ भाग गई तो भी उसने उसे उपेक्षित किया। तुम विदर्भ वाले षड्यंत्रकारी हो और मेरे शत्रु हो···मैं अकेला ही तुम्हारे गुप्त हितैषी राम के लिए पर्याप्त हूँ।''

''अर्जुन तू संबंधी न होता तो मैं ही तुझे मार डालता । तू पापी है पामर···तूने मेरी बहिन को सदा दुःखी रखा और विलासी हो गया, व्यभिचारी··· ठीक है, तू नीच है, तू यदि हमें शत्रु समझता है तो हम युद्ध से विरत होते हैं··· ।''

भीम ने अपनी विशाल सेना को झंडों से संकेत किया और ससैन्य युद्धक्षेत्र छोड़कर चला गया। यह देखकर हैहयों में हौदफा पैठ गया और गुर्जरात्रा के राजा अनूप, सुराष्ट्र-अधिपति, शर्याति आदि जिनसे अर्जुन की कभी बनती नहीं थी, वे भी युद्ध का मैदानछोड़कर चले गए। राजा इन विश्वासघातियों पर दाँत घिसता हुआ क्रोध में फेन फेंकने लगा। उसने अपना रथ बढ़ाया और हैहयों से घिरा हुआ वह राम के सम्मुख आ गया। वह राम से बोला—

''याचक बालक! तू यातुधान है, आतंक और जादू फैलाता है···तुझे दिव्यास्त्रों का घमंड है। तू अपने देवों का स्मरण कर ले धृष्ट युवक, मैं तुझे आज छोड़ूँगा नहीं···आज तू सहस्त्रबाहु का युद्ध देख···अब तक तूने खेल किया है, संग्राम तो अब होगा···तेरे षड्यंत्र आज समाप्त हो जाएँगे, सँभल, सहस्त्रबाहु का प्रहार झेल!''

और अर्जुन ने अद्भुत बाण-विद्या का प्रदर्शन किया। हैहय, राजा पर भय आता जानकर विक्षिप्त हो गए। उसके सैकड़ों पुत्र और पौत्र बंधु-बांधवों पर आवेश छा गया। वे उड़-उड़कर मारने और मरने लगे। दोनों ओर की सेना कटने लगी। राम कब शरसंधानते, कब चलाते, यह पता नहीं चलता था, बस बाणों की बाढ़ ही दिखाई पड़ती थी और हैहयों की पंक्तियाँ चिड़ियों-सी बिंध-बिंधकर धराशायी होती जाती थीं। राजा यमि, भूतांश, मनुपुत्र, तिरिंदर, त्रासदस्यु, ऋषिगण भी आवेश में आ गए थे। वे समझ गए थे कि आज वारा का न्यारा हो जाएगा। आज जमदग्नि के ब्रह्मचारियों ने निष्कंप भाव से धनुर्वेद का जलवा दिखाया। तीनों ओर से घेरकर वे अर्जुन के सैनिकों को काट रहें थे। हैहय भी जान गए थे कि यह अंतिम युद्ध है सो उन्होंने चुटकियों का मांस उड़ जाने पर हाथों में लघु अस्त्र लेकर घमासान कर दिया। रामादल भी गदा, तलवार, तोमर, मुग्दर, मूसल, परिघ, परशु और भाले लेकर छूट पड़ा। हैहयों के पैर उखड़ने लगे क्योंकि रामादल का कोई योद्धा पीछे हटना जानता ही नहीं था···तब राजा ने हाथ उठाया और वह राम को चिढ़ाने लगा—

''जामदग्न्य राम, अब तेरी मृत्यु का मुहूर्त आ गया। दत्तात्रेय की सौगंध, तू बच नहीं सकता।''

और राजा अर्जुन ने दत्तात्रेय मुनि की दी हुई शक्ति (बरछी) को रथ में से उठाया। उसे प्रणाम किया। मंत्र पढ़ा और राम के वक्ष का लक्ष्य लेकर पूरी शक्ति लगाकर फेंक दिया। राम ने बहुत बाण मारे किंतु वह बरछी कटी नहीं। वह सरसराती हुई आ रही थी। चायमान ने अश्वों को प्यार से थपथपाया । वह घुटनों के बल बैठ गए और राम रथ में लेट गए तथापि राम के कवच को छेदती हुई

वह कंठ के नीचे पीठ में प्रविष्ट हो गई। राम रथ में गिरकर अचेत हो गए। हाहाकार मच गया। राम के रथ को पीछे कर राम के भाई, राजा यमि, ऋषिगण, एक साथ राजा अर्जुन को घेरकर बाण वर्षा करने लगे। किंतु अर्जुन विजय के उन्माद में उन्हें अकेले ही युद्ध में छकाता रहा। वह चीखा—

''अब जाओ और राम का दाहसंस्कार करो···दिन डूब रहा है···राम मारा गया—अब काहे के लिए यह परिश्रम कर रहे हो?''

अर्जुन ने शंख फूँक दिया और युद्ध बंद हो गया। राजा मूँछों पर ताव देता हुआ चला गया। चिंतित रामादल लड़ाई समाप्त कर चिकित्सा-केंद्र की ओर भागा। राम अचेत थे। बरछी निकाल ली गई थी किंतु राम की चेतना लौट नहीं रही थी। सुषेण भार्गव भागे आए और आश्रम के चिकित्सा विभाग के वैद्यगण उपचार में जुट गए।

उधर राजा अर्जुन गर्व में उन्मत्त राज्यसभा में गाल बजाने लगा। राम मर गया, यह समाचार बिजली की तरह फैल गया। राजा ने आज विजयोत्सव मनाया, नृत्य गान का प्रबंध किया और वह मुनि दत्तात्रेय की वंदना कर मदिरा के चषक पर चषक ढालता गया। उसकी प्रशंसा में विरुद पढ़े जाने लगे। राजा जब नशे की मौज में आ गया तब उसने वृत्तांत गूढ़ पुरुष को बुलवाया। सभा से उठकर एक निभृत कक्ष में उसने युद्ध का लेखा-जोखा लिया।

''राम मर गया न? अब वे भार्गव उसकी ठठरी बाँध रहे होंगे। नहीं?''

''नहीं, राम तो चिरंजीवी है महाराज, वह केवल आहत हुआ है किंतु अभी तक उसे होश आया नहीं है।''

''तू गधा है, भला, दत्तात्रेय की शक्ति से कौन बच सकता है?''

''राजा, ध्यान से सुनें···राम ने दत्तात्रेय का आवाहन किया था। तभी राम बच गया अन्यथा तुरंत मृत्यु हो जाती।''

''अच्छा? मुनि दत्तात्रेय ने भी धोखा दिया···अंततः वह ऋषि-मुनि ही तो हैं। घुटने पेट को ही झुकते हैं···राम, ऋषिपुत्र हैं न···ये मुनि हैं जो पक्षपात से परे कहलाते हैं···मेरे साथ दत्तात्रेय ने भी विश्वासघात किया है···पर, मेरे पास रुद्रदेव के दिव्यास्त्र हैं···मैं कल के अंतिम युद्ध में आज आहत और दुर्बल राम का वध कर दूँगा।''

पुनः राजा बोला—''वृत्तांत, तू नगर के घेरे का वर्णन कर!''

''नगर जल रहा है राजा। राजप्रासाद पर भी अग्नि-बाणों का प्रभाव हुआ है पर आग बुझाने वालों की पूरी सेना है जो अग्नि-बाणों को व्यर्थ कर रही है···वे शकगण, उत्तरकुरु वाले, वे वृङ्गद, वे मौलेय, शंबर, पिप्रु, नमुचि, निषादराज, शुष्ण, मधुमत्त अविस्थानी···पूरा टिड्डीदल है जो लगातार जूझ रहा है किंतु प्रतिरोध जारी है···अभी वे जंगली, दुर्ग में प्रवेश नहीं कर सके हैं···नागरिक भी अब घरों से निकलकर आक्रामकों से भिड़ रहे हैं···कभी कुछ भी हो सकता है···परशुराम ने

आकर बलासुर को मार डाला था, हमारे निषादराज तथा तुर्वस राजा भी खेत रहे तथापि रीछ, वानरगण, तुर्वसु अभी भिड़े हुए हैं।''

''तो अभी दुर्ग सुरक्षित है और नागरिक पक्ष में हैं···राम यदि बच गया तो उसे मैं समाप्त कर दूँगा। पुनः ये शृगाल सब भाग जाएँगे···तूने भार्गव-चिकित्सा-केंद्र में भेदिए लगा रखे होंगे ···मुझे राम का समाचार क्षण-क्षण में मिलना चाहिए ।''

''मैं उसकी व्यवस्था करता हूँ!''

राजा प्रसन्न किंतु आशंकित था। उसे ऋषि दत्तात्रेय पर खीझ उठ रही थी। आज राम मारा जाता तो विश्व-भर में मेरा नाम अमर हो जाता···अब तो रुद्रदेव का ही सहारा है किंतु वह भी परशुराम पर अधिक प्रसन्न है, उसे पुत्र मानते हैं।

राजा अर्जुन नशे में अट्टहास करने लगा···''वाह···ये देवता भी पक्षधर निकले— वरदान देते हैं पुनः प्रतिपक्ष को भी आश्वासन दे देते हैं···किंतु मैं मनुष्य हूँ···मैं देवताओं की भी परवाह नहीं करता···मैं अपने भुजबल पर विश्वास करता हूँ···कल यदि राम बच गया और देवताओं ने उसका साथ दिया तो मैं उसे द्वंद्व-युद्ध में मल्लविद्या के लिए चुनौती दूँगा···मैं उसे रगड़-रगड़कर मारूँगा···मैं सहस्रबाहु हूँ।''

राजा सुरा से उन्मत्त होकर सो गया···किंतु वह चौंक-चौंक उठता था और उसे लगता कि सिर पर परशु लिये राम खड़ा हुआ है, त्रिनेत्र से आग बरसाते रुद्रदेव-सा···तभी शतघ्नी के गोलकों की महाध्वनि गूँजी जैसे कोई महाधौंसा बजा हो। कुछ क्षण बाद पुनः तोप की आवाज आई···और उसके साथ आक्रामकों का कोलाहल भी कुछ-कुछ सुनाई पड़ा। राजा की तंद्रा भंग हो गई । वह रुद्रदेव का इस संकट में ध्यान करने लगा किंतु रुद्र रूठे हुए से लगे, उन्होंने बिंब नहीं दिया। राजा गदा हाथ में लिए शयनगृह से बाहर आया । उसने खतरे वाला घंटा बजाया। प्रासाद के बाहर सेनापति दुर्मद हैहय सतर्क था। एक पूरी वाहिनी प्रासाद को चारों ओर से घेरे हुए थी। दुर्मद ने आकर राजा को प्रणाम किया। राजा तड़पा—''मैंने अभी दुर्ग के पीछे शतघ्नी के गोले चलने की ध्वनि सुनी है···तुमने नहीं सुनी? यहाँ जितनी भी सेना हो, उसे लो और दुर्ग के पीछे की दीवार पर चढ़ते शत्रुओं को मारो···मशालें जला लो और सुरक्षित सेनाओं को आदेश दो कि कल के युद्ध की चिंता न करें, राजप्रासाद और नगर की रक्षा करें···राम के टिड्डीदल में जंगली दुर्दांत विदेशी और देशी अनार्य आरण्यक हैं···उन्हें मारकर नगर से बाहर करो···शीघ्रता करो···संकटकाल में ही वीर की परीक्षा होती है!''

राजा अंगरक्षकों के साथ अस्त्र-शस्त्र धारण कर तैयार हो गया।

किंतु आक्रामकों की वह सेना नहीं, वह बाढ़ थी। मणिप्रभा तथा सखीमंडल के प्रयत्न से किले की पिछली दीवार में गोलों से सेंध हो गई थी···ऊपर छत पर, दीवारों पर सहस्रों प्रहरी थे, अतः मणिप्रभा के प्रशिक्षित बटुक वीरों ने प्रासाद और नगर में प्रवेश किया। वे वहाँ राजा की सेना से न उलझकर दौड़े और नगर के

द्वारपालों को मारकर उन्होंने फाटक खोल दिए। अनार्यगणों का टिड्डीदल हर्षनाद करता, विचित्र बोलियाँ बोलता राजधानी में पिल पड़ा और मारकाट, लूटपाट शुरू हो गई। मणिप्रभा और वल्लरी ने पुनः पुरुषवेश उतार दिया और वे दोनों एक-एक काले चद्दरे में लिपटी हुई रक्षक बटुकदल के संरक्षण में चक्कर काटकर प्रासाद के पिछले द्वार के रक्षकों को मारकर भीतर चली गईं। वे सीधी रानी कनकलता दीप्तिमती के पास गईं और उन्हें जगाकर सब समाचार दिया। जयध्वज रानी के निकट ही सो रहा था। वह घायल था। रानी और जयध्वज ने रत्न-आभूषण समेटे और वे काले चद्दरे ओढ़कर बचते-बचाते निकल गए···जितने पुत्र-पौत्रदि को जगाया जा सका, उन्हें भी रानी साथ ले गई। राजा भीम यादव का पड़ाव नगर में अभी भी था। वहाँ रानी, राजकुमार तथा अन्यों को सुरक्षित कर भाई भीम से कहा कि यहाँ भय है। वे अभी ससैन्य बचते-बचाते नगर के बाहर निकल जाएँ और नर्मदा पार कर लें या फिर तट पर पड़ाव डाल लें, उधर हैहय कम हैं। और तब भीम की सेना के साथ सुरक्षित मणिप्रभा और वल्लरी नगर के बाहर चली गईं। उधर से चंद्रकलावती और लोमा भी आ गईं, मौरवी भी। पुनः वहाँ से वैदर्भ सैनिकों के गुल्म के साथ सखीगण वहाँ पहुँचे जहाँ राम थे। राम को अभी तक होश नहीं आया था। सखियाँ अपनी करतूत की खुशी भूलकर शोक में डूब गईं। वे देवाराधन में जुट गईं।

तभी एक सनसनाहट हुई जैसे कोई उड़कर आ रहा है। आथर्वण अघोर मुनि प्रकट हो गए, रुरु भी।

अघोर मुनि ने अपना तांत्रिक झोला निकाला और एक ओषधि को मंत्राभिषिक्त कर उसे राम की आहत पीठ के व्रण में भरकर एक तांत्रिक पट्टी बाँध दी। पुनः उन्होंने कोई ओषधि राम को सुँघाई। आधी घड़ी तक वह अनेक तांत्रिक क्रियाएँ करते रहे। उन्होंने एक कवच तैयार किया और राम की भुजा में बाँध दिया। अघोर मुनि लगातार सिद्ध मंत्र का जाप कर रहे थे। एक घड़ी बाद ओषधि और तंत्र का प्रभाव हुआ और राम जैसे सोते से जाग गए···उन्होंने चकित होकर बाबा अघोर को देखा। बाबा ने उन्हें मौन रहने को कहा और उन्हें महाशक्तिवर्धक एक तांत्रिक रस पिलाया। रसायन ओषधि मिलाकर, सिद्ध रस धारोष्ण दूध में मिलाकर दिया। राम की दुर्बलता दूर हो गई और वह उठकर बैठ गए। पीठ के घाव को उन्होंने पुनः कसवाया और परशु लेकर पूछा कि शत्रु कहाँ है?

रामादल में हर्ष का पारावार उमड़ा और राम की जय-जयकार से आकाश पट गया। युद्ध के बाजे बजने लगे। भेरी, तुरही, धौंसे, नगाड़े, रणसिंघे की घोर उत्तेजक ध्वनि माहिष्मती तक पहुँच गई। पुनः राम की प्राण-रक्षा के हर्ष में शतघ्नी को इक्कीस बार दागा गया और भुशुंडियों की गोलियों की बौछार की गई।

तब अघोर मुनि ने अपना तंत्र समेटा। राम उनके पैरों पड़ गए, कृतज्ञता प्रकट

की। वह आशीषें बरसा कर अदृश्य हो गए। तब राम का ध्यान सखियों की ओर गया। वह प्रमुदित हुए, कहा—

"आप सब क्या षड्यंत्र कर रही थीं?"

मणिप्रभा ने बताया "माहिष्मती लुट रही है, जल रही है किंतु रानी कनकलता, राजकुमार जयध्वज आदि को बचा लिया गया है। वे भीम वैदर्भ के साथ नर्मदा तट तक जा पहुँचे हैं और अर्जुन का साथ छोड़कर शर्याति, अनूप, सुराष्ट्र, आनर्त्त आदि माहिष्मती छोड़कर स्वदेश पलायन कर गए हैं। माहिष्मती का पतन निश्चित है।"

"सखियो! आपका, देवियों राका, रति और भौमा की इस महायुद्ध में विस्मयकारी भूमिका सदा अमर रहेगी···नारी-शक्ति, उसके धीरज, उसकी गूढ़ता, उसकी कमनीय-कर्तव्य-बुद्धि पुरुषों को भी लज्जित कर देने वाली है···धन्य हैं वे माताएँ जिन्होंने आप सबकी सृष्टि की है। कल कार्त्तवीर्य अर्जुन का नरमेध होगा, इस महायज्ञ की अंतिम आहुति···पुनः।"

मणिप्रभा ने पूछा, "पुनः क्या? पुनः क्या ? तुम रुक क्यों गए राम?"

"पुनः यह कि आपका विवाह होगा?"

"किनसे?"

अब राम के हँसने की बारी थी। वह खूब हँसे और सखियाँ असमंजस में पड़ गईं। संशय में मुस्कराती सखियों की उस अनमोल छवि से अपने घोरकर्म के कारण उत्पन्न कठोरता को द्रवित करते हुए राम निर्णायक युद्ध की तैयारी के लिए चले गए। सखियाँ हर्षित-विस्मित देखती रह गईं।

उधर राजा अर्जुन के सम्मुख माहिष्मती जो देवताओं की अलकापुरी की होड़ करती थी, लुट रही थी, जल रही थी। एक विवश तीखापन राजा को गला रहा था···सब किया-कराया नष्ट हो गया···सब मुझे इस दशा में छोड़कर या तो स्वर्ग गए या भाग गए···मेरी रानी, जयध्वज, उसका पुत्र तालजंघ, अन्य राजकुमार सब हमें अकेले जूझने को छोड़कर गए किंतु मैं सहस्रबाहु हूँ···मैं मरना पसंद करूँगा, दीनता और पराधीनता स्वीकार नहीं कर सकता, दर्प की रक्षा ही मेरा जीवनदर्शन है···उस सुरक्षित साथ लेकर सूर्यमंडल का वेध करूँगा··· किंतु अपने बनाए नीड़ का झर-झर जलना कैसा लगता है···अंत में तो जलकर क्षार होना ही है···देह भी इसी तरह जलेगी···झर-झर-चिट्-चिट्···जलो, सब राख हो जाओ, किंतु भविष्य के सूक्ष्मदर्शी मेरे तेज को, आत्मगर्व को, दर्प को अवश्य सराहेंगे···मैंने ही सब बनाया था, यह साम्राज्य, यह महानगर और मैं स्वयं ही इसे नष्ट होता देख रहा हूँ···किंतु कल के युद्ध में यदि मैं राम को मार सका तो यह पुनः बन जाएगा···राम, राम···ठहर जा, मैं तुझे आज नष्ट कर दूँगा, राम!

32

राजा सहस्त्रबाहु कार्त्तवीर्य अर्जुन ने बची-खुची सेना के सिवा सुरक्षित सैनिकों को साथ लिया। नगर में लुटेरों और अग्निदाहकों के प्रतिरोध के लिए नागरिक और अवशिष्ट योद्धा संघर्ष कर ही रहे थे···नगर से उठने वाले आर्त्तनादों के मध्य वृद्ध-वनिता-बाल-गोपालों का नगर से पलायन हो रहा था। राजा ने नागरिकों के प्रत्येक अश्रु, सिसक, हिचकी, चीत्कार और हाहाकार की शपथ ली, प्रत्येक राख होते, गिरते भवन की, भित्तियों और छतों की कि आज राम जामदग्न्य उसके कोपानल में नगर की भाँति ही धू-धू कर जलेगा··· । रुद्र महादेव के दिए गए बाण अभी भी मेरे तूणीर में हैं और वे भी धोखा दे जाएँ तो? अब कौन विश्वसनीय रह गया है? कोई नहीं किंतु मेरा यह पर्वत-सा दृढ़ शरीर और उसमें प्रवाहित नर्मदानद-सा दर्पदीप्त चैतन्य तो अभी भी मेरा है···इस शरीर की, मन की, प्रत्येक इच्छा, प्रत्येक सनक को मैंने पूरा किया है और मेरा यह अस्तित्व मुझसे रुष्ट्र नहीं है···मैंने इस काया और इंद्रियों के लिए किसी की चिंता नहीं की···मैंने इंद्रियों को इंद्र मानकर उनकी शब्द, रूप, स्पर्श, रस और गंध से हवि दी है···देवता-देवियाँ, उनके भी ऊपर ब्रह्म या परमेश्वर है या नहीं, यह संदेह बना रहता है और हम अपनी शक्ति, भक्ति और अनुरक्ति से आराध्य की रचना करके अपने से ही वरदान या संतोष पाते हैं···हमने ही सब रचा था, हमने ही उसे नष्ट कर दिया···हम ही निर्माता, नियामक और विनाशक सिद्ध हुए···तब किसी का क्या दोष···जो मैंने चाहा, किया···जो उन्होंने चाहा, वह उन्होंने किया···यह तो शक्ति का खेल था, पूरा हो गया···किंतु जिस शक्ति की मैंने उपासना की, धर्म-अधर्म की उपेक्षा की, वह शक्ति क्या मेरा अंतिम क्षण में साथ नहीं देगी? नहीं, शक्ति अभी भी शरीर में तरंगित हो रही है और मेरी शक्ति का कोई प्रत्युत्तर नहीं···मैं अवश्य विजयी हूँगा।

अर्जुन ने अपनी देह की दृढ़ता का अनुभव किया···रग-रग में, नस-नस में जैसे प्रतिशोध का पावक भभक रहा था···उसे लगा जैसे उसका अस्तित्व फैल रहा है···चौदह भुवनों को वह अपने में समेटकर वह पर्वतों-सा उठ रहा है, मेघ-सा छा रहा है, गरज रहा है, समुद्रों-सा उत्ताल तरंगों में लहरा रहा है···जंगल में वनराज-सा दहाड़ रहा है और तूर्य-सा, दुंदुभि-सा बज रहा है···अर्जुन उत्साहित हुआ जैसे वह कोई शेषनाग हो जो अभी तक अपने वलयों में लिपटा पड़ा था और अब मोह त्याग कर वह भीषण आक्रोश में सरसराता, सहस्त्रों फण फैलाकर खड़ा हो रहा है और विष उगल रहा है···यही तो आत्मविश्वास है जो कभी घात नहीं करता, कभी धोखा नहीं देता···यह आत्म-स्फीति, यह फूलती हुई ऊर्जा, यह गुस्से में गन्नाती, फुंकारती हुई महानागिन···यह मेरे पास अभी भी है···और मैं उस बटुक राम से डरकर आत्मसमर्पण कर दूँ और फिर जीवन-भर अपदार्थ होकर कायरों की भाँति हतदर्प होकर जिऊँ? नहीं, कभी नहीं।

''...मैं महान् हूँ, सर्वोच्च क्योंकि मैं अपने को वैसा मानता हूँ, क्योंकि मैं इन विद्याधरों-याचकों, इन आर्यरजुल्लों और इन जटाजूटधारी ऋषियों तथा राजाओं के, इन चाकरों को तुच्छ मानता हूँ...ये हैं क्या? मैं सिंह हूँ। सहस्र शृगाल घेर लें तो ये क्या कर लेंगे?...मैं प्राणभय से इन्हें श्रेष्ठतर मान लूँ, शत्रु की लल्लो-चप्पो करूँ? उनके चरण छुऊँ...उन्हें ब्रह्मावतार स्वीकार कर लूँ...? मै कभी किसी को सहस्रबाहु कार्त्तवीर्य अर्जुन चक्रवर्ती के समकक्ष नहीं मान सकता... मैं...मैं...मैं...मैं...आज यह सिद्ध कर दूँगा कि मैं अजेय हूँ, महामहिम हूँ...मैं... मैं...मैं...मैं मूर्धन्य हूँ!''

राजा अर्जुन गर्व से अपनी फड़कती भुजाएँ देखता हुआ सशस्त्र बाहर आया । उसका रथ प्रस्तुत था। वह अकड़ में झूमता हुआ आसीन हो गया और महासेनापति परमभट्टारक वायुवाहन हैहय ने कहा—

''सुरक्षित और युद्धों की अवशिष्ट सेना प्रस्तुत है!''

''प्रस्तुत ही नहीं, युद्ध के लिए विक्षिप्त है, त्वरा में प्रदीप्त...महाराज, प्रसन्न होकर युद्धयात्रा करें...आज उन पढ़ाकुओं की कुशल नहीं है...रात में भृगुकच्छ से, गिरिव्रज से, विदेश से नौका सैनिक भी आ गए हैं, सहस्रों और वे नगर के लुटेरों को भी भगाएँगे और राम के उन पोथी बाँचने वालों को भी,...आप, विजयी होंगे...मेरा नाम वायुवाहन है।''

अर्जुन प्रसन्न हो गया। उसने वायुवाहन को डूबते के तिनके की तरह देखा और इस सूचना के लिए स्वर्णहार उतारकर वायुवाहन को पहना दिया। वह फूलकर विंध्याचल हो गया।

अर्जुन सूर्योदय तक युद्ध-स्थल में आ गया और वायुवाहन मोर्चे बैठाने में लग गया। उसने आज गरुड़व्यूह की रचना की। राजा गरुणमुख के स्थान पर हठ कर जम गया और दोनों पार्श्वों में भृगुकच्छ से आई सेना के महानायक वभ्रु हैहय तथा सुबाहु हैहय को खड़ा किया। स्वयं वह मध्यस्थित हुआ ताकि जब जहाँ आवश्यकता हो तो वहाँ जा सके। उधर राम ने ब्रह्मव्यूह बनाया और अग्रस्थान स्वयं ग्रहण किया। वभ्रु और सुबाहु के सम्मुख राजा यमि और भूतांश काश्यप तथा ऋषिगण रथारूढ़ हो गए। आज रामादल में एक विचित्र उत्साह और आत्मविश्वास झलक रहा था और आज राम के नाम के आगे 'चिरंजीव' जोड़ा जा रहा था, 'चिरंजीव परशुराम की जय हो।' रणवाद्य बजे, शंख ध्वनियाँ हुईं और बाण धनुषों पर चढ़ गए। वभ्रु हैहय और सुबाहु पार्श्वों से और मध्य में राजा अर्जुन के योद्धा बाण-विद्या का विस्मयजनक प्रदर्शन कर रहे थे। एक प्रहर धारासार बाण-वर्षा से अगणित सैनिक हताहत हो गए। तब सुबाहु पार्श्व से अपने सैनिकों को सीधे आक्रमण के लिए उकसाने लगा किंतु राम के कहने पर राजा यमि और भूतांश ने पताका से रामादल को पीछे हटने और धनुर्युद्ध करते रहने का आदेश दिया । सुबाहु समझा कि आर्यगण हतप्रभ होकर पीछे हट गए हैं। वह रथ पेलकर

आर्य सेना के निकट पहुँचा। उसके साथ अंगरक्षक थे और उसकी सेना सेनापति का साथ पकड़ने के लिए हुमस रही थी। नाना सुधन्वा ने अच्छा अवसर पाकर उस सुबाहु उत्साही को घेर लिया और वह सुबाहु प्राणपण से लड़ने लगा। नाना ने मांधाता-पुत्र देवधाता से कहा—

"तेरी आयु का है, दो-दो हाथ कर और इस मूर्ख का मुंड काटकर मेरे चरणों में चढ़ा।"

देवधाता मांधाता ने विचित्र शरसंधान किया। पुनः उसने धनुष फेंककर एक कराल तलवार ली और उस सुबाहु के रथ पर चढ़ गया। तब तक नाना सुधन्वा उस सुबाहु को धनुर्युद्ध में उलझाए रहे। देवधाता ने एक ही प्रहार से उस सुबाहु का सिर काट डाला। 'परशुराम की जय हो' और 'हर हर महादेव' का कोहराम मच गया। तब वभ्रु हैहय क्रोध में जबड़े मलता हुआ ससैन्य आ गया व ऋषिगण पर बाज की तरह टूटा किन्तु ऋषिगण अविचलित रहे जैसे वे ब्रह्म का ध्यान कर रहे हों। ब्रह्मचारी और ऋषि ताक-ताक कर वभ्रु यादव के सहायकों को खसा रहे थे और उनकी गति भी रोक रहे थे। राजा अर्जुन रामादल को काट-काटकर शवों के ढेर लगा रहा था अतः राम वभ्रु के अतिसाहस में हस्तक्षेप नहीं कर सकते थे। तब अर्यमा भारद्वाज ने अपना रथ आगे कर कहा कि यह उनका आखेट है और अन्य ऋषि वभ्रु की सेना को हनें, उसको नहीं। अर्यमा ने अनुपम धनुर्वेद विद्या का हस्तलाघव दिखाया, किंतु वभ्रु यादव भी नौकासेना का स्वामी था। वह विदेशों में जाता और वहाँ धनुर्विद्या के गुर सीखता। उसने अर्यमा का उपहास किया—

"ऋषिवर, तुम्हारा ज्ञान देशी है, परंपरागत…मेरे विदेशी हाथ देखिए!"

और वभ्रु ने विदेशी बाणों से भारद्वाज को आहत कर दिया। वभ्रु ने 'जय अर्जुन' का नारा लगाया। अर्यमा ने शरीर से बाण को खींचकर फेंक दिया और आदि भरद्वाज ऋषि का अमोघ अस्त्र धनुष पर चढ़ाया। वभ्रु उस अलौकिक बाण को काट नहीं सका। वह बाण धूमकेतु-सा अग्नि और धुआँ उगलता, भारी कोलाहल मचाता, बिजली-सा कड़कता हुआ सबको स्तब्ध करता वभ्रु की छाती में घुस गया और उसका प्राणांत हो गया।

'हर हर महादेव' और 'जय परशुराम चिरंजीवी' के नाद राजा अर्जुन को एक क्षण के लिए हततेज कर गए। दो महावीर मारे गए। राजा ऋषियों पर दाँत पीसता हुआ उनके मोर्चे पर गया और लगातार बाणों की चोट से जटाजूटधारी ऋषियों को मूर्च्छित करने लगा। उसने कई ब्रह्मचारियों के श्मश्रुविहीन सुंदर भोले सिर काट डाले। तब अवंती नरेश, अवंती यादव और नृसिंहराज हैहय ऋषि-रक्षा के लिए राजा अर्जुन के मोर्चे पर दौड़े आए। अवंतिराज का पुत्र जो राम का अंगरक्षक था, दीर्घयादव, वह भी पिता को आगे आता देखकर उनकी सहायता के लिए आ गया। राम के मोर्चे पर शार्दूल हैहय लड़ने लगा। शार्दूल नर्मदातट पर रामादल से अपमानित हो चुका था, अतः वह राम को काल की तरह घूर रहा था। राजा

अर्जुन ने सामने अपने चाचा नृसिंहराज हैहय को देखा और अवंतिराज को। वह हँसा—

''राज्यद्रोही नृसिंहराज हैहय, वंशघाती, कुलघातक···तू सोचता था कि तेरे पुत्र मेरे बाद राज्य करेंगे···तेरे साथ आज सभी कुलघातक हैं, सिंधुराज, पुरंदर, सागर और महेंद्र···आज, सब हैहय कुलघातकों का चिह्न ही मिटा दूँगा।''

और राजा अर्जुन ने ऐसी बाणवारी की कि नृसिंहराज घायल हो गया और उसके चारों पुत्र भी। उसने सिंधुराज का तो शिरच्छेदन ही कर दिया। तब क्रोध में क्षिप्रा नदी की तरह फन्नाता हुआ अवंतिराज सामने आकर बाणों से अर्जुन को मारने लगा किंतु अर्जुन को वह अवंतिराज खटकता था। उसने शक्ति प्रहार कर अवंति नरेश की हत्या कर दी और विजय का शंखनाद किया। राम को वह शार्दूल उलझाए हुए था। राम अवंतिनाथ और नृसिंहराज को नहीं बचा सके, इसका उन्हें संताप हुआ, शार्दूल बाधक बन गया। राम ने मांधाता-बाण से शार्दूल का सिर काट डाला और राजा अर्जुन को ललकारा—

''तूने, मेरी व्यस्तता में बूढ़े नृसिंहराज हैहय, अपने पितृव्य को मर्मांतक चोट दी है···तूने अवंतिराज को मारा, अब तू इसका परिणाम भोग!''

परम भट्टारक वायुवाहन दौड़ा। उसने राम को अपशब्द कहे—''महासेनापति परम भट्टारक वायुवाहन के होते राजा एक पुरोहितपुत्र से लड़े— नहीं नहीं महाराज, मैं इस शार्दूल के हत्यारे को देखता हूँ, आप जटाजूटधारी शीशों से इस धरा को पाटिए। राम, मैं तेरा काल आ गया।''

वायुवाहन विकट था। उसने लोहे की परिघि फेंककर राम के अश्वों को श्लथ कर दिया। चायमान को आहत किया। वह इतने वेग से वज़नी लौहगोलक, गदा, परिघि फेंक रहा था कि राम देखते ही रह गए। पुनः राम ने बाणों से उसका सारथी मार दिया और उसके अश्व भी गिर गए। तब वह रथ से उतरकर, मृत्युमतवाला होकर ताल ठोंकने लगा। वह एक लौहदंड उठाकर दौड़ा। चायमान ने राम को फटकारा कि वह क्या यह चाहते हैं कि मैं और मेरे आर्यायण अश्व निर्जीव हो जाएँ? तब राम ने उँगली में ऋषि बालखिल्य का चक्र पहना और उसे घुमाने लगे। पुनः निमिष मात्र में वह चक्र चमक से सबको अंधा-सा करता हुआ घूम-घूमकर चला और वायुवाहन का सिर काटकर वापस राम पर आ गया। राम का जयकारा उठा और ऋषि बालखिल्य की महिमा देखकर उनकी भी जय बोली गई। राजा अर्जुन एक पल के लिए तेजहीन हो गया। किंतु तुरंत सँभलकर युद्धरत हो गया। क्रोध में उन्मत्त वह राम के सम्मुख अपना रथ ले आया।

''स्वागत है सहस्रबाहु···स्वागत है···अंत में मेरे मोर्चे पर आपको आना ही पड़ा···जीवन इतना प्यारा था आपको कि सब नायकों को गँवाकर आप पधारे···अब आप अपनी भड़ास निकाल लीजिए···काल, आपके सिर पर आरूढ़ हो गया है, प्रहार कीजिए!''

"याचक युवक, तू बच नहीं सकता। मैं सहस्रजित हैहय का वंशज सहस्रबाहु अर्जुन हूँ…आज तेरा अंत निश्चित है।"

राम के सम्मुख अर्जुन ने बाणों का घेरा बना दिया किंतु राम ने हँसकर इंद्रास्त्र से उसे छिन्न-भिन्न कर दिया। उसने राजा के कवच को कपिश बाणों से छिन्न-भिन्न कर दिया और उसका धनुष काट डाला। राजा का सारथी मारा गया और अश्व भी। तब वह दूसरे रथ पर चढ़ गया और क्रोध में धधककर राम पर नाग-बाण छोड़ दिया। राम ने जमदग्नि-अस्त्र से उसे खंड-खंड कर दिया। तब अर्जुन ने महाहैहय बाण राम को लक्ष्य कर चलाया किंतु राम के भरद्वाज-अस्त्र से वह कटकर गिर पड़ा। तब राजा ने समुद्रदेव द्वारा प्रदत्त शक्ति का प्रहार किया किंतु ऐंद्रास्त्र से वह भी नष्ट हो गई। राजा अर्जुन कोपानल में जलने लगा। उसने रुद्रास्त्र का प्रयोग किया। तब ऋषि चायमान ईरानी ने कहा कि यह रुद्रास्त्र से ही शांत होगा। राम ने कैलास मानसरोवर में रुद्र से प्राप्त उस महाबाण का मंत्र जप कर उसे संचालित किया। महाभयंकर अग्नि का आगार प्रकट हुआ। वायु लू-लपट में बदल गई और सेनाओं में त्राहि-त्राहि मच गई। रुद्रास्त्र हैहयों को भस्म करता अर्जुन के रुद्रास्त्र को नष्ट करता हुआ राजा के रथ को जलाने लगा। आकाश में विद्युत् की कड़क ध्वनि हुई…पृथिवी कंपित होने लगी। राजा बाण की ओर करबद्ध खड़ा महामृत्युंजय का जप करने लगा। उसने उस दैवी-आपत्ति में उस रुद्रशक्ति के सम्मुख पराजय स्वीकार कर ली और वह कातर होकर दंडवत् गिर गया। रुद्रास्त्र पराजय स्वीकार कर लेने वाले, कातर व्यक्ति पर प्रहार नहीं कर सकता था अतः वह राजा बच गया तथापि झुलस गया। रुद्रास्त्र हैहयों को त्रस्त करता हुआ अंततः शांत हो गया।

संपूर्ण सैन्यबल राम के दिव्यास्त्रों से चकित-भ्रमित-भयभीत हो गया था जैसे प्रलय के पूर्व महारुद्र तांडव करते हैं और अणु-परमाणु विशृंखलित होने लगते हैं, ऐसे ही रुद्रास्त्र के प्रयोग के समय हुआ। सबने सोचा, राजा अर्जुन तो मरेगा ही, अन्य सबका प्राणांत भी अवश्यंभावी है। राजा अर्जुन जब तक कवच, रथ और अश्व बदले, तब तक राम ने बाणों से हैहयों के सिर काट-काटकर ढेर लगा दिए…वह रणावेश में यज्ञाग्नि से धक्-धक् प्रज्वलित हो रहे थे। हैहय सेना पर पीछे से अनार्यों के हमले भी जारी थे। ऋषिगण, ब्रह्मचारी, राजा यमि ईरानी, शत्रु सैनिकों और नायकों को वेध रहे थे। वह रामादल का सामना न कर पाकर पलायन करने लगे—"भागो, यह परशुराम मनुष्य नहीं, देव है, भागो, भाग छूटो…प्राण रहे तो प्रतिकार करेंगे…अभी तो अपने को बचाओ।"

अपनी पलायनग्रस्त सेना को राजा अर्जुन ने सकोप देखा और उसने रथारूढ़ होकर खूब झंडे हिलाए, धिक्कारें दीं। परंतु हैहय सेना रामादल की अपूर्व मार से पैर नहीं रोप सकी। राजा के आसपास अंगरक्षक अश्वारोही और कुछ राजकुमार ही रह गए।

तब राजा अर्जुन राम के सम्मुख रथ लाकर तुरही-सा चीखा—

"हैहय कुलनाशक राम, तू कायर है, दिव्यास्त्रों के बल पर ऐंठता है। दिव्यास्त्रों का क्या है, उनके बल पर तो कोई दुर्बल और कायर भी जीत सकता है। यदि तू वीर है, अपने पिता का पुत्र है तो मानव-युद्ध कर···मैं तुझे मानव-द्वंद्व-युद्ध की चुनौती देता हूँ।"

राम ने चायमान की ओर देखा। चायमान ने कहा, "रुद्रदेव के महापरशु को धारण करो और इसकी हजार भुजाओं के बल वाली बाँहें काट डालो पर उसकी गदा से बचना···वह महाबली है, उसके शरीर में यम के महिष जैसा बल है, राम सावधान···यह अंतिम परीक्षण है!"

ऋषियों ने रोका, कहा कि राम शत्रु की शर्तों पर नहीं लड़ें और ब्रह्मास्त्र से या पाशुपत-अस्त्र से इस भयानक नरपशु को हन डालें किंतु राम ने सर्वनाशक दिव्यास्त्रों के प्रयोग का प्रस्ताव नहीं माना। वह जय जमदग्नि, जय रुद्र, जय वसिष्ठ, जय विश्वामित्र, जय ऋचीक, जय आथर्वण अघोर कहते हुए सबको प्रणाम कर रुद्र-परशु लेकर रथ से कूद पड़े। राजा यमि चिल्लाया, "राम, तुम यह क्या कर रहे हो? यह महिषासुर तुम्हें रगड़-रगड़कर मार डालेगा। यह महाप्रबल वन्यपशु है···तुम इसे ब्रह्मास्त्र से समाप्त करो।"

ऋषि भूतांश काश्यप, अर्यमा भारद्वाज, राजा सुधन्वा, देवधाता आदि ने भी रोका किंतु राम नहीं माने और परशु उठाकर राजा अर्जुन के सामने धरातल पर डट गए। रामादल आशंकित हो गया। नभ में देवता-पितर सब चिंतित थे किंतु राम ने हाथ जोड़कर सबको आश्वस्त किया और द्वंद्व-युद्ध में दत्तचित्त हो गए।

दोनों देर तक कावा काटते रहे। पैंतरे बदलते रहे। राजा राज्यहानि, नगरनाश, सैन्य विनाश, हैहय कुलध्वंस से क्रोध में उबल रहा था। उसने गदा से राम के सिर पर सीधा वार किया किंतु राम हँसकर एक ओर हट गए। प्रहार के बोझ से राजा झुका। राम को अवसर मिल गया। उसने परशु मारा। राजा कट गया किंतु वह अर्जुन था। कवच के कारण घाव हलका लगा। अर्जुन ने अट्टहास किया और पैंतरे बदलता हुआ बोला—

"राम, तू बच नहीं सकता। ले, यह प्रहार झेल।"

अर्जुन ने घुमौआ वार किया किंतु राम ने फरसे को दोनों हाथों से पकड़कर गदा के भारी प्रहार को झेल लिया। अब स्थिति यह थी कि दोनों बल आज़मा रहे थे। गदा परशु के ऊपर था और दोनों चाहते थे कि दूसरे को झुकाकर अस्त्रविहीन कर दें किंतु वे दोनों तुल्यबल थे। कोई नहीं झुक रहा था। राम सहज थे किंतु वह राजा कोप की अग्नि में फुँक रहा था। युद्ध बंद हो गया था और सब साँस साधे यह निर्णायक जूझ देख रहे थे। तब राजा अर्जुन बल के लगातार प्रयोग से हाँफने लगा। राम का श्वास सधा हुआ था। राजा के विलास और मदिरापान से उसका दम उखड़ रहा था। तब राम ने अपूर्व हुंकार की और परशु से ऐसा झटका दिया

कि राजा औंधे मुँह गिरा। राम ने परशु चलाया किंतु अर्जुन सरक गया। प्रहार खाली गया। तबतक राजा उठ बैठा और नेत्रों से चिंगारियाँ छोड़ता हुआ राम पर उसने गदा धर धमका किंतु राम पुनः उछलकर अलग हो गए। तब उसने पुनः घुमौआ वार किया। राम के कंधे पर गदा पड़ा। एक क्षण को राम प्रचंड प्रहार से विचलित हुए। रामादल में हाहाकार मचा किंतु निमिष भर पीड़ा का ज्वार उतरते ही परशुराम ने फरसे का तिरछा हाथ मारा। राजा के कंधे का कवच कट गया। लोहे की कड़ियाँ कट गईं और अर्जुन घायल हो गया। रक्त बहने लगा किंतु राजा ने उसकी परवाह नहीं की और वह अंधाधुंध गदा चलाने लगा। राम पुनः चोट खा गए। तब राजा यमि चीखा—

''राम बहुत हो गया, अब इसे खिलाओ मत, मारो, शीघ्रता करो। यह महासेनापति का आदेश है, प्रहारो।''

राम विहँसे और भैंसे से हाँफते अर्जुन को चिढ़ाते हुए बोले—

''हैहयराज, और प्रहार कर ले। अंतिम वार तेरा श्वास भी तेरे भोग-विलास के कारण साथ छोड़ गया। प्रहार कर अर्जुन···तेरा मृत्युक्षण आ गया।''

तभी सहस्रबाहु राजा अर्जुन ने 'मरता क्या न करता', इस नीति से गदा उठाकर राम के सम्मुख देखा। राम के मुख पर रुद्रभाव छाया हुआ था। उसकी भृकुटि काल की तरह चढ़ी हुई थी परंतु अधरों पर स्मिति थी जैसे वह अर्जुन के साथ क्रीड़ा कर रहा हो। राजा उसकी विजयी मुस्कराहट देखकर जल मरा। वह धर्म-युद्ध भूल गया और अंतिम बल लगाकर उसने गदा से राम के कटिप्रदेश पर वार किया जो वर्जित था किंतु राम बलासुर के साथ गदा-युद्ध में धोखा खा चुके थे। वह अघोर मुनि से उड़ना सीख चुके थे···वह उड़ गए तथापि वह प्रहार राम के पैरों पर पड़ ही गया। राम दूर जा गिरे किंतु निमिष मात्र के बाद उठ खड़े हुए। राजा दौड़ा। वह गदा ताने धरती पर पीड़ित पैरों को ठीक कर ही रहे थे कि राम ने उठकर भयंकर हुंकार की—

''हैहय, तू नीच निकला। यही धर्म-युद्ध है···? अघोर मुनि की विद्या ने मुझे बचा लिया और रुद्रप्रदत्त कवच ने···महादेव की सौगंध, अब तुझे तेरा अधर्म भी नहीं बचा सकता···देवता, देवी, पितरगण, विद्याधर, प्रेत, पिशाच, ऋषि-मुनि, नक्षत्र, सूर्य, चंद्र, वरुण, अश्विनीकुमार, मरुद्गण, पृथिवी, पर्वत, आकाश, पाताल, चौदह भुवन, इंद्रदेव और ब्रह्मदेव सुनें। रुद्र की शपथ, अब यह भूमि का भार महाअधी अर्जुन यमलोक को जा रहा है।''

राम ने अर्जुन के नेत्रों में नेत्र डाल दिए। राजा स्तब्ध हो गया···जैसे भेड़िए के सम्मुख अजा ठिठक जाती है, वैसे ही राजा निष्क्रिय और सम्मोहित होकर जड़ हो गया। राम का परशु उठा, चमका और राजा अर्जुन की बाईं भुजा के मूल में घुस गया। जैसे कुठारधारी काष्ठ के चैले बनाता है, वैसे ही परशुराम ने फरसा निकालकर पुनः मारा, भुजा कटकर अलग जा पड़ी। राजा पीड़ा से चीत्कारा किंतु

उसने दाईं भुजा से, अमानुषिक बल से राम पर गदा फेंककर प्रहार कर दिया। वह गदा राम पर सीधी पड़ी। राम धराशायी हो गए । राजा ने अंतिम अट्टहास किया और वह गदा उठाने के लिए सरकने लगा किंतु राम राम थे। उस चोट को भी झेलकर वह उठकर खड़े हो गए और उन्होंने फरसे से राजा की दाईं भुजा भी काट डाली। राजा रक्त का निर्झर बहाता हुआ धराशायी हो गया। राम ने उसका शीश काटा और उसे राजा यमि की ओर फेंक दिया। तब राम ने भाई रुमण्ववान् को संकेत किया। वह एक कलश लेकर आए और अर्जुन का रक्त भरने लगे।

राम कालभैरव से रक्त में लथपथ खड़े थे। उनका एक पैर अर्जुन के वक्ष पर था और वह रक्त टपकाते महापरशु को आकाश में ताने हुए थे। वह रुद्रावेश में हुंकारें भर रहे थे—

''हैहयो! तुम्हारे अधिपति की नरमेध में मैने बलि दे दी···कोई और योद्धा हो तो राम उसे चुनौती देता है। कोई है, कोई है, कोई है?''

रुद्राविष्ट राम क्रोधानल में प्रज्वलित हो रहा था। उसे कैसे सामान्य किया जाए ? राम धरती को कुचल रहा था, आकाश में उछल रहा था, फेन फेंक रहा था और नेत्रों से ज्वाला छोड़ रहा था। रामादल अचंभे में जड़ हो गया था। सबने नाना सुधन्वा की ओर देखा। नाना रथ से उतरकर दौड़े और वह राम, राम, राम होश में आ, तू विक्षिप्त हो गया क्या? चेत जा राम, तू विजयी हुआ है। नाना हाँफते वात्सल्य में रँभाती धेनु से भागकर राम से लिपट गए और आनंद में रोने लगे। प्रचंड राम छूटने का प्रयत्न करते किंतु नाना भी तगड़े थे। उन्होंने राम को रेणुका की शपथ दिलाई—

''राम, तुझे रेणुका की शपथ है, पिता जमदग्नि की···तुझे ऋषि-ऋचीक पितामह की, विश्वामित्र नाना की सौगंध है, पगले, अब चेत जा···'' नाना सुधन्वा राम के वक्ष से लिपटे झर-झर आँसू बहा रहे थे। अश्रुओं से राम का वक्ष शीतल हुआ। रुद्राविष्ट राम की चढ़ी हुई आँखों का भाव बदला। ऋषियों के रुद्रस्तवन और महामृत्युंजय जाप के नाद से राम का आवेश शांत होने लगा। सहस्रों ऋषि और ब्रह्मचारी रुद्र को शांत करने के लिए निरंतर महामंत्र बोल रहे थे। वह नाद चारों ओर छा गया था। किंतु राम सामान्य नहीं हो पा रहे थे। नाना लगातार राम को साश्रु झकझोर रहे थे पर राम पर रुद्र का आच्छादन उतर नहीं रहा था। उनकी जक बँध गई थी और वह नाना के आलिंगन से छूटने का उपाय कर रहे थे।

तभी अघोर मुनि आकाश से उतरे और वह सीधे राम के पास जाकर शाबरमंत्र पढ़ने लगे। बाबा ने राम का सिर अनिर्वच बल से पकड़ लिया और उसके मस्तक की अलुंबुषा नाड़ी को दबा दिया और पुनः ओउम् ह्रीं क्लीं, श्रीं ब्लीं धीं फट् फट् स्वाहा करने लगे। तांत्रिक मंत्रों का तुरंत प्रभाव हुआ और रुद्रावेश ऐसे उड़ गया जैसे कुछ हुआ ही न हो।

राम जैसे सोते से जागे। उन्होंने देखा, नाना सुधन्वा उनकी कौली भरे हुए

धारासार रो-रोकर सिसक रहे हैं। राम स्वस्थ हो गए। तब राम ने नाना को उठाया, किलककर उन्हें कंधे पर बिठाया और अघोर मुनि को दूसरे कंधे पर लादा। वे दोनों आनंद के अश्रु बरसाते राम का विशाल सिर पकड़कर जम गए। राम दौड़े और महासेनापति यमि के पास नतशीश होकर कहा—

''महान् आर्यायण यमि···महासेनापति, मैंने आपकी आज्ञा का पालन कर दिया।''

राम ऋषि भूतांश से भी यही वचन बोले और महाकश्यपवंशी ऋषि के चरण छुए। पुनः नाना लाड़-भरे स्वर में डाँटने लगे—

''राम तू थक गया होगा। अब हमें उतार दे···आथर्वण मुनि तुम्हीं कहो···यह बस आपको मानता है···मेरी तो सुनता ही नहीं है, लाड़ में बिगड़ गया है न!''

अंततः राम ने सामान्य परिचित हँसी बिखेरी और वह ऋषिकुल में जाकर उनके चरण छूने लगे। ऋषि अत्रि, अंगिरा, भरद्वाज, पुलस्त्य, पुलह, क्रतु आदि भी संयम खो बैठे और राम को आनंद के अश्रुओं का मधुपर्क देने लगे।

तब ज्येष्ठ भ्राता रुमण्ववान् ने आग्रह कर नाना और अघोर मुनि को राम के स्कंधों से उतारा। वे दोनों प्रमुदित थे और हँस भी रहे थे, रो भी रहे थे। राम का भाइयों ने सामूहिक आलिंगन किया और राम ने सभी पूज्यों और ज्येष्ठों को सादर प्रणाम किया।

पुनः शंख फूँकते, विजय ध्वनि करते घनघोर वाद्यों के मध्य राम ससैन्य शिविरों को लौटे। सखियों ने राम को आतंकित होकर देखा किंतु राम अब विहँस रहे थे। उन्होंने राम को सोमरस का पूरा कलश ही दे दिया जिसे वह खड़े-खड़े एक श्वास में पी गए। एक और कलश धारोष्ण दूध चढ़ाकर फल चबाकर राम स्वस्थ हुए।

तब देवापि को बुलाकर राम ने समाचार पूछे। संध्याकाल हो गया था। देवापि ने कहा—''राम, अद्‌भुत दृश्य देखना हो तो संध्यावंदन कर हमारे साथ पधारो।''

''देवापि, क्या दृश्य है?''

''यह तो हमारा रहस्य है···मैं आपका गूढ़ भेदिया हूँ न!''

राम ने उसकी पीठ थपथपाई—''देवापि! मैं तेरा ऋणी हूँ···तुझे अपने आश्रम में भेद-विद्या का आचार्य बनाता हूँ और तुझे अघोर मुनि से तंत्र विद्या का झोला भी दिलवाऊँगा।''

सब संध्यावंदन कर कुछ खा-पीकर देवापि के साथ अश्वारोहण कर चले। सखियाँ भी साथ लग गईं। अब कोई भय नहीं था। हैहय भाग चुके थे। प्रमुख ऋषिगण नहीं गए। वे शांतिकर्म में दत्तचित्त हो गए।

रामादल माहिष्मती के निकट पहुँचे। दूर से ही दिखा कि राजधानी धू-धू जल रही है और नगरवासी सब पलायन कर गए हैं। वह भयंकर दृश्य था। रामादल के चित्रकर्मी उसका रेखांकन करने लगे। वे राम के विकट द्वंद्व-युद्ध के भी चित्र बना चुके थे। एक चित्रकार से राम कहने लगे—

''कलाकार क्या इतने निर्मम और निरपेक्ष होते है? माहिष्मती भस्म हो रही है और आप लोग चित्र बना रहे हैं।''

''राम, आप जानें कि आपने कला को महान् योगदान दिया है···ऐसा दृश्य तो हमने कभी नहीं देखा था···कलाकार इस विषय में नीति-निरपेक्ष, नैतिकता-निरपेक्ष तथा समाज-निरपेक्ष होते हैं, क्योंकि इस क्षण हमें दृश्य की चिंता है, मनुष्यों की चिंता समाज सेवक करें।''

राम सखेद बोले—''बड़े निष्ठुर हो, त्वष्टा तुम्हें सद्‌बुद्धि दें।''

सब, महानगरी माहिष्मती का संपूर्ण दहन देखते रहे। सखियों का जी भर आया। वे बोलीं—

''राम, बर्बरों ने नगर लूटा और आग लगा दी···जो जनगण अर्जुन के सामने सिर नहीं उठाते थे, उन्होंने भी राजधानी को ध्वस्त किया। लूटपाट लोगों ने भी की···कितना निष्ठुर कर्म किया!''

राम देर तक सोचते रहे जैसे अवचेतन में उतरकर विचारों का अवगाहन कर रहे हों···पुनः निश्वास छोड़ते हुए वह इस प्रकार कहने लगे जैसे अपने आपको संबोधित हों—

''आप सब सुनें और अन्यों को सुनाएँ···यह रामवचन है···इस महाघटना ने जिस सत्य को जन्म दिया है, वह यह है···मनुष्य नाम का यह जो प्राणी है, वह अपने अहं, अपने दर्प और सुख के लिए दूसरों को दुःख देता है, उन्हें साधन मानता है, अपने को सेव्य···यह जब, जहाँ, जिस मानवसमाज में होगा, जिस व्यवस्था और सभ्यता में होगा, तो वह बर्बरता को आमंत्रित करेगी और दमन एवं शोषण से जो जनसाधारण में प्रलयंकर कोप पनपेगा, वह लोगों को हिंसक बना देगा···विष को विष ही शांत करता है, ध्वंस को ध्वंस, हिंसा को हिंसा··· इसी को ऋषि कहते हैं, वैदिकी हिंसा हिंसा न भवति, यही नरमेध यज्ञ कहा जाता है जिसका दायित्व अत्याचारी और जनरक्तशोषकों पर होता है···मैं इसी नैसर्गिक ऋत् या सत्य की स्थापना का निमित्त बना हूँ···आगे अन्य बनेंगे···यह चक्र चलता रहेगा, तब तक जब तक मनुष्य अमानवीयता अथवा अधर्म को छोड़ नहीं देता···मैं ऊर्ध्वबाहु होकर मनुष्य लोक को कह रहा हूँ कि वह सत्य का, समदर्शिता का, बंधुत्व का मार्ग पकड़े···किंतु कोई सुनता ही नहीं है, मानता ही नहीं है···।''

राम दोनों भुजाएँ ऊपर उठाए हुए विषाद से भरे हुए सनातन मानव सत्य का जैसे उद्‌घाटन कर रहे थे। पुनः निराश होकर उन्होंने अपने हाथ नीचे किए। श्रोता विचारमग्न हो गए, जैसे प्रथम बार वे मनुष्य की स्थिति और नियति के आमने-सामने हुए हों। सब मौन थे और सोच रहे थे। तब मणिप्रभा ने प्रश्न किया—

''राम, तो यह ऋत् था जिसकी स्थापना के लिए आपने इतना तप किया··· किंतु क्या मनुष्य के रूपांतरण का, आत्मपरिवर्तन का कोई उपाय, कोई विकल्प ही नहीं है?''

''सत्य सरल, सीधा और प्रत्यक्ष होता है, पुनः-पुनः प्रमाणित···ऋषियों ने बार-बार कहा है कि सबको आत्मवत् देखो, बरतो परंतु मानव मानता नहीं···वह अपने ही लोगों का, प्रकृति का अपने हित के लिए, अहंकार और सुख-विलास के लिए प्रयोग करता है, तब जो प्रयुक्त होते हैं, वे विद्रोह करते हैं और विद्रोह में बर्बरता और हिंसा होगी ही, अतएव विद्रोह, प्रतिकार, क्रांति सनातन है क्योंकि अत्याचार सनातन है···मनुष्य इस सत्युग में सभ्य नहीं हुआ, सुधरा नहीं तो आगे के युगों में क्या सुधरेगा···? इतने ऋषि-मुनि हैं, वेद हैं, शास्त्र हैं किंतु हैहयों ने नहीं माना···अब यह जो घटा है, इससे बहुत से शासक या क्षत्रिय सुधरेंगे। परंतु सभी नहीं और तब राम को उन पर परशु चलाना ही पड़ेगा···।''

''किंतु यह राज्य व्यवस्था के कारण ही तो होता है···राजा के बिना क्या कार्य नहीं चल सकता?''

''क्यों नहीं चल सकता···? ये जो गण या जनजातियाँ हैं, इनमें पंचायतें होती हैं और गणप्रमुख या राजा चुने जाते हैं, वंश-परंपरागत नहीं होते···आर्यों में पूर्वकाल में राजा चुने जाते थे···यौधेयों, राठों आदि में यह प्रथा अभी भी है किंतु लोग आपस में लड़ते हैं, एक-दूसरे की संपत्ति छीनते हैं तो राजा या प्रमुख अपरिहार्य हो जाता है। राजा मनुष्यों के पाप और पतन का परिणाम है—प्रजा जागरूक हो तो वह विराज द्वारा, पंचव्यवस्था द्वारा अपना समाज संचालित कर सकती है किंतु जब तक ऐसा नहीं होता, शासक या क्षत्रिय रहेंगे और जब वे अत्याचारी हो जाएँगे, तो राम अवतार लेंगे ही···यही सत्य है।''

''कभी ऐसा समय आ सकता है क्या?''—मणिप्रभा ने पूछा।

''यह मानव-संभावना तो है ही किंतु मुझे लगता है मनुष्य की बुराई का कोई उपचार नहीं है···अशिवत्व मनुष्य के भीतर है और भीतर की स्वच्छता तो व्यक्ति पर निर्भर है···व्यक्ति, व्यक्ति स्वचेतस् हो जाए तो हो सकता है।''

''यह तो कुछ श्रेष्ठ व्यक्तियों के लिए ही संभव लगता है···किंतु वे शिव-अशिव में संतुलन ही स्थापित कर सकते हैं, आमूल परिवर्तन नहीं।''

''प्रत्येक उग्र परिवर्तन से संतुलन ही तो बनता है और पुनः असंतुलन होने पर विद्रोह होता है···यह संतुलन या सुधार और असंतुलन या बिगाड़ का चक्र घूमता रहता है, यह द्वंद्व सनातन है।''

मणिप्रभा ने पूछा—

''तो क्या आप जीवन-भर यही करते रहेंगे?''

''मैंने यथाशक्ति किया, करता चलूँगा परंतु सदैव नहीं···जो हिंसा मैंने की है, उससे मेरा चित्त क्षुब्ध है, मलिनता और ग्लानि अनुभव होती है मुझे···मैं संन्यास लेना चाहता हूँ किंतु अभी मैं उत्तर से दक्षिण और पूर्व से पश्चिम तक भ्रमण करूँगा, शासक क्षत्रियवर्ग है, उसे समझाकर और न मानने पर परशु से उन्हें मार्ग पर लाऊँगा···यह मेरे पश्चात् भी होता रहे, इसके लिए सारे देश में आश्रम और

पीठ बनाऊँगा और मेरे पीठ पर जो आसीन होगा, वह मै ही हूँगा, वह मेरी परंपरा का पालन करेगा···यदि यह हो गया तो शासकवर्ग संतुलित और शुद्ध रहेगा और आप जानें कि मानव समाज मर्यादा में जिए, इसका दायित्व शासकों या क्षत्रियों का ही है, हैहय अर्जुन पतित हुआ तो उसका वध करना पड़ा।''

रामादल राम का उपदेश सुनकर क्षणिक विजय का उन्माद और आनंद भूल गया। एक सैनिक बोला—''महाराज, यह तो लंबा चक्कर है···आप मनुष्य थे, उसके हित के लिए इतना किया तो आप देव मान लिये गए, अवतार, भगवान्···पर प्रभु, आप चले गए तो पुनः अर्जुन पनप जाएँगे···आप जानों कि यव खेत में बोओ तो मोथा उसे बढ़ने नहीं देता···यह अर्जुन मोथा घास और खरपतवार ही तो था···आपने काटा-कटवाया किंतु आपके बाद क्या होगा हमारा?''

सबने ठहाका लगाया। राम भी हँसने लगे। राम ने कहा—

''देखा, यह सैनिक किसान है, कितनी सरलता से सत्य को समझ गया, और कितनी सीधी भाषा में कह गया···साधु, सैनिक, तुम चिंता मत करो, राम मरता नहीं, वह पुनः-पुनः अवतार लेगा।''

दूसरे दिन राम ऋषियों को आगे कर, रामादल का कुछ भाग लेकर माहिष्मती गए। वहाँ राम की आज्ञा से लाखों सैनिकों और अवशिष्ट नागरिकों ने आग बुझा दी थी। राम ने डौंडी पिटवाई कि निरपराध जनगण अपने निवास को लौट सकते हैं, सुधरे हुए हैहय भी। भयभीत नागरिकों को जो आसपास के ग्रामों, या नर्मदा तट पर थे, उन्हें भी बुलाया गया। व्यवस्था में कई दिन लगे।

तब राम ने कुछ स्वस्थ हो गए अर्जुन के पितृव्य नृसिंहराज हैहय और दीर्घ यादव को सपरिवार बुलवाया और भीम वैदर्भ जो नर्मदा पार कर दूसरी ओर डेरा डाले पड़ा था, उसे भी आमंत्रित किया। उसके साथ रानी कनकलता दीप्तिमती, जयध्वज, तालजंघ तथा बचे हुए हैहय राजकुमार थे। राम ने सबसे परामर्श कर कार्त्तवीर्य अर्जुन के पुत्र राजकुमार जयध्वज को माहिष्मती का राजा बनवा दिया और नृसिंहराज हैहय को राजा का अभिभावक तथा भीम वैदर्भ को संरक्षक। तालजंघ को राजकुमार का पद दे दिया गया तथा नृसिंहराज हैहय के पुत्र को भी राजकुमार बनाया गया और दीर्घ यादव को अवंती नरेश मान लिया गया।

राम ने राजा जयध्वज और नृसिंह तथा भीम को निर्देश दिया कि वे लुटे-पिटे नागरिकों की कुछ क्षतिपूर्ति करें और नगर के दग्ध भवनों का निर्माण कराने में अर्जुन के अक्षय कोष से मदद करें। सब व्यवस्था कर राम लौटे। तब जयध्वज ने राम के दल के हताहतों को भी स्वर्ण दिया और वचन दिया कि अब हैहय आर्यमर्यादाओं का पालन करेंगे और कुलगुरु के पद पर राम को बिठाना चाहेंगे। राम ने रुमण्ववान् ऋषि, अपने ज्येष्ठ भ्राता को कुलगुरु बनाने का परामर्श दिया और यह भी कि प्रत्येक राजा के ऊपर जनसमिति और जनसभा हो जिनमें सर्वमान्य नागरिक और सर्वजातियों-जमातों के आप्त व्यक्ति हों। इससे क्षत्रिय निरंकुश नहीं

होंगे और हों तो मैं जहाँ भी हूँ, समाचार दिया जाए, हैहयों का हमें बीस बार और अनुशासन करना पड़ेगा। यह सुनकर जयध्वज और तालजंघ काँपने लगे।

रामादल और ऋषिगण लौटे और विजयी देश-विदेशों के युद्धयज्ञ में भागकर्त्ताओं को सादर विदा किया। जो यद्धकर्त्ता खेत रहे थे, उनकी विधिवत् अंतिम क्रिया की गई और क्षतिपूर्ति के लिए जो संभव था, किया गया। भूरि-भूरि प्रशंसा, पुरस्कारों और प्रणामों द्वारा राजा यमि, ऋषिगणों, तिरिंदर, पृथुपरशुवाही, भूतांश काश्यप, उत्तरकुरुवालों, मधुमत्तों, संभूत त्रासदस्युगणों, वृंगदों-मौलेयों-उत्कल-मगध आदि सब सहयोगियों को साश्रु, ससम्मान वापस भेजा गया। सप्तसिंधु के ऋषिगण भी आशीष देकर प्रस्थान कर गए। शेष रामादल, सखीवृंद, वृक, देवापि, अद्रियादव, मेधावी, मेघवज्र शर्याति, नाना सुधन्वा, देवधाता मांधाता आदि, जामदग्न्य रुमण्ववान, सुषेण, वसु, विश्वावसु राम के साथ आश्रम आ गए।

हर्षोल्लास, भोज, जय-जयकारों का सिलसिला चलता रहा। रेणुका अपने पिता राजा सुधन्वा और मांधाता पुत्र देवधाता इक्ष्वाकुओं से मिलकर बहुत प्रसन्न हुई। वह सब हुआ जो होना चाहिए था किंतु राम एक गहन विषाद और पश्चात्ताप से दग्ध से प्रतीत हुए। अंततः एक दिन राम को भाइयों ने कुलपति प्रचेतस् के सम्मुख घेर कर बिठाया। कुलपति ने पूछा—

''राम, तुम ऋषि हो, युद्ध-कर्म तो आपात्धर्म था। वह हो गया, धर्म की स्थापना हुई जो शेष है, वह होगी···मैं तुम्हारे अंत:करण को जानता हूँ···तुम धर्म क्षेत्र जाकर महायज्ञ करो और पिता का पिंडदान वहाँ के जमदग्नि आश्रम में अर्जुन कार्त्तवीर्य के रक्त से करो···वहाँ के पाँच सरोवरों में शत्रु के रक्त के छींटे देना ताकि जो वहाँ जाए या तुम्हारी कथा सुने, वह अधर्म करने से डरे···और फिर तुम देश में विचरण करना और यज्ञ और योग से जो हिंसा हुई है, उस पाप का प्रक्षालन कर विशुद्ध हो जाना, तथापि जो एक गूढ़ वेदना तुममें है, व्यक्तिगत, उसे भ्राताओं से स्पष्ट कहो।''

राम, ऋषि प्रचेतम् की अंतर्दृष्टि से अभिभूत हो गए। उन्हें प्रणाम कर वह भाइयों से बोले—

''भ्राता, ज्येष्ठ रुमण्ववान् पिता जमदग्नि का कुलगुरु पद सँभालें···हैहय-राज अब सत्पथ पर चलेंगे···और मैं क्या करूँ?''

राम के नेत्रों में अश्रु छलके। प्रचेतस् ने राम को स्पष्ट कथन के लिए प्रेरित किया। राम नतनयन बोले—''एक ही समस्या मैं नहीं सुलझा सका···सखियाँ मुझसे अवर्णनीय प्रीति करती हैं···और मैं संन्यास के लिए प्रतिबद्ध हूँ···उनका विवाह हो जाता तो मैं मुक्त हो जाता···यह युद्ध जीता तो गया किंतु विजय, सखीवृंद के बिना असंभव थी···अब उनका मैं क्या करूँ?''

रुमण्ववान् बोले—''वे सखियाँ निश्चय ही वंदनीय हैं, वे स्पृहणीय भी

हैं···हम चार हैं, वे भी···राम आज्ञा दें तो हम प्रस्तुत हैं···उन्हें अपनाकर हम धन्य होंगे किंतु वे मान जाएँ, तब है।''

''यही तो धर्मसंकट है!''

सबको नमन कर राम कुछ सोचते हुए उठ गए। प्रचेतस् ने कहा—''राम का विषाद असह्य है मेरे लिए···रुमण्ववान् मणिप्रभा से, सुषेण वल्लरी से, वसु चंद्रकलावती से और विश्वावसु लोमा से मिलकर उनसे विवाह का प्रस्ताव करें···वे मान जाएँ तो राम मुक्त होकर लोकसंग्रह के व्रत पालन में लगें··· ।''

रुमण्ववान् मणिप्रभा के कुटज में गए। उसने सादर बिठाया। पूछा—

''ज्येष्ठ, कैसे पधारे?''

''रामाज्ञा है कि मैं तुमसे विवाह का प्रस्ताव करूँ···राम तो संसारी हैं नहीं और वह संकोचवश कुछ कहते नहीं···वह आप सबको लेकर दु:खी है।''

''किंतु आप तो उस राका देवी के प्रति रागात्मक रुझान रखते हैं?''

''वह मात्र झुकाव मात्र था, उसे छोड़ें।''

''हम तो छोड़ देंगे पर वह छोड़े तब है।'' और मणिप्रभा हँसने लगी। रुम्णववान् चक्कर में पड़ गए।

''···तो आपको यह प्रस्ताव स्वीकार नहीं?''

''नहीं, राम से प्रीति है, तो वह विवाह से क्या अपदस्थ हो जाएगी और आप ज्येष्ठ हैं···मैं तो यह सोच भी नहीं सकती···राम, हमारी सेवाओं से उपकृत अनुभव करते हैं···सोचते हैं कि हमें अपने भाइयों से विवाहित कर उपकार का भार उतार दें किंतु हमें तो राम से विवाह कर उन्हें···संकोच में डालने की इच्छा नहीं है···आप उन देवियों से विवाह करें···वे पावन हैं अब और भौमा तो निष्पाप है ही···विश्वावसु का विवाह मैं करा दूँगी।''

''राम तो महाभिनिष्क्रमण करने जा रहे हैं···तब आप क्या उनके साथ ही विचरेंगी ?''

''राम ही हमारी गति हैं, वही गंतव्य हैं—वह नर हैं, तपस्वी पर वे नारी का अधिकार अपवादरूप में ही मानते हैं···हम अपवाद ही हैं और अब वहीं रहेंगी ।''

''आप निश्चय ही वंदनीय हैं, वेद की ऋचा हैं, सचमुच, इला, भारती, सरस्वती और शारदा हैं···मेरी धृष्टता क्षमा करें···मैंने मात्र रामाज्ञा का पालन किया है।''

और रुमण्ववान् नमन कर चले गए। मणिप्रभा जो हँसी तो खिलखिलाती ही रही। उसे ज्येष्ठ रामभ्राता पर दया आ रही थी, कहा, ''बेचारा''।

वल्लरी, चंद्रकलावती और लोमा ने भी भ्राताओं के प्रस्ताव अस्वीकार कर दिए। राम का विषाद घना हो गया पर विवशता थी। सखियाँ मणिप्रभा के कुटज में आईं। देर तक चुहल करती रहीं। पुन: वे माता रेणका के कुटज में गईं—

''माँ, यह आपके राम है न, यह बहुत बुद्धू है, नहीं?''

"बेटी, वह मनुष्य नहीं, वह तो देव है। क्यों, क्या कर दिया उसने?"

"माता, उन्होंने अपने भ्राताओं को हमारे पास पृथक्-पृथक् भेजा। वे रामाज्ञावश हमसे विवाह का प्रस्ताव लेकर आए⋯यह क्या राम का बुद्धूपन नहीं है?"

अब माता रेणुका के हँसने की बारी थी।

"किंतु यह तो मैं भी चाहती हूँ—मुझे वधुएँ चाहिए इस वृद्धावस्था में और तुम्हारे समान त्रिलोक में और कोई नहीं⋯तुम मान क्यों नहीं लेतीं?"

"लीजिए माँ भी हमारे मन का मर्म नहीं समझतीं⋯माता, हमारा विवाह तो राम के परशु के साथ हो गया⋯जहाँ परशु, वहाँ हम।"

"यह तुम्हारा त्रियाहठ है, बेटी। वह बहुत दु:खी है⋯तुम्हें सुखी, फूलता-फलता देखना चाहता है⋯भला, परशु से विवाह का क्या अर्थ है?"

"यह दो हठों की प्रतियोगिता है⋯राम ने सबको हराया किंतु हमें नहीं हरा सके, स्वयं हार गए हैं⋯मुँह लटकाए घूम रहे हैं।"

सखियाँ विनोद में कुंद के पुष्पों-सी खिल गईं। माँ ने निश्वास छोड़ा, काश, ये अनुपम कन्याएँ मान जातीं। पर वे नहीं मान रहीं। माँ ने अंतिम बार प्रयत्न किया—

"तुम्हें राम पर दया भी नहीं आती क्या? और मुझ पर भी नहीं? मेरी देखभाल करतीं तो राम कितना प्रसन्न हो जाता।"

"माँ, यह तो अपनी-अपनी नियति है⋯हमारा भाग्य राम से जुड़ गया है और मन पर कोई वश नहीं चलता⋯वह अन्यत्र कहीं जाता ही नहीं⋯अब आप और राम का आदेश हो कि हम मन को मारकर आपके पुत्रों के साथ गृहस्थी जमा लें तो यह अत्याचार न आप करेंगी, न राम⋯राम का मन तो पाटल पुष्प से भी अधिक कोमल है।"

माँ शून्य में देखती रह गईं। प्रणाम कर सखियाँ उठकर चली गईं।

राम अपने कुटज में ध्यानमग्न थे। संध्यावंदन के पश्चात् सखियाँ राम के पास गईं। राम उदासीन भाव से स्वागत-सत्कार करने लगे। राम एक दीर्घ मौन के बाद बोले—

"मणिप्रभा, मेरे प्रस्थान का समय आ गया।"

"हमारे प्रस्थान का भी, हम तो आपकी छाया हैं, साथ चलेंगी।"

"किंतु⋯मैं सोचता था कि यदि तुम्हें तपस्विनी ही बनना है, विवाह के प्रस्ताव तो तुमने अस्वीकृत कर दिए तो⋯तो तुम जयध्वज और तालजंघ के राज्य को जमाओ, वल्लरी भी⋯तुम्हारी बहिन दीप्तिमती कनक ने भी यह विनती की है।"

"अच्छा? तब चंद्रा और लोमा क्या करेंगी?"

राम किंकर्त्तव्यविमूढ़ता में हँस पड़े।

"वे यहीं रहकर तप करें।"

वे बोलीं—''जी नहीं, हमारा तप तो आपकी सेवा है, सहयोग···मणिप्रभा और वल्लरी राज महिलाएँ हैं···वे राजकाज देखें।''

मणिप्रभा चहकी—''मैंने बहिन को, भांजे को, भाई को बचाया···इतना उनके लिए पर्याप्त है···अब मेरे अपने अस्तित्व का प्रश्न है···वह जहाँ चाहेगा, रहेगा।''

''यह गुत्थी सुलझ जाती तो अच्छा रहता।'' राम ने उसाँस भरी।

''हम गुत्थी नहीं, हम तो राम की छायाएँ हैं···भला, छाया से क्या धर्मसंकट है? राम, हम बहुत उपयोगी हैं आपके लिए—हमारे बिना आपको व्यवस्थित कौन करेगा? कौन आपका सोमरस तैयार करेगा? कौन आपके नियमित भोजन-भजन का प्रबंध करेगा और कौन···और कौन आपकी कठिनता को गलाएगा।''

''तथास्तु···तब यही हो···जब तुम्हें यही मान्य है, तो चलो···मैं परशुराम- पीठ स्थापित करूँगा, आश्रम भी, सारे जम्बूद्वीप में, हिमालय से समुद्र तक, पश्चिम से पूर्व तक···तुम उसकी व्यवस्था करना और जब मैं संन्यास लेकर अंतत: अरुणाचल (वर्तमान) प्रदेश की गुफा में चला जाऊँ तब मेरी अनुपस्थिति में मेरी संस्थाओं को चलाना···मैं चाहता तो यह नहीं था किंतु तुम मेरा कहा मानतीं नहीं, लोमा से आशा थी पर वह भी अपना हठ नहीं छोड़ती। क्यों लोमा?''

''राम, आप में सूक्ष्मराग अभी भी शेष है, उसी का संदर्भ देती हूँ—वह जब तक है, तब तक हमें साथ रहने दें, जब वह सूख जाए, तब तक हमारा भी मन निस्संग हो जाएगा, बल्कि हम शीघ्रतर तटस्थ हो लेंगे क्योंकि आप तो चिरंजीवी हैं, हम मरणाधर्मा··· । वृद्धावस्था में हम आपके स्मरण में, आपके बिंब के सहारे आपके किसी आश्रम में इस संसार से विदा ले लेंगी···आप हमारी चिंता न करें···राम के बिना इस पंकिल भव में हम कैसे जी सकती हैं···? वैराग्य हममें भी है, पर उसके नीचे जो राग है, उसी का वास्ता हम दे रहे हैं···आपको लोकापवाद की भी चिंता है किंतु ऋषि अंतरात्मा को देखते हैं, अपने सत्य को··· । हम तो वैरागियों की जमात में आपके साथ आपके आश्रम की दीया-बाती की भाँति जलती रहेंगी और अपने को क्षार कर देंगी···बुझ जाने पर हम यदि स्वर्ग गए और बोधि बनी रही तो हम आपकी कंदरा को स्वच्छ कर अदृश्य हो जाया करेंगी···आप कातर न हों, आपकी साधना में हम बाधक नहीं बनेंगी।''

मणिप्रभा ने कहा—''राम, विश्व-भर आपको, आपके परशु को स्मरण करेगा किंतु हम गौरव की अंशधारिणी नहीं बनना चाहतीं। हम तो छाया हैं, जो धूप में दिखती हैं और अंधकार में, शून्य में, साधना में दृष्टिगोचर भी नहीं होतीं पर वह कहीं आपके अस्तित्व के साथ है। क्या इस सुविधा की भी हम अधिकारिणी नहीं हैं···?''

और सखियाँ रो उठीं। सिसकने लगीं। राम ने देवताओं का ध्यान किया किंतु वे मानव-सत्ता के साथ विनोद की दशा में होंगे। हम अदृष्ट के हाथ के खिलौने हैं, राम ने सोचा और सोचकर कहा—

''अच्छा सखियो, आप लोग अंत में पुन: जीतीं···अब विषाद त्यागो और धर्म-क्षेत्र (कुरुक्षेत्र) के महायज्ञ की व्यवस्था करो···किंतु तुम मेरी छाया नहीं मेरी चेतना की रश्मियाँ हो···मेरे परशु की प्रभा, तुम्हारी जय हो।''

जमदग्नि आश्रम से सपरिवार राम, कुलपति प्रचेतस् को आगे कर ऋषिगण के साथ धर्म-क्षेत्र को चले। महायज्ञ तो राम की दिग्विजय का अनुष्ठान था, युद्ध की हिंसा का अघमर्षक। राम अब हर्ष-विषाद से परे जा पहुँचे और जो हो रहा है, उसे ऋषि बालखिल्य की भाँति विश्वलीला समझकर सहज आनंदी हो गए। वह शून्य समाधि लगा जाते और विश्व के प्रकृति तंत्र की सूक्ष्मातिसूक्ष्म प्रक्रियाओं के द्रष्टा बन जाते किंतु जब ध्यान भंग होता और मन, चित्त, बुद्धि और अहंकार का अंकुरण प्रस्फुटन होता तो सखियों की निष्कलुष मानसिक प्रतिमाएँ उनका रंजन करतीं···एक इच्छातीत कामना अपना कौतुक दिखाती रहती···वे सखियाँ अब आंतरिकीकृत हो चुकी थीं, जैसे वह उन्हीं के चेतना-प्रवाह की तरंगें हों, वे अब कोई कशमकश न उपजा कर चैतन्य के निरभ्र आकाश में नभगंगा-सी चमकती रहतीं, उसी प्रकार जिस प्रकार भ्राताओं, माता रेणुका, स्वर्गीय पिता और आश्रमादि के बिंब चेतना के सरोवर में चंद्रवत् तैरते रहते···वे अब बाधक नहीं, साधक बन गए थे, वे आभास आनंदित कर जाते और आत्मा के सर्वातीत होने पर स्वत: लुप्त हो जाते··· राम ने यह भी अनुभव किया कि जाग्रत् अवस्था में जब वह प्रियजनों को देखते तो उन्हें लगता कि वह आत्मगत स्तर पर उन्हें देख रहे हैं···वस्तुगत और आत्मगत स्तरों में जो पहले अब तक द्वंद्व था, वह मिट गया था, यहाँ तक कि शत्रुओं के बिंब भी एक मनस्तात्विक लीला की सृष्टि करने लगे थे। केवल हिंसा का क्लेश अभी भी कसक या दर्द के रूप में कभी-कभी आत्मदाह उपजाता था···इस त्वेष को यज्ञ से उजलाना था, इस कल्मष को काटना था।

आश्रमवासी चले। राम पवन पर आरूढ़ हुए। अनुकूल मरुद्‌गण बहे, शंख के स्वर गूँजे। झंडे-केतु-पताका लहराए, मारू बाजे बजे, शांतिदायक मधुर संगीत के सरगम उठे···सामग्रियों के मंजूषा शकटों पर चढ़े, कर्मकांड के द्रव्य, पदार्थ, पोथियाँ, ग्रंथ और पात्र सहयात्री हुए, अपूप, यवागू, पृथुका, धान, लाजा, सक्तु, करंभ, कलीकरण, समिधा, बर्हि, करीर, खर्जुर, पुरोडाश, दधि, हिरण्यशकल, विष्टर, मधुपर्क, अधरारणि, स्रुक, ध्रुवा, जुहू, उपभृत, खदिर, कपाल, शूर्प, शम्या, कृष्णाजिन, मुसल, दृषद, उपल, इडापात्री, मदंती, धृष्टि, कूर्च, विधृति, ईषा, ग्रावा, पूतभ्रत, दंड, विष्टुती, राजासंदी, शफ या चमस, उपांशुग्रह आदि यज्ञ-उपकरण चले। होता, अध्वर्यु उद्‌गाता, ब्रह्मा, प्रशास्ता, प्रस्तोता, नेष्टा, प्रतिहर्त्ता, उन्नेता, सुब्रह्मण्य, अच्छावाक्, अग्नीत यज्ञसामग्री के साथ-साथ रथों-शकटों-अश्वों पर विराजे। ध्वज मंगल वाद्य और शंखनाद अग्रगामी हुए।

राम पवन पर आत्ममग्न बैठे थे। उनके जटाजूट पर सखियों द्वारा लाई गई

ताज़ी पुष्पमालाएँ जँच रही थीं जैसे नागसंघट्ट पर चंद्रमा के किरणगुच्छ उग आए हों। उन्होंने संन्यासियों जैसा केसर के रंग का आगुल्फ ढीला-ढाला चोलना पहना था···वह वज्रधारी इंद्र के स्थान पर अब देवगुरु बृहस्पति से प्रतीत हो रहे थे। उनके दाएँ हाथ में वेद था, बाएँ कर में छोटा-सा परशु, वामस्कंध पर धनुष और पृष्ठ पर तूणीर था···लगता था, साक्षात् आर्य-उत्कर्ष का प्रतीक जा रहा हो···। राम के बड़े-बड़े नेत्र किसी अदृश्य महासत्य में गड़े हुए थे और वह कुछ ऐसा देख चुके थे, पा चुके थे कि उनके अधरों पर एक अगम्य स्मिति नृत्य कर रही थी।

सखियों ने घोड़े बढ़ाए और वे राम के आसपास आ गईं। चंद्रकलावती ने पूछा—

''भगवान राम! आपको स्मरण है, प्रथम स्नेहालाप मेरे साथ हुआ था। अब अंत में भी वह हो···मैं यह जानना चाहती हूँ कि आप अंततः किस परिणाम पर पहुँचे?''

''निष्काम कर्मयोग पर।''

''यह क्या होता है?''

''कामनाहीन कर्म···कर्म तो करना ही पड़ता है न, ऋषि भी कार्य करते हैं, सभी कर्तव्य, किंतु सभी निष्काम नहीं हो पाते···जिस प्रकार मेघाच्छन्न सूर्य भी कुछ प्रकाश करते हैं, उसी प्रकार अनेक तत्त्वज्ञानी और द्रष्टा, पूर्ण आदित्यवत् आलोक नहीं विकीर्ण कर पाते···चंद्रा, मैं इसी कारण असंपृक्त रहना चाहता था···कामनाएँ और आवश्यकताएँ कम-से-कम, जिससे व्यवधान न पड़े और चित्त, नर्मदा के जल-सा निर्बाध बहे···यह जो चेतना है न, यह दिक् और काल की भी बाधा नहीं सहती, चाहती है स्थान और समय भी न रहे और उसके आर-पार चली जाए और तब सृष्टि के सूक्ष्मातिसूक्ष्म शक्ति-वलय स्वयं खुलते हैं···सत्य आवरणों में छिपा है, वह हिरण्यमय पात्र के भीतर है, बहुत गहनतल पर है। वह हमारा मूलतत्त्व जो निश्चय ही है···मुझे तो चिन्मय लगता है···सर्वशक्तिमान् और उसके कण या अंश ही देवी-देवताओं में सूर्य-चंद्रादि ग्रहपिंडों में, महापुरुषों में दीप्तिमान होते हैं···इसी कारण मैं कहता था कि कहीं कोई चमक या प्रभा की चौंध देखकर आसक्त या अभिभूत मत हो···उस विद्युतच्छटा को किसी गूढ़, अगाध सत्ता का परिणाम समझो···वह है चंद्रा, वह अवश्य है···इंद्रियाँ ऊपरी प्रतीति देती हैं, स्थूल तृप्तियों में ही उलझ जाती हैं···उनको पीछे छोड़कर आगे जाओ···और स्वरूप में स्थित होकर जागतिक कर्म करो, खेलते हुए···यह बालखिल्य ऋषियों का सत्य है जो मैंने पाया है···तुम सब सखियाँ मुझे देखती हो किंतु मैं तो उस मूल सत्य की एक रश्मि मात्र हूँ, हाँ चंद्रकला···अनंत चंद्रकलाओं की एक कलामात्र···तुम सब उस पर मुग्ध होना सीखो, ठीक?···तुम मुझसे स्वतंत्र हो जाओ।''

''किंतु आपने वह शीशा देखा है, जिसमें घूरो तो असंख्य रंग और रूप भासते हैं,···आप हमारे लिए वही लघु दर्पण हैं जिसमें हमें पूरा ब्रह्मांड दृष्टिगोचर

होता है और वह शीशा तो जड़ होता है, आप सबाक् हैं, रमणीय हैं सो आप हमारे हेतु जीवंत दर्पण हैं···आपके बिना हमें कुछ दिखता ही नहीं है···आप हमारी आध्यात्मिक-आत्मिक आवश्यकता बन गए हैं राम···अभिराम।''

राम ने विस्मित होकर चंद्रकला को देखा···सब सखियों ने सानंद क़हक़हा लगाया। राम पुन: निरुत्तर हो गए। लोमा ने दृष्टिबिंदु बदला—

''राम, अभिराम, आप यदि दिक्कालातीत हो चुके हैं या हो रहे हैं, भूत-वर्तमान और भविष्य को एक साथ देख सकते हैं तो बताइए कि यह जो निष्काम कर्मयोग, जो आपने आविष्कृत किया है, उसको नैरंतर्य कैसे मिलेगा ? भविष्य में चलिए, पहले यही बताइए।''

राम चिद्विलास में पुनः खो गए, खोए रहे। पुनः जल में डूबे हुए से वह पुनः उछलकर ऊपर आए, बोले—

''ऋषि लोमहर्षिणी···तुम स्वयं देख सकती हो, नहीं?''

···लोमा ने नेत्र बंद किए, वह अपनी आत्मा के तल में जा बैठी। बड़ी देर बाद वह ऊपर आई, बोली—

''राम, अभिराम···मुझे आगे के युगों में एक अति सुंदर श्यामनीलवर्ण का कोटि कामदेवों को लज्जित करने वाला युवक दिख पड़ा है, जो आपके निष्काम कर्मयोग का महासंग्राम के मध्य खड़ा उपदेश रहा है···वह काला, युवक, वही न?''

''वही, वही मेरा यह ज्ञान उपदेशेगा···और वह ज्ञानगीता कहलाएगा।''

लोमा बोली—''और उसके पूर्व भी तो मुझे एक नीलकृष्ण युवक ने झाँकी दी थी, वह?''

''उसकी मैं परीक्षा लूँगा, वह भी राम ही होगा और मैं यानी उस युग में मेरा उत्तराधिकारी परशुराम, उस रामस्वरूपधारी को मेरा यह धनुष-तूणीर सौंपेगा जिससे वह अत्याचारियों को हनेगा?''

''और उस ज्ञान गीतावाले को?''

राम विहँसे—''उसे मेरा स्वरूपवाहक परशुराम, यह चक्र देगा···यही राम की निरंतरता का रहस्य है···यही भविष्य का आश्वासन है···किसी को निराश होने की आवश्यकता नहीं है, राम प्रत्येक युग में अवतार लेता रहेगा और आप सबको भी प्रत्येक युग में प्रेरणा देने के लिए अवतरित होना होगा।''

''राम, यह तो चित्त को चकराने वाली, आपकी कल्पना है···आप कवि भी तो हैं, गल्प खूब लगाते हैं···क्या कहना है···हमें भी अपने साथ घसीट लिया···ना बाबा, हमें बार-बार अवतार नहीं लेना···हम तो आपसे इसी युग में भर पाए, न, न, हमें पुन:-पुन: मिलन के ऐसे आश्वासन नहीं चाहिए··· । ''

राम ने अट्टहास किया और कहा—''सखीगण, भविष्य के राम और श्याम ब्रह्मचारी नहीं होंगे, यह अकाट्य सत्य है।''

अब सखियाँ विस्मित हुईं। वे राम को बिराने लगीं—

"राम, अब विराम दो अपनी भविष्यवाणियों को···हम तुम्हारी बातों से बहलने वाली नहीं···यह जन्म तो आपने अकारथ कर दिया···अब अगले जन्मों का जाल रचकर आप हमारे व्रणों पर लवण छिड़क रहे हैं···जाइए, हम आपके साथ नहीं चलेंगे···हम माँ रेणुका के पास जा रहे हैं।"

राम विहँसते हुए चले जा रहे थे और सखियाँ चिढ़कर माता के पास चली गई थीं। यज्ञ यात्रीदल फैली हुई पुष्पमालिका के सदृश प्रफुल्ल मन से गतिमान था और ऋषि चायमान अपना अश्व दौड़ाते हुए राम की ओर आ रहे थे। राम ने उनकी ओर प्रश्नदृष्टि से ताका। चायमान कहने लगे—

"राम, वे जो देवलोक के ऋषिगण थे न, सभी कुलों के प्रतिनिधि उन्हें मार्ग में विश्वामित्र और मैत्रावरुण वसिष्ठ के अनुरोध पर रोक लिया गया और सरस्वती नदी के आश्रमों के प्राय: सभी मुनि धर्म-क्षेत्र पधार रहे हैं···यह यज्ञ ऐसा होगा कि फिर कभी इसके सदृश नहीं होगा···मैत्रावरुण का कहना है कि देवराज इंद्र सब देवताओं को हाँककर ला रहे हैं और सोमपान की तृषा में वे अधरों पर जीभ फेर रहे हैं। मुजावत पर्वत से सोमलताएँ लेने किसी को भेजा था या नहीं?"

"आप चिंता न करें···वहाँ सोमलता विक्रेताओं का मेला लग जाएगा···यज्ञ का समाचार सर्वत्र फैल चुका है और इसमें सभी भाग लेंगे, देव-अदेव सभी।"

···और माहिष्मती के नरमेध यज्ञ के पश्चात् वह हिंसाअघ-प्रक्षालक महायज्ञ हुआ जिसमें वृद्ध मैत्रावरुण वसिष्ठ स्वयं ब्रह्मा बने और विश्वामित्र अध्वर्यु, अत्रि उद्गाता, अंगिरा, प्रशास्ता, भृगु, ऋचीक, प्रस्तोता, मरीचि, प्रतिहर्त्ता, पुलस्त्य, नेष्टा, क्रतु उन्नेता, दक्ष सुब्रह्मण्य, पुलह, ग्रावस्तोता और जामदग्न्य राम यजमान के रूप में विराजमान हुए। कई दिनों तक महायज्ञ चलता रहा। देवतागण सोमरस से छककर आशीर्वादों की झड़ी लगाते रहे और राम ने सर्वदान किया। देवलोक, अविस्थान, उत्तरकुरु और आर्यायण के अकथ्य, कक्षीवान् सहित सभी ऋषियों को राम ने जो भी स्वर्ण कोष, गोधन, आभूषण और स्वर्ण मुद्राएँ थीं, वह सब भेंट कर दिया। जब राम शरीर के वस्त्र और अस्त्र-शस्त्र भी उतारने लगे तो भूतांश काश्यप ने हस्तक्षेप किया, कहा—

"राम, अभी तो एक बार पृथिवी का भार उतारा है, बीस बार और तुम्हें शासकों को धर्म का पाठ पढ़ाना है अत: अस्त्र-शस्त्र धारण किए रहो।"

जब अंतिम आहुति का समय आया, तब सब यज्ञकर्त्ता हवन-सामग्री लेकर खड़े हुए—तभी आकाश से प्रदीप्त नक्षत्रों के सदृश सप्तर्षि प्रकट हो गए। उन्होंने मौन धारण किए रहने का संकेत किया और सात स्रुक् या चमस पात्रों में घृत भरकर वे सबके साथ केंद्रीय यज्ञकुंड के पास खड़े हो गए···लगा, चराचर जगत् के कण-कण से 'स्वाहा' का महानाद उठा और वह ब्रह्मांड में

व्याप्त हो गया। अग्निदेव अंतिम आहुति से संतुष्ट हुए···एक महाज्वाला उठी जिससे सबके मुख जाज्वल्यमान हो गए। जामदग्न्य राम के हिंसा-कलुष जलकर नष्ट हो गए।

···राम का रुद्र परशु चमचमा रहा था और वह कृतज्ञ और कृतार्थ सब के सम्मुख नतशीश स्थित थे। राम के शीश पर राजा, ऋषि तथा सर्वसाधारण पुष्पों की वर्षा कर रहे थे, देवता भी।

उस अजस्र सुमन वर्षा में राम का पूरा शरीर आवृत्त हो गया। ऐसा लगा कि पितरगण, देवता, विद्याधर, सिद्ध, देवियाँ, सब पुष्प वर्षा करते हुए तृप्त नहीं हो रहे हैं। फूलों की धारासार वर्षा हो रही थी। सखियों सहित धर्म-क्षेत्र के जनगण, नारियाँ, वृद्ध, बालक सभी राम के आसपास कुसुमों का पर्वत खड़ा कर रहे थे। ऋषिगण निरंतर स्वस्ति मंत्र पढ़ रहे थे। ब्रह्मांड का कण-कण कूज रहा था···सर्वत्र शांति, कुशल, आनंद और कल्याण का महाभाव व्याप्त था···शंखध्वनि के घनघोर महानाद के मध्य राम अलौकिक अस्मिता, हर्ष और नम्रता से उस पुष्पपर्वत से उचके, प्रकट हुए। उन्होंने अपने दाएँ हाथ में महापरशु उठा रखा था और वह मेघमंद्र स्वर में घोषणा कर रहे थे—

''कृण्वन्तो विश्वमार्यम्''

□□□